河南专门史大型学术文化工程丛书

主编 王承哲

河南农业史

陈习刚 主编

中原出版传媒集团
中原传媒股份有限公司
大象出版社
·郑州·

图书在版编目(CIP)数据

河南农业史 / 陈习刚主编. -- 郑州：大象出版社，2024.12
(河南专门史大型学术文化工程丛书 / 王承哲主编)
ISBN 978-7-5711-1233-2

Ⅰ.①河… Ⅱ.①陈… Ⅲ.①农业史-河南 Ⅳ.①F329.61

中国版本图书馆CIP数据核字(2021)第212710号

河南专门史大型学术文化工程丛书

河南农业史
HENAN NONGYE SHI

陈习刚　主编

出 版 人	汪林中
责任编辑	杨　兰　宋　伟　张　琰
责任校对	万冬辉　安德华　张绍纳　牛志远
装帧设计	张　帆

出版发行	大象出版社（郑州市郑东新区祥盛街27号　邮政编码450016）
	发行科　0371-63863551　总编室　0371-65597936
网　　址	www.daxiang.cn
印　　刷	河南瑞之光印刷股份有限公司
经　　销	各地新华书店经销
开　　本	720 mm×1020 mm　1/16
印　　张	42.25
字　　数	690千字
版　　次	2024年12月第1版　2024年12月第1次印刷
定　　价	188.00元

若发现印、装质量问题，影响阅读，请与承印厂联系调换。
印厂地址　武陟县产业集聚区东区（詹店镇）泰安路与昌平路交叉口
邮政编码　454950　　　　电话　0371-63956290

河南专门史大型学术文化工程丛书(第二辑)
编辑委员会

主　　任　　王承哲

副 主 任　　李同新　王玲杰　郭　杰

主　　编　　王承哲

执 行 主 编　陈建魁

执行副主编　李　乔

编　委
(以姓氏笔画为序)

于为民	王记录	王景全	王星光	田　冰
田国行	代　云	朱海风	任崇岳	李　龙
李　暖	杨　波	杨世利	张玉霞	张佐良
张新斌	陈习刚	赵广军	赵保佑	赵炳清
贾兵强	徐春燕	唐金培	高丽杨	郭建慧
程有为	焦培民	魏淑民		

本书主编
陈习刚

本书作者
陈习刚　陈　超　李　龙　师永伟　王建华　夏志峰

河南专门史总论

张新斌

河南专门史研究,是河南历史的细化研究,是河南历史的全面研究,是河南历史的深入研究,也是河南历史的综合研究。河南历史研究,不仅是地方史研究,也是中国史研究,是中国史的核心研究,是中国史的主干研究,更是中国史的精华研究。

一、河南称谓的区域变迁及价值

(一)河南:由地理到政治概念的演变

河南是一个地理概念。河南概念的核心是"河",以黄河为指向形成地理方位概念,如河南、河东、河西、河内、河外等。《史记·殷本纪》:"盘庚渡河南,复居成汤之故居。"又,《战国策·齐策》:"兼魏之河南,绝赵之东阳。"魏惠王徙都大梁(今开封),而河南地区为魏之重要区域。《史记·项羽本纪》:"彭越渡河,击楚东阿,杀楚将军薛公。项王乃自东击彭越。汉王得淮阴侯兵,欲渡河南。"这里的"河南"明显不是一个政区概念,而是一个地理概念。

河南也是一个政治概念。《史记·货殖列传》所云"三河"地区为王都之地。"昔唐人都河东,殷人都河内,周人都河南。夫三河在天下之中,若鼎足,王者所更居也。"可见河南为周之王畿之地。又,《史记·周本纪》:"子威烈王午立。考王封其弟于河南,是为桓公。"《史记·项羽本纪》:"故立申阳为河南王,都洛阳。"这也从一个侧面反映出河南在战国、秦汉之际与王都连在一起,无疑应为政治中心。《通志·都邑略》对河南有一个重要评价:"故中原依大河以为固,吴越依大江以为固。中原无事则居河之南,中原多事则居江之南。自开辟以来皆河南建都,虽黄帝之都、尧舜禹之都于今皆为河北,在昔皆为河南。"

(二)河南:以洛阳为中心的政区概念

1. 河南郡。汉代始设,至隋唐之前设置。《汉书·地理志》云,河南郡,辖县22个,有洛阳、荥阳、偃师、京、平阴、中牟、平、阳武、河南、缑氏、卷、原武、巩、谷成、故市、密、新成、开封、成皋、苑陵、梁、新郑。以上地区包括今洛阳市区周边,含今新安、孟津、伊川、偃师,今郑州市的全部,今开封市区,以及今原阳县,今汝州市。据《晋书·地理志》,河南郡领河南、巩、安、河阴、新安、成皋、缑氏、新城、阳城、陆浑。西晋时,汉河南郡东部析置荥阳郡,而西晋时的河南郡大致包括今洛阳市区及嵩县、新安、偃师、伊川等,以及巩义、登封、新密,还有荥阳的一部分和今汝州市。《宋书·州郡志》:南朝宋司州有三郡,包括河南郡,领河南、洛阳、巩、缑氏、新城、梁、河阴、陆浑、东垣、新安、西东垣等,其范围与西晋河南郡差不多。《魏书·地形志》说河南郡仅领县1个,其区划郡县叠加。《隋书·地理志》记述隋设河南郡,统领18个县,为河南、洛阳、桃林、阌乡、陕、熊耳、渑池、新安、偃师、巩、宜阳、寿安、陆浑、伊阙、兴泰、缑氏、嵩阳、阳城,涉及今三门峡市区及灵宝、渑池、义马等,今洛阳市区及新安、偃师、嵩县、宜阳等,今郑州所辖巩义、登封等。

2. 河南尹。东汉时洛阳为都,在都城设河南尹。《后汉书·郡国志》:河南尹,辖洛阳、河南、梁、荥阳、卷、原武、阳武、中牟、开封、苑陵、平阴、缑氏、巩、成皋、京、密、新城、偃师、新郑、平。其所辖范围与西汉河南郡基本相当。三国魏时亦有"河南尹",如《三国志·魏志》:夏侯惇曾"转领河南尹",司马芝于"黄初中,入为河南尹"。

3. 河南县。西汉时设县,沿至东汉、西晋、刘宋、北魏、隋、唐、宋等,金代已无河南县,洛阳的"河南""洛阳"双城结构正式瓦解。

4. 河南府。唐代始设,沿至宋、金、元,但元代已称之为路。据《旧唐书·地理志》,河南府辖河南、洛阳、偃师、巩、缑氏、告成、登封、陆浑、伊阙、伊阳、寿安、新安、福昌、渑池、永宁、长水、密、河清、颍阳、河阳、汜水、温、河阴、阳翟、济源、王屋。《新唐书·地理志》载,河南府共辖20县,有河南、洛阳、偃师、巩、缑氏、阳城、登封、陆浑、伊阙、新安、渑池、福昌、长水、永宁、寿安、密、河清、颍阳、伊阳、王屋。由此可以看出,其地含今洛阳绝大部分,今郑州的巩义、登封,甚至今豫西北的济源。《宋史·地理志》有河南府,辖河南、洛阳、永安、偃师、颍阳、巩、密、新安、福昌、伊阙、渑池、永宁、长水、寿安、河清、登封共16县。《金史·地理志》载,金时河南府仅辖9个县,即洛阳、渑池、登封、孟津、芝田、新安、偃师、宜阳、巩。以上县名与今县名比较接近,主要分布在今洛阳周边。《元史·地理志》载,在河南行省下有"河南府路",实相当于河南府,相关县有洛阳、宜阳、永宁、登封、巩县、孟津、新安、偃师,以及陕州的陕县、灵宝、阌乡、渑池,相当于今三门峡市一部分、洛阳市一部分及郑州市一部分。《明史·地理志》记录的河南省下有河南府,属地有洛阳、偃师、孟津、宜阳、永宁、新安、渑池、登封、嵩县、卢氏及陕州的灵宝、阌乡2县。其地较元代河南府稍大。

5.河南道。仅在唐代、五代时实行。据《旧唐书·地理志》载,"河南道"辖河南府、孟州、郑州、陕州、虢州、汝州、许州、汴州、蔡州、滑州、陈州、亳州、颍州、宋州、曹州、濮州等,其范围"约当今河南、山东两省黄河故道以南(唐河、白河流域除外),江苏、安徽两省淮河以北地区"[①]。《新唐书·地理志》也讲到"河南道",相当于古豫、兖、青、徐四州之域。据《旧五代史·郡县志》载,五代时有"河南道",含河南府、滑州、许州、陕州、青州、兖州、宋州、陈州、曹州、亳州、郑州、汝州、单州、济州、滨州、密州、颍州、濮州、蔡州等,可见其范围是极大的。

(三)河南:以开封为中心的政区概念

自元代开始,"省"成为地方最高级行政建制。元代正式设立"河南江北等处行中书省"。《元史·地理志》云,河南行省辖路12、府7、州1、属州34、属县182。其中,汴梁路,领录事司1(县17,开封一带),还领郑、许、陈、钧、睢等5州21县。河南府路,领录事司1(县8,洛阳一带),还领陕州及4县。南阳府,领南阳、镇平2县及邓、唐、嵩、汝、裕5州11县。汝宁府,领汝阳、上蔡、西平、确山、遂平5县及颍、息、光、信阳4州10县。归德府,领睢阳、永城、下邑、宁陵4县及徐、宿、邳、亳4州8县。襄阳路,领录事司1县6,还领均、房2州4县。蕲州

---

① 复旦大学历史地理研究所《中国历史地名辞典》编委会:《中国历史地名辞典》,江西教育出版社1988年版,第538页。

路,领录事司1县5。黄州路,领录事司1县3。以上仅为"河南江北道肃政廉访司",所领范围已包括今河南省黄河以南部分,以及今湖北省江北部分地区,今苏北、皖北部分地区。

明代正式称河南行省(承宣布政使司),《明史·地理志》记录河南省辖府8、直隶州1、属州11、县96。府有开封府、河南府、归德府、汝宁府、南阳府、怀庆府、卫辉府、彰德府,以及直隶州汝州。总的来看,明代的河南省已经与现在的河南省大体范围相当,成为一个跨越黄河南北的省。

清代沿袭了相关的行政建制。需要注意的是,其治所在开封。直到民国及新中国成立初期,开封一直为省会所在。

从以上的史料罗列中可以看出,"河南"是一个重要的概念。先秦时期,河南是一个重要的地理概念,而这个概念中实际上包含了非常深刻的政治含义,河南实际上是天下政治中心的具体体现。从西汉开始到清代,河南成为一个非常重要的行政建制名称。隋唐之前是河南郡(尹),隋唐之后则为河南府(路)。元代之前,河南郡、府、道、尹、县的治所,以及地理概念、政治概念的核心,均在今洛阳。可以说,河南的范围时有变化,作为河南中心的洛阳地位始终是不变的,洛阳甚至是河南的代名词。元代以后行省设立,开封成为行省治所(省会)所在,数以百年。虽然如此,但河南的根源、灵魂在洛阳。

二、河南历史的高度与灵魂

(一)河南历史的高度:河南史的实质就是中国史

河南是个大概念,不仅涉及地理、政区,也涉及政治,研究中国历史是绕不开以洛阳为中心的河南的。《元和郡县志》卷六对"河南"有一个解读:"《禹贡》豫州之域,在天地之中,故三代皆为都邑。"这里对夏至唐的洛阳为都有一个清晰的勾勒,如禹都阳翟、汤都西亳、成王都成周、东汉、曹魏、西晋、北魏等均都洛阳,隋炀帝号为东京,唐代号称东都或东京,"则天改为神都",到了北宋则成为西京。可以说,一部王朝史,绕不开以洛阳为中心的河南。《说苑·辨物》载"八荒之内有四海,四海之内有九州,天子处中州而制八方耳",而这个"中州"就是河南。

对于河南的认识,其战略地位的重要性不言而喻,还有另外一个角度的分析。《读史方舆纪要》卷四十六："河南，古所称四战之地也。当取天下之日，河南在所必争；及天下既定，而守在河南，则岌岌焉有必亡之势矣。周之东也，以河南而衰；汉之东也，以河南而弱；拓跋魏之南也，以河南而丧乱。朱温篡窃于汴梁，延及五季，皆以河南为归重之地。以宋太祖之雄略，而不能改其辙也，从而都汴。都汴而肩背之虑实在河北，识者早已忧之矣。"在这里，作者将洛阳的战略地位定性为"四战之地"，讲到得天下者首先要得河南，反映了作者的敏锐性。但是，将洛阳定位于岌岌可危之地则有所不妥。河南对关中的承接，实际上反映了中国古代的两大政治中心相互补充完善的作用。中国历史上的统一王朝，基本上都经历了定都于关中长安和河洛洛阳两个阶段。所以，从某种意义上讲，河南历史既是河南地方的历史，也是中国古代的历史；从区域角度来看，可以说河南区域史是极为精练的中国史，是影响甚至决定王朝走向的关键历史；从中国历史的大视野考察，具备这种关键作用的区域，在中国这种大格局中，也就是那么一两个地区，而河南无疑是其中之一。

（二）天地之中：中国历史最具灵魂的思维探寻

中国古代都城的选择是与中国人特定的宇宙观联系在一起的。在中国人的观念中，"中"具有极为特殊的意义。中国古代历史上最具影响力的都城中，最能体现这种观念的非洛阳莫属。[①]

周灭商之后，周公受命探寻"天地之中"。《太平寰宇记》卷之三云："按《博物志》云：'周在中枢，三河之分，风雷所起，四险之国也。昔周武王克殷还，顾瞻河、洛而叹曰："我南望三涂，北望岳鄙，顾瞻有河，粤瞻雒、伊，毋远天室。"遂定鼎郏鄏，以为东都。'《周书》又曰：'周公将致政，乃作大邑，南系于洛水，北因于郏山，以为天下之大凑也。'皇甫谧《帝王世纪》云：'周公相成王，以丰、镐偏在西方，职贡不均，乃使召公卜居涧水东、瀍水之阳，以即中土。而为洛邑，而为成周王都。'"周朝建立后，最大的问题是"择中而居"。选择"天下之中"与"天地之中"，关键是"中"。《路史》卷三十："古之王者，择天下之中而立国，择国之中而立官，择官之中而立庙。"又，《周礼订义》卷十五："夫天不足西北，地不足东南，有余不足皆非天地之中，惟得天地之中，然后天地于此乎合土播于四时，所

[①] 张新斌：《"天地之中"与"天下之中"初论》，《中州学刊》2018年第4期。

以生长收藏万物一时之气,不至则偏而为害。惟得天地之中,然后四时于此而交,通风以散之,雨以润之,偏于阳则多风,偏于阴则多雨。惟得天地之中,然后阴阳和而风雨以序,而至独阴不生,独阳不成。阴阳之和不成则反伤夫形。"这里论述了天地之中的阴阳秩序。但从众多文献看,天地之合、四时之交、风雨之会、阴阳之和是个立体的概念。"天地之中"刻意强调了思想观念上的特殊性,着重关注了本质文化上的特质性,重点强化了政治统治上的正当性,具有综合意义。

"天地之中"所在地,以洛阳(洛、洛地、洛师、洛邑、洛之邑、洛河之邑、洛水之涯、洛邑之地、河洛等)之说为绝对主流观点;与"天地之中"对应的"天下之中",则更多强调了位置适中,交通便利,其地方文献也多以洛阳为主。《河南通志》卷七:"河南居天下之中,嵩岳表其峻,大河、淮、济萦流境内。"这里所说的河南实则是大河南,河南的本质是洛阳。所以,洛阳为都的观念思想特征的探寻,反映了中国古代的思维方式与思维特点,其理论的深刻性极大丰富了中国古代的思想宝库,也是中国古都历史的灵魂所在。

三、河南历史:既是地方史也是区域史

河南地方史同时还是河南区域史,这是我们对河南专门史进行研究时时常要注意的关键性问题。我们应该如何对待我们的研究?

(一)作为地方史的河南专门史

地方是相对中央而言的。每一个王朝,都有中央与地方。中央就是皇帝,以及三省六部;地方则是郡县、省府县。对中央而言,省及以下建置都是地方。地方史就是研究一定行政建制内的历史,比如县的历史、市的历史、省的历史。

关于地方史,有人认为"所谓地方史研究,就是专门考察、分析某一地区历史变迁的史学工作"[1],或认为"地方史的书写往往是一种以国家宏大历史叙事为背景,又兼具本土地方特色的历史书写","地方历史的建构既是对国家宏大

---

[1] 叶舟:《地方文献与地方史研究》,载《上海地方志》编辑部编《2017年地方志与地方史理论研讨会论文汇编》,第199—203页。

历史叙事的补充,也是新时期国家与地方共同致力于民族地方形象、软实力及文化生态打造的努力"。[1] 一般而言,地方史是与一定级别的行政建置有关联的。河南长期为地方行政建置,从河南郡与河南县,到河南尹与河南县,到河南府与河南县,到河南路与河南县,再到河南省,作为省级建置也有七百余年的历史。相对王朝而言,河南的历史理所当然地就是地方史。换句话说,河南地方史就是研究河南地方的历史,就是研究在省的建置下河南这一特定范围内所发生的历史。河南地方史,就是对河南特定行政建置(省)内所有历史大事、历史人物、历史规制、历史机构、历史社会、历史文化等总的汇集、总的提炼、总的评价,是一部中国特定地方的小通史,是中国通史的河南卷。河南专门史,则是河南地方历史的细化,是河南专门历史的汇集,是作为地方的河南的历史的总的盘点。

河南地方史的研究,在河南是个"偏科"。河南史学界研究中国史,研究世界史,研究考古学,研究史学理论,当然,大家的研究无疑必然会触及河南,因为在中国史的研究范畴中,如果回避了河南,中国史肯定就不是完整的中国史。一方面,从夏到北宋,河南是王朝的政治中心所在,从某种意义上讲,这期间河南史中的重大事件无疑也是中国史中的重大事件,河南的历史也是中国的核心历史、中国的精英历史。另一方面,关键是要从河南的角度来研究中国的历史,从历史纵的时间轴来研究河南史,从历史横的空间区域比较中研究河南历史。所以,对于研究中国史的学者而言,河南地方史既是熟悉的,又是陌生的。

(二)作为区域史的河南专门史

区域是相对总体而言的。区域可以是一个地方行政建置,如河南、郑州、新郑,也可以是一个地区,如豫北、河朔、齐鲁、三秦、华北。当然,区域也可以是永恒的,对全球而言,中国、东亚、远东,都是区域。在全球史的背景下,区域史是个很时尚的东西,研究中国史与世界史(世界各国的历史),实质上研究的都是区域史。

学界有关区域史的讨论,是非常复杂的。例如,将地方史等同于区域史就

---

[1] 杨旭东:《近年来地方史研究评述》,《中原文化研究》2016年第1期。

是一种常见的声音,如:"地方史,或称区域史,是历史学科的一个重要分支。"[1]有的直接将区域史的研究范式等同于地方史的研究范式;[2]也有的将区域史作为地方史的支脉,"地方史内部也演化出了新的支系"[3]。尽管区域史和地方史有一定的契合点,但两者还不能完全画等号。区域史研究一般多关注区域的特殊性,但是,"区域史研究的意义不仅仅在于认识作为个案的区域本身,而且有助于对国家整体史的认识。于是,区域史研究的一个重要归宿还在于对中华帝国整体史的理解和把握,并不是局限于孤零零的区域个案,也非仅凭借一两个新线索的发现来填补漏洞、空白,而是从局部、微观、特殊性中找到一些带有普遍性的反映整体的现象和规则"[4]。区域史,就是由诸地理要素所构成的特定地理空间,有较长时段的经济交流与政治联系,以及内部所共生的以文化为纽带的规律性问题的研究。区域史更多关注点在基层社会,是对特定的人群、组织架构、民间信仰,以及形成的民风进行的研究。除利用正史、正志之外,区域史也要更多关注地方文献,如家谱、文书、契约、方志等,只有这样,区域史才会更加丰满。

河南历史,就河南而言,其起点是地理概念。从历代史志可以看出,行政区划的河南是立足于地理概念河南之上而设置的,在中国古代由特定地理概念而产生的政区并不多见,仅从这一点而言,河南历史既可以是地方史,又可以成为区域史,甚至由于以洛阳为核心的河南在历史上特殊的政治地位,河南史在某些时段可以上升为中国史。这就是河南历史的特殊价值所在。

四、河南历史的研究现状与努力目标

(一)河南历史的主要研究成果

改革开放以来,河南省社会科学院及全省学界陆续推出了一系列河南历史

---

[1] 叶舟:《地方文献与地方史研究》,载《上海地方志》编辑部编《2017年地方志与地方史理论研讨会论文汇编》,第199—203页。
[2] 段建宏:《地方史研究的思考》,《忻州师范学院学报》2007年第1期。
[3] 姚乐:《如何理解地方史与区域史?——以〈江苏通史·魏晋南北朝卷〉为例的分析》,《南京晓庄学院学报》2014年第3期。
[4] 孙竞昊、孙杰:《中国古代区域史中的国家史》,《中国史研究》2014年第4期。

的研究成果:

一是通史类。如《简明河南史》(张文彬主编,1996)、《河南通史》(4卷本,程有为、王天奖主编,2005)。以上成果有首创意义,但分量不足,不足以反映河南历史文化的厚重与辉煌。

二是专门史类。如《河南航运史》(河南省交通厅史志编审委员会,1989)、《河南少数民族史稿》(马迎洲等,1990)、《河南陶瓷史》(赵青云,1993)、《河南新闻事业简史》(陈承铨,1994)、《河南考试史》(李春祥、侯福禄主编,1994)、《河南文学史·古代卷》(王永宽、白本松主编,2002)、《河南文化史》(申畅、申少春主编,2002)、《河南教育通史》(王日新、蒋笃运主编,2004)、《河南农业发展史》(胡廷积主编,2005)、《河南经济通史》(程民生主编,2012)、《河南生态文化史纲》(刘有富、刘道兴主编,2013)、《中原科学技术史》(王星光主编,2016),以及即将出版的《中原文化通史》(8卷本,程有为主编,2019)等。总体来讲,质量参差不齐,形成不了河南专门史体系类的成果。

三是市县通史类。如《驻马店通史》(郭超、刘海峰、余全有主编,2000)、《商丘通史(上编)》(李可亭等,2000)、《洛阳通史》(李振刚、郑贞富,2001)、《南阳通史》(李保铨,2002)、《安阳通史》(王迎喜,2003)、《嵩县通史》(嵩县地方史志编纂委员会,2016),以及我们即将完稿的《郑州通史》(张新斌、任伟主编,2020)等。

(二)河南历史的研究机构与研究重点

河南历史研究以河南省社会科学院历史与考古研究所为核心。河南省社会科学院历史与考古研究所是专门从事河南历史研究的权威机构,该所前身为成立于1958年的河南省历史研究所。1979年河南省社会科学院成立之际,河南省历史研究所正式成为河南省社会科学院历史研究所,以后又成立了河南省社会科学院考古研究所,2007年正式合并为河南省社会科学院历史与考古研究所。该所现有工作人员19人,其中研究员4人、副研究员10人、博士或在读博士7人,其研究涉及中国历史的各个方面,尤以中国古代史研究实力最为雄厚,在省级社科院中位列前茅。该所主编的"河南历史与考古研究丛书"已出版第一辑(9本)、第二辑(6本),在中原文化、河洛文化、姓氏文化研究方面均有标志性成果。郑州大学的历史研究在以刘庆柱研究员领衔的中原历史文化重点学科、王星光教授为代表的中原科技史方向、吴宏亮教授为代表的河南与近现代中国方向、陈隆文教授为代表的河南史地方向等方面成果卓著。河南大学以黄河文明研究作为主轴，李玉洁教授的河南先秦史研究、程民生教授为代表的以汴京为核心的宋史研究等较为突出。河南师范大学、新乡学院立足新乡，开展牧野文化研究。安阳师范学院则形成了以甲骨文、殷商史为代表的特色学科。河南理工大学立足于焦作，研究太行文化、太行发展。河南科技大学、洛阳师范学院、洛阳理工学院及文物部门的徐金星、蔡运章、薛瑞泽、毛阳光、扈耕田等先生立足于洛阳，开展河洛文化和洛阳学研究。商丘师范学院立足于商丘，对三商文化与商起源的研究颇有建树。许昌学院对汉魏许都的研究、黄淮学院对天中文化的研究、南阳师范学院对东汉文化的研究则各具特色。信阳师范学院以尹全海教授为代表的根亲文化研究、以金荣灿教授为代表的淮河文化研究及三门峡职业技术学院李久昌教授的崤函文化研究等均独树一帜。这些都已经成为河南历史研究的重要力量，也总体反映出河南历史研究的特色。

（三）河南专门史大型学术文化工程运作的过程与目标

2007年以来，为了进一步整合力量，推出标志性成果，我们在已完成的《河南通史》等研究成果的基础上，提出加大对河南历史研究的力度，并以"河南专门史"作为深化河南历史研究的重要抓手。河南专门史的研究工作得到了河南省社会科学院历任领导的重视。早在2008年，河南省社会科学院副院长赵保佑研究员就积极支持专门史研究的工作构想，积极推动该项工作的落实。2010年，院长张锐研究员、副院长谷建全研究员，专门带历史与考古研究所的相关人员到北京社科院进行调研，向他们学习北京专史集成研究的工作经验。2015年，院党委书记魏一明、院长张占仓研究员、副院长丁同民研究员积极推动，将河南专门史正式纳入河南省社会科学院重大专项工作，并于年底召开了河南专门史的正式启动会。在河南专门史创研期间，院领导积极关注工作进展，副院长袁凯声研究员统筹协调，有力地推动了后续工作。2019年，院领导班子对河南专门史工作给予了大力支持，尤其是院长谷建全研究员更是将专门史作为院哲学社会科学创新工程的标志性成果，院办公室、科研处等相关部门为本套书的出版做了大量的后勤保障工作，使河南专门史第一批成果能够按时高质量地出版。河南省社会科学院历史与考古研究所在承担繁重的创研工作的同时,也承担了大量的学术组织工作,张新斌、唐金培、李乔、陈建魁多次在一起商议工程的组织与推动,唐金培在学术组织工作方面,在上下联动、督促、组织上付出了大量的艰辛。大家只有一个想法:尽快拿出一批高质量的学术成果。

为了有效推动河南专门史大型学术文化工程,我们在工作之初便编辑了《河南专门史研究编写实施方案》《河南专门史大型学术文化工程第一批实施方案》《河南专门史大型学术文化工程工作方案》《关于征集河南专门史重大专项书稿的函》等文件,成立了以魏一明、张占仓为组长的"河南专门史大型学术文化工程"领导小组,工程实行首席专家制,由河南省社会科学院历史与考古研究所所长张新斌研究员为首席专家。整个工程坚持"三为主、三兼顾"的原则,即以河南省社科院科研人员为主,兼顾河南史学界;以在职科研人员为主,兼顾退休科研人员;以团队合作为主,兼顾个人独著。在写作上,采用"三结合"的方法,即史实考证与理论提高相结合、学术价值与当代意义相结合、学术性与可读性相结合。

在第一批书稿创研中,我们结合各自的研究基础,自动组成团队,不但河南省社会科学院历史与考古研究所全体科研人员参与了该项工程,文学研究所、哲学与宗教研究所等单位的科研人员也都承担了相关的任务。河南大学、河南师范大学、河南农业大学、华北水利水电大学、郑州市委党校等同行均参与了创研。最终确定了第一批 15 本书稿的创研目标:《河南考古史》《河南水利史》《河南移民史》《河南园林史》《河南哲学史》《河南水文化史》《河南道教史》《河南城镇史》《河南行政区划史》《河南基督教史》《河南古都史》《河南家族史》《河南书院史》《河南诗歌史》《河南史学史》。我们的总体目标是推出 100 部具有学术意义的河南专门史成果。

从第一批 15 部书稿中我们归纳出以下几个特点:一是极大丰富了河南历史研究的内容。这些书稿所涉及的门类有大有小,其研究不仅梳理了相关门类的历史脉络,也丰富了通史类成果无法容纳的分量。如考古史、基督教史时段较短但内容更为丰满,有的甚至可以形成重大事件的编年。二是从更高的视角研究河南。现代考古学在河南的发展对中国考古学的分期具有标志性意义,实际上我们是从中国考古史的角度来研究河南考古史的。正因为这样,我们对河南考古学在中国考古学中的地位有了更为清晰的看法。三是从史料梳理中探寻发展规律。对于每一个专题的研究者,我们更多地要求大家在对史实进行研究的基础上,要探寻相关门类发展的规律,寻找兴衰的规律,以及决定这种兴衰规律的内在因素。我认为在这批成果中,有的已经超越了地方史的范畴,而进入区域史的研究探索之中。当然,研究是一个永无止境的过程,我们期待着河南专门史在以后的创研过程中不断有更多的学术精品问世。

2019 年 8 月

目 录

绪论   001
    一、河南农业史的研究对象和范围   002
    二、河南农业史的研究现状述评   013
    三、河南农业史的分期、特征与地位   036
    四、河南农业发展的兴衰原因、历史经验与教训   059

第一章　史前河南原始农业的产生和发展   063
    第一节　原始旱作农业的产生   065
        一、自然环境概述   065
        二、农业起源的神话   069
    第二节　五帝时代农业的发展   071
        一、黄帝时代的农业   073
        二、颛顼帝喾时代的农业   095
    第三节　耕作技术与大田作物   105
        一、原始旱作农业耕作技术   105
        二、大田农作物分布区   107
    第四节　史前农田水利的肇始   113
        一、五帝时代的水利萌芽   113

　　　　二、大禹治水与农田水利工程的肇始　　　　　　　　　　115

第二章　夏商周三代河南原始农业的繁荣　　　　　　　　119
第一节　夏代农业的稳定　　　　　　　　　　　　　　　　120
　　　　一、旱作农业的稳固　　　　　　　　　　　　　　　　121
　　　　二、小型农田水利的出现　　　　　　　　　　　　　　131
第二节　商代以农田为中心的农业经济体系　　　　　　　　132
　　　　一、早期的精耕农业　　　　　　　　　　　　　　　　133
　　　　二、畜牧与林业　　　　　　　　　　　　　　　　　　144
　　　　三、纺织与酿造　　　　　　　　　　　　　　　　　　146
　　　　四、农业及相关科学的探索　　　　　　　　　　　　　148
　　　　五、沟洫系统的起步　　　　　　　　　　　　　　　　151
第三节　西周农业技术的革新　　　　　　　　　　　　　　155
　　　　一、种植制度与技术的进步　　　　　　　　　　　　　155
　　　　二、沟洫制及沟洫农业的发展　　　　　　　　　　　　172
　　　　三、水利灌溉的初步形成　　　　　　　　　　　　　　176

第三章　春秋战国时期河南古代农业的形成　　　　　　　179
第一节　土地制度的变革　　　　　　　　　　　　　　　　180
　　　　一、春秋时期土地制度变革　　　　　　　　　　　　　180
　　　　二、战国时期土地制度变革　　　　　　　　　　　　　182
第二节　农业种植饲养的变化　　　　　　　　　　　　　　184
　　　　一、稻作品种的丰富和小麦主产区的出现　　　　　　　184
　　　　二、经济林木种植的发展　　　　　　　　　　　　　　188
　　　　三、养殖业家庭化的转变　　　　　　　　　　　　　　198
第三节　农业技术的显著进展　　　　　　　　　　　　　　213
　　　　一、铁质农具的初步推广和专业化　　　　　　　　　　213
　　　　二、精耕细作技术体系的初步形成　　　　　　　　　　221
　　　　三、规模农田水利工程的建设　　　　　　　　　　　　226

第四章　秦汉时期河南单一农耕方式的确立　　235
第一节　土地制度与农业经营方式　　236
一、土地制度的发展　　237
二、土地所有制　　249
三、农业经营方式　　252
第二节　铁农具和牛耕的推广　　260
一、铁器生产逐渐成为重要产业　　260
二、农业生产工具的铁器化　　268
三、农具向多样化、专业化方向发展　　270
四、代田法耕作的实施与牛耕的增多　　272
第三节　作物资源利用开发与农业生产水平提高　　275
一、麦作推广与农业发展　　275
二、稻作的种植　　279
三、经济作物的种植及其发展　　284
四、畜牧业和渔业生产　　288
第四节　农田灌溉技术的提升　　294
一、汉代南阳水利灌溉　　294
二、汉代汝南水利灌溉　　303
三、汉代灌溉技术的发展　　306

第五章　魏晋南北朝时期河南古代农业的发展　　309
第一节　魏晋时期农业的曲折发展　　310
一、重农措施与屯田制、占田制的实施　　310
二、种植的主要农作物　　315
三、农业工具与耕作方式的变化　　318
第二节　东晋十六国时期坞壁经济兴起下的农业衰退　　322
一、坞壁林立下的土地所有形式　　322
二、坞壁庄园内的耕作方式与作物　　327
第三节　北魏以来农业的复兴与发展　　330
一、实施均田制的动因　　330

	二、均田制的实施与意义	332
	三、农业工具与农作物种植	334
第四节	**魏晋南北朝时期的水利兴建**	336
	一、魏晋时期兴修的水利设施	337
	二、东晋十六国时期的水利设施	341
	三、北魏时期的农田水利设施	342

第六章 隋至五代时期河南古代农业的复兴 … 347

第一节	**隋至唐前期政府的兴农政策**	348
	一、区划和户口	348
	二、土地制度	352
	三、赋税制度	355
第二节	**中晚唐至五代时期农业的变革**	361
	一、区划和户口	362
	二、人口和田制的变化	364
	三、两税法的实施及影响	371
第三节	**隋至五代时期农业的发展状况**	376
	一、隋唐时期农业主管的机构及职责	376
	二、农业生产方式	379
	三、种植业和养殖业	386
	四、粮食的运输和储藏	393
	五、唐末五代农业经济的凋敝与初步恢复	400
第四节	**隋至五代时期的农田水利设施**	408
	一、灌溉设施	408
	二、防洪设施	410
	三、农田水利设施的基本估算	411

第七章 宋元时期河南古代农业的相对衰退 … 419

第一节	**北宋时期农业的恢复和发展**	420
	一、农业生产整体状况	421

二、农业管理机构　　442
　　三、发展农业的措施与制度　　443
　　四、农田水利工程　　447
　　五、农业恢复发展的原因　　448
第二节　金代农业的发展　　452
　　一、农业发展基本情况　　453
　　二、考古材料所反映的农业发展状况　　459
　　三、灾害和防灾　　460
第三节　元代农业的复兴与衰落　　465
　　一、农业管理机构　　465
　　二、农业制度　　467
　　三、发展农业的措施　　470
　　四、农业发展的成就　　473
第四节　引浊放淤工程的兴修　　478
　　一、汴河两岸的放淤情况　　479
　　二、黄河下游的放淤情况　　480

第八章　明清时期河南古代农业的延续与转型萌芽　　483
第一节　明代农业的恢复与农村商品经济的发展　　484
　　一、农业恢复的举措　　485
　　二、农业生产的恢复与发展　　487
　　三、农村商品经济的发展　　492
第二节　明代生产条件的恶化与农田水利建设的发展　　496
　　一、农业生产条件的恶化　　496
　　二、农田水利事业的发展　　501
第三节　清代前中期农业的恢复与发展　　505
　　一、清初恢复农业生产的措施　　506
　　二、农业生产的恢复与发展　　508
　　三、畜牧业的发展　　511
　　四、农业生产关系的变化　　512

第四节 清代后期农业发展的凋敝与新机 513
一、农业生产条件的恶化 513
二、古代农业的延续 517
三、农业发展中的新机 526

第五节 清代农田水利事业的兴衰 531
一、农田水利工程的发展 531
二、水事纠纷调节机制的建立 537
三、农田水利事业的衰落 539

第九章 民国时期河南古代农业的缓慢变革 545

第一节 农业的延续 546
一、农业生产环境 546
二、人口、耕地与农业经营 548
三、农业种植结构 552

第二节 农业的现代有限性转向 557
一、农政机关的演变 558
二、农业科技的改良 561
三、农业商品化的发展 568

第三节 农田水利事业的有限发展 573
一、北洋政府时期 573
二、南京国民政府时期 575
三、全面抗日战争时期 583
四、解放战争时期 587

结语 593

参考资料 598

后记 631

绪论

中国是农业文明古国,农业的出现已有上万年的历史。河南地处黄河中下游,历史上长期居于全国政治、经济、文化的中心,是中华农耕文明的中心地区和重要发祥地之一。河南农业在中国农业发展史上有着重要地位,河南的农业发展史可以看成是中国农业发展的一个缩影。河南农业发展过程中所积累下来的农耕文化内容丰富,亮点纷呈,影响深远。

一、河南农业史的研究对象和范围

农业史是研究农业发展过程的一门学问,它是一种介于农业和历史之间的边缘科学或中间科学,研究的是农业发展过程的专门历史,主要是属于农业科学的范畴。[①] 农业史是19世纪末20世纪初史学社会科学化的产物,它打破了囿于研究政治、军事和帝王将相等狭隘范畴的传统史学,而将目光扩展到经济、

---

① 朱自振:《有关地区农业史的几点浅识》,《中国农史》1992年第4期。根据王思明的研究,学术界对农业史的定义众多,其中最具代表性的有四种:一是1775年,德国哥廷根的经济学教授约翰·贝克曼(Johann Beckmann)认为农业史就是农业生产的历史;二是德国农业博物馆馆长舒尔茨·克林肯(K. R. Schultz-Klinken)博士定义农业为一门包括农业及农业科学所有分支的一门交叉学科(科学史);三是奥地利维也纳大学经济与社会史研究所前所长阿尔夫莱得·霍夫曼(Alfred Hoffman)教授定义农史是土地利用和土地管理的历史(生产和经济都包含其中);四是英国里丁大学农业学家科林斯(D. J. Collins)博士认为农业史是包括农村社会、经济、文化和技术各个方面历史发展的总和。王思明认为农业史"是以政治、经济、文化等综合的观点研究农业生产与技术、农业经济、农村社会及农业思想历史演进及其规律性的一门交叉学科"。可见,农业史的定义也是发展的。参见王思明:《农史研究:回顾与展望》,《中国农史》2002年第4期。

社会等多层面的人类历史,它的兴起在很大程度上属于自上而下的推动。①

在我国,农业有狭义农业和广义农业之分,前者主要指粮食、蔬菜和经济等作物的栽培或种植事业,后者除前者农作物的生产事业之外,还包括与农业长期结合、相辅相成的林业、牧业、副业、渔业等数种产业。② 农业史所研究的为广义农业,即习惯上所说的农、林、牧、副、渔,并包括与农业生产及其发展相关的一切自然和社会因素,还包括农业史学科建设方面,如古农书整理、农业史料学、农业史学史、农史理论、农业考古等。③

农业史的概念规定了农业史的大致范围和内容,但没有说明农业史的具体内容,但根据农业史研究的实践来看,实际上农业史的内容和范围是逐渐丰富和扩展的,而不是短时间内就达到并覆盖了农业史所有内容和范围,而且发展到后来,其内容与范围已经扩展到传统农业史的内容和范围之外了,出现了"内史"与"外史"之争。④

中国现代意义上的农业史研究出现于20世纪二三十年代,40年代有陈安仁的《中国农业经济史》⑤;到50年代,学界开始大规模收集农业史资料,开展以整理古代农书为主的古代农业遗产整理研究,如石声汉的《齐民要术今释》⑥,夏纬瑛的《吕氏春秋上农等四篇校释》⑦等。改革开放以后,农业史研究全面兴

---

① 高国荣:《试析农业史与环境史的区别——以20世纪中美两国的相关研究为例》,《社会科学战线》2019年第9期。
② 如扬则坤认为:"在我国现阶段,农业是人们培育动植物以取得产品的生产和附属于这种生产的各部门的总称。这种广义农业包括农业(种植业或狭义农业,主要是大田作物、果、茶、桑、药等的种植)、林业(主要是造林和营林)、畜牧业(主要是畜禽和小动物的饲养)、渔业(主要是水产养殖)和副业(主要是野生植物的采集、野生动物的狩猎、农产品的简单加工,等等)。"参见扬则坤:《农业的概念和范围之我见》,《四川农业大学学报》1988年第3期。
③ 朱自振:《有关地区农业史的几点浅识》,《中国农史》1992年第4期。还有一种更广义的农业概念,如靳相木、薛兴利认为农业概念是随生产力进步和体制变革而不断发展的产业范畴,迄今在人们的观念上大致存在三个农业概念:一是通常所说的狭义农业;二是已被学界广泛接受的所谓广义农业;三是以动植物生产为中心,产前(扩张到那些为农业提供机器、肥料、农药等的产前行业)、产中、产后(扩张到农产品加工、销售等产后行业)三个领域全部内容的总和。参见靳相木、薛兴利:《拓展农业外延:农业现代化的必由之路》,《农业现代化研究》1999年第4期。可见,朱自振所认为的农业史所研究的广义农业当是这种广义农业。
④ 王思明:《农史研究:回顾与展望》,《中国农史》2002年第4期。
⑤ 陈安仁:《中国农业经济史》,商务印书馆1948年版。
⑥ 〔北魏〕贾思勰著,石声汉校释:《齐民要术今释》,中华书局2009年版。
⑦ 〔战国〕吕不韦著,夏纬瑛校释:《吕氏春秋上农等四篇校释》,农业出版社1956年版。

起,全国性大型农业史著作相继出版,有关农业经济史、农业科技史、农学各专业史(专题史)的论著大量涌现,如陈文华等编的《中国农业技术发展简史》①,荆三林的《中国生产工具发展史》②,梁家勉主编的《中国农业科学技术史稿》③,汪家伦、张芳的《中国农田水利史》④,岳琛主编的《中国农业经济史》⑤,吴存浩主编的《中国农业史》⑥,以及中国农业百科全书总编辑委员会、中国农业百科全书编辑部陆续编辑的中国农业百科全书农业各卷⑦等。⑧ 从书名上看,农业史内容有农业经济、农业科学技术、农田水利、古农书、生产工具等,内容逐渐丰富,综合性逐渐增强。

农业史的内容与范围,在农业史各著作中有具体而较为详细的反映。1995年出版的《中国农业百科全书·农业历史卷》⑨,除了总论,主要内容分中国古代农书、农史人物、中国农业经济史、中国农业科学技术史、世界农业史等部分,基本上涵盖了农业历史的各个层面,如"中国农业经济史"部分,有经济事件、典章制度、农业经济结构与情态、农业经济的运行与机制,土地利用就分有8类,基本上包括了历史上土地利用的形式;"中国农业科学技术史"部分有工具和技术实用方面的介绍,农具达60余种;"中国古代农书"部分,内容多达110余种。⑩ 全国和地区农业史,有综合性和非综合性之分,《中国农业百科全书·农业历史卷》是农业专题史的一种汇编式,是专题史汇编性质的农业史,是一种非综合性的农业史。⑪

吴存浩主编的《中国农业史》则是一部有代表性的综合性的农业史著作,从

---

① 闵宗殿、董恺忱、陈文华编著:《中国农业技术发展简史》,农业出版社1983年版。
② 荆三林:《中国生产工具发展史》,中国展望出版社1986年版。
③ 梁家勉主编:《中国农业科学技术史稿》,农业出版社1989年版。
④ 汪家伦、张芳编著:《中国农田水利史》,农业出版社1990年版。
⑤ 岳琛主编:《中国农业经济史》,中国人民大学出版社1989年版。
⑥ 吴存浩:《中国农业史》,警官教育出版社1996年版。
⑦ 中国农业百科全书总编辑委员会蚕业卷编辑委员会、中国农业百科全书编辑部编:《中国农业百科全书·蚕业卷》,农业出版社1987年版。
⑧ 何康:《〈西北农牧史〉序》,《农业考古》1990年第1期。本刊编辑部:《农史研究三十年》,《中国农史》1984年第3期。
⑨ 中国农业百科全书总编辑委员会农业历史卷编辑委员会、中国农业百科全书编辑部编:《中国农业百科全书·农业历史卷》,农业出版社1995年版。
⑩ 宁可、魏明孔:《〈中国农业百科全书·农业历史卷〉品评》,《博览群书》1997年第3期。
⑪ 朱自振:《有关地区农业史的几点浅识》,《中国农史》1992年第4期。

中可以看到农业史研究较为详细的内容和范围。这是一部阐述自母系氏族社会至民国时期(中华人民共和国成立前)不同时期的农业经济状况的农业史著作,包括原始农业卷(原始农业的起源与发展、原始农业的繁荣),传统旱作农业定型卷(传统农业的产生、传统旱作农业的发展、传统旱作农业的定型),传统水田农业定型卷(水田农业生产技术的发展、传统稻作农业的定型),传统农业深化卷(传统农业的细化、现代农业的萌芽);在内容上以中国农业的发生和发展历程为线索,将农业经济思想、农业经济管理、农业区划变迁、农作物种植构成、农业生产工具、耕作技术、果林园艺、畜牧兽医、农田水利、农业科学发展、天气预测预报、中外农耕文化交流以及与农耕文化紧密相关的农业政策、土地制度、赋役制度、垦荒人口、农业科技与成就等纳入一个系统之中,并发掘可供当今农业借鉴的历史经验,在农业生产管理、农业资源开发利用、中国农业发展方向等方面提出了许多富有启迪意义的建议与主张。[1]

再看国外学者对我国农业史内容和范围的认识。日本研究中国农业史的代表人物有天野元之助,自20世纪30年代至70年代末,他出版了《中国农业诸问题》《中国古农书考》等著作,其中《中国农业史研究》[2]是他的代表作,主要内容是关于中国作物起源与栽培以及粮食加工工具方面的研究。全书包括三编:一是作物编,较为详细地考证了中国古今的农作物黍、蜀黍、粟、稷、禾、麦、谷、水稻类的起源、发展、变化、现状;二是栽培编,主要考察了水稻、棉花的栽培技术的发展变化;三为农具编,系统而详细论述了手耕发展为牛耕的历史进程及粮食加工工具的演变。此外,每编后有增补内容,对中国养蚕业的起源和现代农业经济作了有价值的探索。[3] 日本学者对中国农业史内容与范围的认识,从他们对中国农业史研究的评价上可见一斑。日本农业史学家渡部武对20世纪80年代初的中国农业史研究动向从四个方面作了评介:一是古农书、园艺书等有关农业文献的研究,二是土壤、田制和农具的研究,三是栽培作物及果树的研究,四是林业和家畜的研究。大层次主要是农业、林业、饲养业,小的层次上,主要有农业文献、作物、农具、土地制度等。[4] 从这些具有代表性的农业史著作

---

[1] 任怀国:《〈中国农业史〉评介》,《中国史研究动态》1998年第3期。
[2] [日]天野元之助:《中国农业史研究》,御茶の水书房,1962年版。
[3] 马虹:《天野元之助与〈中国农业史研究〉》,《农业考古》1984年第2期。
[4] 马宁:《日本学者评我国农业史的研究》,《农业考古》1984年第2期。

中不难看出,农业史的研究内容和范围主要是农业科学技术与农业经济两大方面。

农业史的根基是农业技术与经济史,也就是狭义的农业史,一般称作传统农学史,是农业史的"内史"。但自20世纪末,特别是21世纪以来,农业史研究领域扩大,出现农业史的泛化,如对农业社会史有了较多关注,农业史的社会史化极大地拓展了其研究范围;又如从生态角度研究农业,探讨农业与环境、食物与健康、活态农业文化遗产资源保护等诸问题,与环境史交叉融合。[1]

王星光曾将传统农业的范围概括为五大方面,其中涉及社会文化层面:[2]

1. 农业科学技术:生物(农作物和生物)的种植和饲养技术,是整个农业文化的核心。

2. 农业工程:兴修水利、铺设桥梁、制造农具等,为保证农业生产的正常进行。

3. 副业:纺织、酿造等,对农产品进行就地加工和利用。

4. 组织与制度:农村社会组织、土地和田赋制度,为组织生产和管理水利等农业基本建设,征收赋税。

5. 乡村文化:意识形态、民间风俗等,形成的对自然的看法、宗教观念、对农商等关系的看法等,民歌、舞蹈、绘画、土医、教育等。

王思明倡导和鼓励不同学科从不同角度"来探讨和研究农业、农村和农民问题"[3]。农村和农民问题,是社会史重要课题。传统农业史的突破,出现了农学史的"外史"之称,即重视从农学与自然、社会、文化的相互关联中去研究它的发展。如李根蟠提倡农业史研究还应在与社会、文化、环境的联系上探讨。[4] 对农业史研究的领域与范围,王思明也有一种归类(表0-1)。[5]

---

[1] 高国荣:《试析农业史与环境史的区别——以20世纪中美两国的相关研究为例》,《社会科学战线》2019年第9期。
[2] 王星光:《传统农业的概念、对象和作用》,《中国农史》1989年第1期。
[3] 王思明:《观念的更新与农史学科的发展》,《农业考古》1995年第1期。
[4] 卢嘉锡总主编,董恺忱、范楚玉分卷主编:《中国科学技术史·农学卷》,科学出版社2000年版。
[5] 王思明:《农史研究:回顾与展望》,《中国农史》2002年第4期。

表 0-1 农业史研究领域与方向表

序号	领域	方向	内容
一	综合农业史	1. 农史文献学	
		2. 农史术语学	
		3. 农本和重农研究	
		4. 农业通史	包括世界农业史和国别农业史
		5. 农史方法论	
二	农业科技史	1. 植物生产史	作物栽培,蔬菜、果树、花卉园艺,饲料作物,中草药
		2. 林木生产史	林木育种与栽培、林业开发、林木运输、木材加工等
		3. 动物生产史	牛、猪、羊、马、家禽、蚕、蜂、鱼等
		4. 农用土壤史	
		5. 农业制度史	
		6. 区域农业史	
		7. 农业工具与农业机械史	
		8. 农田水利史	
		9. 农产品贮藏史	
		10. 农产品加工史	
		11. 农产品运销史	
		12. 农业文献	
		13. 农用建筑史	
		14. 农业气象	
		15. 农业统计	
		16. 农业推广	
三	农业经济史、农业机构、农业关系及农业思想史	1. 土地制度史	
		2. 农业赋税史	
		3. 农业思想史	
		4. 交流与合作业管理史	中央、地区及地方
		5. 农业立法史	
		6. 农业殖民史	
		7. 农业金融与信贷	

(续表)

序号	领域	方向	内容
		8.农业保险史	
		9.农业报酬	
		10.农业社会关系史	
		11.农业合作史	
		12.农业社团史	
		13.科研组织机构史	
		14.农业教育史	
		15.农业博物馆	
		16.农业出版史	
四	农村生活史	1.乡村社会结构	
		2.乡村社会管理	
		3.乡村发展史	
		4.乡村人口研究	
		5.婚姻、家庭与宗族	
		6.乡村教育研究	
		7.民俗史及乡村文化研究	民间文艺、农村工艺等
		8.农民心理及宗教信仰研究	
		9.农村社会保障	
		10.农村卫生问题	

说明:本表在王思明原有内容上制作,并对方向栏中的原有顺序略作调整。

从表中可以看出,王思明的归类有重复,也有交叉,但内容和范围广阔,涉及农业史方方面面,包括社会、文化、环境等。

但老一辈农业史专家坚守和强调农业史的"内史"。2003年,李根蟠明确指出,农业生产史应该成为农史学研究的中心。[①] 2011年,他又强调,农业生产史和农业科技史"构成农史学科的根基,也是农史学科的特色和优势所在",在

---

① 李根蟠、王小嘉:《中国农业历史研究的回顾与展望》,《古今农业》2003年第3期。

学科日益开放多元的过程中,"应该守住这个根基,利用和发挥自己的优势,在这基础上吸纳和拓展"①。2006 年,中国农业历史学会时任理事长宋树友也强调,农史研究要"贴近农史学科的内涵",要"保持农史学科特色",坚持"以'我'为主",而"不能漫无边际",他期望"年轻一代的农史学者要继续老一辈专家的传统,切实把握好农史学科的内涵和边界"。② 高国荣进一步指出,新时期对农业史而言,"内史"是根基,是特色;"外史"是枝叶,是延伸;"农业史研究如果一味求新,过多地偏重外史,就很容易走偏,导致研究特色的丧失"。③

河南农业史是地区农业史的一种。地区农业史是研究世界某一地域的农业发展过程,是世界和一个国家农业历史的组成部分。地区农业史和世界或全国农业史在研究对象和内容等方面并没有什么差别,只是研究空间的大小不一。④ 不过,农业历史研究,"主要也即是地区农业史的研究",农业的地区性,"是农业至关重要也是最具影响的本质的特点",地区农业史的研究,"不但是农业历史科学的基本立足点,也是农业历史科学为现实政治、经济服务的基本出发点"。⑤ 朱自振强调了地区农业史的重要地位和地区农业史研究的重大意义。但是,据朱自振所说,"农业历史包括地区农业史,其研究范围,要较农业更为广泛一些",再结合他对农业史的定义来看,⑥又说明地区农业史与农业史相比,除在研究空间上要小之外,一般还不包括农业史学科本身的建设方面。

地区农业史是中国农业史的组成部分。张芳总结说,地区农业史研究工作开始于 20 世纪初,五六十年代逐渐兴起,80 年代后成为农业史研究的热门。⑦

---

① 李根蟠:《农史学科发展与"农业遗产"概念的演进》,《中国农史》2011 年第 3 期。
② 宋树友:《中国农业历史学会理事长宋树友研究员的讲话》,《中国农史》2006 年第 1 期。
③ 高国荣:《试析农业史与环境史的区别——以 20 世纪中美两国的相关研究为例》,《社会科学战线》2019 年第 9 期。
④ 朱自振:《有关地区农业史的几点浅识》,《中国农史》1992 年第 4 期。樊志民有另一种地区农业史的定义,认为地区农业史是以农业地理为基础,研究一定自然、社会条件下的农业地域类型及其发展变化,是农史学科的一个重要分支;这种地区农业史不是以行政区划为界,而是"立足于农业的地域性特点","以质定区,以时系事,以探讨地区农业演化规律为基本任务",其成果有地域性农业通史、地域性农业断代史、地域性农业专题史、地域性农学专业史等。参见樊志民:《地区农业史的理论与实践》,《中国农史》1988 年第 4 期。这显然与以行政区划为界的综合性地区农业史有别。
⑤ 朱自振:《有关地区农业史的几点浅识》,《中国农史》1992 年第 4 期。
⑥ 朱自振:《有关地区农业史的几点浅识》,《中国农史》1992 年第 4 期。
⑦ 张芳:《中国地区农业史的研究现状与趋势》,《中国农史》1993 年第 1 期。

这样说,好像地区农业史是与农业史研究同步发展的。实际上,20世纪80年代后,地区农业史的研究开始出现,如张波的《西北农牧史》①。从地区农业史研究的实践来看,其所研究的农业也是广义上的农业。如中国农业科学院、南京农业大学中国农业遗产研究室编著的《北方旱地农业》,就是从农牧结合等方面总结北方农业的历史经验的。② 张波《西北农牧史》是一部系统的、综合性的西北农业史著作,该书勾画出西北陕西、甘肃、宁夏、青海、新疆和内蒙古六省区自远古到近世农牧消长、农牧经济关系演变和农牧科学技术进化的全过程,揭示了西北地区的经济特点和农牧发展的历史经验。③ 中国农业科学院、南京农业大学中国农业遗产研究室太湖地区农业史研究课题组编著的《太湖地区农业史稿》,从农业的不同领域,诸如粮食、纤维与油料作物、蔬菜、果树、花卉与园林、茶叶、土地开发、蚕桑业、水利建设、林业、畜牧业、渔业、市镇等方面总结太湖地区从史前至明清时期所取得的历史成就和经验,并探讨了与此相关的社会经济演变。④《太湖地区农业史稿》的内容和范围涉及农、林、牧、副、渔等诸业,显而易见,是一种广义的农业。当然,朱自振认为《太湖地区农业史稿》是农业专题史的一种汇编,⑤是非综合性的地区农业史。

根据张芳对1980年以来十几年间中国地区农业史的研究现状看,地区农业史研究的内容和范围与中国农业史基本相同,主要是一种广义的农业史研究,主要包括粮食和经济作物、作物布局、种植结构、农业产量、土地制度、农业赋税、农业政策、土地开发、农业经营、林业、畜牧、副业、渔业等,涉及农业社会生产力和生产关系的各个方面。⑥

当然,如中国农业史研究一样,地区农业史的内容和范围也在扩展。根据张芳对1980年以来十几年间中国地区农业史的研究现状看,农业史研究的领域和内容扩大了,不少论著就是从社会、环境与农业生产诸多部门之间的内在

---

① 张波:《西北农牧史》,陕西科学技术出版社1989年版。
② 中国农业科学院、南京农业大学中国农业遗产研究室编著:《北方旱地农业》,中国农业科技出版社1986年版。
③ 张芳:《中国地区农业史的研究现状与趋势》,《中国农史》1993年第1期。
④ 中国农业科学院、南京农业大学中国农业遗产研究室太湖地区农业史研究课题组编著:《太湖地区农业史稿》,农业出版社1990年版。
⑤ 朱自振:《有关地区农业史的几点浅识》,《中国农史》1992年第4期。
⑥ 张芳:《中国地区农业史的研究现状与趋势》,《中国农史》1993年第1期。

联系作综合的分析研究的。如：西北开发与自然环境的变迁；陕西明清垦殖与自然环境方面的问题；历史时期宁夏农牧业开发与环境变迁、自然生态系统改造问题；内蒙古开垦与生态环境的演变，尤其是土壤沙漠化的关系；东北市场贸易、农民生活；明清时期江南的市镇；上海的上海港历史；浙江乡镇经济；清代两湖地区漕运问题；湖南湖区环境的历史变迁；四川井盐史；广东明清时期的沙田、桑基鱼塘的发展和生态系统分析；福建明清时期的农村市场、人口的海路外流、闽台的经济关系、农业资本主义萌芽诸问题，泉州港的兴衰及原因；等等。① 农史研究内容显然扩展到社会生活史、生态环境史领域。

著作方面，如前引《太湖地区农业史稿》，就增加了市镇方面的内容。李澍田主编的《东北农业近代化研究》②，明显是一部断代地区农业史著作，对东北近代农业进行了系统的量化研究。该书系统考察了东北地区的种植结构、经济作物、作物布局、土地制度、经营方式、农业赋税、土地开发、农产加工、市场贸易、农垦企业、技术引进、农业试验、农民生活等农业经济的各个领域，并对东北农业近代化历史进行反思，对农业现代化的实现也提出了新见解。③ 从内容上可以看出，书中增加了农业试验、农民生活等内容，特别是农民生活的社会史内容。

代表性的著作有衣保中的《中国东北农业史》，该书全面、系统地梳理了从距今7600年至1949年东北地区农、林、牧、副、渔各业发展的历史，是一部大型地区农业史专著，从整体上揭示了东北地区农业历史的全貌，其研究的内容和领域主要有作物品种、农业生产、农耕技术、生产工具、土地关系、农业政策、农业赋税、农业行政、土地开发、农田水利、农产加工、农产储运、农产贸易、农业组织、农业金融、生产习俗、农民生活、农业教育等18个方面的问题。④ 从这些内容可以看出，农业组织、农业金融、生产习俗、农民生活、农业教育等是农业史原有内容和领域的拓展。

李帆将这18个问题归纳为土地关系、农业政策、农业经济、农业技术与农业教育四个层面。他认为是以农业经济为核心，包括农业生产力、生产关系的

---

① 张芳：《中国地区农业史的研究现状与趋势》，《中国农史》1993年第1期。
② 李澍田主编：《东北农业近代化研究》，吉林文史出版社1991年版。
③ 张芳：《中国地区农业史的研究现状与趋势》，《中国农史》1993年第1期。
④ 衣保中：《中国东北农业史》，吉林文史出版社1993年版。

基本内容,加之作者着力阐发的东北农业自古以来便形成的农、林、牧、副、渔各业并举的特征,从而初步构筑了东北农业史的学科框架。① 若依此归类,这 18 个方面似可作如下归类:

1. 土地关系:土地关系。

2. 农业政策:农业政策。

3. 农业经济:农业生产、农业赋税、农业行政、土地开发、农产加工、农产储运、农产贸易、农业组织、农业金融。

4. 农业技术与农业教育:作物品种、农耕技术、生产工具、农田水利、农业教育。

显然,这种归类并不完全。剩下的生产习俗、农民生活则无类可归。生产习俗实际上属于文化史内容,农民生活属于社会史内容,农业教育也属于社会史内容。并且农业生产一般指农业经济,②土地关系、农业政策、农业赋税、农业行政、土地开发、农产加工、农产储运、农产贸易、农业组织、农业金融都属于农业经济范畴。农业行政实际上指农业管理。属于农业技术的古农书也没有包括在内。上述四种归类,实际上就是两种:一是农业经济,土地关系、农业政策是属于农业经济层面;二是农业技术。农业经济、农业技术这两种内容正是农业史、地区农业史研究的根基与特色。生产习俗、农业教育、农民生活是后来农业史在社会文化史方面的拓展内容,是农业史研究社会文化史转向的反映。农业金融也是后来农业史范围内拓展的内容。当然,农业史内容的归类,农业史研究实践中存在着不一致的地方,如佟屏亚在论及农业技术史研究的倾向时,将经营管理、耕作制度、作物栽培、农业思想、种子、播种、管理、施肥、灌溉、收获等作为农业技术方面的内容举例。③

结合以上农业史、地区农业史的内容与范围的发展演变,我们认为河南农业史作为中国农业史的组成部分,除空间范围之外,在内容和范围上与中国农业史有着共同性和一致性。河南农业史也是以政治、经济、文化、自然等综合的观点研究河南省域内包括农、林、牧、副、渔各业的大农业发展过程的一门学问,

---

① 李帆:《评〈中国东北农业史〉》,《历史研究》1996 年第 4 期。
② 如农业技术史和农业生产史并称,农业技术史和农业经济史并称,这里农业生产实际上指的是农业经济。
③ 佟屏亚:《刍议农业史研究》,《农业考古》1998 年第 1 期。

也是在与政治、经济、文化、自然等联系中研究农业生产技术、农业经济、农村社会、农业思想文化历史演进及其规律性的一门交叉学科。其时限是自史前至21世纪初,其主要内容是以农业技术与农业经济为核心,兼及社会、文化、环境史的转向所带来的领域与范围扩大方面的内容,大致包括以下四大方面:

1. 农业技术:农作物生物(作物和家畜、家禽等,如栽培作物,蔬菜、果树、花卉园艺,饲料作物,中草药,林木,猪、马、牛、羊、家禽、蜂、蚕、皮毛动物、鱼等)品种,生物种植饲养技术,生产工具,生产技术(铁器取代石器,畜力取代人工,机器生产代替人工生产,集约经营代替粗放经营),农田水利,农业气象,农业土壤,农业试验,技术引进,农史人物,农业文献等。

2. 农业经济:土地关系,农业生产结构,农业产量,农业赋税,农业管理(机构、思想、政策、措施),土地开发,自然环境,农产加工利用(纺织、酿造等),农产储运,农产贸易,农业借贷等金融,农业组织等。

3. 乡村社会:农业人口,农民生活,农业教育,婚姻、家庭与宗族,服饰饮食,农民心理及宗教信仰,等等。

4. 乡村文化:民风民俗,民歌民谚、舞蹈、绘画等民间文艺,农村工艺,土医,农用建筑,等等。

二、河南农业史的研究现状述评

河南农业史是中国农业史的一个组成部分,是地区农业史中重要的一员。河南农业史的研究,与其他地区农业史研究一样,开始于20世纪初,五六十年代逐渐兴起,80年代后有较大发展,至今已是成果丰硕。在社会发展到新时代的今天,适时对农业史研究进行总结与回顾,反思其中存在的问题,将有益于其今后发展方向与道路的选择和推进。下面将从河南农业史综合性研究,农业经济思想、政策、措施,农业土地制度、阶级关系,农业生产物质条件,农业生产科学技术,农业生态环境,农业生产水平和农作物种植结构,农业经济发展态势,乡村社会文化等方面进行简要的回顾与反思。

1. 河南农业史综合性研究

河南自古以来一直是中国农业发展的核心区域,农业史资源十分丰富,是社会各界关注与研究的热点,因此,在河南农业史研究方面也出现了一些有分量的系统性和综合性论著。

胡廷积编的《河南农业发展史》是第一部河南农业史专著,也是河南农业研究的最新成果。该书包括五篇二十六章,第一篇"河南是我国农业的重要发源地",介绍了河南优越的地理位置、丰富的农业资源及农业自然资源的开发问题;第二篇"河南古代时期农业",简要阐述了先秦、秦汉、魏晋南北朝、隋唐宋、元明清五大历史时期的农业发展状况,并单列一章介绍了主要农作物的起源及栽培史;第三篇"河南近代时期农业",反映出近代河南农业出现的新变革;第四篇"新中国时期河南农业",总结了农、林、牧、渔各业成就及乡镇企业发展,全面而深入;第五篇则是"河南21世纪新时期农业发展的途径",富有前瞻性和启迪性。[1] 不过,该书也存在一些不足。从内容看,该书研究对象是一种大农业,略古详今,但对古代河南农业的论述太过简略;又将主要农作物的起源及栽培单列一章,与体例不合,不能明晰历代农业发展状况。白选杰总主编的《河南农业策论》则对当代河南农业的发展做出论述,并认为下一步需着力于结构调整、农业产业化经营、土地流转、农业生态旅游、农业生态观光园等方面的理论研究及实践。[2]

《河南通史》(四卷本)虽是研究河南历史的通史性著述,但对河南农业史的论述是其中的重要内容,从原始农耕社会开始,直至现代时期,各个历史时期的农业发展状况都有所涉及。[3] 在《河南经济简史》[4]上大幅扩充的《河南经济通史》是有关河南经济史的重要著作,分古代、近代、现代河南经济史,在部门经济论述中,农业经济占据了很大篇幅,囊括河南各个时期的地理环境、人口、耕地及具体农业经济,并列有河南农业、农田水利等研究专节。[5]《中原文化大典》是一部百科全书式的著作,其中的科学技术典、文物典、人物典、著述典等都涉及河南农业发展过程中的技术、农具、农书、生物、农业思想、农业、水利、纺

---

[1] 胡廷积主编:《河南农业发展史》,中国农业出版社2005年版。
[2] 白选杰总主编:《河南农业策论》,西南交通大学出版社2012年版。
[3] 程有为、王天奖主编:《河南通史》,河南人民出版社2005年版。
[4] 程民生:《河南经济简史》,中国社会科学出版社2005年版。
[5] 程民生主编:《河南经济通史》,河南大学出版社2012年版。

织、天文、地理等。① 王星光主编的《中原科学技术史》中以河南为中心的中原地区农业技术的系统性研究占一定比例,从石器时代开始,到中华人民共和国成立前夕,对农业耕作技术、农具、农业思想等方面都有一定的阐述。② 黄正林等《民国河南社会经济史》论及民国时期河南的农业、工业、财政、金融、交通、畜牧业、林业。③ 另有张文彬主编的《简明河南史》④、郭予庆等的《河南经济发展史》⑤、河南省文物研究所编的《河南考古四十年(1952—1992)》⑥、程有为的《河南史纲》⑦、河南省地方史志办公室编的《河南省志·科学技术志》⑧等。

不过,这一时期,有不少涉及河南农业史的全国性的农业方面的论著。如《中国农业百科全书》农业历史卷、蚕业卷、农作物卷等;⑨吴存浩的《中国农业史》⑩、杜青林、孙政才任总主编的《中国农业通史》⑪、陈安仁、岳琛各自编撰的《中国农业经济史》⑫,日本学者天野元之助自20世纪30年代至70年代末撰写的《中国农业の诸问题》《中国农业史研究》⑬;中国农业科学技术史方面有闵宗

---

① 中原文化大典编纂委员会主编:《中原文化大典》,中州古籍出版社2008年版。
② 王星光主编:《中原科学技术史》,科学出版社2016年版。
③ 黄正林、张艳、宿志刚:《民国河南社会经济史》,社会科学文献出版社2018年版。
④ 张文彬主编:《简明河南史》,中州古籍出版社1996年版。
⑤ 郭予庆、杨松林、冯宛平等:《河南经济发展史》,河南人民出版社1988年版。
⑥ 河南省文物研究所编:《河南考古四十年(1952—1992)》,河南人民出版社1994年版。
⑦ 程有为:《河南史纲》,河南人民出版社2019年版。
⑧ 河南省地方史志办公室编:《河南省志·科学技术志》,河南人民出版社1995年版。
⑨ 中国农业百科全书总编辑委员会农业历史卷编辑委员会、中国农业百科全书编辑部编:《中国农业百科全书·农业历史卷》,农业出版社1995年版。中国农业百科全书总编辑委员会蚕业卷编辑委员会、中国农业百科全书编辑部编:《中国农业百科全书·蚕业卷》,农业出版社1987年版。中国农业百科全书总编辑委员会农作物卷编辑委员会、中国农业百科全书编辑部编:《中国农业百科全书·农作物卷》,农业出版社1991年版。
⑩ 吴存浩:《中国农业史》,警官教育出版社1996年版。
⑪ 杜青林、孙政才总主编,王利华主编:《中国农业通史·魏晋南北朝卷》,中国农业出版社2009年版。
⑫ 陈安仁:《中国农业经济史》,商务印书馆1948年版。岳琛主编:《中国农业经济史》,中国人民大学出版社1989年版。
⑬ [日]天野元之助:《中国农业の诸问题》,技报堂,1952年版。[日]天野元之助:《中国农业史研究》,御茶の水书房,1962年版。

殿、梁家勉、王鸿生、英国李约瑟等学者的著作①；还有曾雄生的《中国农学史》（修订本）②、美国学者黄宗智的《中国农村的过密化与现代化：规范认识危机及出路》及赵冈有关农业经济史论文集③等。当然，还有一些通史、断代史的著作，也有涉及河南农业史的重要内容。这些论著涉及河南农业史综合性或某一方面论述。

区域农史专著也有涉及河南农业史的重要内容，如衣保中所著《中国东北农业史》探讨了中原农业技术在东北的传播及其影响。④ 河南断代农业史的研究，如先秦、汉、唐、北宋、清等时期的农业，虽然没有专著，但也有系列论文的发表。

农业考古属考古学范畴，是其一个分支，主要是利用考古发掘出土的相关农业实物，考察农业发展历程，探赜其中规律，为中国现代农业发展提供有益借鉴。河南是农业大省和考古大省，相应地，农业考古也取得了许多成果。一个重要方面就是围绕各个考古遗址展开的，主要是以考古发现的各类标本为依据，利用现代理论与科技进行相关研究，以此说明各个时期的农业发展状况。如王星光以李家沟遗址为中心，说明其与中原农业起源问题，认为在该遗址发现的诸多动物标本及石、陶器，均表明"原始农业"已经孕育产生。⑤ 此外，还有河南仰韶文化遗址、中原龙山时代遗址等与农业发展相关的研究成果。商代时中原地区农业生产环境湿润，有利于农业生产，加之当时社会普遍重视农业，人

---

① 闵宗殿、董凯忱、陈文华编著：《中国农业技术发展简史》，农业出版社1983年版。梁家勉主编：《中国农业科学技术史稿》，农业出版社1989年版。王鸿生：《中国历史中的技术与科学——从远古到1990》，中国人民大学出版社1991年版。李约瑟主编的《中国科学技术史》第六卷《生物学及相关技术》中有植物学，农业，畜牧业、渔业、农产品加工和林业三分册，科学出版社1986、1988、1996年版。新近的如张芳、王思明《中国农业科技史》，该书以时间为线索，从先秦至明清，对各个时期的农业科技进行了综合研究，也是研究这一领域的基础之作。参见张芳、王思明主编：《中国农业科技史》，中国农业科学技术出版社2011年版。
② 曾雄生：《中国农学史》（修订本），福建人民出版社2012年版。
③ [美]黄宗智：《中国农村的过密化与现代化：规范认识危机及出路》，上海社会科学院出版社1992年版。[美]赵冈编著：《农业经济史论集——产权、人口与农业生产》，中国农业出版社2001年版。
④ 衣保中：《中国东北农业史》，吉林文史出版社1993年版。
⑤ 王星光：《李家沟遗址与中原农业的起源》，《中国农史》2013年第6期。

们进行协作劳动,农业的各方面都有了较大发展。[1] 汉代时期河南郡是这一时期农业发展最先进的地区之一,且东汉时期农业发展的各个方面都明显超过了西汉。[2] 唐代河南地区的农业从整体上说经历了"恢复—发展—破坏—再恢复"阶段,在农田水利建设、粮食作物、经济作物及其他副业生产等方面有一定进步,并非有学者认为的停滞抑或倒退状态。[3] 北宋时期河南的农业恢复、发展较快,主要是由于政府的垦荒政策、人口移民、水利建设、水稻的推广种植等因素的推动,[4]同时,这一时期包括河南在内的黄河中下游地区的农业发展表现出了明显的地域性特征。元朝时黄河中下游地区的农业生产在耕地面积、粮食生产、经济作物种植、农田灌溉等方面有一定的恢复,但却是十分有限的。[5] 清代中原地区的农业在作物种类与种植、耕种技术、农作物商品化等方面均出现了新的动向,是农业发展史上的重要阶段。[6] 另有陈铮的《清代前期河南农业生产述略》[7]。

近代在自然条件恶化、外敌入侵、政府腐败及各种灾害频仍的合力作用下,河南农业发展表现出滞后的特征,但这个滞后是带有相对性的。[8] 黄正林聚焦于南京国民政府前10年时期,对河南农政机关、农业技术变革、粮食作物增长、经济作物种植与农业商品化等内容进行了详细阐述,得出此时农业是在缓慢发展的结论,反驳了"停滞论者"和"发展论者"的偏颇观点。[9] 该作者另撰有《承前启后:北洋政府时期河南经济的新变化——以农业、工业与市镇经济为中心》[10]一文。刘道兴等以改革开放30年为界线,全面回顾了改革开放30年来河

---

[1] 张军涛:《商代中原地区农业研究》,郑州大学2016年博士学位论文。
[2] 李峰:《汉代河南郡农业状况初论》,《河南科技大学学报(社会科学版)》2008年第2期。
[3] 赵航:《唐代河南地区农业研究》,上海师范大学2005年硕士学位论文。
[4] 魏天安、李晓荣:《北宋时期河南的农业开发》,《中州学刊》2001年第4期。
[5] 王兴亚:《关于元朝前期黄河中下游地区的农业问题》,《郑州大学学报(哲学社会科学版)》1963年第4期。
[6] 李华欧:《清代中原地区农业经济与社会发展研究》,郑州大学2016年博士学位论文。
[7] 陈铮:《清代前期河南农业生产述略》,《史学月刊》1990年第2期。
[8] 王鑫宏:《河南近代农业发展滞后原因探析》,《安徽农业科学》2011年第32期。
[9] 黄正林:《制度创新、技术变革与农业发展——以1927~1937年河南为中心的研究》,《史学月刊》2010年第5期。
[10] 黄正林:《承前启后:北洋政府时期河南经济的新变化——以农业、工业与市镇经济为中心》,《陕西师范大学学报(哲学社会科学版)》2013年第3期。

南农业的发展历程,全面总结了其中的经验与教训,为河南农业发展提供了对策与建议。[1] 但是,我们也应该看到,河南现代农业在建设中的投入产出呈下降趋势、投入结构未发生根本变化,由此可以判断,"河南农业现代化进程没有根本性变化"[2]。

2. 农业经济思想、政策、措施

关于河南农业经济思想、政策、措施方面的研究主要集中在现代。中华人民共和国成立后,尤其是改革开放以来,河南农业生产力水平不断提升,现代农业发展突飞猛进,但其中也存在一些问题。河南作为国家粮食大省及粮食生产核心区,推进现代农业发展是其重要使命,因此,这一方面的研究成果丰硕。

明朝前期政府推行的系列重农措施,促进了河南农业经济的恢复与发展,是当时社会经济的重要组成部分。[3] 张占仓等认为河南农业面临国际、国内的新形势,针对其中存在的农业资源破坏等难题,要采取多种措施,促进可持续发展。[4] 河南发展现代农业,既有良好的现实基础,如经济、技术、制度等方面,也存在些许隐忧,同时从延津模式、双汇模式等个案中也可以分析出河南现代农业发展的全新思路和内容。[5] 吴玉督等对河南各地区的农业结构进行了数据分析,最终对全省农业种植结构进行了合理规划,探索出一条适合河南发展的道路。[6] 在中央大力提倡建设现代农业的背景下,现代农业理论、产业体系提升、经营方式、基础设施、农产品市场体系、农业信息化、农业政策等与建设现代农业相关的诸多议题都需要进行系统研究,以对河南现代农业发展提供良好指导。[7] 在一系列国家战略的实施下,河南现代农业建设也出现了新的变化,如以中原经济区建设为背景,"河南农业现代化是中原经济区建设的前提条件、首要原则和重要促进力量",中原经济区建设将有力推进河南现代农业发展。[8]

---

[1] 刘道兴、吴海峰、陈明星:《改革开放以来河南农业的历史性巨变》,《中州学刊》2008年第6期。
[2] 刘旗、张冬平:《河南现代农业发展分析》,《河南农业大学学报》2010年第6期。
[3] 张民服:《明前期中原经济发展探析》,《郑州大学学报(哲学社会科学版)》1998年第2期。
[4] 张占仓、杨文新:《河南农业发展形势与可持续发展对策》,《地域研究与开发》2001年第4期。
[5] 裴东鑫:《河南现代农业发展路径研究》,郑州大学2006年硕士学位论文。
[6] 吴玉督、任俊琦:《河南农业结构变动模式的实证分析》,《中州学刊》2007年第2期。
[7] 王艳玲、杨德东、张冬平主编:《现代农业发展研究——以河南省为例》,中国农业出版社2009年版。
[8] 张全红:《论中原经济区建设与河南农业现代化》,《农业经济》2012年第6期。

李文琦对转变河南农业发展方式的条件、路径、政策建议及发展方向都做出了相关研究,对促进现代农业发展方式转变有一定意义。① 总之,现代河南农业发展瓶颈主要表现在农业的结构、制度及要素缺乏科学安排上,要解决这一问题,应该从农业结构与农业制度上入手,而后者是治本之策。

农业供给侧结构性改革与"一带一路"倡议相继被提出,相关研究也即成为热点,河南农业研究与其相结合也出现了一些重要成果。如针对前者,刘新民根据河南农业供给侧结构性改革中的实践,发现其中存在的问题与难题,提出今后一段时期要全面推进农业改革,大力增强农业供给质量和效率,促进河南现代农业发展。② 针对后者,雷瑛认为河南作为农业大省,要以"一带一路"为发展契机,农业企业要把中亚国家作为合作重点,制定统筹规划,加强政府部门和中介机构在农业发展中的引导和服务职能。③ 涉及的著作还有钟祥财的《中国农业思想史》等。④

3. 农业土地制度、阶级关系

税收是国家运行的经济基础,而农业税又是其中的重点,夏代即有了农业税收"贡赋",此后,历代农业税制度日臻完善,河南农业税收体系与全国情况基本一致。明朝时河南田赋征收与支出管理情况较为混乱,造成农业负担较重,加剧地方的不稳定性,为战争提供了温床,⑤而当时河南赋役征收中实行的折亩制度并未有实质性的不同与影响。⑥ 还有学者以明朝时怀庆府为例,考证当时"粮重"之说。⑦ 1927—1937年期间河南田赋较重,虽然在南京国民政府的指导下进行了一些改革,但田赋征收的弊端积重难返,成为制约当时"三农"发展的重要因素。⑧ 及至现代,农业税逐渐减轻,直到近年国家取消农业税,农业税收

---

① 李文琦:《河南粮食核心区转变农业发展方式的路径研究》,河南工业大学2016年硕士学位论文。
② 刘新民:《河南省农业供给侧结构性改革若干思考》(上、下),《农业·农村·农民(B版)》2016年第11、12期。
③ 雷瑛:《积极推动河南农业融入"一带一路"战略》,《河南日报》2015年9月9日。
④ 钟祥财:《中国农业思想史》,上海社会科学院出版社1997年版。
⑤ 闫继昕:《明代河南赋役研究》,河南大学2014年硕士学位论文。
⑥ 牛建强、刘文文:《明代河南赋税征收中的折亩研究》,《中州学刊》2015年第1期。
⑦ 王兴亚:《明代河南怀庆府粮重考实》,《河南师范大学学报(哲学社会科学版)》1992年第4期。
⑧ 董建新:《1927—1937年河南田赋研究》,河南大学2007年硕士学位论文。

彻底退出历史舞台。

另外,还有一些研究土地与其他农业要素关系的成果,如农业生产中的人地关系、农业土地利用与作物种植关系等。

4. 农业生产物质条件

(1)关于农具的研究。随着农业生产力的逐渐提高,不同时期中原地区农具造型也不断演变,深入阐释农具造型变化的内在合理性与重要性,探究其中的基本特征与规律是开展这项研究的重要使命。[1] 如在黄河中下游地区考古发现的石铲、石磨盘和石磨棒等作物生产和加工工具,可对该地区人们的基本生计进行综合判断,由此可认为此区域进入到了"高级阶段的狩猎采集经济"[2]。许天申以裴李岗文化时期为中心,以考古发掘的农业生产工具为依据,着重分析了它们的用途,并介绍了这一时期栽培的农作物及畜牧业,这一研究为探索中国农业起源的相关问题提供了帮助。[3]

还有的学者以中原地区传统典型木质农耕器具为研究中心,同时选取其中的典型器具,从设计学的角度进行深入研究,论述器具的种类、演进过程、功能与形式、结构设计,以及对现今的启示意义,这是不同学科交叉研究的范例。[4]

(2)农田水利研究。农田水利是农业发展的重要保证,其重要性毋庸赘言,从沃特福格在其著述中将东方社会定义为"水利社会"[5]就可见一斑。河南古代农田水利历史久远,水利工程主要有井、渠、陂塘三种,每种工程对农田都有独特的灌溉作用,有力地保障了农业发展。先秦时期河南水井的出现与农业文明滥觞之间关系紧密,并在很大程度上推进了该地区的文明进程。[6] 李国勇主要介绍了明清时期河南农田水利灌溉的基本方式,着重对渠灌与井灌两种形式

---

[1] 潘景果:《论中原农具造型演变的研究》,江南大学2009年硕士学位论文。
[2] 钱益汇、李昱龙:《距今15000—9000年黄河中下游地区的谷物生产与加工工具》,《首都师范大学学报(社会科学版)》2012年第6期。
[3] 许天申:《论裴李岗文化时期的原始农业——河南古代农业研究之一》,《中原文物》1998年第3期。
[4] 娄婧婧:《中原地区传统典型木质农耕器具研究》,中南林业科技大学2013年硕士学位论文。
[5] Karl A. Wittfogel: *Oriental Despotism: A Comparative Study of Total Power*, New Haven: Yale University Press, 1957.
[6] 贾兵强:《河南先秦水井与中原农业文明变迁》,《华北水利水电学院学报(社会科学版)》2012年第1期。

进行了详细论述。① 赵建新、马雪芹、常全旺则是对明清时期怀庆府、豫北地区、豫西地区的农田水利事业进行了区域化研究,突出其地域性。② 侯普慧、李艳红、张艾平三人的研究在时间上相关联,分别以1927—1937年、1938—1947年、1949—1965年为界线论述河南农田水利建设,对各个时期内的水利建设进行了详细研究。③ 还有研究者以新农村建设时期的小型农田水利建设为着眼点,分析了当前存在的尴尬状态,即"政府管不到、集体管不好、农民管不了",针对这个难题,要探索新的管理模式,进行依法管理。④ 还有一些成果是针对个别水利设施开展的研究,如济源的五龙口水利设施、安阳的万金渠、西峡的别公堰、武陟的人民胜利渠等。

涉及的主要著作有《黄河中下游地区水利史》,它对各个历史时期黄河中下游地区的水患、水利工程建设、灌溉系统等与农业有关的方面都有所论述,是对该地区农田水利技术的全面总结。⑤ 最新的著作有唐金培、程有为等著的《河南水利史》,系统探讨了先秦时期至民国时期河南水利事业的发展历程,其中每一时期都涉及农田水利事业的论述。⑥ 水利部淮河水利委员会《淮河水利简史》编写组编的《淮河水利简史》论述了淮河流域远古至近代农田水利、水旱灾害。⑦ 另有王星光、张新斌的《黄河与科技文明》⑧,汪家伦、张芳编著的《中国农田水利史》⑨等。

---

① 李国勇:《明清时期河南农田灌溉述论》,《安徽农业科学》2010年第11期。
② 赵建新:《明清时期怀庆府的农田水利研究》,陕西师范大学2014年硕士学位论文;马雪芹:《明清时期豫北地区的农田水利事业》,《古今农业》2000年第3期;常全旺:《清代豫西地区农田水利建设及其管理》,陕西师范大学2011年硕士学位论文。
③ 侯普慧:《1927~1937年河南农田水利事业研究》,河南大学2007年硕士学位论文;李艳红:《试论1938—1947年河南农田水利建设》,《学理论》2011年第1期;张艾平:《1949—1965年河南农田水利评析》,河南大学2007年硕士学位论文。
④ 牛婷婷:《新农村建设时期小型农田水利的现状与思考——以河南信阳农村为例》,《毛泽东邓小平理论研究》2013年第2期。
⑤ 程有为主编:《黄河中下游地区水利史》,河南人民出版社2007年版。
⑥ 唐金培、程有为等:《河南水利史》,大象出版社2019年版。
⑦ 水利部淮河水利委员会《淮河水利简史》编写组编:《淮河水利简史》,水利电力出版社1990年版。
⑧ 王星光、张新斌:《黄河与科技文明》,黄河水利出版社2000年版。
⑨ 汪家伦、张芳编著:《中国农田水利史》,农业出版社1990年版。

5. 农业生产科学技术

农业科技研究包括农业技术研究和农业科学研究两个方面,主要是对历史时期各项农业技术措施进行历史考察,汲取其中的有益成分,用以指导现代农业。

(1)农业技术。学者主要是对不同时段的农业技术,如耕作技术、种植技术、农业科技改良等方面进行研究。这方面涉及的著作如河南农业史综合性研究中所述。综合性论文方面,李向东等对不同时期河南农业技术的发展进行论述,涉及自然和社会环境、农业结构、农具演变、农业思想、畜牧业发展等方面,揭示了其中的发展规律与运行轨迹,突出了河南农业技术的重要地位。[1]

王大宾对秦汉时期中原地区的农耕技术水平进行相关阐述,主要论及传统农业耕作技术体系和精耕细作耕作技术体系的实现方式,并以两河区域、梁宋区域等为例,说明农耕技术在不同区域的表现。[2] 包艳杰则是对3世纪至12世纪期间河南的种植技术,如麦、粟、稻、豆等作物的种植技术以及主要蔬菜种植技术、桑麻种植技术进行研究,其中人口流动、农具更新等对农作物生产技术发展起到了极大的推动作用。[3] 李军强对1931—1937年间河南农业科技改良进行了系统研究,包括农事实验以及逐渐推广、改良盐碱地、新式农具的使用、病虫害的综合防治、肥料的使用等方面,这些技术改良提高了粮食产量和人民生活质量。[4]

现代农业技术是现代农业发展的重要支撑,因此有关现代农业技术研究的成果较多。刘定平以农业信息化为侧重点,论述其与河南农业发展的关系,认为农业信息化应牢固树立农业的战略地位,发展农村信息网络,促进农业信息技术研究和开发。[5] 张国富等研究农业技术创新体系的重要价值,阐述了在建设农业创新体系过程中要遵循的基本原则、应有观念和能力、应突破的瓶颈以及应出台的政策,并最终阐述了技术创新体系的新框架。[6] 张伟则认为农业科技成果转化率制约着农业的进一步发展,河南也面临着同样问题,欲解决这一

---

[1] 李向东、郭天财、高旺盛:《河南农业技术发展史探讨》,《河南农业大学学报》2006年第1期。
[2] 王大宾:《秦汉时期中原地区环境的变迁与农耕技术的选择》,郑州大学2010年硕士学位论文。
[3] 包艳杰:《三至十二世纪河南农作物种植技术研究》,南京农业大学2014年博士学位论文。
[4] 李军强:《1931—1937年河南农业科技改良研究》,河南大学2012年硕士学位论文。
[5] 刘定平:《信息技术与河南农业发展研究》,《河南社会科学》2005年第4期。
[6] 张国富、李艳花:《河南农业科技创新体系构建的对策研究》,《河南农业大学学报》2007年第6期。

难题,就要继续完善相关政策、优化转化环境和完善相关体制机制。①

(2)土壤、气象。土地是农业赖以生存的根基,土地面积、土壤状况、土地制度等方面均是研究者关注的范畴。刘文文对明代河南土地开发及数量进行考证,研究了土地登记制度,并以内乡县为个案,深入剖析耕地数据重建的可能性。② 熊帝兵等对清代河南盐渍化土地进行研究,认为此时河南最少有46个州县境内分布有盐渍化土地,开封、卫辉和归德三府分布较广。③ 傅辉以明初至新中国成立初期的数据为中心,试图把土地代用资料转化为实际耕地数据,并提出一整套方法提高历史时期土地数据的使用率。④ 关于民国时期的研究,有赵晋三的《河南土地整理问题》和周锡桢的《河南盐碱地利用之研究》。⑤

气候方面有盛福尧、周克前的《河南历史气候研究》⑥专著。

(3)河南农业史资料的搜集、整理。农业文献资料的搜集、整理与编纂是进行相关系统性研究的基础,河南农业史研究亦不例外。当然,农业文献资料的搜集、整理与编纂实际上也是一种最基础的和重要的研究。

农书是农业研究的综合性载体,中原地区作为传统农业生产不可或缺的组成部分也出现了大量农书,如被誉为"详而不芜,简而有要,于农家之中最为善本"⑦的《农桑辑要》,这是对北魏以来黄河流域旱作农业生产技术的系统总结。又如日本学者天野元之助的《中国古农书考》。⑧

《河南省志·农业志》是对河南农业资料的全面整理,对农业自然条件、农业分区、土地制度变革与农业体制改革、粮食作物、经济作物、园艺作物、作物增产方法、农业机具、国有农场、引进外资、管理机构等方面的资料作了详细梳理。⑨ 重要农业生产单元的资料整理是农业史研究的重要组成部分,如河南省

---

① 张伟:《河南农业科技成果转化的问题与对策探析》,《农业科技管理》2013年第5期。
② 刘文文:《明代河南土地研究》,河南大学2014年硕士学位论文。
③ 熊帝兵、刘亚中:《清代河南盐渍化土地分布初步研究》,《干旱区资源与环境》2012年第6期。
④ 傅辉:《河南土地数据初步研究——以1368—1953年数据为中心》,《中国历史地理论丛》2005年第1期。
⑤ 赵晋三的《河南土地整理问题》、周锡桢的《河南盐碱地利用之研究》,均载萧铮主编:《民国二十年代中国大陆土地问题资料》,成文出版社1977年版。
⑥ 盛福尧、周克前:《河南历史气候研究》,气象出版社1990年版。
⑦ 〔清〕永瑢等:《四库全书总目》,中华书局1965年版。
⑧ [日]天野元之助著,彭世奖、林广信译:《中国古农书考》,农业出版社1992年版。
⑨ 河南省地方史志编纂委员会:《河南省志·农业志》,河南人民出版社1993年版。

国营黄泛区农场在中华人民共和国成立初期对恢复与发展河南农业做出了重要贡献,针对此,《黄泛区农场志》[①]和《黄泛区农场志大事记》[②]相继问世,成为研究黄泛区农场的重要文献。

近年来,河南农业年鉴、河南粮食年鉴等统计类信息逐渐健全,它们用数据记录着河南农业的发展近况。此外,涉及河南农业的其他具体方面,如农田水利、农业政策、农业教育、农业经济、作物种植、人口、田赋等方面,以及近代以来的政府调查、统计资料和各地的文史资料更是数不胜数。但遗憾的是这些资料极其分散,并没有专门著作进行整理。

农业灾害,尤其是气象灾害是农业史研究中的一个重要面相,《中国气象灾害大典·河南卷》[③]《河南省历代旱涝等水文气候史料》[④]《河南省西汉以来历代灾情史料》[⑤]《河南省志·气象志地震志》[⑥]等对河南的气象状况有详细记载,是研究河南气象灾害的基础材料;同时,由气象条件恶化引起的水旱灾荒也属农业史研究的内容,其中对河南影响最为深刻的要数黄河灾害,与此方面有关的文献资料颇为丰富,如《黄河志》(卷一至卷十一)[⑦]、水利部黄河水利委员会主办的《黄河年鉴》、《河南省志·黄河志》[⑧]等,这些都是研究黄河的重要文献。

河南历代各地方志中的地理、田赋、食货、物产、赋役、天文等原始文献是河南农业史研究的重要资料来源,《中国地方志集成·河南府县志辑》(70册)[⑨]和《河南历代方志集成》就收录了大量地方志资料。《河南历代方志集成》汇编影印了现存1949年以前历代编纂的河南通志、府(州)志、县志、乡土志共586种565册,其中省志275册。[⑩]如《河南通志》中有专门篇章涉及农业生产,是研究

---

① 黄泛区农场志编纂委员会编:《黄泛区农场志》,河南人民出版社1987年版;黄泛区农场史志办公室编:《黄泛区农场志(1985~2004)》,中州古籍出版社2007年版。
② 黄泛区农场史志办公室编:《黄泛区农场志大事记》,中州古籍出版社2001年版。
③ 《中国气象灾害大典》编委会编:《中国气象灾害大典·河南卷》,气象出版社2005年版。
④ 河南省水文总站编:《河南省历代旱涝等水文气候史料》,河南省水文总站1982年印。
⑤ 河南省气象局科研所编:《河南省西汉以来历代灾情史料》,河南省气象局科研所1976年油印。
⑥ 河南省地方史志编纂委员会编纂:《河南省志·气象志地震志》,河南人民出版社1993年版。
⑦ 黄河水利委员会黄河志总编辑室等编:《黄河志》(卷一至卷十一),河南人民出版社1991—1998年版。
⑧ 河南省地方史志编纂委员会编纂:《河南省志·黄河志》,河南人民出版社1991年版。
⑨ 上海书店出版社编:《中国地方志集成·河南府县志辑》(70册),上海书店2013年版。
⑩ 河南省地方史志办公室编纂:《河南历代方志集成》,大象出版社2016年版。

农业历史的重要文献。又如民国《禹县志》记载"种地不上肥,只落瞎胡混",民国《洛宁县志》记载"夏秋旱蝗相继,麦禾俱无"等。

河南省和各地方志编纂委员会及其他机构新近整理的具有区域特征的地方史料亦是农业史研究的重要基础,如《百年记忆——河南文史资料大系》是对河南珍贵文史资料的全面总结与汇编,其中经济卷、科技卷、社会生活卷等对河南农业研究有莫大的裨益;[1]《郑州经济史料选编》对有关郑州经济史的多种原始资料进行搜集与整理,并著有"文选"一类以观史料全貌。[2]

全国性农业资料汇编中涉及河南农业史的亦不在少数。《中国历代户口、田地、田赋统计》对户口、田地、田赋进行了相关考证与梳理。[3]《中国农业自然灾害史料集》对各个历史时期农业气象灾害、生物灾害、环境灾害以及有关饥、荒、赈灾等方面的史料进行了整理,是研究农业灾害的基础史料汇编。[4]《明清农业史资料(1368—1911)》对明清时期500余年间的农业史资料进行爬梳,涉及农业史研究的各个方面,同时依据广泛的资料来源,分地区进行汇总,是研究这一时期农业史的必备工具书,其中不少方面涉及了河南农业的发展状况。[5]《清代奏折汇编——农业·环境》爬梳了从1736年到1911年间有关农业、土地使用、环境变化等方面的奏折,是研究清代农业史的重要史料汇编,其中有许多涉及河南农业的资料。[6]《中国近代农业史资料》以时间为纲,对1840年至1937年间涉及农业发展状况的诸多原始资料进行搜集、整理,河南农业发展史是其中的重要组成部分。[7]《中国近代农业生产及贸易统计资料》对中华人民共和国成立后30余年各地的人口、耕地、各类作物、副产品、牲畜以及市场、贸易等方面进行了详细统计,其中,河南各个作物的种植面积、产量均有所涉及。[8]

---

[1] 毛德富主编:《百年记忆——河南文史资料大系》(20册),中州古籍出版社2014年版。
[2] 郑州市地方志编纂委员会:《郑州经济史料选编》,中州古籍出版社1992年版。
[3] 梁方仲编著:《中国历代户口、田地、田赋统计》,上海人民出版社1982年版。
[4] 张波、冯风、张纶、李宏斌编:《中国农业自然灾害史料集》,陕西科学技术出版社1994年版。
[5] 陈树平主编:《明清农业史资料(1368—1911)》(3册),社会科学文献出版社2013年版。
[6] 中国科学院地理科学与资源研究所、中国第一历史档案馆:《清代奏折汇编——农业·环境》,商务印书馆2005年版。
[7] 章有义编:《中国近代农业史资料》,生活·读书·新知三联书店1957年版。
[8] 许道夫编:《中国近代农业生产及贸易统计资料》,上海人民出版社1983年版。

6. 农业生态环境、农业生产水平、农作物种植结构

(1)农业生态环境。农业生态环境包括自然生态环境和社会生态环境,前者主要是农业地理、自然灾害及应对,后者主要是社会条件、社会灾害及应对。

农业地理。农业地理主要是研究农业生产与地理环境之间的关系,不同历史时期,农业面临的地理环境都会有所差异。如随着全新世大暖期的到来,黄河中下游地区出现了难得的温暖湿润的环境,这为农业发展提供了便利条件,尤其是稻作农业。[1] 秦汉时期河南农业生产与其时的环境条件紧密相关,宗金林指出,自然地理条件为其提供良好条件,但自然及社会灾害因素则对农业发展表现出了极强的破坏作用。[2] 彭辛迪以清代南阳地区为横切面,分析了南阳地区的农业地理特点,指出存在的人地矛盾、作物种植结构、粮食供需平衡,以及自然灾害对农业发展的不利影响。[3] 《明清河南农业地理研究》一书对明清时期河南的人地关系、农作物种植做出了全面考察,该著述运用大量数据说明这一时期河南农业生产面貌。[4] 另外,《河南农业地理》一书则是对河南解放后30年来的农业成就及存在的问题进行了全面总结,具体论及了河南农业结构和生产布局,并分七大农业区分述,为河南农业发展指明方向。[5]

农业灾害及应对。农业灾害包括自然灾害与社会灾害,灾害之后出现的灾荒及其社会应对也是农业史研究的重要内容之一。

自然灾害发生时,首当其冲的就是农业发展,这是由农业生产条件决定的。水旱灾害是影响河南农业的最大的自然灾害,这方面的研究成果颇多,其中,有创新性的研究成果之一就是陈蕴真以历史文献为基础,对历史时期黄河泛滥的动力与机制进行了综合研究,对4000年来黄河下游泛滥史和中游的农业发展史进行了定量分析。[6] "丁戊奇荒"是中国近代史上一次影响深远的旱灾,对河南农业造成了巨大冲击,相关成果也较多。作物虫害也是影响农业生产的因素之一,吕国强等人对河南蝗灾进行了专门研究,《河南蝗虫灾害史》一书记载了

---

[1] 王星光:《气候变化与黄河中下游地区的早期稻作农业》,《中国农史》2011年第3期。
[2] 宗金林:《秦汉时期河南地区农业与环境条件》,郑州大学2009年硕士学位论文。
[3] 彭辛迪:《清代南阳地区农业地理研究》,西北师范大学2013年硕士学位论文。
[4] 马雪芹:《明清河南农业地理研究》,台湾洪叶文化事业有限公司1997年版。
[5] 河南省科学院地理研究所本书编写组编:《河南农业地理》,河南科学技术出版社1982年版。
[6] 陈蕴真:《黄河泛滥史:从历史文献分析到计算机模拟》,南京大学2013年博士学位论文。

河南地区蝗灾大事记、蝗虫灾害、蝗虫防治、蝗虫文化、新中国成立后的治蝗减灾和领导批示等,他以文献资料、地方志为基础,对河南蝗灾进行了全方位剖析。① 另外,还有一些对当今农业灾害的研究,如王记芳等利用1978—2005年间河南农业灾害资料,分析28年来的灾害趋势,并做出了相应分析。②

社会灾害,主要是指社会因素直接或间接对农业造成的影响,如战争等。明末农民战争对河南农业造成了多方面的影响,如人口死亡、劳动力匮乏,农业生产环境遭毁损,农业生产关系的调整,等等。③ 抗日战争是对河南影响最为深远的一次持久战争,对河南农业造成了不可估量的损失,人口、粮食、农具、生产环境等各方面都发生了重大变化,其中,耕地面积减少了12.6%,粮食年总产量减少了48.2%。④

灾害应对,是社会各界对灾荒做出的反应。如北宋时期黄河中下游地区发生水患后,北宋政府主要采取的措施有赐钱、赐粮、减免赋税等,大力推动农业恢复,安置流民,稳定秩序。⑤ 还有学者以河南"丁戊奇荒"和袁保恒为线索,论述袁氏在救济灾民中的作为,如恤灾民严吏治、筹钱运粮、发展生产等,对当时社会产生重要影响。⑥ 武艳敏对1927—1937年间河南的社会救灾事业做出考察,主要是社会各界对灾荒做出的应对,其中呈现出浓厚的河南特色。⑦

(2)农业生产水平。徐秀丽以冀、鲁、豫三省为研究中心,着重考察三省的近代粮食亩产问题,她认为近代粮食单产已经恢复到了清盛世时期,或者略有提高,但是,此时人均粮食占有量和劳动生产率却是极其低下的。⑧ 王天奖对近代河南农田单产的变化情况进行了蠡测,从中可以看出,单产不断降低,农业生

---

① 吕国强、刘金良主编:《河南蝗虫灾害史》,河南科学技术出版社2014年版。
② 王记芳、朱业玉、刘和平:《近28年河南主要农业气象灾害及其影响》,《气象与环境科学》2007年第S1期。
③ 代永峡、樊志民:《明末农民战争对河南农业发展的影响》,《兰台世界》2015年第30期。
④ 河南省委党史研究室编:《河南省抗日战争时期人口伤亡和财产损失》,中共党史出版社2014年版。
⑤ 郭志安:《论北宋河患对农业生产的破坏与政府应对——以黄河中下游地区为例》,《中国农史》2009年第1期。
⑥ 周晨星:《河南"丁戊奇荒"与袁保恒赈灾研究》,郑州大学2016年硕士学位论文。
⑦ 武艳敏:《民国时期社会救灾研究——以1927—1937年间河南为中心的考察》,中国社会科学出版社2014年版。
⑧ 徐秀丽:《中国近代粮食亩产的估计——以华北平原为例》,《近代史研究》1996年第1期。

产出现衰颓,但这并不是说河南农业无所作为,此时河南农民想方设法进行生产,农业发展还是取得了一定的成绩。①

(3)农作物种植结构。河南地区是稻、粟、麦等传统农作物的重要栽培区域,这些从已有的考古资料中就可以得到证明,前文中的"农业考古"部分已做出相应说明;明代中后期,原产于美洲大陆的玉米、甘薯、马铃薯、花生、烟草等作物相继引入我国,它们以其独特优势(适应性好、产量高等)被迅速推广,河南也成为重要的种植区。

河南传统农作物与相应的耕作制度相协调,以多熟种植和间、混、套作为主要方式。② 史前华北平原地区粮食种植结构的演变轨迹大致是从新石器时代早期以种植粟、黍为主(兼种植稻),到中期的以种植粟为主,及至晚期的粟稻并重,大体来看,种植结构是由简单到复杂、由单一到多元。③

武欣以河南大赉店遗址为中心,说明大赉店遗址在龙山文化时期主要经营以粟、黍为主要作物类型的旱作农业,此外,豆、麦和稻也均有出土。④ 付巧妹等以河南淅川沟湾遗址出土的人骨为分析对象,探索此地的农业发展方式和人们的生活方式,并指出"稻作农业和粟作农业对先民食物贡献基本相当"⑤。姜钦华等以邓州八里岗遗址出土的堆积物为分析对象,发现了稻作农业的植硅石分析证据,认为随着文化的不断发展,稻作农业的强度也不断提升。⑥ 洛阳皂角树二里头文化遗址田野考古报告集⑦中和赵春青的相关论文中⑧均有夏代河南洛阳、郑州地区作物的种植情况。

---

① 王天奖:《从单产看近代河南的农业生产》,《史学月刊》1991年第1期。
② 李向东、郭天财、高旺盛等:《河南传统农业作物起源与耕作制度演变》,《中国农学通报》2006年第8期。
③ 李秋芳:《史前时期华北平原粮食种植结构之变迁》,《华南农业大学学报(社会科学版)》2012年第1期。
④ 武欣:《河南大赉店遗址龙山时期植物遗存分析》,山东大学2016年硕士学位论文。
⑤ 付巧妹、靳松安、胡耀武等:《河南淅川沟湾遗址农业发展方式和先民食物结构变化》,《科学通报》2010年第7期。
⑥ 姜钦华、张江凯:《河南邓州八里岗遗址史前稻作农业的植硅石证据》,《北京大学学报(自然科学版)》1998年第1期。
⑦ 洛阳市文物工作队编:《洛阳皂角树——1992~1993年洛阳皂角树二里头文化聚落遗址发掘报告》,科学出版社2002年版。
⑧ 赵春青:《夏代农业管窥——从新砦和皂角树遗址的发现谈起》,《农业考古》2005年第1期。

由汉到唐的历史过程中,小麦逐步成为黄河中下游广大地区人们的主粮,这一地位的上升与其时的社会和时代背景息息相关,主要是自然灾害的相对减少、农业技术水平的提高、人口增速加快以及商业发展、饮食变化等。[1] 还有学者把清代河南分为5个农业区,分别研究各个农业区内的农作物种植,考察了各地的种植差异,并分析了此时河南种植结构的特点。[2] 王鑫宏则是以新的视角,论述近代河南种植结构与灾荒之间的有机联系,指出种植结构的演变,使非粮食作物的种植面积日益增加,河南经济对国际经济的依存度不断提升,从而导致河南在近代社会中灾荒连连,且损失惨重。[3]

相关著作还有侯甬坚的《南阳盆地农作物地理分布的历史演变》[4]、马雪芹的《明清河南粮食作物的地理分布及结构变化》[5]、李华欧的《清代河南农业土地利用与作物种植》[6]、贾贵浩的《河南近代农作物种植结构的调整与商品化发展》[7]等。

具体而言,每种农作物的种植也有其自身的规律。马雪芹对河南桑麻业、部分经济作物、棉花、玉米、番薯等作物的种植都做出了相应的历史考察,探寻了其中的种植规律。[8] 清代河南烟草种植已经形成了稳定的种植区域和种植品种,这对今后河南烟草业也产生了一定的影响。[9] 明清时期高粱在华北平原快速发展,它的种植面积快速增加、品种增多,究其原因,这主要是高粱自身习性、华北平原人口激增、日益增加的拓展耕地需求等因素的共同推动。[10]

---

[1] 李爱军:《汉唐之际小麦在黄河中下游区域的发展及原因》,《咸阳师范学院学报》2008年第5期。
[2] 李凯学:《清代河南农作物种植结构研究》,郑州大学2013年硕士学位论文。
[3] 王鑫宏:《近代河南农业种植结构变化与灾荒》,《安徽农业科学》2010年第30期。
[4] 侯甬坚:《南阳盆地农作物地理分布的历史演变》,《中国历史地理论丛》1987年第1期。
[5] 马雪芹:《明清河南粮食作物的地理分布及结构变化》,《中国历史地理论丛》1996年第1期。
[6] 李华欧:《清代河南农业土地利用与作物种植》,《历史档案》2015年第2期。
[7] 贾贵浩:《河南近代农作物种植结构的调整与商品化发展》,《南都学坛》2005年第3期。
[8] 马雪芹:《明清河南桑麻业的兴衰》,《中国农史》2000年第3期;《明清时期河南省部分经济作物的种植与分布》,《史学月刊》2003年第7期;《明清时期河南省棉花的种植与地理分布》,《农业考古》2000年第3期;《明清时期玉米、番薯在河南的栽种与推广》,《古今农业》1999年第1期。
[9] 张玲:《清代河南烟草的种植与分布》,《赤峰学院学报(科学教育版)》2011年第11期。
[10] 李秋芳:《明清华北平原高粱种植的崛起及其原因》,《北方论丛》2014年第2期。

涉及的相关著作有赵松乔的《中国农业(种植业)的历史发展和地理分布》[1],邹逸麟的《历史时期黄河流域水稻生产的地域分布和环境制约》[2],陈良文的《唐代麻产地之分布及植麻技术》[3],华林甫的《唐代水稻生产的地理布局及其变迁初探》[4]《唐代粟、麦生产的地域布局初探》[5],赵丰的《唐代蚕桑业的地理分布》[6],韩茂莉的《宋代桑麻业地理分布初探》[7],程民生的《宋代粮食生产的地域差异》[8],曹树基的《清代玉米、番薯分布的地理特征》[9],周源和的《甘薯的历史地理——甘薯的土生、传入、传播与人口》[10];等等。

7. 农业经济发展态势

农业经济是指以种植业和由种植业提供饲料来源的家畜饲养业为主要生产部门的一种经济形式。庞小霞等以仰韶文化时期至二里头文化时期为中心,赵志军以夏商周文明形成时期为中心,对先秦时期中原地区的农业经济作了分析。[11] 清前期河南的农业生产既有发展,同时也存在落后性,整体来看,还是处于衰颓的状态,农业经济落后。[12] 及至北洋政府时期,河南农业经济出现了新变化,种植结构及商品化程度都与以往有所不同,且农业经济在现代交通运输体系的作用下,呈现出新的趋势。[13]

随着农业生产率的提升、经济作物的种植,以及世界市场的形成,农业商品

---

[1] 赵松乔:《中国农业(种植业)的历史发展和地理分布》,《地理研究》1991年第1期。
[2] 邹逸麟:《历史时期黄河流域水稻生产的地域分布和环境制约》,《复旦学报(社会科学版)》1985年第3期。
[3] 陈良文:《唐代麻产地之分布及植麻技术》,《农业考古》1990年第2期。
[4] 华林甫:《唐代水稻生产的地理布局及其变迁初探》,《中国农史》1992年第2期。
[5] 华林甫:《唐代粟、麦生产的地域布局初探》,《中国农史》1990年第2期;1990年第3期。
[6] 赵丰:《唐代蚕桑业的地理分布》,《中国历史地理论丛》1991年第2期。
[7] 韩茂莉:《宋代桑麻业地理分布初探》,《中国农史》1992年第2期。
[8] 程民生:《宋代粮食生产的地域差异》,《历史研究》1991年第2期。
[9] 曹村基:《清代玉米、番薯分布的地理特征》,载复旦大学中国历史地理研究所编:《历史地理研究》第2辑,复旦大学出版社1990年版。
[10] 周源和:《甘薯的历史地理——甘薯的土生、传入、传播与人口》,《中国农史》1983年第3期。
[11] 庞小霞、高江涛:《中原地区文明化进程中农业经济考察》,《农业考古》2006年第4期;赵志军:《关于夏商周文明形成时期农业经济特点的一些思考》,《华夏考古》2005年第1期。
[12] 陈铮:《清代前期河南农业生产述略》,《史学月刊》1990年第2期。
[13] 黄正林:《承前启后:北洋政府时期河南经济的新变化——以农业、工业与市镇经济为中心》,《陕西师范大学学报(哲学社会科学版)》2013年第3期。

化程度也有了提高,其中明清时期最为突出,研究成果也较多。王苏予认为明清时期在一系列政策的刺激下,河南区域农业得到极大恢复,传统及新进粮食作物、经济作物大量种植,农业商品化得以快速发展。[①] 吴志远对清代河南商品经济进行了全面研究,涉及诸多行业,农业就是其中一种。[②] 马义平、武强将目光移至近代,探讨铁路、水运这两种运输方式对河南农业商品化的影响。[③] 还有一些研究者则是探究单种农作物的商品化,如棉花、粮食贸易等,如丁德超的《试论清末民国时期河南花生的产销状况》。[④]

农业产业、特色农业等的出现,是现代农业经济发展的反映。农业产业是市场经济在农业经营领域作用的结果。河南是开展农业产业化较早的省份之一,但在发展过程中,出现了龙头企业少、一体化程度低及趋同发展突出等问题,因此,在今后的发展中必须充分发挥龙头企业的作用。[⑤] 有研究者认为,在中原经济区建设过程中,资金融通问题也是制约河南农业产业发展的重要因素。[⑥] 农业产业集群发展也是现代农业的题中之义,河南农业应在这方面加大作为,依据各地优势,科学部署农业产业集群。其他研究成果也建议:加大政策支持力度、科技创新力度,以"互联网+"为重要平台,多措并举,提升农业产业发展的质与量。[⑦]

特色农业是指各地根据自身优势培育的具有市场、品牌、规模、资金、竞争特色的高效农业,是现代农业未来发展的主流与趋势。河南在建设特色农业过程中,已经取得了一定成绩,但其中也出现了劳动力素质低、基础设施差等问题,今后必须树立高效农业战略、品牌战略等一系列措施。[⑧] 在具体的特色农业研究中,主要涉及农业文化休闲产业、生态农业、城郊农业、有机农业等,相关的

---

① 王苏予:《明清时期河南区域商品性农业问题研究》,郑州大学2010年硕士学位论文。
② 吴志远:《清代河南商品经济研究》,南开大学2012年博士学位论文。
③ 马义平:《近代铁路与中原地区农业经济发展探究——以1906—1937年间河南农业经济作物种植及贸易为例》,《郑州大学学报(哲学社会科学版)》2010年第2期;武强:《近代河南水运与农业商品化关系略论》,《农业考古》2012年第1期。
④ 丁德超:《试论清末民国时期河南花生的产销状况》,《农业考古》2013年第1期。
⑤ 刘霜:《河南农业产业化现状、问题及对策》,《长江大学学报(社会科学版)》2012年第1期。
⑥ 张亮:《制约河南农业产业化发展的资金融通问题研究——基于中原经济区建设背景》,河南工业大学2013年硕士学位论文。
⑦ 任青丝:《河南农业产业集群发展的问题与对策》,《现代化农业》2014年第8期;魏剑锋:《我国农业产业集群发展中的主要问题——以河南省为例》,《经济研究导刊》2017年第1期。
⑧ 史亚川:《河南特色农业发展问题的研究》,河南师范大学2015年硕士学位论文。

成果较多,如刘明的《河南农业文化休闲产业发展研究》①、赵宏博的《河南省生态农业发展现状与对策研究》②、刘霜的《河南城郊农业发展思路研究》③、牛连美的《河南省有机农业现状及发展对策研究》④等。

8. 乡村社会文化

(1)农业人口。人口提供基本劳动力,中国作为世界人口大国,对其专业性的研究著作不断出现,王育民、赵文林和谢淑君、葛剑雄等均有相关著述问世,涉及河南人口的研究成果也不少。其中,王建华对黄河中下游地区史前人口的规模、性别、年龄,以及人口与社会、环境、资源的关系作了详细研究。⑤ 明朝时期河南人口变化可以分为明初期、中期和末期三个时间段,其人口变化特点为"由快到慢,再由慢到快"。⑥ 流民也是人口变化的重要面相,流民与区域农业的关系一方面促使农业发展,另一方面也给自然环境和社会环境带来压力。⑦ 说起近代以来对河南人口的研究,不得不提王天奖和郑发展,前者对1840—1949年间河南人口规模及其变化态势做出估测,后者则是对民国时期河南人口数量、密度及增长率、性别与年龄、人口迁移等方面均有详细论述。⑧ 另外,任崇岳的《中原移民简史》也对河南地区各个历史阶段的人口迁徙作了全面介绍,人口流动带来的农业劳动力、耕作技术的转移也为农业发展带来了便利条件。⑨

(2)农业教育。农业教育起源于古代,是农业生产劳动的产物,从神农"始教耕稼"和后稷"教民稼穑"始,农业教育逐渐演变;直到"西学东渐"时西方农业科学技术传入中国,具有现代意义的农业学校教育才逐渐出现。河南创办农业学校、进行专门农业教育的时间较早,清末时即创办了中等农业学堂和蚕桑学堂,而高等农业教育则是在1906年创办,后逐渐演变为今天的各级农业学校

---

① 刘明:《河南农业文化休闲产业发展研究》,《吉首大学学报(社会科学版)》2016年第S1期。
② 赵宏博:《河南省生态农业发展现状与对策研究》,河南农业大学2014年硕士学位论文。
③ 刘霜:《河南城郊农业发展思路研究》,郑州大学2012年硕士学位论文。
④ 牛连美:《河南省有机农业现状及发展对策研究》,河南农业大学2012年硕士学位论文。
⑤ 王建华:《黄河中下游地区史前人口研究》,山东大学2005年博士学位论文。
⑥ 陈娜:《明代河南人口问题探析》,河南大学2014年硕士学位论文。
⑦ 代永峡:《明代中原地区流民对区域农业发展的影响》,西北农林科技大学2015年硕士学位论文。
⑧ 王天奖:《近代河南人口估测》,《河南大学学报(社会科学版)》1994年第1期;郑发展:《民国时期河南省人口研究》,人民出版社2013年版。
⑨ 任崇岳:《中原移民简史》,河南人民出版社2006年版。

和农业研究机构,如河南农业大学、河南农业职业学院及各地的农业科学院等。

此方面的研究成果主要以清末之后的农业教育为主。如范豪志、袁慧都是以清末时期的蚕桑教育为剖面,研究其时的农业教育系统,总结了农业教育取得的成绩及其对社会的影响,并对农业教育所起到的促进丝织业和农村经济发展作用进行了相关论述,同时这一研究也为河南近现代农业教育提供了有益借鉴。[1] 农业教育家郭须静致力于农业教育事业,注重理论与实践并重,为河南农业教育做出了巨大贡献,尤其是他在园艺技术方面的贡献值得称颂。[2] 河南现代农业的发展急需懂技术、会经营的新型职业农民,同时,国家和地方都明确规定培育现代农民的要求,因此构建日臻成熟的农业职业教育体系是当务之急,也是发展河南现代农业的人才保障。[3]

农业教育的发展尤其要与国家战略相衔接。粮食生产核心区、中原经济区、乡村振兴战略等一系列顶层设计都对河南新型农业教育提出了更高要求,在此基础上,根据河南地域特色,培育新型职业农民,是促进河南现代农业飞跃式发展的必然之举。

(3)乡村文化。相关著作有尹君、苏筠的《农谚在河南冬小麦种植及气候适应中的应用》[4]、王新环的《河南方志中的农谚》[5]、张晶、张富鼎的《农谚的生态叙事研究——以河南农谚为例》[6]。程有为总主编的《中原文化通史》(全八卷)包括史前三代、春秋战国、秦汉、魏晋南北朝、隋唐五代、宋金元、明清(早中期)、晚清民国八卷,涉及与农业相关的文学、艺术、工艺、风俗等多方面内容。[7]

9.河南农业史研究的反思与前瞻

综上可见,河南农业史研究已有百年之久,在这一过程中积累了丰硕的学

---

[1] 范豪志:《清末民初河南农业教育研究(1902—1919)——以蚕桑学堂(校)为例》,河南师范大学2012年硕士学位论文;袁慧:《清末河南蚕桑教育与丝织业发展研究(1904—1911)》,河南师范大学2016年硕士学位论文。
[2] 明山:《河南早期献身农业教育的郭须静》,《河南大学学报(哲学社会科学版)》1984年第6期。
[3] 张翠翠:《论河南农业职业教育体系与现代农业发展的关系》,《河南农业》2015年第16期。
[4] 尹君、苏筠:《农谚在河南冬小麦种植及气候适应中的应用》,《地域研究与开发》2011年第4期。
[5] 王新环:《河南方志中的农谚》,《农业考古》2015年第1期。
[6] 张晶、张富鼎:《农谚的生态叙事研究——以河南农谚为例》,《河南社会科学》2016年第7期。
[7] 程有为总主编:《中原文化通史》(全八卷),河南人民出版社2019年版。

术成果,在理论与实践上均有长足进步,呈现出多维度、多面向、多领域、多学科的发展状态,农业史研究逐渐走向深入,动态发展态势良好。但是,我们也需要注意其中存在的问题与不足。大体来说,主要有以下四个方面:

其一,资料搜集、整理与利用力度不够。河南农业史研究领域的专业性资料搜集、整理明显滞后,目前仍停留在局部研究资料或全国性研究资料中某一部分的搜集、整理阶段,河南省农业统计资料汇编等基础性工具书仍是一片空白,并未出版相关著述补齐这一短板;对现有有限的农业史资料的深入挖掘、运用与阐释的力度仍不够,尚需加强。

其二,研究成果厚今薄古现象突出。从已取得的研究成果中不难看出厚今薄古的现象,具体体现在三个"占多数"上:一是在成果数量上,关于近现代时期农业的研究成果占据多数;二是在研究人员的数量及其关注领域上,研究近现代时期农业发展的人员数量占多数,同时,将关注领域设置在近现代时期农业发展上的潜在人员占多数;三是在社会各界的支持点上,不论是政府政策、资金等方面的投入,还是学术课题的支持上,近现代时期农业研究占多数。

其三,微观分析与宏观把握结合不足。河南农业史研究成果中多为分时段、分地域、分类别的微观性研究,这对深入细致开展地域研究有莫大的裨益;但从整体而言,宏观性的研究著述缺乏,且专业性强的综合性著述更是寥寥无几,微观研究与宏观把握之间结合不足。

其四,研究视野仍嫌狭窄。河南农业史研究仍集中于传统的研究领域及利用传统理论开展研究,对西方先进的人文社会科学,尤其是农史研究理论敏锐度不够,没有很好地拓展国际视野,这对河南农业史研究的可持续发展极其不利。

针对河南农业史研究中存在的不足之处,可以从以下四个方面着手改进。

其一,整理基础文献资料,同时实现文献资料数字化。当今社会已经步入数字化时代,农业史研究也应主动适应这一趋势,充分利用"互联网+"和大数据技术的快速、便捷优势,实现农业史研究的现代化。一方面加大整理文献资料的力度,编纂有针对性的农史资料汇编,使其由附属地位走向独立;另一方面实现对农史资料的数字化处理,以便快速检索,提高效率,南京农业大学中华农业文明研究院建设"中国农业遗产信息平台"就是很好的范例。①

其二,加强农业史研究的理论建设与实践。一是要明确农业史研究的范围,综合来说,其范围主要有四大类:综合农业史,农业科技史,农业经济史、农业机构、农业关系及农业思想史,农村生活史。其中每大类又可分为若干小类。② 二是要建设农业史研究理论,对古今中外的各种理论做出合理借鉴,形成研究理论范式。三是要运用科学的研究方法与手段,尤其是要加强跨学科、跨文化背景的方法与手段的运用,从而得出令人信服的结论,如农业经济史研究就需要大量运用经济学方面的统计与分析方法。四是农业史研究要形成合力,这里所说的合力既是人才力量、资金力量的汇集,同时也包括研究者开放的心态及研究氛围的营造,河南省农史研究会以及各高校、研究机构应发挥相应作用。五是编写内容翔实、全面反映河南农业发展历程的多卷本农业史著述,以此匹配河南作为农业大省的历史地位。

其三,着眼于农业史研究对现代农业的重要价值,增强其时代感。农业史研究的重要价值就是要以史明理、以史资农,"通古今之变",为现代农业发展提供历史借鉴,为"三农"建设提供智力支持,尤其是在实施乡村振兴战略的新时代,农业史研究中的各个分支都显得十分有必要,在农业理论、农业经济、农业科技、农村社会生活等方面的研究均具有极强的时代感与社会关注度,如传统的精耕细作、施有机肥料、天人合一的农耕技术与文化在农业发展面临困难的今天应更凸显其价值。

其四,关注世界科学文化发展动态。在全球化时代的今天,中西方社会研究都取得了极大进步,在农业史研究方面也是如此。河南农业史研究要具有世界视野,关注更大范围内的文化发展动态,拓展研究领域。如加强农业文化遗产的研究与利用,开发农业文化遗产的现代价值;同时,在此过程中,也可以以公众史学为理论指导,吸引公众参与其中,促使不同文化在更高层次上的融合发展。

---

① 曹玲、常娥、薛春香:《农史研究的新工具——中国农业遗产信息平台的设计与构建》,《中国农史》2006年第1期。
② 王思明:《农史研究:回顾与展望》,《农业考古》2003年第1期。

三、河南农业史的分期、特征与地位

河南农业史的分期、特征与地位是河南农业史研究中的基本问题,是从整体上对河南农业发展过程的根本认识、总结与把握。

1. 河南农业史的分期

农业史的分期,从已经出版的农业史著作来看,一般是按照时代先后或按照农业发展阶段来分期的。如衣保中的《中国东北农业史》,全面、系统地探讨了从距今7600年至1949年东北地区农、林、牧、副[1]、渔各业发展的历史,是一部大型地区农业史专著,其分期为原始农业、传统农业、近代农业三大时期。[2] 这是以农业发展阶段来划分的,或者说以农业发展状态与水平来划分的,每一发展阶段对应着一定的历史时期。衣保中之前的《东北农业近代化研究》就是对东北近代农业的系统性综合考察和全方位的立体研究,[3] 其近代农业形态对应的历史时期为从19世纪40年代至20世纪50年代,[4] 即清代后期至民国时期。有近代农业就有现代农业,可见衣保中的农业形态包括原始农业、传统农业、近代农业和现代农业,新中国时期的农业就是现代农业。

《中国农业百科全书·农业历史卷》也有原始农业、传统农业、近代农业的划分,并对其概念作了定义。如"传统农业"是"在长期的封建社会中形成的农业发展阶段。其特点是利用铁农具和畜力及水力为动力以辅人力的不足;采用增加复种等多种措施以提高单位面积产量,形成一整套行之有效的精耕细作的技术经验,并从中提炼出具有中国特色的农学思想和理论";而"近代农业"是"采用机械、电力以结合人、畜力,使用化学肥料以补充天然有机肥料之不足,用人工培育品种以替换农家原有品种,从而明显地提高农业劳动生产率的农业发

---

[1] 也有一种理解,农业就是指种植业,其他如畜牧业、养殖业、手工业等被看作副业。参见胡廷积主编:《河南农业发展史》,中国农业出版社2005年版,第48页;高有鹏、解浩:《关于中原地区的农耕文明问题》,《河南大学学报(社会科学版)》2004年第6期。

[2] 衣保中:《中国东北农业史》,吉林文史出版社1993年版。

[3] 衣保中:《东北农业近代化研究》,吉林文史出版社1990年版。

[4] 张波:《关于"农业近代化"的共鸣——读衣保中〈东北农业近代化研究〉有感》,《北方文物》1992年第3期。

展阶段",并从农业科技思想发育萌芽,农业科技体系构成,西方成果的引进,教育和科学的影响等四个方面论述明末清初是中国近代农业的萌芽时期,到20世纪20—40年代,中国近代型农业科技体系才形成。① 这也是原始农业、传统农业、近代农业和现代农业的观点,只是各农业形态所对应的历史时期不一致。

吴存浩的《中国农业史》分期又有不同。该书以中国农业的发生和发展历程为线索,论述了自原始社会到中华人民共和国成立以前的农业的发展情况,其内容结构包括原始农业卷、传统旱作农业定型卷、传统水田农业定型卷、传统农业深化卷。② 可以看出,吴存浩似乎将中国农业史划分为原始农业、传统农业和现代农业三大阶段,因为虽然是论述前两大阶段,但内容上也论及现代农业的萌芽。该书中,史前至西周为原始农业阶段,其中夏代以前为原始农业的起源与发展阶段,夏、商、西周时期为原始农业的繁荣阶段;春秋战国至中华人民共和国成立以前为传统农业阶段,其中春秋战国时期为传统农业的产生阶段,秦汉时期为传统旱作农业的发展阶段,魏晋南北朝时期为传统旱作农业的定型阶段,隋唐五代时期为水田农业生产技术的发展阶段,宋元时期为传统稻作农业的定型阶段,明代至清前期为传统农业的细化阶段,清后期至民国时期为现代农业的萌芽阶段。不过,其中该书篇章题目和具体内容中提及近代农业,但所提及的近代农业又不是农业阶段的意思,而是历史时期中近代时期的农业,这很容易让人迷惑和误解。吴存浩书中所述的农业形态包括原始农业、传统农业和现代农业,并将明清至民国时期的农业都归于传统农业阶段,没有近代农业阶段。

张援的《大中华农业史》据传世文献分3编17章叙述中国历代农事,每章是以朝代来分段论述的。第一编胚胎及兴盛时代(自神农至战国是为上世期),包括神黄、唐虞、夏商、周(笔者按:指西周)、春秋战国等章;第二编变迁及维持时代(自秦至唐是为中世期),包括秦、汉、三国、两晋、南北朝、隋、唐等章;第三编中落及渐进时代(自五季至清是为近世期),包括五季(笔者按:指五代十国)、宋、辽金元、明、清等章。③ 这是依农业发展的兴衰来划分阶段的,但农业阶

---

① 中国农业百科全书总编辑委员会农业历史卷编辑委员会、中国农业百科全书编辑部编:《中国农业百科全书·农业历史卷》,农业出版社1995年版,第25、163—164页。
② 吴存浩:《中国农业史》,警官教育出版社1996年版。
③ 张援:《大中华农业史》,河南人民出版社2017年版。

段的性质不明。

胡廷积主编的《河南农业发展史》也是依时代先后来分期,该书包括五篇,第一篇河南是我国农业的重要发源地,第二篇河南古代时期农业,第三篇河南近代时期农业,第四篇新中国时期河南农业,第五篇河南 21 世纪新时期农业发展途径。① 其中古代时期指自先秦至鸦片战争开始(1840 年),近代时期指自鸦片战争开始至中华人民共和国成立(1949 年)。该书将河南农业的发展分为古代时期、近代时期、新中国时期、21 世纪新时期四大时期,但看不出农业发展水平、状态及发展形态。第二篇河南古代时期农业中,先秦时期农业这一章包括农业起源与原始农业、夏商西周时期农业、春秋战国时期农业三节,原始农业是农业的最初形态,是农业的一种发展阶段,显然与夏商西周时期农业、春秋战国时期农业所说的历史时期农业不一致。据该书中所论述,原始农业阶段指新石器时代开始至夏王朝建立之前;又提及中国古代传统农业早期阶段,说是在夏商西周。②

对传统农业是不是属于农业发展的一个阶段这一问题,是有争议的。王星光在《传统农业的概念、对象和作用》一文中指出,传统农业是"指在历史上形成的,且又系统流传下来、影响至今的一种农业文化",与古代农业和现代农业的概念既有密切的关系,更有严格的区别。③ 在他看来,传统农业就不是一个农业发展阶段,而古代农业和现代农业可作为农业的发展阶段来看。杨世基、刘源甫研究指出,传统农业"属于社会概念,是传统文化的组成部分之一,不可能被轻易过渡",传统农业"是动态和发展的,处于不断变化的过程中,经常性地部分被转化或转变",传统农业"在农业发展史上不是一个阶段","农业起源于新石器时代,经历了不同的发展阶段。按生产力的性质状况划分,有原始农业、古代农业、近代农业和现代农业等,按生产关系的性质划分,有原始社会农业、奴隶制农业、封建制农业、资本主义农业和社会主义农业等,但不存在传统农业这个阶段"。④

从上述原始农业、传统农业、近代农业和现代农业与原始农业、古代农业、

---

① 胡廷积主编:《河南农业发展史》,中国农业出版社 2005 年版。
② 胡廷积主编:《河南农业发展史》,中国农业出版社 2005 年版。
③ 王星光:《传统农业的概念、对象和作用》,《中国农史》1989 年第 1 期。
④ 杨世基、刘源甫:《对传统农业向现代农业过渡概念的商榷》,《农业经济问题》1991 年第 8 期。

近代农业和现代农业的提法对比中可以看出,一般是将古代农业看作传统农业,因此就将传统农业等同于古代农业,把社会概念的传统农业与农业性质的古代农业混为一谈。

从上述可见,也有不承认中国近代农业阶段的观点存在;或认为近代农业是现代农业的初期,不作为一个独立的阶段,称为近现代农业。如1987年9月,在中国农学会中国农业历史学会成立大会上,时任中国农学会中国农业历史学会主任委员王发武要求农史学界"为中国农业由自给半自给经济向社会主义有计划的商品经济转化,由传统农业向现代农业转化做出贡献,使农史科学研究开创一个新的局面"[①]。这里就提及传统农业向现代农业的转化问题,这说明,中国农业史上没有近代农业阶段。杨世基、刘源甫总结指出:"近年,在一些有关农业发展的论述中以及在文件、讲话中常可见到这样一类说法,如'我国正处于从传统农业向现代农业转化过程中','我国正处在传统农业向现代农业过渡阶段','农业发展的趋势是由传统农业向现代农业转变'等。"[②]这里,传统农业之后就是现代农业,不存在近代农业。张波指出"现代农业"看法上的各种观点与歧解:"众所周知,学界总论中外农业形态,通常概括为三种基本类型,即原始农业、传统农业和现代农业。关于前两种类型的农业形态认识比较明确,而第三种类型的所谓'现代农业'看法就大不相同了。就概念而言,除称为现代农业外,有的则称'近代农业',或称'近现代农业',从含义看,有的实指农业形态,有的则谓农史阶段,或两者兼而有之;同时还存在着一般农史对象在未被充分认识之前,可能存在着的各种歧解。"[③]这里,就是说有观点认为近代农业或近现代农业就是指现代农业。杨世基、刘源甫指出:"我国现阶段农业从整体上说大致处于向近代农业过渡阶段……将逐渐过渡到近代农业或现代农业,或而在某些地区已开始向现代农业过渡。"[④]这里近代农业就是指现代农业。现代农

---

① 王发武:《开展农史科研新阶段 更好地为建设社会主义现代化农业服务》,《农业考古》1988年第1期。
② 杨世基、刘源甫:《对传统农业向现代农业过渡概念的商榷》,《农业经济问题》1991年第8期。
③ 张波:《关于"农业近代化"的共鸣——读衣保中〈东北农业近代化研究〉有感》,《北方文物》1992年第3期。
④ 杨世基、刘源甫:《对传统农业向现代农业过渡概念的商榷》,《农业经济问题》1991年第8期。

之后,还有学者提出 21 世纪"知识农业"的概念。①

而现代农业的概念本身也是名目繁多,"学术界对现代农业内涵的认识,经历了一个不断深入的过程,将现代农业由小农业拓展到大农业,由农业科技水平的提升拓展到农民科技素质的提高,由农业的单一功能拓展到农业的多种功能"②。如胡恒洋、刘苏社、张俊峰等从多方面概括了现代农业的内涵,他们认为现代农业是产业体系更为完整的农业,不再局限于传统的种植业、养殖业等农业部门,也包括了生产资料工业、食品加工业等第二产业和交通运输、技术和信息服务等第三产业的内容;现代农业是技术密集型的农业,依赖不断发展的高新技术投入,由单纯地依靠资源的外延开发,转到主要依靠提高资源利用率和持续发展能力的方向上来;现代农业是市场导向型农业,农民的大部分经济活动被纳入市场交易,生产主要是为了满足市场的需要;现代农业是产业化经营的农业,农户广泛地参与到专业化生产和社会化分工中,实行产业化经营;现代农业是多功能性的农业,在保存了提供食物、工业原料,以及提供就业机会和增加农民收入等传统功能的基础上,向生态、观赏、休闲、美化等方向延伸,休闲农业、观光农业、旅游农业等新型农业形态也迅速发展成为与产品生产农业并驾齐驱的重要产业。③ 周应恒、耿献辉也是持类似的观点,他们认为现代农业是"按照现代产业的理念,以产业关联关系为基础、以科技为支撑、以现代产业组织为纽带的可持续发展的包括农业产前、产中和产后环节的有机系统"(图 0-1)。④

---

① 邱恩义指出,知识农业"是以知识资源的占有、配置、生产和消费(使用)为主导因素的农业;是知识高度密集、多学科高度渗透的可持续发展的高效农业。对于知识农业,技术创新是其发展的基本动力。简言之,知识农业,就是知识作为最基本的生产要素的农业。它与以土地和劳动为基础的传统农业,与以土地、劳动、机械和石化为基础的现代农业相比,发生了根本性的变化。在知识经济的年代里,一种生产过程依赖于知识、信息和科技等的运用,知识物化的价值在农业产出中占相当比重"。参见邱恩义:《新世纪的农业概念》,《社会科学战线》1999 年第 5 期。
② 孟秋菊:《现代农业与农业现代化概念辨析》,《农业现代化研究》2008 年第 3 期。
③ 胡恒洋、刘苏社、张俊峰等:《关于现代农业建设的认识和政策建议》,《宏观经济管理》2007 年第 2 期。
④ 周应恒、耿献辉:《现代农业内涵、特征及发展趋势》,《中国农学通报》2007 年第 10 期。

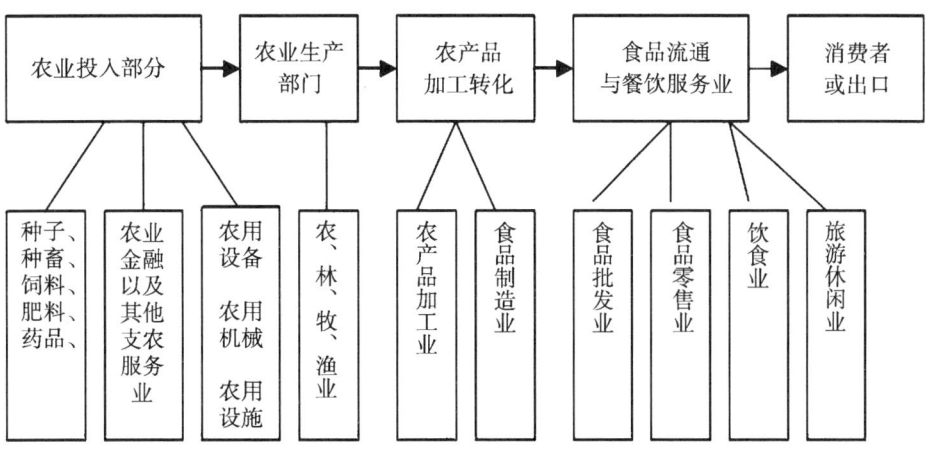

图 0-1 现代农业体系内涵示意图

现代农业的新概念更呈眼花缭乱之势（表 0-2）。因此，原始农业、传统农业、近代农业、现代农业的提法，抑或原始农业、传统农业、现代农业的提法等，都存在问题与争议。

表 0-2 现代农业部分新概念一览简表

名称	含义	属类举例	出处	备注
都市农业	是一个广义的、地域经济的概念。它包括都市内镶嵌插花状的小块农田、庭院和阳台绿化，也包括城乡接合部的近郊农业，还包括远郊甚至环大都市经济圈在内的适宜大都市市场需求的农业①	生态农业、休闲农业、观光农业、旅游农业、创汇农业、宾馆农业等。地域上	俞菊生：《都市农业的定义、特征、特性与主要模式》，《经济研究参考》1999 年第 85 期；《上海市都市型现代农业与休闲农业实践》，《北京农业职业学院学报》2008 年第 5 期	据俞菊生，都市农业有四种定义，这是最基本的定义

---

① 张海洋提及有城郊农业。张海洋：《浅谈我国现代农业》，《中国农业信息》2012 年第 13 期。

(续表)

名称	含义	属类举例	出处	备注
生态农业	是指以生态学理论为指导,运用现代科学技术和系统工程,根据各地自然条件,建立高效益、高功能和形成良性循环的现代化农业	都市农业之一。功能上	张宝浒:《几组农业概念的区别》,《中学地理教学参考》1994年第3期	不仅仅局限于都市农业
	是在生态科学原理指导下,采用工程、生物、化学三大措施,运用农业科技成果,合理组合农、林、牧、副、渔、加工业的比例,使农业生产过程成为生态环境改善的过程		田鸣:《新概念农业面面观》,《现代农业》1990年第10期	目标是达到经济、社会、生态三个效益的同步提高
	应用生态学理论和现代技术组织农业生产,既达到增产的目的,又不破坏环境的农业发展系统工程	相关名称还有有机农业、生物动力农业、永久农业、再生农业、可持续农业等	蔡惠林:《现代生态农业四个新概念》,《农村·农业·农民》2002年第2期	
绿色农业	指的是以水、土为主,由动物、植物资源组成的二维结构,包括种植业和养殖业。挖掘陆地资源潜力,摆脱传统农业的单一以种植业为中心的框框,实现农、林、牧、副、渔多种经营相结合的发展新模式	生态农业之一。三色农业之一	蔡惠林:《现代生态农业四个新概念》,《农村·农业·农民》2002年第2期①	

---

① 张海洋也提及绿色农业。参见张海洋:《浅谈我国现代农业》,《中国农业信息》2012年第13期。

(续表)

名称	含义	属类举例	出处	备注
白色农业	是指不污染环境的微生物工业型农业,是以基因工程、酶工程、细胞工程和微生物工程为基础,以发酵工程为主要特征的新型农业工厂化产业。因其生产过程是在洁净环境中进行,操作者穿戴白色工作服,故被形象地称为"白色农业"。它依靠人工能源,不受地域气候和季节限制,可常年进行生产	生态农业之一。三色农业之一。又称"工厂化农业"①	蔡惠林:《现代生态农业四个新概念》,《农村·农业·农民》2002年第2期	需与当今许多高精尖科学技术配套实施,需投巨资
蓝色农业	是以蓝色的大海为依托的海洋水生农业,是人类宝贵的基因库,是开发海洋资源的高新技术基地。海洋生物除直接提供人类的食物外,还是医药、化学等工业的原料,也是养殖业的优良饲料,挖掘海洋资源潜力,可生产出人类需要的各种产品	生态农业之一。三色农业之一	蔡惠林:《现代生态农业四个新概念》,《农村·农业·农民》2002年第2期	
低碳农业	就是充分利用农业碳汇功能,尽可能降低其碳排放功能,实现食品生产全过程的低碳排放	生态农业之一。功能上	王松良、C. D. Caldwell、祝文烽:《低碳农业:来源、原理和策略》,《农业现代化研究》2010年第5期	

---

① 赛树奇也提及工厂化农业。参见赛树奇:《关于现代农业的两个基本概念》,《新农业》2015年第13期。

(续表)

名称	含义	属类举例	出处	备注
立体农业	是指按自然条件的垂直差异,在不同高度和部位,因地制宜地布置不同农作物或不同品种。也指在一定土地上或水域中,进行多层次种植、动物饲养和水产养殖的生产	生态农业之一。功能上	张宝浒:《几组农业概念的区别》,《中学地理教学参考》1994年第3期	立体农业是生态农业重要方式之一
	就是充分利用土地、水面等空间,通过间混套种等方式,作物布局由平面向立体方向发展,进行立体种植,充分利用水、土、光、热、气和各种资源,在有限土地上获得较多的农产品		田鸣:《新概念农业面面观》,《现代农业》1990年第10期	
观光农业	也叫绿色旅游业。是指与旅游相结合的一种农事活动,生产、旅游两不误。根据农业生产的经营项目,开辟观光游园场地,建立各种游览观光设施,用富有诗情画意的田园风光,代表农村特色的服务设施,热情周到的服务态度,吸引大批城里人到乡下参观访问,通过游览风景、林间狩猎、采摘果实、水面垂钓等活动,从中感受大自然美的熏陶和农业劳动带来的乐趣	都市农业之一。功能上	田鸣:《新概念农业面面观》,《现代农业》1990年第10期	

(续表)

名称	含义	属类举例	出处	备注
精久农业[1]	是指以高产、增值、持久为特征,精致地配置利用土地、资金、劳力、技术等生产要素,持久地提高土地生产力,增加农业后劲的一种中国式的现代农业	综合性	田鸣:《新概念农业面面观》,《现代农业》1990年第10期	是中国农业的发展方向
	是走人口、社会、经济、资源、环境相互促进、相互协调持续发展的道路,在促进农业生产率高效增长的同时,注意资源、环境的保护,使资源、环境能永续地支撑农业发展;既弘扬传统有机农业技术的精华,又大量吸取可持续性的现代高新技术,以及应用现代经济管理方法,通过技术系统、经济系统、环境系统的相互协调,构建经济生态良性循环的农业经营体系,在此基础上实现提高资源利用率、劳动生产率、土地生产率和经济效益的目的		袁志清:《现代持续农业的概念及特征》,《农村研究》1999年第6期	现代持续农业

---

[1] 张海洋有持续农业提法,蔡惠林有可持续农业提法。分别参见张海洋:《浅谈我国现代农业》,《中国农业信息》2012年第13期;蔡惠林:《现代生态农业四个新概念》,《农村·农业·农民》2002年第2期。

(续表)

名称	含义	属类举例	出处	备注
石油农业	以投放化学产品为主,突破了农业系统内的小循环,建立从农业系统外投放工业物质技术的开放型大循环,大大提高了生产力。但过度消耗自然资源、污染环境和食品,削弱了农业系统内的自养、自控性,是不可持续发展的现代农业	技术上	袁志清:《现代持续农业的概念及特征》,《农村研究》1999年第6期	
有机农业	也就是利用有机肥料和生物肥料,不用化肥和化学农药,依靠科学的耕作方法和田间管理,根据基因工程培植生物农药控制作物病虫害和农田杂草,收到改良土壤、提高产量的效果	技术上	田鸣:《新概念农业面面观》,《现代农业》1990年第10期	本是传统农业的产物,21世纪人类的生产将会进入"有机时代"

(续表)

名称	含义	属类举例	出处	备注
数字农业	又叫精细农业或信息农业。是将遥感、地理信息系统、全球定位系统、计算机技术、通信和网络技术、自动化技术等高新技术与地理学、农学、生态学、植物生理学、土壤学等基础学科有机地结合起来,实现在农业生产过程中对农作物、土壤从宏观到微观的实时监测,以实现对农作物生长、发育状况,病虫害,水肥状况,以及相应的环境进行定期信息获取,生成动态空间信息系统;对农业生产中的现象、过程进行模拟,达到合理利用农业资源、降低生产成本、改善生态环境、提高农作物产品和质量的目的	技术上	俞菊生:《上海都市型"数字农业"发展对策》,《农业图书情报学刊》2004年第2期	20世纪末,国际上形成了"数字农业"的概念,预示着21世纪的农业将呈现出一个以数字化为特征的崭新面貌
品牌农业	品牌建设渗透在农业产业化的每个环节,实施品牌战略先要以农产品质量树品牌,后要以名牌带产品,这已成为越来越多农业企业和商家运用的模式。品牌战略也是市场农业发展的必然选择		俞菊生、卢起建、曾勇等:《市郊品牌农业研究——透析青浦品牌农业现状》,《上海农业学报》2006年第2期	

(续表)

名称	含义	属类举例	出处	备注
规模农业	是指适度扩大农业经营规模,便于引进现代化农业机械和技术,达到农业增产增收①	土地上	田鸣:《新概念农业面面观》,《现代农业》1990年第10期	
	需要大面积的农作物种植,但是,不等于土地集中经营,分散的家庭经营也能够产生规模农业,规模农业的关键在于某种或某类农产品的生产是否实现量的聚集,产生规模效益	土地集中式规模农业。家庭积聚式规模农业②	钟庆君:《家庭积聚式规模农业对完善农村基本经营制度和推进现代农业发展的作用》,《山东农业大学学报(社会科学版)》2013年第1期	
庭院农业	指在住宅周围集中人、财、物和技术优势在小片土地上精耕细作,密集种植蔬菜、葡萄、瓜果、蘑菇,饲养鸡、鸭、猪、鱼等,可以美化庭院,改善生活环境,增加收入,是庭院经济的重要内容		田鸣:《新概念农业面面观》,《现代农业》1990年第10期	

---

① 条件是有现代化的农业机械和集体服务设施,有为农村剩余劳动力转移的就业机会,有较为发达的集体经济,能兴办更多的非农产业和提供农业综合服务。
② 土地集中式规模农业,是指在发展规模农业时,先进行土地集中,为规模农业的实现创造基本的物质基础条件,然后再进行规模经营。但量上增加,能否实现质的提高,要根据实际情况确定。家庭积聚式规模农业,是指在这种规模农业的形成和发展过程中,开始时只是少数农户生产经营某种农产品,当这部分农户获得效益后,其他农户也跟着进行生产;因为众多家庭的跟进,从而形成了规模生产,开拓了市场,并带来了规模效益。最大特点是在生产过程中和土地的使用上,并没有改变家庭联产承包责任制这一农村基本经营制度。因为家庭是生产的基本经营单位,同时,这种规模农业的形成和发展,就像资本通过不断积聚形成大资本一样,不仅有量的增加,还实现了质的提高。

(续表)

名称	含义	属类举例	出处	备注
边地农业	旨在挖掘土地潜力的农业,就是充分利用田埂、地角、塘边、沟边、空闲场院等一切零星的土地资源,增收农产品		田鸣:《新概念农业面面观》,《现代农业》1990年第10期	
覆盖农业	是指采用地膜覆盖栽培技术,以增产增收为目的。具有提高地温、保持土壤水分稳定、消除杂草等增产增收的作用和效果	技术上。也称"白色农业"	田鸣:《新概念农业面面观》,《现代农业》1990年第10期	是农业技术改造的一次突破
开发性农业	就是对目前尚未利用或利用不够充分的农业资源,进行广度和深度的开发利用,是提高农业综合生产能力的一项战略措施。它主要是以非耕地农业资源为开发对象,以劳力、资金、技术投入为手段,以发展商品经济、开辟生产门路、改变贫困落后面貌为目的的经济开发事业	功能上	田鸣:《新概念农业面面观》,《现代农业》1990年第10期	特点是以资源开发为基础,以市场为导向,实行综合开发、综合治理,取得综合效益
外向型农业	指面向国内外市场,以创汇和创利为目标而进行生产的商品农业。是相对于内向型农业而言的一种现代化、商品化、专业化、社会化的开放型农业	创汇农业。功能上	田鸣:《新概念农业面面观》,《现代农业》1990年第10期	特点就是要走出国界,进入国际市场,获得较高的效益,取得外汇以发展国民经济

说明:表中之外,还有不少新概念,如设施农业(赛树奇:《关于现代农业的两个基本概念》,《新农业》2015年第13期)、旱作农业、冬季农业、节水性农业(田鸣:《新概念农业面面观》,《现代农业》1990年第10期)、无公害农业、精确农业(张海洋:《浅谈我国现代农业》,《中国农业信息》2012年第13期)等等。

从上述同样可见,除对农业形态的划分认识不一致外,在每一形态所包含时期的认识上,也是存在争议的。如对《中国农业百科全书·农业历史卷》中近代农业阶段的划分,有学者提出疑问。宁可、魏明孔认为《中国农业百科全书·农业历史卷》关于我国近代农业的论述"有套用西方近代农业概念之嫌,给人一种概念模糊的感觉",他们认为明清时期仍然是精耕细作的个体小生产农业,仍然是传统农业占绝对优势的时期,就是在20世纪末,在广大农村,传统农业生产仍占有相当比例。[1] 这是说,宁可、魏明孔认为传统农业阶段一直延续到20世纪末,或20世纪末仍处于向现代农业的过渡阶段。有套用西方农业概念之嫌的不仅仅是近代农业,现代农业也是如此。如张波指出,从19世纪40年代至20世纪50年代,是世界工业式农业逐步确立的时期(近代农业阶段),也是中国农业尾随走上了工业式农业发展道路的时期;20世纪50年代至今,是世界工业式农业第二阶段(现代农业阶段),而中国改革开放后,也稳妥地走上了中国式农业现代化的道路,"可以说在工业式农业发展的第二阶段,中国农业正在接近着世界水平"[2]。将中国的农业形态及所包含时期基本上等同于西方发达国家农业形态及所包含时期,显然不符合实际。从整体上讲,我国与西方经济发达国家农业发展的差距显而易见,直到改革开放以来的20世纪80年代末,中国农业还处于从古代农业向现代农业转化的过程中,处在古代农业向现代农业的过渡阶段。杨世基、刘源甫指出:"我国现阶段农业从整体上说大致处于向近代农业过渡阶段,即由手工工具和畜力农具向机械化农具、由直接经验向近代科学技术、由自给自足生产向商品化生产转变的农业阶段,随着社会经济的发展和科学技术的进步,将逐渐过渡到近代农业或现代农业,或而在某些地区已开始向现代农业过渡。"[3]即使在这过渡期间,有的地区或个别村庄走在前面,

---

[1] 宁可、魏明孔:《〈中国农业百科全书·农业历史卷〉品评》,《博览群书》1997年第3期。
[2] 张波:《关于"农业近代化"的共鸣——读衣保中〈东北农业近代化研究〉有感》,《北方文物》1992年第3期。
[3] 杨世基、刘源甫:《对传统农业向现代农业过渡概念的商榷》,《农业经济问题》1991年第8期。

已开始向现代农业过渡,但我们不能以偏概全、以点概面。

同时,还有的观点把农业性质的农业形态与历史分期的历史时期混为一谈。从上述也可知,有学者以历史分期来划分农业形态或农业发展阶段,于是,认为古代时期的农业就称为古代农业,近代时期的农业就称为近代农业,现代时期的农业就称为现代农业,将农业阶段等同于农业形态。如将古代农业当作古代时期的农业,古代一般指先秦至清代,因此认为古代农业阶段包括"春秋战国至民国时期"就十分不妥,不能把近现代列于其中。当然,历史分期与农业阶段的重合也是致误的重要原因,如古代时期的农业就是处于古代农业阶段。

从上述所见,农业史的撰写、编排,虽然农业形态及所延续的历史时期各不同,但主要是按农业发展的兴衰演变来编排,或者说按断代来写的。有学者认为,农业史作为专门史研究的内容,应注重农业自身发展的特点,或应依靠农业类型、种植结构、农耕技术发展、农村农户形态等进行谋篇布局,若主要按断代进行划分,会在某种程度上割裂农业发展的阶段性,毕竟某些种植结构的变化、技术的发展不太可能按照人为划定的时间和空间内发生、发展、演变。[①] 这种看法的确有独到之处。但也应该看到,从历史上看,一方面,农业的发展变迁相对来说是缓慢的,另一方面,在以农为本的中国,农业是立国之本,只有将农业的发展演变置于国家或者说历代政权之下的政治经济、社会文化环境中去考察,才能真正揭示出农业发展演变的实际状况。再就是,关于历史的分期虽有不同看法,但各断代和分期已为学术界和一般大众所熟知和接受,这样,以断代来撰写,只要注意不同历史时期农业情况的前后衔接,应该说按断代来编排还是一种较为妥当的方式,也是目前农业史撰写的惯例。当然,在各断代或时期之内,应该主要按照农业的实际特点来谋篇布局。

从农业史、地区农业史分期的实践可知,农业史的分期上存在着分歧与冲突,有所属时期、所归阶段的冲突,有农业形态、农业发展阶段的纷争等(表0-3)。对农业史的分期,既要反映农业生产发展的水平、状态等演变,也要从整体上把握农业生产的发展阶段。根据前贤今彦的研究和河南农业史的实际情况,河南农业史从农业形态上可分为三大历史阶段:

一是原始农业阶段,是河南原始农业发生、发展和繁荣的时期。大致自新

---

① 这是项目匿名鉴定专家所提需加以改进和提高的宝贵意见之一,在此深表谢意!

石器时代开始至西周。新石器时代开始至五帝时代(约前 4420—前 2100 年)[①]之前是原始农业的发生时期,五帝时代为原始农业的发展时期,夏商西周为原始农业的兴盛期。

表 0-3 关于农业形态与历史时期部分观点简表

持论者与年代 \ 农业形态	原始农业与起止时期	传统农业与起止时期	近代农业与起止时期	现代农业与起止时期	备注
学界 1991 年前[②]	√	√	○	√ 1997 年,宁可、魏明孔认为 20 世纪末仍处于向现代农业的过渡阶段	近代农业或近现代农业就是指现代农业
朱道华 1979 年 王叔云 1980 年	√	√ (古代农业)至 20 世纪 80 年代	√ 资本主义国家经历了一二百年○中国	√ 日本,第二次世界大战后至 20 世纪 60 年代农业现代化 美国,1910 年至 20 世纪 60 年代农业现代化 中国,1980 年前后,农业现代化试点	王叔云:《农业现代化概念和我国农业现代化的起步问题》,《财经科学》1980 年第 3 期

[①] 许顺湛:《五帝时代研究》,中州古籍出版社 2005 年版,第 26 页。
[②] 张波:《关于"农业近代化"的共鸣——读衣保中〈东北农业近代化研究〉有感》,《北方文物》1992 年第 3 期。

(续表)

持论者与年代 \ 农业形态	原始农业与起止时期	传统农业与起止时期	近代农业与起止时期	现代农业与起止时期	备注
衣保中《东北农业近代化研究》《中国东北农业史》1990年、1993年	√	√	√ 19世纪40年代至20世纪50年代（清代后期至民国时期）	√ 新中国时期	张波认同此观点 1992年
杨世基、刘源甫 1991年	√ 自新石器时代	√（古代农业）自新石器时代和铁器时代交替时期起到19世纪后期	√ 经济发达国家，从19世纪后期至20世纪40年代 ○中国	√ 经济发达国家，第二次世界大战后 中国，现阶段农业从整体上说大致处于向近代农业过渡阶段	传统农业不是农业形态 将逐渐过渡到近代农业或现代农业，或而在某些地区已开始向现代农业过渡
张波 1992年			√ 从19世纪40年代至20世纪50年代 世界工业式农业逐步确立的时期 中国农业尾随走上了工业式农业发展道路	√ 20世纪50年代至今 世界工业式农业第二阶段 改革开放后稳妥地走上了中国式农业现代化的道路	少数欧美国家

(续表)

持论者与年代 \ 农业形态	原始农业与起止时期	传统农业与起止时期	近代农业与起止时期	现代农业与起止时期	备注
《中国农业百科全书·农业历史卷》1995年	√	√ 封建社会（春秋战国至清代前期）	√ 清代后期（自1840年鸦片战争开始）至民国时期	√ 新中国时期	明末清初近代农业的萌芽时期
吴存浩《中国农业史》1996年	√ 史前至西周	√ 春秋战国至民国时期	○	√ 新中国时期	清后期至民国时期为现代农业的萌芽阶段
胡廷积《河南农业发展史》2005年	√ 新石器时代开始至夏王朝建立之前	不明	不明	不明	夏商西周是古代传统农业早期阶段
任耀飞《中国传统农业的近代转型研究》	√	√	√?①	√	西北农林科技大学2011年博士学位论文

---

① 作者关于农业形态的观点是矛盾的。前面认为"中国农业发展大致经历了原始农业、传统农业、近代农业和现代农业四个阶段。传统农业之后必然要有一个农业转型的过程才能形成近代农业"，但后面又认为"随着社会经济的不断发展，目前中国已经进入了工业化的中期阶段，但就农业经济而言，原始农业形态、传统农业形态和现代农业形态相互交错，呈现出了两头小、中间大的态势，这种状况与中国社会主义现代化建设事业的需要显然是不相适应的，因而加快传统农业向现代农业转型仍是中国现阶段任重而道远的历史使命，但从历史的经验来看，发展适应性过渡农业则是完成这一历史使命的不错选择"。前面说为四种形态，后面讲三种形态，没有近代农业形态。这是不是也可以说明，作者也主张传统农业的转型实际上就是向近现代农业的转型，近代农业、现代农业实际上是一回事。

（续表）

农业形态 持论者与年代	原始农业与起止时期	传统农业与起止时期	近代农业与起止时期	现代农业与起止时期	备注
李军《我国现代农业发展模式术语述略》	√（刀耕火种为基础）	√（依靠畜力铁器）	○	√（以现代工业和科学技术为支撑）	《学习月刊》2012年第4期

说明：表中"√"表示赞同，"○"表示否认。

二是古代农业阶段。包括春秋战国至民国时期。历经春秋战国时期河南古代农业的形成、秦汉时期河南古代农业单一农耕方式的确立、魏晋南北朝时期河南古代农业的萎缩、隋唐五代时期河南古代农业的复兴、宋元时期河南古代农业的衰退、明清时期河南古代农业的延续与转型萌芽、民国时期河南古代农业的缓慢变革等时期。民国时期既是河南古代农业的缓慢变革时期，也是河南古代农业向现代农业转型的缓慢过渡期。

三是农业现代化的过渡阶段。自中华人民共和国成立至21世纪初，为河南农业的持续过渡时期。包括社会主义建设时期河南农业的曲折发展、改革开放时期河南农业的长足进步两大时期。实际上，如上所述，与全国一样，河南农业形态整体上仍处于由古代农业向现代农业的过渡、转型阶段。按照孟秋菊的话说，就是"农业现代化的过渡阶段"或"农业现代化的最初级阶段"[①]。如河南农村改革初期，中共河南省委第一书记刘杰就说到河南农村的落后："河南是我国人民公社制度的发源地，受'左'的思想路线影响最为深远，农村生产力发展受到严重束缚，在许多方面落后于全国。农村改革之初，河南遇到的'左'的干扰和阻力很大，也经历了一个艰难的历程。"[②]我国都市型现代农业的实践始于20世纪80年代末90年代初，上海、北京、天津及深圳等市都明确提出建设现代化都市型农业的目标，如1998年中共上海市委六届四次全会和市人大十届四次会议明确指出，未来上海农业发展的基本方向是"促进城郊型农业向都市型

[①] 孟秋菊：《现代农业与农业现代化概念辨析》，《农业现代化研究》2008年第3期。

[②] 刘杰、段德文、陈书光：《河南农村改革的历史回顾》，《协商论坛》2019年第7期。

农业转变";在21世纪初,深圳才完成了传统农业向现代农业的改造转型。① 沿海发达地区的深圳才刚刚完成现代农业的转型,位居中西部的河南还在转型之中也是符合事实的。

2. 河南农业史的特征

河南是一个以农耕为主的社会,农业的历史悠久绵长,农业的各个方面都处于全国前列,农业史的农业特征典型而突出。高有鹏、解浩提出中原农业生产的三个特点:一是以农为本、以土为本,二是阴阳相宜、把握农时,三是小家庭基础上自然传承的"副业"。② 这三大特点实际上以第一个为根本,后两个特点都是前者的派生。

其一,本质性。以农为本、以土为本是中原农业生产最显著的特征。古代农耕文明的核心就是对土地的占有、使用与管理,各种手工业、商贸、医药等生产活动,都紧密地围绕着土地耕作这一中心而展开,并在这一过程中形成了一整套完善的体系。③ 这表现在各个方面,如生产上,以粮食生产为根本,重视农业生产物质条件、农田水利建设,重视草木肥、溷殖肥等有机肥营养土壤;思想观念上,以农为本、强本抑末的思想居于中国人文思想发展史上的主流位置,农业作为国家财富积累的基本途径,各种手工业、养殖业、医药、商贸等生产作为副业,在此基础上形成的天(气候)、地(土壤)、人(劳动)三者一体的生产观念成为全社会的共识。这种本质性延至今天,河南仍作为国家的粮食大省、农业大省而显名。

其二,偏颇性。粮食主导性,单一的粮食生产居于古代农业的主导地位。虽然历史上的农业是包括农、林、牧、副、渔的大农业,但是,河南有长达数千年的古代农业阶段,农业则以种植业中的粮食生产为主体地位,林、牧、渔、副各业的发展并不充分,也不突出。

---

① 俞菊生、张晨、吴铁韵:《我国都市型现代农业理论研究与实践进展》,载中国科学技术协会学会学术部编:《第十三届中国科协年会第17分会场——城乡一体化与"三农"创新发展研讨会论文集》,中国科学技术协会2011年版。有学者认为,到21世纪初,中国还没有进入现代农业阶段。参见孟秋菊:《现代农业与农业现代化概念辨析》,《农业现代化研究》2008年第3期。
② 高有鹏、解浩:《关于中原地区的农耕文明问题》,《河南大学学报(社会科学版)》2004年第6期。
③ 高有鹏、解浩:《关于中原地区的农耕文明问题》,《河南大学学报(社会科学版)》2004年第6期。

其三,致密性。人多地少,人地矛盾突出。河南在元代以前多是全国政治、经济、文化中心,也是人口重要迁入地、聚居地,人口密度大,人均耕地少。据吴存浩研究(表0-4),自战国时期至中华人民共和国成立前,耕地和人口增加了,但人均耕地和粮食生产率却大幅下降。①

表0-4 中国历代农业基本情况统计表

时代	耕地面积（亿亩）	人口（亿）	人均耕地面积(亩)	耕作能力（亩/劳力）	亩产粟量（斤/亩）	粮食生产率（斤/劳力）
战国(前475—前221)	2.30	0.2000	11.52	38.4	91	3494
西汉末(25)	5.72	0.5959	9.6	32.0	117	3743
唐天宝(742—755)	6.026	0.6500	9.29	27.4	124	3398
明万历(1573—1619)	7.462	1.300	5.74	19.1	150	2865
清雍正(1723—1735)	8.20	1.47	5.58	18.6	152	2827
乾隆三十七年(1772)	8.755	2.165	4.04	13.5	152	2052
嘉庆十七年(1812)	10.14	3.617	2.80	9.3	152	1420
道光十四年(1834)	11.24	4.049	2.77	9.25	152	1406
1949年	15.00	5.4167	2.76	9.2	154	1416

历史上,河南就是属于人多地少的"狭乡"。胡廷积认为,表中反映的情况也是历史上河南的基本情况,河南今有土地面积16.7万平方公里,约占全国总土地面积的1.74%,居全国第17位,总耕地面积约占全国的5.1%,但人均土地和人均耕地面积分别只占全国人均数的24%和65%;随着人口的增加,耕地在

---

① 吴存浩:《中国农业史》,警官教育出版社1996年版,第1114页。

逐渐减少,如河南省人口从1949年的约4174万增加到2000年的9488万,而耕地则从1949年的1.1017亿亩减少到2000年的1.0313亿亩,人均耕地由1949年的2.76亩减少到2000年的1.05亩。① 城镇化的发展、城市的扩张,都面临着耕地红线的控制与农业生产和社会经济发展的矛盾协调问题。

其四,创新性。改革创新实践涵盖农业经济思想、土地制度、赋税制度、耕作制度、生产组织形式、生产技术等各方面。如东汉汲县(今新乡卫辉)人杜诗所创造的水排早于西方同类机械1000多年。中华人民共和国成立后,河南是我国1958—1983年人民公社制度的发源地;1981年,河南"统一经营、联产到劳"生产责任制为中央向全国推荐;1983年,河南在改革中创建农村经济联合社,时任国务院副总理的田纪云对河南率先改革供销社体制建立经济联合社的工作给予充分肯定和高度评价。②

3. 河南农业史的地位

如何评价一个地区农业史的地位?一般看其农业的发展进步与影响。高国荣指出,一部农业史在很大程度上是农业生产技术不断进步的历史,是农业区域不断扩大的历史,是优良农业生物不断增多的历史。③ 可见,在高国荣看来,农业生物品种增多、农业区域扩大、农业技术进步应该是农业发展进步的反映和标志。实际上,农业的发展进步只是农业史地位的反映之一。河南农业史的地位主要体现在以下方面:

一是河南农业经济在河南历史中的主导地位。自农业产生以来一直到改革开放的20世纪80年代,河南农业经济在河南历史中的主导地位一直延续,变化缓慢,河南农业仍处于向现代农业的过渡阶段。今天,河南仍旧是国家的粮食大省和农业大省。

二是河南农业是中国农业重要发源地之一。中国是农业文明古国,农业的出现已有上万年的历史。河南地处黄河中下游,是中华农耕文明的重要发祥地

---

① 胡廷积主编:《河南农业发展史》,中国农业出版社2005年版。
② 1981年3月,中央向全国推荐了河南"统一经营、联产到劳"生产责任制,"认为这种形式既保持了集体经济统一经营的优势,又吸收了包产到户发挥个人积极性的好处"。此后,安徽、四川、辽宁、青海等省的负责人先后到河南,重点考察以"统一经营、联产到劳"为主要形式的生产责任制。参见刘杰、段德文、陈书光:《河南农村改革的历史回顾》,《协商论坛》2019年第7期。
③ 高国荣:《试析农业史与环境史的区别——以20世纪中美两国的相关研究为例》,《社会科学战线》2019年第9期。

之一。如据农史学者研究,"从目前考古学文化的发现来看,长江中游、长江下游和淮河流域分别以彭头山—皂市下层—大溪—屈家岭—石家河文化传统、罗家角与河姆渡—马家浜—崧泽—良渚文化传统、贾湖—仰韶与青莲岗(或大汶口)—龙山文化传统为代表的三大史前文化传统,很可能同步进入了稻作农业的原栽培阶段。黄河两岸可能为稻粟混作区"[1]。漯河舞阳贾湖遗址为裴李岗文化的主要源头,年代范围为距今9000—7800年。

三是河南农业发展史可以看成是中国农业发展的一个缩影。河南历史上长期居于全国政治、经济、文化的中心,是中华农耕文明的中心地区,河南农业在中国农业发展史上有着重要地位。有学者指出,"以农为本、以土为本的思维方式与价值观念深刻地影响着高度稳定的社会生活秩序的运行与发展,同时,也影响到整个国家的发展。所以我们讲,中原地区的民间生产历史就是整个中国古代农耕文明历史的一个缩影,它与北方的游牧、南方的稻作、东部沿海的渔业,包括西部山地的生产形成鲜明的对比和对照"[2]。河南原始农业从新石器时代早期的裴李岗文化时期至仰韶文化时期至中原龙山文化时期至二里头文化时期延至商周,再由原始农业至古代农业至现代农业的进步,河南农业发展一脉相承。河南农业在发展过程中所积累下来的农耕文化内容丰富,亮点纷呈,影响深远。

四、河南农业发展的兴衰原因、历史经验与教训

自新石器时代至今,农业是河南历史的底色,总结河南农业的发展兴衰原因、历史经验与教训,对河南农业史的进一步研究,对河南自农业大省向农业强省的建设,有着学术和现实意义。

1. 河南农业发展的兴衰原因

社会稳定是农业发展的前提。社会动荡,战乱、天灾、人祸是导致农业衰败

---

[1] 张居中、孔昭宸、刘长江:《舞阳史前稻作遗存与黄淮地区史前农业》,《农业考古》1994年第1期。
[2] 高有鹏、解浩:《关于中原地区的农耕文明问题》,《河南大学学报(社会科学版)》2004年第6期。

的重要因素。战乱、天灾、人祸致使农业人口减少、流失,田园荒芜,农业歉收,农业技术停滞,农业生产严重倒退。如历史上东汉末军阀混战、西晋"八王之乱"、唐代"安史之乱"与藩镇割据等,都致使河南农业残破,民生凋敝。

改革创新是推动农业延续、发展的重要力量。自农业的发生开始,改革创新便贯穿农业发展的始终。从田制赋税制度上的改革到作物技术、生产物质条件上的变革等等,如从原始社会的氏族土地共有制到自原始社会后期至春秋时期的井田制,再到秦汉时期以后的地主土地所有制,包括三国曹魏的屯田制、两晋时期的占田课田制、北魏以后的均田制、唐后期的较为自由的地主土地所有制,又如从唐代后期的"两税法"到清代的"一条鞭法",再到当代的农业免税政策,可以说,农业发展史也是一部农业制度、技术改革、创新的历史。改革创新解放了生产力,提高了劳动生产率,推进了农业的持续发展,是原始农业到古代农业再到现代农业发展的推动力量。

2. 历史经验与教训

以农为本仍然具有重大现实意义。以农为本的思想反映出农业生产的重要历史地位,并形成了注重天时、地利、人和三位一体的自然观。农业是社会稳定和发展的基础,以农立国,以粮食生产为天,维持了人口的生存与繁衍,促进了农业的恢复、发展和农业技术的进步。今天,我们强调以农为本,就是坚持农业在国民经济中的基础地位,维护国家的粮食生产安全,大力推进农业现代化、城乡一体化建设。

强本抑末致使社会整体上封闭性特征明显。小家庭基础上自然传承的自耕自足的小农经济,使农业生产处在内部循环的状态,很大程度上限制了社会生产力的发展;强本抑末的重农思想,也造就了全社会的封闭、愚昧、盲目和停滞,社会整体上封闭性特征明显。[1]

总而言之,河南农业史作为中国农业史的组成部分,除空间外,在内容和范围上与中国农业史有着共同性和一致性,是结合了政治、经济、文化、自然等综合因素去研究河南省域内农、林、牧、副、渔等大农业发展过程的一门学问,也是在与政治、经济、文化、自然等因素的联系中研究农业生产技术、农业经济、农村

---

[1] 高有鹏、解浩:《关于中原地区的农耕文明问题》,《河南大学学报(社会科学版)》2004年第6期。

社会及农业思想文化历史演进及其规律性的一门交叉学科,其主要内容与范围是以农业技术与农业经济为核心,兼及社会、文化、环境史等领域和范围。对河南农业史的研究,与其他地区农业史研究一样,开始于 20 世纪初,逐渐兴起于五六十年代,80 年代后有较大发展,至今已是成果丰硕,在理论与实践上均有长足进步,但也存在着一些问题与不足。

从农业形态的发展来看,从先秦至 21 世纪新时期,河南农业的发展历经原始农业、古代农业、古代农业向现代农业过渡、转型三大发展阶段。原始农业阶段是河南原始农业发生、发展和繁荣的时期,大致自新石器时代开始至西周。古代农业阶段包括春秋战国至民国时期。迄今,河南农业整体上仍处于由古代农业向现代农业的过渡、转型阶段,即处于农业现代化过渡阶段或农业现代化的最初级阶段,还没有正式进入现代农业阶段。

河南农业史具有本质性、偏颇性、致密性、创新性等特征。河南农业史的历史地位体现在河南农业经济在河南历史中的主导地位,河南是中国农业重要发源地之一,河南农业发展史可以看成是中国农业发展的一个缩影。从河南农业史的发展演变历程中,我们深刻认识到,社会稳定是农业发展的前提,改革创新是推动农业延续、发展的重要力量,而以农为本的观念仍然具有重大现实意义。因此河南农业史仍然是一项值得深入总结和研究的重大课题。

第一章 史前河南原始农业的产生和发展

河南省境内水源充足,气候温和,地面覆盖着很厚的第四纪黄土,土质肥沃,优越的地理环境适宜于农作物的生长,因此,河南成为我国原始农业出现较早,而且发展较快和比较发达的地区。依历史传说和考古发掘,河南地区是我国原始农业的重要起源地。农业起源于距今约10000年前的新石器时代。人类很早就开始使用石器,但最初的石器只是打制出来的,形制上还很粗糙,不适合用来清除杂草、树木。于是人们便在原来打制的基础上进行磨制,使石器变得更加锋利而有力,考古学家把这种经过磨制的石器称为新石器。原始农业是与考古学上的新石器时代联系在一起的。也就是说,磨制新石器的出现可能是为了适应农业的需要。另外,人们种植出来的粮食必须借助加工工具才能够最终被人们所利用,于是用来加工粮食的陶器也和石器一道出现在人们的日常生活之中。农业的出现也为定居生活准备了条件。因此,磨制石器、陶器、农耕和村落也就成为新石器时代的标志,农耕又是其中的关键标志。

在今河南境内,考古工作陆续发现了距今10000年左右的李家沟文化、距今8000年左右的裴李岗文化、距今6000年左右的仰韶文化、距今5000—4000年的龙山文化。五帝时代贯穿于考古学上的距今7000—4000年的仰韶文化和龙山文化时期。从考古资料来看,河南地区的原始农业在距今七八千年的新石器时代早期已有一定的基础,距今四五千年的新石器时代晚期,即在五帝颛顼、帝喾时代,已有明显发展。

借助于土质肥沃、水源充足、气候温和等独特的自然环境,河南地区的农业得以在史前时期产生和发展。从农业起源的神话到考古所见,均证明了河南农业的历史悠久。从技术角度来看,河南农业在产生之初,就已经形成了原始的旱作农业耕作技术,以及农田水利灌溉体系。这为后来河南农业的进一步发展打下了坚实基础。因此,在我国农业发展史上,河南地区的原始农业占有重要的地位,它对推动中华民族较早地进入文明时代也有着重大意义。

第一节 原始旱作农业的产生

农业是一切文明的基础,也是人类最大的发明。中国是世界农业的起源地之一,河南地区又是中国农业最早发源的地带。古人就试图以神话传说的方式去追寻农业的起源,现代考古学的发展才真正揭开了农业起源的神秘面纱。

一、自然环境概述

自然环境是农业肇始、产生、发展演变的条件和基础,也一直处在持续的变化之中。河南省自古以来自然环境较为优越。关于河南省农业的自然环境情况,胡廷积主编的《河南农业发展史》第一篇从地理位置、农业资源及农业自然资源的开发利用等方面有较为全面、深入的探讨,[1]这里在其基础上,对河南省自然环境从地形、水系、气候、生物资源、区位等几方面略作介绍。自然环境沧海桑田,此权当管中窥豹,可见一斑。

1. 多样性的地形地貌

河南省位居我国中东部,位于北纬 31°23′—36°22′,东经 110°21′—116°39′之间。河南省正处于我国地势第二阶梯向第三阶梯的过渡带上,也即黄土高原与华北平原的过渡地带上,地形、地貌多样性明显,山地、丘陵、平原、盆地等均有分布。西部是呈扇形分布的崤山、熊耳山、伏牛山、伏牛山脉的嵩山、外方山等山地,属于秦岭的余脉,西北部是中条山、太行山等山地,居太行山东麓,这些属于第二阶梯。东部是广阔的黄淮海平原和南阳盆地及其以东的山地丘陵,这些属于第三阶梯。两个阶梯之间则是低山丘陵的斜坡过渡带。山地还有南部的桐柏山、大别山。河南山地面积占全省土地总面积的 26.6%;丘陵面积占全

---

[1] 胡廷积主编:《河南农业发展史》,中国农业出版社 2005 年版,第 1—44 页。

省土地总面积的17.7%;东部平原面积占全省土地总面积的49%,包括黄河冲积平原、淮河冲积平原和伏牛山、太行山、桐柏山、大别山的山前冲积平原,其中黄河冲积平原约占河南东部平原的四分之三;西北伏牛山、西南湖北武当山、东部桐柏山环绕的南阳盆地占全省土地总面积的6.7%,盆地中部有唐河、白河冲积平原[①]。从现有土地资源总结构来说,河南省土地总面积1670万公顷,占全国总土地面积的1.74%,居第17位,其中平原979.39万公顷、丘陵岗地393.24万公顷、山地282.18公顷、水面15.19万公顷,各占全省总土地面积的58.6%、23.5%、16.9%、1%。地形地貌多样,宜耕、宜林、宜果、宜牧,为农业的全面发展提供了条件。

2. 横跨江、淮、黄、海四大水系的水系分布

淮河横贯河南省东南部,境内干流长340公里,支流有颍河、涡河、洪汝河,境内流域面积8.83万平方公里,占全省总面积的52.8%,占淮河流域总面积的46.2%。黄河横贯河南省中北部,境内干流长711公里,支流有伊洛河、沁河,境内流域面积3.62万平方公里,占全省总面积的21.7%,占黄河流域总面积的5.1%。分布在南阳盆地的长江水系支系汉水流域,有唐河、白河、湍河、丹江等汉水支流,境内流域面积2.7万平方公里,占全省总面积的16.3%。以卫河干流为主的包括漳河的海河水系分布于河南省北部地区,境内流域面积1.53万平方公里,占全省总面积的9.2%。河流陂泽有利于灌溉和水运。

3. 南北过渡性气候

河南处于北亚热带向暖温带、湿润区向半湿润区过渡的地带,以伏牛山和淮河为界,南部地区为北亚热带湿润气候,年平均温度14℃—16℃,年降水量800—1200毫米,为"鱼米之乡";北部地区暖温带半湿润气候,年平均温度12℃—14℃,年降水量600—800毫米,以旱作为主。并且,又因处于东部季风区域的中心,受夏季风影响,雨热同季,地热、降水适中,为农业的发展提供了良好的自然条件(表1-1)。

[①] 除南阳盆地外,也有提及太行山前盆地、以洛阳为中心的伊洛河盆地。

表 1-1　河南省自然气候区表

名称	范围	气候条件	生产特点	主要气象问题
太行山气候区	安阳市的林州市、焦作市的武陟县以西地区	年平均气温12℃—13℃，年降水量700毫米，无霜期不足200天，≥10℃的活动积温小于4300℃	高寒山区宜于以春玉米为主的一年一熟制	夏季基本无涝灾，但表土冲刷严重
豫东北气候区	濮阳市、商丘市及开封市的杞县、尉氏县以北，新乡市的延津、焦作市的武陟以东县份	年平均气温13℃—14℃，年降水量600—700毫米，无霜期210—220天，≥10℃的活动积温4400℃—4600℃	一年二熟，秋季宜高秆耐涝作物，常年积水的背河洼地可种水稻	春旱频繁，两年一遇以上，并有风沙，夏、秋涝两年一遇
豫西丘陵气候区	黄河以南、京广线以西，海拔500米以下的地区	年平均气温12℃—13℃，年降水量小于600毫米，无霜期190天，≥10℃的活动积温小于4400℃—4600℃	平川一年二熟，丘陵区以"晒旱麦为主的两年三熟制"	夏季"卡脖旱"危害秋禾，暴雨时水土流失严重
豫西山地气候区	洛阳市的栾川，三门峡市的渑池、卢氏等县份	年平均气温小于10℃，年降水量700—800毫米，无霜期180天，≥10℃的活动积温小于4000℃	南坡麦、杂一年二熟，上限800米；1000米以上深山宜林牧副业	夏、秋有连阴雨
淮北平原气候区	周口市、驻马店市及漯河市的郾城区、舞阳县、临颍县等	年平均气温14℃—15℃，年降水量800毫米，无霜期210—220天，≥10℃的活动积温大于4700℃	一年二熟，稻麦轮作	夏季雨涝多，10年4—5次
淮南气候区	淮南以及淮滨县、息县、正阳县的一部分	年平均气温大于15℃，年降水量大于900毫米，无霜期220天，≥10℃的活动积温大于4800℃	稻、麦两熟，信阳至叶集公路南侧可种植亚热带作物	春雨多，小麦易受湿害，冬季低温有时会影响亚热带作物安全越冬

(续表)

名称	范围	气候条件	生产特点	主要气象问题
南阳盆地气候区	南阳市除南召、方城以外的县份	年平均气温大于15℃,年降水量大于700毫米,无霜期220天,≥10℃的活动积温大于4800℃	稻、麦两熟,老灌河谷地宜于亚热带作物生长	夏季旱涝多,尤以"卡脖旱"为严重

资料来源:胡廷积主编《河南农业发展史》表2-1 河南省自然气候区。[①]

说明:据原表稍作调整与修改。

4. 农业生物资源丰富

种类丰富,南北兼具,东西并蓄。植物资源方面,河南省现有微管植物198科1142属4400多种,占全国微管植物的10%,其中被子植物159科1044属3670种及变种,蕨类植物29科70属205种及变种,裸子植物10科28属74种及变种,这其中还包括63种国家级珍稀濒危保护植物、64种省级保护植物。动物资源方面,河南省有3500多种动物,其中原生动物51种,节肢动物2500种,脊椎动物538种,线形动物23种,软体动物17种,扁形动物、环节动物各10种,多乳动物和腔体动物6种,这其中还包括89种国家重点保护的野生动物和36种河南省重点保护的野生动物及26个河南省地方畜禽优良品种。

5. 区位优势明显

河南省居东西南北之中,交通四通八达,是人类早期的活动中心,是我国农业的重要发源地。历史上多以洛阳,或嵩山一带,或河南地区为"天下之中"。对河南省为"天下之中"的区位特征,清人顾炎武有精准概括,他在《天下郡国利病书》卷十六中云:"居天下中,咽喉九州,阃域中夏,锁天中区,控地四鄙,居南北要冲,绵亘万余里,北拒并分,东至淮海。"[②]河南省长期居于全国政治、经济、文化的中心地区,也是中国历史上古都最多的省份,全国八大古都中河南有洛阳、郑州、安阳、开封四大古都,都城所在地当时均为全国的交通中心,河南省也是水陆交通发达、便利的地区,水陆交通四通八达。

---

① 胡廷积主编:《河南农业发展史》,中国农业出版社2005年版,第16页。
② 〔清〕顾炎武:《天下郡国利病书·河南》,载四库全书存目丛书编纂委员会编:《四库全书存目丛书·史部一七一》,齐鲁书社1996年版,第548页。

二、农业起源的神话

史籍中最早提到神农的当是战国时期成书的《尸子》,被《汉书·艺文志》列为杂家。《尸子》对农业起源有所记述:"燧人之世,天下多水,故教民以渔","虑牺氏之世,天下多兽,故教民以猎","神农氏治天下,欲雨则雨,五日为行雨,旬为谷雨,旬五日为时雨。正四时之制,万物咸利,故谓之'神'"。① 战国时期还出现了以许行为代表的农家学派,他们假托"神农之言"来宣传自己的主张。战国以后,有关神农的记述越来越多,神农发明农业的传说也日渐丰富。

传说神农氏之前是燧人氏、伏羲氏(亦称宓羲氏、包牺氏)。在燧人氏时,发明了钻木取火,而在伏羲氏时,发明了捕鱼、狩猎用的网。这说明伏羲氏时还处在渔猎阶段。可是到了后来,人民众而禽兽少,食物短缺,加之长期食用采集狩猎而来的野生动植物,对人的健康不利,于是有了神农氏。

关于神农氏的传说都认为农业是继采集、狩猎之后又一种新的谋生方式,这一新的谋生手段是以播种五谷为主要特色的。五谷,指的是五种主要的粮食作物。它是经过漫长的人工选择和驯化才最后确立的,在农耕开始之前即已进行,是长期采集生活的发展结果。

工具是农业生产的物质条件,斤斧耒耜等生产工具传说为神农氏所作。其实,制造工具只是为了扩大生产而采取的措施。在农业发明之初,人们很可能只是利用现有的空地进行种植。中国古代有"舜葬于苍梧,象为之耕;禹葬于会稽,鸟为之田"的传说。② 其实,"象耕鸟耘"的传说是由"象田"和"鸟田"发展而来的,象田、鸟田乃动物踩踏觅食之后为人所直接用于种植的农田,东汉王充在《论衡》卷三《偶会》篇中释为:"雁鹄集于会稽,去避碣石之寒,来遭民田之毕,蹈履民田,啄食草粮。粮尽食索,春雨适作,避热北去,复之碣石。象耕灵陵,亦如此焉。"又同书卷四《书虚》篇云:"天地之情,鸟兽之行也。象自蹈土,鸟自食苹。土蹶草尽,若耕田状,壤靡泥易,人随种之,世俗则谓为舜、禹田。海

---

① 〔战国〕尸佼撰,张景、张松辉译注:《尸子》,中华书局2020年版,第509—510页。
② 〔东汉〕王充:《论衡》,上海人民出版社1974年版,第58页。

陵麋田,若象耕状。"①王充是以海陵麋田来解释象耕的,据西晋张华《博物志》载:"麋,千千为群,掘食草根,其处成泥,名曰麋畯。民人随此畯种稻,不耕而获,其收百倍。"②象田、鸟田和麋田为原始农业提供了现成的土地,原始农业最初可能就是在鸟兽踩踏过的土地上发展起来的。世界上许多民族历史上所广泛存在的牛踏田(蹄耕),最初可能就是对象田、鸟田等的模仿。甚至牛踏田及其与耜耕相结合,即犁耕的出现也可认为导源于象田、鸟田等。③

如同人类不太可能先制造工具,再用工具去开垦出一块地来进行种植一样,人类似乎也不可能是在面临饥荒的情况下才发明农业,在有神农氏传说的相关记载之前,西周时期就出现了关于后稷的记载。后稷是周人的祖先,周人在追述自己祖先功绩的诗中便提到了后稷,如《毛诗序》:"《生民》,尊祖也。后稷生于姜嫄。文武之功起于后稷,故推以配天焉。"④据《史记·周本纪》:"周后稷,名弃。……弃为儿时,屹如巨人之志,其游戏好种树麻、菽,麻、菽美。及为成人,遂好耕农,相地之宜,宜谷者稼穑焉,民皆法则之。帝尧闻之,举弃为农师,天下得其利。有功。帝舜曰:'弃,黎民始饥,尔后稷播时百谷。'封弃于邰。"⑤后稷也因此成为中国农业的另一位始祖。从后稷的传说来看,人类最初驯化植物,可能只是一种"游戏",而后才变成一种谋生手段。

当农业还是作为人类儿时的"游戏",或者当农业还只是在象田、鸟田上进行的时候,我们是难以从考古学上找到证据的。但当农业成为人类的一种谋生手段,必须通过制造工具来扩大再生产,以满足自身需要的时候,我们便可以通过考古学的方法来探究早期农业的状况,尽管它可能已不是原始农业的最初状态。

---

① 〔东汉〕王充:《论衡》,上海人民出版社1974年版,第35、58页。
② 〔晋〕张华撰,范宁校证:《博物志校证》,中华书局1980年版,第117、119页。
③ 曾雄生:《"象耕鸟耘"探论》,《自然科学史研究》1990年第1期。曾雄生:《"象耕鸟耘"再论》,《中国农史》1992年第1期。曾雄生:《没有耕具的动物踩踏农业——另一种农业起源模式》,《农业考古》1993年第3期。
④ 〔汉〕毛公传,〔汉〕郑玄笺,〔唐〕孔颖达等正义:《毛诗正义》卷一七之一,载〔清〕阮元:《十三经注疏(附校勘记)》(上册),中华书局1980年版,第528页。
⑤ 〔汉〕司马迁:《史记》卷四《周本纪》,中华书局1959版,第111—112页。

第二节 五帝时代农业的发展

五帝时代在考古学文化上相当于距今约7000—5000年间的仰韶文化至龙山文化时期(表1-2)。1921年瑞典地质学家安特生在河南西部的仰韶村首次发现了距今约7000—5000年的彩陶和新石器制品,之后考古工作者又对仰韶遗址进行过多次的发掘,获得了大量有价值的资料。以仰韶村命名的仰韶文化也就成了研究中国新石器和农业起源的一个重要的标本。[①] 仰韶之后,相关的发现越来越多,人们对于史前河南农业的认识也越来越清楚。

表1-2 以黄帝为首的五帝年代框架表

帝及世	积年	起讫年代	距今始年（按2021年计算）
黄帝十世	1520年	约为公元前4420—前2900年	距今约6441年
（少昊八世）	500年	约为公元前3400—前2900年	距今约5421年
颛顼九世	350年	约为公元前2900—前2550年	距今约4921年
帝喾十世(包括挚、尧)	400年	约为公元前2550—前2150年	距今约4571年
帝舜一世	50年	约为公元前2150—前2100年	距今约4171年

说明:此表在许顺湛《五帝年代框架表》[②]的基础上略作调整。

现有的考古资料表明,仰韶文化时期的农业已经不是农业起源初始阶段的状况。20世纪70年代发现的距今七八千年的河南新郑裴李岗和临近河南北部的河北武安磁山等著名的文化遗址中,农业的痕迹已非常明显。种植业已是当地居民最重要的生活资料来源,主要作物是旱地作物粟(谷子)和稻(南方也称

[①] [美]何炳棣著,马中译:《中国农业的本土起源》,《农业考古》1984年第2期,1985年第1、2期。
[②] 许顺湛:《五帝时代研究》,中州古籍出版社2005年版,第26页。

为禾)。旱地作物种植业的出现和发展使人们的生活在采集之外有了新的保障,也意味着原始旱作农业的开启。如前所述,在属于裴李岗文化早期的贾湖遗址,发现了水稻的种植。贾湖遗址位于河南舞阳县北舞渡镇贾湖村,距今约9000—7800年,是淮河流域迄今所知年代最早的新石器文化遗存地,曾被评为20世纪中国100项考古重大发现之一。[1] 贾湖遗址出土的生产工具有石器,也有骨器,如骨耜等。在家养或可能家养的哺乳动物中,除南北方都有的猪、狗、羊外,则还有北方常见的黄牛和南方独有的水牛。还有学者提出贾湖地区可能出现了酒。贾湖遗址所出陶器碎片上残留物的化学成分,经酒精饮料历史研究专家、美国宾夕法尼亚大学考古与人类学博物馆教授帕特里克·麦克戈文(Patrick E. McGovern)的化学分析,与现在的稻米、米酒、葡萄酒、蜂蜡、葡萄单柠酸等化学成分相同,残留物还包含有山楂、蜂蜡的化学成分,因此这些陶器曾经盛放过以稻米、蜂蜜和水果为原料混合发酵而成的酒饮料。[2] 麦克戈文教授的相关研究报告发表在2004年12月出版的《美国国家科学院学报》上。[3] "贾湖古酒"是否存在,或即使存在又是否含有葡萄成分,还没有最后的定论。"贾湖古酒"至多是一种自然"米酒",混有水果,但并不一定含有葡萄成分。[4] 这也与距

---

[1] 赵志军、张居中:《贾湖遗址2001年度浮选结果分析报告》,《考古》2009年第8期。
[2] 刘广超:《九千年古酒配方为何海外"结硕果"》,《大河报》2007年1月19日A18版。
[3] 郑伟:《古今大战啤酒情》,《酒世界》2007年第4期。
[4] 张居中教授后来似乎也认可"贾湖古酒"的存在,但仍然没有确定是否含有葡萄成分:"贾湖古酒是用稻米发酵而成,并用山楂和蜂蜜作发酵料。贾湖虽发现有野葡萄种子,但葡萄是否被用于酒的制作,还有待于进一步的研究。"(张居中、蓝万里:《贾湖古酒研究论纲》,载[德]柯彼德主编:《中国的葡萄酒文化——历史、文学、社会与全球视角的研究》,德国利特出版社2010年版,第72页)"有学者曾以贾湖出土的葡萄籽为例证之一,试图将中国酿酒的历史追溯到距今8000年前,从我们的浮选结果来看,这一讨论还是有一定的依据的。"(赵志军、张居中:《贾湖遗址2001年度浮选结果分析报告》,《考古》2009年第8期)麦克戈文教授坚持"贾湖古酒"的存在,并指出:"人们可以将这种古老的饮料称作'新石器时期的鸡尾酒'。这种饮料可以用蜂蜜酒加一定比例用稻米、葡萄和山楂酿成的'葡萄酒'混合配制而成。我之所以称其为'葡萄酒'是因为它的酒精浓度相当高,达到了9%至10%,高于啤酒的4%至5%,而且酒香宜人。至于人们酿酒时采用了山楂还是葡萄进行发酵,抑或是两者同时被使用,就不得而知了。"([美]帕特里克·麦克戈文:《中国古酒揭秘——从考古学和化学的角度发现世界最古老的"葡萄酒"》,载[德]柯彼德主编:《中国的葡萄酒文化——历史、文学、社会与全球视角的研究》,德国利特出版社2010年版,第38页)这里,麦克戈文教授将"贾湖古酒"称为"葡萄酒",但这称呼只是巧立名目,是以酒精度为标准,酒中连是否含有葡萄成分都不得而知,能说是"葡萄酒"吗?即使含有葡萄成分,也并非真正的葡萄酒。题名中,麦克戈文教授打上双引号的"葡萄酒",也表明这葡萄酒是所谓的葡萄酒,并非名副其实的葡萄酒。

今9000—7800年间的贾湖先民的经济生产方式相一致："虽然已经开始种植稻谷,但其经济生产活动的主体却仍然是采集渔猎,属于农业的稻谷种植在当时仅是辅助性的次要的生产活动。"[1]刚开始种植的稻米不大可能用来酿酒,葡萄也应只是一种采集水果。

到了仰韶文化时期,农业生产水平有了显著的提高,面积达几万、十几万以至上百万平方米的大型村落遗址的出现是其突出标志之一。主要作物仍是粟、黍等旱地作物,另种有大麻和蔬菜。农具进一步发展,种类增多。如有肩石铲和穿孔石铲已普遍使用,双齿木耒得到广泛使用,收获农具有半月形石刀、石镰、蚌镰等。饲养业较前发达,主要牲畜为猪和狗,并饲养少量的山羊、绵羊和黄牛,还出现了牲畜栏圈和夜宿场。

随后出现的龙山文化,是在当地仰韶文化晚期基础上发展起来的一种文化。遗址分布范围基本和仰韶文化相同而略有扩大,发现的遗址数量也比仰韶文化遗址明显增多,但村落的规模比仰韶文化时期的小。生产工具仍以石器为主,石器基本都是磨制的,制作也精致,打制石器已基本不见。作物种类与仰韶文化时期大体相同,但粟、黍这类旱地作物在经济生活中的地位更加重要。

一、黄帝时代的农业

"黄帝"是代表具体个人黄帝、黄帝族团或黄帝族团世袭领袖的名号,是黄帝时代的代名词。黄帝的年代约为公元前4420—前2900年。黄帝出生于有熊的轩辕丘,有熊的地望在今河南新郑市及新密市,黄帝族的发祥地在以新郑一带为中心的河南地区。黄帝后又在有熊建都,都城就建在有熊的轩辕丘。新郑一带也是黄帝的主要葬身之所,今新郑市黄帝陵是黄帝葬身之所中一座最具代表性的纪念性陵墓。考古学上的黄帝文化基本上贯穿于仰韶文化的三个阶段,又主要与仰韶文化中晚期相对应,而黄帝都有熊时期的文化则主要与仰韶文化晚期大河村类型相对应。

在中华远古史上,黄帝时代第一次统一了黄河中下游各部落,出现了具有

---

[1] 赵志军、张居中:《贾湖遗址2001年度浮选结果分析报告》,《考古》2009年第8期。

国家职能的社会管理机构;物质文明取得了重要成就,如发明了文字、青铜,出现了最初的阶级区分,为中华远古时代进入国家阶段准备了条件,出现了文明的曙光;黄帝文化与炎帝文化一起构成了中华传统文化中的重要主体。黄帝开创的宏伟业绩彪炳青史,形成了源远流长的6000多年文明长河,与炎帝一同被奉为"民族始祖""人文初祖",成了中华民族的象征。

黄帝时所开创的业绩几乎涉及政治、军事、经济、社会、文化等领域的方方面面,如清人《新镌古今帝王统系天下分合图》说:"黄帝有熊氏,神农母弟之后,世嗣少典为诸侯。姓公孙,生于轩辕丘,名轩辕,长于姬水,改姓姬,河南开封人,都有熊(今开封府新郑县)。神农氏衰,诸侯相侵伐,轩辕修德治兵,擒杀蚩尤于涿鹿,诸侯咸推为天子。在位百年,年一百十一岁,制文字,制阵法,造律吕,制历象,制医书,制衣裳、宫室、器用、舟车、货币,划野分州,立井制亩……"①这基本上指出了黄帝时创制发明的领域与行业。各仰韶文化遗址出土的文物也表明,黄帝时代人们过着定居生活,处于锄耕农业阶段。

(一)农田

黄帝时代,河南地区的原始农业有了进一步发展。黄帝"爇山林,破曾薮,焚莱沛,以制金刀,立五币"②,开辟农田,建筑房舍,发展农业生产。《事物纪原》卷九《农业陶渔部》"种"条引《帝王世纪》说:"炎帝始教天下耕种五谷而食,故黄帝述播种之利也。"③《大戴礼记》卷七《五帝德》说:"黄帝时播百谷草木,淳化鸟兽昆虫。"④《史记》卷一《五帝本纪》载,黄帝时,"播百谷草木,淳化鸟兽虫蛾"⑤。《淮南子》卷六《览冥训》亦载:"昔者黄帝治天下……人民保命而不夭,岁时熟而不凶……田者不侵畔,渔者不争隈……狗彘吐菽粟于路,而无忿争之心。"⑥

---

① 刘文学主编:《黄帝故里志》,中州古籍出版社2007年版,第187页。
② 〔宋〕罗泌:《路史》卷五《疏仡纪·黄帝》,四部备要本,第85页。
③ 〔宋〕高承:《事物纪原》,文渊阁四库全书本,第920册,第236页。
④ 〔西汉〕戴德撰,〔北周〕卢辩注:《大戴礼记》,文渊阁四库全书本,第128册,第472页。
⑤ 〔汉〕司马迁:《史记》,中华书局1959年版,第6页。
⑥ 〔西汉〕刘安撰,高诱注:《淮南鸿烈解(淮南子)》,文渊阁四库全书本,第848册,第571页。

1. 重视农业生产,设官建制

黄帝时,为了防止部落、部族间土地争端,设立了田亩制度。当时的田亩制度是以百步见方为亩,以亩计田。上引《淮南子》卷六《览冥训》有载"昔者黄帝治天下……田者不侵畔",可见当时族众间土地有划分。《通典》卷三《食货》载:昔黄帝时,"立步制亩以防不足"①。《事物纪原》卷九《农业陶渔部》"田亩"条引《通典》说:"黄帝始立步制亩。是田以亩计,起自轩辕也。"②《通志》卷一《三皇纪》亦载:"(黄帝)经土设井,以塞争端,立步制亩,以均不足。"③当时的农田测量,从测量工具的出现上亦可见一斑。《世本·作篇》载:黄帝时,"垂作规矩、准绳"④。

黄帝时代开创了井田制度,提高了生产力。《通典》卷三《食货》载:"昔黄帝始经土设井,以塞争端,立步制亩,以防不足。使八家为井,井开四道而分八宅,凿井于中。"⑤《路史》卷五《疏仡纪·黄帝》亦载:"(黄帝)经土设井,以塞争端。……八家以为井,井设其中而收之于邑,故十利得。辨九地,立什一,存亡相守,有无相权,是以情性可得而亲,生产可得而均,分之于井,计之于州,因所利而劝之,是以地著而数详。"⑥所谓"井田制",就是将部落、部族土地划成"井"字形状,中间一块是"公田",周围八块为"私田";"公田"由八家合种,收获归部众或族众共有。

黄帝时重视农业,设置了农事官,专门指导四时农事。《管子》卷一四《五行》说:"黄帝得六相而天地治,神明至。"其中,"大常察乎地利,故使为廪者(廪,给也,谓开廪以给人也)……奢龙辨乎东方,故使为土师(土师即司空也);祝融辨乎南方,故使为司徒(谓主徒众,使务农也)……是故春者土师也,夏者司徒也"⑦。廪者管仓廪,司徒管农业。《路史》卷五《疏仡纪·黄帝》载,黄帝时,"桓常审乎地利,以为常平,于是地献草木,乃述耕种之利。奢龙辨乎东,以为土

---

① 〔唐〕杜佑:《通典》,文渊阁四库全书本,第603册,第34页。
② 〔宋〕高承:《事物纪原》,文渊阁四库全书本,第920册,第235页。
③ 〔宋〕郑樵:《通志》,文渊阁四库全书本,第372册,第82页。
④ 〔清〕王谟辑:《世本》,载〔汉〕宋衷注,〔清〕秦嘉谟等辑:《世本八种》,商务印书馆1957年版,第39页。
⑤ 〔唐〕杜佑:《通典》,文渊阁四库全书本,第603册,第34页。
⑥ 〔宋〕罗泌:《路史》,四部备要本,第87、88页。
⑦ 〔周〕管仲撰,〔唐〕房玄龄注:《管子》,文渊阁四库全书本,第729册,第160—161页。

师,而平春种角谷,论贤、列爵、劝耕、儳禁伐厉。庸光辨乎南,以为司徒,而正夏种芒谷,修驰戒儆,发宿臧静,居农以戒力,以宛夏功"①。常平即地官,角谷即菽豆,芒谷即小麦、赤豆。

2. 栽培稻、粟等农作物

黄帝时代,河南地区已种植有小麦、豆类、粟等。《史记》卷一《五帝本纪》载:黄帝时,"艺五种"。《集解》:"骃案:艺,树也。诗云'艺之荏菽'。《周礼》曰:'谷宜五种。'郑玄曰'五种,黍、稷、菽、麦、稻也'。"《索隐》:"艺,种也,树也。五种即五谷也,音殊用反。此注所引见《诗·大雅·生民之篇》。《尔雅》云'荏菽,戎菽'也,郭璞曰'今之胡豆',郑氏曰'豆之大者'是也。"②前引《淮南子》卷六《览冥训》有载,黄帝时"狗彘吐菽粟于路,而无忿争之心"。上引《路史》也表明黄帝时代中原地区已种植有小麦、豆类等。

黄帝时代河南地区还种植蔬菜,并且有了种植蔬菜的园圃。《庄子注》卷七《知北游》载有"黄帝之圃"③。"圃",《说文》卷六下:"种菜曰圃。"④

当时农作物是以粟为主,在水源充足的地方种有稻。这在考古学上也得到证实。豫中地区仰韶文化晚期一处高等级的中心性聚落遗址荥阳汪沟遗址,其炭化植物遗存浮选结果表明,汪沟遗址的农作物有粟、黍、稻和大豆,粟的绝对数量和出土概率都很高,黍其次,以粟、黍为代表的旱作农业是汪沟先民主要的农业生产方式;稻和大豆的比重较低,在汪沟遗址先民的生业经济中所占比重有限;同时,汪沟先民可能也采摘一些苋属、藜属等野菜和李属、核桃属等果类作为食物资源的补充。⑤ 在洛阳王湾,渑池仰韶村,郑州大河村、林山寨等地发现有粟的遗存;在大河村、下王岗等地发现有稻壳遗迹。⑥ 郑州大河村遗址仰韶文化遗存出土有高粱米、小麦、粟等谷物,⑦如其仰韶文化房基 F2 内出土有一瓮

---

① 〔宋〕罗泌:《路史》,四部备要本,第84页。
② 〔汉〕司马迁:《史记》卷一,中华书局1959年版,第3—5页。
③ 〔晋〕郭象注:《庄子注》,文渊阁四库全书本,第1056册,第112页。
④ 〔汉〕许慎:《说文解字(附检字)》,中华书局1963年版,第106页。
⑤ 杨凡、顾万发、靳桂云:《河南郑州汪沟遗址炭化植物遗存分析》,《中国农史》2020年第2期。
⑥ 杨育彬、袁广阔主编:《20世纪河南考古发现与研究》,中州古籍出版社1997年版,第197页。
⑦ 郑州市文物考古研究所编著:《郑州大河村》,科学出版社2001年版,第265、577、593、594、671页。

炭化的高粱米。① 淅川黄楝树的陶钵内,发现了炭化稻粒;②淅川下王岗遗址仰韶文化三期发现有稻的残留③。属于仰韶文化中晚期的洛阳西高崖一、二期文化土坯杯上发现了稻谷印痕④那时许多储藏粮食窖穴(大而深的袋状坑)的出现,也为黄帝时代已有农作物提供了佐证。

3. 种麻植桑与养蚕

黄帝时,河南地区已开始种植桑麻并养蚕。《路史》卷五《疏仡纪·黄帝》载:黄帝时,"庸光辨乎南,以为司徒,而正夏种芒谷……种房谷,以应戊巳之方"⑤。房谷即麻类。黄帝及其臣属创制了冠冕衣裳。《世本·作篇》说:"黄帝作冕旒","黄帝作旒","伯余作衣裳","胡曹作冕","于则作履扉"。"黄帝作旒冕。宋均曰:'通帛为旒;冕,冠之有旒。'"⑥《吕氏春秋·勿躬》亦载"胡曹作衣"⑦。《汉书》卷二〇《古今人表》"黄帝轩辕氏"条载:"张晏曰:'以土德王,故号曰黄帝。作轩冕之服,故谓之轩辕。'"《淮南子》卷一三《泛论训》说:"伯余之初作衣也,緂麻索缕,手经指挂,其成犹网罗。"高诱注:"伯余,黄帝臣。"⑧《拾遗记》卷一《轩辕黄帝》说:"轩辕出自有熊国。……乃厌世于昆台之上,留其冠、剑、佩、舄焉。昆台者,鼎湖之极峻处也,立馆于其下。"⑨《稽古录》卷一说黄帝"始制轩冕,垂衣裳"⑩。胡曹作冕,即做帽子;于则作履扉,即做鞋子。舄就是一种鞋子。当时已出现"网罗"状的布做的衣服。《通典》卷五七《礼一七·嘉二》说:"上古衣毛而帽皮,后代圣人见鸟兽冠角,乃作冠缨。黄帝造旒冕,始用

---

① 杨育彬:《河南考古》,中州古籍出版社1985年版,第43页。
② 长江流域规划办公室考古队河南分队:《河南淅川黄楝树遗址发掘报告》,《华夏考古》1990年第3期。
③ 河南省文物研究所、长江流域规划办公室考古队河南分队:《淅川下王岗》,文物出版社1989年版,第335页。
④ 洛阳博物馆:《洛阳西高崖遗址试掘简报(节录)》,载杨作龙、毛阳光主编:《洛阳考古集成·原始社会卷》,北京图书馆出版社2006年版,第79—87页。
⑤ 〔宋〕罗泌:《路史》卷五,四部备要本,第84页。
⑥ 〔清〕孙冯翼辑:《世本》,载〔汉〕宋衷注,〔清〕秦嘉谟等辑:《世本八种》,商务印书馆1957年版,第7页。
⑦ 〔秦〕吕不韦撰,〔汉〕高诱注:《吕氏春秋》,文渊阁四库全书本,第848册,第416页。
⑧ 〔汉〕刘安撰,〔汉〕高诱注:《淮南鸿烈解(淮南子)》,文渊阁四库全书本,第848册,第649页。
⑨ 〔晋〕王嘉撰,〔梁〕萧绮录,齐治平校注:《拾遗记》,中华书局1981年版,第8—9页。
⑩ 〔宋〕司马光:《稽古录》,文渊阁四库全书本,第312册,第398页。

布帛……"①《云笈七签》卷一〇〇《轩辕本纪》亦载："时有臣曹胡造衣,臣伯余造裳,臣于则造履,帝因之作冠冕,始代毛革之弊。所谓黄帝垂衣裳而天下理也。"②丝、麻衣物的出现,反映当时桑、麻种植与养蚕缫丝的广泛。《通典》卷六一《礼二十一·嘉礼六》载："上古穴处,衣毛,未有制度。……黄帝、尧、舜垂衣裳,盖取诸乾坤,故衣玄而裳黄。旁观翚翟草木之华,乃染五色,始为文章以表贵贱,而天下理。"③这说明黄帝进而创制了服章制度。

黄帝元妃、西陵氏之女嫘祖发现了养蚕、制丝的方法,蚕丝衣料开始出现。《古今事物考》卷三《丝》载："《皇图要记》曰:'黄帝妃西陵氏始养蚕为丝。'"④嫘祖故里即今河南驻马店西平。⑤《路史》卷五《疏仡纪·黄帝》:"(黄帝)命西陵氏劝蚕,稼月大火而浴种,夫人副袆而躬桑,乃献茧丝,遂称织维之功,因之广织,以给郊庙之服。"⑥《事物纪原》卷九《农业陶渔部》"蚕丝"条引《皇图要记》说:"黄帝四妃,西陵氏始养蚕为丝。"⑦《云笈七签》卷一〇〇《轩辕本纪》亦载:"元妃西陵氏始养蚕为丝。"⑧《纲鉴易知录》卷一《五帝纪·黄帝有熊氏》说:"(黄帝)命元妃西陵氏教民蚕。西陵氏之女嫘祖为帝元妃,始教民育蚕,治丝茧以供衣服,而天下无皴瘃之患,后世祀为先蚕。"⑨

黄帝时代河南地区已开始种植桑麻养蚕,这一点在考古资料上也有印证。如陕县(今三门峡陕州区)庙底沟遗址出土的仰韶文化陶器尖底瓶的耳部和附加堆纹上,发现有麻布的印纹,每平方厘米经纬各10根,稀疏程度确如"网罗",可能是制作陶器时垫耳压成的痕迹。⑩陕县庙底沟遗址的仰韶文化层中,纺轮和陶器上印有线纹及清楚的布纹,陶器器耳的布纹在1平方厘米内,经纬各为

---

① 〔唐〕杜佑:《通典》,文渊阁四库全书本,第603册,第696页。
② 〔宋〕张君房:《云笈七签》,文渊阁四库全书本,第1061册,第155页。
③ 〔唐〕杜佑:《通典》,中华书局1988年版,第1713页。
④ 〔明〕王三聘辑:《古今事物考》,上海书店1987年版,第57页。
⑤ 卫斯:《嫘祖故里"西陵"历史地望考——兼论"嫘祖文化圈"内的考古发现》,《农业考古》2007年第1期。
⑥ 〔宋〕罗泌:《路史》,四部备要本,第87、88页。
⑦ 〔宋〕高承:《事物纪原》,文渊阁四库全书本,第920册,第238页。
⑧ 〔宋〕张君房:《云笈七签》,文渊阁四库全书本,第1061册,第155页。
⑨ 〔清〕吴乘权等辑,施意周点校:《纲鉴易知录》(一),中华书局1960年版,第13页。
⑩ 杨育彬:《河南考古》,中州古籍出版社1985年版,第30—31、34—35页。

10根,和现代的粗麻布相似。① 荥阳青台遗址4座瓮棺葬内出土了炭化纺织物,窖穴内出土了麻绳等,经鉴定,这批炭化纺织物中,不仅有麻布和麻绳,而且有丝帛和绸罗。② 罗即浅绛色螺纹丝织品。③ 荥阳汪沟遗址出土的罗织物,是世界范围内发现年代最早的熟丝丝绸织品。④ 淅川下王岗遗址出土有陶蚕蛹。⑤ 河南巩义双槐树遗址出土了中国最早的骨质蚕雕,双槐树遗址距今5300年前后,是古国时代的一处巨型聚落遗址,即仰韶文化中晚期规格最高的具有都邑性质的中心聚落。范毓周认为这件骨质蚕雕艺术品"与青台遗址等周边同时期遗址出土的迄今最早的丝绸实物一起,证实了距今5300年前后黄河中游地区的先民们已经开始养蚕缫丝。其发现有力地证明了中国的蚕桑和丝织早在仰韶文化中晚期就已出现,而且已经具备了完整成熟的蚕桑和丝织生产体系,为日后丝绸之路的形成奠定了最初的基础"⑥。

陶、石纺轮的大量出土也反映了当时纺织工具的进步。根据纺线的粗细,先民能烧制出轻重不同、型号不同的陶纺轮来代替用碎陶片打制的陶纺轮,有的上面还绘有装饰性的图案。专家认为,当时的居民所用的织机可能是水平式的踞织机(腰机)。陕县庙底沟遗址的仰韶文化层,出土的陶制工具有陶纺轮,石器有石纺轮。⑦ 陕县三里桥遗址的仰韶文化层,也出土有陶、石纺轮。⑧ 洛阳王湾遗址第一期文化层属于仰韶文化,出土有陶纺轮。⑨ 南召李村遗址仰韶文化遗存出土有陶纺轮等。⑩ 武陟东石寺遗址出土有纺轮等仰韶文化遗物。⑪ 淅川下王岗遗址仰韶文化三期出土生产工具共378件,用于纺织的有陶纺轮、骨

---

① 中国科学院考古研究所编著:《庙底沟与三里桥》,科学出版社1959年版,第107页。
② 郑州市文物考古研究所:《荥阳青台遗址出土纺织物的报告》,《中原文物》1999年第3期。
③ 张松林、高汉玉:《荥阳青台遗址出土丝麻织品观察与研究》,《中原文物》1999年第3期。
④ 范毓周:《河南巩义双槐树"河洛古国"遗址浅论》,《中原文化研究》2020年第4期。
⑤ 杨育彬、袁广阔主编:《20世纪河南考古发现与研究》,中州古籍出版社1997年版,第199页。
⑥ 范毓周:《河南巩义双槐树"河洛古国"遗址浅论》,《中原文化研究》2020年第4期。
⑦ 杨育彬:《河南考古》,中州古籍出版社1985年版,第31页。
⑧ 杨育彬:《河南考古》,中州古籍出版社1985年版,第34页。
⑨ 杨育彬:《河南考古》,中州古籍出版社1985年版,第37页。
⑩ 杨育彬:《河南古代遗址、城址、窑址、墓葬统计表》,载《河南考古》附录一,中州古籍出版社1985年版,第657页。
⑪ 杨育彬:《河南古代遗址、城址、窑址、墓葬统计表》,载《河南考古》附录一,中州古籍出版社1985年版,第533页。

针、骨锥、骨匕、牙锥等85件,占生产工具总数的22%。① 新郑唐户仰韶文化遗址中发现陶、石纺轮。②

在仰韶文化遗址中,"时时发现有席纹、布纹的痕迹和大量的骨针、骨锥、陶纺轮、石纺轮等用具,这些应是原始的编织、纺织、缝纫作业的遗存。特别是石纺轮、陶纺轮有大小、厚薄、重轻之分,根据纺织专家研究,各种轻重的纺轮与纺粗细不同的线有关。根据观察,附加堆纹上有的有布纹的印痕,每一厘米长的经纬线达11—12根,可见当时的布还是比较好的"③。考古专家许顺湛先生亦指出:"在中原地区发现仰韶时期的家蚕茧和陶塑的家蚕蛹。在江南相当仰韶晚期的良渚文化中,发现了丝带和丝织的绢。这就说明黄帝时代的人们,不仅著麻布衣服,而且也出现了更高档次的丝织衣服。"④张松林、高汉玉认为,荥阳青台遗址出土丝麻织品表明仰韶文化时期的先民已能利用温水溶解丝胶,进行多粒蚕茧的合并抽丝,以适应制帛时做经丝和纬丝的生产工艺技术;织绞经罗很显然是原始织造工艺技术上的重大进步;可能出现草木灰温水炼帛、赭石粉末涂染或温液浸染而得颜色的炼染工艺;能利用纺专对麻纱进行有效的合股加捻;有原始的踞织机的使用。⑤

当时的编织物有席类,如蒲席。《拾遗记·轩辕黄帝》载:"诏使百辟群臣受德教者,先列珪玉于兰蒲席上,燃沉榆之香,舂杂宝为屑,以沉榆之胶和之为泥,以涂地,分别尊卑华戎之位也。"⑥如陕县庙底沟遗址出土的仰韶文化陶器尖底瓶的耳部有席纹,说明当时编织有席子。⑦

仰韶文化遗址中随处可见的骨针,反映当时缝衣技术的普遍发展。如荥阳青台遗址出土了大批的陶制和石制的纺轮,以及陶刀、石刀、骨匕、骨锥、骨针等

---

① 河南省文物研究所、长江流域规划办公室考古队河南分队:《淅川下王岗》,文物出版社1989年版,第185页。
② 蔡全法、寇玉海、杜平安:《新郑唐户新石器时代遗址调查》,《中原文物》2005年第5期。
③ 杨育彬、袁广阔主编:《20世纪河南考古发现与研究》,中州古籍出版社1997年版,第197、198页。
④ 许顺湛:《黄帝时代是中国文明的源头》,载《黄河文明的曙光》附录一,中州古籍出版社1993年版,第575—584页。
⑤ 张松林、高汉玉:《荥阳青台遗址出土丝麻织品观察与研究》,《中原文物》1999年第3期。
⑥ 〔晋〕王嘉撰,〔梁〕萧绮录,齐治平校注:《拾遗记》,中华书局1981年版,第9页。
⑦ 杨育彬:《河南考古》,中州古籍出版社1985年版,第31页。

纺织缝制工具。①

4. 制造多种农具

黄帝时代中原地区农业生产工具种类多样。《世本·作篇》说，黄帝臣"垂作耒、耜"，"垂作铫、耨"。② 耒、耜、铫、耨是重要的农具。考古发掘也证明当时农业生产工具种类多，数量大，其中有用于砍倒植物、开垦土地的石斧，用于翻耕土地的石铲、耜、耒、骨铲、鹿角锄等，用于收割的石刀、石镰、蚌刀、蚌镰、陶刀等。③

仰韶文化中的大河村文化、姜寨文化、唐户等遗址出土有石斧、石铲、石锄、石刀、石犁等工具。渑池仰韶村遗址仰韶文化层出土的石器多是磨制的，有用于农业生产的石斧、石铲、石刀、石凿、石犁形器，以及刮削器、砍砸器等。④ 陕县庙底沟遗址的仰韶文化层，出土的陶制工具有刀、锛、锉等，石器有刀、锤、斧、锛、凿、铲等，角器有角锥、角凿、穿孔蚌壳等。⑤ 陕县三里桥遗址的仰韶文化层，出土有石刀、斧。⑥ 洛阳王湾遗址第一期文化层属于仰韶文化，出土生产工具有石斧、石铲、石刀、石锛、石盘状器等，还有陶刀等。⑦ 郑州大河村遗址仰韶文化遗存中出土有石斧、石凿、石锛等。⑧ 新郑唐户新石器时代遗址仰韶文化堆积出土的石器有斧、铲、凿、锛、刀、镞及研磨器等。⑨ 淅川下王岗遗址中，仰韶文化遗存一期墓葬中有石铲、石斧。⑩ 汝州阎村庙底沟类型晚期遗址中发现上绘《鹳鱼石斧图》的彩陶缸。⑪ 尉氏靳村东岗遗址仰韶文化层出土有石斧、石铲、石凿

---

① 张松林、高汉玉：《荥阳青台遗址出土丝麻织品观察与研究》，《中原文物》1999年第3期。
② 〔清〕王谟辑：《世本》，载〔汉〕宋衷注，〔清〕秦嘉谟等辑：《世本八种》，商务印书馆1957年版，第39页。
③ 杨育彬、袁广阔主编：《20世纪河南考古发现与研究》，中州古籍出版社1997年版，第197页。
④ 杨育彬：《河南考古》，中州古籍出版社1985年版，第27页。
⑤ 杨育彬：《河南考古》，中州古籍出版社1985年版，第31页。
⑥ 杨育彬：《河南考古》，中州古籍出版社1985年版，第34页。
⑦ 杨育彬：《河南考古》，中州古籍出版社1985年版，第37页。
⑧ 郑州市博物馆：《郑州大河村遗址发掘报告》，《考古学报》1979年第3期。
⑨ 中国社会科学院考古研究所河南一队：《河南新郑唐户新石器时代遗址试掘简报》，《考古》1984年第3期。
⑩ 杨育彬、袁广阔主编：《20世纪河南考古发现与研究》，中州古籍出版社1997年版，第152页。
⑪ 杨育彬：《河南考古》，中州古籍出版社1985年版，第44—45页。

等;①沁阳捏掌遗址出土有石刀、石镰等仰韶文化遗物;②武陟东石寺遗址出土有石斧、石铲等仰韶文化遗物;③长葛河北彭遗址出土有石斧、石铲等仰韶文化遗物;④南召李村遗址仰韶文化遗存出土有石斧、石铲等。⑤ 介于仰韶文化与河南龙山文化之间的王湾第二期文化出土有穿孔石铲、石镰、蚌刀、蚌铲等新型工具。⑥ 属于仰韶文化中晚期的洛阳西高崖一、二期文化中出现了进步的石制椭圆形切割刮削刀,形制较大的有槽石粗。⑦

当时还出现了石犁并已使用,如镇平赵湾、偃师高崖、临汝大张等仰韶遗址中,出土了圆弧刃石犁。⑧

5. 粮食储存与加工

黄帝时代中原地区的粮食的储存与加工技术也有进步。如上所述,当时已有管理仓廪的官员"廪者"。"仰韶时期窖穴增多,特别是仰韶文化晚期窖穴密集,多大而深的袋状坑,储藏的粮食也是较多的。"⑨如陕县庙底沟遗址发现了大量储粮窖穴。⑩ 郑州大河村遗址仰韶文化第三期灰坑,以袋状坑为主,有的坑壁

---

① 杨育彬:《河南古代遗址、城址、窑址、墓葬统计表》,载《河南考古》附录一,中州古籍出版社1985年版,第505页。
② 杨育彬:《河南古代遗址、城址、窑址、墓葬统计表》,载《河南考古》附录一,中州古籍出版社1985年版,第529页。
③ 杨育彬:《河南古代遗址、城址、窑址、墓葬统计表》,载《河南考古》附录一,中州古籍出版社1985年版,第533页。
④ 杨育彬:《河南古代遗址、城址、窑址、墓葬统计表》,载《河南考古》附录一,中州古籍出版社1985年版,第600页。
⑤ 杨育彬:《河南古代遗址、城址、窑址、墓葬统计表》,载《河南考古》附录一,中州古籍出版社1985年版,第657页。
⑥ 北京大学考古实习队:《洛阳王湾遗址发掘简报(节录)》,载杨作龙、毛阳光主编:《洛阳考古集成·原始社会卷》,北京图书馆出版社2006年版,第19—23页。
⑦ 洛阳博物馆:《洛阳西高崖遗址试掘简报(节录)》,载杨作龙、毛阳光主编:《洛阳考古集成·原始社会卷》,北京图书馆出版社2006年版,第79—87页。
⑧ 河南省文化局文物工作队:《河南镇平赵湾新石器时代遗址的发掘》,《考古》1962年第1期;洛阳市第二文物工作队、偃师县文物管理委员会:《洛阳市偃师县高崖遗址发掘报告》,《华夏考古》1996年第4期;河南省文化局文物工作队:《河南临汝大张新石器时代遗址发掘报告》,《考古》1960年第6期。
⑨ 杨育彬、袁广阔主编:《20世纪河南考古发现与研究》,中州古籍出版社1997年版,第197页。
⑩ 中国科学院考古研究所编著:《庙底沟与三里桥》,科学出版社1959年版,第104页。

和底部抹一层砂质细泥或草拌泥,并用火烧烤,表面坚硬,平整光滑。①

黄帝时中原地区出现了粮食加工工具杵臼,杵臼的发明,提高了粮食加工效率,扩展了粮食的用途。《事物纪原》卷九《农业陶渔部》"杵臼"条载:"桓谭《新论》云:'宓牺制杵臼。'《世本》乃云:'雍父作舂、杵臼。'《吕氏春秋》曰:'赤冀作杵臼。'皆非也。《黄帝内传》曰:'帝既斩蚩尤,因创杵臼。'《易·系辞》曰:'神农氏没,黄帝、尧、舜氏作,断木为杵,掘地为臼,臼杵之利,万民以济。'盖取诸小过,此疑杵臼之始也。"②同书同卷"舂"条又说:"《世本》曰:'雍父作舂。黄帝臣也。'"③《拾遗记》卷一《轩辕》载:"诏使百辟群臣受德教者……舂杂宝为屑。"④《云笈七签》卷一〇〇《轩辕本纪》亦载:"有臣黄雍夫始作舂。所谓断木为杵,掘地为臼。"⑤陕县庙底沟遗址的仰韶文化层,就出土了用于粮食加工的石磨盘、石磨棒。⑥ 新郑唐户仰韶文化遗址中出土有石杵。⑦ 淅川下王岗遗址仰韶文化二期早期墓葬出土有石杵。⑧ 属于仰韶文化的王湾第一期文化出土有石磨棒。⑨ 属于仰韶文化中晚期的洛阳西高崖一、二期文化中出土大量碾磨器的盘状器。⑩

当时还有酒的酿造。《事物纪原》卷九《农业陶渔部》"酒条"载:"《吕氏春秋》曰:'仪狄作酒醪,变五味。'《陶潜集·述酒诗序》曰:'仪狄作酒,杜康润色之。'而《黄帝内传》:'王母会帝于嵩山,饮帝以护神养气金液流晖之酒,又有延洪寿光之酒。'然黄帝时已有其物。"⑪黄帝时中原地区仰韶文化中晚期有酒器

---

① 郑州市文物考古研究所编著:《郑州大河村》,科学出版社2001年版,第576页。
② 〔宋〕高承:《事物纪原》,文渊阁四库全书本,第920册,第237页。
③ 〔宋〕高承:《事物纪原》,文渊阁四库全书本,第920册,第237页。
④ 〔晋〕王嘉撰,〔梁〕萧绮辑编:《拾遗记》,文渊阁四库全书本,第1042册,第314页。
⑤ 〔宋〕张君房:《云笈七签》,文渊阁四库全书本,第1061册,第154页。
⑥ 杨育彬:《河南考古》,中州古籍出版社1985年版,第31页。
⑦ 蔡全法、寇玉海、杜平安:《新郑唐户新石器时代遗址调查》,《中原文物》2005年第5期。
⑧ 河南省文物研究所、长江流域规划办公室考古队河南分队:《淅川下王岗》,文物出版社1989年版,第358页。
⑨ 北京大学考古实习队:《洛阳王湾遗址发掘简报(节录)》,载杨作龙、毛阳光主编:《洛阳考古集成·原始社会卷》,北京图书馆出版社2006年版,第19—23页。
⑩ 洛阳博物馆:《洛阳西高崖遗址试掘简报(节录)》,载杨作龙、毛阳光主编:《洛阳考古集成·原始社会卷》,北京图书馆出版社2006年版,第79—87页。
⑪ 〔宋〕高承:《事物纪原》,文渊阁四库全书本,第920册,第239页。

出现,表明粮食除满足人们生活需要外,还用于酿酒。①

(二)畜牧

黄帝时,狩猎仍然是中原地区先民经济生活的补充。《事物纪原》卷九《戎容兵械部》"弓矢"条载:"《易·系辞》曰:'神农氏没,黄帝、尧、舜氏作,弦木为弓,剡木为矢,弧矢之利以威天下,盖取诸睽。'……《世本》曰:'牟夷作矢,挥作弓。'宋衷注云:'牟夷、挥,皆黄帝臣。'……按司马迁《史记》曰:'黄帝之弓曰乌号。'然则当以《系辞》为是。员半千《射决》曰:'蚩尤作乱,黄帝始制弧矢。'"②弓、矢既是兵器,也是狩猎的重要工具。仰韶文化遗址中普遍出土有各种石镞、石矛、石球和骨镞、骨矛等狩猎工具。如渑池仰韶村遗址仰韶文化层出土的石器多是磨制的,有用于狩猎的石镞、石弹丸;③陕县庙底沟遗址的仰韶文化层,出土的陶制工具有陶弹丸等;④洛阳王湾遗址第一期文化层属于仰韶文化,出土工具有石镞、骨镞。⑤

黄帝时,在河南地区一些动物已经被驯养。前引《五帝德》载黄帝时"淳化鸟兽昆虫",《史记》卷一《五帝本纪》载黄帝时"淳化鸟兽虫蛾",《淮南子》卷六《览冥训》亦载有黄帝时"狗彘吐菽粟于路"。

牛马被驯养和使用,当时也设置了相关官员。《路史》卷五《疏仡纪·黄帝》载:黄帝时,"命马师皇为牧正,臣胲服牛"⑥。黄帝时马、牛在交通中的使用也证明了这一点。《周易注》卷八《系辞下》说:"黄帝、尧、舜……服牛乘马,引重致远,以利天下。"⑦《世本》卷九《作篇》说:黄帝臣"胲作服牛,相土作乘马,胲作驾";"注曰:胲,黄帝臣也,能驾牛。又云少昊时人,始驾牛";"宋衷曰:皆黄帝臣"。⑧ 这在《庄子注》卷八《徐无鬼》中也有记载:"黄帝将见大隗乎具茨之

---

① 杨育彬、袁广阔主编:《20世纪河南考古发现与研究》,中州古籍出版社1997年版,第197页。
② 〔宋〕高承:《事物纪原》,文渊阁四库全书本,第920册,第260页。
③ 杨育彬:《河南考古》,中州古籍出版社1985年版,第27页。
④ 杨育彬:《河南考古》,中州古籍出版社1985年版,第31页。
⑤ 杨育彬:《河南考古》,中州古籍出版社1985年版,第37页。
⑥ 〔宋〕罗泌:《路史》,四部备要本,第86页。
⑦ 〔魏〕王弼、〔晋〕韩康伯注:《周易注》,文渊阁四库全书本,第7册,第264页。
⑧ 〔清〕秦嘉谟辑:《世本》(辑补本),载〔汉〕宋衷注,〔清〕秦嘉谟等辑:《世本八种》,商务印书馆1957年版,第359页。

山,方明为御,昌寓骖乘,张若、謵朋前马,昆阍、滑稽后车。……有长者教予曰:'若乘日之车而游于襄城之野。……'"①黄帝与属下就是坐车乘马去具茨山见大隗的。

黄帝时代可能还饲养和驱使凶猛的野兽和飞禽。战国列御寇《列子》卷二《黄帝》载:"黄帝与炎帝战于阪泉之野,帅熊罴狼豹貙虎为前驱,雕鹖鹰鸢为旗帜,此以力使禽兽者也。"②《大戴礼记》卷七《五帝德》说:"(黄帝)教熊罴貔貅貙虎,以与赤帝战于阪泉之野。"③《史记》卷一《五帝本纪》亦载:"轩辕乃修德振兵……度四方教熊罴貔貅貙虎,以与炎帝战于阪泉之野。"④《北堂书钞》卷一三《帝王部·武功四十六》引《刘子》说:"貔貅庆兽,黄帝教之战。"⑤

黄帝时代的考古学发现已证明那个时候河南地区饲养兽禽相当普遍,主要有猪、狗、牛、羊、马、鸡等。在淅川下王岗遗址仰韶文化遗存中出土了相当多的鱼和兽骨,经鉴定有鲤属鱼类、龟、鳖、猕猴、貉、黑熊、大熊猫、狗獾、猪獾、水獭、豹猫、豹、虎、苏门犀、亚洲象、野猪、麝、麂、斑鹿、水鹿、豪猪、犬科、家猪、水牛等20余种,还有鸟类孔雀;⑥一期墓葬中有殉狗。⑦ 又如灵宝西坡仰韶文化遗址出土有家畜猪、狗骨骼;⑧仰韶文化的庙底沟类型,由河南陕县庙底沟遗址而得名,主要分布于华山以东、崤山以西的豫西三门峡地区和汾河中下游的晋南地区,有的窖穴有家畜(猪、狗)的骨架遗存。⑨ 郑州大河村遗址仰韶文化第四期灰坑H80,出土有两具完整的猪骨架及零星小猪和乳猪骨骼。⑩ 洛阳涧滨遗址仰韶

---

① 〔晋〕郭象注:《庄子注》,文渊阁四库全书本,第1056册,第122、123页。
② 〔周〕列御寇撰,〔晋〕张湛注,〔唐〕殷敬慎释文:《列子》,文渊阁四库全书本,第1055册,第596页。
③ 〔汉〕戴德撰,〔北周〕卢辩注:《大戴礼记》,文渊阁四库全书本,第128册,第471、472页。
④ 〔汉〕司马迁:《史记》,中华书局1959年版,第3页。
⑤ 〔唐〕虞世南撰,〔明〕陈禹谟补注:《北堂书钞》,文渊阁四库全书本,第889册,第32页。
⑥ 贾兰坡、张振标:《河南淅川下王岗遗址中的动物群》,见河南省文物研究所、长江流域规划办公室考古队河南分队:《淅川下王岗》附录四,文物出版社1989年版,第429—439页。
⑦ 杨育彬、袁广阔主编:《20世纪河南考古发现与研究》,中州古籍出版社1997年版,第152页。
⑧ 马萧林:《河南灵宝西坡遗址动物群及相关问题》,《中原文物》2007年第4期。
⑨ 杨育彬、袁广阔主编:《20世纪河南考古发现与研究》,中州古籍出版社1997年版,第157页。杨育彬:《河南考古》,中州古籍出版社1985年版,第30页。
⑩ 郑州市文物考古研究所编著:《郑州大河村》,科学出版社2001年版,第267页。

灰坑出土有牛骨、鹿骨、猪骨等。① 属于仰韶文化中晚期的洛阳西高崖一、二期文化中出土有陶猪模型、猪骨。②

(三)渔业、林业

黄帝时代,中原地区的农业发展,除农田、畜牧外,在渔业和林业方面也有体现。

1. 渔业

黄帝时代的中原地区,渔业仍是经济生活的重要补充。前引《淮南子·览冥训》载黄帝时"渔者不争隈"。《云笈七签》卷一〇〇《轩辕本纪》亦载黄帝时"渔者不争岸"③。在仰韶文化遗址中普遍出土有石网坠、鱼钩、鱼叉等渔业工具及水产品用具、遗骨。如渑池仰韶村遗址仰韶文化层出土的石器多是磨制的,有用于捕鱼的石网坠;④陕县庙底沟遗址的仰韶文化层出土的石器有网坠等,角器有蚌指环、蚌坠、穿孔蚌壳;⑤洛阳王湾遗址介于仰韶文化与龙山文化之间的第二期文化层,新出土有蚌刀、蚌铲、网坠等。⑥ 淅川下王岗遗址中出土有相当多的鱼骨,经鉴定有鲤属鱼类、龟、鳖等;⑦一期墓葬中有殉龟。⑧ 荥阳点军台遗址仰韶文化遗存包括三期,一期文化遗存中,陶器的夹砂红陶胎内有少部分夹有蚌末。⑨

2. 林业

黄帝时代,中原地区的先民对一些草木的功用已有一定的认识。当时的编织物有席类,人们知道用兰蒲编席,用榆树制香与胶。《拾遗记》卷一《轩辕》

---

① 考古研究所洛阳发掘队:《洛阳涧滨仰韶、殷文化遗址和宋墓清理(节录)》,载杨作龙、毛阳光主编:《洛阳考古集成·原始社会卷》,北京图书馆出版社 2006 年版,第 14 页。
② 洛阳博物馆:《洛阳西高崖遗址试掘简报(节录)》,载杨作龙、毛阳光主编:《洛阳考古集成·原始社会卷》,北京图书馆出版社 2006 年版,第 79—87 页。
③ 〔宋〕张君房:《云笈七签》,文渊阁四库全书本,第 1061 册,第 154 页。
④ 杨育彬:《河南考古》,中州古籍出版社 1985 年版,第 27 页。
⑤ 杨育彬:《河南考古》,中州古籍出版社 1985 年版,第 31 页。
⑥ 杨育彬:《河南考古》,中州古籍出版社 1985 年版,第 37 页。
⑦ 贾兰坡、张振标:《河南淅川下王岗遗址中的动物群》,见河南省文物研究所、长江流域规划办公室考古队河南分队:《淅川下王岗》附录四,文物出版社 1989 年版,第 429—439 页。
⑧ 杨育彬、袁广阔主编:《20 世纪河南考古发现与研究》,中州古籍出版社 1997 年版,第 152 页。
⑨ 杨育彬、袁广阔主编:《20 世纪河南考古发现与研究》,中州古籍出版社 1997 年版,第 155 页。

载:"诏使百辟群臣受德教者,先列圭玉于兰蒲席上,燃沉榆之香,春杂宝为屑,以沉榆之胶和之为泥,以涂地,分别尊卑华戎之位也。"①如陕县庙底沟遗址出土的仰韶文化陶器尖底瓶的耳部有席纹,也佐证当时编织有席子。② 黄帝时代有了种植树木的园圃。《国语》卷四《鲁语上》:"黄帝能成命百物,以明民共财。"③《韩诗外传》卷八载:黄帝时,"凤乃止帝东园,集帝梧桐,食帝竹实,没月不去"④。

木器方面,主要有农具、弓箭等。《路史·疏仡纪·黄帝》载:黄帝"命宁封为陶正,赤将为木正以利器用"⑤。可见当时的木器业较为发达,有专门的官员负责。如前引《世本·作篇》所说,当时的能工巧匠垂作有"耒""耜""铫""耨"等农具。弓箭,一般认为出于东部诸族。《易·系辞下传》说:"黄帝、尧、舜……剡木为弧,剡木为矢。弧矢之利,以威天下。"《世本·作篇》说:黄帝臣"挥作弓","夷牟作矢"。《路史·疏仡纪·黄帝》也说黄帝"命挥作盖弓,夷牟造矢,以备四方",这里说黄帝的大臣挥、夷牟发明了弓箭,表明他们可能来自东夷族,或者说他们吸收了东夷族制作弓箭的技术;又引《古史考》说"黄帝作弩",应当说黄帝在弓矢的改造方面做了努力。⑥

(四)农业科学知识的积累

黄帝时代,农业科学知识有了一定的积累,在实践经验基础上,关于天文历法、气象、地学、医药卫生等方面的认识都有一定的深化。

1.天文历法

黄帝时代制定了甲子和历法。黄帝时河洛地区在天文历法领域有了较大的发展。《吕氏春秋·勿躬》载:"大桡作甲子,黔如作虏首,容成作历,羲和作占日,尚仪作占月,后益作占岁……此二十官者,圣人之所以治天下也。"⑦《史记》卷一《五帝本纪》载:黄帝"获宝鼎,迎日推策"。《集解》:"晋灼曰:'策,数也,迎

---

① 〔晋〕王嘉撰,〔梁〕萧绮辑编:《拾遗记》,文渊阁四库全书本,第1042册,第314页。
② 杨育彬:《河南考古》,中州古籍出版社1985年版,第31页。
③ 〔三国吴〕韦昭注:《国语》,文渊阁四库全书本,第406册,第48页。
④ 〔汉〕韩婴:《韩诗外传》,文渊阁四库全书本,第89册,第839页。
⑤ 〔宋〕罗泌:《路史》卷一四,文渊阁四库全书本,第383册,第121页。
⑥ 〔宋〕罗泌:《路史》卷一四,文渊阁四库全书本,第383册,第121页。
⑦ 许维遹撰,梁运华整理:《吕氏春秋集释》(下),中华书局2018年版,第449—451页。

数之也。'瓒曰：'日月朔望未来而推之，故曰迎日。'"《索隐》："《封禅书》曰'黄帝得宝鼎神策'，下云'于是推策迎日'，则神策者，神蓍也。黄帝得蓍以推算历数，于是逆知节气日辰之将来，故曰推策迎日也。"《正义》："筴音策。迎，逆也。黄帝受神筴，命大桡造甲子，容成造历是也。"①可见，"宝鼎神策"就是指历数之书。《淮南子》卷六《览冥训》说："昔者黄帝治天下，而力牧、太山稽辅之。以治日月之行律，治阴阳之气；节四时之度，正律历之数。"②《拾遗记·轩辕黄帝》说黄帝"考定历纪……吹玉律，正璇衡"③。《路史·疏仡纪·黄帝》载：黄帝"乃设灵台，立五官以叙五事。命臾区占星，斗苞授规"，"命羲和占日"，"尚仪占月"，"车区占风"，"隶首定数"，"伶伦造律"，"大桡正甲子"，"命容成作盖天"。④"大桡作甲子"，是当时纪时方法的反映。大桡是黄帝的史官，黄帝曾以为师。甲子就是后来干支顺序的第一个。

黄帝时代出现了历法，制定了《调历》。《今本竹书纪年》卷上《黄帝轩辕氏》载：黄帝"游于洛水之上……《龙图》出河，《龟书》出洛，赤文篆字，以授轩辕"⑤。这里提到的《龙图》《龟书》，有学者认为就是古代的天象历法。⑥《史记》卷二六《历书》引太史公司马迁的话说："神农以前尚矣。盖黄帝考定星历，建立五行，起消息，正闰余，于是有天地神祇物类之官，是谓五官。各司其序，不相乱也。"《索隐》按："《系本》及《律历志》：'黄帝使羲和占日，常仪占月，臾区占星气，伶伦造律吕，大桡作甲子，隶首作算数，容成综此六术而著《调历》也。'"⑦可见，黄帝考定星历就是指制定《调历》。《调历》是当时天文、气象、数学、纪日等领域所取得成果的体现与总结，也就是汉朝初年流传的六种古历之一的《黄帝历》。同书同卷《历书》又云："昔自在古，历建正作于孟春。"《索隐》按："古历者，谓黄帝《调历》以前有《上元太初历》等，皆以建寅为正，谓之孟春

---

① 〔汉〕司马迁：《史记》，中华书局1959年版，第6、8页。
② 〔西汉〕刘安等，许匡一译注：《淮南子》，贵州人民出版社1993年版，第348页。
③ 〔晋〕王嘉撰，〔梁〕萧绮录，齐治平校注：《拾遗记》，中华书局1981年版，第8、9页。
④ 〔宋〕罗泌：《路史》卷一四，文渊阁四库全书本，第383册，第119—120页。
⑤ 王国维：《今本竹书纪年疏证》，载方诗铭、王修龄辑录：《古本竹书纪年辑证》，上海古籍出版社1981年版，第189页。
⑥ 陈久金、张敬国：《含山出土玉片图形试考》，《文物》1989年第4期。许顺湛：《黄河文明的曙光》，中州古籍出版社1993年版，第419—420页。
⑦ 〔汉〕司马迁：《史记》，中华书局1959年版，第1256页。

也。及颛顼、夏禹亦以建寅为正。唯黄帝及殷、周、鲁并建子为正。"关于"正闰余",《集解》说:"《汉书音义》曰:'以岁之余为闰,故曰闰余。'"《正义》:"邓平、落下闳云:'一月之日,二十九日八十一分日之四十三。'按:计其余分成闰,故云正闰余也。每一岁三百六十六日余六日,小月六日,是一岁余十二日,大计三十三月则一闰之耳。"①这说明黄帝时代已有了历法上的闰年闰月知识。如大河村仰韶文化遗址中出土了一批带有太阳纹、日晕纹、月牙纹、星座纹的彩陶片,其中一件陶钵上的12个太阳纹,有学者认为12个太阳可能象征12个月,其星座纹有学者认为与星座纪年有关。

当时的历法水平,从河南濮阳西水坡45号墓穴的设计上可见一斑。"西水坡45号墓的墓穴形状选取了盖图中的春秋分日道、冬至日道和阳光照射界限,再加之方形大地,一幅完整的宇宙图形便构成了。它向人们说明了天圆地方的宇宙模式、寒暑季节的变化、昼夜长短的更替、春秋分日的标准天象以及太阳周日和周年视运动轨迹等一整套古老的宇宙理论。""尤其令人惊讶的是,依照墓穴的实际尺寸,这张盖图所表示的分至日的昼夜关系非常合理,特别是春秋分日道,其昼夜关系的准确程度简直不差毫分。这比依《周髀算经》所复原的盖图更符合实际天象。"②

黄帝时设置了天文官。由上述记载可知,当时已设置了分管天文历法方面的官职。如羲和是占日的官,负责观测太阳的运行。常仪是占月的官,负责对月亮运行的观测。臾区又叫鬼臾区、鬼容区,负责星辰天象的记载,包括划分星宿,根据星光的昏明、流星、陨星来推测祥瑞、灾异等。当时的天象观测达到了较高水平。西水坡45号墓主人两侧摆放着蚌塑龙虎图案,北侧摆放着蚌塑三角形图案。③其中龙在墓主人东侧,虎在墓主人的西侧,布列的方位与东宫苍龙、西宫白虎相一致,而北侧的三角形图案就是北斗的象征。这反映了"二宫与北斗"的天象布局,有学者认为中国的二十八星宿及四象的恒星分群理论体系即起源于此。大河村类型的仰韶文化文物中,有很多日、月、星纹图案,如有绘制12个太阳的彩陶钵。洛阳王湾遗址发现有六角星图案的彩陶。④

---

① 〔汉〕司马迁:《史记》,中华书局1959年版,第1255页。
② 冯时:《河南濮阳西水坡45号墓的天文学研究》,《文物》1990年第3期。
③ 丁清贤、张相梅:《1988年河南濮阳西水坡遗址发掘简报》,《考古》1989年第12期。
④ 李仰松、严文明:《洛阳王湾遗址发掘简报》,《考古》1961年第4期。

"命容成作盖天",说明当时已形成原始的宇宙观,即盖天说。"天圆地方"的盖天说观念的形成,在河南濮阳西水坡45号墓中得到印证。西水坡45号墓向人们说明了天圆地方的宇宙模式。墓穴平面的南部呈圆形,北部呈方形,墓主人则是头南足北,这象征天圆地方,是"天圆地方"盖天说观念的形象反映。

2. 气象

黄帝时气象是包括在天文历法里面的,因为与生产生活关系密切,受到高度的重视。《世本·作篇》载有黄帝使"臾区占星气"[1]。《路史·疏仡纪·黄帝》也载黄帝"乃设灵台,立五官以叙五事。命臾区占星,斗苞授规","命羲和占日","尚仪占月","车区占风"[2]。"占星气""占风",都涉及对风雨、阴晴等天气现象的观测,包括凭经验来判断天气的风雨阴晴,根据云的色彩、状态及风的方向、缓急来预测事情的发生。《史记》卷一《五帝本纪》载:"而蚩尤最为暴,莫能伐。"《正义》引《山海经》说:"黄帝令应龙攻蚩尤。蚩尤请风伯、雨师以从,大风雨。黄帝乃下天女曰'魃',以止雨。雨止,遂杀蚩尤。"[3]这实际上反映了蚩尤在与黄帝的争战中,能充分地利用天气状况来决定进攻或退守。

观测天象,望云占雨,以掌握季节、不违农时成了那个时候的重要职掌,并衍变成官名,如春官青云氏、夏官缙云氏、秋官白云氏、冬官黑云氏、中官黄云氏。《周礼》上说:"以五云之物辨吉凶、水旱,降丰荒之祲象。"《史记》卷二六《历书》载黄帝时,"有天地神祇物类之官,是谓五官。各司其序,不相乱也"。《正义》:"应劭云:'黄帝受命有云瑞,故以云纪官。春官为青云,夏官为缙云,秋官为白云,冬官为黑云,中官为黄云。'按:黄帝置五官,各以物类名其职掌也。"[4]

3. 地学

黄帝时出现了区划地理的萌芽。《汉书》卷二八上《地理志》载:"昔在黄帝,作舟车以济不通,旁行天下,方制万里,画野分州,得百里之国万区。是故《易》称'先王以建万国,亲诸侯',《书》云'协和万国',此之谓也。"唐代颜师古

---

[1] 〔清〕秦嘉谟辑:《世本》卷九,载〔汉〕宋衷注,〔清〕秦嘉谟等辑:《世本八种》,商务印书馆1957年版,第356页。
[2] 〔宋〕罗泌:《路史》卷一四,文渊阁四库全书本,第383册,第119页。
[3] 〔汉〕司马迁:《史记》,中华书局1959年版,第3—4页。
[4] 〔汉〕司马迁:《史记》,中华书局1959年版,第1256—1257页。

注:"方制,制为方域也。画谓为之屆也。"①《路史·疏仡纪·黄帝》载:黄帝"乃立四辅……地典州络,七辅得而天地治,神明至"②。"方制万里,画野分州""地典州络",说明黄帝时开始有了区域的初步划分。这从黄帝时在洛阳地区出现的"河图""洛书"上也能得到证明。《春秋命历序》云:"河图,帝王之阶图。载江河山川州界之分野。"③这里的"河图",是记载帝王次序之图,又是记载山水名称及行政区划的地理图,类似于今天的历史地图。地理意义上的测量技术也出现了。《古今事物考》卷一《地理》说:"黄帝游幸天下,而有计里之车。疑道路之纪以里堠,起轩辕氏也。"④《路史·疏仡纪·黄帝》说黄帝"命竖亥通道路,正里候;命风后方割万里,画野分疆"⑤。

4. 医药卫生

黄帝时,医学有了进步,当时的名医有岐伯、巫彭、桐君、雷公、俞跗等。前引《吕氏春秋·勿躬》说:"巫彭作医。"《帝王世纪》卷一载,黄帝"使岐伯尝味草木,典医疗疾,今《经方》《本草》之书咸出矣。"⑥《路史·疏仡纪·黄帝》也载,黄帝"谓人之生负阴而抱阳,食味而被色,寒暑荡之外,喜怒攻之内,夭昏凶札,君民代有。乃上穷下际,察五气立五运,洞性命纪阴阳。极咨于岐、雷而内经作。谨候其时,著之玉版,以藏灵兰之室。演仓毂,推贼曹。命俞跗、岐伯、雷公察明堂、究息脉,谨候其时,则可万全。命巫彭、桐君处方、盉饵、湔浣、刺治、而人得以尽年"⑦。就是说,黄帝时出现了医药方面的专家,他们使人能够延年益寿。如巫彭、桐君能据病人病情开出处方,通过药物及"湔浣、刺治"等手段,使病人能够尽其天年。俞跗就是当时有名的外科医生,擅长剖割洗涤等外科手术。最古的医书《黄帝内经》包括《素问》和《灵枢》,就托始于黄帝和岐伯、雷公等人关于病理讨论的问答。⑧《帝王世纪》又说:"黄帝有熊氏命雷公、岐伯论经

---

① 〔汉〕班固撰,〔唐〕颜师古注:《汉书》,中华书局1962年版,第1523页。
② 〔宋〕罗泌:《路史》卷一四,文渊阁四库全书本,第383册,第116页。
③ 〔汉〕无名氏撰,宋均注:《春秋命历序》,载〔明〕孙毂著录:《古微书》卷一三,山东友谊出版社1990年版,第297页。
④ 〔明〕王三聘辑:《古今事物考》,上海书店1987年版,第4页。
⑤ 〔宋〕罗泌:《路史》卷一四,文渊阁四库全书本,第383册,第124页。
⑥ 〔晋〕皇甫谧撰,陆吉点校:《帝王世纪》,齐鲁书社2010年版,第5页。
⑦ 〔宋〕罗泌:《路史》卷一四,文渊阁四库全书本,第383册,第123页。
⑧ 李文等校注:《黄帝内经》,辽宁民族出版社1999年版。

脉,旁通问难八十一,为《难经》。教制九针,著《内外术经》十八卷。"①《难经》②与《黄帝内经》一样,也系汉儒所托,但它们在一定程度上反映出黄帝时原始医药已有相当发展。

当时已有砭石技术的应用。考古发现,砭石及与砭石有相同功用的石针、骨针、石刀、骨刀等,在中原仰韶文化中随处可见,而砭石是最早的医疗工具,是原始的外科工具,可以用来刺破脓肿。砭石技术是我国针刺术的萌芽。此外还出现了外科正骨手术。如淅川下王岗仰韶文化一期墓葬中,发现有人骨骨折后又愈合的现象,有的接骨位正,愈合好,有的却错位愈合。这反映出当时已出现初步的接骨技术。

当时医药方面的进步还表现在饮食、卫生等方面。黄帝发明了火食,当时已吃熟食。《管子·轻重戊》说:"黄帝作,钻燧生火,以熟荤臊,民食之,无兹胃之病,而天下化之。"③如前所述,当时已有舂掉五谷如稻、高粱壳子的杵臼。三国蜀谯周《古史考》就说:"黄帝始蒸谷为饭,烹谷为粥。"肉食及五谷方面的熟食,显然减少了疾病,增强了先民的体质。

当时也出现了一些预防潮湿、保持清洁、改善环境的措施,如采用整塑整烧建筑技术建成的地面房子,用白灰铺地、粉墙,用料姜、砂石混合土铺地或夯砸居住面等。这些措施有益于防止关节炎、风湿病等疾病的发生,或延缓病情的发展。另外,如《世本》所说,黄帝发明了井,解决了水的问题。④ 井的发明,改善了先民的用水和卫生条件。《拾遗记·轩辕黄帝》说:"诏使百辟群臣受德教者,先列珪玉于兰蒲席上,燃沉榆之香。"⑤沉榆之香具有消毒功用。香的使用,一定程度上有益于居住环境的改善。

综上所述,黄帝肇造了辉煌灿烂的中华古代文明。以河南为活动基地的黄帝时代,河南地区在农业领域取得了重大进步。传世文献与考古资料相互印证,黄帝时代的中原地区重视农业生产,设官建制;栽培有粟、稻、小麦、豆、高粱

---

① 〔晋〕皇甫谧撰,陆吉点校:《帝王世纪》,齐鲁书社2010年版,第7页。
② 凌耀星主编:《难经校注》,人民卫生出版社2013年版。
③ 〔清〕黎翔凤撰,梁运华整理:《管子校注》,中华书局2004年版,第1507页。
④ 〔清〕孙冯翼辑:《世本》(集本),载〔汉〕宋衷注,〔清〕秦嘉谟等辑:《世本八种》,商务印书馆1957年版,第7页。
⑤ 〔晋〕王嘉撰,〔梁〕萧绮录,齐治平校注:《拾遗记》,中华书局1981年版,第9页。

等农作物;种麻植桑与养蚕;制造多种农具;有粮食的储存与加工,出现大量储粮窖穴,并开始酿造酒。同时,饲养兽禽现象相当普遍,主要有猪、狗等。黄帝时代,中原地区的农业发展,除农田、畜牧外,在水利、渔业和林业方面也有体现。中原地区有了种植树木的园圃。在自然科学技术方面,农业、纺织、木器等方面取得了重大进步,出现了一系列具有深远影响的创制发明。

(五)黄帝时代农业科技的特点

当然,我们也注意到,黄帝时代中原地区内,今三门峡地区、郑洛地区、中西部、北部地区、西南地区在农业领域存在着发展的差异性。如庙底沟的人们以农业为主,很少从事渔猎活动,庙底沟遗址仰韶文化层出土的农业工具就很多,渔猎工具就很少。[1] 农业领域,黄帝时代中原地区与其他地区也有着发展的同步性。如郑州大河村遗址出土有高粱米、粟、小麦等谷物,[2]西安半坡遗址也出土有粟粒、蔬菜籽,[3]新疆巴里坤县石人子沟新石器时代遗址则出土有炭化麦粒。[4] 黄帝时代,中原地区和江南都种植桑麻与养蚕。在中原地区发现仰韶时期的家蚕茧和陶塑家蚕蛹,在江南,与仰韶文化晚期同期的良渚文化中,也发现了丝带和丝织的绢。[5] 黄帝时代中原地区对其他地区农业技术的影响与吸收,从当时仰韶文化与屈家岭文化、大汶口文化的相互影响、融合上也体现出来。黄帝时代的河南农业科技主要具有中心性、融合性、辐射性和不平衡性等特点。

1. 中心性

黄帝出生于今河南新郑,黄帝族的发祥地在以新郑一带为中心的中原地区,黄帝又在新郑建都,可以说黄帝都城所在的河南地区是黄帝创制发明一系列科技成就的基地和中心。这也决定了黄帝时代河南科学技术的中心性。比如:"大河村的釜形鼎、浅腹盆钵、器座、某些小口尖底瓶和不少彩陶花纹,与豫西庙底沟类型相同或相近;另一小口尖底瓶与陕西半坡类型相似;红顶碗和钵,

---

[1] 杨育彬、袁广阔主编:《20世纪河南考古发现与研究》,中州古籍出版社1997年版,第197页。
[2] 郑州市文物考古研究所编著:《郑州大河村》,科学出版社2001年版,第265、577、593、594、671页,图版五一、五二。
[3] 中国科学院考古研究所:《西安半坡》,文物出版社1963年版,第223页。
[4] 杨育彬:《河南考古》,中州古籍出版社1985年版,第43页。
[5] 许顺湛:《黄帝时代是中国文明的源头》,载许顺湛:《黄河文明的曙光》附录一,中州古籍出版社1993年版,第575—584页。

在豫北后岗类型中大量出土;还有一些彩陶花纹,在豫北、冀南的大司空类型中也常见;不少器物与大汶口文化也相似。这说明大河村类型吸收了上述仰韶文化早期各种类型的文化因素,并且还受到大汶口文化的一定影响。"① 实际上,这也说明黄帝都城所在的新郑地区当时已成为各种科学技术的交融地、汇聚地、中心地。

2. 融合性

前述黄帝时代中原科学技术的中心性,也反映出黄帝时代中原科学技术的融合性。这种融合性,既有同种文化不同类型的融合,也有不同种文化的融合。如对大汶口文化的吸收。大汶口文化是一种主要分布在黄河下游山东和苏北一带的新石器时代晚期文化,因 1959 年在山东泰安发掘大汶口遗址而得名。大汶口文化的中期与河南发现的仰韶文化晚期共存。河南郑州市、许昌市、洛阳市、周口市、驻马店市和信阳市共有近 20 处的地方发现大汶口文化的遗存。② 这反映了黄河中游和下游在新石器时代晚期文化之间的相互交流、相互影响,也反映了中原科学技术的融合性。"大河村仰韶文化出土一些山东大汶口文化和湖北屈家岭文化的遗存。这为研究我国黄河中下游与长江流域诸文化的交流融合提供了确凿的地层证据和实物资料,也是我国古代各民族融合的历史见证。"③ "河南仰韶文化早期时以向其周围扩大影响为主;到仰韶文化晚期,利用其特有的地理位置,吸收、融合周边各地区文化的精华,当然也包括大汶口文化和屈家岭文化在内,不断丰富和充实自身的文化内涵,使之得到不断发展。"④

3. **辐射性**

如上所述,黄帝时代洛阳地区出现的"河图""洛书",也是当时历法出现的反映。而在安徽含山县凌家滩也发现了黄帝时代(距今 5000 多年前)的玉板龟书八卦图,天文史专家认为有可能是古代的洛书和八卦,也是较早的历法之一。⑤ 这表明黄帝时代中原科学技术向周邻地区的传播。"大汶口文化早、中

---

① 杨育彬:《河南考古》,中州古籍出版社 1985 年版,第 43、44 页。
② 杨育彬:《河南考古》,中州古籍出版社 1985 年版,第 56 页。
③ 郑州市文物考古研究所编著:《郑州大河村》,科学出版社 2001 年版,第 598 页。
④ 杨育彬:《郑州大河村·序》,载郑州市文物考古研究所编著:《郑州大河村》,科学出版社 2001 年版。
⑤ 陈久金、张敬国:《含山出土玉片图形试考》,《文物》1989 年第 4 期。许顺湛:《黄河文明的曙光》,中州古籍出版社 1993 年版。

期,曾受到仰韶文化的影响,并吸收了仰韶文化的某些因素,充实了自身的发展。但到了大汶口中、晚期,则逐渐向西扩展,反过来影响了仰韶文化。"①

4. 不平衡性

因地域的不同和时间的先后,河南新石器时代文化不仅包括多种不同的文化面貌,而且在同一种文化内又有多种不同的类型。"在仰韶文化后期,大汶口文化显然是东边对中原的影响要多一些","类似的情形,还有仰韶文化后期同它南方邻境江汉之间的屈家岭文化的关系,也表现为自南而北的影响要多于自北而南的影响"。② 如河南仰韶文化遗址三门峡以西接近陕西的"半坡类型"、三门峡以东郑州的"庙底沟类型"、豫北的"后岗类型"和"大司空类型"、豫西南的"下王岗类型"等。③ 这也体现出黄帝时代中原地域内科学技术发展的不平衡性。

这种不平衡性还体现在不同地域科学技术的先导性上。如前所述,因中原的特殊地位,中原科学技术在很多领域有着先导性,但不可否认,同一时期中原以外的地域在很多领域也有着先导性。

二、颛顼帝喾时代的农业

都是我国古史中五帝之一。据《史记》卷一《五帝本纪》载,颛顼为黄帝之孙、昌意之子,号高阳氏;帝喾为黄帝之曾孙、颛顼之族子,号高辛氏。《左传·昭公十七年》载颛顼都帝丘(今河南濮阳东南);据《史记·五帝本纪》中《集解》引《皇览》,颛顼死后葬于顿丘(今河南安阳内黄),帝喾都亳(今河南洛阳偃师),亦葬于顿丘。④ 现有研究成果表明,颛顼、帝喾虽均被后世尊奉为五帝之一,其实两人不过是传说中古代部族、部族联盟首领。颛顼是黄帝族后裔居住在今河南北部的一支部族首领,帝喾兴起于今河南东部商丘一带。颛顼、帝喾

---

① 杨育彬:《郑州大河村·序》,载郑州市文物考古研究所编著:《郑州大河村》,科学出版社 2001 年版。
② 苏秉琦:《关于仰韶文化的若干问题》,《考古学报》1965 年第 1 期。
③ 杨育彬:《河南考古》,中州古籍出版社 1985 年版,第 59、60 页。
④ 〔汉〕司马迁:《史记》,中华书局 1959 年版,第 11—15 页。

都是很有作为的部族、部族联盟首领,如颛顼之政绩有"实行宗教改革,借神力助政""设置官职,专管'民事'""发动对'共工'的战争"等;帝喾则有制作简明农历、大力发展农业生产等举措。① 其丰功伟绩使他们位居五帝之列。

颛顼帝喾时代,约为公元前 2900—前 2200 年,再具体一点,颛顼时代约为公元前 2900—前 2550 年,帝喾时代约为公元前 2550—前 2200 年。② 在考古学文化上,颛顼帝喾时代大致与中原地区的新石器时代龙山文化相对应。③

(一)颛顼帝喾时代的农业成就

颛顼帝喾时代河南地区的成就主要体现在农业、畜牧业、纺织、石器制作等部门及天文历法等领域。

1. 农牧业

农牧业方面,中原地域是世界农作物繁育、早期动物驯化等中心的组成部分,在颛顼帝喾时代,农牧业继续向前发展,农业生产技术的发展已能满足城邑和聚落人口增长的需要。粟、黍种植较多,一些地方还种植水稻(表 1-3)。如临汝大张遗址发现有粟粒;④淅川黄楝树遗址发现有稻壳、稻秆及加工稻谷的石杵、石臼工具,距今约为 4235±95 年;⑤舞阳阿岗寺遗址出土有炭化稻粒。⑥ 这时期,豆类植物已被驯化,⑦农具也有了明显的改进。翻土工具石铲变得较为规范化,一为梯形或近长方形,二为有肩的长方形,其形制也趋于合理化,不大不小,重量适中,易于安柄;收割工具石刀(或说石爪镰)、石镰数量增多,多为长方

---

① 程有为、王天奖:《河南通史》第一卷,河南人民出版社 2005 年版,第 96—97 页。
② 五帝时代的年代框架问题,学术界存在着很不一致的意见,这里采用许顺湛先生的观点,其中帝喾时代的积年,许先生认为,包括尧在内为 400 年,约为公元前 2550 年至公元前 2150 年(参见许顺湛《五帝时代研究》,中州古籍出版社 2005 年版),因本文侧重于颛顼帝喾时代,便除掉尧时积年 50 年,变为约公元前 2550 年至公元前 2200 年。由于颛顼帝喾时代这年代期限的限定,因此在此期限之外的所谓"颛顼帝喾时代"的河南地域科学技术就姑置不论。
③ 许顺湛:《五帝时代研究》,中州古籍出版社 2005 年版。
④ 黄其煦:《黄河流域新石器时代农耕文化中的作物》,《农业考古》1982 年第 2 期。
⑤ 杨育彬:《河南考古》,中州古籍出版社 1985 年版,第 59 页。
⑥ 杨育彬:《河南考古》,中州古籍出版社 1985 年版,第 603 页。
⑦ 许顺湛:《五帝时代研究》,中州古籍出版社 2005 年版,第 368 页。

形,磨制,穿双孔。① 淅川黄楝树遗址发现有钻孔石器和钻孔石芯。② 木耒形翻土工具已经出现。陕县庙底沟遗址和三里桥遗址的龙山文化层均发现人们已经使用双齿木耒的痕迹,③三里桥遗址龙山文化层还出土有骨铲。④ 以耜耕为主的农业生产方式中,已经试制了较为先进的石犁、木犁等翻耕农具,犁耕已开始出现。孟津小潘沟龙山遗址出土了在龙山时代极少见的石犁。⑤ 家畜家禽饲养方面,数量和种类显著增加,出现大家畜。如陕县庙底沟遗址26个龙山文化窖穴中所出的猪、狗、牛、羊等家畜骨骼,远远超过168个仰韶文化窖穴所出的总和。⑥ 马已经开始在此驯养,如北部汤阴白营遗址就出土有马骨和马齿。⑦ 家猫可能也已经出现。汤阴白营河南龙山文化遗址出土有家猫的骨骸,经放射性碳素测定年代为公元前2160年。⑧

表1-3 河南各遗址龙山时代浮选样品中农作物的出土概率统计表

出土遗存物 遗址名称	样品数量	粟占比	黍占比	水稻占比	资料来源
登封王城岗	18	72%	44%	17%	赵志军、方燕明:《登封王城岗遗址浮选结果及分析》,《华夏考古》2007年第2期
登封程窑	19	93%	10%	37%	钟华、张永清等:《河南登封程窑遗址浮选结果与分析》,《农业考古》2018年第6期

---

① 白寿彝总主编,苏秉琦主编:《中国通史》第二卷《远古时代》,上海人民出版社1994年版,第235、236页。严文明先生认为这是仰韶后期石铲、石刀的改进情况,但严先生认为大约从公元前3500年至公元前2600年相当于仰韶文化后期(参见白寿彝总主编、苏秉琦主编的《中国通史》第二卷《远古时代》,上海人民出版社1994年版,第212页)。如此,这便跨进了本文所说的颛顼帝喾时代前期,可算是这一时期农具方面的进展。
② 杨育彬:《河南考古》,中州古籍出版社1985年版,第59页。
③ 中国科学院考古研究所编著:《庙底沟与三里桥》,科学出版社1959年版,第112页。
④ 中国科学院考古研究所编著:《庙底沟与三里桥》,科学出版社1959年版,第115页。
⑤ 余扶危、叶万松:《试论我国犁耕农业的起源》,《农业考古》1981年第1期。
⑥ 杨育彬:《河南考古》,中州古籍出版社1985年版,第33页。
⑦ 安阳地区文物管理委员会:《河南汤阴白营龙山文化遗址》,《考古》1980年第3期。
⑧ 周本雄:《河南汤阴白营河南龙山文化遗址的动物遗骸》,载《考古》编辑部:《考古学集刊》(第三集),中国社会科学出版社1983年版。

(续表)

出土遗存物 遗址名称	样品数量	粟占比	黍占比	水稻占比	资料来源
博爱西金城	37	63%	48%	48%	陈雪香、王良智、王青:《河南博爱县西金城遗址 2006—2007 年浮选结果分析》,《华夏考古》2010 年第 3 期
禹州瓦店	255	63%	48%	48%	刘昶、赵志军、方燕明:《河南禹州瓦店遗址 2007、2009 年度植物遗存浮选结果分析》,《华夏考古》2018 年第 1 期
洛阳王圪垱	25	100%	68%	52%	钟华、吴业恒等:《河南洛阳王圪垱遗址浮选结果及分析》,《农业考古》2019 年第 1 期

资料来源:赵志军、刘昶《偃师二里头遗址浮选结果的分析和讨论》表 6。①

说明:此表在原表基础上略加修改而成。

2. 天文历法

颛顼帝喾时代,天文历法领域取得了显著成就。颛顼时,天文历法领域的进步主要体现在三大方面。首先,颛顼历的制定。《汉书》卷三〇《艺文志》载有《颛顼历》21 卷、《颛顼五星历》14 卷。②《史记·五帝本纪》载颛顼的业绩时说:"静渊以有谋,疏通而知事;养材以任地,载时以象天。依鬼神以制义,治气以教民,絜诚以祭祀。"③其中"载时以象天""治气以教民",就是指颛顼能根据天象历法指导农业生产,能理四时五行之气以教化黎民百姓。为指导农业生产,颛顼制定了历法。《竹书纪年》载颛顼"十三年,初作历象"④。颛顼历法以黄帝《调历》为基础,但要完善得多。《晋书》卷一七《律历志中》董巴云:"昔伏羲始造八卦,作三画,以象二十四气。黄帝因之,初作《调历》。……颛顼以今之孟春正月为元,其时正月朔旦立春,五星会于天庙,营室也,冰冻始泮,蛰虫始发,鸡始三号。天曰作时,地曰作昌,人曰作乐,鸟兽万物莫不应和,故颛顼圣人

---

① 赵志军、刘昶:《偃师二里头遗址浮选结果的分析和讨论》,《农业考古》2019 年第 6 期。
② 〔汉〕班固撰,〔唐〕颜师古注:《汉书》,中华书局 1962 年版,第 1765 页。
③ 〔汉〕司马迁:《史记》,中华书局 1959 年版,第 11 页。
④ 王国维:《今本竹书纪年疏证》,载方诗铭、王修龄辑录:《古本竹书纪年辑证》,上海古籍出版社 1981 年版,第 192 页。

为历宗也。"①古人说历法始于颛顼而不始于黄帝《调历》，说明颛顼历法比较成熟，对后世影响大，史称《颛顼历》。《宋书》卷一四《礼志一》云："高阳、有虞、有周皆以十一月为正。"②《新唐书》卷二七上《历志三上》云："《颛顼历》上元甲寅岁正月甲寅晨初合朔立春，七曜皆值艮维之首。盖重黎受职于颛顼，九黎乱德，二官咸废。帝尧复其子孙，命掌天地四时，以及虞、夏。故本其所由生，命曰《颛顼（历）》，其实《夏历》也。汤作《殷历》，更以十一月甲子合朔冬至为上元。周人因之，距羲、和千祀，昏明中星率差半次。夏时值月节者，皆当十有二中，故因循夏令。其后吕不韦得之，以为秦法，更考中星，断取近距，以乙卯岁正月己巳合朔立春为上元。"同书同传又云："秦《颛顼历》元起乙卯，汉《太初历》元起丁丑，推而上之，皆不值甲寅，犹以日月五纬复得上元本星度，故命曰阏蒙摄提格之岁，而实非甲寅。"③可见，唐尧、虞舜、夏、商、周都沿用了颛顼的历法，如唐尧、虞舜、夏、商、周都是以十一月为岁首。秦汉时《颛顼历》还在起作用。秦时历法基本上承袭《颛顼历》，《汉书》卷二一上《律历志上》亦载张苍曾建议采用《颛顼历》，《颛顼历》在汉初仍沿用百余年。④

关于《颛顼历》的内容，有学者提出疑问。庞朴先生认为，颛顼帝喾时代中原（广义概念）一带行用"火历"。⑤火历就是"以大火（心宿）为授时星象的自然历"，它"以大火昏见为一个新的农事周期的开始"，或者说"以此时为'岁首'"，这是它的最大特色；火历还"以大火中天来纪时行事"。火历与颛顼氏、高辛氏（帝喾）及其地望有关，其开始的实际年代，"应该当心宿处于秋分点时，即公元前二千八百年左右"⑥。在火历之后，颛顼帝喾时代还发明了"岁星纪年法"。《山海经》卷一六《大荒西经》云："颛顼生老童，老童生重及黎，帝令重献上天，令黎邛下地。下地是生噎，处于西极，以行日月星辰之行次"；卷一八《海

---

① 〔唐〕房玄龄等：《晋书》，中华书局1974年版，第501页。
② 〔南朝梁〕沈约：《宋书》，中华书局1974年版，第529页。
③ 〔北宋〕欧阳修、宋祁：《新唐书》，中华书局1959年版，第602—603页。
④ 〔汉〕班固撰，〔唐〕颜师古注：《汉书》，中华书局1962年版，第974页。
⑤ 庞朴：《"火历"初探》，《社会科学战线》1978年第4期。
⑥ 有学者认为，"火（心）约在公元前2900年前后处在秋分点"，"最利于观测大火昏见来决定春分的时代是公元前2400年前后"（参见中国天文学史整理研究小组编著：《中国天文学史》，科学出版社1981年版，第10页）。

内经》则云:"噎鸣生岁十有二。"①黎即后土,噎即噎鸣,后土生噎鸣。《吕氏春秋》卷一七《勿躬》云:"后益作占岁。"庞先生认为,噎鸣即噎,也就是"作占岁"的后益,"作占岁"或"生(岁)十有二岁"是指发明岁星纪年法,火正黎负责观察火的运行。我们认为,《颛顼历》的情况当与火历近似,后来又有岁星纪年法的特点。有学者也指出,从颛顼时期开始,"通过测定太阳影子以决定回归年的长度及二分、二至的制历,与通过观察大火星的昏升以决定春耕的观象授时,是同时使用、互为补充的"②。

其次,星宿的初步认定。颛顼确定了各星辰的位置,被认为是主宰北方天神的大帝。《国语》卷三《周语下》云:"昔武王伐殷,岁在鹑火,月在天驷,日在析木之津,辰在斗柄,星在天鼋。星与日辰之位,皆在北维。颛顼之所建也,帝喾受之。"③《淮南子》卷三《天文训》亦云:"北方,水也。其帝颛顼,其佐玄冥。执权而治冬。其神为星辰,其兽玄武。"④这也表明,"这些星宿的位置和活动情况是颛顼所发现而确定的"⑤。《左传·昭公八年》,"陈,颛顼之族也。岁在鹑火,是以卒灭……今在析木之津,犹将复由";《左传·昭公十年》,"有星出于婺女,郑裨灶言于子产曰:'……今兹岁在颛顼之虚……'";《左传·昭公十七年》,"卫,颛顼之虚也,故为帝丘,其星为大水"⑥。可见颛顼之地也都与天上星宿相对应。

最后,设置天文官,统一历法。《史记》卷二六《历书》云:"少昊氏之衰也,九黎乱德,民神杂扰,不可放物,祸菑荐至,莫尽其气。颛顼受之,乃命南正重司天以属神,命火正黎司地以属民,使复旧常,无相侵渎。"⑦这就是《国语》卷一八

---

① 袁珂译注:《山海经全译》,贵州人民出版社1991年版,第299、336页。
② 王震中:《试论陶文"𤆾""𤆍"与"大火"星及火正》,《考古与文物》1997年第6期。
③ 〔春秋〕左丘明撰,上海师范大学古籍整理组校点:《国语》,上海古籍出版社1978年版,第138页。
④ 〔汉〕刘安等撰,许匡一译注:《淮南子全译》,贵州人民出版社1993年版,第114页。
⑤ 许顺湛:《五帝时代研究》,中州古籍出版社2005年版,第89页。
⑥ 〔晋〕杜预注,〔唐〕孔颖达等正义:《春秋左传正义》卷四四、四五、四八,〔清〕阮元校刻:《十三经注疏(附校勘记)》,中华书局1980年版,第2053、2058、2084页。
⑦ 〔汉〕司马迁:《史记》,中华书局1959年版,第1257页。

《楚语下》所说的颛顼"绝地天通"的宗教改革。① 颛顼任命重、黎为天文官,不仅促成了黄帝历法的中兴,而且促进了《颛顼历》的流传和发展,推进了中国古代天文历法的进步。《史记》卷二七《天官书》云:"昔者传天数者,高辛之前,重、黎;于唐、虞,羲、和;有夏,昆吾;殷商,巫咸;周室,史佚、苌弘。"②《史记》卷一《五帝本纪》中《集解》引孔安国语云:"重黎之后,羲氏、和氏,世掌天地之官。"《正义》引《吕刑传》云:"重即羲,黎即和,虽别为世族,而出重黎也。"《史记》卷一三〇《太史公自序》亦云:"昔在颛顼,命南正重以司天,北正黎以司地。唐虞之际,绍重黎之后,使复兴之,至于夏商,故重黎氏世序天地。"③显然,帝尧时《颛顼历》的传播和天文历法的发展是与羲氏、和氏分不开的。天文官的设置,是颛顼时巫教政令历法统一的反映,开创了后世官府重视和操控天文历法的局面。颛顼令重、黎"绝地天通"可视作"是由颛顼组织历法专家所进行的一次对历法的统一",是一次科技领域的"重大进步"。④ "所谓'司天',包括'传天数',是天文星星历记时方法的大改革",此后,"观天文,制历法,是中央政府或'天子'的'专利'"。⑤

帝喾"序三辰"以"治历明时"。帝喾在继承颛顼时代天文历法成就的基础上有所进展。据《史记·五帝本纪》正义所引《帝王世纪》,帝喾"年十五而佐颛顼,三十而登位",在执政期间,重视农业生产,"顺天之义,知民之急","取地之财而节用之,抚教万民而利诲之"。⑥ 为发展农业生产,使黎民百姓因时而耕种,他重视天文历法。《史记·五帝本纪》载帝喾"历日月而迎送之,明鬼神而敬事之"⑦,《国语》卷四《鲁语上》亦载帝喾"能序三辰以固民",韦昭注解为"能次序三辰(即日、月、星),以治历明时,教民稼穑以安也"。⑧ 帝喾时代沿用《颛顼

---

① 〔春秋〕左丘明撰,上海师范大学古籍整理组校点:《国语》,上海古籍出版社1978年版,第562页。
② 〔汉〕司马迁:《史记》,中华书局1959年版,第1343—1344页。
③ 〔汉〕司马迁:《史记》,中华书局1959年版,第71、3285页。
④ 许兆昌:《重、黎绝地天通考辨二则》,《吉林大学社会科学学报》2001年第2期。
⑤ 萧兵:《东北夷传说的再发现——由人类学发掘颛顼史迹》,《吉林师范大学学报》2005年第1期。
⑥ 〔汉〕司马迁:《史记》,中华书局1959年版,第13—14页。
⑦ 〔汉〕司马迁:《史记》,中华书局1959年版,第16页。
⑧ 〔春秋〕左丘明撰,上海师范大学古籍整理组校点:《国语》,上海古籍出版社1978年版,第166、168页。

历》,这里说帝喾"序三辰"以"治历明时",表明帝喾通过日、月、星三辰运行变化规律的观测,对《颛顼历》作了一定程度的修订,使之成为更适用于农业耕作的简明历法,促进了当时农业的发展。

到尧时也重视历法的修订,《史记·五帝本纪》载尧"乃命羲、和,敬顺昊天,数法日月星辰,敬授民时",并委派羲仲、羲叔、和仲到全国各地去观象授时。① 尧舜时的历法"明时正度,则阴阳调,风雨节,茂气至,民无夭疫",尧临终时,还到文祖之庙告诫舜"天之历数在尔躬",舜也这样告诫大禹。②

3. 地学

颛顼时"绝地天通"的原始宗教改革,是中国古代地学的源头。"'绝地天通'的直接外在表征,首先就体现在大联盟对于名山崇封及祭祀权的垄断上,'四岳''五岳'等名当皆源起于此,所谓'三坟''九丘'之书大约也是反映古人'疆域'观念的地文书。"③也就是说,颛顼时中国古代"疆域"概念开始萌芽。

4. 其他方面

如石器制作技术进步很大。颛顼帝喾时代,在石器制作上,磨制技术比较完善和成熟,基本上是通体磨光,广泛采用切割法、管钻法加工,石器棱角方正,穿孔器流行。如陕县庙底沟遗址龙山文化层共出土 82 件石器,其中打制的约占 13%,磨制的则高达 86% 以上,穿孔的亦占 30% 以上;郑州大河村遗址龙山文化层出土石器 146 件,几乎全为磨制,并且仅仅部分是局部磨光,穿孔的亦达 20% 以上,出土有穿孔的扁斧。④ 颛顼帝喾时代中原地域石制技术的进步,也体现在上面所述石犁、石刀等农具的出现和改进上。又如舞阳文峰岗遗址龙山文化层也出土有穿孔石刀、大型鼎足等遗物。⑤

在纺织技术上,从纺织工具的改进来看,有明显进步。淅川黄楝树遗址陶纺轮的出土总数高达 263 个,造型各异,色彩多样,全国罕见。⑥ 永城王油坊、汤

---

① 〔汉〕司马迁:《史记》,中华书局 1959 年版,第 13 页。
② 〔汉〕司马迁:《史记》,中华书局 1959 年版,第 1257—1258 页。
③ 张富祥:《"华夏"考——兼论中国早期国家政制的酝酿与形成》,《东方论坛》2003 年第 4 期。
④ 白寿彝总主编,苏秉琦主编:《中国通史》第二卷《远古时代》,上海人民出版社 1994 年版,第 228 页。
⑤ 杨育彬:《河南考古》,中州古籍出版社 1985 年版,第 604 页。
⑥ 杨育彬:《河南考古》,中州古籍出版社 1985 年版,第 59 页。

阴白营及平顶山蒲城店①、汝南刘备台②、平舆台子寺③、泌阳太子岭④、桐柏陡坡嘴⑤等遗址出土有陶纺轮或石纺轮。

(二)颛顼帝喾时代农业科学技术的特点

颛顼帝喾时代,因自然环境和社会条件的因素,在河南这一特定地域里,科学技术的发展初步体现出一定的特色和风格。

1. 同步性

龙山文化遗址在河南的分布非常广泛,如北部安阳、汤阴,东部商丘、虞城、夏邑、永城、民权、睢县、淮阳、沈丘,中部郑州、荥阳、密县,西部洛阳、禹州、登封、偃师、临汝、孟津、渑池、陕县、灵宝,南部信阳、淅川等市县都有这类遗址。据初步统计,中原地域近64个龙山文化聚落群,龙山文化遗址共1341处,包括近10个类型。⑥ 由于它们属于同一时代,具有相似的发展水平,因此河南各地的农业科技发展步伐比较接近,在整体上较为均衡。

2. 融合性

河南地区依靠"天下之中"的地理优势,吸收周围地区的科学技术,既充实了自身,又加速了科学技术融合的步伐。如在整个河洛地区史前文化的发展中,"河洛地区作为文化熔炉,融汇四方精神可以说是到处体现。尤其在仰韶文化时期,在河洛地区的庙底沟类型出现了文化融合的第一个高峰。庙底沟时期的强烈的扩张性和高度的融合性,使得它的影响扩及大半个中国"⑦。陕县庙底沟遗址龙山文化早期堆积即庙底沟二期文化。中原地域文化这种特征也体现在龙山文化时期。大汶口文化,一种主要分布在黄河下游山东和苏北一带的新石器时代晚期文化,其晚期与中原龙山文化早期共存,其遗存在中原仰韶文化晚期和龙山文化早期遗址中都有发现。如西部洛阳地区、中部郑州市和许昌地

---

① 杨育彬:《河南考古》,中州古籍出版社1985年版,第613页。
② 杨育彬:《河南考古》,中州古籍出版社1985年版,第620页。
③ 杨育彬:《河南考古》,中州古籍出版社1985年版,第624页。
④ 杨育彬:《河南考古》,中州古籍出版社1985年版,第626页。
⑤ 杨育彬:《河南考古》,中州古籍出版社1985年版,第663页。
⑥ 许顺湛:《五帝时代研究》,中州古籍出版社2005年版,第355页。
⑦ 张得水:《河洛文化的源头及早期发展》("河洛文化与台湾"研讨会论文),《黄河文化》2004年第1期。

区、东部周口地区、南部驻马店和信阳地区共有近 20 处地方发现大汶口文化的遗存。[①] 这反映了颛顼帝喾时代黄河中游和下游新石器时代晚期文化之间的相互交流与影响,包括科学技术之间的交流与融合。如山东龙山文化以黑陶制品为主,黑陶工艺发达,但洛阳王湾第三期文化,渑池仰韶村遗址[②]龙山文化早、中期层内,永城王油坊龙山文化遗址等,都有黑陶的出土。有学者指出,"海岱(约今山东全境及其邻近地区)文化很早就与中原文化存在着频繁的交流",在龙山文化时期,"诸如在制陶、象牙雕刻和镶嵌技术、建筑乃至陶器文字、原始礼制、早期冶铜技术等方面,更可找到许多实物证据,用以证明河南龙山文化直接受到山东龙山文化的影响;反过来看,山东龙山文化也同样受到河南龙山文化的影响","还通过中原继续西扩、南下,间接对陕西及汉水流域的原始文化发生影响"[③]。又如,分布在长江和汉水流域的属于新石器时代晚期文化的屈家岭文化,在河南的分布"从西南扩大至颍河、汝河和洪河上游,甚至达到黄河南岸"[④],也反映了南方的屈家岭文化和河南的仰韶文化、龙山文化之间的相互交流与影响,包括科学技术之间的交流与融合。

3. 先进性

颛顼帝喾时代,河南地域处于当时部落大联盟的核心区域,得天独厚的政治、经济、文化、环境等条件,促使一些科学技术首先在此萌芽、产生和发展,或走在时代的前列。如颛顼有"历宗"之誉,尧、舜、夏、商、周都沿用了颛顼的历法,秦汉时《颛顼历》仍在起作用。

综上所述,颛顼帝喾时代是五帝时代的重要阶段,约为公元前 2900—前 2200 年,在考古学文化上,大致与中原地区的新石器时代龙山文化相对应。中原地域是颛顼、帝喾活动和控制地域的中心地区,在颛顼帝喾时代,中原地区在农、牧、水利、纺织、石器制作等行业及天文历法、地学等领域取得了一系列具有深远影响的科学技术成就,并呈现出同步性、融合性、先进性等特征。

---

① 杨育彬:《河南考古》,中州古籍出版社 1985 年版,第 55、56 页。
② 中国科学院考古研究所河南省调查组:《河南渑池的史前遗址》,《科学通报》1951 年第 9 期。
③ 张富祥:《海岱文化与中原文化》,《史学月刊》2000 年第 2 期。
④ 杨育彬:《河南考古》,中州古籍出版社 1985 年版,第 55、56 页。

第三节 耕作技术与大田作物

史前时期,农业产生和发展的核心体现在耕作技术和作物地位两个方面。这一时期,河南旱作农业耕作技术出现了犁耕,也出现了大田作物。

一、原始旱作农业耕作技术

原始农业的耕作技术一般用"刀耕火种"来概括。其实原始农耕技术并非一成不变,其间也经历了一个缓慢的发展过程。这个过程依据整地方式及其使用的农具大致可以划分为三个阶段:火耕农业阶段、锄耕农业阶段和犁耕农业阶段。

刀耕火种更多的是形容火耕农业阶段,是原始农业最初阶段一种较为普遍的情形。处在这个阶段的原始农业也因此称为"刀耕农业"或"火耕农业"。火耕农业的最大特点是不翻土耕种,使用的农具有砍伐林木、清理场地和加工木器用的石刀、石斧,松土用的石铲,点种木棒,收割用的石镰,加工谷物用的石磨盘、石磨棒。

人们在进行刀耕火种的时候,首先就是选择土地。在选择土地时,往往先进行占卜,包括适宜的地址和降雨的日子。囿于工具的粗糙简单,播种的土地大多选择在森林的边沿、隙地或林木比较稀疏的林地。人们放倒林木,焚烧枝叶杂草,然后播种。《左传·昭公二十九年》秋载,"烈山氏之子曰柱,为稷,自夏以上祀之"[1]。"烈山氏"之"烈山"就是放火烧山,"柱"就是挖洞点种的尖头木棒,是木耒的渊源。烧山播种是原始农业中前后相继的农活。

---

[1] 〔晋〕杜预注,〔唐〕孔颖达等正义:《春秋左传正义》卷五三,〔清〕阮元校刻:《十三经注疏(附校勘记)》,中华书局1980年版,第2124页。

在畲田农业中使用的工具有畲刀、斧头、锄和镰刀。畲刀是最重要的工具,用来砍伐树木;锄用来除掉残余根株和覆土;镰刀用来收割。覆土是一种工作量较大的农活,大家一起协作,文娱表演随之产生。

原始农业在经历了火耕农业之后,便是所谓的锄耕农业或耜耕农业阶段。锄耕农业和火耕农业的主要区别在于锄耕农业要用锄(耜)翻土耕种、熟荒耕作。农具除石斧、石铲、石锄外,较为普遍使用的是木耒和骨铲,石刀、陶刀是主要收获工具,杵臼取代石磨盘成为新的谷物加工工具。继后,农具进一步发展,种类增多。如有肩石铲和穿孔石铲的普遍使用,双齿木耒也得到广泛使用,收获农具有半月形石刀、石镰、蚌镰等。

黄河中游地区新石器早期文化中,磁山、裴李岗文化出土有大量石铲、石斧、石镰、石磨盘等农具,石铲大量使用,表明当时农业生产已越过"砍倒烧光""焚而不耕"的火耕农业阶段,进入到了"翻土耕种"的锄耕农业阶段。

锄耕农业阶段的晚期,河南个别地区初步迈入犁耕农业阶段,即畜力参与大田耕作的阶段。而在此之前,也可能经历过一个蹄耕(踏田)农业阶段,即在播种之前,利用动物踩踏,然后再采用耜或锄之类的农具对土地进行修整。蹄耕与锄耕的结合导致了犁耕的出现。犁耕和耜耕的区别在于翻土时由原来的一推一拔的间歇式作业改为连续性的作业,大大地提高了翻土效率。

古籍所称的"耦耕",起初单独的木耒,一个人操作,只能刺土,不能翻起土块,必须两个人并排同时刺耒尖入土,才能翻起土块。把耒尖做成扁平状,或在耒下安装一片扁平的石耜或骨耜之类的耜。耜与柄安装成直线式的,就称耜;耜与木柄安装成直角式的,就称锄。不论耜耕或锄耕,都可以摆脱必须双人操作的限制,单独一人也可以刺耜入土并翻起土块,或掘起土块翻地,提高了劳动效率。但耜耕和锄耕比,锄耕的效率比耜耕高,因为耜耕整地的方式,是翻起的土块在前,未翻的地在后,人的操作走向是后退的;锄耕则是翻起的土块在后,未翻的地在前,人的操作走向是前进的,所以锄耕要略胜于耜耕。犁耕较之耜耕和锄耕最大的不同是,耜耕和锄耕操作都是间歇性的,改用犁耕以后,人的劳动走向是前进的,而且是持续不断的,当然其效率也大为提高。

土地的耕作方式与土地利用有密切关系,在刀耕(火种)时期,烧除地面草木以后,不进行翻土,用木耒点穴,即行播种,由于杂草很多,土壤肥力下降很快,必须年年或隔年就要放弃,另开新地。直到所弃耕地的地面植被恢复生长,才能进行第二次的刀耕。因此,刀耕农业是一种抛荒制农业,经常更换不同的土地耕种。进入耜耕阶段后,土壤结构和肥力大为改善,耕地的休闲制取代了抛荒制,土地利用率提高。

播种方式起于刀耕(火种)农业时期,通常有点播、撒播和混播三种方式。点播宜于大粒的种子,如豆类、玉米、高粱等。撒播适用于小粒种子,如粟类、稗子等。所谓混播,就是把各种不同的作物种子混合起来,一起播种在同一块地里,其数目的多少不一定,凡是当地作物种类很多的地方,可以提供混播搭配的作物也愈多样化。愈是原始的混播,其作物的种类愈多而杂。

二、大田农作物分布区

农业生产最显著的特征之一就是它的地域性,这在农业的早期阶段尤其明显,由于人类控制自然的能力有限,自然环境的不同往往决定农业的类型。表现在作物的种类上,河南境内的稻作区与旱作区大致以淮河为界,淮河流域则是稻作与旱作的共作区。这从史前遗址中的作物遗存可以得到证实。

据不完全统计,黄河流域已发现20多处稻谷遗存,如属籼稻和粳稻的舞阳贾湖裴李岗文化遗址中的稻壳印痕,[1]属于粳米的三门峡南交口遗址仰韶文化地层中的炭化稻米,淅川黄楝树、下王岗仰韶文化遗址中的稻谷遗存,洛阳西高崖新石器时代遗址中的仰韶时代中期稻壳印痕,汝州李家楼遗址龙山文化时期的100多粒炭化稻米[2]等(表1-4)。据这些考古发现,王星光还推断大致在安阳殷墟和淮河之间,或者在北纬32°—37°、东经107°—120°的范围内存在着一个史前"粟稻混作区"[3]。

---

[1] 张居中、孔昭宸、刘长江:《舞阳史前稻作遗存与黄淮地区史前农业》,《农业考古》1994年第1期。
[2] 陈文华:《中国农业考古图录》,江西科学技术出版社1994年版,第3—9页。
[3] 王星光:《中国新石器时代粟稻混作区简论》,《农业考古》1998年第1期。

表 1-4　黄淮地区史前稻作遗存发现一览表

出土地点	地理位置	形态	时代与文化	历年(BP)	资料来源
河南舞阳贾湖	淮河上游	烧土印痕	前仰韶时代裴李岗文化	7500—8500	河南省文物研究所:《河南舞阳贾湖新石器时代遗址第二至六次发掘简报》,《文物》1989 年第 1 期
江苏连云港二涧	东方沿海	烧土印痕	仰韶时代早中期北辛文化	6000—7000	李洪甫:《连云港地区农业考古概述》,《农业考古》1985 年第 2 期
江苏高邮龙虬庄	淮河下游（属江淮）	炭化稻粒	仰韶时代早中期北辛文化、大汶口文化	5500—7000	张敏等:《高邮龙虬庄遗址发掘获重大成果》,《中国文物报》1993 年 9 月 5 日
河南洛阳西高崖	黄河中游	烧土印痕	仰韶时代中期	5000—5500	洛阳博物馆:《洛阳西高崖遗址发掘简报》,《考古》1981 年第 7 期
河南郑州大河村	黄河中游	烧土印痕	仰韶时代中晚期	4800—5500	严文明:《中国稻作农业的起源》,《农业考古》1982 年第 1、2 期
河南渑池仰韶村	黄河中游	烧土印痕①	仰韶时代？中期？	5000—5500？	
河南汝州李家楼	淮河上游	炭化稻粒	龙山时代中晚期	4000—4400	张居中:《环境与裴李岗文化》,《环境考古研究》（第一辑）,科学出版社 1991 年版

---

① 原注:据黄其煦先生著文介绍,这件标本系发现于一红烧土块之上。据安志敏先生观察,认为似一炉灶的灶壁(《史前研究》1986 年第 1—2 期)。据本文前一作者对仰韶村遗址的多次调查和在渑池一带考古发掘的经验,这种草拌泥烧结而成的红烧土标本在仰韶时代地层和遗迹中曾大量发现,相反在龙山时代文化层中发现相对较少,这可能与这两个特定时期的房屋建筑技术和生活方式有关。因此,这一标本的重要性应充分肯定。

(续表)

出土地点	地理位置	形态	时代与文化	历年(BP)	资料来源
河南禹州严寨	淮河上游	炭化稻粒	龙山时代中晚期	4000—4400	据郑州大学历史系贾洲杰教授相告
江苏赣榆盐仓	东方沿海	炭化稻粒	龙山时代中晚期	4000—4400	李洪甫:《连云港地区农业考古概述》,《农业考古》1985年第2期
山东栖霞杨家圈	山东半岛	烧土印痕	龙山时代中晚期	4000—4400	严文明:《中国稻作农业的起源》,《农业考古》1982年第1、2期
安徽五河豪城镇	淮河中游	炭化稻粒	新石器时代	?	修燕山等:《安徽新石器时代遗址》,《考古》1959年第2期
安徽肥东大陈墩	淮河中游（属江淮）	烧土印痕	新石器时代?	?	安徽省博物馆:《安徽新石器时代遗址的调查》,《考古学报》1957年第1期

资料来源:张居中、孔昭宸、刘长江《舞阳史前稻作遗存与黄淮地区史前农业》附表一。[①]

说明:据原表略有调整与修改。

  介于长江、黄河之间的淮河流域,是中国南北方地理的分界线,淮河流域的农业也同时兼有南北的特点。贾湖遗址就是一处典型的兼具南北特征的淮河流域地区的新石器时代的文化遗址。这里既有旱地农业,又有水田稻作农业,出土了距今9000—7800年的稻作遗存,比河姆渡文化的年代还要早。据对稻壳印痕的形态分析、炭化稻米的形态分析以及水稻的硅酸体分析,贾湖先民种植的稻种是一种尚处于籼粳分化过程中的以粳型特征为主的具有原始形态的栽培稻。由此,农业考古界在有学者提出了长江下游是稻作起源中心地之后,又有学者提出了长江中游和淮河上游也是稻作起源中心地学说,"从目前考古学文化的发现来看,长江中游、长江下游和淮河流域分别以彭头山—皂市下

[①] 张居中、孔昭宸、刘长江:《舞阳史前稻作遗存与黄淮地区史前农业》,《农业考古》1994年第1期。

层—大溪—屈家岭—石家河文化传统、罗家角与河姆渡—马家浜—松泽—良渚文化传统、贾湖—仰韶与青莲岗(或大汶口)—龙山文化传统为代表的三大史前文化传统,很可能同步进入了稻作农业的原栽培阶段。黄河两岸可能为稻粟混作区"①。

兼具南北农业特征的新石器时代文化遗址还有距今 4500—3900 年左右的河南驻马店杨庄遗址。②

从总体来看,史前河南地区以粟、黍种植为代表的农业生产在人们的日常生活中地位日益重要(表 1-5),稻作的比重并不大。但河南的旱地农业,除粟、黍外,如前述五帝时代所论,还发现有高粱、小麦、大豆、大麻、油菜籽等(表 1-6),此外还发现了蔬菜种子的遗存。

表 1-5　黄淮地区史前粟、黍类遗存发现一览表

出土地点	地理位置	种类及形态	时代与文化	历年(BP)	资料来源
河南新郑裴李岗	淮河上游	炭化黍粒	前仰韶时代裴李岗文化	7500—8000	李璠:《中国栽培植物发展史》,科学出版社 1984 年版
河南新郑沙窝李	淮河上游	炭化粟粒	前仰韶时代裴李岗文化	7000—7500	薛文灿:《沙窝李新石器时代遗址调查》,《中原文物》1982 年第 2 期
河南许昌丁庄	淮河上游	炭化黍粒	前仰韶时代裴李岗文化	7000—7500	吴梓林:《古粟考》,《史前研究》1983 年第 1 期

---

① 张居中、孔昭宸、刘长江:《舞阳史前稻作遗存与黄淮地区史前农业》,《农业考古》1994 年第 1 期。
② 北京大学考古学系、驻马店市文物保护管理所编著:《驻马店杨庄——中全新世淮河上游的文化遗存与环境信息》,科学出版社 1998 年版。

(续表)

出土地点	地理位置	种类及形态	时代与文化	历年(BP)	资料来源
河北武安磁山	海河上游	炭化粟粒	前仰韶时代磁山文化	7500—8000	邯郸市文物管理所等:《河北磁山新石器遗址试掘》,《考古》1977年第6期。河北省文物管理处等:《河北武安磁山遗址》,《考古学报》1981年第3期
江苏邳县(今邳州市)大墩子	淮河下游	炭化粟粒	仰韶时代早期北辛文化	6000—7000	南京博物院:《江苏文物考古三十年》,《文物考古工作三十年》,文物出版社1979年版
河南洛阳王湾	黄河中游	陶器印粟痕	仰韶时代中期	5000—5500	李仰松、严文明:《洛阳王湾遗址发掘简报》,《考古》1961年第4期
河南郑州大河村	黄河中游	炭化粟粒	仰韶时代中晚期	4800—5500	任式楠:《我国新石器—铜石器并用时代农作物和其他食用植物遗存》,《史前研究》1986年第3、4期合刊
河南洛阳孙旗屯	黄河中游	炭化粟粒	仰韶时代中晚期	4800—5000	河南省文物工作队二队:《洛阳涧西孙旗屯古遗址》,《文物参考资料》1955年第9期
河南郑州林山寨	黄河中游	炭化粟粒	仰韶时代晚期	4800—5000	安金槐:《郑州地区的古代遗存介绍》,《文物参考资料》1957年第8期

(续表)

出土地点	地理位置	种类及形态	时代与文化	历年(BP)	资料来源
河南汝州大张	淮河上游	炭化粟粒	仰韶时代晚期	4800—5000	黄其煦:《黄河流域新石器时代农耕文化中的作物——关于农耕起源问题的探索》,《农业考古》1982年第2期
山东胶县(今胶州市)三里河	山东半岛	炭化粟粒	龙山时代晚期、大汶口文化晚期	4400—4800	中科院考古队山东队等:《山东胶县三里河遗址发掘简报》,《考古》1977年第4期
河南渑池班村	黄河中游	炭化粟粒	龙山时代早期、庙底沟二期文化	4400—4800	蒋迎春:《班村遗址发掘获成果》,《中国文物》1993年2月21日

资料来源:张居中、孔昭宸、刘长江《舞阳史前稻作遗存与黄淮地区史前农业》附表二。[1]

说明:据原表略有调整与修改。

表1-6 河南出土仰韶、龙山时代主要农作物部分统计表

(单位:粒)

		王城岗遗址	新密古城寨遗址	伊洛河流域
浮选土样份数	龙山晚期	59		
粟	仰韶文化			391
	龙山文化			13695
	龙山晚期	1442	242	
黍	仰韶文化			14
	龙山文化			348
	龙山晚期	124	18	

---

[1] 张居中、孔昭宸、刘长江:《舞阳史前稻作遗存与黄淮地区史前农业》,《农业考古》1994年第1期。

(续表)

		王城岗遗址	新密古城寨遗址	伊洛河流域
小麦	仰韶文化			
	龙山文化			
	龙山晚期			
稻谷	仰韶文化			
	龙山文化			
	龙山晚期	17		
大豆	仰韶文化			
	龙山文化			1
	龙山晚期	153		

说明：该表在张军涛《商代中原地区农业研究》表 2-2、表 2-3、表 2-4 等基础上制作而成。[1]

第四节　史前农田水利的肇始

人类的历史与水密不可分，生活要用水，而随着农业的产生和发展，农业上用水灌溉和防水需要等问题出现了，农田水利成了农业发展的重要物质条件。

一、五帝时代的水利萌芽

黄帝时河南地区出现了井。《世本·作篇》说："伯益作井。"孙冯翼注引《初学记》说："黄帝见百物始穿井。"[2]《说文解字》说："井，八家一井，象构韩

---

[1] 张军涛：《商代中原地区农业研究》，郑州大学 2016 年博士学位论文，第 50—52 页。
[2] 〔清〕孙冯翼辑：《世本》，载〔汉〕宋衷注，〔清〕秦嘉谟等辑：《世本八种》，商务印书馆 1957 年版，第 7 页。

形……古者,伯益初作井。"①井的发明,解决了先民的饮水问题,也解决了农田耕作的干旱问题,先民可以广泛地散布。考古发掘上已在浙江余姚河姆渡遗址发现了距今6000年左右的水井。

水利方面,河南先民已有一定的水利实践和水利知识,掌握了初步的治水方法。颛顼帝喾时代,主要活动在辉县一带的共工氏族,据《管子·揆度》所载,其居地"水处什之七,陆处什之三"②,为防治黄河洪水带来的危害,共工氏开创了修筑堤坝治水的方法,并以治水名垂青史。《左传·昭公十七年》载:"共工氏以水纪,故为水师而水名。"③为防止洪水泛滥,《国语》卷三《周语下》载共工氏"壅防百川,堕高堙庳"④,即修筑堤埂围堵川水。这种培高堤防以防水的办法,在当时是很受人重视的。⑤《淮南子》卷一五《兵略训》云:"颛顼尝与共工争矣","共工为水害,故颛顼诛之"。⑥这说明活动在帝丘西北的共工氏在与颛顼争战的时候,曾利用西高东低的自然地势,筑堤蓄水,然后决水淹灌颛顼之族。这种堤防即是我国古代城墙、城郭的源头,也是龙山时代能形成我国历史时期筑城第一次高峰的技术基础。⑦

这一时期,凿井取水技术也在河南地域得到应用。洛阳矬李⑧、临汝煤山⑨、汤阴白营⑩等龙山文化遗址发现有为生产、生活用水而开凿的水井。

---

① 〔汉〕许慎:《说文解字(附检字)》,中华书局1963年版,第106页。
② 〔清〕黎翔凤撰,梁运华整理:《管子校注》,中华书局2004年版,第1371页。
③ 〔晋〕杜预注,〔唐〕孔颖达等正义:《春秋左传正义》卷四八,〔清〕阮元校刻:《十三经注疏(附校勘记)》,中华书局1980年版,第2083页。
④ 邬国义、胡果文、李晓路:《国语译注》,上海古籍出版社1994年版,第79页。
⑤ 徐炳昶:《中国古史的传说时代》,中国文化服务社1946年版,第131页。
⑥ 〔西汉〕刘安等撰,许匡一译注:《淮南子全译》,贵州人民出版社1993年版,第876、878页。
⑦ 王星光、张新斌:《黄河与科技文明》,黄河水利出版社2000年版,第227页。
⑧ 洛阳博物馆:《洛阳矬李遗址发掘简报》,《考古》1978年第1期。
⑨ 中国社会科学院考古研究所河南二队:《河南临汝煤山遗址发掘报告》,《考古学报》1982年第4期。
⑩ 安阳地区文物管理委员会:《河南汤阴白营龙山文化遗址》,《考古》1980年第3期。

二、大禹治水与农田水利工程的肇始

人类治水活动的出现,是与农业的发明和发展紧紧地联系在一起的。在农业发明以前,人们过着游荡的渔猎和采集生活,对于洪水灾害,采取了躲避的方法。农业的发明和进步,把人们引向定居生活。随着活动范围的扩展和连续种植,相应地形成了原始的农业区及居民比较密集的聚落。这时,躲避洪水的办法已经不适应社会经济的发展了。为了保护农地、家园以及经济开发的成果,部族会要求采取措施,同洪水进行积极的斗争。于是,在中国文明发展史上揭开了治水斗争的光辉篇章,而传说中的禹治洪水便是其中脍炙人口的一页。

河南地跨江、淮、河、济,古称四渎(四条入海水道),今天河南跨长江、淮河、黄河与海河。河南所处的中原地区是古代世界四大文明发祥地之一,它之所以有灿烂的古代文明,是因为其得天独厚的自然条件、发达的水利和农业基础。随着考古发现和历史研究的深入,学术界有学者认为大禹是历史真实存在的人物,是夏朝的创建者。北京大学李伯谦教授指出:"将考古学上发现的与'禹会诸侯''禹伐三苗'有关的遗存,同此前已经研究并确认的'禹都阳城'登封王城岗大城、'夷浞代夏'新密新砦二期遗存、'少康中兴'至桀亡时期的二里头文化联系起来,在考古学上就形成了一个相对完整的证据链,证明文献所记大禹事迹和夏朝历史是确实存在、符合实际的可信的历史。今后随着研究的深入,肯定会有一些增加和补充,甚至不排除某些地方有所更正,但夏史的基本框架应该不会有什么大的改动。"[1]治洪水是大禹的主要事迹之一。

鲧墨守成规,不求改进,采取堵的方法治水,当然很难成功,"鲧障洪水而殛死,禹能修鲧之功"[2]。禹则因势利导,采取疏导的治洪方法,《淮南子·原道训》载"禹之决渎也,因水以为师"[3],《尚书·益稷》载禹"决九川距四海,浚畎浍

---

[1] 李伯谦:《文献所见大禹事迹与考古发现如何对应的若干思考》,载张新斌、王青山主编:《登封:大禹故里故都》,大象出版社2020年版,第59—64页。
[2] 〔汉〕郑玄注,〔唐〕孔颖达等正义:《礼记正义》卷四六《祭法》,〔清〕阮元校刻:《十三经注疏(附校勘记)》,中华书局1980年版,第1590页。
[3] 〔西汉〕刘安等撰,许匡一译注:《淮南子全译》,贵州人民出版社1993年版,第15页。

距川"①,就是说禹通过疏通主干河道,导引漫溢出河床的洪水和积涝入海。②禹治洪水取得了胜利,《诗·商颂·长发》云:"洪水芒芒,禹敷下土方。"③由于"禹平水土"④,开创了中华民族与水害斗争的胜利历程,因而受到后世人们的热情称颂。《左传·昭公元年》四月载,时人刘定公刘夏称:"美哉禹功,明德远矣。微禹,吾其鱼乎!"⑤《荀子》称颂说:"禹有功,抑下鸿,辟除民害逐共工。北决九河,通十二渚,疏三江。"⑥世界上许多古老的民族都有远古时代洪水为害的传说,唯独在中国,传说洪水被大禹治得"地平天成"了。这说明我们中华民族自古以来就有战胜灾害、改造自然的伟大气魄。

大禹治水发生在我国原始公社的末期,它对原始公社制向奴隶制社会的过渡起了一定的促进作用。由于水土平治,"百川顺流,各归其所,然后人民得去高险,处平土"⑦,扩展农耕地盘,发展农业生产。《论语》卷一六《泰伯》载禹"卑宫室而尽力乎沟洫"⑧,又《史记》卷二《夏本纪》载禹"以决九川致四海,浚畎浍致之川"⑨,"沟洫"和"畎浍"指的是田间的沟渠及灌溉排水设施,滔滔洪水被治理退却后,在平原上兴修纵横交错的沟渠,既有利于疏导排泄洪水,也为大田种植提供了所需的水源,将原始农业生产推进到灌溉农业的新阶段。⑩《史记·夏本纪》说禹平治水土后,"令益予众庶稻,可种卑湿"⑪,反映治水促进了稻作种植范围的扩大。随着谷类作物生产的增加,以谷物酿酒开始出现。《战国策·魏策·梁王魏婴觞诸侯于范台》记载:"昔者,帝女令仪狄作酒而美,进之禹,禹

---

① 陈成国:《尚书校注》,岳麓书社2004年版,第20页。
② 周魁一:《先秦传说中大禹治水及其含义的初步解释》,《武汉水利电力学院学报》1978年第4期。
③ 〔汉〕毛公传,〔汉〕郑玄笺,〔唐〕孔颖达等正义:《毛诗正义》卷二〇,〔清〕阮元校刻:《十三经注疏(附校勘记)》,中华书局1980年版,第626页。
④ 〔唐〕房玄龄等:《晋书》卷一四《地理志上》,中华书局1974年版,第405页。
⑤ 〔晋〕杜预注,〔唐〕孔颖达等正义:《春秋左传正义》卷四一,〔清〕阮元校刻:《十三经注疏(附校勘记)》,中华书局1980年版,第2021页。
⑥ 〔战国〕荀况撰,蒋南华、罗书勤、杨寒清注译:《荀子全译·成相篇第二十五》,贵州人民出版社1995年版,第522页。
⑦ 〔汉〕陆贾撰,王利器校注:《新语校注》卷一《道基》,中华书局1986年版,第13页。
⑧ 程树德撰,程俊英、蒋见元点校:《论语集释》,新编诸子集成2,中华书局2018年版,第724页。
⑨ 〔汉〕司马迁:《史记》,中华书局1959年版,第79页。
⑩ 王星光:《大禹治水与早期农业发展略论》,《中原文化研究》2014年第2期。
⑪ 〔汉〕司马迁:《史记》,中华书局1959年版,第51页。

饮而甘之。"[1]禹时有了酿酒绝非偶然,这说明水患平息后,农业生产有了很大的发展。与禹同时的伯益(化益,或说与黄帝同时),《世本·作篇》说他是凿井的发明者。[2] 但可以肯定的是禹时有了井,人们便可以离开河川两旁,到远处从事生产活动。根据这些记载,可以想见大禹时代随着滔滔洪水的平治,农业有了发展,社会生产力有了提高。

治理洪水是一次规模较大、时期较长的征服自然的斗争,涉及的地区范围相当广,需要统一部署。因此,在治水过程中,各氏族、部落推举出来领导治水的人物获得了前所未有的权力和权威,传说"禹朝诸侯之君会稽之上,防风之君后至而禹斩之"[3]。大禹可以专断地处决一个氏族的首领,说明他通过长期的治水过程,已拥有至高无上的权威,其他氏族、部落的首领同大禹已由平等关系降为隶属关系了。

适应平治水土的需要,传说禹按地域划分了"州""国",显然不同于原始公社的由血缘关系组成的氏族、部落,在一定意义上已具有诸侯的性质,成为一种行政区域了。恩格斯指出:"国家的基层单位已经不是血族团体,而是地区团体了。"[4]可见,大禹治水过程中州、国的划分,实质上乃是国家基本形成的一种标志。正由于强有力的国家机构的建立,才能实行集中统一的领导,才有可能比过去较大规模组织人力,在较大范围内进行治水斗争。

由此看出,禹平水土谱写了我国治水历史的第一页,产生了划时代的影响。滔天水患的平息,为原始农业的发展奠定了基础,促进了氏族公社的解体,催化了奴隶制国家的形成。随着奴隶社会代替原始社会,农业生产在社会经济生活中逐渐成为主导的部门,与此相联系,农田水利进入一个新的发展时期。

---

[1] 〔西汉〕刘向辑录,王守谦、喻芳葵、王凤春等译注:《战国策全译》,贵州人民出版社1992年版,第728页。
[2] 〔清〕王谟辑:《世本》,载〔汉〕宋衷注,〔清〕秦嘉谟等辑:《世本八种》,商务印书馆1957年版,第39页。
[3] 〔战国〕韩非撰,张觉译注:《韩非子全译》卷五《饰邪》,贵州人民出版社1992年版,第259页。
[4] 〔德〕恩格斯,中共中央马克思恩格斯列宁斯大林著作编译局译:《家庭、私有制和国家的起源》,人民出版社1972年版。

第二章 夏商周三代河南原始农业的繁荣

三代一般指夏、商、西周,夏自公元前2070—前1600年,商自公元前1600—前1046年,西周自公元前1046—前771年。这一时期农业种植制度逐步地由粟重黍轻向以种植小麦为主的方向转化,由此小麦成为河南地区重要的农作物品种。

第一节 夏代农业的稳定

夏代,在考古学上,"以王城岗大城为代表的河南龙山文化晚期遗存—'新砦期'遗存(或曰新砦文化)—二里头文化是夏文化经历的三个大的阶段,约从公元前21世纪至公元前16世纪,贯穿了其起始至消亡的始终"[1]。夏代的农作物以旱作为主,主要种植有黍、粟、菽、麦、麻五谷,水稻也有一定程度的种植,夏代之前的黄河和淮河之间黍(粟)稻混作区仍有延续。夏代,河南以粟作为主、黍作为辅的旱作农业进一步稳固(表2-1)。

表2-1 河南出土二里头时期主要农作物部分统计表

(单位:粒)

	王城岗遗址	新密古城寨遗址	伊洛河流域
浮选土样份数	26		
粟	0	112	3991
黍	1	13	107

---

[1] 李伯谦:《文献所见大禹事迹与考古发现如何对应的若干思考》,载张新斌、王青山主编:《登封:大禹故里故都》,大象出版社2020年版,第59—64页。

(续表)

	王城岗遗址	新密古城寨遗址	伊洛河流域
小麦	1	1	0
稻谷	0	0	14
大豆	2	0	14

说明：该表在张军涛《商代中原地区农业研究》表2-2、表2-3、表2-4等基础上制作而成。[1]

一、旱作农业的稳固

（一）夏代主要农作物[2]

《论语》卷一六《泰伯》载禹"尽力乎沟洫"[3]，《史记》卷六七《仲尼弟子列传》载"禹、稷躬稼而有天下"[4]，说明夏代农耕和农田水利的发展。据考古发掘，偃师二里头、夏县东下冯、洛阳皂角树等二里头文化时期遗址出土了大量农业生产工具和农作物遗存，这些夏代文化的出土物和遗存，也证实了夏代的农业状况。如位于河南省周口市淮阳区四通镇时庄村的时庄遗址，总面积约10万平方米，包括龙山文化末期、岳石文化和春秋战国等多个时期的遗存，其中遗址的南部是一处夏代早期的粮仓城，年代大致相当于中原地区的"新砦期"阶段，即文献记载的"太康失国"至"少康中兴"的夏王朝早期。已发掘的近3000平方米范围内发现了29座罕见的仓储遗迹，其中，地上建筑粮仓共13座，其建筑面积最小5.5平方米、最大21.6平方米，其他在8—14平方米之间；地面建筑粮仓共16座，其建筑面积在5平方米左右7座，9—12平方米9座；经仓储遗

---

[1] 张军涛：《商代中原地区农业研究》，郑州大学2016年博士学位论文，第50—52页。
[2] 此节的撰写参考了郑州大学王星光2003年博士学位论文《黄河中下游地区生态环境变迁与夏代的兴起和嬗变探索》中《夏小正》与夏代的主要农作物"一节，在此致以谢忱。
[3] 程树德撰，程俊英、蒋见元点校：《论语集释》，新编诸子集成2，中华书局2018年版，第724页。
[4] 〔汉〕司马迁：《史记》，中华书局1959年版，第2209页。

迹检测和浮选炭化大田植物遗存鉴定,为粟、黍和黍亚科种子植物遗存。① 这反映出夏朝农业的发展。

夏代已出现了反映当时农业生产的历法,即《夏小正》。《夏小正》也是当时农业生产状况的反映,王星光由此认为"夏代已是较为发达的农业社会"②。据《夏小正》所载,农耕已是夏王朝的国家大事之一,《夏小正》之"正"即"政"。③ 正月启蛰后,夏人就修理好从事农耕的工具,"农纬厥耒";接着举行庄重的一年之始的祭祀仪式,"初岁祭耒始用畅";然后分配土地,进行春耕,"农率均田"。④

据传世文献记载和考古资料,夏代的主要农作物有黍、麦、麻、稷(粟)、菽(豆)、稻等。从《夏小正》所载来看,当时农作物有黍、麦、菽、麻,还可能有稷(即粟)。

1. 黍

《夏小正》有载,二月"往耰黍禅〔墠〕",五月"种黍"。"黍禅"即黍墠,"二月,往耰黍禅",就是说,二月去耕统治者要种黍以供祭祀的"公田"。⑤ 黍在甲骨文中作 (《合集》⑥9994)、 (《合集》10133),其特征是生育期短、耐旱、耐瘠、耐杂草,一年两季,是当时河南地区最重要的粮食作物。据不完全统计,甲骨文中黍是被记载最多的农作物,有300多处。⑦ 我国是世界黍类作物的发源地。⑧ 据调查,包括河南地区在内的黄河流域广泛分布着野生黍,洛阳皂角树二里头文化遗址发现了黍的炭化颗粒;从龙山晚期到二里头时期,登封王城岗

---

① 河南省文物考古研究院、北京大学考古文博学院、周口市文物考古所:《河南淮阳时庄遗址发现夏早期粮仓》,《中国文物报》2021年1月29日,第008版。
② 王星光:《黄河中下游地区生态环境变迁与夏代的兴起和嬗变探索》,郑州大学2003年博士学位论文,第135页。
③ 夏纬瑛:《夏小正经文校释》,农业出版社1981年版,第1—2页。
④ 夏纬瑛:《夏小正经文校释》,农业出版社1981年版,第2—11页。
⑤ 夏纬瑛:《夏小正经文校释》,农业出版社1981年版,第20—22页。
⑥ 《合集》,即中国社会科学院历史所《甲骨文合集》编辑组编:《甲骨文合集》,中华书局1982年版。
⑦ 彭邦炯:《甲骨文农业资料考辨与研究》,吉林文史出版社1997年版,第546页。
⑧ 王星光:《黄河中下游地区生态环境变迁与夏代的兴起和嬗变探索》,郑州大学2003年博士学位论文,第136页。

遗址浮选出的农作物数量,黍占第三位。① 这说明《夏小正》所载与考古发掘相互印证了夏代河南地区黍的栽培。

2. 麦

《夏小正》有载,三月"祈麦实",九月"荣鞠,树麦"。② 就是说,当时人们在三月祈祷麦丰收,到九月菊花盛开的时候开始播种麦子。麦也是河南地区很早栽培的农作物之一,有大麦和小麦之别,我国一般栽培的是普通小麦。甲骨文中已有"告麦"(《合集》9625)、"食麦"(《合集》24440)、"登麦"(《合集》3410)等记载。甲骨文中的"麦",于省吾认为指大麦,"来"才是指小麦,③如《诗经·周颂·思文》"贻我来牟"的"来"即如此。④ 对于小麦的起源学界有争议,多认为是从西域传入。⑤ 不过,随着新石器时代遗址中小麦遗存的不断发现,这种看法已经被质疑。如洛阳皂角树二里头文化遗址中发现了"迄今黄河中游时代较早,地层确切和形态完整的小麦炭化种籽",为夏代中心地区种植小麦的事实提供了有力的证明。⑥ 二里头时期,登封王城岗遗址浮选出的农作物中,也有小麦。⑦ 再如新密新砦遗址、古城寨遗址,登封南洼遗址,郑州东赵遗址等,都出土了属于二里头文化时期的小麦遗存。⑧

3. 菽

《夏小正》有载,五月"种黍、菽兰、菽糜(麻)"。此"菽糜"之"菽",有不同解释,夏纬瑛认为是"叔"之误,非指大豆之"菽"。⑨ 但夏代种有菽(大豆)。大豆又分黄豆、青豆、黑豆,我国是大豆的起源地。于省吾认为夏代的大豆"菽"在

---

① 北京大学考古文博学院、河南省文物考古研究所:《登封王城岗考古发现与研究(2002—2005)》,大象出版社 2007 年版,第 516—535 页。
② 夏纬瑛:《夏小正经文校释》,农业出版社 1981 年版,第 35、61 页。
③ 彭邦炯:《甲骨文农业资料考辨与研究》,吉林文史出版社 1997 年版,第 546 页。
④ 〔汉〕毛公传,〔汉〕郑玄笺,〔唐〕孔颖达等正义:《毛诗正义》卷一九,〔清〕阮元校刻:《十三经注疏(附校勘记)》,中华书局 1980 年版,第 590 页。
⑤ 黄其煦:《黄河流域新石器时代农耕文化中的作物》,《农业考古》1983 年第 1 期。
⑥ 洛阳市文物工作队编:《洛阳皂角树——1992~1993 洛阳皂角树二里头文化聚落遗址发掘报告》,科学出版社 2002 年版,第 127 页。
⑦ 北京大学考古文博学院、河南省文物考古研究所:《登封王城岗考古发现与研究(2002—2005)》,大象出版社 2007 年版,第 516—535 页。
⑧ 赵志军、刘昶:《偃师二里头遗址浮选结果的分析和讨论》,《农业考古》2019 年第 6 期。
⑨ 赵志军、刘昶:《偃师二里头遗址浮选结果的分析和讨论》,《农业考古》2019 年第 6 期。

商代写作"尗":"商人称尗,周人称菽,秦汉以后称豆。"①但甲骨文中有"菽"的记载,如"受菽年"(《合集》10047、10050)、"菽年受"(《合集》10048)等。"受菽年"一般与"受黍年"同时对贞,如"贞不其受菽年。甲子卜,限。贞受黍年"(《合集》10051)。这里黍与菽一同占卜,说明菽当与黍的播种和收获季节相近。到春秋战国时,已经有大豆不同品种的记载,如《诗经·小雅·小宛》"中原有菽,庶民采之"②,《吕氏春秋·审时》"大菽则圆,小菽则抟以芳"③。考古发掘也证实河南夏代菽的种植。洛阳皂角树二里头文化遗址中发现有地层清楚、标本清晰可辨的栽培大豆粒,椭圆形,稍扁,长4.30—5.77毫米、宽2.62—3.72毫米、厚2.01—3.40毫米,种脐位于腹面近中央处,种脐中央有一脐沟,种脐长1.51—1.89毫米、宽0.61—0.87毫米,脐长约占粒长的27.4%—40%,保留有某些野生大豆的特征,为野生大豆与现代栽培大豆之间的过渡类型④。从龙山文化晚期到二里头文化时期,王城岗遗址浮选出的农作物数量,大豆占第二位。⑤

4. 麻

《夏小正》有五月"菽糜","菽糜"即"叔麻"之误,其中的"糜"就指"麻","叔麻"即收取可做纤维所用的麻。⑥ 麻,即大麻,不大耐旱、涝,适宜肥沃、沙质土,是一种晚熟作物。麻既是"五谷之一",又是古人衣料的重要来源。河南产麻,还成为一种贡品。《尚书·禹贡》豫州:"厥贡漆、枲、绨、纻。"⑦《说文解字》:"枲,麻也。"⑧考古发掘也证明夏代河南地区种麻织布的史实,河南荥阳青台遗址中发现一些罐和尖底瓶的内壁上黏附有麻布,多已呈炭化状态,该遗址还出

---

① 彭邦炯:《甲骨文农业资料考辨与研究》,吉林文史出版社1997年版,第546页。
② 〔汉〕毛公传,〔汉〕郑玄笺,〔唐〕孔颖达等正义:《毛诗正义》卷一二,〔清〕阮元校刻:《十三经注疏(附校勘记)》,中华书局1980年版,第451页。
③ 夏纬瑛校释:《吕氏春秋上农等四篇校释》,中华书局1956年版,第116页。
④ 洛阳市文物工作队编:《洛阳皂角树——1992~1993年洛阳皂角树二里头文化聚落遗址发掘报告》,科学出版社2002年版,第109—110页。
⑤ 北京大学考古文博学院、河南省文物考古研究所:《登封王城岗考古发现与研究(2002—2005)》,大象出版社2007年版,第516—535页。
⑥ 夏纬瑛:《夏小正经文校释》,农业出版社1981年版,第46—47页。
⑦ 〔唐〕孔颖达等疏:《尚书正义》卷六,〔清〕阮元校刻:《十三经注疏(附校勘记)》,中华书局1980年版,第150页。
⑧ 〔汉〕许慎:《说文解字(附检字)》卷七下,中华书局1963年第1版,第149页上。

土有陶制和石制的纺轮、陶刀、石刀、骨匕、骨锥、骨针等纺织缝制工具。[1] 清代植物学家吴其濬指出:"三代以前,卉服未盛,蚕丝外,舍麻固无以为布","后世棉利兴,不复致精于麻,岂古之布必粗恶哉!"[2]

5. 粟

《夏小正》载四月"秀幽",幽即狗尾草,狗尾草却是粟的祖本。当时,粟、黍、狗尾草常常一起混种丛生。从龙山文化晚期到二里头文化时期,登封王城岗遗址浮选出的农作物数量以粟为最多。[3] 在洛阳皂角树二里头文化遗址采到有含粟的样品,在含粟的 42 号样品中,含有黍的占 42.9%,含有粟及狗尾草的占 17%,仅含粟的占 11%,只含狗尾草的占 14.6%。[4] 王星光由此认为,夏代"种黍的同时也可种粟,种粟的同时也可种黍","古人往往黍稷(粟)并称"。[5]

6. 稻

如前所述,夏代之前河南地区就有水稻的栽培,见表 1-4《黄淮地区史前稻作遗存发现一览表》。延至夏代,也种植有水稻。伊洛河支流、南阳盆地等地区都有水稻种植。《夏小正》载七月"湟潦生苹",湟指低洼的地方或池塘,潦指积水。[6]《史记·夏本纪》载有大禹治水后"令益予众庶稻,可种卑湿"。夏代河南地区栽培水稻,也有考古发现。从龙山文化晚期到二里头文化时期,登封王城岗遗址浮选出的农作物数量,水稻占第四位。[7] 洛阳皂角树二里头文化遗址水选出炭化水稻标本,经鉴定属粳稻。[8] 该大米粒椭圆形,略扁,两侧面拱凸,各有 2 条纵沟,一侧边缘近基部有一胚区,胚大部脱落,成一斜向深凹缺,粒长 3.3—5.69 毫米、宽 2.58—2.81 毫米、厚 1.22—1.90 毫米,长宽比幅度为 1%—

---

[1] 张松林、高汉玉:《荥阳青台遗址出土丝麻织品观察与研究》,《中原文物》1999 年第 3 期。
[2] 〔清〕吴其濬:《植物名实图考》,商务印书馆 1957 年版,第 2—3 页。
[3] 北京大学考古文博学院、河南省文物考古研究所:《登封王城岗考古发现与研究(2002—2005)》,大象出版社 2007 年版,第 516—535 页。
[4] 洛阳市文物工作队编:《洛阳皂角树——1992~1993 年洛阳皂角树二里头文化聚落遗址发掘报告》,科学出版社 2002 年版,第 113 页。
[5] 王星光:《黄河中下游地区生态环境变迁与夏代的兴起和嬗变探索》,郑州大学 2003 年博士学位论文,第 138 页。
[6] 夏纬瑛:《夏小正经文校释》,农业出版社 1981 年版,第 50 页。
[7] 北京大学考古文博学院、河南省文物考古研究所:《登封王城岗考古发现与研究(2002—2005)》,大象出版社 2007 年版,第 516—535 页。
[8] 洛阳市文物工作队:《洛阳皂角树》,科学出版社 2002 年版,第 106—113 页。

2.02%,也有长宽比幅度为2.21%—2.49%的细粒。又如新密新砦遗址、郑州东赵遗址二里头时期、偃师灰嘴遗址、登封南洼遗址等都有水稻遗存。[1]

当然,整体上讲,夏代河南农业的特点是旱作农业,粟重黍轻。如偃师二里头遗址炭化植物遗存里所浮选出的炭化植物种子中,以农作物数量占绝对优势,其中包括粟、黍、稻、大豆和小麦五个不同的品种,总计达到31095粒;从五种农作物的出土概率(表2-2)来看,二里头遗址农业以种植粟和黍为主,出土数量惊人的水稻遗存是作为都城的二里头收取贡赋所致,大豆也是当时的重要农作物品种之一,但小麦种植微不足道,整体上反映出北方旱作农业传统特点。[2]

表2-2 偃师二里头遗址农作物的出土概率统计表

分期\出土遗存物	样品数量	粟占比	黍占比	水稻占比	大豆占比	小麦占比
二里头一期	20	65%	25%	85%	5%	
二里头二期	151	85%	67%	83%	25%	0.6%
二里头三期	16	94%	50%	94%	25%	
二里头四期	63	94%	56%	76%	30%	3%
二里岗晚期	26	88%	58%	58%	31%	35

资料来源:赵志军、刘昶《偃师二里头遗址浮选结果的分析和讨论》表5。[3]

(二)农业生产技术

夏代,实行公社制,可能存在着井田制度。《左传·哀公元年》载少康于"太康失国"后投奔有虞氏,"有田一成,有众一旅",[4]并以此夺回了夏政权。"一成",当是《周礼·考工记·匠人》所载殷周之制"方十里为成"的"成"。[5] 一井为一里,"方十里为成"的"成",就是百井。

---

[1] 赵志军、刘昶:《偃师二里头遗址浮选结果的分析和讨论》,《农业考古》2019年第6期。
[2] 赵志军、刘昶:《偃师二里头遗址浮选结果的分析和讨论》,《农业考古》2019年第6期。
[3] 赵志军、刘昶:《偃师二里头遗址浮选结果的分析和讨论》,《农业考古》2019年第6期。
[4] 〔汉〕郑玄注,〔唐〕孔颖达等正义:《春秋左传正义》卷五七,〔清〕阮元校刻:《十三经注疏(附校勘记)》,中华书局1980年版,第2154页。
[5] 王云五主编,林尹注译:《周礼今注今译》,台湾商务印书馆1979年版,第472页。

西周时期成书的《尚书·禹贡》载有"五百里甸服"之制,反映了夏代的赋役制度:"百里赋纳总,二百里纳铚,三百里纳秸服,四百里粟,五百里米。"①《孔传》注云:"规方千里之内,谓之甸服","为天子(之)服治田,去王城面五百里内"。② 就是说,在王城五百里之内,要替天子治田出谷,即缴租纳税。因远近有别,按每百里为一等级来缴纳不同的实物。"百里赋纳总",孔安国曰:"禾稿曰总,供饲国马也。"③金履祥解释:"其赋则禾连藁束之以纳也。禾以为粮,藁以茨屋,以饲国马,以为薪刍。凡杂用也。""二百里纳铚(铚指禾穗)",则指缴纳禾穗,不必运送秸秆。④ 可见当时在收获时,确实是将禾穗和秸秆分别收割的,禾穗作为粮食供给贵族们消费,秸秆则是用于盖屋、饲马和燃料。

夏代的农作物以"畎亩法"进行种植,就是在两垄之间留一条沟,庄稼种于垄上。这种耕作技术,使农作物产量有所提高。

生产工具上,夏代普遍使用的翻地工具是木耒和石铲。《韩非子·五蠹》卷一九载大禹"身执耒臿,以为民先;股无胈,胫不生毛"⑤,说明当时农业生产中已出现耜耕。二里头遗址的灰坑壁上,有木耒留下的痕迹。⑥ 木耒主要用来掘土,形状大体是将木柄的一端分为双叉。王城岗龙山文化遗址中发现的磨制石器有铲、镰、斧、刀、凿、锛等,其中出土的石铲数量最多,且最为精致。如一件有孔石铲长 13.5 厘米、宽 7—9 厘米、厚 0—1.3 厘米,孔径 1.5—2 厘米,为灰色石英岩质料,刃部使用痕迹明显;另一件凸字形铲长 15.5 厘米、宽 5.8—8.5 厘米、厚 0—1 厘米,刃部使用痕迹明显,顶部安柄痕迹清晰。⑦

石刀、石镰和蚌镰等是主要的收割工具。王城岗龙山文化遗址中,出土的石镰中有一件残长 6.5 厘米、最宽处 3 厘米、厚 0—1.1 厘米,为弧背长条形,由

---

① 〔唐〕孔颖达等疏:《尚书正义》卷六,〔清〕阮元校刻:《十三经注疏(附校勘记)》,中华书局 1980 年版,第 153 页。
② 〔汉〕司马迁:《史记》卷二《夏本纪》,中华书局 1959 年版,第 75—76 页;〔梁〕萧统编,〔唐〕李善注:《文选》卷五七谢希逸《宋孝武宣贵妃诔并序》,岳麓书社 2002 年新 1 版,第 1719 页。
③ 〔汉〕司马迁:《史记》卷二《夏本纪》,中华书局 1959 年版,第 76 页。
④ 辛树帜:《禹贡新解》,农业出版社 1964 年版,第 362 页。
⑤ 〔清〕王先慎撰,钟哲点校:《韩非子集解》,新编诸子集成 45,中华书局 2018 年版,第 485 页。
⑥ 中国科学院考古研究所洛阳发掘队:《河南偃师二里头遗址发掘简报》,《考古》1965 年第 5 期。
⑦ 北京大学考古文博学院、河南省文物考古研究所:《登封王城岗考古发现与研究(2002—2005)》,大象出版社 2007 年版,第 130—137 页。

青灰色石灰岩制成;出土的石斧中有一件长 12.3 厘米、刃宽 5 厘米、厚 0—3.8 厘米,由灰绿色绿泥石化变粒岩制成,刃部使用痕迹明显,尖圆顶部有装柄痕。[1] 二里头遗址出土有石刀、石镰和蚌镰,石刀一面刃,正面为梯形,两面有圆穿孔,[2]样式很像后来北方掐谷穗所用的农具"铁爪镰"。镰的出现,说明谷穗和禾秆可能都收割利用起来了。

(三)畜牧业和渔业

夏代出现了专门从事畜牧业的氏族部落,如有扈氏战败后,被贬为牧奴专门从事牧养工作。[3] 夏代畜牧业在前代基础上继续发展。如在王城岗遗址发现有 31 种动物骨骼,其中已驯化为家畜的有猪、狗、黄牛、绵羊、山羊,又以猪的比重为大。[4] 二里头遗址二里头文化层出土的动物遗存至少代表了 45 种动物(表 2-3),二里头遗址先民们饲养的家畜有狗、猪、山羊、绵羊和黄牛,"以猪、黄牛为代表的家畜饲养业发达";二里头遗址先民们"肉食结构复杂、肉食来源丰富,猪、牛、羊、梅花鹿这四种动物构成了当时二里头人最为重要而稳定的肉食来源,在这四种动物中,又以猪为重要"。[5]

---

[1] 北京大学考古文博学院、河南省文物考古研究所:《登封王城岗考古发现与研究(2002—2005)》,大象出版社 2007 年版,第 130—137 页。
[2] 中国科学院考古研究所洛阳发掘队:《河南偃师二里头遗址发掘简报》,《考古》1965 年第 5 期。
[3] 〔汉〕郑玄注,〔唐〕孔颖达等正义:《春秋左传正义》卷五七,〔清〕阮元校刻:《十三经注疏(附校勘记)》,中华书局 1980 年版,第 2154 页。
[4] 北京大学考古文博学院、河南省文物考古研究所:《登封王城岗考古发现与研究(2002—2005)》,大象出版社 2007 年版,第 568—602 页。刘鑫认为牛、羊的驯化证据不充分。参见刘鑫:《王湾三期文化年代及生业研究》,中山大学 2019 年硕士学位论文,第 68 页。
[5] 杨杰:《河南偃师二里头遗址的动物考古学研究》,中国社会科学院研究生院 2006 年硕士学位论文,第 9—10、46 页。

表 2-3　二里头遗址二里头文化层出土动物遗骸的概况

分期	骨骼出土量	所占比例	代表的动物种属
二里头一期	117	0.3%	中国圆田螺、鱼、鸡、猪、梅花鹿、小型鹿科、绵羊、黄牛
二里头二期	11794	29.91%	中国圆田螺、洞穴丽蚌、背瘤丽蚌、剑状矛蚌、三角帆蚌、二里头1号蚌、圆顶珠蚌、丽蚌A、丽蚌B、鲤鱼、龟、鳖、鳄、蜗牛、雉、鸡、雕科、雁、欧形目、兔、豪猪、鼠、黄鼬、狗、熊、猫科、犀牛、猪、麋鹿、梅花鹿、小型鹿科、绵羊、黄牛
二里头三期	5910	14.99%	中国圆田螺、剑状矛蚌、三角帆蚌、文蛤、拟丽蚌、圆顶珠蚌、丽蚌A、鲤科、龟、鳖、鸡、兔、鼠、狗、熊、猪、麋鹿、梅花鹿、狍子、獐、小型鹿科、绵羊、黄牛
二里头四期	15344	38.92%	中国圆田螺、鱼尾楔蚌、无齿蚌、三角帆蚌、圆顶珠蚌、二里头1号蚌、丽蚌A、鲤科、龟、鳖、鳄、鸡、鼠、兔、豪猪、狗、熊、貉、大型猫科、小型猫科、猪、麋鹿、梅花鹿、狍子、小型鹿科、绵羊、黄牛

资料来源：杨杰《河南偃师二里头遗址的动物考古学研究》中表 1。

与二里头遗址同时期的洛阳皂角树遗址二里头文化层出土的动物有 13 种，其中无脊椎动物有田螺(45 个)、蚌(49 块)2 种，脊椎动物有鲤鱼、鳖、鸡、鼠、兔、狗、猪獾、猪、梅花鹿、小型鹿科动物和黄牛 11 种，家猪、黄牛、家犬等家养动物在全部哺乳动物中处于绝对多数。在主要哺乳动物中，猪和黄牛提供的肉量占全部可利用肉量的 80% 左右，其次是梅花鹿。[1]

鱼类是二里头古代居民肉食来源的主要渠道之一。如夏都二里头遗址出土有鱼类骨骸，还出土了大量的渔网坠、鱼钩和鱼叉等捕鱼工具及鱼形陶塑，这些材料从侧面反映了当时捕鱼业的发达。[2]

---

[1] 杨杰：《河南偃师二里头遗址的动物考古学研究》，中国社会科学院研究生院 2006 年硕士学位论文，第 9—10、46 页。

[2] 杨杰：《河南偃师二里头遗址的动物考古学研究》，中国社会科学院研究生院 2006 年硕士学位论文，第 36 页。

(四)天文历法

《夏小正》反映了夏代天文历法方面的进步。先秦古籍中的"夏时",就是指夏代历法。夏代历法是按月记录时令物候,是农事活动安排的实际反映,是指导农业生产活动的历法。它继承尧舜时代"观象授时"的原则,根据北斗七星斗柄旋转的规律,确定一年 12 个月,以斗柄指向寅的正月为每年开始的第一个月,即以建寅之月为岁首。夏朝还开始使用干支纪日,夏朝最后几个国王如孔甲、履癸等就是以天干来命名的。

据王星光研究,"从对《夏小正》所载动植物与考古发现的实物材料有许多大致吻合、并且将《夏小正》放在整个仰韶温暖期的大背景中看,《夏小正》确实反映了夏代生态环境的基本面貌,尽管其中有历代的羼杂而凌乱,但仍是保留大量夏代史影的重要文献,通过对《夏小正》所载各动物、植物的循名责实,更进一步证明了这一点。《夏小正》应该是一部经过长期观察、实践形成的,它是吸取自唐尧以来天文历法成果、并对夏代农业生产等项活动有普遍指导意义的历法"[1]。

夏代历法可能为大禹主持修订的,《今本竹书纪年》载,夏禹"元年壬子,帝即位,居冀。颁夏时于邦国"[2]。王星光认为,这部历法"极有可能是为夏代后裔杞人所传、而孔子至杞所见的《夏时》,后被司马迁称为《夏小正》"[3]。《夏小正》影响深远,后代的历法从形式到内容都承袭《夏小正》而加以发展。如《吕氏春秋》中的十二月纪,就是收入《礼记》中的《月令》,因袭《夏小正》而来;汉朝崔寔的《四民月令》也是《夏小正》的发展结果。

---

[1] 王星光:《黄河中下游地区生态环境变迁与夏代的兴起和嬗变探索》,郑州大学 2003 年博士学位论文,第 141 页。

[2] 王国维:《今本竹书纪年疏证》,载方诗铭、王修龄辑录:《古本竹书纪年辑证》,上海古籍出版社 1981 年版,第 200—201 页。

[3] 王星光:《黄河中下游地区生态环境变迁与夏代的兴起和嬗变探索》,郑州大学 2003 年博士学位论文,第 141 页。

二、小型农田水利的出现

以大禹治水为代表的古代先民征服洪水的初步胜利,开创了农业发展的新局面。伴随着河谷平原农耕地的进一步开拓,对水利建设提出了新的要求,于是,在华北平原上出现了农田沟洫系统。从《夏小正》三月"越有小旱"、四月"越有大旱"的记载看,黄河中下游地区常出现春旱的现象,农田灌溉就变得很重要了。

农田沟洫肇始于夏,发展于商,至周代逐渐规范化,在井田制最典型的地域,形成了纵横交错的农田沟洫系统。这种以大小方块田和大小排水沟相应配套的沟洫农业,体现了人们在利用水土资源、避害趋利方面的积极精神,促进了当时农业生产的发展,并给予社会经济多方面的影响。

沟洫作为中国古代的行水设施,起源很早。传说大禹治水时已经开凿沟洫,以宣泄水涝。如前引《论语·泰伯》称:"禹卑宫室,而尽力乎沟洫。"这是沟洫一词的最早记载。《史记·夏本纪》也说禹"浚畎浍致之川",郑玄注:"畎浍,田间沟也。"[1]近年来考古工作者在洛阳矬李后冈第一期文化煤山类型遗址中,发现了由西南至东北向,宽4米、深约0.4米的古渠道,[2]说明该地区早至仰韶文化时期就有沟洫的存在。如前所述,大禹治水以疏导为主,《韩非子·显学》载"昔禹决江浚河,而民聚瓦石"[3],《国语》卷三《周语下》说禹"疏川导滞"[4],同时,禹"浚畎浍致之川",疏排农田水涝,是顺理成章的事情。这样才能克服洪涝弥漫于原野的祸害,达到"平治水土,使民得陆处"[5],发展农业的目的。

在夏代,水利技术有了发展。《论语·泰伯》载禹"尽力乎沟洫",变水灾为水利,服务农耕。《夏小正·七月》云:"时有霖雨。灌荼。"农历七月正是黄淮

---

[1] 〔汉〕司马迁:《史记》卷二,中华书局1959年版,第79页。
[2] 洛阳博物馆:《洛阳矬李遗址试掘简报》,《考古》1978年第1期。
[3] 〔清〕王先慎撰,钟哲点校:《韩非子集解》卷一九,新编诸子集成45,中华书局2018年版,第507页。
[4] 邬国义,胡果文,李晓路:《国语译注》,上海古籍出版社1994年版,第79页。
[5] 〔汉〕刘安等著,许匡一译注:《淮南子全译》卷一八《人间训》,贵州人民出版社1993年版,第1066页。

流域地区的雨季,所以"时有霖雨"。《左传·隐公九年》:"凡雨自三日以往为霖。"①《尔雅·释天》:"淫谓之霖。"②就是连续几天都在下雨的意思。"灌荼",夏纬瑛认为就是灌浇野生的苦菜,"当是以水灌浇其荼,浸之使死借以除之耳。在夏秋季节引水方便之时,用水浸田以杀杂草,今日犹有行之者"③。既然已经懂得引水浸灌杂草,当然也有可能掌握引水灌溉庄稼的技术。

夏代农田水利技术还体现在水井的更多使用上。《吕氏春秋·勿躬》:"伯益作井。"④《世本八种·秦嘉谟辑补本·世本》卷九《作篇》:"化益作井,亦云黄帝见百物始穿井。"宋衷曰:"化益伯益也。尧臣。"不论是黄帝还是伯益作井,夏代有水井毋庸置疑。洛阳矬李、二里头遗址都有水井的发现。⑤矬李遗址的圆形水井,口径1.6米、深6.1米多,井中有高领罐、直领罐等遗物出土。

在"伯益作井"和大禹"致力乎沟洫",以及驻马店杨庄遗址都曾发现夏代的水井⑥等背景下,说夏代已初步掌握灌溉技术,应该是没有问题的。

第二节 商代以农田为中心的农业经济体系

商王朝是我国历史上第二个奴隶制王朝,商代(约前1600—前1046)是我国奴隶社会的发展时期。商代以盘庚迁殷为界大致可划分为两个时期,前一时期300余年,都城屡迁;后一时期270余年,以殷(今属河南安阳)为政治、经济、文化中心。此500多年间,其统治及于西北,达到长江以南,政治、经济、社会、

---

① 〔晋〕杜预注,〔唐〕孔颖达等正义:《春秋左传正义》卷四,〔清〕阮元校刻:《十三经注疏(附校勘记)》,中华书局1980年版,第1734页。
② 〔清〕郝懿行撰,王其和、吴庆峰、张金霞点校:《尔雅义疏》卷八,中华书局2017年版,第568页。
③ 夏纬瑛:《夏小正经文校释》,农业出版社1981年版,第54页。
④ 许维遹撰,梁运华整理:《吕氏春秋集释》卷一七,新编诸子集成50,中华书局2018年版,第450页。
⑤ 洛阳博物馆:《洛阳矬李遗址试掘简报》,《考古》1978年第1期;中国科学院考古研究所洛阳发掘队:《河南偃师二里头遗址发掘简报》,《考古》1965年第5期。
⑥ 北京大学考古系、驻马店市文物保护管理所:《河南驻马店市杨庄遗址发掘简报》,《考古》1995年第10期。

文化有了较大的发展,创造了灿烂辉煌的文明,是当时世界上最先进的文明大国。商王朝统治的主要区域是在黄河中下游一带,而中心区域又在河南地区,河南农业得以进一步发展,出现了以农田为中心的经济体系。

一、早期的精耕农业

商代河南地区的农业生产状况,在当时是居首位的。据彭邦炯研究,商王国的农业之地,主要分布在今河南省境内,其农业地名达 46 个,其次较多的,在今山西、山东、陕西、河北等境域,分别有 20 个、17 个、5 个、5 个。[①] 张秉权也指出,殷代农业区域的分布,大约包括现在的河南、陕西、山西、山东、江苏、安徽等六省之地,其中也是以河南为主。[②] 这种发展显然也是农业生产技术进步的反映,正如彭邦炯在其专著《甲骨文农业资料考辨与研究》的后记中所作的结论:"当时的商族人,特别是王国的中心区域,已经进入早期的精耕农业阶段了。"

殷商王朝河南地区的农业,尤其是盘庚迁殷以后,进入了精耕细作阶段。殷在今河南安阳市属的小屯村。《齐民要术》引《氾胜之书》云:"汤有旱灾,伊尹作为区田,教民粪种,负水浇稼。区田以粪气为美,非必须良田也。"[③] "区田"、施肥、浇灌等,是精耕农业的重要内容。"作为区田",就是整治耕地,开辟沟洫,堆培田垄,划分块状。这说明商初时,河南农业开始迈入精耕细作阶段。商代河南地区稻作已有秒田术,即人们用足抹平稻田田面。[④] 商代在土壤耕作中出现了协田的劳动协作方式。据殷墟甲骨文所示,"协"即三耒同耕之形,协田即多人协作耕种田地。甚至有学者指出,当时已出现了牛耕技术,只是未得

[①] 彭邦炯:《甲骨文农业资料考辨与研究》,吉林文史出版社 1997 年版,第 572 页。
[②] 张秉权:《殷代的农业与气象》,载《甲骨文献集成(专题分论·经济与科技)》第 26 册,四川大学出版社 2001 年版,第 320 页。
[③] [北魏]贾思勰撰,缪启愉校释:《齐民要术校释》,农业出版社 1982 年版,第 49 页。
[④] 徐云峰:《甲骨文中所见之秒田术》,《农业考古》1988 年第 2 期。

到重视与推广。① 当时还出现了田间锄草的技术措施。甲骨文中有锄草的记载,②它是抗旱保墒、精耕细作的中耕技术的渊源。商代河南地区的农业主要采用撂荒耕作制。《尚书正义》卷九《商书·盘庚上》载班固云:"殷人屡迁,前八后五。"③这种频繁的迁都就与土地撂荒有关。而商代都城的迁徙主要在河南地区。当时河南地区农业中开始出现了施用肥料来恢复和保持地力的技术措施,并出现了储存人粪肥和造厩肥的方法。④ 当时河南地区农业中还应用烟火驱杀害虫之法,使用棍棒驱逐害鸟之法。⑤ 商代农业耕作技术的发展状况,王贵民概述为重视农田基本建设、深耕、灌溉、中耕除草、施肥、治虫等。⑥ 这实际上是商代河南地区农耕技术的写照。

甲骨文是殷人利用龟甲兽骨进行占卜时所刻写的卜辞和少量记事文字,是至今已发现的时代最早且已经成熟的文字,也是研究商代历史的最重要、最直接的史料。农业生产是商代的主要生产部门,是人们生存所依赖的物质基础,殷商时期,人们对农业生产的知识也在甲骨文字中得到反映,实际上有许多甲骨文字就是现实生活中农耕状况的直接摹写。对此有学者作过专门的研究。这里简要地举几个例子,以说明商周时人的农业知识在甲骨文、金文中的反映。

(一)农田

"田"字甲骨文、金文分别作"田""田"等,像是畦畦整齐或是沟洫纵横的田地,因地貌差异而外形有所不同。

---

① 许进雄:《甲骨文所表现的牛耕》,载《甲骨文献集成(专题分论·经济与科技)》第 26 册,四川大学出版社 2001 年版,第 377 页。
② 胡厚宣:《说贵田》,《历史研究》1957 年第 1 期。彭邦炯:《甲骨文农业资料考辨与研究》,吉林文史出版社 1997 年版,第 559、560 页。
③ 〔汉〕孔安国传,〔唐〕孔颖达疏:《尚书正义》,〔清〕阮元校刻:《十三经注疏(附校勘记)》,中华书局 1980 年版,第 168 页。
④ 胡厚宣:《殷代农作施肥说》,《历史研究》1955 年第 1 期;《殷代农作施肥说补证》,《文物》1963 年第 5 期;《再论殷代农作物施肥问题》,《社会科学战线》1981 年第 1 期。彭邦炯:《甲骨文农业资料考辨与研究》,吉林文史出版社 1997 年版,第 560—562 页。
⑤ 彭邦炯:《甲骨文农业资料考辨与研究》,吉林文史出版社 1997 年版,第 563 页。
⑥ 王贵民:《商代农业概述》,载《甲骨文献集成(专题分论·经济与科技)》第 26 册,四川大学出版社 2001 年版,第 406 页。

"疆"字甲骨文作"☒",用两块田地相连接表示边界、分疆之意;金文作"☒",用三横把二田分开,表示疆界之意。从弓,有表示丈量的意思。

"周"字甲骨文作"☒""☒",金文作"☒""☒",像是田中播种或施肥,周人自后稷起就非常重视农业生产,故以此为族名,表示农业发达。后在下面加一"口"字成为国名。

"圃"字甲骨文作"☒",金文作"☒",表示苗圃外面有围墙加以保护。

(二)农具

"耒"字金文作"☒""☒",像是一把木制的双尖耒,这是商代的主要挖土工具。与"耒"字相关的还有"耤",甲骨文写作"☒""☒",为人伸臂持耒而耕的侧视图。后来引申为藉田的"藉"。

"利",甲骨文作"☒",金文作"☒",左边是禾苗,右边像是一把刀在割取禾谷。康殷认为此"利"可能就是割禾的专用刀具刈(镰)的本字。①

"杵",甲骨文作"☒",像是一把两头粗中间细的木杵,是当时舂谷的主要工具。

商代河南地区农业生产工具也有发展。犁耕技术上,已开始使用铜铧犁。② 青铜斧(斨)、钁、铲、镰等农具也已经开始使用。据不完全统计,截至1995年,河南、河北、陕西等七省30多个地点共出土青铜农具189件,而河南占76件,是最多的。③ 郑州南关外商代铜器作坊遗址中出土有上千件陶范,其中能看出器形的斧、斫、镈、刀、锥、凿等生产工具的陶范占60%,而斧、斫之器的陶范数仅次于镞范的。④ 安阳大司空村曾出土3件铜斧,一件为斨,一件为銎斧,一件类似

---

① 中国农业博物馆编:《反映农牧渔业的古文字字形考释——康殷〈古文字形发微〉选辑》,中国农业博物馆1988年版,第67页。
② 杨升南:《新干大洋洲商墓中的铜铧犁、商代的犁耕和甲骨文中的"犁"字》,《南方文物》1994年第1期。
③ 彭明瀚:《江西新干晚商遗存出土青铜农具浅析——兼及商代是否大量使用青铜农具》,《中原文物》1995年第4期。
④ 北京大学历史系考古教研室:《商周考古》,文物出版社1974年版,第39、45页。

现代通用手斧。① 淇县摘心台出土有青铜钁,郑州商代陶窑壁上也发现铜钁使用的痕迹。② 而且它们在技术上有明显的变化和改进,如斧、斨、钁的顶端有銎眼,以便安柄。③ 安阳大司空村、苗圃地、殷墟妇好墓,郑州紫荆山,洛阳东郊,罗山的蟒张和天湖等遗址出土的青铜铲达15件,其中安阳大司空村出土的那件方銎青铜铲,长22.45厘米,刃宽8.5厘米,上端的方銎能安装木柄;安阳还出土了4件铜锸。④ 在安阳殷墟,出土有刃部呈凹形的青铜刀,即收割工具青铜铚(镰类)。⑤ 至21世纪初,河南省境内出土的商代青铜农具有镰2件、耜6件、锄7件、铲21件、钁52件。⑥

商代河南地区农业生产已有青铜农具的使用,但对其使用的普及程度,学界意见不一。⑦ 商代早期,可能较多使用青铜起土农具。郑州商城南墙外的南关外商代铸铜作坊遗址中出土于商代二里岗期下层的陶范模中,以铸造钁、斧、刀等青铜生产工具范模的数量最多,约占陶范模总数的60%;出土于商代二里岗期上层的陶范模中也是以铸造钁、斧、刀、锥等青铜生产工具的陶范模数量最多,约占35%。⑧ 安阳孝民屯商代铸铜遗址内也有铸造钁的陶范块出土。⑨

石制类工具的使用在商代仍然占有重要地位。如郑州商城南部的郑州市木材公司院内出土的一件折沿大口罐,罐内存放19件石镰,其中有一件小型石镰,表面磨光,直背曲刃圆尖,长11厘米、宽3厘米、厚0.8厘米。⑩ 这件较小形

---

① 马得志、周永珍、张云鹏:《1959年安阳大司空村发掘报告》,《考古学报》1955年第9册。
② 彭邦炯:《甲骨文农业资料考辨与研究》,吉林文史出版社1997年版,第531页。
③ 杨育彬:《河南考古》,中州古籍出版社1985年版,第125页。
④ 彭邦炯:《甲骨文农业资料考辨与研究》,吉林文史出版社1997年版,第532页。
⑤ 彭邦炯:《甲骨文农业资料考辨与研究》,吉林文史出版社1997年版,第536页。
⑥ 陈振中:《先秦青铜生产工具》表2-1《全国出土先秦生产工具统计总表》,厦门大学出版社2004年版,第21—26页。
⑦ 陈振中认为大量使用青铜农具,白云翔、徐学书等认为处于开始使用或使用初期阶段。参见陈振中:《殷周的铚艾——兼论殷周大量使用青铜农具》,《农业考古》1981年第1期;《殷周的青铜钁》,《农业考古》1986年第1期;《青铜农具钱》,《农业考古》1987年第2期。白云翔:《殷代西周是否大量使用青铜农具的考古学观察》,《农业考古》1985年第1期;《殷代西周是否大量使用青铜农具之考古学再观察》,《农业考古》1989年第1期。王克林:《殷周使用青铜农具之考察》,《农业考古》1985年第1期。徐学书:《商周青铜农具研究》,《农业考古》1987年第2期。
⑧ 安金槐:《对郑州商代二里岗期青铜容器分期问题的初步探讨》,《中原文物》1992年第3期。
⑨ 佟柱臣:《二里头文化和商周时代金属器替代石骨蚌器的过程》,《中原文物》1983年第2期。
⑩ 杨育彬、郭培育、曾晓敏:《近年来郑州商代遗址发掘收获》,《中原文物》1984年第1期。

制石镰当是收割黍的重要工具,便于握在手中,或绑在手指上将禾穗从禾秆上割断。① 郑州商城遗址中还出土有许多石杵、石臼等谷物加工工具,反映出商代中期河南地区粮食加工技术的发展状况。

(三)农事月令

商代编制有指导当时农业生产的"月令书"。如甲骨文载,殷历一月(公历六月)食麦、种黍、种稻,二月种菽、斧枭,三月中耕除草,四月获黍,六月"衺田",十一月"督田",十二月"观耤""屎田",这些记载反映了商代河南地区农时农事活动。《合集》24440为商时日历,如一月、二月农事记载如下:

月一正日食麦。
甲子乙丑丙寅丁卯戊辰
甲戌乙亥丙子丁丑戊寅
甲申乙酉丙戌丁亥戊子
二月父(斧)綵(枭)。
甲午乙未丙申丁酉戊戌
……
己未庚申辛酉壬戌癸〔亥〕

这种"月一正日食麦""二月斧枭"的日历编制形式,与以农业时序为经纬、农事活动为中心的月令书编写体例一致,是商代月令书的局部;它们可指导农人"不违农时",警示统治者别做"妨农之事",其颁布与施行显然有益于当时的农业生产活动。②

(四)主要农作物及其栽培技术③

从表2-2《偃师二里头遗址农作物的出土概率统计表》可知,粟、黍、水稻、大豆和小麦仍然是河南地区商代时期的主要农作物,特别是到商代,小麦种植的规模明显扩大,在农作物中的地位上升。二里头遗址小麦遗存集中发现在二

---

① 张军涛:《商代中原地区农业研究》,郑州大学2016年博士学位论文,第44—45页。
② 张军涛:《商代中原地区农业研究》,郑州大学2016年博士学位论文,第29页。
③ 此节主要在张军涛2016年博士学位论文《商代中原地区农业研究》第二、三章"商代农作物"基础上改写而成。谨致谢忱。

里岗晚期浮选样品中,"说明从二里头文化时期向商代早期的发展过程中,小麦在中原地区农业生产中的地位出现了一次跃进",小麦替代粟和黍两种小米成为北方旱作农业主体农作物的转化过程可能起始于商代早期(表2-4)。①

1. 黍的栽培技术

黍又称糜子,去皮后称大黄米,甲骨文中作"❀""❀""❀""❀""❀"等形。商代河南地区在黍作上已经有了整地、施肥、播种、中耕除草、收获等一整套较为成熟的栽培技术。

整地和施肥是播种前的准备农活。整地就是对田地进行翻耕和作区、开沟、作垄。甲骨文"耤"字作"❀"形,似人执耒耜翻土的形态,是对田地翻耕的生动揭示。众人协作,在田间作区、开沟、作垄则称为"邑田"。如西汉《氾胜之书》所载"汤有旱灾,伊尹作区田,教民粪种,负水浇稼"②,这些农活在商代甲骨文中都得到了印证。甲骨文中,"田"字作"⊞""⊟""⊞""⊞"等形,"田"字的各种方块形状,即是商代"区田"的写照。田字方框内小方块的区划,是田间的小水沟,开沟与打垄是一个作业的两个方面。《合集》29990是甲骨文农田"作垄"的卜辞:"其作龙(垄)于凡田,有雨?"张政烺认为"尊(蹲)田"卜辞中蹲田也是整田作垄之意:"是把开荒的土地作出垄来,使它变成正式的田亩。"③开沟可排水灌溉,作垄则利于保墒、防旱、排涝。

表2-4 河南出土商代主要农作物部分统计表

(单位:粒)

		王城岗遗址	新密古城寨遗址	安阳殷墟遗址	伊洛河流域
浮选土样份数	二里岗	14			
	殷墟	2			
粟	二里岗	1534	328		3399
	殷墟	108	463	数目不明	

---

① 赵志军、刘昶:《偃师二里头遗址浮选结果的分析和讨论》,《农业考古》2019年第6期。
② 万国鼎辑释:《氾胜之书辑释》,农业出版社1980年版,第62页。
③ 张政烺:《释甲骨文尊田及土田》,载《中国历史文献研究集刊》第三集,岳麓书社1983年版。

(续表)

		王城岗遗址	新密古城寨遗址	安阳殷墟遗址	伊洛河流域
黍	二里岗	160	16		37
	殷墟	13	21	数目不明	
小麦	二里岗	191	6		264
	殷墟	60	2	数目不明	
稻谷	二里岗	30			7
	殷墟	1			
大豆	二里岗	12			11
	殷墟	0			

说明：该表在张军涛《商代中原地区农业研究》表2—2、表2—3、表2—4等基础上制作而成。[1]

在整地的同时施肥，即"屎田"。卜辞有"屎有正乃垦田"(《合集》9572)，就是说等施足了肥以后才可耕田。前引《氾胜之书》所载伊尹"教民粪种"即此意。施肥时间在殷历十一月至次年一月之间(夏历三月至五月)。

黍的播种强调应时。《吕氏春秋·审时》载："得时之黍：芒茎而徼（彻）下；穗芒以长；抟米而薄糠，舂之易，而食之【不嗄而】香；如此者不饴。先时者：大本而华，茎杀而不遂；叶藁（膏）短穗。后时者：小茎而麻长，短穗而厚糠，小米钳（黠）而不香。"就是说适时播种的黍子，质量好；过早播种的黍子，质量不佳；过晚播种的黍子，质量更差。据甲骨文，商代河南地区种黍在殷历一月：

　　庚辰卜，王叀往黍，受年？一月。(《合集》20649)

殷历一月即夏历五月。卜辞上也载有在殷历"二月"种黍：

　　乙未卜，贞：黍在龙囿嗇，受有年？二月。(《合集》9552)

"龙囿"为地名，其地望还存争议。[2]《齐民要术》卷一《种谷》载：种谷"岁道宜晚者，五月、六月初亦得"[3]。殷商河南地区种黍的时间在殷历一月前后，即夏历

---

[1] 张军涛：《商代中原地区农业研究》，郑州大学2016年博士学位论文，第50—52页。
[2] 如孙亚冰、林欢认为在今河南省西部，彭邦炯认为在今山东境内。分别参见孙亚冰、林欢：《商代地理与方国》，载宋镇豪主编：《商代史》卷一〇，中国社会科学出版社2010年版，第183页；彭邦炯：《甲骨文农业资料考辨与研究》，吉林文史出版社1997年版，第572页。
[3] 〔北朝〕贾思勰著，缪启愉、缪桂龙译注：《齐民要术译注》，上海古籍出版社2009年版，第52页。

五月时节，与传统农时相合。如《夏小正》载五月"种黍";《四民月令》载五月"可种黍"①;《齐民要术》卷二《黍、穄》所引《氾胜之书》亦载"黍者,暑也,种者必待暑",又引《尚书考灵曜》"夏,火星昏中,可以种黍、菽"。② 黍的播种方式主要是撒播，其次是点播或"窝种"的条播。

中耕除草，作为田间管理的一个重要环节，卜辞记有殷历三月中耕除草：

　　丙辰卜，王曰：辰？三月。(《合集》20197)

"辰"字似手持蚌壳铲草之形，为中耕除草之意。殷历三月即夏历七月。《淮南子》卷一三《氾论》载："古者剡耜而耕，摩蜃而耨，木钩而樵，抱甄而汲，民劳而利薄；后世为之耒耜耰锄，斧柯而樵，桔槔而汲，民逸而利多焉。"③蜃，大蚌壳，起初是先民收割和中耕除草的农具之一。荥阳关帝庙商代晚期遗址出土3件蚌镰、1件蚌铲。④ 当然，除草的工具，更多的是石制和青铜类，如前所述，商代石制、青铜类的镰、铲等农具有大量使用。

黍的收获包括采摘黍穗和收割黍秆，主要是采摘黍穗。⑤ 商代收割谷物是用镰刀或直接用手摘取谷穗，⑥甲骨文中的"采"字像以手采摘禾穗的形状⑦，镰刀是收割禾穗的主要工具。黍的生长期较短，从发芽到成熟大约100天，成熟后又易脱落，因此，收获要应时务速。商人重视收获日期乃至时辰的选择。如商代卜辞：

　　叀丁卯出采，受年？(《屯南》⑧345)

这是贞问在丁卯日去采摘黍能否获得好的收成。又如：

　　[暮]出采，受年？吉。一
　　及兹夕出采，受年？大吉。

---

① 〔汉〕崔寔原著，石声汉校注：《四民月令校注》，中华书局1965年版，第41页。
② 〔北朝〕贾思勰著，缪启愉、缪桂龙译注：《齐民要术译注》，上海古籍出版社2009年版，第85页。
③ 〔西汉〕刘安等著，许匡一译注：《淮南子全译》，贵州人民出版社1993年版，第752页。
④ 河南省文物考古研究所：《河南荥阳市关帝庙遗址商代晚期遗存发掘简报》，《考古》2008年第7期。
⑤ 彭邦炯：《从甲骨文的秽字说到农作物的收割法》，《甲骨文献集成》第26册，四川大学出版社2001年版，第418—420页。
⑥ 裘锡圭：《甲骨文中所见的商代农业》，载《古文字论集》，中华书局1992年版，第188页。
⑦ 陈梦家：《殷墟卜辞综述》，中华书局1988年版，第536页。
⑧ 《屯南》，即中国社会科学院考古所编：《小屯南地甲骨》，中华书局1983年版。

于生夕出采,受年?吉。(《屯南》345)

"暮""夕"是每日时辰的称谓,"暮"即黄昏,"兹夕"即今晚,"生夕"即明晚。这是将收获的时间落实到一天中具体的时辰。黄昏或晚上收获,不仅能避免太阳暴晒,而且因这时辰黍粒不易脱落,可降低收获期间黍的损耗。[①]

2. 粟的栽培技术

粟是商代重要农作物之一。甲骨文中粟作"🌾""🌾"等形。粟与黍的栽培技术类似,从整地、施肥、播种到收割等都有一套成熟的技术。

如粟的收割,也要应时务速。要确定收割的日期甚至时辰。如卜辞:

丁亥卜,其采粟,叀今日丁亥?(《屯南》794)

如前引《屯南》345,收割时间甚至落实到"暮""夕"。收割方式主要是用镰刀或直接用手摘取谷穗,收割的工具主要是镰刀,有铜、石、骨、蚌、陶等质料,又以石质为多。

3. 麦的栽培技术

甲骨文中麦作"🌾""🌾""🌾"等形,分别隶定为麥、來、秾,为麦的不同品种。在商代,麦的种植规模进一步扩大,从播种、除草、灌溉到收获等,麦的栽培技术得到重视。如《合集》9520—9524 五版一套占卜龟甲,所占卜的主要内容就是种麦之事,反映了商王对麦的播种的重视。又如麦田除草,卜辞载:

王固曰:有祟,叔、光其有来嬉。乞至六日戊戌允有……有仆才受,宰在□,其〔田〕蓐,夜焚向三。十一月。(《合集》583 反)

"有祟"即有灾祸;叔、光、受为地名,其中光在今河南省境内;嬉即灾难、灾祸;"〔田〕蓐"即麦田除草;向指粮仓。这是反映殷历十一月即夏历季春三月除草之事。卜辞也见殷历十二月除草:

□□卜,争〔贞〕:令得蓐……十二月。(《合集》9495)

再如麦收获时间,甲骨记事刻辞:

月一正日食麦。(《合集》24440)

"月一正"即殷历正月(夏历五月),"食麦"指食新麦,这说明麦的收获时间

---

① 彭邦炯:《甲骨文农业资料考辨与研究》,吉林文史出版社 1997 年版,第 436 页。

一般在夏历五月。甲骨刻辞中还有大量有关麦收之前的麦子成熟情况和麦子收获后的麦子收成情况的记载,即"告麦",反映出商代麦作在历法、分乏救困中的重要作用。

4. 菽的栽培技术

菽即大豆,是商代农作物之一,河南多地都有大豆的碳化物出土。甲骨文中菽作"𦭓""𦭖"等形。大豆的栽培,包括播种、收获等,甲骨文中也多有记载:

己丑卜,〔贞〕:菽于……亯?二月。(《合集》9551)

"亯"是地名,又称"享",其地就在今河南省中部。该卜辞是贞问二月在亯地种菽的事。殷历二月即夏历六月,这是关于菽的播种之时。

关于菽的收获,据甲骨卜辞,菽与稻收获时间应该相近。卜辞中"受菽年"与"受稻年"一般并举,如:

甲子卜,㱿贞:我受菽年?

甲子卜,㱿贞:我受稻年?(《合集》303)

贞:我受稻年?

贞:我不其受稻〔年〕?

贞:我受菽年?

贞:我不其受菽年?(《合集》10043)

5. 水稻的栽培技术

商代河南地区仍种植水稻。甲骨文中稻字作"𥞫""𥞴""秫""𥢓""𥡩""𥢐""𥢥"等形,像谷物生长于水中的形象,近于图画文字。于省吾隶定为"䅟",认为是一种野生旱稻,[1]彭邦炯则认为是栽培稻,[2]还有学者将"稌"字释为稻。[3] 水稻的播种、收获等栽培技术在甲骨文中有记载:

贞:叀小臣令众稻?一月。(《合集》12)

---

[1] 康殷:《反映农牧渔业的古文字形考释——康殷〈古文字形发微〉选辑》,中国农业博物馆1988年版,第67页。

[2] 彭邦炯:《甲骨文农业资料考辨与研究》,吉林文史出版社1997年版,第550页。

[3] 温少峰、袁庭栋:《殷墟卜辞研究——科学技术篇》,四川社会科学出版社1983年版,第176页。

壬寅卜,宾贞:王往以众稻于囧?

……教……一月。(《合集》10)

这是殷历一月即夏历五月种稻卜辞,是小臣、商王命令众人种稻的占卜记录。

又有一月"立稻"卜辞,《合集》9525 正略云:

庚戌卜,殷贞:王立稻,受年? 一

贞:王勿立稻,弗其受年? 一

贞:王〔立〕稻,受年? 一月。二

〔贞:王勿〕立稻,弗其受年? 二

……

"立稻"即种稻,或认为很可能就是后世的育秧别栽技术。还有在"十三月"种稻的卜辞:

癸卯卜,古贞,王于稻侯,受稻年? 十三月。

癸卯卜,古贞,王勿于稻侯……

王占曰:吉。我受稻年。丁其雨,吉。其惟乙雨,吉。二告(《合集》9934 正)

一年有 13 个月,说明殷历有年终置闰。该卜辞是卜问商王在种稻的时节的收成问题。可见,商人种稻时节为殷历一月或十三月,即夏历四五月份,与后世传统农时相合。

水稻成熟后的收割,在殷历五月。甲骨文有收割稻秆卜辞:

……秷稻? 二告(《合集》9564)

只收割稻秆,说明稻穗与稻秆是分开收割的,与黍一样,稻穗的收割在稻秆之前。

6. 大麻的栽培技术

大麻是商代河南地区人们衣料纤维的最主要来源,也是重要的粮食之一。甲骨文中有"絉"字,字形为"𣏨",是"枲"的本字;枲就是大麻的雄株。《合集》24440 云:"二月父𣏨。""二月父𣏨"之"𣏨"可厘定为"蒜",会意字,义为能产丝麻之禾,乃"枲"的本字。

据商人"二月父🔣",商代大麻多在春季播种,即在夏历三四月份。

雄麻的收割时间在殷历二月,即夏历六月。收割工具为石斧和青铜斧。

《合集》24440中"二月父🔣"之"父"用为本义,即以斧砍伐。"父🔣"即"斧枲",就是用斧头砍伐雄麻。故"二月父🔣"即"二月斧枲"。在收割大麻的专用工具刈刀未发明之前,伐"枲"通常用"斧",故商人有"斧枲"之称。

二、畜牧与林业

商代河南地区的畜牧业技术继续发展,发明了动物阉割术。商代河南地区动物资源丰富(表2-5),当时已对牛、马、羊、猪、狗进行圈养,如殷墟甲骨中有牢、厩、庠、圂等字。当时还出现鹿类的驯养,[1]以及象的驯养[2]。就甲骨文所载,商人猎取野象之地,都在今河南省内。[3] 陈志达先生据殷墟所发现的家畜、家禽资料研究认为,商代晚期的中原地区,牛、羊、猪、狗及鸡,为贵族和民间普遍饲养的动物,马主要为殷王室和贵族豢养,象和水牛已被驯养,鸭、鹅、鸬鹚三种禽鸟很可能也被驯养成家禽,并且牛、羊等大牲畜,已在野外进行放牧。[4] 如商代已为牛辟有专门的饲料草场,种植饲草。[5] 马波先生亦指出,商代河南地区已出现了放牧与舍饲相结合的饲养方法,辟有专门种植刍秣(牧草)的田地;此外,被驯化的还有兔;并开始生挤、食用畜奶,而这是畜牧业发展史上的一场革

---

[1] 姚孝遂:《甲骨刻辞狩猎考》,载《甲骨文献集成(专题分论·经济与科技)》第26册,四川大学出版社2001年版,第387页。

[2] 茂树坚:《甲骨文中有关野生动物的记载——中国古代生物学特色之一》,载《甲骨文献集成(专题分论·经济与科技)》第26册,四川大学出版社2001年版,第389页。

[3] 王宇信、杨宝成:《殷墟象坑和"殷人服象"的再探讨》,载《甲骨文献集成(专题分论·经济与科技)》第26册,四川大学出版社2001年版,第393页。

[4] 陈志达:《商代晚期的家畜和家禽》,载《甲骨文献集成(专题分论·经济与科技)》第26册,四川大学出版社2001年版,第410页。

[5] 卫斯:《从甲骨文材料中看商代的养牛业》,载《甲骨文献集成(专题分论·经济与科技)》第26册,四川大学出版社2001年版,第411页。

命。① 殷墟妇好墓出土的两件鼻隔有小孔相通的石牛,证明当时还出现了为便于役使而对牛穿鼻子的技术。②

表 2-5　1928—1937 年安阳殷墟出土动物种类简表

序号	名称	数量(个)	序号	名称	数量(个)	序号	名称	数量(个)
1	圣水牛	1000 以上	13	熊	100 以下	25	猴	10 以下
2	四不象鹿	1000 以上	14	虎	100 以下	26	乌苏里熊	10 以下
3	肿面猪	1000 以上	15	獾	100 以下	27	猫	10 以下
4	猪	100 以上	16	黑鼠	100 以下	28	豹	10 以下
5	獐	100 以上	17	狸	100 以下	29	鲸	10 以下
6	鹿	100 以上	18	貘	10 以下	30	鲻鱼	不详
7	家犬	100 以上	19	犀牛	10 以下	31	黄颡鱼	不详
8	殷羊	100 以上	20	田鼠	10 以下	32	鲤鱼	不详
9	牛	100 以上	21	山羊	10 以下	33	青鱼	不详
10	竹鼠	100 以下	22	扭角羚	10 以下	34	草鱼	不详
11	兔	100 以下	23	狐	10 以下	35	赤眼鳟	不详
12	马	100 以下	24	象	10 以下	36	安阳田龟	不详

资料来源:朱彦民《关于商代中原地区野生动物诸问题的考察》。③

据殷墟甲骨文所载,当时河南地区已出现阉猪术、骟马术及从外形鉴别家畜优劣的相畜术等。殷墟甲骨中有"豕"字,闻一多《释豕》一文释为"去阴之猪",即阉猪。④ 殷墟甲骨中还有去掉马势的字。⑤ 公元前 4 世纪西欧才出现这种动物阉割技术,比中国晚数百年。⑥ "对'牡豕'的普遍去势是我国养猪业技术史上的重大成就之一,几千年来一直为我国养猪业所运用。"⑦殷墟卜辞中已

---

① 马波:《殷商畜牧技术初探》,《中国农史》1990 年第 1 期。
② 陈志达:《商代晚期的家畜和家禽》,载《甲骨文献集成(专题分论·经济与科技)》第 26 册,四川大学出版社 2001 年版,第 410 页。
③ 朱彦民:《关于商代中原地区野生动物诸问题的考察》,《殷都学刊》2005 年第 3 期。
④ 闻一多:《闻一多全集(二)》,生活·读书·新知三联书店 1982 年版,第 541 页。
⑤ 王宇信:《商代的马和养马业》,《中国史研究》1980 年第 1 期。
⑥ 王星光、张新斌:《黄河与科技文明》,黄河水利出版社 2000 年版,第 53 页。
⑦ 卫斯:《从甲骨文看商代养猪技术》,载《甲骨文献集成(专题分论·经济与科技)》第 26 册,四川大学出版社 2001 年版,第 412 页。

有根据毛色挑选牲畜的记载。① 如有学者指出:"作为我国'相马'的滥觞期,应从商代开始。"商代还出现了"执驹"技术,即幼畜生长一定时期之后,与母畜隔离饲养,如当母马受孕后,为避免头一年所生小驹伤害孕马,便将马驹与孕马隔离开来,并进行调教。商代可能也出现了相当于"巫马"的马医。② 阉割、隔离等技术措施同样应用于牛的优种选育及繁殖管理上。③ 另外,商代河南地区也注意到牲畜的保护和疾病问题,如对马可能已用草、革一类制的履以保护其蹄足。④

商代河南地区出现林业思想的萌芽,已明确提出要保护森林和利用木材;已有人工植树造林和经济林木(如桑、竹、栗等)的经营管理。⑤ 郑州商城遗址发现有竹席和竹篮的痕迹,其编织方法基本上与现在的芦苇席、竹篮的编织方法相同。⑥

三、纺织与酿造

商代河南地区的纺织技术仍在发展。如人工培育葛麻技术得到推广,去掉植物韧皮纤维所含胶质的沤麻技术得到普及,人们能用纺缚捻绞出不同粗细的麻纱,丝绸纺织技术明显发展。安阳殷墟遗址出土有玉蚕、丝织物残片等,殷墟甲骨文中有桑、蚕、丝、帛等字,其中与丝字有关的字有100多个,还有专记蚕桑的完整卜辞。⑦ 安阳殷墟出土的许多铜器上,甚至送葬的仪仗上,发现有纺织物遗痕、布纹、细布遗痕,席纹、麻纹、细布纹绣等。⑧ 如1950年,安阳武官村大墓

---

① 王星光、张新斌:《黄河与科技文明》,黄河水利出版社2000年版,第53页。
② 王宇信:《商代的马和养马业》,《中国史研究》1980年第1期。
③ 卫斯:《从甲骨文材料中看商代的养牛业》,载《甲骨文献集成(专题分论·经济与科技)》第26册,四川大学出版社2001年版,第411页。
④ 杨升南:《商代的畜牧业》,载《甲骨文献集成(专题分论·经济与科技)》第26册,四川大学出版社2001年版,第466页。
⑤ 张钧成:《商殷林考》,载《甲骨文献集成(专题分论·经济与科技)》第26册,四川大学出版社2001年版,第408、409页。
⑥ 杨育彬:《河南考古》,中州古籍出版社1985年版,第105页。
⑦ 王星光、张新斌:《黄河与科技文明》,黄河水利出版社2000年版,第132、168页。
⑧ 胡厚宣:《殷代的蚕桑和丝织》,《文物》1972年第11期。

出土的3个铜戈,上面都有绢帛的痕迹,有的绢纹极细,有的"以鋬受柲,裹布纹"①;1955年,郑州出土的铜盆上,也发现附有布的痕迹。② 丝绸纺织技术的发展还体现在纹样上,王若愚先生研究指出,"从殷墟出土的青铜器丝绸印痕上可以看出,早在三千多年前,人们已经会织出斜纹、花纹等比较复杂的纹样"③。

商代河南地区酿酒业发达,酿造技术有所发展。商代的青铜器中酒器往往居多,如1968年在河南温县发掘的一座商代墓葬中,出土较大青铜器15件,其中酒器有6件。④ 1976年殷墟妇好墓中出土青铜器440多件,酒器有150余件,占三分之一强;⑤安阳殷墟中还出土有几套完整的酒器,它们均由10件青铜器组成。⑥ 又如郑州二里岗商城遗址的一处王家酿酒作坊,出土有商代通高约35厘米以上的大口尊及通高28厘米以上的釉陶有肩尊等酿酒容器,大口尊内还发现留有白色水垢状"酒沉淀物";重要的是,此时发明了人工培植曲蘖发酵造酒的新技术;酒的品种明显增加,除汁滓和合的浊甜酒"醪"酒和用糯性粟酿制的"秫酒"外,还有粟酿制的粮食白酒,谷米酿制的薄味酒"醴",黍酿制的"鬯"及调入煮郁液的"郁鬯",桃仁酒、李酒、枣酒等果酒,草木樨、大麻籽酿制的药酒,等等。⑦ 甲骨卜辞中有大量酒事的记载,如:

□亥,贞:王佑百鬯、百牛?(《合集》32044)

□□卜,贞:□□康祖丁,伐□人,卯二牢,鬯二卣,亡尤?

丁酉卜,贞:王宾文武丁,伐三十人,卯六牢,鬯六卣,亡尤?(《合集》35355)

可见,河南地区此时酒有酒、醴、鬯等品种,已知酒的储存陈酿技术。

---

① 郭宝钧:《1950年春殷墟发掘报告》,《考古学报》1951年第5期。
② 许顺湛:《灿烂的郑州商代文化》,河南人民出版社1957年版,第18页。
③ 王若愚:《纺织的来历》,《人民画报》1962年第2期。
④ 杨宝顺:《温县出土的商代铜器》,《文物》1975年第2期。
⑤ 中国社会科学院考古研究所安阳工作队:《安阳殷墟妇好墓的发掘》,《考古学报》1977年第2期。
⑥ 梁思永:《国立中央研究院河南安阳殷墟出品说明及目录》,载《梁思永考古论文集》,科学出版社1959年版,第154—155页。转引自郭胜强:《略论殷代的制ань业》,载《甲骨文献集成(专题分论·经济与科技)》第26册,四川大学出版社2001年版,第418页。
⑦ 宋镇豪:《中国上古酒的酿制与品种》,载《甲骨文献集成(专题分论·经济与科技)》第26册,四川大学出版社2001年版,第513、514页。

四、农业及相关科学的探索

商代河南地区在天文历法、地学、生物学等农业科学方面进行了有益的探索和总结,为指导和维持当时农业的发展起了一定促进作用。

1. 天文历法

商代河南地区历法是四分历,阴阳历有较大发展。如有平年(12个月)和闰年(13个月)之分,能根据圭表所测日影长度的变化来确定冬至日,从而求得一回归年的长度;以新月为一月之始,有大月(30日)、小月(29日)之分,对朔望月的测算已有重大进步,出现了连大月,已知一朔望月长度略大于29.5日。置闰法成熟,以"十九年七闰"为闰法,或置闰月于年终,或置闰月于无节气而当闰之月;所用年是"阴阳合历之年";月建及二十四节气,虽无其名,也有其实;出现春、秋、来年及用"年""岁"纪年的痕迹。① 在纪日方法上,采用了干支纪日法,融合了十进位和十二进位两种不同观念的计数方法,60日一个循环;出现了日历,建立了逐日无间断的日期记录的系列,使用至今,是世界上应用最长的纪日方法,也为历史年代学提供了重要依据。在对时刻的安排上,已将白昼分为明(旦)、大采(或朝)、大食、中日、昃、小食、小采(或暮)等七个时段。将一天分为百刻的制度,也有人认为创自商代。②

在天象观测方面,商代河南地区已有日食、月食及世界上最早的新星记载,甲骨卜辞中已有公元前1400年时日珥现象的观测记录。③ 大火附近出现新星的记录,比公元前2世纪古希腊人伊巴谷(Hipparchas)记录的第一颗新星(前134)要早1000多年。④ 张秉权先生指出,甲骨文中已有大岁、鸟星、大星、火星、日食、月食等记载,"可知当时的人,不但对于天文星象已有相当知识,并且对于日食、月食等将要发生的时间,亦能加以预测";气象方面也有风、雨、雾、雪、霰、

---

① 张秉权:《殷代的农业与气象》,载《甲骨文献集成(专题分论·经济与科技)》第26册,四川大学出版社2001年版,第317页。
② 王星光、张新斌:《黄河与科技文明》,黄河水利出版社2000年版,第347页。
③ 王星光、张新斌:《黄河与科技文明》,黄河水利出版社2000年版,第348页。
④ 白寿彝:《中国通史》第3卷《上古时代》,上海人民出版社1994年版,第1415页。

霓虹等的记载。①《尚书·尧典》所载"四仲中星"这项观象授时的重要成果至迟产生于商末周初,所谓"四仲中星"就是用黄昏时在正南天空出现的四组恒星来定季节的方法,仲春、仲夏、仲秋、仲冬等四仲即春分、夏至、秋分、冬至四个节气。②

关于宇宙结构的认识,商代河南地区已存在系统的"盖天说"。《晋书》卷十一《天文志上》载:"古言天者有三家,一曰盖天,二曰宣夜,三曰浑天。……蔡邕所谓《周髀》者,即盖天之说也。其本庖牺氏立周天历度,其所传则周公受于殷高,周人志之,故曰《周髀》。髀者,股也;股者,表也。其言天似盖笠,地法覆槃,天地各中高外下。"③"盖天说"认为天是圆的,大地是拱形的。对天穹的认识从正到斜,对地形的认识从方到拱,反映了人们对宇宙认识的进步。

2. 地学

商代河南地区的地学继续发展。如甲骨文中,已出现了表示山岳、河流、田野等地理实体的象形字"山""川""田"等字。东、南、西、北、中五方的观念已经形成。④ 测定方向的技术也比较先进。如郑州商城内宫殿遗址区内所发掘的3座大型房基的方向相同,都是北偏东20°。⑤

3. 生物学

商代河南地区在生物学上也有不少新的进展。甲骨文中有关动植物的字已包含有丰富的生物学知识,如有对禾本科农作物的形象反映,又如秜与秼是对栽培稻类作物不同变种的命名。⑥ 有些同一偏旁的字还具有动植物归类的含义,如对鹆的形态、习性、生态种种有相当的了解,又如4个表示鹿类动物的字,反映时人对鹿类动物很科学地观察和分类。据不完全统计,甲骨文中已能释出的动物名称有70多个字,代表30多种动物,20多种是属于野生动物,其中还有

---

① 张秉权:《殷代的农业与气象》,载《甲骨文献集成(专题分论·经济与科技)》第26册,四川大学出版社2001年版,第317页。
② 白寿彝:《中国通史》第3卷《上古时代》,上海人民出版社1994年版,第593页。
③ 〔唐〕唐玄龄等:《晋书》,中华书局1974年版,第278页。
④ 张秉权:《殷代的农业与气象》,载《甲骨文献集成(专题分论·经济与科技)》第26册,四川大学出版社2001年版,第317页。
⑤ 河南省文物研究所:《郑州商城内宫殿遗址区第一次发掘报告》,《文物》1983年第4期。
⑥ 宋镇豪:《甲骨文中反映的农业礼俗》,载《甲骨文献集成(专题分论·经济与科技)》第26册,四川大学出版社2001年版,第520页。

畜、兽、鸟、鱼、贝等表示动物大类的字。① 安阳殷墟妇好墓出土的玉雕动物达27种,其中包括首次发现的鹰、鸽、鸤鹕、鹤、螳螂等5种动物,另外还有龙凤、怪鸟、怪兽等;还出土有各种动物石雕。② 这不仅为我们研究殷商传说动物和实际存在的动物群提供了宝贵的资料,而且反映了殷商时期河南地区生物学的发展。

时人关于昆虫的知识也很丰富,如以蟋蟀寓意秋季,反映出他们对昆虫与季节的关系有一定的观察和了解,是物候学和昆虫生态学的萌芽。③ 朱培仁先生认为当时出现了植物水分生理学的概念。④

4. 医药学

商代河南地区,人们对人体表面器官已有细致和具体的认识,后世关于人体表面部位的名称,都已见于甲骨文;对生育哺乳、做梦方面也有一定的认识。⑤ 还能准确地推算出妇女的预产期。⑥

商代已有相当活跃的医药实践,尤其在殷墟安阳。可能产生于河洛地区的古代典籍《山海经》载有上古时代的巫医活动:"有灵山,巫咸、巫即……巫罗十巫,从此升降,百药爰在","开明东,有巫彭、巫抵、巫阳、巫履、巫凡、巫相,夹窫窳之尸,皆操不死之药以距之"。有学者认为这是商代医学背景的反映。⑦ 殷墟妇好墓出土了用于药材加工的玉杵臼。⑧

商代河南地区,对疾病的分科、疾病的命名已有了一定的发展。殷墟甲骨

---

① 茂树坚:《甲骨文中有关野生动物的记载——中国古代生物学特色之一》,载《甲骨文献集成(专题分论·经济与科技)》第26册,四川大学出版社2001年版,第388页。
② 中国社会科学院考古研究所安阳工作队:《安阳殷墟妇好墓的发掘》,《考古学报》1977年第2期。
③ 茂树坚:《甲骨文中有关野生动物的记载——中国古代生物学特色之一》,载《甲骨文献集成(专题分论·经济与科技)》第26册,四川大学出版社2001年版,第390页。
④ 王贵民:《商代农业概述》,载《甲骨文献集成(专题分论·经济与科技)》第26册,四川大学出版社2001年版,第406页。
⑤ 詹鄞鑫:《卜辞殷代医药卫生考》,载《甲骨文献集成(专题分论·经济与科技)》第26册,四川大学出版社2001年版,第413页。
⑥ 郭胜强:《略谈殷代在数学上的成就》,载《甲骨文献集成(专题分论·经济与科技)》第26册,四川大学出版社2001年版,第433页。
⑦ 沈振辉:《河洛文化与中国医药学的起源》,载河南省河洛文化研究中心编:《河洛文化与汉民族散论》,河南人民出版社2006年版,第583页。
⑧ 中国社会科学院考古研究所:《殷虚妇好墓》,文物出版社1980年版。

卜辞不仅屡见巫咸、巫彭等名,而且关于疾病的内容多达500条,疾病多以病痛部位称名,如"疾首""疾目""疾口""疾齿"等,也有以病因命名的,少数病名与后世相似,如"暗疾""风疾"等。有学者认为,甲骨文中的"心疾"应是有关脑神经疾病的最早记载。① 商代也出现了疾病的初步分科。胡厚宣据殷墟甲骨研究指出,殷人致病"凡有头、眼、耳、口、牙、舌、喉、鼻、腹、足、趾、尿、产、妇、小儿、传染等十六种,具备今日之内、外、脑、眼、耳鼻喉、牙、泌尿、产妇、小儿、传染诸科"②。

对疾病的治疗,已有了按摩、针砭、灸熱等手段和一些用食物(如酒)作调理疾病的药物。③ 如河北藁城市台西商代遗址曾出土有药用植物种子仁与医疗工具——砭镰,据说砭镰是目前我国发现最早的医疗工具。④ 显然,商都所在的中原地区,应是当时药物和医疗工具的集中地。如殷商时期熨帖术中所使用的陶熨具出土不少,主要集中在安阳殷墟周围。⑤

据殷墟甲骨文所示,商代河南地区在卫生防疫方面也有进步。如扫地、洗手、洗浴等卫生习惯的形成,殷墟建筑的通风、排水、防潮等居住条件的改善,对疾病的预防有着积极的意义。⑥

五、沟洫系统的起步

商代农田水利建设主要体现在沟洫制度的出现及具体的农田灌溉、排涝实践。

---

① 薛光生、马静:《商代医药初探》,《殷都学刊》1992年第1期。
② 胡厚宣:《殷人疾病考》,载《甲骨学商史论丛初集(下)》,(台北)大同书局1972年版,第442页。
③ 詹鄞鑫:《卜辞殷代医药卫生考》,载《甲骨文献集成(专题分论·经济与科技)》第26册,四川大学出版社2001年版,第414页。
④ 薛光生、马静:《商代医药初探》,《殷都学刊》1992年第1期。
⑤ 徐龙国:《从临淄商王村一号墓出土的陶熨具谈我国古代的熨帖术》,《管子学刊》1996年第3期。
⑥ 沈振辉:《河洛文化与中国医药学的起源》,载河南省河洛文化研究中心编:《河洛文化与汉民族散论》,河南人民出版社2006年版,第583页。

（一）商代的沟洫系统

在商代，沟洫工程在文字上有了明确反映。商代河南地区出现了沟洫制度。殷墟甲骨文中还有关于畎浍这类系统水利工程的记载。[①] 当时的农田按一定面积作整齐的划分，甲骨文中有反映整齐田块的图象文字，有划成4方块的 田[②]，有划成6方块的 田[③]，有划成8方块的 田[④]，也有划成9方块的 田 和12方块的 田[⑤]。另外还有一个"田"[⑥]字，《说文解字》中作" "字，即后来的"畎"字。[⑦] 从其原始字形来看，" "从田、从川，也就是田间行水的小沟。清人胡承珙在他的《毛诗后笺》中说："古人制田始于一亩；行水始于一畎。则顺水势，亩顺畎势。"说明畎是和那整齐的田块配套在一起的。文字是客观事实的反映。甲骨文中"田""田""田"和"田"字的出现，反映在殷商时代，整齐划分的田场上布置有纵横错列的沟洫系统。

在考古发掘中，也发现了一些商代沟洫的遗迹。如在郑州白家庄、二里岗等商代遗址中，发现了好几条上宽下窄、长短深浅不同的水沟，小者宽0.7米、深0.5米，大者宽1.1米、深1米、长30米。其中在白家庄发现的一段5.5米长的水沟，近底部的两壁上有25个竖形圆孔，孔内还残存着木质朽凝物，表明它当时是插木柱的。[⑧] 从其结构来看，似乎商代在水沟上已设有节制水流的设施。此外，在小屯中央部的一组基地附近曾发现了31条大小水沟遗迹，[⑨]在殷墟洹河南岸发掘的"宫殿范围内，水沟纵横"[⑩]。孟县（今孟州市）涧溪商代文化遗址

[①] 张政烺：《卜辞裒田及其相关诸问题》，《考古学报》1973年第1期。
[②] 罗振玉编著：《殷墟书契前编》，台湾艺文印书馆1970年影印本。
[③] 黄濬：《邺中片羽》，北平通古斋1935年（初集）、1937年（二集）、1942年（三集）版。
[④] 郭沫若：《殷契粹编》，科学出版社1965年版。
[⑤] 叶玉森辑：《铁云藏龟拾遗附考释》，五凤砚斋1925年影印本。观叶正渤著：《叶玉森甲骨学论著整理与研究》，线装书局2008年版，第183页。
[⑥] 罗振玉编著：《殷墟书契前编》卷四，台湾艺文印书馆1970年影印本，第12页。
[⑦] 〔汉〕许慎：《说文解字（附检字）》卷一三，中华书局1963年版，第239页。
[⑧] 许顺湛编著：《灿烂的郑州商代文化》，河南人民出版社1957年版，第28—29页。
[⑨] 石璋如：《殷墟最近之重要发现——附论小屯地层》，《考古学报》1947年第2期。
[⑩] 北京大学历史系考古教研室商周组编：《商周考古》，文物出版社1979年版，第63页。

中也发现有用于灌溉农田的人工水沟。①

从考古发掘的情况来看,发现的多为商代修在居住地区的行水设施,其作用"是为了排水与减少水患"②。受自然沧桑演变和人类经济活动的影响,广大田野上的农田沟池遗迹,迄今还未有发现,但我们结合甲骨文中的田字、甽字等文字造型来看,商代的田间沟洫也必定已有相当的规模和水平。

同时代的周族相传是一个善于经营农业的部落,其祖先后稷"好耕农……为农师",被尊为农神。《诗·大雅·生民》篇讴歌了后稷在开拓农业上的功绩。后稷的曾孙公刘就相当讲究农田的整治规划。《诗·大雅·公刘》云:"笃公刘,既溥既长。既景乃冈,相其阴阳,观其流泉,其军三单;度其隰原,彻田为粮。"这反映公刘用人开拓耕地时已经注意到地势的高低、方位以及泉流的方向,以求得水土资源的合理开发利用,促进农业的发展。

《诗·大雅·绵》在叙述周人开发周原时写道:"乃疆乃理,乃宣乃亩,自西徂东,周爰执事。"所谓"疆""理",即按照地理形势规划农田的疆域;"宣"是宣泄的意思,大约是指田间行水的甽;"亩"即垄,是高起的畦畴。《庄子·让王疏》:"基上曰亩,下曰甽。"既有亩,亦必有甽,它们是相互依存的。周原地势西高东低,所以周人经营农地时,自西往东,"乃宣乃亩",使"甽顺水势,亩顺甽势",以利行水,以免暴雨径流四出泛滥祸害。由此可见,至古公亶父时,由人们开拓耕地已十分注意沟洫的安排,方块农田与大小水沟结合在一起的井疆沟洫制度已开始萌芽。以后随着周王朝的建立和奴隶制的发展,沟洫逐渐趋于规范化,在井田制盛行的典型区域内,终于形成了大小田块与大小水沟配套在一起的所谓井田沟洫系统。

(二)商代水利灌溉

商代人工灌溉和排涝在甲骨文中也有反映,如"今日通用的'禾入水'的'黍'字,当是由象形字加水旁而来的"③。麦没有粟和黍耐旱,对人工灌溉和排

---

① 河南省文化局文物工作队:《河南孟县涧溪遗址发掘》,《考古》1961年第1期。
② 石璋如:《殷墟最近之重要发现附论小屯地层》,《考古学报》1947年第2期。
③ 彭邦炯:《甲骨文农业资料考辨与研究》,吉林文史出版社1997年版,第561页。此说有争议,有人认为从水的应释为稻,不从水的为黍。参见张军涛:《商代中原地区农业研究》,郑州大学2016年博士学位论文,第36页。

涝要求更高。杨升南通过卜辞中卜雨月份统计指出,商代降雨集中在殷历一至五月(夏历五到九月),即后世的夏秋之季;殷历九至十一月(夏历一至三月)降雨较少,即后世的春季,年降雨量的分布与现在中原地区一致。①

商代初年和末年,包括河南地区在内的中原地区旱灾严重,而且商代初年的旱灾持续时间长。②如卜辞见殷历九月"大旱":

贞:帝不降大旱?九月。(《合集》10167)

殷历九月即夏历一月,正是宿麦返青之时,大旱极不利于宿麦生长。商人的贞问反映出对旱灾发生的担心。这也说明商人认识到春旱对麦生长的影响。考古材料和甲骨文均表明,商代河南地区麦的种植规模逐渐扩大,这显然也与商人灌溉和排涝技术的进步密切相关。

修治沟渠是商代农田基本建设中极其重要的工作。即使是五月耕麦地,也要修整沟池,以防夏季暴雨冲毁麦田。卜辞有"弜已灾,车懋田叴,受又年?""弜已灾"即无休止的灾害,甲骨文灾字是从川,才声,原是指水灾,因水灾频仍而叴田以求丰收,反映了叴田和防涝排水有密切关系,可作为"叴田为开挖沟"说的旁证。

除作沟渠引河湖等地表水灌溉农田外,商人还开凿水井利用地下水灌溉农田。③《氾胜之书》说:"汤有旱灾,伊尹作为区田,教民粪种,负水浇稼。"④从考古资料看,洛阳偃师市尸乡沟遗址,安阳殷墟苗圃北地遗址和刘家庄北地遗址等都发现有商代水井,⑤商代河南地区水井的发掘数量已超过300眼⑥,说商代已经利用井水来灌溉农田(至少是用来灌溉蔬菜等园圃作物)是完全有可能的。⑦

甲骨卜辞中有许多有关黄河水害的材料,还有筑堤治河的记载。⑧

---

① 杨升南:《商代经济史》,贵州人民出版社1992年版,第29页。
② 张军涛:《商代中原地区农业研究》,郑州大学2016年博士学位论文,第136页。
③ 张兴照:《商代水利研究》,中国社会科学出版社2015年版,第159—164页。
④ 石声汉:《氾胜之书今释(初稿)》,科学出版社1956年版,第38页。
⑤ 分别参见赵芝荃、刘忠伏:《河南偃师尸乡沟商城第五号宫殿基址发掘简报》,《考古》1988年第2期;郑若葵:《1982—1984年安阳苗圃北地殷代遗址的发掘》,《考古学报》1991年第1期;安阳市文物工作队:《1983—1986年安阳刘家庄殷代墓葬发掘报告》,《华夏考古》1997年第2期。
⑥ 付海龙:《中原地区商代水井初探》,《殷都学刊》2019年第2期。
⑦ 陈文华:《中国农业通史·夏商西周春秋卷》,中国农业出版社2006年版,第100页。
⑧ 陆忠发:《甲骨卜辞中所见的整治黄河史料》,《农业考古》1998年第3期。

第三节　西周农业技术的革新

商末(前1046),关中的周国周武王伐纣灭商建立周王朝,至周平王东迁(前770)雒邑(今洛阳市),史称"西周"。西周时期,河南农业种植制度与技术全方位提升,沟洫农业发展,水利灌溉初步形成。

一、种植制度与技术的进步

(一)种植制度发展

1. 菑、新、畬休闲耕作制

西周时期,由于耕作技术和生产工具都有很大进步,农业生产力已有较大提高,已经脱离了原始农业那种"不耘不灌,任之于天"的落后状态。同时也由于人口的增加,对耕地的需求日益迫切,因此对土地的利用就不再"须荒十年八年,必须草木畅茂,方行复砍复种",而是只要休闲两三年之后就可以继续耕种,从而提高了土地利用率。这种休闲耕作制主要包括菑、新、畬三个阶段。

在先秦文献中常常提到菑、新、畬,如:《尚书·大诰》载:"厥父菑,厥子乃弗肯播,矧肯获。"《尚书·梓材》载:"惟曰,若稽田,既勤敷菑,唯其陈修,为厥疆畎。"《周易·无妄·六二爻辞》载:"不耕获,不菑畬,则利有攸往。"《礼记·坊记》载:"不耕获,不菑畬,凶。"《毛诗·小雅·采芑》载:"薄言采芑,于彼新田,于此菑亩。"《毛诗·周颂·臣工》载:"嗟嗟保介,维莫之春。亦又何求?如何新畬。"

关于菑、新、畬,学术界历来有不同的解释。《毛诗正义》卷一〇《小雅·采芑》解释为:"田,一岁曰菑,二岁曰新田,三岁曰畬。"《尔雅注疏》卷七《释地》的解释与此完全相同。《礼记正义》卷五一《坊记》引用《周易》的"不耕获,不菑畬"时,郑玄注曰:"田,一岁曰菑,二岁曰畬,三岁曰新田。"次序有所不同。《说文解字》卷一释"菑"为"不耕田也",卷一四释"新"为"取木也",卷一三释"畲"为"三岁治田也"。① 据考,《毛传》是西汉初鲁人毛亨所作,毛亨的诗学传承自孔子的学生子夏,其训诂主要以先秦学者的意见为依据,保存了较多的古义,较为可信。但是因解释得太过简略,后人理解不同,产生了许多不同的说法,据陈振中先生的归纳,主要有以下六种:

一是清人黄以周认为菑、新、畲是三年轮种一次的"再易之田"上的三个耕作过程,菑指第一年除去树根杂草,新指第二年翻地使土壤解散,畲指第三年下种收获。

二是刘师培认为菑指三年中仅有一年可以耕作,新指三年中有二年可以耕作,畲指三年中每年都可以耕作。吴泽观点与之相近。

三是徐中舒认为菑、新、畲是农村公社的三田制,全部可耕之地分为三等份,其中菑为休耕的田,新为休耕后新耕的田,畲为休耕后连续耕种的田;第一年如此,第二年仍耕种这二等份田,只是其中菑、新、畲已转为新、畲、菑,第三年又转为畲、菑、新,如此循环往复。游修龄与徐说相近,也认为菑为休闲的田,不过要在休闲期间除草翻耕,为第二年的新田、第三年的畲田准备肥力条件。

四是杨宽认为菑田、新田、畲田指三种垦种不同年数的农田,菑田指第一年初开垦的荒田,新田指第二年已能种植的田,畲田指第三年耕种的田。

五是郭文韬认为菑是耕种一年的田,新田是耕种二年的田,畲是耕种三年的田。这反映当时土地的利用一般不超过三年,在连续耕种三两年后,就弃耕撂荒而易地耕种,这种撂荒是长期的和不定期的。邹树文等观点与之相同。

六是石声汉认为菑、新、畲是三类不同的撂荒地。菑指刚收获过一次,作物旧茬还在地里的田地;畲指作物旧茬已被卷土重来的天然植被覆盖了的田地;新田则指已经长出小灌木的田地。马宗申观点相近,但维持菑、新、畲三种撂荒轮换次序,认为菑指天然植被开始恢复生长的田地,新为植被群落滋生繁衍的田地,畲为准备重新开垦播种的田地。②

以上的意见,除了最后一种(石声汉的),都认为菑、新、畲是耕垦农田的不同阶段。如黄以周以第一年除去树根杂草曰菑,第二年翻耕土壤曰新,第三年下种收获曰畲。刘师培则以三年中只有一年可耕曰菑,有二年可耕曰新,三年

---

① 〔汉〕许慎:《说文解字(附检字)》,中华书局 1963 年版,第 24、300、290 页。
② 陈振中:《青铜生产工具与中国奴隶制社会经济》,中国社会科学出版社 2007 年版,第 265—267 页。

之中皆可耕曰畬。徐中舒认为第一年休耕的田为菑,第二年休耕后重新耕垦的田为新,第三年继续耕垦的田为畬。杨宽先生认为第一年开荒的田曰菑,第二年已能种植的田曰新,第三年耕种的田曰畬。郭文韬则认为耕垦第一年曰菑,第二年曰新,第三年曰畬。

但是,《说文解字》已明确指出菑为"不耕田也",应该就是休闲的农田。将它解释成正在耕种的田或虽是不耕却还要除去树根杂草翻入土中,都与古训不合,也没有文献上的根据。在人均土地较多、生产工具相对简陋、牛耕(特别是铁犁)没有发明和推广的商周时期,我们很难想象当时的农夫除种植庄稼之外,还有能力将休闲的土地都耕翻一遍。《说文解字》解释"新"为"取木也",说明休闲两年之后的田中已有小树木可供砍伐,这"新"田也是处于休闲状态,不可能是种植庄稼的农田。只将"畬"解释为耕种的农田这一点才符合《说文解字》的解释:"三岁治田也。"也就是说,三年之中只有第三年的畬才是耕种的农田,其余都处在休闲状态。

因而石声汉和马宗申的意见似乎是最符合历史实际的,只要将他们所说的"撂荒"理解为"休闲"即可。李根蟠也持相同意见,认为菑、新、畬应是以三年为一周期的休闲耕作制中第一年、第二年、第三年的耕地,即菑是休闲田,第二年叫新田,第三年叫畬田,都是现耕地。[①]

总之,种植过的耕地休闲一年不耕长满杂草的,叫作菑;休闲第二年植被群落滋生繁衍已长出小灌木的,叫作新;第三年因地力已经恢复,可以翻耕种植(即"治田")叫作畬。因此西周时期的耕作制度是种植一年休耕两年的休闲制,土地利用率已达三分之一,比起原始农业的抛荒制土地须荒十年八年,休闲制的土地利用率是大大提高了。

2. 田莱制

西周虽然实行菑、新、畬休闲耕作制,但并非所有的农田都是需要休闲两年才能重新耕种。有些良田是可以连续耕种的,有的则只需休闲一年就可以重新耕种,这就是《周礼·地官司徒·遂人》所说的"上地、中地、下地",也就是《周礼·地官司徒·大司徒》中所说的"不易之地""一易之地""再易之地"。[②] "上

[①] 李根蟠:《西周耕作制度简论——兼评对菑新畬的各种解释》,《文史》1981年第3期。
[②] 王云五主编,林尹注译:《周礼今注今译》,台湾商务印书馆1979年版,第157、99页。

地"是良田,可连年耕作,不需休耕另种他地,故曰不易之地;"中地"的地力较差,须休耕一年,故曰一易之地;"下地"地力最差,需休耕两年,故曰"再易之地"。

西周实行井田制,每一户有强劳动力的农家分耕百亩,称为"一夫"之田。但因田有好坏之分,《周礼·地官司徒》规定必须"以地之嬺恶为之等",即根据土地好坏分成不同的等级来分配,不能好田、差田都是100亩,那是不合理的。如果好田分给100亩,差田就得多分一些,其收成才能大体相当,才可能缴纳相同数量的租税。所以《周礼注疏》卷一〇《地官司徒·大司徒》又具体规定:"凡造都鄙,制其地域而封沟之,以其室数制之。不易之地,家百亩,一易之地,家二百亩,再易之地家三百亩。"郑司农注曰:"不易之地岁种之,地美,故家百亩。一易之地,休一岁乃复种,地薄,故家二百亩。再易之地,休二岁乃复种,故家三百亩。"这与《春秋公羊传注疏·宣公十五年》卷一六的记载也相符合:"司空谨别田之高下善恶,分为三品:上田一岁一垦,中田二岁一垦,下田三岁一垦。"这些二岁一垦、三岁一垦的农田,在休耕的时候成为长满野草蒿莱的草地,故亦简称"莱",《周礼注疏》卷一三《地官司徒·县师》郑注"莱"是"休不耕者",因而这种耕作制亦被称为莱田制。

《周礼·地官司徒·遂人》规定遂人的职责之一是"辨其野之土,上地、中地、下地,以颁田里。上地,夫一廛,田百亩,莱五十亩,余夫亦如之;中地,夫一廛,田百亩,莱百亩,余夫亦如之;下地,夫一廛,田百亩,莱二百亩,余夫亦如之"。这里的"中地,夫一廛,田百亩,莱百亩",与上述"一易之地,家二百亩"一致,"下地,夫一廛,田百亩,莱二百亩"与上述"再易之地家三百亩"一致。唯独"上地,夫一廛,田百亩,莱五十亩"与上述"不易之地,家百亩"不同,多出莱地50亩。为何要给种植不易之地的农户多分50亩莱地呢?陈振中认为,这50亩莱地与100亩不易之地合为三份,每年种植两份,休耕一份,是逐年轮换的三圃制。[①] 但是既然是"地美""岁种之"的"不易之地",就不需要轮换休耕,故此说无据。夏纬瑛认为:"多出莱地50亩,这应当就是有所'强予'的意思。""强予"就是多给的意思。多给流亡农民土地,而又以"下地"的标准征收税赋,是一种招致农氓的政策。[②] 但是要照顾外来流民,应该是上、中、下地的种植者都要照

---

① 陈振中:《青铜生产工具与中国奴隶制社会经济》,中国社会科学出版社1992年版,第339页。
② 夏纬瑛:《〈周礼〉书中有关农业条文的解释》,农业出版社1979年版,第92页。

顾到,不可能只照顾种植上地者。所以这种解释也很难自圆其说。

依我们看来,原因可能是,虽然耕种三种土地的农户每年都只能种植100亩农田,但是种植"一易之地"的农户还有100亩休耕的莱田。种植"再易之地"的农户有200亩莱田。这些莱田虽然不能种植粮食,但是可以放牧牲畜,地里的杂草灌木还可加以利用,如作为燃料等。而种植不易之地的农户却没有任何草地可以利用,明显是吃亏的。因此给50亩莱田作为弥补也是合情合理的。

可以说,田莱制是菑、新、畲休闲制的发展和完善,它应是西周(特别是后期)的主要耕作制度。

3. "不易之地"连年种植制

西周时期,人们已经积累了相当丰富的农业生产经验,掌握了施肥、锄草、灌溉等技术,其中特别是人畜粪肥和绿肥的利用,是一个突出成就。

施肥技术又有进步,主要表现在两个方面。一是已能因地制宜地使用粪肥,如根据不同土地的性质来施用不同动物的畜粪。《周礼·地官司徒·草人》:"草人掌土化之法,以物地,相其宜而为之种。凡粪种,骍刚用牛,赤缇用羊,坟壤用麋,渴泽用鹿,咸潟用貆,勃壤用狐,埴垆用豕,强㯺用蕡,轻爂用犬。"[1]这9种不同性质的土壤,施用8种不同动物粪便和1种植物(蕡,即大麻籽)作为基肥。[2] 虽然《周礼》中所见之土化法,很难付诸实践,但反映出当时已有了因地制宜的施肥技术。二是使用绿肥。《毛诗·周颂·良耜》:"其镈斯赵,以薅荼蓼。荼蓼朽止,黍稷茂止。"即将荼蓼这种野草铲除掉,腐朽之后,黍稷这种庄稼就长得很茂盛。《周礼·秋官司寇·薙氏》:"薙氏掌杀草。春始生而萌之,夏日至而夷之,秋绳而芟之,冬日至而耜之。若欲其化也,则以水火变之。"郑玄注:"谓以火烧其所芟萌之草,已而水之,则其土亦和美也。"《礼记·月令》也说,季夏之月,"土润溽暑,大雨时行,烧薙行水,利以杀草,如以热汤,可以粪

---

[1] 王云五主编,林尹注译:《周礼今注今译》,台湾商务印书馆1979年版,第167—169页。
[2] 对"粪种"这一段话,历来有不同理解。最早认为粪种是煮取动物骨汁以浸谷种。后来有人对此说法提出异议,清人江永便认为,种字当读去声,为种植的种,凡粪种,为粪田:"凡粪当施之土。如用兽,则以骨灰洒诸田……"意思是说,粪种指在不同的土壤上施用不同动物的骨灰,而并非以骨汁浸种。今人黄中业认为江永的说法仍不准确,粪种应用9种不同的动物粪便施用在土质不同的9种土壤中。这种认识似乎比较符合实际情况。分别参见贾思勰撰,缪启愉校释:《齐民要术校释》卷一《收种》,农业出版社1982年版,第49页;黄中业:《"粪种"解》,《历史研究》1980年第5期。

田畴,可以美土疆"。这些都明确说明当时已经掌握了施用绿肥技术。

显然,畜粪和绿肥的使用,再加上耕地、中耕、灌溉等措施,无疑会大大增强土壤的肥力,使地力得到恢复和提高,因此有一部分良田不需要休闲几年才种植,而是每年都可以耕垦种植。这种土地连续利用制度就叫作连年种植制。

前面所引的"一岁一垦"的"上地""上田"和"不易之地",都是由于地力得到培育和恢复的肥沃良田,因此不需休闲,每年都可开垦种植,其土地利用率是百分之百,比休闲制提高了两倍。也就是说,同样是一块土地,可以比其他土地多生产一两倍的粮食。

(二)耕作技术不断革新

1. 耦耕技术的发展

甲骨文中已有"耦"字,说明商代晚期已有耦耕。到了西周,耜的使用更为普遍,如《诗经》中提到挖土工具主要是耜,它挖土的功效比双齿耒更高,因此西周时期耦耕就取代了协田,成为主要的耕作方式。

有关耦耕的文献记载主要有《诗·周颂·噫嘻》:"亦服尔耕,十千维耦。"《诗·周颂·载芟》云:"千耦其耘,徂隰徂畛。"《周礼·地官司徒·里宰》:"以岁时合耦于锄,以治稼穑,趋其耕耨。"《逸周书·大聚》:"饮食相约,兴弹相庸。耦耕□耘,男女有婚,坟墓相连,民乃有亲。"[1]具体谈到耦耕的是《周礼注疏·冬官考工记·匠人》:"匠人为沟洫,耜广五寸,二耜为耦。一耦之伐,广尺,深尺,谓之畎。"郑玄注:"古者耜一金,两人并发之。"由于记载简略,年代久远,后代的学者们理解各异,众说纷纭,长期争论不休。

耦耕是两人一组进行耕作,这是学术界所公认的。问题在于两人如何耕作,用什么工具耕作,为什么要这样耕作。自汉代以来关于耦耕的观点主要有以下几种:

其一,"二人使犁"说。清承培元《说文引经证例》认为耦耕是"古一犁驾二牛,或二人挽之,长沮、桀溺耦耕是也"。这是一犁二人,长沮、桀溺具体是如何耕种的并没有交代。《皇清经解续编》所收清夏炘《学礼管释》卷一三"释二耜

---

[1] 〔先秦或西汉〕佚名撰,〔西晋〕孔晁注,袁宏点校:《逸周书》卷四,齐鲁书社2010年版,第37页。

为耦",则认为是两人各执一耜,左右并发,而前面用牛牵引。这是二人二耜加上牛,稍有不同。陆懋德认为"耜是犁头,而最初的犁用人拉","如以人言,则是二人同时工作,一人在后扶犁,一人在前拉犁,如此二人并耕,是谓之耦也"。①

其二,"一跖一拉"说。孙常叙认为耦耕是两人相对,一人踏耒一人拉耜的操作方法:"耦耕,除两个人面对面的之外,它的生产工具耜下还系着一条绳子。耕地时,一人把耒,同时用脚向下踏耜上耒下的横木,使耜深入土中;另一人跟他合耦对面立着,待耜已入土之后,他向怀里用力拉绳,使入土的耜向前推块发土掘出地面。……这一跖一拉的动作,决定它们必须是对面合耦的。"②

其三,"两人共执一耒而耕"说。徐中舒认为:"古代耦耕,二人共踏一耒或耜,故耒或耜的柄之下端接近刺地的歧头处,或安装犁鞋处,安装一小横木,左右并出,适为两人足踏之处。"③何兹全也认同此观点,"对于木制的耒耜,推耜端入土是比较困难的,因此有二人共踏的必要",两人共踏一耜,"使耜平衡入土,不仅是可能的,而且是必要的"。④

其四,"一耕一耰"说。万国鼎认为,"耦耕也许是一人耕一人耰配合进行的耕作法","在完全用人力耕作时,用耒耜掘地发土,和用摩田器摩平土块,都是比较费时的,因此最好的办法是,组成二人小组,一人掘地发土,一人跟着把掘发出来的土块打碎摩平。因此推想,耦耕就是这样耕和耰配合着进行的一种工作方法"。⑤

其五,"二人二耜并耕"说。《周礼·地官司徒·里宰》:"以岁时合耦于锄,以治稼穑。趋其耕耨,行其秩叙,以待有司之政令,而征敛其财赋。"东汉郑玄注引《周礼·冬官考工记·匠人》"耜广五寸,二耜为耦"时说:"此言两人相助,耦而耕也。"唐颜师古在注《汉书》卷二四《食货志上》"后稷始甽田,以二耜为耦"时也说:"并两耜而耕。"⑥《宋朝事实类苑》卷七三《诈妄谬误·踏犁》:"按耦耕以双耜并耕,了非踏犁之制,(苏)易简之浅陋,甚矣。"⑦清阮元编《清经解》第三

---

① 陆懋德:《中国发现之上古铜犁考》,《燕京学报》1949年第37期。
② 孙常叙:《耒耜的起原和发展》,《东北师范大学科学集刊》1956年第2期。
③ 徐中舒:《论西周是封建制社会——兼论殷代社会性质》,《历史研究》1957年第5期。
④ 何兹全:《说耦耕》,载《中华文史论丛》第三辑,中华书局1963年版。
⑤ 万国鼎:《耦耕考》,《农史研究集刊》第一册,科学出版社1959年版。
⑥ 〔汉〕班固撰,〔唐〕颜师古注:《汉书》,中华书局1962年版,第1138页。
⑦ 〔南宋〕江少虞:《宋朝事实类苑》,上海古籍出版社1981年版,第968页。

册载清人程瑶田《沟洫疆理小记·耦耕义述》:"一人之力能任一耜,而不能以一人胜一耜之耕,何也?无佐助之者,力不得出也。故必二人并二耜而耦耕之,合力同奋,刺土得势,土乃迸发,以终长亩不难也。"现代学者也有很多人赞同这一说。

不过,也有解释为二人二耜相对共发一尺之地,即不是并发一尺之地。如《周礼·冬官考工记》贾公彦疏说:"二人虽共发一尺之地,未必并发。"唐人贾公彦外,唐人孔颖达、清人孙诒让等都是这种观点。①

其六,"协作换工"说。汪宁生认为:"古代耦耕不是使用耒耜的方法问题,而是劳动人民在各项农业劳动中广泛实行的一种劳动协作,这种协作常常是通过换工方式进行的。"②

对于以上各种说法,我们认为还是"二人并耕"说较为符合历史实际。只是因为古代的记述过于简略,后人又因没有真正了解周代的耕作制度和耕作方式,以致对"二人二耜并耕"产生怀疑,于是出现了各种各样的解释,但又因缺乏客观依据而难以自圆其说。限于篇幅,我们不对各家说法进行一一讨论,只正面申述对"二人二耜并耕"说的意见。③

耦耕的"耦"是指两人一组,各家都无歧义。耦耕的"耕"字,有时是指耕翻土地,有时又是一切农业生产劳动的泛称。所以,说耦耕不一定是专指用耜耕地是有一定道理的。但是耕地却是农业生产中最重要的劳动,耦耕一定包括用耜耕地,谈耦耕就绝对不能不谈整地时的耦耕情形。只要搞清了整地时的耦耕情况,就是抓住了问题的核心,其他农业劳动中的"耦"都是由此派生,可以迎刃而解。从最原始的文献记载中就可以看到这一点。《毛诗·周颂·噫嘻》:

噫嘻成王!既昭假尔。率时农夫,播厥百谷。

---

① 杨宽:《古史新探》,中华书局1965年版,第9—10、41—42页;汪宁生:《耦耕新解》,《文物》1977年第4期。
② 汪宁生:《耦耕新解》,《文物》1977年第4期。
③ 关于对耦耕的各家解释的辨析,详见汪宁生:《耦耕新解》,《文物》1977年第4期;宋兆麟:《从民族学资料看耦耕》,《中国历史博物馆馆刊》1983年创刊号;李根蟠:《耦耕纵横谈》,《农史研究》1983年第1期;周昕:《说"耦"》,《中国农史》2004年第3期;王星光、符奎:《关于耦耕问题的探讨》,《农业考古》2011年第1期;等等。

骏发尔私,终三十里。亦服尔耕,十千维耦。①

这是描述西周成王籍田时,在纵横三十里的田野中有两万(十千耦)农夫在田官(骏,即田官)的指挥下劳动,为的是"播厥百谷"。"私"有释为"耜",有释为"私田"。从此诗是描写农夫在公田中劳动及"骏"指田官来看,"私"释为耜较为合理。即这"十千维耦"的农夫是在用耜耕地,播厥百谷。这是用耒耜耕地播种时的耦耕情况。《毛诗·周颂·载芟》:

　　载芟载柞,其耕泽泽。千耦其耘,徂隰徂畛。……
　　有略其耜,俶载南亩。播厥百谷,实函斯活。……②

这里描述在周王的田里有两千(千耦)农夫在开荒垦地、播种百谷的情况。其使用的工具也是耒耜。此外,《毛诗·周颂·良耜》:"畟畟良耜,俶载南亩。播厥百谷,实函斯活。"③《毛诗·小雅·大田》:"以我覃耜,俶载南亩。播厥百谷,既庭且硕。"④虽然都未明言耦耕,但从都是用"良耜""覃耜"来"俶载南亩""播厥百谷"等情况判断,应和《载芟》篇一样,都是用耜在耦耕。因此,有人认为耦耕不一定是用耜耕地是不对的,离开耜这种工具来谈耦耕是不符合《诗经》所描写的耦耕情况的。

　　不过《诗经》只告诉我们用耜在耦耕,却没有描写如何用耜来耦耕。具体谈到这个问题的是《周礼·冬官考工记·匠人》:"匠人为沟洫,耜广五寸,二耜为耦。一耦之伐,广尺深尺谓之畎。"⑤这里说得很清楚:在开挖沟渠时,用的工具是宽五寸的耜,沟渠的宽度等于两把耜的宽度,深度也一样,即"广尺深尺"。设想一下,如果是一个人用五寸宽的耜来挖沟渠,就得先挖右边表面的五寸,再挖左边的五寸,然后再挖下面右边的五寸和左边的五寸土。这样不停地改变动作和位置(挖沟不是松土,还要考虑挖出来的土往哪里抛),就要耗费很多体力。

---

① 〔汉〕毛公传,〔汉〕郑玄笺,〔唐〕孔颖达等正义:《毛诗正义》卷一九,〔清〕阮元校刻:《十三经注疏(附校勘记)》(上册),中华书局1980年版,第591—592页。
② 〔汉〕毛公传,〔汉〕郑玄笺,〔唐〕孔颖达等正义:《毛诗正义》卷一九,〔清〕阮元校刻:《十三经注疏(附校勘记)》(上册),中华书局1980年版,第601—602页。
③ 〔汉〕毛公传,〔汉〕郑玄笺,〔唐〕孔颖达等正义:《毛诗正义》卷一九,〔清〕阮元校刻:《十三经注疏(附校勘记)》(上册),中华书局1980年版,第602页。
④ 〔汉〕毛公传,〔汉〕郑玄笺,〔唐〕孔颖达等正义:《毛诗正义》卷一四,〔清〕阮元校刻:《十三经注疏(附校勘记)》(上册),中华书局1980年版,第476页。
⑤ 王云五主编,林尹注译:《周礼今注今译》卷一一,台湾商务印书馆1979年版,第471页。

如果是挖"广二尺深二尺"的"遂"和"广四尺深四尺"的"沟",一个人就更要疲于奔命了。如果是两个人同时用耜挖掉上面的五寸土,再挖下面的五寸土,就比较方便,劳动效果比一个人好得多,从而提高了劳动生产率。如果是用更古老的单尖耒或双尖耒来挖土的话,就更需要两把耒同时插地才能把土翻起来。前引清代程瑶田在《沟洫疆理小记·耦耕义述》中说"刺土得势,土乃迸发",是符合实际情况的,不能简单斥之为"纯是书斋中想象之词"①。

挖沟洫如此,大田耕作也是如此。因为古代农田需要开沟排水,这是沟洫农业的特点,大田耕作首先要将沟洫整治好,这是农田基本建设之一。其次,这个时期已经出现垄作法,要求将田地开成一条条沟,培起一道道的垄。它的规格正是沟宽一尺、垄宽一尺,也是需要用五寸宽的"二耜为耦"。如果是一个人来做这一工作,势必忽而向左翻土,忽而向右翻土,既费力又不方便。如果是两人并耕,一个向左翻土,一个向右翻土,就比较容易完成任务。如果像有些学者所设想的那样,一人拉绳,一人踏耜,那这两个人就得不停地变换位置,忽左忽右,疲于奔命,实在不比并耜而耕的效果好。至于所谓"二人对耕"或"共踏一耜"等方法,就更不实用,也不符合实际情况。

所以,耦耕就是两人执二耜(或耒、锸)同时并耕,一人向右翻土,一人向左翻土。它是适应当时沟洫农业和垄作法的农艺要求的。但是并不到此为止。因为农田耕作并非纸上谈兵,不可能每挖一下都正好挖起一块五寸见方的泥土,也不可能点滴不漏地都翻到垄上去,有些泥土甚至还会掉回沟里,翻上去的泥土也必须打碎才便于播种(即所谓"耦而耰")。总之,沟中必须清理,田垄必须整治。这道工序可能是两个耕种者同时完成(边耕边耰),也可能是耕完之后再进行,更可能是由另外两个劳动力来负责。特别是像"十千维耦""千耦其耘"这样大规模的集体劳动中更是如此。打碎土块的劳动强度较轻,推想古代耦耕时也可能是由体力较差的妇女来做的。到底由谁和谁组成一对(暂称"耦耰")和耦耕者配合,就需要管理监督劳动者的大小管家们来安排组织。如《周礼·地官司徒·里宰》载里宰定期"合耦于锄",《吕氏春秋·季冬纪》载司农"计耦耕事,修耒耜,具田器"。

---

① 汪宁生:《耦耕新解》,《文物》1977年第4期。

耕地时如此,中耕也如此。有的学者认为"耦耕和中耕除草不相干"①,实际上中耕也是需要两人一组进行的。因为垄作制是把庄稼种在垄上或沟里,即《吕氏春秋·任地》"上田弃亩,下田弃甽",因此,除草松土时,两人同时进行,一个锄垄的右边,一个锄垄的左边,要比一个人忽左忽右地挥舞锄头来回奔跑效率高。这大概就是前引《诗经·周颂·载芟》所说的"千耦其耘"和《逸周书·大聚解》所说的"耦耕□耘",我们不妨称之为"耦耘"。当然,"耦耘"的劳动强度比"耦耕"轻,但仍需双方劳动力大体相当,才便于齐头并进,西汉刘向《说苑·正谏》所说的"若与子同耕,则比力也"的原则在此也适用。② 在西周,"耦耘"的技术要求不如耦耕严格,在劳动时本来是可以一前一后或从不同方向耘起,对劳动质量不会有什么影响,比起"耦耘"动不动就使用千耦万耦的农夫下田,还跟着一大批管家、监工、打手,为了便于安排、组织、监督、检查农夫们的劳动,防止他们怠工,采取齐头并进的劳动方式要方便得多。只有到了封建社会以后,农民们进行个体劳动时,才不一定要求那样严,但这时耦耕也就被其他耕作方式所代替了。

2. 垄作技术的发展

西周的耦耕,都与沟洫农业有着密切的关系。通常的情况下,挖掘沟渠中的泥土要翻到两旁形成高于地面的垄,有沟必有垄,两者密不可分。垄在商周时期称为亩,沟称为甽。正如程瑶田所说:"有甽然后有垄,有垄斯有亩,故垄上曰亩。"③

大约到西周时,由于沟洫制度的形成,甽亩也随之日益发展。因此《诗经》中就经常提到亩:

《毛诗·大雅·绵》:"乃疆乃理,乃宣乃亩。"

《毛诗·豳风·七月》:"同我妇子,馌彼南亩。"

《毛诗·小雅·甫田》:"自古有年,今适南亩。……以其妇子,馌彼南亩。……禾易长亩,终善且有。"

《毛诗·小雅·大田》:"以我覃耜,俶载南亩。"

---

① 万国鼎:《耦耕考》,《农史研究集刊》第一册,科学出版社1959年版。
② 〔汉〕刘向著,王锳、王天海译注:《说苑全译》,贵州人民出版社1992年版,第381页。
③ 〔清〕程瑶田:《沟洫疆理小记·甽浍异同考》,载〔清〕阮元编:《清经解》第三册,上海书店1988年版。

《毛诗·小雅·信南山》:"我疆我理,南东其亩。"
《毛诗·周颂·载芟》:"有略其耜,俶载南亩。"
《毛诗·周颂·良耜》:"畟畟良耜,俶载南亩。"①

诗中的"乃疆"指划分疆界,"乃理"指治理土地,"乃宣"指疏通沟渠,"乃亩"指整治田垄,"南亩"指将地里的田垄整治成南北向,"南东其亩"指将田垄整治成东南向。当时的田垄大多数是修成南北向的,故南亩有时就成为大田的代称,所谓"俶载南亩"就是在田垄上耕作;所谓"禾易长亩",就是庄稼生长在长条形的田垄上。而整治田亩的工具就是锋利的"良耜"和"覃耜","二耜为耦"进行耦耕,将沟渠里的泥土挖起翻到两边的田垄上,就是所谓的"乃宣乃亩"。当然,田垄修治的方向是根据地形的具体情况而定的,还要考虑水流和阳光照射的方向。如南北向的"南亩"或东南向的"南东其亩"就便于较长时间接受阳光照射,可增强光合作用,提高土温,有利于庄稼的生长。而东西向的"东亩",阳光就难以照射到后面庄稼的根部,不利于庄稼的生长。

垄作法的推行对当时的农耕技术和农业工具都产生了深刻的影响。首先,条播在实行垄作之前,一般是采取缦田撒播方式进行播种,田里的庄稼散乱地生长,没有一定的株行距,既不利于庄稼的通风透光,又无法进行中耕除草,同时播种量也较大,耗费种子。实行垄作,庄稼种在垄上(下田弃畎)或者沟里(上田弃亩),有了一尺宽的行距,田里的通风透光性能特别好,有利于庄稼的生长,尤其是垄沟呈南北向的田亩,即《诗经》中所谓的"南亩",阳光可以直接照射到每一行庄稼的下部,对植物的光合作用有利,可以提高作物的产量,所以条播优于缦田撒播。《诗经》中就有反映条播的诗句,《毛诗正义》卷一七《大雅·生民》:"禾役穟穟,麻麦幪幪,瓜瓞唪唪。"《毛诗故训传》:"役,列也。穟穟,苗好美也。幪幪然,茂盛也。唪唪然,多实也。"②列是行列之义,即田中的禾谷是一列列地生长着,应是条播的结果。夏纬瑛认为"禾役穟穟"的"穟穟"是形容行列的,应解释为通达之貌。他举《吕氏春秋·辩土篇》有"纵行必术"为证,认为"术"古时与"穟"通用,"术"字应该与"穟"同义。"为什么禾谷的行列要穟穟

---

① 分别参见〔汉〕毛公传,〔汉〕郑玄笺,〔唐〕孔颖达等正义:《毛诗正义》,〔清〕阮元校刻:《十三经注疏(附校勘记)》(上册),中华书局1980年版,第510、389、473—475、476、470、602、602页。
② 〔汉〕毛公传,〔汉〕郑玄笺,〔唐〕孔颖达等正义:《毛诗正义》,〔清〕阮元校刻:《十三经注疏(附校勘记)》(上册),中华书局1980年版,第530页。

呢? 当然是为了通风和容易感受阳光,这就反映西周时代的农业已经施行条播了。条播早已是我国农作中的一种优良方法。"①《毛诗·齐风·南山》描写道:"艺麻如之何? 衡从其亩。"②"衡从"即横纵,东西为横,南北为纵,说明当时的田垄(亩)是整治成东西向或南北向的长条状,也是适合于条播的,可见夏先生的分析是有道理的。

其次在中耕层面。在缦田撒播的情况下,人是无法下到田里去中耕锄草的。实行垄作之后,田里的庄稼有了行距,人们就可以下田锄草。《毛诗正义》卷一四《小雅·甫田》:"今适南亩,或耘或耔,黍稷薿薿。"《毛诗诂训传》:"耘,除草也。耔,雍本也。"③耘是中耕锄草,耔是将锄松的土培壅到作物的根部。这些都是在条播的情况下才有可能进行的。中耕技术的出现是我国传统农业生产技术中的一大进步,这是垄作法带来的成果。

最后在钱镈层面。随着中耕技术的产生,中耕农具也随之出现。《毛诗·周颂·臣工》:"庤乃钱镈,奄观铚艾。"④钱是锄草的小铲,镈就是除草的小锄。《毛诗·周颂·良耜》:"其镈斯赵,以薅荼蓼。荼蓼朽止,黍稷茂止。"⑤也说明镈的确是锄草的农具。从考古材料得知,到春秋时期还出现了一种新型的锄草农具六角形铜锄。这种锄的宽度大于高度,将长方形的上面两角削去而成为六角形,体薄而宽,故不适合于掘土,只适合于锄草松土,安一长柄,人可以双手执锄柄站立田间锄草,既可以减轻劳动强度,又可提高劳动效率。锄造成六角形而不铸成四角形,则是为了适应垄作法的农艺要求。它可以用来整治垄沟,也可以用来中耕锄草,特别是在"上田弃亩"把庄稼种在沟里的情况下,用六角锄松土、除草不易伤害作物茎秆。它的功效就远比四角形的锄要高。

---

① 夏纬瑛校释:《夏小正经文校释》,农业出版社1981年版,第11页;夏纬瑛校释:《吕氏春秋上农等四篇校释》,中华书局1956年版,第82—83页。
② 〔汉〕毛公传,〔汉〕郑玄笺,〔唐〕孔颖达等正义:《毛诗正义》,〔清〕阮元校刻:《十三经注疏(附校勘记)》(上册),中华书局1980年版,第352页。
③ 〔汉〕毛公传,〔汉〕郑玄笺,〔唐〕孔颖达等正义:《毛诗正义》,〔清〕阮元校刻:《十三经注疏(附校勘记)》(上册),中华书局1980年版,第473页。
④ 〔汉〕毛公传,〔汉〕郑玄笺,〔唐〕孔颖达等正义:《毛诗正义》,〔清〕阮元校刻:《十三经注疏(附校勘记)》(上册),中华书局1980年版,第591页。
⑤ 〔汉〕毛公传,〔汉〕郑玄笺,〔唐〕孔颖达等正义:《毛诗正义》,〔清〕阮元校刻:《十三经注疏(附校勘记)》(上册),中华书局1980年版,第602页。

(三)栽培技术

1. 整地技术的发展

到了西周,对田亩的整治有了进一步的要求。如《毛诗·大雅·公刘》写道:"笃公刘,既溥既长,既景乃冈,相其阴阳,观其流泉。其军三单,度其隰原,彻田为粮。"[1]说的是周人祖先公刘在开辟又宽又长的土地之前,是依靠日影和山冈的位置,考察向阴和向阳的方位及泉水的流向才做决定的。然后按照军事组织的方式将民众编为三支队伍轮流整治田亩,根据土地的高低,开垦成农田种植粮食。可见当时开垦农田已经注意到朝向、水源及其流向等问题。

《毛诗正义·周颂·载芟》:"载芟载柞,其耕泽泽。"《毛诗诂训传》:"除草曰芟,除木曰柞。"[2]即在开垦农田时先要清除荒地上的野草和杂树。有时还要先放火烧荒,《毛诗·大雅·旱麓》:"瑟彼柞棫,民所燎矣。"[3]

开垦成的农田,还必须在田中挖成一条条的沟(洫)和一条条的垄(亩),即前面提到过的"南亩""南东其亩"和"衡从其亩"等。

但是当时还没有明确提出深耕的要求,这可能是因为在地广人稀和大量使用木石农具的情况下很难做到深耕,只有在金属农具,特别是铁农具推广之后,才有可能实现深耕的要求。目前唯一的文献资料就是《国语·齐语》记载管仲对齐桓公说过:"及耕,深耕而疾耰之,以待时雨。"[4]到了战国以后,很多文献都提到"深耕""疾耰",它已成为整地技术中的普遍要求,而这一技术要求产生于春秋时期,则完全是有可能的。

2. 播种技术

到了西周时期,播种技术又有更大的进步。首先是人们初步认识到播种与作物生长的关系。如《毛诗·周颂·载芟》:"有略其耜,俶载南亩。播厥百谷,

---

[1] 〔汉〕毛公传,〔汉〕郑玄笺,〔唐〕孔颖达等正义:《毛诗正义》,〔清〕阮元校刻:《十三经注疏(附校勘记)》(上册),中华书局1980年版,第543页。

[2] 〔汉〕毛公传,〔汉〕郑玄笺,〔唐〕孔颖达等正义:《毛诗正义》,〔清〕阮元校刻:《十三经注疏(附校勘记)》(上册),中华书局1980年版,第601页。

[3] 〔汉〕毛公传,〔汉〕郑玄笺,〔唐〕孔颖达等正义:《毛诗正义》,〔清〕阮元校刻:《十三经注疏(附校勘记)》(上册),中华书局1980年版,第516页。

[4] 〔春秋〕左丘明撰,上海师范大学古籍整理组校点:《国语》,上海古籍出版社1978年版,第228页。

实函斯活。驿驿其达,有厌其杰。厌厌其苗,绵绵其麃。载获济济,有实其积,万亿及秭。"①说的是用耒耜耕地之后,播下各种谷物的种子要颗粒饱满,成活率高,小苗出土整齐,禾苗生长旺盛,谷穗就长得又大又长,打下的粮食就堆满谷场,难以计数。这其中的关键,就是"播厥百谷,实函斯活",即要求播下的种子成活率高,禾苗才能生长得好。

其次是人们已初步认识选种的重要性。《毛诗·大雅·生民》:"诞后稷之穑,有相之道。茀厥丰草,种之黄茂。实方实苞,实种实褎。实发实秀,实坚实好,实颖实栗。"②说的是周族祖先后稷在种植庄稼时,先要观察土地性质,除去杂草,然后选择光亮美好("种之黄茂")、肥大饱满("实方实苞")的种子,播到地里覆盖泥土("实种实褎"),种子就会发芽生长、抽穗("实发实秀"),禾谷的籽实就长得坚实美好("实坚实好"),粮食就会得到丰收("实颖实栗")。《毛诗·小雅·大田》也说道:"大田多稼,既种既戒,既备乃事。以我覃耜,俶载南亩。播厥百谷,既庭且硕。"③夏纬瑛先生认为:"'戒',训'饬'。'饬'就是整理的意思。整理种子也就是选种。选好了种子,才好播种,故下文诗言'播厥百谷'。'既备乃事'就是说,播种前的事情已经准备好了。"④比起《载芟》来说,《生民》对种子的要求更加具体、明确,《大田》已将选种作为播种前的一个重要环节,就说明当时的人们已经积累了一定的选种知识。

最后是产生了"良种"的概念。《毛诗正义》卷一七《大雅·生民》:"诞降嘉种,维秬维秠,维糜维芑。恒之秬秠,是获是亩。恒之糜芑,是任是负,以归肇祀。"嘉种就是优良的品种。《毛诗诂训传》:"秬,黑黍也。秠,一稃二米也。糜,赤苗也。芑,白苗也。"⑤即秬、秠是黍的两个品种,糜、芑是粟的两个品种,它们都是当时粮食作物的优良品种,因种子好,产量也就高,收割起来在田里堆成

---

① 〔汉〕毛公传,〔汉〕郑玄笺,〔唐〕孔颖达等正义:《毛诗正义》,〔清〕阮元校刻:《十三经注疏(附校勘记)》(上册),中华书局1980年版,第602页。
② 〔汉〕毛公传,〔汉〕郑玄笺,〔唐〕孔颖达等正义:《毛诗正义》,〔清〕阮元校刻:《十三经注疏(附校勘记)》(上册),中华书局1980年版,第530页。
③ 〔汉〕毛公传,〔汉〕郑玄笺,〔唐〕孔颖达等正义:《毛诗正义》,〔清〕阮元校刻:《十三经注疏(附校勘记)》(上册),中华书局1980年版,第476页。
④ 夏纬瑛:《〈诗经〉中有关农事章句的解释》,农业出版社1981年版,第10页。
⑤ 〔汉〕毛公传,〔汉〕郑玄笺,〔唐〕孔颖达等正义:《毛诗正义》,〔清〕阮元校刻:《十三经注疏(附校勘记)》(上册),中华书局1980年版,第531页。

垛("是获是亩"),扛着背着运回装进粮仓("是任是负")。

《毛诗正义》卷二〇《鲁颂·闷宫》:"黍稷重穋,稙稚菽麦。"①《毛诗正义》卷八《豳风·七月》:"黍稷重穋,禾麻菽麦。"《毛诗诂训传》:"后熟曰重,先熟曰穋","先种曰稙,后种曰稚"。② 说明当时的粮食作物已有先熟后熟、先种后种的不同品种,看来都是当时的优良品种。良种概念的产生是当时育种、选种方面的一大成就。

3. 中耕技术

西周时期,已经认识到除草培土对作物生长的促进作用。如前引《毛诗正义》卷一四《小雅·甫田》:"今适南亩,或耘或耔,黍稷薿薿。"《毛诗诂训传》:"耘,除草也。耔,雝本也。"耘是中耕锄草,耔是将锄松的土培壅到作物的根部。既锄草又壅土,黍稷自然生长得很茂盛("黍稷薿薿")。前引《毛诗正义》卷一九《周颂·载芟》:"厌厌其苗,绵绵其麃。"《毛诗诂训传》:"麃,耘也。"孔颖达疏:"郭璞曰:'芸不息也。'"芸即耘,都是指在禾苗间进行锄草工作。

当时田间的杂草主要是莠和稂。如《毛诗·齐风·甫田》"维莠骄骄""维莠桀桀",③《毛诗·小雅·大田》"不稂不莠"④等。莠是形状像粟苗一样的狗尾巴草,稂是形状像黍苗一样的狼尾草,都是旱田农业中似苗实草的伴生杂草。当时人们已能识别并且要求清除干净,达到"不稂不莠"的程度,可见对除草的工作很重视。另外还有两种野草是荼和蓼。前引《毛诗·周颂·良耜》:"其镈斯赵,以薅荼蓼。荼蓼朽止,黍稷茂止。"即用锋利的农具镈将苦菜(荼)和蓼属植物(蓼)铲除掉,并让它们腐烂在田里,黍稷这些粮食作物就会生长茂盛。说明西周时期,不但强调中耕除草,而且已经利用野草来肥田了。联系到《礼记·

---

① 〔汉〕毛公传,〔汉〕郑玄笺,〔唐〕孔颖达等正义:《毛诗正义》,〔清〕阮元校刻:《十三经注疏(附校勘记)》(上册),中华书局1980年版,第614页。
② 〔汉〕毛公传,〔汉〕郑玄笺,〔唐〕孔颖达等正义:《毛诗正义》,〔清〕阮元校刻:《十三经注疏(附校勘记)》(上册),中华书局1980年版,第390、614页。
③ 〔汉〕毛公传,〔汉〕郑玄笺,〔唐〕孔颖达等正义:《毛诗正义》,〔清〕阮元校刻:《十三经注疏(附校勘记)》(上册),中华书局1980年版,第353页。
④ 〔汉〕毛公传,〔汉〕郑玄笺,〔唐〕孔颖达等正义:《毛诗正义》,〔清〕阮元校刻:《十三经注疏(附校勘记)》(上册),中华书局1980年版,第476页。

月令》所载季夏之月有"烧薙行水,利以杀草,如以热汤,可以粪田畴,可以美土疆"①,虽然说的是在整地之时焚烧野草,灌水沤烂,作为改良土壤的基肥使用,但是当时确已出现把野草作为绿肥的技术,应该说是一项了不起的成就。

4. 作物收割技术

《毛诗·周颂·臣工》:"命我众人,庤乃钱镈,奄观铚艾。"②说的是庄稼快要成熟,命令众农夫收起锄地的工具(钱、镈),拿出铚、艾演习收割。铚就是专门割取禾穗的石刀和蚌刀,艾就是便于割取禾秆的石镰和蚌镰,以及青铜镰刀等。看来在收割时,也是割穗和割秆分别进行的,不然就用不着同时使用两种工具了。

收获是耕种的目的,也是奴隶主们最关心的事情,入秋之后,各种作物都相继成熟,人们就忙个不停。《毛诗·豳风·七月》:"七月亨葵及菽""七月食瓜""八月剥枣""八月断壶""九月叔苴""十月获稻""十月纳禾稼,黍稷重穋,禾麻菽麦"。③《诗经》中还有许多诗篇描写收获的情形,有的场面还是非常热闹的。如前引《大雅·生民》:"维秬维秠,维穈维芑。恒之秬秠,是获是亩。恒之穈芑,是任是负。"是说秬、秠等作物成熟了,赶快收割,并在田中堆起垛来。穈、芑等作物成熟了,赶快收割,挑着背着运回仓。在收获之前,还要先准备好打谷的场地,《豳风·七月》:"九月筑场圃,十月纳禾稼。"④收获的时候非常忙碌紧张,《周颂·良耜》:"获之挃挃,积之栗栗。"⑤是说收割时镰刀响成一片,粮食堆积得高高的。可能由于人少地多,劳动量比较大(当然也可能是替主人收割的农夫积极性不高),收割时不是那么认真细致,田间掉下很多谷穗没有捡起来,《小

---

① 〔汉〕郑玄注,〔唐〕孔颖达等正义:《礼记正义》,〔清〕阮元校刻:《十三经注疏(附校勘记)》(上册),中华书局1980年版,第1371页。
② 〔汉〕毛公传,〔汉〕郑玄笺,〔唐〕孔颖达等正义:《毛诗正义》,〔清〕阮元校刻:《十三经注疏(附校勘记)》(上册),中华书局1980年版,第591页。
③ 〔汉〕毛公传,〔汉〕郑玄笺,〔唐〕孔颖达等正义:《毛诗正义》,〔清〕阮元校刻:《十三经注疏(附校勘记)》(上册),中华书局1980年版,第391页。
④ 〔汉〕毛公传,〔汉〕郑玄笺,〔唐〕孔颖达等正义:《毛诗正义》,〔清〕阮元校刻:《十三经注疏(附校勘记)》(上册),中华书局1980年版,第391页。
⑤ 〔汉〕毛公传,〔汉〕郑玄笺,〔唐〕孔颖达等正义:《毛诗正义》,〔清〕阮元校刻:《十三经注疏(附校勘记)》(上册),中华书局1980年版,第602页。

雅·大田》"彼有不获稚,此有不敛穧。彼有遗秉。此有滞穗",只好"伊寡妇之利",①让她们去拾取了。

二、沟洫制及沟洫农业的发展

农田沟洫发展到周代,技术水平有了新的进步,逐渐臻于制度化、规范化。西周是中国奴隶制的后期阶段,经济基础是井田制。在井田制最发达的地区,一定面积的方块田上配套有一定规格的沟渠,构成纵横交错的沟洫网络。

关于当时沟洫的布置格局,《周礼》中有比较具体的描述。《周礼》一书虽然普遍被认为是战国时代的作品,但其中的资料记载距西周时期不久,其所述井田沟洫的布置形态,与西周的实际情况大致不会相差太远。

依据《周礼》中的有关记载,西周的沟洫布置,大体上可分为旱地和泽地两种。《周礼·冬官考工记·匠人》载:"匠人为沟洫,耜广五寸,二耜为耦。一耦之伐,广尺、深尺谓之甽。田首倍之,广二尺、深二尺谓之遂。九夫为井,井间广四尺、深四尺谓之沟。方十里为成,成间广八尺、深八尺谓之洫。方百里为同,同间广二寻、深二仞谓之浍。专达于川,各载其名。"②又《周礼·地官司徒·遂人》记载:"凡治野,夫间有遂,遂上有径;十夫有沟,沟上有畛;百夫有洫,洫上有涂;千夫有浍,浍上有道;万夫有川,川上有路,以达于畿。"③

这里所说的是旱地上沟洫系统的布置格局,规制相当严密。按"古人制田,始于一亩","亩"既是计算耕地面积的单位,又是一种高起畦畴的名称。"亩"与"亩"之间布置"甽";百亩之田为一"夫","夫"与"夫"之间布置"遂";九夫之田为一"井","井"方一里,"井"与"井"之间布置"沟";地方十里为"成","成"与"成"之间布置"洫";地方百里为"同","同"与"同"之间布置"浍";"川"当为天然的河流,不是人工开凿的水沟。甽、遂、沟、洫、浍等五级水沟和亩、夫、井、成、同相配套,构成井井有条、沟沟相通的网络系统;同时,又利用开凿沟洫取出

---

① 〔汉〕毛公传,〔汉〕郑玄笺,〔唐〕孔颖达等正义:《毛诗正义》,〔清〕阮元校刻:《十三经注疏(附校勘记)》(上册),中华书局1980年版,第477页。
② 王云五主编,林尹注译:《周礼今注今译》卷一一,台湾商务印书馆1979年版,第471—472页。
③ 王云五主编,林尹注译:《周礼今注今译》卷四,台湾商务印书馆1979年版,第157—158页。

的土料修筑相应的径涂道路,做到"遂上有径""沟上有畛""洫上有涂""浍上有道""川上有路"。这样,便形成了由沟洫系统和道路系统交加的经界方正、阡陌纵横的井田图像。

井田规划中布置如此稠密的沟洫系统,其作用到底是什么? 汉代郑玄在为《周礼注疏·地官司徒·遂人》写的注文中说:"遂、沟、洫、浍,皆所以通水于川也。"又有《秋官司寇·雍氏》注亦云:"沟、渎、浍,田间通水者也。"[1]他认为当时危害农业的主要是水潦,其所以在井田上布置沟洫,是为了排水除涝。后世研究沟洫制度者多赞同郑玄的说法。如清代程瑶田专门研究过沟洫问题,写有《沟洫疆理小记》,他在论述沟洫作用时认为"备潦非备旱也"[2]。稍后于程瑶田的沈梦兰撰《五省沟洫图说》,也认为古代的沟洫之制为除水害。[3]

从上述"匠人为沟洫……"这一段文字反映的情况来看,周人井田中规划的沟洫,确是一个有条有理的农田排水系统,而不像灌溉渠系。畎、遂、沟、洫、浍五级水沟,与今日华北平原排水沟系中的毛沟、墒沟、小沟、中沟、大沟相类似。"畎",属于田间临时性水沟,深、宽各为1尺,其作用是汇集地面之水泄入"遂";"遂"是田块之间(夫间)的水沟,深、宽各为2尺,其作用是汇集诸"畎"之水入于"沟";"沟"是"井"与"井"之间的水沟,深、宽各为4尺,汇集诸"遂"之水入于"洫";"洫"是"成"与"成"之间的水渠,深、宽各为8尺,汇集诸"沟"之水入于"浍";"浍"是"同"与"同"之间的水沟,为沟洫系统中最大的一级水沟,深、宽各为16尺,汇聚诸"洫"之水泄入天然的河川。就是说,沟洫工程是按照控制范围的大小布置的,其深、宽逐级倍增。从田间的"畎"到最大一级汇流入天然河川的"浍",一级比一级深,一级比一级宽,形成脉络贯通、宣泄畅达的自流排水系统。如此,如《孟子》卷八《离娄章句下》所说,纵使"七八月之间雨集,沟浍皆盈,其涸也。可立而待也"[4],无害于旱地农作物的生长。

当然,除了旱地农业的沟洫,《周礼》中还有关于中原地区泽地沟洫系统的

---

[1] 〔汉〕郑玄注,〔唐〕贾公彦疏:《周礼注疏》卷一五、三六,〔清〕阮元校刻:《十三经注疏(附校勘记)》,中华书局1980年版,第741、885页。
[2] 〔清〕阮元编:《清经解》第三册,上海书店1988年版。
[3] 〔清〕沈梦兰:《五省沟洫图说》,农业出版社1963年版,第51页。
[4] 〔汉〕赵岐注,〔宋〕孙奭疏:《孟子正义》,〔清〕阮元校刻:《十三经注疏(附校勘记)》,中华书局1980年版,第2727页。

记载。《周礼·地官司徒·稻人》载："稻人,掌稼下地。以潴畜水,以防止水,以沟荡水,以遂均水,以列舍水,以浍泻水,以涉扬其芟作田。凡稼泽,夏以水殄草而芟荑之。泽草所生,种之芒种。旱暵,共其雩敛。丧纪,共其苇事。"[1]这一段文字所说的是泽地稻区水利的规划整治。"稻人"是掌管低田农事的,"下地"是低洼下湿之地。泽地稻区的问题与旱地不同,其工程设施亦因之而异。水稻喜湿,宜于低湿洼地种植,但也必须有相应的水利工程设施。《稻人》中所说的"以潴畜水,以防止水"是性质不同的两项工程,前者是利用洼地蓄水滞涝,后者为筑堤防洪,防止外水侵入。这两项措施的目的是解决洪涝弥漫的问题,为泽地的开发利用创造了条件。"以沟荡水"和"以浍泻水"中的"沟"和"浍",是泽地稻区的输水、排水设施,即用"沟"把水平和地输入稻区,以"浍"汇聚水泄入大川。"以遂均水,以列舍水"中的"遂"和"列"是田间工程,"遂"是田间小沟,其任务是均衡地将水输送到田畴,"列"是稻区纵横错列的塍岸(田埂);"舍"是居、储的意思,"以列舍水"就是修筑塍岸留储稻田中的水层。"以遂均水"和"以列舍水"是相辅相成的关系,前者均水于田,后者储水于田,缺一不可。

由此看出,《周礼》中的《稻人》《匠人》和《遂人》所述,是不同类型的两种工程形式。《匠人》中的工程由甽、遂、沟、洫、浍五级沟系组成,属于农田排水系统,其任务是解决旱作农地的除涝排水;《稻人》中的工程比《匠人》复杂,不仅有用以排水的"浍",而且有蓄水的"潴"、防水的堤、施水的"沟"、均水的"遂"和关水的田塍,形成了基本可适应水稻栽培需要的水利工程系统了。不过,比起以后的排灌工程,这还只能算对泽地水土的初步开发,农业生产还不得不更多地依赖天然降雨。故当干旱之时,稻人"共其雩敛",要举行祈雨的祭祀。

沟洫制的兴起,是大禹"尽力乎沟洫"的继续和发展,标志着先民在改造自然的道路上向前更进了一步。随着农田沟洫系统的配置,在中国农业史上形成了一种别具一格的农业形态——沟洫农业。这种农业形态既不同于靠天吃饭的原始农业,又异于以后的引水溉田的灌溉农业。沟洫的功能是"通水于田,泄水于川",既可以防止水潦为害,在一定程度上又可以发挥浸润土壤的效用。因此,在一般情况下,它能保障农业生产较为稳定有效。

沟洫制度的推行,促进了中原地区的农地开发,缓和了水旱矛盾,提高了农

---

[1] 王云五主编,林尹注译:《周礼今注今译》卷四,台湾商务印书馆1979年版,第169页。

作物的产量。从《诗经》中一些诗篇反映的情况来看,当时的农业生产呈现兴盛发达的景象。例如,《小雅·楚茨》:"我黍与与,我稷翼翼。我仓既盈,我庾维亿。"《小雅·信南山》:"雨雪雰雰,益之以霡霂。既优既渥,既沾既足。生我百谷。疆埸翼翼,黍稷彧彧。曾孙之穑,以为酒食。"《小雅·甫田》:"曾孙之稼,如茨如梁;曾孙之庾,如坻如京。乃求千斯仓,乃求万斯箱。黍稷稻粱,农夫之庆。"①这些诗句无不形象地显示出当时黍稷繁茂、百谷丰登、仓庾充盈的盛况。西周时期,农田灌溉尚未发展起来,其他促进农业增产的因素也很有限,百谷丰产、仓储丰盈的面貌之所以出现,与"乃宣乃亩"沟洫制的推行无疑是密切相关的。

沟洫制促进农业增产的作用,主要是由于它在一定程度上调节了水土矛盾。所以,沟洫工事愈能合理配套,则排水除涝的效果愈好,润湿土壤的效益愈高,促进作物增产的作用愈益明显。但是,要在井田规划中布置成套的沟洫工程系统,绝非少数人所能进行,也不是个别地区、个别村社所能孤立地从事。它需要组织众多的劳动力,联合农村公社的集体力量,统一规划和部署。因此,沟洫农业的开拓,在一定意义上又推动了按地域结合的农村公社的发展,乃至高居于一切公社之上的诸侯国家的形成。据《诗经》记载,西周时代,"十千维耦""千耦其耘"的集体劳动的规模很大,农村公社制成为当时社会的重要支柱。造成这种情况的历史因素固然很复杂,但与沟洫农业的发展不能说没有一定的联系。例如,西周的农村公社里就设有职掌沟洫水利的"遂人""稻人""匠人"和"雍氏"等。"遂人"掌排水系统,"稻人"掌下地稻作及其水利工程,"匠人"掌沟洫工程的规划治理,"雍氏"的职责也是"掌沟渎浍池之禁"②。这说明经营沟洫农业确是当时农村公社的基本职能之一。

沟洫农业的发展对后世耕作方法的演进也产生了深远的影响。西周的沟洫制是为解决水土矛盾设计的,与沟洫工程相应配套的是高畦垄作法,即所谓"甽顺水势,亩倾甽势"。但由于地势有高有低,旱涝矛盾不尽相同,其基本特点是高地患旱,洼地病涝。《周礼注疏·地官司徒·小司徒》:"乃经土地而井牧其

---

① 分别参见〔汉〕毛公传,〔汉〕郑玄笺,〔唐〕孔颖达等正义:《毛诗正义》卷一三、一三、一四,〔清〕阮元校刻:《十三经注疏(附校勘记)》,中华书局 1980 年版,第 467、470—471、475 页。
② 〔汉〕郑玄注,〔唐〕贾公彦疏:《周礼注疏》卷一五、一六、四二、三六,〔清〕阮元校刻:《十三经注疏(附校勘记)》,中华书局 1980 年版,第 740—741、746、931、885 页。

田野,九夫为井,四井为邑,四邑为丘,四丘为甸,四甸为县,四县为都,以任地事而令贡赋,凡税敛之事。"郑玄注云:"沟洫为除水害。"①《毛诗·大雅·绵》所载周人"乃宣乃亩"②的原则,对于解决高地患旱、洼地病涝的矛盾都有启迪作用。《吕氏春秋·任地》篇里记载了一种"甽亩法":"上田弃亩,下田弃甽。"其田间布置是甽亩相间,宽度均为1尺。"下田弃甽",庄稼种在亩上,利用甽排水除涝;"上田弃亩",庄稼种在甽内,利用亩挡风防旱。由此可见,其甽亩的设计布置与井田沟洫制中的"乃宣乃亩"极其相似,很可能是沟洫制中"乃宣乃亩"方法因地制宜的变通和运用。因此,如果说《吕氏春秋》中的"甽亩法"的形成是春秋战国时期耕作方法的一大进步,那么这个进步的胚胎则孕育于西周的沟洫农业,是与沟洫制配合的"垄作法"的继续与发展。

另外,河南地区国营畜牧业也有所发展。《史记》载周武王灭商之后,"济河而西,马散华山之阳而弗复乘;牛散桃林之野而不复服"。张守节《正义》:"桃林在华山之旁,此二处并是牛马放生地,初伐就此取之,今事竟归之前处。"③说明华山之南和桃林(今属河南灵宝)一带在周初已是放牧牛马的国有畜牧业基地了。这些牛马不可能是野牲畜,因为野牛马是无法驾驭的,更不要说以之骑射打仗了。《史记》云:"造父幸于周穆王。造父取骥之乘匹,与桃林盗骊、骅骝、绿耳,献之穆王。"④可以说明周时桃林是著名的国有牧场。

三、水利灌溉的初步形成

传说我国农田灌溉事业始于商代。我国现存的最早的农学著作《氾胜之书》称:"汤有旱灾,伊尹作区田,教民粪种,负水浇稼。"⑤但这只是一种传说,未见于先秦文献记载。我国灌溉实践的确凿记载,首见于《诗经》中,《毛诗·大雅

---

① 〔汉〕郑玄注,〔唐〕贾公彦疏:《周礼注疏》卷一一,〔清〕阮元校刻:《十三经注疏(附校勘记)》,中华书局1980年版,第711—712页。
② 〔汉〕毛公传,〔汉〕郑玄笺,〔唐〕孔颖达等正义:《毛诗正义》卷一六,〔清〕阮元校刻:《十三经注疏(附校勘记)》(上册),中华书局1980年版,第510页。
③ 〔汉〕司马迁:《史记》卷二四《乐书》,中华书局1959年版,第1299页。
④ 〔汉〕司马迁:《史记》卷四三《赵世家》,中华书局1959年版,第1779页。
⑤ 石声汉:《氾胜之书今释(初稿)》,科学出版社1956年版,第38页。

·泂酌》载:"泂酌彼行潦,挹彼注兹,可以濯溉。"①"濯"是洗涤,"溉"是灌溉,"挹"是以容器酌水,"挹彼注兹"以灌溉,大约就是提水灌田。又《毛诗正义·陈风·泽陂》载:"彼泽之陂,有蒲与蕑。"《毛诗诂训传》:"陂,泽障也。"《正义》载,"泽障"就是"泽畔障水之岸"。② 在泽畔筑岸障水,既可防洪,也可蓄水溉田。《毛诗·小雅·黍苗》载:"原隰既平,泉流既清。"③高而平的地方叫"原",低而湿的地方叫"隰",整治好的土地叫"平",治理好的泉流叫"清"。据此可知,"原隰既平",似指整治土地;"泉流既清",大约是清理水源和水道。

将以上这些诗句联系起来看,西周时代农田灌溉的新芽已经破土而出,并且有了引水灌溉和提水灌溉两种方式。为了便于农田灌溉,人们对水源、耕地做了初步整治,修建了蓄水、引水设施。虽然工程极其简陋,灌溉也限于很小的范围之内,但从河南古代农田水利事业的发展过程而言,应该视为农田灌溉的萌芽时期。不过,这种萌芽状态延续了漫长的历史时期。由于广大劳动者被束缚在井田制下,生产的积极性受到压抑,同时铁制农具还没有开始使用,这一切都阻碍着大规模农田灌溉工程的兴办,影响着灌溉事业的发展。

西周时期的人工灌溉有进一步发展。如上《毛诗正义·陈风·泽陂》所载"泽障",就是小型的拦水坝,是用坝围成的陂塘,平时可以蓄水,旱时放水灌溉庄稼。陂塘主要是拦蓄山洼间的流水和雨水,当然也会拦蓄山间的泉水,因此当时人们对泉水是相当留心的。《诗经》中经常提到泉水,如《大雅·公刘》"逝彼百泉,瞻彼溥原""相其阴阳,观其流泉"。《大雅·瞻卬》:"觱沸槛泉,维其深矣。"《大雅·皇矣》:"无饮我泉,我泉我池。"《小雅·大东》:"有冽氿泉。"《小雅·四月》:"相彼泉水,载清载浊。"《邶风·泉水》:"毖彼泉水……我思肥泉,兹之永叹。"《邶风·凯风》:"爰有寒泉,在浚之下。"《曹风·下泉》:"洌彼下

---

① 〔汉〕毛公传,〔汉〕郑玄笺,〔唐〕孔颖达等正义:《毛诗正义》卷一七,〔清〕阮元校刻:《十三经注疏(附校勘记)》(上册),中华书局1980年版,第544页。
② 〔汉〕毛公传,〔汉〕郑玄笺,〔唐〕孔颖达等正义:《毛诗正义》卷七,〔清〕阮元校刻:《十三经注疏(附校勘记)》(上册),中华书局1980年版,第379页。
③ 〔汉〕毛公传,〔汉〕郑玄笺,〔唐〕孔颖达等正义:《毛诗正义》卷一五,〔清〕阮元校刻:《十三经注疏(附校勘记)》(上册),中华书局1980年版,第495页。

泉。"《卫风·竹竿》:"泉源在左,淇水在右。"①

总之,夏商周三代是河南农业一个曲折而缓慢的发展阶段。夏代的主要农作物继承和发展了原始农业的基本类型,农业工具和其他生产领域技术都在不断更新,农田沟洫系统则是在大禹治水后得以有条件发展。殷商时期,人们对于农业生产的知识可以在甲骨文字中得到反映,无论是农具,还是"月令书"指导黍、麦、菽、水稻、大麻等栽培技术,沟洫系统、水利灌溉的发展方面,都体现了农业的不断发展。西周农业的发展,则体现在菑、新、畬休闲耕作制、田莱制、连年种植制等种植制度发展,耦耕技术、垄作技术等耕作技术不断革新,整地、播种、中耕、作物收割等技术的缓慢发展层面。此外,西周时期河南的沟洫制、沟洫农业、官营畜牧业及水利灌溉都有一定的发展。

---

① 分别参见〔汉〕毛公传,〔汉〕郑玄笺,〔唐〕孔颖达等正义:《毛诗正义》卷一七、一八、一六、一三、一三、二、二、七、三,〔清〕阮元校刻:《十三经注疏(附校勘记)》(上册),中华书局1980年版,第542—543、758、521、461、462、309、301、386、325页。

第三章 春秋战国时期河南古代农业的形成

公元前770年,周平王东迁雒邑(今洛阳市),史称"东周",包括春秋、战国两个时期,至周敬王四十四年(前476)前为春秋时期,战国时期则从周元王元年(前475)至秦朝建立(前221)。这一时期,随着生产力的发展,尤其是冶铁业的产生、发展,整个社会的经济面貌发生了改变。到战国中期,河南广大地区基本上完成了金属农具代替木、石农具地位的历史过程。铁质耕犁的出现,使得畜耕获得了发展,大型水利灌溉工程的修建又使人们共同维修沟洫不再是一种必要;铁器的大量使用,使农业生产的个体性增强,以铁质农具为生产工具的"一夫挟五口"个体农户,基本上可以独立完成百亩以上的农业耕作任务,古代农业逐渐形成。

第一节 土地制度的变革

春秋战国时期,原有的井田制已不再适应生产力发展,只有废除贵族的世卿、世禄制和土地分封制,才能满足生产力发展的要求。在此背景下,各诸侯国相继出现了变法,其重要变革就是土地制度。

一、春秋时期土地制度变革

春秋时期,土地关系的变革已经开始,其变革反映出奴隶制土地关系和劳役地租剥削方式为地主土地关系及实物地租剥削方式所取代的发展趋势。如齐国的管仲认为"相地而衰征,则民不移",将土地关系的变革作为"作内政而寄军令"的基础。① 所谓"相地而衰征",就是依据土地的好坏征收实物税,即《管子·大匡》所说的"按田而税"②,它废除了以往的公田助耕,实行按土地好坏和多少来征税的制度。晋国对井田制下土地关系的变革,则是将原来的公田赏赐给民众耕种,打破了井田中领地与份地的界限。《左传·僖公十五年》载晋国"作爰田""作州兵"。爰田,即易田、换田的意思。服虔说:"爰,易也,赏众以田,易其疆畔。"③鲁国的改革,也是先对领主土地关系着手改革,取消了公田(领地)与私田(份地)的区别和界限。《春秋公羊传注疏》卷一六载鲁宣公十五年(前594)实施"初税亩",即不再实行助法,改为根据土地征收实物税。何休注云:"时宣公无恩信于民,民不肯尽力于田,故履践案行,择其善亩谷最好者,税取之。"④接着,鲁国改革军赋制度。鲁成公元年(前590)"作丘甲",《春秋公羊传注疏》卷一七何休注:"四井为邑,四邑为丘。甲,铠也。讥始使丘民作铠也。"⑤鲁哀公十二年(前483)"用田赋",《春秋左传正义·哀公十一年》载杜预注:"丘赋之法,因其田财通出马一匹、牛三头,今欲别其田及家财,各为一赋,故言田赋。"⑥

建都新郑的郑国,执政子驷"为田洫",《左传·襄公十年》载:"初,子驷为田洫,司氏、堵氏、侯氏、子师氏皆丧田焉。"杜预注:"洫,田畔沟也。子驷为田洫,以正封疆,而侵四族田。"⑦郑国开始限制贵族土地,将其多占的土地分给百姓。到子产执政时,郑国作"封洫","作丘赋"。《左传·襄公三十年》卷四〇

---

① 〔春秋〕左丘明撰,上海师范大学古籍整理组校点:《国语》,上海古籍出版社1978年版,第231、236页。
② 黎翔凤撰,梁运华整理:《管子校注》卷七,新编诸子集成39,中华书局2018年版,第407页。
③ 〔晋〕杜预注,〔唐〕孔颖达等正义:《春秋左传正义》卷一四,〔清〕阮元校刻:《十三经注疏(附校勘记)》,中华书局1980年版,第1806、1807页。
④ 〔汉〕公羊寿传,〔汉〕何休解诂,〔唐〕徐彦疏:《春秋公羊传注疏》卷一四,〔清〕阮元校刻:《十三经注疏(附校勘记)》,中华书局1980年版,第2286页。
⑤ 〔汉〕公羊寿传,〔汉〕何休解诂,〔唐〕徐彦疏:《春秋公羊传注疏》卷一四,〔清〕阮元校刻:《十三经注疏(附校勘记)》,中华书局1980年版,第2289页。
⑥ 〔晋〕杜预注,〔唐〕孔颖达等正义:《春秋左传正义》卷五九、五八,〔清〕阮元校刻:《十三经注疏(附校勘记)》,中华书局1980年版,第2170、2167页。
⑦ 〔晋〕杜预注,〔唐〕孔颖达等正义:《春秋左传正义》卷三一,〔清〕阮元校刻:《十三经注疏(附校勘记)》,中华书局1980年版,第1948页。

载:"子产使都鄙有章,上下有服,田有封洫。"①《左传·昭公四年》卷四二载:"郑子产作丘赋。"杜预注:"丘,十六井,当出马一匹、牛三头。今子产别赋其田,如鲁之田赋。田赋在哀十一年。"②郑国的改革,也是打破井田的封疆,并因之改变旧有的军赋制,从而加速奴隶制土地关系的瓦解。辖有河南部分地区的楚国,在鲁襄公二十五年(前548)开始整理土地,井田分给百姓耕种,缴纳实物地租,军赋固定化,原来的奴隶制土地关系逐渐向地主土地关系转化。《左传·襄公二十五年》卷三六载:"楚蒍掩为司马,子木使庀赋,数甲兵。甲午,蒍掩书土田,度山林,鸠薮泽,辨京陵,表淳卤,数疆潦,规偃潴,町原防,牧隰皋,井衍沃,量入修赋,赋车籍马,赋车兵、甲楯之数。"③

春秋时期,按亩征收的田税与按亩征收的田赋并列,是后世"税以足食"与"赋以足兵"的地主制剥削形态的发端。④

二、战国时期土地制度变革

战国时期,一些国家又分别实行变法,打击旧势力,发展和巩固新的土地关系。各国的变法革新形成了一个运动。占有河南中部和南部等地的楚国,《韩非子·和氏》载吴起在楚,"使封君之子孙三世而收爵禄,绝灭百吏之禄秩,损不急之枝官,以奉选练之士"⑤,《吕氏春秋·贵卒》又载吴起"令贵人往实广虚之地"⑥。占有河南西北部等地的韩国,《韩非子·外储说左上》载申不害相韩,

---

① 〔晋〕杜预注,〔唐〕孔颖达等正义:《春秋左传正义》卷三一,〔清〕阮元校刻:《十三经注疏(附校勘记)》,中华书局1980年版,第2013页。
② 〔晋〕杜预注,〔唐〕孔颖达等正义:《春秋左传正义》,〔清〕阮元校刻:《十三经注等正义(附校勘记)》,中华书局1980年版,第2035页。
③ 〔晋〕杜预注,〔唐〕孔颖达等正义:《春秋左传正义》,〔清〕阮元校刻:《十三经注等正义(附校勘记)》,中华书局1980年版,第1948页。
④ 胡钢:《中国古代土地市场发育研究》,西北农林科技大学2003年硕士学位论文,第16页。
⑤ 〔清〕王先慎撰,钟哲点校:《韩非子集解》卷四,新编诸子集成45,中华书局2018年版,第103页。
⑥ 许维遹撰,梁运华整理:《吕氏春秋集释》卷二一,新编诸子集成50,中华书局2018年版,第597页。

"法者见功而与赏,因能而授官"①。吴起和申不害的变法,都试图通过打击既无军功而又世世享受富贵的旧奴隶主贵族,摧毁建立在井田制基础上的分封制,进而瓦解井田制,建立新的权地关系。齐国,《管子·轻重甲》载管子相齐时,齐国实行"田野辟"②,奖励开垦,表明齐国井田制已遭到严重的破坏,新的土地关系已有相当的发展。这一时期的变法,较为著名的是魏国的魏文侯改革和秦国的商鞅变法。

占有河南北部等地的魏国,魏文侯先后拜魏成子、翟璜、李悝为相,以吴起为西河守、西门豹为邺令,推行变法,其中以李悝主持的改革最为有名。李悝改革最重要的内容之一,就是发展农业生产,强调"尽地力",鼓励农民"治田勤谨",实行"税亩"制度。《汉书》卷二四上《食货志上》:"李悝为魏文侯作尽地力之教,以为地方百里,提封九万顷,除山泽邑居参分去一,为田六百万亩,治田勤谨则亩益三升,不勤则损亦如之。……今一夫挟五口,治田百亩,岁收亩一石半,为粟百五十石,除十一之税十五石,余百三十五石。"③治百亩之田、承担十一税的五口之家,小农经济的特征显而易见。

此前的这些变法主要是从法律上不同程度地肯定了土地的私人占有权,而秦国的商鞅变法则最终在法律上确立了土地的私有制。商鞅变法,先建立与新的土地关系相适应的政治制度,奖励军功,限制宗室特权。《史记》卷六八《商君传》载:"有军功者,各以率受上爵……宗室非有军功论,不得为属籍。明尊卑爵秩等级,各以差次名田宅,臣妾衣服以家次。有功者显荣,无功者虽富无所芬华。"④接着,制度又规定限制贵族封地,废除井田,任凭农民开垦土地,在法律上确认土地的买卖,农民赋税外剩下的产品全归自己支配等。《史记·商君传》载:"为田开阡陌封疆,而赋税平。"⑤《汉书》卷二四上《食货志上》载:"至秦则不然,用商鞅之法,改帝王之制,除井田,民得卖买,富者田连仟伯,贫者亡立锥

---

① 〔清〕王先慎撰,钟哲点校:《韩非子集解》卷一一,新编诸子集成45,中华书局2018年版,第307页。
② 马非百:《管子轻重篇新诠》,新编诸子集成43,中华书局2018年版,第528页。
③ 〔汉〕班固撰,〔唐〕颜师古注:《汉书》,中华书局1962年版,第1124—1125页。
④ 〔汉〕司马迁:《史记》卷六八,中华书局1959年版,第2230页。
⑤ 〔汉〕司马迁:《史记》卷六八,中华书局1959年版,第2232页。

之地。"①商鞅变法使秦国逐渐强大,为并吞六国奠定了基础,"数年之间,国富兵强,天下无敌"②。《史记》卷八七《李斯传》云:"孝公用商鞅之法,移风易俗,民以殷盛,国以富强,百姓乐用,诸侯亲服,获楚、魏之师,举地千里,至今治强。"③战国时期,土地私有化已成为一种不可抗拒的历史趋势。正如《吕氏春秋·审分览》所说:"今以众地者,公作则迟,有所匿其力也;分地则速,无所匿迟也。"④《毛诗·齐风·甫田》亦云:"无田甫田,维莠骄骄。"⑤可见井田制已不能调动直接生产者的劳动积极性,实行土地私有制才能适应并促进生产力的发展。

第二节　农业种植饲养的变化

魏晋南北朝时期,河南农业生产结构发生了变化,稻作品种进一步丰富,小麦主产区初步形成,桑、麻、果、竹等以经济作物为主的林木种植更为普遍,鸡、马、牛、羊、猪、狗等禽畜养殖更为普及,家庭化种植饲养的趋势进一步增强。

一、稻作品种的丰富和小麦主产区的出现

到春秋时期,水稻栽培在北方进一步扩大,许多地区出现了关于稻作的记载。如《左传·哀公十一年》载:"夏,陈辕颇出奔郑。……道渴,其族辕咺进稻

---

① 〔汉〕班固撰,〔唐〕颜师古注:《汉书》,中华书局1962年版,第1137页。
② 〔唐〕杜佑撰,王文锦、王永兴、刘俊文等点校:《通典》卷一《食货一》,中华书局1988年版,第6页。
③ 〔汉〕司马迁:《史记》,中华书局1959年版,第2542页。
④ 许维遹撰,梁运华整理:《吕氏春秋集释》卷一七,新编诸子集成49,中华书局2018年版,第431页。
⑤ 〔汉〕毛公传,〔汉〕郑玄笺,〔唐〕孔颖达等正义:《毛诗正义》卷五,〔清〕阮元校刻:《十三经注疏(附校勘记)》(上册),中华书局1980年版,第353页。

醴、粱糗、腵脩焉。""稻醴",杜预注:"以稻米为醴酒。"①陈为今周口市淮阳区一带。郑州登封王城岗遗址也出土有春秋时期炭化水稻(表3-1)。据此可知,春秋时代在今河南中、东部都有水稻的栽培。

表3-1 河南出土春秋战国时期主要农作物部分统计表

(单位:粒)

遗址	时期	浮选土样份数（数量:粒）	粟	黍	小麦	稻谷	大豆	合计
登封王城岗遗址	春秋时期	67	434	7	65	1	1	508
禹州瓦店遗址	东周	10		2	1			3

说明:该表在张军涛《商代中原地区农业研究》表2-2和刘昶、方燕明:《河南禹州瓦店遗址出土植物遗存分析》表2基础上制作而成。②

《诗经》是我国最早记载水稻的文献,咏稻的诗句六见,所咏的是"稻"或"稌"的单字,没有品种含义。不过要强调的是,当时已经对水稻的糯性和非糯性有明确区分,"稌"即糯稻。古代文献中最早提到相当于现今水稻品种概念的是《管子》中的《地员》篇。现在多数学者认为《管子》一书系战国时的著作,也就是说,至迟在战国时代人们已有了水稻的品种概念。《地员》篇中依照土宜的原则,共记载了36种土壤类型,其中同水稻有关的土壤有五隐、五壤、五垆、五㠃、五桀5种,这5种土壤之下又各举了2个适宜种植的水稻品种名称,共有10个品种。③但因流传中有遗漏,实际上见到记载的不到10种。

据夏纬瑛分析,《地员》篇中应该记有10个品种,但实际上可以肯定的只有8个。五隐:其种大稰穛、细稰穛;五壤:其种大水肠、细水肠;五垆:其种大邯郸、细邯郸;五㠃:其种稜稻,黑鹅、马秩;五桀:其种白稻……以上五隐中的"大稰穛"及"细稰穛"是根据五壤、五垆中都分"大"和"细"的逻辑补上的,夏氏认为黑鹅和马秩是2个品种名,都属于稜稻,所以不把稜稻视为品种来统计;同样,他认为白稻之下也应有2个品种遗漏了,所以白稻也不作品种统计,因而得出

---

① 〔晋〕杜预注,〔唐〕孔颖达等正义:《春秋左传正义》,〔清〕阮元校刻:《十三经注疏(附校勘记)》,中华书局1980年版,第2166页。
② 张军涛:《商代中原地区农业研究》,郑州大学2016年博士学位论文,第50—52页;刘昶、方燕明:《河南禹州瓦店遗址出土植物遗存分析》,《南方文物》2010年第4期。
③ 黎翔凤撰,梁运华整理:《管子校注》,中华书局2004年版,第1071—1143页。

共8个品种的结论。① 游修龄说夏纬瑛是根据《地员》篇的行文结构得出这一结论的,而"五鳥"和"五桀"的行文本身已有很大的遗漏和改变,没有"大"和"细"的划分,其原貌已无法恢复,但所列稜稻、黑鹅、马秋和白稻都应是品种名,加上细稉穛,共应为10个品种。②

如前所述,在春秋战国时期,河南境内仍有稻作种植。河内地区相当于今河南省黄河以北部分和河北省南部,③这里水利条件优越,战国秦汉已成为水利区,水稻生产比较发达。如战国时魏国邺令西门豹、史起先后引漳水溉邺(今河北临漳县西南)一带,使魏国河内地区富裕起来。水稻是当时邺地的重要粮食作物,《汉纪》卷一五《孝武皇帝纪》:"魏之河内民歌之曰:'邺有令名为史公,决漳水兮溉邺旁,终古斥卤兮生稻粮。'"④

自战国以来洛阳附近就成为水稻产区。战国末年有东周、西周二小国,东周都巩(今巩义西南),西周都"河南"(今洛阳西),共临一条洛水。这里曾有"东周欲为稻,西周不下水"的故事,即东周想种水稻,西周却截断了下游水源,后来苏秦奔走于两国之间,说服西周放弃了断水决定,也因此获得奖赏。⑤

春秋战国时期,小麦在河南地区的种植区域继续扩大,河南地区初步成为小麦的主产区之一(表3-2)。据研究,这一时期小麦的种植区域在黄河流域,主要包括陕西东部、山西南部、河北南部、河南、山东等地,以及淮河以北的安徽北部、江苏北部等黄淮平原地区,其中又以河南和山东种植为多,河南和山东成为小麦的主产区。⑥登封王城岗遗址、禹州瓦店遗址都出土有这一时期小麦炭化种子。⑦

---

① 夏纬瑛校释:《管子地员篇校释》,农业出版社1981年版,第91—93、66、70、74、85—86页。
② 游修龄:《中国稻作史》,中国农业出版社1995年版,第79页。
③ 《史记》卷一二九《货殖列传》:"昔唐人都河东,殷人都河内,周人都河南。夫三河在天下之中,若鼎足,王者所更居也……"参见〔汉〕司马迁:《史记》,中华书局1959年版,第3262—3263页。
④ 〔东汉〕荀悦、〔东晋〕袁宏撰,张烈点校:《两汉纪》,中华书局2017年版。
⑤ 王守谦、喻芳葵、王凤春等译注:《战国策全译·东周策》,贵州人民出版社1992年版,第8页。
⑥ 李成:《黄河流域史前至两汉小麦种植与推广研究》,西北大学2014年博士学位论文,第59页。
⑦ 张军涛:《商代中原地区农业研究》,郑州大学2016年博士学位论文,第50—52页;刘昶、方燕明:《河南禹州瓦店遗址出土植物遗存分析》,《南方文物》2010年第4期。

表 3-2 文献所载春秋战国时期河南地区小麦种植区域简表

文献出处	文献中的产麦地区	具体地理位置	时代
《诗经·王风·丘中有麻》	王畿之地	河南洛阳及其附近地区	春秋
《诗经·鄘风·桑中》	沫地	河南淇县	春秋
《诗经·鄘风·载驰》	鄘地	河南新郑	春秋
《诗经·鲁颂·閟宫》	鲁地	山东南部、河南、江苏、安徽交界处	春秋
《左传·隐公三年》	温地	河南温县	春秋
《左传·襄公二十九年》	郑地	河南新郑	春秋
《左传·哀公十七年》	陈地	河南淮阳	春秋
《战国策·东周策》	东周公国	河南巩义	战国
《战国策·韩策》	韩国	山西南部及河南北部	战国
《周礼·夏官·职方氏》	豫州	陕西东部及河南中西部	战国
《周礼·夏官·职方氏》	青州	山东泰山以南、河南东南、淮水以北	战国
《周礼·夏官·职方氏》	兖州	山东西部、河南东部、河北南部	战国

说明:该表在李成《黄河流域史前至两汉小麦种植与推广研究》表 3-2《春秋至西汉早期文献记载中的小麦种植区域》基础上制作而成。①

据《礼记》《吕氏春秋》,当时所种小麦秋种夏收,为冬小麦。《礼记·月令》载仲秋之月,"乃劝种麦,毋或失时,其有失时,行罪无疑"②。《吕氏春秋·仲秋纪》载仲秋之月,"乃劝种麦,无或失时";《吕氏春秋·季春纪》季春之月,"荐鲔于寝庙,乃为麦祈实";《吕氏春秋·孟夏纪》载孟夏之月,"农乃升麦。天子乃以彘尝麦,先荐寝庙","麦秋至"。③

---

① 李成:《黄河流域史前至两汉小麦种植与推广研究》,西北大学 2014 年博士学位论文,第 59 页。
② 〔汉〕郑玄注,〔唐〕孔颖达等正义:《礼记正义》卷一六,〔清〕阮元校刻:《十三经注疏(附校勘记)》,中华书局 1980 年版,第 1374 页。
③ 许维遹撰,梁运华整理:《吕氏春秋集释》卷八、卷三、卷四,新编诸子集成 50,中华书局 2018 年版,第 177、60、87 页。

二、经济林木种植的发展

春秋战国时期,除农作物之外,桑、麻、漆等经济作物的种植也占有重要地位。春秋战国时期,山区、丘陵植被受人工开发影响小,河南境内动植物资源丰富,覆盖率较高。动物资源种类多,这从《山海经》[①]所载可见一斑(表3-3)。但是,这一时期,河南境内农业种植养殖继续发展,很多地区是五谷桑麻六畜的发达地区。《史记》载:"沂、泗水以北,宜五谷桑麻六畜,地小人众,数被水旱之害,民好畜藏,故秦、夏、梁、鲁好农而重民。三河、宛、陈亦然,加以商贾。"[②]这说明河南域内的夏、梁、三河、宛、陈等地以种植桑麻等经济作物知名。

表3-3 《山海经》所见春秋战国至西汉初河南山区、丘陵动植物分布简表

山经次目		今地望	木本、草本植物	兽、禽、鱼	有植被山岭百分率%	草、木种属比例	《山海经》卷数,页码
中山经	二经	伊水南外方山	桑、竹箭(小竹丛)芒草	山驴、麋鹿、马腹、蠪蛭、鸣蛇、化蛇鹞	33	1:2	卷五,120—123页
	三经	渑池、新安一带崤山	枣、蔓居之木(牡荆)苟草	夫诸鸲鸟飞鱼	60	1:2	卷五,123—127页
	四经	熊耳山	漆、椶(zōng,棕榈树)、竹箭(小竹丛)、竹𥳽、芰荨苧、茜草	麈(麋)、犀渠、獭、马腹、㸰牛、羬羊赤鷩	33	1:5	卷五,127—131页

[①] 袁珂译注:《山海经全译》,贵州人民出版社1991年版。
[②] 〔汉〕司马迁:《史记》卷一二九《货殖列传》,中华书局1959年版,第3270页。

(续表)

山经次目		今地望	木本、草本植物	兽、禽、鱼	有植被山岭百分率%	草、木种属比例	山海经卷数,页码
中山经	五经、六经	崤山	槐、柳、桑、樗(chū)、榖(构)、椶、枏、桐、柞、竹、竹箭、棘(小枣树)、桃、橁(椿)、蒳(bèi)、苍术、白术、芫华、芍药、天门冬、麦门冬、山药、秦艽(qiú)、蕙草、寇脱、苦辛、蒿草	狄(dì)、鸰鹋、麈(大鹿)、牸牛、羬羊、良马(騑骝、绿耳)、旋龟、赤鷩、人鱼、脩辟鱼	40	1:2	卷五,131—142页
	七经	嵩山、箕山	计柏、柏、柘、天楄、蒙木、帝休、枏木、帝屋、亢木、凤条、焉酸、蓇草、无条、牛棘、嘉荣、细辛、䔯(草)、葰草、茇草	山膏、鮨、鰧、鮁	79	1:0.7	卷五,142—152页
	八、十、十一经	伏牛山及方城山	榖、羊桃、椆、楮、椐、漆、梓、松、柏、桑、帝女桑、柘、枏、柞、杻、橿梨、柤梨、栗、椶、梅、杏、紫藤、寄生树、花椒树、小栗树、无患子树、櫄、柚、橘、桃枝竹、钩端(小竹)、竹、楢、李、桤木、檀、牡荆、莽草、鸡谷、枸杞、山韭、门冬、嘉荣草、香草	虎、豹、黑豹、犛牛、山驴、麋、麢、鹿、驼鹿、鹿、雍和、羚羊、臭、豺、儿、野牛、野猪、牸牛、羬羊、梁渠、獜、闻獜、狼、狙如、狻即、㺄(水獭)、鸣蛇、三足鳖、白犀、白鴳、鸠、跂踵、八哥、婴勺、青耕、䮝䑋、大鱼、鲛鱼(鲨鱼)、蛟、人鱼	74	1:6	卷五,152—159页、165—182页
	中山经	中条山	杻、橿、栎、竹、雕棠、植楮、籜(tuō)、天婴、龙骨、兰草、鬼草、蒼棘(天门冬)、荣草	䑏、豪鱼、飞鱼	66	1:1.6	卷五,115—120页

(续表)

山经次目	今地望	木本、草本植物	兽、禽、鱼	有植被山岭百分率%	草、木种属比例	《山海经》卷数,页码
北次三经	太行山	松柏、漆、竹、竹箭、枸、枥、柘、秦椒、紫草、芍药、芎䓖、诸蕽	䮝、天马、飞鼠、领胡、肥遗蛇、鹘鹊、青蛙、白蛇、䴅、鹛鹛、酸与、黄鸟、精卫、象蛇、人鱼、鲐父鱼、鳐鱼	34	1∶3.5	卷三,78—95页

说明:此表在徐海亮《历代中州森林变迁》一文中表的基础上修改、增补而成。① 补充木本植物,增补草本植物、兽禽鱼及《山海经》卷数、页码等内容;表中"北次三经"原误为"水次三经","中山经"下的"中山经"实际上可称为"中山一经"。

1. 桑柘的种植。春秋战国时期,种桑养蚕是一项重要的农事活动。《吕氏春秋·季春纪》:"是月也,命野虞无伐桑柘,鸣鸠拂其羽,戴任降于桑,具栚曲蘧(筥)筐,后妃斋戒,亲东乡躬桑。禁妇女无观,省妇使,劝蚕事,蚕事既登,分茧称丝效功,以共郊庙之服,无有敢堕。"② 战国时期,种桑养蚕是一个家庭维持日常生活的三大支柱之一。《孟子》卷二七《尽心章句上二十二章》:"五亩之宅,树墙下以桑,匹妇蚕之,则老者足以衣帛矣。五母鸡,二母彘,无失其时,老者足以无失肉矣。百亩之田,匹夫耕之,八口之家,足以无饥矣。"③《庄子·让王》载:"(颜)回有郭外之田五十亩,足以给飦(zhān)粥;郭内之田十亩,足以为丝麻;鼓琴足以自娱;所学夫子之道者足以自乐也。"④

这一时期,河南境内桑蚕经济也有所发展。梁宋地区的桑林兴盛,诸多文献有载。《毛诗·曹风·鸤鸠》载:"鸤鸠在桑,其子在榛。"⑤ 卫国迁都楚丘后,都城内辟有桑园。《毛诗·鄘风·定之方中》载:"望楚与堂,景山与京,降观于

---

① 徐海亮:《历代中州森林变迁》,《中国农史》1988 年第 4 期。
② 许维遹撰,梁运华整理:《吕氏春秋集释》卷三,新编诸子集成 49,中华书局 2018 年版,第 62—63 页。
③ 〔清〕焦循撰,沈文倬点校:《孟子正义》,新编诸子集成 6,中华书局 2018 年版,第 981 页。
④ 〔清〕王先谦撰:《庄子集解》卷八,新编诸子集成 35,中华书局 2018 年版,第 309 页。
⑤ 〔汉〕毛公传,〔汉〕郑玄笺,〔唐〕孔颖达等正义:《毛诗正义》卷七,〔清〕阮元校刻:《十三经注疏(附校勘记)》,中华书局 1980 年版,第 385 页。

桑……星言夙驾,说于桑田。""降观于桑",注:"地势宜蚕,可以居民";"星言夙驾,说于桑田",注:"雨止,为我晨早驾,欲往为辞说于桑田,教民稼穑,务农急也"。① 汝、颍水流域的郑国有桑的种植。《毛诗·郑风·将仲子》:"将仲子兮!无逾我墙,无折我树桑。"②战国楚人宋玉《登徒子好色赋》云:"臣(宋玉)少曾远游,周览九土,足历五都。出咸阳,熙邯郸,从容郑卫溱洧之间。是时向春之末,迎夏之阳,鸧鹒喈喈,群女出桑。此郊之姝,华色含光。体美容冶,不待饰装。"③

河南境内丝织品的流行亦反映了桑蚕丝织业的发展。《礼记·内则》云:"女子十年不出,姆教婉、娩、听从,执麻枲,治丝茧,织纴、组、纫,学女事以共衣服。"④治茧织丝是"妇功"的重要内容。汝、颍水流域的郑国丝纺织业较为兴盛。《毛诗·郑风·丰》:"衣锦褧衣,裳锦褧裳。"⑤宋平公(前575—前532年在位)侍妾曾赠送"锦与马"给左师。⑥

桑树的种植,从众多的涉桑地名也可见一斑。《左传·僖公二年》秋,"虢公败戎于桑田"。注:"桑田,虢地,在弘农陕县东北。"⑦《左传·成公六年》六月,"楚师还。晋师遂侵蔡。楚公子申、公子成以申、息之师救蔡,御诸桑隧。"注:"汝南朗陵县东有桑里,在上蔡西南。"⑧《左传·昭公十六年》秋九月,"大雩,旱也。郑大旱,使屠击、祝款、竖柎,有事于桑山。斩其木,不雨。子产曰:'有事于山,蓺山林也。而斩其木,其罪大矣。'夺之官邑"。注:"有事,祭也","蓺,养护

---

① 〔汉〕毛公传,〔汉〕郑玄笺,〔唐〕孔颖达等正义:《毛诗正义》卷三,〔清〕阮元校刻:《十三经注疏(附校勘记)》,中华书局1980年版,第316页。
② 〔汉〕毛公传,〔汉〕郑玄笺,〔唐〕孔颖达等正义:《毛诗正义》卷四,〔清〕阮元校刻:《十三经注疏(附校勘记)》,中华书局1980年版,第337页。
③ 〔梁〕萧统编,〔唐〕李善注:《文选》卷一九,岳麓书社2002年版,第596页。
④ 〔汉〕郑玄注,〔唐〕孔颖达等正义:《礼记正义》卷二八,〔清〕阮元校刻:《十三经注疏(附校勘记)》,中华书局1980年版,第1471页。
⑤ 〔汉〕毛公传,〔汉〕郑玄笺,〔唐〕孔颖达等正义:《毛诗正义》卷四,〔清〕阮元校刻:《十三经注疏(附校勘记)》,中华书局1980年版,第344页。
⑥ 〔晋〕杜预注,〔唐〕孔颖达等正义:《春秋左传正义·襄公二十六年》卷三七,〔清〕阮元校刻:《十三经注疏(附校勘记)》,中华书局1980年版,第1991页。
⑦ 〔晋〕杜预注,〔唐〕孔颖达等正义:《春秋左传正义》卷一二,〔清〕阮元校刻:《十三经注疏(附校勘记)》,中华书局1980年版,第1791页。
⑧ 〔晋〕杜预注,〔唐〕孔颖达等正义:《春秋左传正义》卷二六,〔清〕阮元校刻:《十三经注疏(附校勘记)》,中华书局1980年版,第1903页。

令繁殖"。①

考古发现的丝织品、桑蚕等遗迹、遗物在一定程度上也揭示出这一时期河南境内桑蚕业的发展状况。三门峡上村岭春秋早期虢国墓地 M2001 外棺上覆有一层丝织物,内棺上面铺有一层红色丝织物;棺内南侧一组合兽面下的墓主人身上铺有色泽鲜艳、触之富有弹性的红色或黄色丝织物数十层,厚约 3—5 厘米;墓主人身下铺有六七厘米厚的黄色粉末状物,触之富有弹性,疑为丝织品腐朽而成;墓主人周身上下及面部均放置玉器,包括 1 件覆盖于墓主人面部的缀于丝织品上面的玉幎目(缀玉面罩)、1 件玉组佩饰、12 件金腰带饰,这些器物的背面一般都有丝织物的纹理印迹,当是墓主人入葬时的殓服,是汉代出土的殓服"玉衣"的雏形;随葬品中,还有 1 件剑身外包裹一层丝织品的玉茎铜芯铁剑。② 同墓地 M2006 出土 2 件玉蚕。③ 同墓地 M2010 外棺上面覆盖有四层织物,上面三层为丝帛,上有零星朱砂,应为文献记载中所谓的"荒";还出土 2 件蚕形玉琀。④

辉县战国时期墓葬琉璃阁 M75 出土铜豆柄上刻画两幅采桑图,M76 出土铜壶盖上也刻画有采桑图。⑤ 洛阳地区,战国时期的墓葬、车马坑,如洛阳西郊四

---

① 〔晋〕杜预注,〔唐〕孔颖达等正义:《春秋左传正义》卷四七,〔清〕阮元校刻:《十三经注疏(附校勘记)》,中华书局 1980 年版,第 2080 页。
② 河南省文物研究所、三门峡市文物工作队:《三门峡上村岭虢国墓地 M2001 发掘简报》,《华夏考古》1992 年第 3 期。作者将三门峡上村岭虢国墓地年代置于西周晚期。三门峡上村岭虢国墓地始葬年代,主要有三种观点:一是西周晚期至春秋早期,二是两周之际,三是春秋早期。也就是说,虢国墓地的年代主要为两种观点:一是西周晚期至春秋早期,二是春秋早期,但一般认为属春秋早期。这里取春秋早期的观点。参见印群:《论虢国墓地新出夫人及太子墓的年代及相关族氏的来源》,《三代考古》(辑刊)2006 年;王恩田:《"二王并立"与虢国墓地年代上限——兼论一号、九号大墓即虢公忌墓与虢仲林父墓》,《华夏考古》2012 年第 4 期;贾洪波:《关于虢国墓地的年代和 M2001、M2009 的墓主问题》,《中原文物》2014 年第 6 期;阚惠华:《三门峡虢国墓地的分期与年代研究》,河南大学 2020 年硕士学位论文;宁会振:《上村岭虢国墓地时代刍议》,《华夏考古》2000 年第 3 期;等等。
③ 河南省文物考古研究所、三门峡市文物工作队:《上村岭虢国墓地 M2006 的清理》,《文物》1995 年第 1 期。
④ 河南省文物考古研究所、三门峡市文物工作队:《三门峡虢国墓地 M2010 的清理》,《文物》2000 年第 12 期。
⑤ 郭宝钧:《山彪镇与琉璃阁》,科学出版社 1959 年版,第 67—68 页。

号墓棺木覆盖有丝织品,墓中铜舟底也有丝织物遗迹;①洛阳市针织厂C1M5269号墓出土的Ⅱ式铜剑茎上有保存完好的辫绳状丝质紫色缠緱,Ⅲ式铜剑茎上也有丝质紫色缠緱痕迹;②洛阳中州路战国车马坑出土的2组银错铜箍的一组乙管器表有缠裹有丝织品痕迹;③洛阳西郊四号墓棺木覆盖有丝织品,墓中铜舟底也有丝织物遗迹。④

信阳光山县春秋黄君孟夫妇墓黄夫人墓出土6件丝织品,包括2件紫色绣绢、4件绢,"黄夫人孟姬墓出土的紫色绣绢和'绢纺'纬重平组织织物,是我国纺织史研究中极为珍贵的标本";黄君孟墓出土1件灰黑色玉蚕蛾,长2.4厘米、宽0.8—1.8厘米、厚0.4—0.8厘米,中有一孔;黄夫人墓还出土2件玉蚕形饰、1件玉蚕纹饰。⑤ 信阳长台关战国中期七号楚墓出土的彩绘木俑颈部尚存少量的丝织衣物。⑥

2. 麻、葛的种植。葛与麻是同样重要的衣料来源。一般麻葛并举,说明葛的种植也是较为普遍的。荀子对时人的衣食来源有着深刻而全面的总结。《荀子·富国篇第十》:"今是土之生五谷也,人善治之,则亩数盆,一岁而再获之。然后瓜、桃、枣、李一本数以盆鼓;然后荤菜、百疏以泽量;然后六畜禽兽一而剸(tuán)车;鼋、鼍、鱼、鳖、鳅、鳣以时别,一而成群;然后飞鸟、凫、雁若烟海;然后昆虫万物生其间。可以相食养者,不可胜数也。夫天地之生万物也固有余,足以食人矣;麻葛、茧丝、鸟兽之羽毛齿革也固有余,足以衣人矣。"⑦从五谷、瓜果、

---

① 洛阳市文物工作队:《洛阳西郊四号墓发掘简报》,载杨作龙、韩石萍主编:《洛阳考古集成·夏商周卷》,北京图书馆出版社2005年版,第387—393页。
② 高虎、王炬:《洛阳市针织厂东周墓(C1M5269)的清理》,《文物》2001年第12期。
③ 洛阳博物馆:《洛阳中州路战国车马坑》,《考古》1974年第3期。
④ 洛阳市文物工作队:《洛阳西郊四号墓发掘简报》,载杨作龙、韩石萍主编:《洛阳考古集成·夏商周卷》,北京图书馆出版社2005年版,第387—393页。
⑤ 河南信阳地区文管会、光山县文管会:《春秋早期黄君孟夫妇墓发掘报告》,《考古》1984年第4期。此蚕蛾情况,河南省文物研究所《河南考古四十年(1952—1992)》(河南人民出版社1994年版,第448页)介绍为"1件灰黑色玉蚕纹饰,长2厘米、宽1.1厘米、厚0.1厘米,屈蚕形",稍有不同。
⑥ 河南省文物考古研究所、信阳市文物工作队:《河南信阳长台关七号楚墓发掘简报》,《文物》2004年第3期。
⑦ 〔战国〕荀况著,蒋南华、罗书勤、杨寒清注译:《荀子全译》,贵州人民出版社1995年版,第183页。

菜蔬、六畜禽兽、水生鱼鳖、鸟虫到麻葛、茧丝等,均为人们的衣食来源,而麻葛是满足人们衣料的重要来源之一。

如上《礼记·内则》所载,"执麻枲"是"妇功"的重要内容之一。春秋战国时期,麻的栽培技术已经很成熟。《吕氏春秋·审时》:"得时之麻,必芒以长,疏节而色阳,小本而茎坚,厚枲以均;后(厚)熟多荣,日夜分复(莩)生;如此者不蝗。"①以商丘为中心的梁宋地区,有麻的种植。如陈国,《毛诗·陈风·东门之池》:"东门之池,可以沤麻。"②陈国先后都于株野(今柘城胡襄镇)、宛丘(今淮阳城关一带),辖地大致为今河南东部和安徽西北部一部分。

种葛、织治葛布是春秋战国时期一项重要的农事活动。《史记》卷一三〇《太史公自序》:"墨者亦尚尧舜道,……夏日葛衣,冬日鹿裘。……此墨子之所长,虽百家弗能废也。"③《越绝书》卷八《越绝外传记地传》:"葛山者,句践罢吴,种葛,使越女织治葛布,献于吴王夫差。去县七里。"④河南境内,从葛的种植、采集到织治葛布、穿戴等,文献有征。如《毛诗·周南·葛覃》:"葛之覃兮,施于中谷,维叶萋萋。黄鸟于飞,集于灌木,其鸣喈喈。葛之覃兮,施于中谷,维叶莫莫。是刈是濩,为絺为绤,服之无斁。言告师氏,言告言归。薄污我私,薄浣我衣。害浣害否,归宁父母。"⑤《毛诗·邶风·旄丘》:"旄丘之葛兮,何诞之节兮?"⑥《毛诗·魏风·葛屦》:"纠纠葛屦,可以履霜。掺掺女手,可以缝裳。要之襋之,好人服之。"⑦《礼记》卷二《曲礼上》:"为天子削瓜者副之,巾以絺。为国君者华之,巾以绤。为大夫累之,士疐之,庶人龁之。"《正义》曰:"絺,细葛

---

① 〔战国〕吕不韦撰,夏纬瑛校释:《吕氏春秋上农等四篇校释》,农业出版社 1956 年版,第 113—115 页。
② 〔汉〕毛公传,〔汉〕郑玄笺,〔唐〕孔颖达等正义:《毛诗正义》卷七,〔清〕阮元校刻:《十三经注疏(附校勘记)》,中华书局 1980 年版,第 377 页。
③ 〔汉〕司马迁:《史记》,中华书局 1959 年版,第 3290—3291 页。
④ 〔东汉〕袁康、吴平辑录,俞纪东译注:《越绝书全译》,贵州人民出版社 1996 年版,第 179 页。
⑤ 〔汉〕毛公传,〔汉〕郑玄笺,〔唐〕孔颖达等正义:《毛诗正义》卷一,〔清〕阮元校刻:《十三经注疏(附校勘记)》,中华书局 1980 年版,第 276—277 页。
⑥ 〔汉〕毛公传,〔汉〕郑玄笺,〔唐〕孔颖达等正义:《毛诗正义》卷二,〔清〕阮元校刻:《十三经注疏(附校勘记)》,中华书局 1980 年版,第 305 页。
⑦ 〔汉〕毛公传,〔汉〕郑玄笺,〔唐〕孔颖达等正义:《毛诗正义》卷五,〔清〕阮元校刻:《十三经注疏(附校勘记)》,中华书局 1980 年版,第 357 页。

也","绤,粗葛也"。①

麻遗物的出土也证实了当时麻种植的广泛性。信阳光山县春秋早期黄君孟夫妇墓黄夫人墓出土 2 件麻鞋底,棺床上铺有麻织品。② 三门峡上村岭春秋早期虢国墓地 M2006 内器物出土时均有麻织品包裹痕迹。③ 同墓地 M2010 外棺上面覆盖有四层织物,最下一层是麻布棺衣。④ 同墓地 M2009 号仲墓出土 2 件麻布服饰,一件短裤和一件短褂,均由内、外两层颜色不同的布做成,外层均为土黄色的粗布,麻纤维可能为大麻纤维,短裤内层为红褐色的细布,短褂内层为浅黄褐色的细布,细布麻纤维可能是苎麻纤维。短裤裤腰部分残损,其余部分相对完好,残长 76 厘米、上宽 81 厘米、下宽 130 厘米,裆部相连,裤腿平齐;短褂右侧外部的前襟保存较好,其他部分残破为数十片,前襟长 70 厘米、残宽 40 厘米,内层细布最大残片长 46 厘米、宽 40 厘米。短裤是中原地区考古发现的时代最早的合裆裤,也是目前为止我国考古发现的时代最早的麻织品服饰。⑤ 洛阳中州路战国车马坑出土了两组银错铜箍,其中一组管内朽木缠绕有 0.5 厘米宽粗麻。⑥

3. 漆木的种植。据《诗·鄘风·定之方中》载,卫国迁都楚丘后,都城内种植漆木。以商丘为中心的梁宋地区,有漆树的种植。《史记》卷六三《老子韩非列传》载,战国时期宋国蒙县庄周"尝为蒙漆园吏"⑦。唐《元和郡县图志》卷七《宋州宋城县》下"小蒙故城":"县北二十二里,即庄周之故里。"⑧

---

① 〔汉〕郑玄注,〔唐〕孔颖达等正义:《礼记正义》,〔清〕阮元校刻:《十三经注疏(附校勘记)》,中华书局 1980 年版,第 1243 页。
② 河南信阳地区文管会、光山县文管会:《春秋早期黄君孟夫妇墓发掘报告》,《考古》1984 年第 4 期;河南省文物研究所:《河南考古四十年(1952—1992)》,河南人民出版社 1994 年版,第 448 页。
③ 河南省文物考古研究所、三门峡市文物工作队:《上村岭虢国墓地 M2006 的清理》,《文物》1995 年第 1 期。
④ 河南省文物考古研究所、三门峡市文物工作队:《三门峡虢国墓地 M2010 的清理》,《文物》2000 年第 12 期。
⑤ 李清丽:《虢国墓地 M2009 出土纺织品及相关问题》,《三门峡职业技术学院学报》2020 年第 4 期。
⑥ 洛阳博物馆:《洛阳中州路战国车马坑》,《考古》1974 年第 3 期。
⑦ 〔汉〕司马迁:《史记》,中华书局 1959 年版,第 2143 页。
⑧ 〔唐〕李吉甫撰,贺次君点校:《元和郡县图志》,中华书局 1959 年版,第 180 页。

当时漆的广泛应用表明漆树栽培的普遍性。如信阳光山县春秋黄君孟夫妇墓黄夫人墓出土漆木器3件，包括漆豆、漆斗、漆盖各1件，漆豆、漆盖为黑地朱红彩漆绘；漆盖内侧为朱红漆，外侧为黑漆，柄上红黑相间。① 春秋战国之际固始侯古堆一号墓出土1架钟架，其横梁每个眼的部位又均在梁上涂朱漆一周，余皆髹黑漆；6件漆雕木瑟；1件漆雕木鼓；1件漆木鼖鼓；1件盘龙、2件镇墓兽、2件俎、1件豆、1件漆木盒等木漆器。② 光山何小湾战国墓M1出土3件耳杯、3件俑、1件璧、1件奁盒等8件木漆器。③ 信阳长台关战国中期七号楚墓出土了数百件包括豆、案、盒、俎、耳杯、盾牌、长矛、人俑等漆木器。④

三门峡上村岭春秋早期虢国墓地M2001外棺壁板外表髹以红漆，盖板背面髹一层黑漆；棺罩上的一根方木的四面髹黑漆以为地，绘红色条状花纹；内棺外表面髹黑漆。⑤ 同墓地M2010外棺顶板表面髹黑漆。⑥ 洛阳市613所春秋时期墓葬出土有2件内外均朱漆的盘。⑦ 战国时期的洛阳西郊四号墓棺木内外壁施漆，朱漆为底，黑漆为表，覆以丝织品，反复髹漆达16层，厚达1厘米。⑧ 漆料来源于漆树。

4. 竹子的种植。从上表3-3可知，春秋战国时期，河南境内山区、丘陵竹木资源丰富。不过，竹木也是这一时期河南境内一种重要的经济林木。《周礼·夏官司马·职方氏》："河南曰豫州……其利林漆丝枲。"注："林，竹木也。"[疏]"云'林，竹木也'者，《地官》山林别官，故郑注云：'竹木生平地曰林。'今许州见平地多林木，故云林竹木也。"⑨ 竹木在平原地区得到栽种。

---

① 河南省文物研究所：《河南考古四十年(1952—1992)》，河南人民出版社1994年版，第448页。
② 固始侯古堆一号墓发掘组：《河南固始侯古堆一号墓发掘简报》，《文物》1981年第1期。
③ 刘春霞：《河南光山何小湾战国墓群发掘简报》，《中原文物》2016年第3期。
④ 河南省文物考古研究所、信阳市文物工作队：《河南信阳长台关七号楚墓发掘简报》，《文物》2004年第3期；河南省文物研究所：《河南考古四十年(1952—1992)》，河南人民出版社1994年版，第446—447页。
⑤ 河南省文物考古研究所、三门峡市文物工作队：《三门峡上村岭虢国墓地M2001发掘简报》，《华夏考古》1992年第3期。
⑥ 姜涛、杨海青、刘宇翔等：《三门峡虢国墓地M2010的清理》，《文物》2000年第12期。
⑦ 洛阳市文物工作队：《洛阳市613所东周墓》，《文物》1999年第8期。
⑧ 洛阳市文物工作队：《洛阳西郊四号墓发掘简报》，载杨作龙、韩石萍主编：《洛阳考古集成·夏商周卷》，北京图书馆出版社2005年版，第387—393页。
⑨ 〔汉〕郑玄注，〔唐〕贾公彦疏：《周礼注疏》卷三三，〔清〕阮元校刻：《十三经注疏(附校勘记)》，中华书局1980年版，第862页。

竹产品的广泛使用也可以佐证这一点。信阳光山县春秋早期黄君孟夫妇墓黄夫人墓出土竹器5件,右脚下置有竹排箫,由44根竹管组成,棺床上铺有粗细竹席;黄君孟墓出土1件竹弓。① 三门峡上村岭春秋早期虢国墓地M2001出土带有竹杆的箭镞。② 春秋战国之际固始侯古堆一号墓出土覆盖在木瑟上的朱、黄、银三色绘的竹质编织物,装订木鼓的竹钉,竹篾编席,彩绘竹杆。③ 春秋晚期至战国前期信阳长台关四号楚墓椁盖板上、殉人圆木之上、棺底板下均铺有竹席。④ 信阳长台关战国楚墓出土竹器(竹篓、竹筒)、竹简,其中竹简148枚。⑤ 竹器产品的多样化和日用化,说明竹子种植的广泛性。

春秋战国时期,河南境内还种植有其他经济作物,包括瓜果菜蔬。如《诗·鄘风·定之方中》:"定之方中,美卫文公也。卫为狄所灭,东徙渡河,野处漕邑,齐桓公攘戎狄而封之。文公徙居楚丘(今滑县东北),始建城市而营宫室,得其时制,百姓说之,国家殷富焉。定之方中,作于楚宫。揆之以日,作于楚室。树之榛、栗、椅、桐、梓、漆,爰伐琴瑟。"⑥卫国迁都楚丘后,都城内种植榛、栗、椅、桐、梓、漆等经济林木。《新序·刺奢》:"魏文侯(前445—前396年在位)见箕季,其墙坏而不筑,文侯曰:'何为不筑?'对曰:'不时。'其墙柱而不端。问曰:'何不端?'曰:'固然。'从者食其园之桃,箕季禁之。少焉日晏,进粝餐之食,瓜瓠之羹。文侯出,其仆曰:'君亦无得于箕季矣。曩者进食,臣窃窥之,粝餐之食,瓜瓠之羹。'文侯曰:'吾何无得于季也?吾一见季而得四焉:其墙坏不筑,云"待时"者,教我无夺农时也;墙柱而不端,对曰"固然"者,是教我无侵封疆也;从者食园桃,箕季禁之,岂爱桃哉?是教我下无侵上也;食我以粝餐、瓜瓠之羹

---

① 河南信阳地区文管会、光山县文管会:《春秋早期黄君孟夫妇墓发掘报告》,《考古》1984年第4期;河南省文物研究所:《河南考古四十年(1952—1992)》,河南人民出版社1994年版,第448页。
② 河南省文物考古研究所、三门峡市文物工作队:《三门峡上村岭虢国墓地M2001发掘简报》,《华夏考古》1992年第3期。
③ 固始侯古堆一号墓发掘组:《河南固始侯古堆一号墓发掘简报》,《文物》1981年第1期。
④ 河南省文物考古研究所:《信阳长台关四号楚墓的发掘》,《华夏考古》1997年第3期。
⑤ 河南省文物研究所:《河南考古四十年(1952—1992)》,河南人民出版社1994年版,第446—447页。
⑥ 〔汉〕毛公传,〔汉〕郑玄笺,〔唐〕孔颖达等正义:《毛诗正义》卷三,〔清〕阮元校刻:《十三经注疏(附校勘记)》,中华书局1980年版,第315页。

者,季岂不能具五味哉! 教我无多敛于百姓,以省饮食之养也.'"①魏国箕季有果园。考古发现也有佐证。如信阳光山县春秋早期黄君孟夫妇墓黄夫人墓椁板是栎木,棺板是梓木。② 当时的园艺作物方面,如信阳光山县春秋早期黄君孟夫妇墓黄夫人墓棺底布满花椒籽。③ 春秋战国之际固始侯古堆一号墓出土的一件青铜盒内盛有大半盒花椒。④

三、养殖业家庭化的转变

春秋战国时期,尤其是战国时期,家庭禽畜饲养业作为种植业的补充,得到普遍发展,在各国都较为发达。《周礼·夏官司马·职方氏》:"河南曰豫州……其畜宜六扰,其谷宜五种。"注:"六扰,马、牛、羊、豕、犬、鸡。五种,黍、稷、菽、麦、稻。"[疏]"云'六扰,马、牛、羊、豕、犬、鸡'者,此与《尔雅》六畜及《周礼》六牲一也。"⑤《孟子·梁惠王上》载:"鸡豚狗彘之畜,无失其时,七十可以食肉矣,百亩之田,勿夺其时,可以无饥矣。"⑥《荀子·荣辱》云:"今人之生也,方多蓄鸡狗猪彘,又蓄牛羊。"⑦

1. 马的饲养。据《史记·货殖列传》所载,春秋战国时期河南域内的夏、梁、三河、宛、陈等地以六畜为主的畜牧养殖业发达。其中马应该是首屈一指的。因战争和祭祀的需要,马的养殖规模和数量很大。《周礼·夏官司马·校人》载:

---

① 〔汉〕刘向著,李华年译注:《新序全译》卷六,贵州人民出版社1994年版,第203—204页。
② 河南信阳地区文管会、光山县文管会:《春秋早期黄君孟夫妇墓发掘报告》,《考古》1984年第4期。
③ 河南信阳地区文管会、光山县文管会:《春秋早期黄君孟夫妇墓发掘报告》,《考古》1984年第4期;河南省文物研究所:《河南考古四十年(1952—1992)》,河南人民出版社1994年版,第448页。
④ 固始侯古堆一号墓发掘组:《河南固始侯古堆一号墓发掘简报》,《文物》1981年第1期。
⑤ 〔汉〕郑玄注,〔唐〕贾公彦疏:《周礼注疏》卷三三,〔清〕阮元校刻:《十三经注疏(附校勘记)》,中华书局1980年版,第862页。
⑥ 〔清〕焦循撰,沈文倬点校:《孟子正义》卷三,新编诸子集成5,中华书局2018年版,第104页。
⑦ 〔战国〕荀况著,蒋南华、罗书勤、杨寒清注译:《荀子全译》,贵州人民出版社1995年版,第63页。

天子十有二闲,马六种。邦国六闲,马四种。家四闲,马二种。注:降杀之差,每厩为一闲。诸侯有齐马、道马、田马,大夫有田马,各一闲,其驽马则皆分为三焉。

[疏]赵商问:"《校人职》,天子有十二闲,六种,为三千四百五十六匹。邦国六闲,马四种,为二千五百九十二匹。家四闲,马二种,千七百二十八匹。商按:天子之卿,采地食小都,大夫食县,不审所由当能共此马数。故《礼记》家富不过百乘,谓其多也。《司马法》论之,甸方八里,有戎马四匹,长毂一乘。今大夫采地四甸,一甸税又给王,其余三甸,才有马十二匹,今又就《校人》之职相校,甚异何?"答曰:"邦国六闲四种,其数适当千二百九十六匹。家有四闲二种,又当八百六十四匹。今子以何术计之乎?此马皆君之所制为,非谓民赋。畿内百里之国者居四都,五十里之国居四县,二十五里之国居四甸,而引天子卿食小都,大夫食县,欲何以难?又《司马法》:'甸有戎马四匹,长毂一乘。'此为民出军赋,无与于天子国马之数。事条未理,而多纷纭。"赵商云"邦国二千五百九十二匹"者,谓三良,一良四百三十二匹,三良千二百九十六匹。驽三,其一种亦千二百九十六匹,故合为二千五百九十二匹。家四闲,马二种,为千七百二十八匹,谓良马二种四百三十二匹,驽马一种三良马,一种亦千二百九十六匹,并之千七百二十八匹,王合于数。郑不从者,天子十二闲,分为左右,一种马分为两厩,故一种马有四百三十二匹。诸侯及大夫直一厢,不分为左右,则良马惟有三厩,三良居三厩,其数六百四十八匹。驽马亦三,其一种其数亦六百四十八匹,并之千二百九十六匹。家有二种,一良一驽,良居一厩,二百一十六匹,驽马三之,为六百四十八匹,并之为八百六十四匹。故郑氏云子以何术计之。①

这说明,从天子到诸侯、卿、大夫各有一定数量的马匹,从数百到数千不等,总量是巨大的,当时养马的规模可见一斑。大量的马是规模养殖,当以官营为主。

春秋时期,如其疆域主要在今以商丘为中心的豫东大平原的宋国,就有官营养马业。《史记》卷三八《宋微子世家》载,宋襄公十三年(前638),"晋公子

---

① 〔汉〕郑玄注,〔唐〕贾公彦疏:《周礼注疏》卷三三,〔清〕阮元校刻:《十三经注疏(附校勘记)》,中华书局1980年版,第860页。

重耳过宋,襄公以伤于楚,欲得晋援,厚礼重耳以马二十乘"。《集解》:"服虔曰:'八十匹。'"同书同卷又载:宋文公四年(前607)春,"(郑)[楚]命(楚)[郑]伐宋。宋使华元将,郑败宋,囚华元。华元之将战,杀羊以食士,其御羊斟不及,故怨,驰入郑军,故宋师败,得囚华元。宋以兵车百乘文马四百匹赎华元。未尽入,华元亡归宋"。《集解》:"贾逵曰:'文,狸文也。'王肃曰:'文马,画马也。'《正义》按:'文马者,装饰其马。四百匹,用牵车百乘,遗郑赎华元也。'又云:'文马赤鬣缟身,目如黄金。'"[1]宋国的马匹数量远远不止400匹。《左传》卷二一载鲁宣公二年(前607)春,"郑公子归生受命于楚伐宋,宋华元、乐吕御之。二月壬子,战于大棘,宋师败绩,囚华元。获乐吕,及甲车四百六十乘,俘二百五十人,馘百人"[2]。460乘甲车,以每车4匹马计,得马1840匹。宋国的实际马匹数量比这还要多。春秋末期楚平王、昭王时,包括固始以东至寿县之南、六安以北至淮水之南地域的芍陂灌区一带已经是楚王养马之地与经济开发区了。[3]

战国时期韩国也有官营的养马场地。《韩非子·外储说左下》载:"韩宣子曰:'吾马菽粟多矣,甚臞,何也?寡人患之。'周市对曰:'使驺尽粟以食,虽无肥,不可得也。名为多与之,其实少,虽无臞,亦不可得也。主不审其情实,坐而患之,马犹不肥也。'"[4]据《毛诗·鄘风·定之方中》,徙居楚丘(今滑县东北)的卫国也有大量马匹的饲养,如春秋时期的卫文公时:"定之方中,美卫文公也。卫为狄所灭,东徙渡河,野处漕邑,齐桓公攘戎狄而封之。文公徙居楚丘,始建城市而营宫室,得其时制,百姓说之,国家殷富焉。……秉心塞渊,騋牝三千。"[5]仅"騋牝"就达3000匹,马的数量不小。据上《周礼·夏官司马·校人》所转引《司马法》,"甸有戎马四匹,长毂一乘"为民出军赋,说明春秋战国时期除官营

---

[1] 〔汉〕司马迁:《史记》卷一二九《货殖列传》,中华书局1959年版,第1627、1629页。
[2] 〔晋〕杜预注,〔唐〕孔颖达等正义:《春秋左传正义》,〔清〕阮元校刻:《十三经注疏(附校勘记)》,中华书局1980年版,第1866页。
[3] 陈立柱:《结合楚简重论芍陂的创始与地理问题》,《安徽师范大学学报(人文社会科学版)》2012年第4期。
[4] 〔清〕王先慎撰,钟哲点校:《韩非子集解》卷一二,新编诸子集成45,中华书局2018年版,第326—327页。
[5] 〔汉〕毛公传,〔汉〕郑玄笺,〔唐〕孔颖达等正义:《毛诗正义》卷三,〔清〕阮元校刻:《十三经注疏(附校勘记)》,中华书局1980年版,第315页。

养马外,还有私家养马。民众为供军赋马匹,当力所能及地去养殖马匹。

春秋战国时期考古发掘也证实这一时期河南境内养马的广泛性。淅川下寺春秋楚墓 M2、M8、M10、M36 祔葬车马坑各葬有 19 匹、10 匹、4 匹、8 匹马,M11 祔葬车马坑也葬有多匹。① 淅川徐家岭春秋战国楚墓 M9 车马坑有马 17 匹。② 先后属郑、韩、魏的许昌鄢陵故城城外春秋战国时期墓葬出土有大量马骨。③ 洛阳中州路战国车马坑坑内埋葬四马一车。④ 新郑郑韩故城战国时期冷藏室填土中出土的禽兽骨骼约占出土遗物总数的一半,其中有不少为马骨。⑤ 淮阳瓦房庄村马鞍冢楚墓所属战国时期北墓坑内葬有 24 匹马。⑥ 辉县琉璃阁遗址内的战国墓葬车马坑的东面马圈有马,数量不清。⑦ 春秋战国之际固始侯古堆一号墓出土 2 具马骨。⑧

2. 牛的饲养。春秋时期,郑国有养殖场,包括有牛、羊、猪、鹿等牲畜的饲养。《左传》卷三三载,僖公三十三年(前 627)春,"晋秦师过周北门,左右免胄而下,超乘者三百乘。王孙满尚幼,观之,言于王曰:'秦师轻而无礼,必败。轻则寡谋,无礼则脱。入险而脱,又不能谋,能无败乎?'及滑,郑商人弦高将市于周,遇之。以乘韦先牛十二犒师,曰:'寡君闻吾子将步师出于敝邑,敢犒从者。不腆,敝邑为从者之淹,居则具一日之积,行则备一夕之卫。'且使遽告于郑。郑穆公使视客馆,则束载、厉兵、秣马矣。使皇武子辞焉,曰:'吾子淹久于敝邑,唯是脯资饩牵竭矣。为吾子之将行也,郑之有原圃,犹秦之有具囿也,吾子取其麋鹿,以闲敝邑,若何?'杞子奔齐,逢孙杨孙奔宋。孟明曰:'郑有备矣,不可冀也。攻之不克,围之不继,吾其还也。'灭滑而还。"[疏]"注'资粮'至'羊豕'",《正义》曰:"《聘礼》:归饩,饔饩五牢,饪一牢,腥一牢,饩一牢。以饪是熟肉,腥是生肉,知饩是未杀,故云'生曰饩'。牛羊豕可牵行,故云'牵谓牛羊豕'也。""注

---

① 河南省文物研究所:《河南考古四十年(1952—1992)》,河南人民出版社 1994 年版,第 265—268 页。
② 河南省文物研究所:《河南考古四十年(1952—1992)》,河南人民出版社 1994 年版,第 446 页。
③ 河南省文物研究所:《河南考古四十年(1952—1992)》,河南人民出版社 1994 年版,第 240 页。
④ 洛阳博物馆:《洛阳中州路战国车马坑》,《考古》1974 年第 3 期。
⑤ 河南省文物研究所:《河南考古四十年(1952—1992)》,河南人民出版社 1994 年版,第 232 页。
⑥ 河南省文物研究所:《河南考古四十年(1952—1992)》,河南人民出版社 1994 年版,第 270 页。
⑦ 河南省文物研究所:《河南考古四十年(1952—1992)》,河南人民出版社 1994 年版,第 263 页。
⑧ 固始侯古堆一号墓发掘组:《河南固始侯古堆一号墓发掘简报》,《文物》1981 年第 1 期。

'原圃、具囿,皆囿名'"。《正义》曰:"下注云'中牟县西有圃田泽',则'原圃'地名。以其地为囿,知与'具囿'皆囿名也。囿者,所以养禽兽,故令自取其麋鹿焉。天子曰苑,诸侯曰囿。"①郑国置有养殖场原圃,因圃田泽而来,饲养有牛等牲畜;为救郑国,郑国商人弦高曾计用12头牛犒劳并退却秦师。说明除官营养牛外,民间家庭养牛业也存在。

据《通鉴》和《说苑》所载,虞人百里傒曾在宛地(今南阳邓州市)或卫地为人养牛。《史记》卷五《秦本纪》载:秦穆公(前659—前621)在位时,百里傒向他推荐蹇叔时说:"臣(百里傒)因而欲事齐君无知,蹇叔止臣,臣得脱齐难,遂之周。周王子颓好牛,臣以养牛干之。"②可见东周王室有国营饲养业,东周都城雒邑(今洛阳)也有牛等牲畜的饲养,养牛之技为时所重。

家庭养牛业在《诗经》中也有反映。《毛诗·国风·王风·君子于役》:"鸡栖于埘,日之夕矣,羊牛下来。……鸡栖于桀,日之夕矣,羊牛下括。"注:"凿墙而栖曰埘。笺云:鸡之将栖,日则夕矣,羊牛从下牧地而来。言畜产出入,尚使有期节,至于行役者,乃反不也。""鸡栖于杙为桀。括,至也。"③此以牛、羊、鸡等禽畜按时出入放养的现象来说明百姓服役应该有期限节制。牛、羊、鸡、猪等,日出觅食,日落回巢,这也是百姓家庭饲养业的田园风光写照。

战国时期,牛的饲养进一步发展。《史记》卷六三《老子韩非传》:"楚威王闻庄周贤,使使厚币迎之,许以为相。庄周笑谓楚使者曰:'千金,重利;卿相,尊位也。子独不见郊祭之牺牛乎?养食之数岁,衣以文绣,以入大庙。当是之时,虽欲为孤豚,岂可得乎?……'"④说明战国时期牛在祭祀中被普遍使用,也表明牛的养殖事实。战国时期荀子对当时官私饲养业的状况也有揭示,《荀子·大略》载,荀子主张"有国之君不息牛羊,错质之臣不息鸡豚,冢卿不修币,大夫不为场园,从士以上皆羞利而不与民争业"⑤。他认为统治阶级不应该饲养禽畜

---

① 〔晋〕杜预注,〔唐〕孔颖达等正义:《春秋左传正义》,〔清〕阮元校刻:《十三经注疏(附校勘记)》,中华书局1980年版,第1832—1833页。
② 〔汉〕司马迁:《史记》,中华书局1959年版,第186页。
③ 〔汉〕毛公传,〔汉〕郑玄笺,〔唐〕孔颖达等正义:《毛诗正义》卷四,〔清〕阮元校刻:《十三经注疏(附校勘记)》,中华书局1980年版,第331页。
④ 〔汉〕司马迁:《史记》,中华书局1959年版,第2145页。
⑤ 〔战国〕荀况著,蒋南华、罗书勤、杨寒清注译:《荀子全译》,贵州人民出版社1995年版,第563—564页。

来与民争利,说明当时王有、官有等饲养场养殖牛、羊、鸡、豚等禽畜有与民争利的行为,也表明自耕农家庭禽畜饲养的盛行。宛地或卫地有牛的饲养,虞人百里傒曾在此地为人养牛。

考古中也有牛类遗物的出土。郑州碧沙岗东周墓地有 10 座墓没有器物随葬而只有祭肉,有器物随葬的 103 座墓中常有祭肉,这些祭肉骨骼中有牛骨骼。① 在郑韩故城东城偏北的张龙庄村南的一处春秋战国时期的制骨作坊遗址文化层中,出土了大量带锯痕的废骨料、骨料、骨器、骨器半成品等,其中有牛骨料。② 郑韩故城战国时期冷藏室填土中出土的禽兽骨骼约占出土遗物总数的一半,以牛骨和猪骨最多。③ 三门峡春秋早期虢国墓地 M2010 出土 41 枚牛骨棺钉,④同墓地 M2013 出土 30 枚牛骨棺钉,⑤同墓地 M2008 出土 3 件牛鼻形兽面带扣、3 件牛面形带扣、1 件牙牛面饰、2 枚牛骨钉。⑥

3. 羊的饲养。春秋时期,宋国有官营养羊业。前引《史记·宋微子世家》所载"华元之将战,杀羊以食士,其御羊羹不及","御羊羹",《集解》:"《左传》曰:'御羊斟也。'"⑦《左传》载郑宋之战:"将战,华元杀羊食士,御羊斟不与。及战,曰:'畴昔之羊,子为政;今日之事,我为政。'与入郑师,故败。"⑧可见,宋国在战前有杀羊供士卒饮食的惯例,羊斟是宋国负责羊的供给的官吏。郑国有用羊的祭祀。《左传·襄公二十二年》九月,"郑公孙黑肱有疾,归邑于公。召室老宗人,立段,而使黜官薄祭。祭以特羊,殷以少牢"⑨。

---

① 河南省文物研究所:《河南考古四十年(1952—1992)》,河南人民出版社 1994 年版,第 261 页。
② 河南省文物研究所:《河南考古四十年(1952—1992)》,河南人民出版社 1994 年版,第 232—233 页。
③ 河南省文物研究所:《河南考古四十年(1952—1992)》,河南人民出版社 1994 年版,第 232 页。
④ 河南省文物考古研究所、三门峡市文物工作队:《三门峡虢国墓地 M2010 的清理》,《文物》2000 年第 12 期。
⑤ 河南省文物考古研究所、三门峡市文物工作队:《三门峡虢国墓地 M2013 的发掘清理》,《文物》2000 年第 12 期。
⑥ 河南省文物考古研究所、三门峡市文物考古研究所:《河南三门峡虢国墓地 M2008 发掘简报》,《文物》2009 年第 2 期。
⑦ 〔汉〕司马迁:《史记》卷一二九《货殖列传》,中华书局 1959 年版,第 1627、1629 页。
⑧ 〔晋〕杜预注,〔唐〕孔颖达等正义:《春秋左传正义》,〔清〕阮元校刻:《十三经注疏(附校勘记)》,中华书局 1980 年版,第 1866 页。
⑨ 〔晋〕杜预注,〔唐〕孔颖达等正义:《春秋左传正义》卷三五,〔清〕阮元校刻:《十三经注疏(附校勘记)》,中华书局 1980 年版,第 1974 页。

羊、牛多相提并论,说明当时羊的养殖具有普遍性。如《毛诗·国风·王风·君子于役》所载日落"羊牛下来""羊牛下括"的畜牧景观。《通鉴》卷二《周纪二》周显王三十一年条所载"孰与五羖大夫贤",胡三省注:"百里傒自卖以五羖羊之皮,为人养牛;秦穆公举以为相,秦人谓之五羖大夫。"同书卷六《秦纪一》秦始皇帝十年冬十月条载:"昔穆公求士,西取由余于戎,东得百里于宛,迎蹇叔于宋,求丕豹、公孙支于晋。"胡三省注:"晋献公灭虞,虏其大夫百里傒,以媵于秦;百里傒亡秦走宛。穆公赎之于楚,授以国政;傒荐其友蹇叔,穆公使人厚币迎之,以为上大夫。"①《说苑》卷二《臣术》:"秦穆公使贾人载盐于卫,卫诸贾人买百里傒以五羖羊之皮,使将车之秦。秦穆公观盐,见百里傒牛肥,曰:'任重,道远以险,而牛何以肥也?'对曰:'臣饮食以时,使之不以暴,有险,先后之以身,是以肥也。'"②这说明宛地或卫地有羊、牛的饲养。

考古中也有羊类遗物的出土。郑州碧沙岗东周墓地有10座墓没有器物随葬而只有祭肉,有器物随葬的103座墓中常有祭肉,这些祭肉骨骼中有羊骨骼。③ 新郑郑韩故城战国时期冷藏室填土中出土的禽兽骨骼约占出土遗物总数的一半,其中不少为羊骨。④

4.猪的饲养。春秋战国时期,猪是士、大夫以上统治阶层官私饮食中的常物。《左传·昭公四年》,"其出入也时,食肉之禄,冰皆与焉"。注:"食肉之禄,谓在朝廷治其职事就官食者。"[疏]"注'食肉'至'食者'",《正义》曰:"在官治事,官皆给食。大夫以上,食乃有肉。故鲁人谓曹刿曰'肉食者谋之',又说子雅、子尾之食云'公膳日双鸡'。是大夫得食肉也。传言'食肉之禄',禄即此肉是也。若依礼,常所合食。"按:"《玉藻》云:'天子日食少牢,诸侯日食特牲,大夫特豕,士特豚。'则士亦食肉。但彼是在家之礼,非公朝常食也。杜言'谓在朝廷治其职事就官食者',以明在官之食有冰耳。"⑤"大夫特豕,士特豚",豕、豚都是指猪。大夫以上官员上值时官府所供饭食中有肉食,在家时也可食用猪、鸡、

---

① 〔北宋〕司马光:《资治通鉴》,中华书局1956年版,第62、216—217页。
② 〔汉〕刘向著,王锳、王天海译注:《说苑全译》,贵州人民出版社1992年版,第79页。
③ 河南省文物研究所:《河南考古四十年(1952—1992)》,河南人民出版社1994年版,第261页。
④ 河南省文物研究所:《河南考古四十年(1952—1992)》,河南人民出版社1994年版,第232页。
⑤ 〔晋〕杜预注,〔唐〕孔颖达等正义:《春秋左传正义》卷四二,〔清〕阮元校刻:《十三经注疏(附校勘记)》,中华书局1980年版,第2034页。

牛、羊等肉食。

河南境内,作为六畜之一的猪的饲养很常见。《左传·襄公三十年》(前543)冬十月,郑国子产为相,"丰卷将祭,请田焉。弗许,曰:'唯君用鲜,众给而已。'"注:"田,猎也";"鲜,野兽";"众臣祭,以刍豢为足。……曰刍,犬豕曰豢"。① 郑国众臣的祭祀物包括牛、羊、犬、豕。豕的日常祭祀和食用,说明其饲养的普遍性。

战国时期,猪、鸡等的家庭化饲养进一步发展。《孟子》卷二七《尽心章句上二十二章》:"五亩之宅,树墙下以桑,匹妇蚕之,则老者足以衣帛矣。五母鸡,二母彘,无失其时,老者足以无失肉矣。百亩之田,匹夫耕之,八口之家,足以无饥矣。"② 种桑养蚕、饲养猪鸡、种植五谷,是一个家庭维持日常生活的三大支柱。养上猪、鸡等,一般家庭老人就不缺乏肉食了。

考古中猪遗物的出土较多。郑州碧沙岗东周墓地有10座墓没有器物随葬而只有祭肉,有器物随葬的103座墓中常有祭肉,这些祭肉骨骼以猪骨居多。③ 在郑韩故城东城偏北的张龙庄村南的一处春秋战国时期的制骨作坊遗址文化层中,出土了大量带锯痕的废骨料、骨料、骨器、骨器半成品等,其中有猪骨料。④ 郑韩故城战国时期冷藏室填土中出土的禽兽骨骼约占出土遗物总数的一半,以猪骨和牛骨最多。⑤ 三门峡虢国墓地M2008出土4件猪鼻形兽面带扣。⑥

5. 狗的饲养。六畜之中狗与人的关系最为密切,狗的饲养当更为常见。人们日常做客、赠送都涉及狗。《礼记·曲礼上》载:"尊客之前不叱狗",[疏]《正义》曰:"若有尊客至,而主人叱骂于狗,则似厌倦其客欲去之也。卑客亦当然,举尊为甚";"毋投与狗骨",[疏]《正义》曰:"投,致也。狗,犬也。言为客之礼,无得食主肉后,弃其骨与犬,故郑云:'为其贱饮食之物。'""效犬者左牵之",

---

① 〔晋〕杜预注,〔唐〕孔颖达等正义:《春秋左传正义》卷四〇,〔清〕阮元校刻:《十三经注疏(附校勘记)》,中华书局1980年版,第2014页。
② 〔清〕焦循撰,沈文倬点校:《孟子正义》,新编诸子集成6,中华书局2018年版,第981页。
③ 河南省文物研究所:《河南考古四十年(1952—1992)》,河南人民出版社1994年版,第261页。
④ 河南省文物研究所:《河南考古四十年(1952—1992)》,河南人民出版社1994年版,第232—233页。
⑤ 河南省文物研究所:《河南考古四十年(1952—1992)》,河南人民出版社1994年版,第232页。
⑥ 河南省文物考古研究所、三门峡市文物考古研究所:《河南三门峡虢国墓地M2008发掘简报》,《文物》2009年第2期。

[疏]《正义》曰:"犬好噬啮人,故左牵之,而右手防御也。按:《少仪》云'献犬则右牵之'者,彼是田犬、畜犬,不啮人,不须防;今此是充食之犬,故防御之也。然通而言之,狗、犬通名;若分而言之,则大者为犬,小者为狗。故《月令》皆为犬,而《周礼》有《犬人职》,无狗人职也,故《尔雅》云'未成毫狗'是也。但燕礼亨狗,或是小者,或通语耳。"①

春秋时期,狗与鸡常用于小事的盟诅。《左传·隐公十一年》秋七月,"郑伯使卒出豭,行出犬鸡,以诅射颍考叔者"。注:"百人为卒,二十五人为行,行亦卒之行列。疾射颍考叔者,故令卒及行间皆诅之。"[疏]"注'百人'至'诅之'",《正义》曰:"《周礼·夏官》序制军之法,'百人为卒','二十五人为两'。此言'二十五人为行'者,以传先'卒'后'行','豭'大于'犬',知'行'之人数少于'卒'也。……知《周礼》之两即此行是也。《周礼》之行谓军之行列,知此行亦卒之行列也。诅者,盟之细,杀牲告神,令加之殃咎。疾射颍考叔者,令卒及行闲祝诅之,欲使神杀之也。一卒之内已用一豭,又更令一行之间或用鸡,或用犬,重祝诅之。犬、鸡者,或鸡或犬,非鸡、犬并用。何则?盟诅例用一牲,不用二也。豭谓豕之牡者,《尔雅·释兽》:'豕牡曰豝。'豝者是牝,知豭者是牡。祭祀例不用牝。且宋人谓宋朝为艾豭,明以雄猪喻也。"②这里,狗与鸡、豭均为盟诅用物,狗与鸡用于小事的盟诅场合。前引《左传·襄公三十年》冬十月所载郑国众臣的祭祀物就包括有犬。狗与人们日常生活的紧密联系,佐证了当时狗的饲养具有普及性。

考古中狗遗物多为殉狗。郑州碧沙岗东周墓地10座墓葬坑内有殉狗。③新郑郑韩故城西南唐户村南岗春秋墓葬M9坑内发现殉狗1只。④洛阳中州路战国车马坑坑内埋葬一犬。⑤淮阳瓦房庄村马鞍冢楚墓所属战国时期北墓坑内葬有2只狗。⑥与马不同的是,狗的殉葬是说明其与主人的密切关系,而不是凸

---

① 〔汉〕郑玄注,〔唐〕孔颖达等正义:《礼记正义》卷二,〔清〕阮元校刻:《十三经注疏(附校勘记)》,中华书局1980年版,第1240、1242、1244页。
② 〔晋〕杜预注,〔唐〕孔颖达等正义:《春秋左传正义》卷四,〔清〕阮元校刻:《十三经注疏(附校勘记)》,中华书局1980年版,第1736页。
③ 河南省文物研究所:《河南考古四十年(1952—1992)》,河南人民出版社1994年版,第261页。
④ 河南省文物研究所:《河南考古四十年(1952—1992)》,河南人民出版社1994年版,第360页。
⑤ 洛阳博物馆:《洛阳中州路战国车马坑》,《考古》1974年第3期。
⑥ 河南省文物研究所:《河南考古四十年(1952—1992)》,河南人民出版社1994年版,第270页。

显墓主人的身份地位。

6. 鸡的饲养。《毛诗·国风·王风·君子于役》描述了乡村鸡、羊等日出觅食、日落回巢的田园景象。鸡在民间生活中具有重要的地位,应用广泛。《毛诗·小雅·节南山·何人斯》:"伯氏吹埙,仲氏吹篪。及尔如贯,谅不我知!出此三物,以诅尔斯!"注:"三物,豕、犬、鸡也。民不相信则盟诅之。君以豕,臣以犬,民以鸡。笺云:及,与。谅,信也。我与女俱为王臣,其相比次,如物之在绳索之贯也。今女心诚信,而我不知,且共出此三物,以诅女之此事。为其情之难知,已又不欲长怨,故设之以此言。"①这里,鸡作为百姓盟诅之物。

春秋战国时期,河南境内鸡的饲养有较多记载。如卫国鸡、羊等六畜的饲养,《诗经》有记载。《毛诗·国风·卫风》云:"《木瓜》,美齐桓公也。卫国有狄人之败,出处于漕,齐桓公救而封之,遗之车马器服焉。卫人思之,欲厚报之,而作是诗也。"[疏]《正义》曰:"《左传》:'齐侯使公子无亏帅车三百乘以戍漕。归公乘马、祭服五称、牛羊豕鸡狗皆三百,与门材。归夫人鱼轩、重锦三十两。'是遗戴公也。《外传·齐语》曰:'卫人出庐于漕,桓公城楚丘以封之。其畜散而死三月,齐桓公与之系马三百。'是遗文公也。系马,系于厩之马,言遗其善者也。器服,谓门材与祭服。传不言车,文不备。此不言羊豕鸡狗,举其重者言。欲厚报之,则时实不能报也,心所欲耳。经三章皆欲报之辞。"②齐国重建卫国,并赠有马、牛、羊、豕、鸡、狗六畜等。"其畜散而死三月",说明卫国也是六畜饲养之地,由于败亡致"畜散而死"。

考古发掘中亦发现有鸡遗物。新郑郑韩故城战国时期冷藏室填土中出土的禽兽骨骼约占出土遗物总数的一半,其中有少量鸡骨。③

7. 鱼类养殖与捕捞。春秋战国时期,河南境内河流密布、农田水利事业发展、陂塘渠堰众多,为鱼类水生动物的捕捞与养殖提供了较好条件。这一时期的文献,关于河南境内鱼类的养殖、捕捞、食用都有记载。鱼类的养殖,如《孟子》卷一八《万章上》:"昔者有馈生鱼于郑子产,子产使校人畜之池。校人烹

---

① 〔汉〕毛公传,〔汉〕郑玄笺,〔唐〕孔颖达等正义:《毛诗正义》卷一二,〔清〕阮元校刻:《十三经注疏(附校勘记)》,中华书局1980年版,第455页。
② 〔汉〕毛公传,〔汉〕郑玄笺,〔唐〕孔颖达等正义:《毛诗正义》卷三,〔清〕阮元校刻:《十三经注疏(附校勘记)》,中华书局1980年版,第327页。
③ 河南省文物研究所:《河南考古四十年(1952—1992)》,河南人民出版社1994年版,第232页。

之,反命曰:'始舍之,圉圉焉,少则洋洋焉,攸然而逝。'子产曰:'得其所哉! 得其所哉!'校人出,曰:'孰谓子产智? 予既烹而食之,曰:得其所哉! 得其所哉!'故君子可欺以其方,难罔以非其道。"①鱼类的捕捞,如《毛诗·小雅·南有嘉鱼》:"南有嘉鱼,烝然罩罩。"注:"江、汉之间,鱼所产也。罩罩,篧也。笺云:烝,尘也。尘然,犹言久如也。言南方水中有善鱼,人将久如而俱罩之,迟之也";罩,《字林》:"捕鱼器也";篧,郭云:"捕鱼笼也"。②《毛诗·邶风·新台》:"新台有泚,河水弥弥。……新台有洒,河水浼浼。……鱼网之设,鸿则离之。"③鱼罩、鱼网为捕鱼的工具。鱼类的食用,如《毛诗·陈风·衡门》:"岂其食鱼,必河之鲂? ……岂其食鱼,必河之鲤?"④《毛诗·桧风·匪风》:"谁能亨鱼,溉之釜鬵。"⑤

出土的大量鱼类遗物也佐证了鱼类的养殖在当时社会生活的重要地位。三门峡上村岭春秋早期虢国墓地 M2006 出土铜鱼 381 枚,薄片状、形制、大小不一,有肥硕、瘦长、大头宽尾、尖头窄尾等,均以眼为穿孔,可系缀;3 件鱼形玉瑝;1 件玉鱼;1 件玉鱼形饰。⑥ 同墓地 M2008 出土 83 件铜鱼。⑦ 同墓地 M2010 出土 310 件青铜鱼、1 件鱼尾形玉琀、1 件鱼形玉琀。⑧ 同墓地 M2013 出土 76 件铜鱼、6 件鱼形玉琀。⑨ 春秋早期黄君孟夫妇墓中黄君孟墓、黄夫人墓各出土 2 件

---

① 〔清〕焦循撰,沈文倬点校:《孟子正义》卷一八,新编诸子集成 6,中华书局 2018 年版,第 675—677 页。
② 〔汉〕毛公传,〔汉〕郑玄笺,〔唐〕孔颖达等正义:《毛诗正义》卷一〇,〔清〕阮元校刻:《十三经注疏(附校勘记)》,中华书局 1980 年版,第 419 页。
③ 〔汉〕毛公传,〔汉〕郑玄笺,〔唐〕孔颖达等正义:《毛诗正义》卷二,〔清〕阮元校刻:《十三经注疏(附校勘记)》,中华书局 1980 年版,第 311 页。
④ 〔汉〕毛公传,〔汉〕郑玄笺,〔唐〕孔颖达等正义:《毛诗正义》卷七,〔清〕阮元校刻:《十三经注疏(附校勘记)》,中华书局 1980 年版,第 377 页。
⑤ 〔汉〕毛公传,〔汉〕郑玄笺,〔唐〕孔颖达等正义:《毛诗正义》卷七,〔清〕阮元校刻:《十三经注疏(附校勘记)》,中华书局 1980 年版,第 383 页。
⑥ 河南省文物考古研究所、三门峡市文物工作队:《上村岭虢国墓地 M2006 的清理》,《文物》1995 年第 1 期。
⑦ 河南省文物考古研究所、三门峡市文物考古研究所:《河南三门峡虢国墓地 M2008 发掘简报》,《文物》2009 年第 2 期。
⑧ 河南省文物考古研究所、三门峡市文物工作队:《三门峡虢国墓地 M2010 的清理》,《文物》2000 年第 12 期。
⑨ 河南省文物考古研究所、三门峡市文物工作队:《三门峡虢国墓地 M2013 的发掘清理》,《文物》2000 年第 12 期。

玉鱼。①

除禽畜的饲养外,当时还有麋、鹿、麇、狼、兔等兽的狩猎。从表3-3可以看出,河南境内丰富的野生动物资源不仅为家庭饲养的发展提供了有利条件,而且为狩猎活动的开展与维持提供了较好条件。常见的狩猎动物,《左传》有载。《左传·昭公二十五年》夏,"是故为礼以奉之,为六畜、五牲、三牺以奉五味"。六畜,注:"马、牛、羊、鸡、犬、豕";五牲,注:"麋、鹿、麇、狼、兔";三牺,注:"祭天、地、宗庙三者谓之牺"。[疏]"注'马、牛、羊、鸡、犬、豕'",《正义》曰:"《尔雅·释畜》,马、牛、羊、犬、鸡五者之名,其豕在《释兽》之篇。畜,养也。家养谓之畜。野生谓之兽。豕有野豕,故因记之于《释兽》耳。又《释畜》之末别释马、牛、羊、豕、犬、鸡,六者之名其下题曰'六畜',谓此是也。《周礼·膳夫》云'膳用六牲',是庖用六牲也。'庖人掌其六畜',郑玄云:六牲,马、牛、羊、豕、犬、鸡。'六畜即六牲也。始养之曰畜,将用之曰牲'。是畜、牲一也。""注'麋、鹿、麇、狼、兔'",《正义》曰:"(昭公)十一年传曰:'五牲不相为用。'注云:'五牲,牛、羊、豕、犬、鸡。'此异彼者,以上文已言六畜,则五牲非六畜,故别解之。《周礼》,庖人掌共六兽。郑众云:'六兽,麋、鹿、熊、麇、野豕、兔。'郑玄云:'兽人冬献狼,夏献麋。又内则无熊,则六畜当有狼,而熊不属。'今杜解五牲之名,用郑玄六兽之说,去野豕而以其余当之也。传称'牛卜曰曰牲'。郑玄云'将用之曰牲'。此五者实兽也,据其将用祭祀,故名之曰牲。服虔云:五牲,麇、鹿、熊、狼、野豕。"②"五牲"或"六兽"与"六畜"并举,说明当时已经有习见的狩猎对象。

《左传·襄公三十年》冬十月,"(郑国)丰卷将祭,请田焉",丰卷就是想请求子产允许狩猎野兽用来祭祀。子产还指出:"譬如田猎,射御贯,则能获禽。若未尝登车射御,则败绩厌覆是惧,何暇思获?"③说明当时郑国仍然有狩猎活动。魏国的狩猎活动,《毛诗·国风·魏风·伐檀》有载:"不狩不猎,胡瞻尔庭有县貆兮?……不狩不猎,胡瞻尔庭有县特兮?……不狩不猎,胡瞻尔庭有县

---

① 河南省文化局文物工作队:《信阳长台关第2号楚墓的发掘》,《考古》1958年第11期。
② 〔晋〕杜预注,〔唐〕孔颖达等正义:《春秋左传正义》卷五一,〔清〕阮元校刻:《十三经注疏(附校勘记)》,中华书局1980年版,第2107页。
③ 〔晋〕杜预注,〔唐〕孔颖达等正义:《春秋左传正义》卷四〇襄公三十一年十二月,〔清〕阮元校刻:《十三经注疏(附校勘记)》,中华书局1980年版,第2016页。

鹑兮?"①上蔡地方有狩猎记载。《史记》卷八七《李斯传》载,上蔡人李斯在秦庄襄王(前249—前247年在位)时动身去秦国,到秦二世二年(前208)七月,"具斯五刑,论腰斩咸阳市。斯出狱,与其中子俱执,顾谓其中子曰:'吾欲与若复牵黄犬俱出上蔡东门逐狡兔,岂可得乎!'遂父子相哭,而夷三族"②。

考古发现也反映了春秋战国时期河南境内动物资源丰富,并已开展狩猎活动。如在新郑郑韩故城东城偏北的张龙庄村南的一处春秋战国时期的制骨作坊遗址文化层中,出土了大量带锯痕的废骨料、骨料、骨器、骨器半成品等,其中有鹿角。③郑韩故城战国时期冷藏室填土中出土的禽兽骨骼约占出土遗物总数的一半,其中有少量鹿骨。④郑州信和置业普罗旺世住宅小区M126战国墓出土8件用鹿角制成的角形马镳、⑤平顶山应国墓地两座战国墓出土1件鹿角、⑥洛阳王城广场战国墓(西区M37)出土2件鹿角和8件角镳、⑦辉县褚邱墓区M2出土2件鹿角。⑧这鹿当为狩猎所获兽类。辉县战国时期墓葬琉璃阁M1出土上刻有精美的舞乐狩猎图案的多片铜奁碎片,琉璃阁M56、M59、M75、M76分别出土4件、2件、6件、2件刻有狩猎图案的铜壶,M76中铜壶上刻画有鸟、虫、蛇、兕等;⑨赵固M1出土有宴乐射猎图案的铜鉴,其中共刻画有12只仙鹤、38只鸟兽。⑩

出土的丰富的动物造型随葬品也揭示出当时动物的饲养和动物资源状况。如三门峡上村岭春秋早期虢国墓地M2001内棺盖上主要放置有虎、鹿、狗、牛

---

① 〔汉〕毛公传,〔汉〕郑玄笺,〔唐〕孔颖达等正义:《毛诗正义》卷五,〔清〕阮元校刻:《十三经注疏(附校勘记)》,中华书局1980年版,第358—359页。
② 〔汉〕司马迁:《史记》,中华书局1959年版,第2562页。
③ 河南省文物研究所:《河南考古四十年(1952—1992)》,河南人民出版社1994年版,第232—233页。
④ 河南省文物研究所:《河南考古四十年(1952—1992)》,河南人民出版社1994年版,第232页。
⑤ 索全星、闫付海、张鹏林等:《郑州信和置业普罗旺世住宅小区M126战国墓》,《中原文物》2009年第3期。
⑥ 王龙正、李东亮、王宏伟等:《平顶山应国墓地两座战国墓发掘简报》,《中原文物》2007年第4期。
⑦ 严辉、孙建国、杨爱荣等:《洛阳王城广场战国墓(西区M37)发掘简报》,《文物》2009年第11期。
⑧ 中国科学院考古研究所编著:《辉县发掘报告》,科学出版社1956年版,第127页。
⑨ 郭宝钧:《山彪镇与琉璃阁》,科学出版社1959年版,第62、66、68页。
⑩ 中国科学院考古研究所编著:《辉县发掘报告》,科学出版社1956年版,第110—120页。

头、马面、鸟、龟、鱼等玉器,①同墓地 M2006 出土 1 件玉兽、2 件玉虎、1 件虎形玉觹(xī)、1 件玉狗、1 件玉兔、1 件玉卧牛、1 件玉动物饰件、8 件马蹄状玉饰、1 件玉鸽、4 件玉鸟等,②同墓地 M2013 出土 1 件玉鸟形珌等(表 3-4)。③ 洛阳王城广场战国墓(西区 M37)出土 2 件玉凤鸟形饰、1 件玉蝉、1 件玉兽面形饰。④

表 3-4 春秋早期虢国墓地出土玉雕动物一览表

墓葬	脊椎动物				无脊椎动物	资料来源
	哺乳类	爬行类	飞禽类	水生类		
1955—1959 年发掘墓葬、车马坑(马坑)		龟形玉饰 1 件			蚕形玉饰 9 件、蝉形玉饰 2 件	《上村岭虢国墓地》
虢季墓 M2001	虎形佩 1 件、鹿形佩 1 件、牛首形佩 2 件、马首形佩 1 件	鳖形佩 2 件	鸟形佩 1 件、鸽形佩 1 件	鱼形佩 7 件		《三门峡虢国墓》第一卷
梁姬墓 M2012	鹿形佩 1 件、牛形佩 2 件、猪形佩 1 件		鸟形佩 1 件	鱼形佩 2 件	蚕形佩 12 件、蚱蜢形佩 2 件、蝉形佩 1 件	《三门峡虢国墓》第一卷
太子墓 M2011			鸟形佩 1 件			《三门峡虢国墓》第一卷

① 河南省文物研究所、三门峡市文物工作队:《三门峡上村岭虢国墓地 M2001 发掘简报》,《华夏考古》1992 年第 3 期。
② 河南省文物考古研究所、三门峡市文物工作队:《上村岭虢国墓地 M2006 的清理》,《文物》1995 年第 1 期。
③ 河南省文物考古研究所、三门峡市文物工作队:《三门峡虢国墓地 M2013 的发掘清理》,《文物》2000 年第 12 期。
④ 洛阳市文物工作队:《洛阳王城广场战国墓(西区 M37)发掘简报》,《文物》2009 年第 11 期。

(续表)

墓葬	脊椎动物				无脊椎动物	资料来源
	哺乳类	爬行类	飞禽类	水生类		
四座小型墓			凤鸟形佩1件	鱼形佩7件		《三门峡虢国墓》第一卷
五座被盗墓			鹦鹉形佩1件、鸟形佩1件、凤鸟形佩1件			《三门峡虢国墓》第一卷
孟姞墓 M2006	虎形佩4件、豹形佩1件、兔形佩1件、卧牛1件		鸟形佩4件、鸽形佩1件、巨冠鹦鹉1件	鱼形璜、佩5件	蚕形佩2件	
丑姜墓 M2013			鸟形玉琀1件	鱼形玉琀6件		
大夫墓 M2010			鹦鹉形佩1件	鱼形琀2件	蚕形琀2件	
虢仲墓 M2009	虎形佩7件、象形佩1件、鹿形佩10件、兔形佩4件、牛形佩6件、羊形佩1件、鹅形佩1件、鼠形佩1件	蛇形佩1件、龟形佩3件、鳖形佩1件	鸬鹚形佩1件、鹦鹉形佩6件、鸟形佩19件、燕形佩6件、鸮形佩2件	鱼形佩60件	蜻蜓形佩1件，蝉形佩12件、蚕形佩5件、蜘蛛形佩1件，蚱蜢形佩1件	
合计	共45件，其中虎形12件、象形1件、豹形1件、鹿形12件、牛形10件、马形1件、猪形1件、兔形5件、羊形1件、鼠形1件	共8件，其中龟形4件、鳖形3件、蛇形1件	共48件，其中凤鸟形2件、鹦鹉形9件、鸽子形2件、鸟形26件、燕形6件、鸬鹚形1件、天鹅形1件、鸽形1件	仅鱼1种，共91件	共51件，其中蚕形30件、蝉形15件、蚱蜢形3件、蜘蛛形2件、蜻蜓形1件	

说明:此表在张菁华《虢国墓地出土玉雕动物研究中的环境气候思考》一文内容基础上制作而成。①

除鱼、蚕外,春秋早期黄君孟夫妇墓黄君孟墓出土2件兽面玉饰、19件玉虎、1件兽首纹玉饰、1件蝉纹玉管、1件对蝉玉管、1件龟甲形玉饰、4件兽面纹玉饰、1件玉鸳鸯、2件双兽面纹玉饰、1件垂鳞纹玉饰,黄夫人墓出土15件玉虎、28件兽面玉饰、1件兽首纹玉饰、1件玉雕兽头。② 这种动物工艺品也反映出禽畜在时人文化生活中的重要地位。

第三节 农业技术的显著进展

春秋战国时期,河南农业发展进入新的阶段,这主要表现在铁制农具的初步推广和专业化、精耕细作技术体系的初步形成、规模农田水利工程的建设等方面。

一、铁制农具的初步推广和专业化

迄今发现的上千件先秦铁器中,绝大部分是战国中晚期铁制品。截至1987年6月的考古资料统计表明:春秋时代铁器(包括10余例春秋、战国之交)出土地点27处,多集中于齐、晋、秦、楚、吴等诸侯国旧地;发现战国冶铁遗址和出土战国铁器地点约331处,涉及今23个省(自治区)155个县(市),地域明显扩大,不仅今河南部分地区已经包含在内,还有部分出土于辽、吉、黑、内蒙古、粤、桂、蜀、滇、黔、甘、宁、新者64处,超出当时七国领域;战国铁器遗址中,约200处出土了铁生产工具,占总数的56%左右,出土铁器中生产工具所占比例约在

---

① 张菁华:《虢国墓地出土玉雕动物研究中的环境气候思考》,《三门峡职业技术学院学报》2018年第4期。
② 河南省文化局文物工作队:《信阳长台关第2号楚墓的发掘》,《考古》1958年第11期。

65%—98%之间。① 据粗略统计,春秋战国时期河南地区冶铸作坊遗址42处,其中春秋时期24处、战国时期29处,反映出河南地区金属器尤其是铁器普及化进程的推进和铁制生产工具比例的提高(表3-5)。

表3-5 东周时期河南地区冶铸作坊遗址及其产品类别简表

序号	遗址	今址	国别	时代	作坊类别	产品类别	备注
1	李家窑虢都上阳城铸铜遗址	三门峡市虢国墓地东南2公里	虢	春秋中期至战国早期	铸铜作坊	青铜器有小件生活用具、钱币、车马器、工具、兵器、礼乐器	都城
2—4	郑韩故城冶铸遗址(郑国时期)②	郑州市新郑市	郑	春秋时期	铸铜作坊	青铜器有小件生活用具、钱币、车马器、工具、兵器、礼乐器	都城3处
5	荥阳官庄遗址	郑州市荥阳市高村乡官庄村西部	郑	春秋早期至中期(上至西周)	铸铜作坊	青铜器有小件生活用具、钱币、车马器、工具、兵器、礼乐器	邑城
6—11	郑韩故城冶铸遗址(韩国时期)③	郑州市新郑市	韩	战国时期	铸铜作坊/铸铜、冶铁兼营作坊/冶铁作坊	青铜器有小件生活用具、钱币、车马器、工具、兵器、礼乐器,铁器有小件生活用具、工具、兵器、条材/板材	都城6处

---

① 陈振中:《青铜生产工具与中国奴隶制社会经济》,中国社会科学出版社1992年版,第440—506页。
② 主要包括大吴楼铸铜遗址、中行铸铜遗址、城市信用社铸铜遗址、梳妆台铸铜遗址、新郑监狱铸钱遗址5处。其中大吴楼铸铜遗址、中行铸铜遗址、城市信用社铸铜遗址下至战国时期。
③ 主要包括大吴楼铸铜遗址、中行铸铜遗址、城市信用社铸铜遗址、梳妆台铸铜遗址、新郑监狱铸钱遗址5处。其中大吴楼铸铜遗址、中行铸铜遗址、城市信用社铸铜遗址上至春秋时期。另有仓城铸铁遗址。

(续表)

序号	遗址	今址	国别	时代	作坊类别	产品类别	备注
12	登封告成冶铸遗址	郑州市登封市东南12公里告城镇东	韩	战国时期（至汉代）	铸铜作坊/冶铁作坊	铁器有小件生活用具、工具、兵器、条材/板材	邑城（阳城）
13	宜阳韩都故城冶铁遗址	洛阳市宜阳县西韩城镇东关村一带	韩	战国时期	冶铁作坊	铁器有工具、兵器、杂用器、条材/板材	邑城
14	下河湾冶铁遗址	驻马店市泌阳县马古田镇东南的下河湾村东	韩	战国时期（至东汉）	冶铁作坊	铁器有工具、兵器、条材/板材	聚落
15—22	古西平冶铁遗址群①	驻马店市西平县出山镇和平顶山市舞钢市中部地带	韩	战国时期	冶铁作坊	不详	矿源地冶铁8处
23	鹤壁鹿楼冶铁遗址	鹤壁市东南2.5公里	魏	战国时期（延至汉代）	冶铁作坊	铁器有工具（有锄、䦆、锛等范）	邑城
24	辉县古共城铸铁遗址	新乡市辉县市区	魏	战国中期至晚期	冶铁作坊	铁器有工具（铸造铁农具为主）	邑城
25	淇县卫国故城冶铁遗址	鹤壁市淇县城关镇	魏	战国时期	冶铁作坊	不详	邑城

---

① 包括西平县酒店乡(今出山镇)杨庄遗址、赵庄遗址、铁炉后村遗址及舞钢市许沟遗址、沟头赵遗址、翟庄遗址、圪垱赵遗址、尖山铁矿遗址、铁山庙遗址等8处。

(续表)

序号	遗址	今址	国别	时代	作坊类别	产品类别	备注
26—29	洛阳东周王城冶铸遗址	洛阳市王城公园一带	周	东周时期	铸铜作坊/冶铁作坊	青铜器有钱币,铁器有小件生活用具、车马器、工具、杂用器、条材/板材	都城冶铁遗址、铸币遗址各2处
30—41	黄国故城铸铜遗址	信阳市潢川县城西隆古乡一带	黄	春秋时期	铸铜作坊	青铜器有小件生活用具、工具、兵器、礼乐器	都城铸铜遗址12处
42	蔡国故城冶铸遗址	驻马店市上蔡县	楚	东周时期(春秋战国2处、战国1处)	铸铜作坊/冶铁作坊	不详	邑城铸铜遗址2处、冶铁遗址1处

说明:此表在韩冬《东周时期冶铸作坊研究》附录一、二两表基础上修改、增补而成。[1]

春秋战国时期,河南地区见有铁农具的使用。三门峡上村岭春秋早期虢国墓地 M2001 所出玉茎铜芯铁剑,经北京科技大学冶金史教研室初步鉴定,认为是人工冶铁制品,这也是目前经科学鉴定的最早的人工冶铁实物。[2]《左传·成公十八年》载有宋国(都于睢阳,今河南商丘市睢阳区)人"西鉏吾",《左传·哀公二十六年》载有宋大司寇乐朱鉏。[3] 鉏即铁锄。这反映出春秋时期宋国铁制农具的使用。据文献记载,战国诸雄中以楚、韩铁业最为发达。处于楚、韩交界地带的宛,即以铁器生产而著名,《商君书·弱民》说:"宛钜铁釶,利若蜂虿。"[4]

---

[1] 韩冬:《东周时期冶铸作坊研究》,郑州大学 2020 年硕士学位论文。
[2] 河南省文物研究所、三门峡市文物工作队:《三门峡上村岭虢国墓地 M2001 发掘简报》,《华夏考古》1992 年第 3 期。
[3] 〔晋〕杜预注,〔唐〕孔颖达等正义:《春秋左传正义》卷二八、六〇,〔清〕阮元校刻:《十三经注疏(附校勘记)》,中华书局 1980 年版,第 1924、2182 页。
[4] 高亨注译:《商君书注译》,中华书局 1974 年版,第 161 页。

秦昭王以楚之铁剑利而深为忧惧，恐其图秦。《史记》卷七五《孟尝君传》载，后来韩"取宛、叶以北"，促进了韩冶铁业发展；同书卷六九《苏秦传》载："韩卒之剑戟皆出于冥山、棠溪、墨阳、合赙、邓师、宛冯、龙渊、太阿，皆陆断牛马，水截鹄雁，当敌则斩坚甲铁幕，革抉簠芮，无不毕具。"①这些地区所铸造的剑戟能"陆断牛马，水截鹄雁，当敌则斩坚甲铁幕"，可见相当坚利。考古上，新郑市郑韩故城（含仓城村）、白庙范村，登封告成镇（韩阳城），西平县（原楚、韩之棠溪）等地皆发现冶铁遗址、铸铁作坊。这些遗址中除刀、剑、戟、箭杆诸兵器外，也多有镢、锄、铲、锛、镰等铁农具出土。②如郑韩故城冶铸遗址中大吴楼铸铜遗址是春秋时期生产工具的铸铜作坊，出土有8面完整的镢范，100余件镢、锛、削范残块，多块半球状范芯等；到战国时期，铜、铁兼营，该遗址出土有大量铁生产工具范、熔铁炉块等冶铁遗物。③战国时期，郑韩故城内中行冶铸遗址转变为主要生产铁工具兼营铸钱的冶铸作坊，遗址中发现有战国熔铜残块、熔铁炉残块，出土有锄、镢、锛、削、凿、刀、条材等工具范及大量三晋钱范。④郑韩故城内战国铸铁遗址仓城铸铁遗址位于故城东城内西南部，面积约4万平方米，是战国晚期以铸造生产工具特别是农具为主的铸铁作坊遗址；遗址内发现有炼炉、烘范窑等冶铸遗迹，出土大量炼渣、鼓风管残块、铁器及陶范，陶范种类包括锄、镢、铲、镰、锛、凿、削、刀、剑、戟、箭杆、带钩等，其中又以镢范、锄范为多。⑤淇县大马庄战国墓出土2件铁铲、1件铁锛。⑥新乡市老道井墓地战国墓出土3件铁斧、4件铁削。⑦不过，大多楚、韩铁业中心所在的河南地区，征战不断，时人重剑戟而

---

① 〔汉〕司马迁：《史记》，中华书局1959年版，第2356、2251页。
② 河南省博物馆新郑工作站、新郑县文化馆：《河南新郑郑韩故城的钻探和试掘》，载《文物资料丛刊(3)》，文物出版社1980年版；刘东亚：《河南新郑仓城发现战国铸铁器泥范》，《考古》1962年第3期；中国历史博物馆考古调查组、河南省博物馆登封工作站、河南省登封县文物保管所：《河南登封阳城遗址的调查与铸铁遗址的试掘》，《文物》1977年第12期。
③ 郑韩：《新郑县大吴楼东周铸铜遗址》，《考古学年鉴(1993)》，文物出版社1995年，第185—186页。
④ 河南省文物考古研究所编著：《新郑郑国祭祀遗址》，大象出版社2006年版，第726—760页。
⑤ 河南省博物馆新郑工作站、新郑县文化馆：《河南新郑郑韩故城的钻探和试掘》，《文物资料丛刊(3)》，文物出版社1980年版。
⑥ 西安市文物保护考古所、河南省文物局南水北调文物保护办公室：《河南淇县大马庄战国墓发掘简报》，载《西部考古》第四辑，三秦出版社2009年版。
⑦ 郑州大学历史学院考古系、河南省文物管理局南水北调文物保护办公室：《河南新乡市老道井墓地战国墓发掘简报》，《华夏考古》2008年第4期。

轻犁锄。战国时代有关楚、韩武器精良、甲胄坚劲之记载史不绝书,相形之下有关铁农具之记述就稀见得多。

从战国开始,农业生产工具铁器化过程包含两方面内容:一是铁农具的推广与普及,即铁器开始淘汰木、石、铜材质的农具,逐渐成为"民之大用""农夫之死士"的过程;二是铁农具由用铁包套刃部向全铁质农器的转化过程。

战国早期的铁制农具数量较少,器类较简单,多小型器件,河南境内也是如此。部分农耕领域虽已开始使用铁器,但尚无法取代木、石、骨、蚌、铜器。考古学证明,至迟到战国初期,生铁铸件开始制作较为粗重的耕垦类农具。出土的春秋战国之际的铁农具种类,以镢、锛、锸居多。全铁制成的铁镢"是垦荒和深翻土地的最得力的工具,在牛耕尚未普及的地方,它更能大显身手,特别受到农民的欢迎"[1],因此在铁农具中所占比重较大。冶铁业发展的初始阶段,受铁生产量较少的限制,许多农具仅以铁套包刃部。铁镢显然是当时的主要耕具,所以大多是以全铁制成。

战国中期以后,铁器推广到社会生产和生活的各个方面。在农业、手工业部门中,铁器基本上代替非铁器而初步取得支配地位。《孟子·滕文公》以铁耕代称农事,说明铁器在当时已经使用比较普遍。《孟子》卷一一《滕文公章句上》:"(孟子)曰:'许子以釜甑爨,以铁耕乎?'(滕文公)曰:'然。''自为之与?'(滕文公)曰:'否。以粟易之。'"[2]这从战国中晚期铁农具的出土地域、数量和种类上也得到证实。战国时期出土的铁犁铧多数是"V"字形铧冠,中部包纳木犁头;耒、耜等挖土整地工具也在尖部套上锸式铁刃;锄、铲诸器则是套刃与全铁器并存。有人称这种现象是为农具"武装了铁的牙齿"。受铁生产量的制约,存在着大量的铁质套刃农具。战国铁犁铧的出土地区只局限于河南和陕西等中原核心区,是一种只能破土划沟的犁铧。战国文献中尚未见到作为农具的"犁"名,铁耒耜比铁犁铧使用广泛得多。总体上看,战国时期仍处于农具铁器化的初级阶段。

先秦文献记载的古代农器,多存在异名同实、异实同名现象,[3]造成歧义的

---

[1] 陈文华:《中国古代农业科技史图谱》,农业出版社1991年版,第137页。
[2] 〔清〕焦循撰,沈文倬点校:《孟子正义》,新编诸子集成5,中华书局2018年版,第397—398页。
[3] 李根蟠:《先秦农器名实考辨——兼谈金属农具代替石木骨蚌农具的过程》,《农业考古》1986年第2期。

原因有很多,但最根本的原因乃在于先秦农器形制、功能缺乏分化,普遍存在一器多用、多器一用现象。"多方面都能应用的工具,效率毕竟有限度。想提高工具效率,必须适应某项工作的特殊要求,制造专门工具。"①战国时代,铁器在农业生产领域替代石、骨蚌、木诸器,获得推广,农具种类及其形制发生了重大变化。

如在直插式农具中,锸继耒、耜成为重要的翻土农具,铲代钱、铫较多用于中耕作业。耜、锸功用相近,但是耜有脚踏横木,而锸没有。铁器推广后,铁质耜刃加宽变薄,以其方肩作脚踏之用,耜、锸至此合流、通用、互训。钱、铫形制或类于锸,但其主要用于垄行间除草松土,形体小于耜、锸。由于体小省料,早期的钱和铫多为全青铜铸造,钱甚至取得一般等价物身份,并演变为货币专称。钱、铫使用方法是双手执柄向前推划,不同于耜、锸之一推一拔。钱、铫逐渐易名为铲,大致缘此而来。根据考古资料,春秋时出现铁铲,到战国时期铁铲使用更普遍,形式有梯形状的板式铲和有肩铁铲两种。② 随着冶铁业的发展,铲类工具向大型化发展,同时铲类工具的中耕除草功用部分地被锄所取代,铁铲抑或用于翻土整地,类似于现代之锹。鹤壁市故县(今山城区)鹿楼冶铁遗址出土有战国时期铁锸、铁铲。③

横式农具中,从原来称为"镈"的中耕器中分化出鎒和钼。鎒即耨,是一种短柄锄,钼为一种长柄锄,《说文》卷一四上:"钼,立薅所用也。"④战国时代中耕类的锄类工具,不但材料改用铁质,而且根据中耕、除草、间苗等不同田间管理需求,按一定规范、标准生产锄类工具。《吕氏春秋·任地》曰:"耨柄尺,此其度也;其耨六寸,所以间稼也。"⑤这种短柄宽刃锄,间苗除草性能良好,所以《齐民要术》卷一《耕田》载:"《纂文》曰:'养苗之道,锄不如耨,耨不如铲。铲柄长二尺,刃广二寸,以划地除草。'"⑥鹤壁市故县鹿楼冶铁遗址出土有战国时期锄范,残长10.3厘米,宽10.5厘米,范盖长方形微弯弧,范面有锄形铸痕,上窄下

---

① 石声汉:《中国农学遗产要略》,农业出版社1981年版,第64页。
② 陈文华:《中国农业考古图录》,江西科学技术出版社1994年版,第163页。
③ 河南省文物研究所:《鹤壁市故县战国和汉代冶铁遗址出土的铁农具和农具范》,《农业考古》1991年第3期。
④ 〔汉〕许慎:《说文解字(附检字)》,中华书局1963年版,第296页。
⑤ 夏纬瑛校释:《吕氏春秋上农等四篇校释》,中华书局1956年版,第44页。
⑥ 〔北朝〕贾思勰著,缪启愉、缪桂龙译注:《齐民要术译注》,上海古籍出版社2009年版,第25页。

宽,弧形刃痕。① 收获农具是从原始时代的石、蚌质刀、镰演变而来的,早期多为专门用来割取禾穗的无柄短镰,称为"铚"。金属镰刃部加长,可以铚柄,收割禾秸、芟掠草木功用增强。据《墨子》《六韬》等文献的记载,有的大镰柄长七八尺左右,可能主要用于芟除草莱。《六韬·虎韬·军用》："芟草木大镰,柄长七尺,三百枚。"②《墨子间诂》卷一四《备城门》："十步一长镰,柄长八尺。"③

拖曳式耕具犁铧,源自耒耜。《礼记》卷一四《月令》释文："耒,耕曲木。"④目前出土的战国铁铧,多呈"V"字形,明显保留了从耜演变而来的痕迹,只是夹角大小各不相同而已。⑤ 由于采用拖曳式入土形式,便于利用畜力,使耕作由单纯使用人力发展到利用畜力。铁犁、人、畜力之结合,是这一时期农业生产力进步的重要标志之一,对中国农业发展产生了深远影响。这一时期铁犁牛耕,从当时人姓名中可见一斑。如春秋宋国,《左传》卷五二载有昭公二十七年"宋乐祁犁",《左传》卷五九载哀公十四年有宋人"司马牛"。⑥

当然,春秋战国时期仍有青铜等工具的使用。如三门峡春秋早期虢国墓地M2010 出土有青铜斧、锛、凿各 1 件,其中锛上面有梯形銎孔,正面稍宽且垂直,背面略窄,并向下逐渐前收于刃端,单面刃,背面上中部有一单面小穿孔;通长17.2 厘米、銎口长 3.3—3.6 厘米、宽 1.8 厘米、刃宽 3.3 厘米。⑦ 春秋晚期至战国前期信阳长台关 4 号楚墓出土有 7 件铜镞、1 件铜凿、1 件铜锛。⑧ 淅川裴岭战国墓 M10 出土 1 件铜削,单面刃,刃薄背厚,刀身较柄略宽,背略弧,刃较柄略

---

① 河南省文物研究所:《鹤壁市故县战国和汉代冶铁遗址出土的铁农具和农具范》,《农业考古》1991 年第 3 期。
② 王晓卫、杨军、邱瑞祥译注:《六韬·司马法·吴子·黄石公三略·李卫公问对全译》,贵州人民出版社 1998 年版,第 135 页。
③ 〔清〕孙诒让撰,孙启治点校:《墨子间诂》,新编诸子集成 25,中华书局 2018 年版,第 499 页。
④ 〔汉〕郑玄注,〔唐〕孔颖达等正义:《礼记正义》,〔清〕阮元校刻:《十三经注疏(附校勘记)》,中华书局 1980 年版,第 1356 页。
⑤ 李根蟠:《先秦农器名实考辨——兼谈金属农具代替石木骨蚌农具的过程》,《农业考古》1986 年第 2 期。
⑥ 〔晋〕杜预注,〔唐〕孔颖达等正义:《春秋左传正义》,〔清〕阮元校刻:《十三经注疏(附校勘记)》,中华书局 1980 年版,第 2115、2174 页。
⑦ 河南省文物考古研究所、三门峡市文物工作队:《三门峡虢国墓地 M2010 的清理》,《文物》2000 年第 12 期。
⑧ 河南省文物考古研究所:《信阳长台关 4 号楚墓的发掘》,《华夏考古》1997 年第 3 期。

凸出,柄端有椭圆形环,残长 14.4 厘米、刀身最宽处 1.1 厘米、环径 2—3.1 厘米。①

二、精耕细作技术体系的初步形成

(一)土地耕作技术

河南境内,因铁农具的使用和推广,战国时期非常强调深耕和多耕,耕翻播种后及时、细致地碎土覆种,耕耰紧密相连。《庄子·则阳》:"深其耕而熟耰之。"②《孟子·梁惠王上》:"深耕易耨。"③《韩非子·外储说左上》:"耕者且深,耨者熟耰(yōu)也。"④《吕氏春秋·任地》中还有具体的耕作要求:"五耕五耨,必审以尽。其深殖之度,阴土必得。"⑤前一句强调多耕,后一句是说要深耕到有底墒的地方。

当时人们已充分认识到深耕熟耰能够抗旱保墒,防止杂草滋生,避免虫害,增加产量,即"大草不生,又无螟蜮;今兹美禾,来兹美麦"⑥。《庄子·则阳》亦云:"其禾繁以滋。"⑦

(二)作物栽培技术

垄上曰亩,垄中曰畎,垄作法亦可称为畎亩法,起源于上古时代的农田沟洫制度。西周之后,畎亩形成统一的规格,战国时期,垄作制已相当完善,《吕氏春

---

① 南阳府衙博物馆、南阳市文物考古研究所:《河南淅川裴岭战国墓 M10 发掘简报》,《中原文物》2019 年第 4 期。
② 〔清〕王先谦:《庄子集解》卷七,新编诸子集成 35,中华书局 2018 年版,第 279 页。
③ 许维遹撰,梁运华整理:《吕氏春秋集释》卷八、卷三、卷四,新编诸子集成 50,中华书局 2018 年版,第 177、60、87 页。
④ 〔清〕王先慎撰,钟哲点校:《韩非子集解》卷一一,新编诸子集成 45,中华书局 2018 年版,第 295 页。
⑤ 夏纬瑛校释:《吕氏春秋上农等四篇校释》,农业出版社 1979 年版,第 38—39 页。
⑥ 夏纬瑛校释:《吕氏春秋上农等四篇校释》,农业出版社 1979 年版,第 39 页。
⑦ 〔汉〕郑玄注,〔唐〕孔颖达等正义:《礼记正义》卷一六,〔清〕阮元校刻:《十三经注疏(附校勘记)》,中华书局 1980 年版,第 1374 页。

秋》"任地"篇、"辩土"篇中对垄作技术规格做出了总结与说明。据《吕氏春秋》记载,垄作法对土地的利用方式是"上田弃亩,下田弃甽"①,即高田里将作物种在沟内,种沟不种垄有利抗旱保墒;低田里将作物种在垄面上,种垄不种沟,有利于防涝排水、通风透光。《吕氏春秋》所记垄作法,侧重于"下田弃甽"方式。甽亩修治要求"亩欲广以平,甽欲小以深",即垄面应宽而平,垄沟应窄而深。②具体规格是垄面宽5尺(周尺,下同),垄沟宽1尺,垄—沟共宽6尺;③"亩广以平则不丧本",只有这样的垄,才能"下得阴,上得阳",使作物生长良好。④作物栽培上要求"稼欲生于尘〔土〕,而殖于坚者",即表土层松细,下层坚实,形成上虚下实的耕层结构;作物种植应使"茎生于地者五分之以地",就是在5尺宽的垄面上实行宽幅条播,行宽1尺,行距1尺,每一个垄面上播种两行,每种植行占垄面的五分之一。⑤书中还指出了两种不合格的垄形。一是"大甽小亩",即沟宽垄窄,书中认为这种垄长出的庄稼只有窄窄一行,像马鬃一样,严重浪费耕地,所谓"苗若直猎(鬣),地窃之也";二是"高而危"的垄,这种垄不保墒,易坍塌,不能抗风、抗倒伏,加上冷热失调,这让庄稼多病多灾,难有好收成。⑥值得注意的是,战国时垄作制似已很完善,但同时低畦农田也已比较普遍,相应的新耕作法出现。

西周、春秋时期主要依靠休闲恢复地力,到了战国时期,农田施肥有了明确记载,先秦诸子谈及"粪田"的内容有很多,施肥成为重要的生产措施。如《老子》:"天下有道,却走马以粪。"⑦《韩非子·解老》:"所积力唯田畴,积力于田畴必且粪灌,故曰:'天下有道,却走马以粪也。'"⑧这些反映出当时牲畜粪肥的使用情况。《孟子·滕文公上》云:"凶年粪其田而不足,则必取盈焉。"⑨《荀子·

---

① 夏纬瑛校释:《吕氏春秋上农等四篇校释》,农业出版社1979年版,第38页。
② 夏纬瑛校释:《吕氏春秋上农等四篇校释》,农业出版社1979年版,第76页。
③ 夏纬瑛校释:《吕氏春秋上农等四篇校释》,农业出版社1979年版,第45页。
④ 夏纬瑛校释:《吕氏春秋上农等四篇校释》,农业出版社1979年版,第80、76页。
⑤ 夏纬瑛校释:《吕氏春秋上农等四篇校释》,农业出版社1979年版,第78、80页。
⑥ 夏纬瑛校释:《吕氏春秋上农等四篇校释》,农业出版社1979年版,第68、72页。
⑦ 朱谦之:《老子校释》,新编诸子集成31,中华书局2018年版,第193页。
⑧ 〔清〕王先慎撰,钟哲点校:《韩非子集解》卷六,新偏诸子集成45,中华书局2018年版,第153页。
⑨ 〔清〕焦循撰,沈文倬点校:《孟子正义》卷一〇,新编诸子集成5,中华书局2018年版,第364页。

富国》说:"多粪肥田,是农夫众庶之事也。"①这些反映出战国时人们对粪肥使用的重视。战国时期施肥的主要方式是施用基肥,据前引《周礼·地官司徒·草人》具体提到的"土化之法",西周以来的战国时期,人们已经认识到需要根据土壤情况来施肥,即对不同的土壤施用不同的肥料。虽然《周礼》中所见之土化法很难都付诸实践,但反映出因地制宜的施肥技术传承。

战国时期,播种技术已相当讲究,在适期播种、因地播种及合理密植等方面都积累了丰富经验。战国时已提倡改撒播为条播。《吕氏春秋·辩土》指出撒播的缺点是"既种而无行,耕(茎)〔生〕而不长",即播种后虽然能够发芽但是作物的长势不好;实行条播则有"茎生有行,故速长;弱不相害,故速大"的优点。②条播有一定的行距和株距,作物纵横有行,保证了田间通风。播种时要疏密适当,"勿使数,亦无使疏",尤其反对过分稠密造成的"苗窃"现象,将之与"地窃""草窃"视为农田"三盗",应彻底消除;播种或定苗疏密应根据土壤肥瘠而定,"树肥无使扶疏,树硗不欲专生而族居"③。即肥田要密植,勿使庄稼贪青徒长;瘠田要种稀,勿使作物得不到足够养分而相欺。疏密度的掌握也有一定的原则,《吕氏春秋·辩土》:"苗,其弱也欲孤,其长也欲相与居(俱),其熟也欲相扶;是故三以为族,乃多粟。"④就是说幼苗要孤立,留出生长余地,植株长大成熟时应能相互扶持,防止倒伏。

春秋时期,"都鄙"的耕地按土壤肥瘠之不同被分为"一易之地""不易之地"和"再易之地"。⑤"易"就是轮换,"不易"即连年种植。"乡遂"的土地则被分为上地、中地和下地三种类型,每类土地中都包括"田"和"莱"两部分。分配土地时,每家田数为百亩,但依据田地肥力高低调整"莱"的亩数,依次为 50 亩、100 亩、200 亩。"莱"就是休闲地。⑥可见当时的土地是定期休闲、轮流耕种的,

---

① 〔战国〕荀况著,蒋南华、罗书勤、杨寒清注译:《荀子全译》卷一〇,贵州人民出版社 1995 年版,第 183 页。
② 夏纬瑛校释:《吕氏春秋上农等四篇校释》,农业出版社 1979 年版,第 69、81 页。
③ 夏纬瑛校释:《吕氏春秋上农等四篇校释》,农业出版社 1979 年版,第 78、68—70、87 页。
④ 夏纬瑛校释:《吕氏春秋上农等四篇校释》,农业出版社 1979 年版,第 84 页。
⑤ 王云五主编,林尹注译:《周礼今注今译》卷三《地官司徒·大司徒》,台湾商务印书馆 1979 年版,第 99 页。
⑥ 王云五主编,林尹注译:《周礼今注今译》卷四《地官司徒下·遂人》,台湾商务印书馆 1979 年版,第 157—160 页。

休闲与连种并行。战国时代,铁农具的普及,牛耕的初步推广,提高了土壤耕作效率;农田施肥已比较普遍,使土壤养料的损耗能及时得到补偿,恢复地力;大豆的广泛种植又有利于耕地的用养结合,这些条件均促进了连种制的实行,所以当时连种制已占主导地位。如《商君书》"垦令"篇、"算地"篇载商鞅在秦国大力提倡"垦草"和"治莱",①《孟子》卷一五《离娄章句上》载东方六国也"辟草莱,任土地"②。"治莱""辟草莱"虽不等于连种,但随着耕翻、施肥技术的进步,人们会放弃把已垦地荒芜后变为"休不耕"的莱,再放火烧荒恢复地力的耕作方式,休耕制必然转变为连种制;另外,荒地被开垦后很快被纳入连种制。先秦诸子常提及的农夫"百亩之田""百亩之守"就相当于春秋时的"不易之地"。自战国以来,虽然撂荒制和休闲制在一些地方长期存在,但就总体来说,当时连种制已成为河南境内耕作制度的主流。③

耕地连年种植,并非每年都种同一种作物。事实上,为防止病虫害,调节地力,往往要换茬,轮作必然出现并发展起来,否则,连种制也难以推行。战国时期,冬小麦在中原地区的播种面积逐渐扩大。冬小麦相比其他作物有许多优势,一是可充分利用早春和晚秋的生长季节,夏初收获,还可接绝继乏,避免青黄不接。二是种植冬小麦,可避开黄河河汛水患,保证收获。铁犁和施肥技术的普遍使用,也使冬小麦种植有了一定条件。冬小麦种植面积的扩大,必然导致耕作制度出现新的变化。《吕氏春秋·任地》中提到深耕细作,消灭杂草和虫害,可以达到"今兹美禾,来兹美麦"的效果,这里说的显然是指禾、麦的轮作。④从当时冬小麦已普遍种植的情况看,战国时很可能已将冬小麦纳入轮作周期,出现两年三熟的轮作复种制。《荀子·富国》还提道:"今是土之生五谷也,人善治之,则亩益数盆,一岁而再获之。"⑤这里的"一岁而再获之"有可能是指精耕细作条件下两年三熟制中的"再获",即两年中有一年是收获两次的。⑥还有人认为"一岁再获之"是我国关于一年两熟制的最早记载。⑦ 总之,战国时代河南境内

---

① 高亨注译:《商君书注译》,中华书局1974年版,第19—30、61—72页。
② 〔清〕焦循撰,沈文倬点校:《孟子正义》,新编诸子集成5,中华书局2018年版,第555页。
③ 梁家勉:《中国农业科学技术史稿》,农业出版社1989年版,第120页。
④ 夏纬瑛校释:《吕氏春秋上农等四篇校释》,农业出版社1979年版,第39页。
⑤ 〔战国〕荀况著,蒋南华、罗书勤、杨寒清注译:《荀子全译》,贵州人民出版社1995年版,第183页。
⑥ 梁家勉:《中国农业科学技术史稿》,农业出版社1989年版,第121页。
⑦ 吴存浩:《中国农业史》,警官教育出版社1996年版,第270页。

很可能已经在土地连种制的基础上出现了复种,只是目前尚缺乏确凿的证据。

(三)田间管理技术

中耕除草,战国时期称为耘或耨。当时的文献中耕、耨并提,代表着整个农事活动,可见当时人们对中耕很重视。《孟子·梁惠王上》说:"深耕易耨","彼夺其民时,使不得耕耨,以养其父母"。[①]《韩非子·外储说左上》说:"耕者且深,耨者熟耘也。"[②]《吕氏春秋·任地》说:"五耕五耨。"[③]"易耨"是指要疾速中耕,"熟耘"是要求中耕要精细,"五耨"同样是要求中耕次数要多。耘耨的目的首先在于清除杂草。《管子·度地》还说:"大暑至,万物荣华,利以疾薅,杀草秽。"[④]说明耘耨要快速,以抓住时机,在杂草蔓延之前将其锄除。中耕还可松土保墒。《管子·治国》说:"耕耨者有时,而泽不必足,则民倍贷以取庸矣。"[⑤]为抓住耕耨时机,防旱保墒,不惜借贷雇工。《吕氏春秋·任地》则指出:"人耨必以旱,使地肥而土缓。"[⑥]是说在天旱的时候要注意锄地,以减少土壤水分蒸发、保持土壤疏松。此外,耘耨还可间苗定苗,为禾苗培土壅根。《吕氏春秋·辩土》:"是故其耨也,长其兄而去其弟。"[⑦]《左传·昭公元年》:"是穮是蓘,虽有饥馑,必有丰年。"[⑧]"穮"是除草,"蓘"是壅根。总之,战国时,中耕除草的技术要求已相当精细,对中耕的作用也有了一定认识,强调中耕应因时制宜。

病虫害对农作物生长有严重威胁,人们很早就采用各种办法来对付它。西周时已懂得以火治虫,战国时期农业防治措施见于记载,其具体方法有多种。首先是通过深耕改变土壤环境,消灭杂草和防止虫害。《吕氏春秋·任地》说:

---

① 〔清〕焦循撰,沈文倬点校:《孟子正义》卷二,新编诸子集成5,中华书局2018年版,第71—72页。
② 〔清〕王先慎撰,钟哲点校:《韩非子集解》卷一一,新编诸子集成45,中华书局2018年版,第295页。
③ 夏纬瑛校释:《吕氏春秋上农等四篇校释》,农业出版社1979年版,第38—39页。
④ 黎翔凤撰,梁运华整理:《管子校注》卷一八,新编诸子集成41,中华书局2018年版,第1174页。
⑤ 黎翔凤撰,梁运华整理:《管子校注》卷一五,新编诸子集成40,中华书局2018年版,第1022—1023页。
⑥ 夏纬瑛校释:《吕氏春秋上农等四篇校释》,农业出版社1979年版,第46页。
⑦ 夏纬瑛校释:《吕氏春秋上农等四篇校释》,农业出版社1979年版,第86页。
⑧ 〔晋〕杜预注,〔唐〕孔颖达等正义:《春秋左传正义》卷四一,〔清〕阮元校刻:《十三经注疏(附校勘记)》,中华书局1980年版,第2020页。

"其深殖之度,阴土必得;大草不生,又无螟蜮。"①其次是掌握适宜的播种时间。《吕氏春秋·审时》说:"得时之麻……不蝗。得时之菽……不虫。得时之麦……不蚼蛆。"②另外,各种作物互相搭配种植,也能预防虫害等。战国初年李悝便曾提出种庄稼"必杂五种,以备灾害"③。可见战国时期人们已有意识地结合耕作栽培措施,创造有利于农作物生长发育而不利于害虫滋生繁殖的环境,达到防虫除害的目的。农业防治措施的出现,标志着我国在病虫害防治方面有了显著进步。战国时期,我国还出现药物防治害虫的方法。《周礼·秋官》中设有掌管除虫的职官庶氏,记有用嘉草(蘘荷)焚熏除虫的措施,④虽然这种方法未必用于田间虫害的防治,但其启示作用则是显而易见的。

三、规模农田水利工程的建设

春秋战国时期,社会经济形势出现了新的变化。当时各诸侯国为了增强实力,均致力于政治、经济上的改革与发展。农田税制的改革,逐渐瓦解着井田制,推进了土地私有制的演进过程,大大提高了劳动者的生产积极性,从而为农业耕地的开拓和灌溉事业的发展消除了一些有害影响。

随着各国不遗余力地"辟草莱""尽地力",耕地范围逐渐扩大。以往仅选择水草茂密的地方从事种植,如今水土条件较差的劣质土地也得到开发利用。这样,又引起了土地开发与水土资源的矛盾。据统计,从鲁隐公元年(前722)到鲁哀公十五年(前480)的242年间,见于《左传》记载的水灾11次,平均22年一次,旱灾17次,平均14.23年一次。水旱灾害,尤其是干旱,成为农业生产过程中十分突出的问题。严重的灾害对农业生产造成不良影响,但智慧的劳动先民却能够主动去适应这样的影响,从而推动了农田灌溉事业的发展。

---

① 夏纬瑛校释:《吕氏春秋上农等四篇校释》,农业出版社1979年版,第39页。
② 夏纬瑛校释:《吕氏春秋上农等四篇校释》,农业出版社1979年版,第113—120页。
③ 〔汉〕班固撰,〔唐〕颜师古注:《汉书》卷二四上《食货志上》,中华书局1962年版,第1120页。
④ 王云五主编,林尹注译:《周礼今注今译》卷九《秋官·庶氏》,台湾商务印书馆1979年版,第395—396页。

（一）沟洫制度的持续发展

依据文献记载，到春秋时期，浚沟洫、除水涝继续被重视。《左传·襄公三十年》载，子产治理郑，使"田有封洫，庐井有伍"①。《孔子家语》卷二《致思》："子路为蒲宰，为水备，与其民修沟渎"；卷三《辩政》载子路经过三年的经营，最终"田畴尽易，草莱甚辟，沟洫深治"，孔子称其为"恭敬以信"。②《管子·度地》载齐桓公向管仲"请问备五害之道"，管仲对以除水害为始，《管子·立政》提出："决水潦，通沟渎，修障防，安水藏，使时水虽过度，无害于五谷。"③这些情况均反映了春秋时期排水除涝农田沟洫系统的赓续发展。

（二）农田灌溉的出现

春秋时期，包括河南在内的中国北方的许多地区虽已出现了农田灌溉的史实，但具体的灌溉工程少见于文献记载。夏禹所开凿的鸿沟，春秋战国时期仍为梁宋地区农业生产提供了稳定的灌溉用水。《史记·河渠书》载，夏禹开凿鸿沟后，"自是之后，荥阳下引河东南为鸿沟，以通宋、郑、陈、蔡、曹、卫，与济、汝、淮、泗会。于楚，西方则通渠汉水、云梦之野，东方则通（鸿）沟、江淮之间。于吴，则通渠三江、五湖。……此渠皆可行舟，有余则用溉浸，百姓飨其利。至于所过，往往引其水益用溉田畴之渠，以万亿计，然莫足数也"④。可见，春秋战国时期，鸿沟沿线诸侯国都利用鸿沟行水运并引水灌溉农田。有学者指出，"（鸿沟）改变了这一地区的面貌，农田土壤的改良亦大收其利"⑤。梁宋地区，鸿沟之外，亦见睢滢。《左传·成公十五年》所载宋国"睢滢"⑥，就是睢水上的一种筑堤蓄水灌溉工程。

---

① 〔晋〕杜预注，〔唐〕孔颖达等正义：《春秋左传正义》卷四〇，〔清〕阮元校刻：《十三经注疏（附校勘记）》，中华书局1980年版，第2013页。
② 王国轩、王秀梅译注：《孔子家语》，中华书局2016年版，第76、139页。
③ 黎翔凤撰，梁运华整理：《管子校注》卷一八、卷一，新编诸子集成41，中华书局2018年版，第1169、81页。
④ 〔汉〕司马迁：《史记》，中华书局1959年版，第1407页。
⑤ 朱伯康、施正康：《中国经济通史（上）》，中国社会科学出版社1995年版，第127页。
⑥ 〔晋〕杜预注，〔唐〕孔颖达等正义：《春秋左传正义》卷二七，〔清〕阮元校刻：《十三经注疏（附校勘记）》，中华书局1980年版，第1914页。

春秋时期各国灌溉事业的发展状况,史料记载相当缺乏,但从一些古代文献的只言片语中,仍可窥见一些迹象。由于我国北方降水较少,水稻的发展从来是和水利的开发联系在一起的。如前所述,稻区的分布与史料透露的灌溉迹象,可以看作发展农田灌溉的结果。从文献资料反映的情况来看,当时开展水利灌溉较早的国家有位于黄河流域的郑国。春秋时代的郑国位于今河南开封以西至成皋故关一带,这里地势平坦,开发很早,是我国古代的一个重要农业区。为了能够适应农业发展的需要,早在公元前 6 世纪就有子驷兴办农田水利的谋划,《左传·襄公十年》载有郑国子驷"为田洫"①。后来子产在郑国执政,继续实行发展农业政策。《左传·襄公三十年》载:"子产使都鄙有章,上下有服,田有封洫,庐井有伍……从政一年,舆人诵之曰:'取我衣冠而褚之,取我田畴而伍之,孰杀子产,吾其与之。'及三年,又诵之曰:'我有子弟,子产诲之。我有田畴,子产殖之。子产而死,谁其嗣之?'"这里说的是子产推行农田水利区划的情形。所谓"田有封洫",据杜预注,"封"就是疆,"洫"就是沟。②子产当初开发沟渠水利的地域,据说为河南中部地区,约在今中牟一带。此处地势低,多水泽,著名的圃田泽即在其附近。水过多或过少都不利于农业经营,为了发展农业生产,当然必须讲究引水、排水设施以调节农田水分状况。所以,子驷、子产的农田水利区划的提出与实施实非偶然。子产行农田水利建设的成功,得以引水灌田并排水除害,从而提高了农业生产量,使郑国能够长期跻身于晋、楚两大强国间而维持不坠。子产以后郑国的水利发展状况如何,无史料可考。不过,后来据有郑国故地的韩国曾派遣水工郑国赴秦国,在关中修建了规模宏大的郑国渠灌溉工程。这一事实也间接反映出春秋末期郑国的水利事业继续有所发展,否则是不会造就出郑国这样一位杰出的水利专家的。

不过,我国有历史记载的第一个水利工程是春秋时期楚国期思(在今河南信阳淮滨东南 15 公里、固始县西北 20 公里)人孙叔敖主持修建的期思陂和零娄灌区。《淮南子·人间训》载:"孙叔敖决期思之水而灌雩娄之野。"③淮滨东

---

① 〔晋〕杜预注,〔唐〕孔颖达等正义:《春秋左传正义》卷三一,〔清〕阮元校刻:《十三经注疏(附校勘记)》,中华书局 1980 年版,第 1948 页。
② 〔晋〕杜预注,〔唐〕孔颖达等正义:《春秋左传正义》卷四〇,〔清〕阮元校刻:《十三经注疏(附校勘记)》,中华书局 1980 年版,第 2013—2014 页。
③ 〔西汉〕刘安等著,许匡一译注:《淮南子全译》卷一八,贵州人民出版社 1993 年版,第 1118 页。

南的期思位于史河下游的西岸,零娄之野位于史河中上游的东岸,即固始县的东南地区,是史河和东边淠河之间的区域。孙叔敖出身土木工程世家,是一位水利工程方面的专家。孙叔敖在期思修筑堤岸期思陂来疏导史、灌河下游之水,让它注入淮河;同时,他引史、灌河中上游之水来灌溉零娄一带的田野。期思陂主要是防洪工程而不是灌溉工程,零娄灌区是引水灌溉工程。① 零娄灌区遗迹有位于黎集镇(古零娄一带)史河东岸的孙相公(孙叔敖)河遗址,河首名"石嘴头",长5000米,宽1020米。② 楚庄王时(前613—前591),孙叔敖为楚令尹之后,又主持修建了芍陂水利工程,而芍陂是中国历史上出现最早、规模也最大的陂塘蓄水灌溉工程,芍陂的地域包括固始以东至寿县之南、六安以北至淮水之南的地方,芍陂是该地区灌区的总名;战国时期,芍陂又有"啻苴之田"灌区之称。③《后汉书》卷七六《王景传》载,王景迁庐江太守时,"郡界有楚相孙叔敖所起芍陂稻田。景乃驱率吏民,修起芜废,教用犁耕,由是垦辟倍多,境内丰给"④。河南信阳地区是芍陂的一部分。清乾隆五十一年(1786)《固始县志》载清代固始县史灌河地区的陂塘还存有"芍破"之名,固始县温家集东南有名芍陂的地方,寿州、霍邱也都有孙叔敖芍陂遗迹。至今固始县仍有叫"芍陂"的地方。《全后汉文》卷九九东汉延熹三年(160)五月阙名《楚相孙叔敖碑》,碑文中赞颂孙叔敖在水利和农田灌溉方面的重大贡献:"宣导川谷,陂障源泉,溉灌沃泽,堤防湖浦,以为池沼。钟天地之美,收九泽之利,以殷润国家,家富人喜,优游乐业。"⑤

战国时期,河南地区农田水利仍有发展。如雍正《河南通志》卷五六《名宦》载战国时楚人沈诸梁为叶县尹,"作陂池,资灌溉"。

(三)地下水灌溉的出现

开发利用地下水灌溉农田,是春秋时期农田水利事业发展的另一个重要方

---

① 此句有不同的解读,这里采用吴长城等人观点。参见吴长城、秦华杰、郭凤平:《"孙叔敖决期思之水而灌零娄之野"刍议》,《农业考古》2009年第4期。
② 固始县地方志编纂委员会:《固始县志》,中州古籍出版社1994年版,第485页。
③ 陈立柱:《结合楚简重论芍陂的创始与地理问题》,《安徽师范大学学报(人文社会科学版)》2012年第4期。
④ 〔宋〕范晔撰,〔唐〕李贤等注:《后汉书》,中华书局1965年版,第2466页。
⑤ 〔清〕严可均校辑:《全上古三代秦汉三国六朝文》(第一册),中华书局1958年版,第1007页。

面,在我国淮河以北地区,地表水不太丰裕,季节变化又大,开发利用地下水以补地表水源之不足,在农业上有特殊意义。

我国开发利用地下水,历来有两种方式:一是导引泉水,二是凿井取水。这两种方式,在春秋时期就都已经出现了,并且还有新的发展。北魏郦道元的《水经注》中,记载了不少泉水灌溉的资料,其中历史悠久且情况又比较具体的包括今新乡辉县的百泉。百泉位于河南省新乡市辉县市城西北7里,因泉通百道而得名。此外,又有珍珠泉、百门泉、百门陂等名称。春秋时,这里属于卫国,是一个经济、文化均比较发达的地区,百泉之名在《左传·定公十四年》已经出现,① 但其灌溉作用始载于《水经注》。《水经注》卷九《清水注》中说在共县(即今辉县市)故城西有一个百门陂,陂方500步。② 唐代李吉甫的《元和郡县图志》卷一六卫州共城县(今辉县市)进一步补充说:"百门陂在县西北五里,方五百许步,百姓引以溉稻田。"③结合辉县地区的经济开发和文献记载的情况来看,百泉之用于水利灌溉,历史是很久远的,很有可能在春秋时就已开始了。上述记载虽然简略,但比《毛诗·大雅·公刘》中"逝彼百泉"的叙述具体得多。④ 两处都出现了壅泉的陂,而且规模不小。《毛诗·陈风·泽陂》有载,"陂"即"泽障","泽障"指"泽畔障水之岸"。⑤ 筑陂蓄泉,便于引灌,反映了泉水开发利用技术的进步。

随着泉水灌溉的发展,人们对泉水的认识有了提高,常常根据泉水的形态冠以不同的名称。先秦文献《诗经》和《尔雅·释水》里记载有7种不同形态的泉水:一曰沃泉,又称下泉。《毛诗·曹风·下泉》有"冽彼下泉"⑥。这是一种

---

① 〔晋〕杜预注,〔唐〕孔颖达等正义:《春秋左传正义》卷五六,〔清〕阮元校刻:《十三经注疏(附校勘记)》,中华书局1980年版,第2151页。
② 王国维校:《水经注校》,上海人民出版社1984年版,第303页。
③ 〔唐〕李吉甫:《元和郡县图志》,中华书局1983年版,第462页。
④ 〔汉〕毛公传,〔汉〕郑玄笺,〔唐〕孔颖达等正义:《毛诗正义》卷一七,〔清〕阮元校刻:《十三经注疏(附校勘记)》,中华书局1980年版,第542页。
⑤ 〔汉〕毛公传,〔汉〕郑玄笺,〔唐〕孔颖达等正义:《毛诗正义》卷七,〔清〕阮元校刻:《十三经注疏(附校勘记)》,中华书局1980年版,第379页。
⑥ 〔汉〕毛公传,〔汉〕郑玄笺,〔唐〕孔颖达等正义:《毛诗正义》卷七,〔清〕阮元校刻:《十三经注疏(附校勘记)》,中华书局1980年版,第386页。

从上流下的泉水。二曰氿泉。《毛诗·小雅·大东》中有氿泉之名。① 这是从旁渗出的泉水。三曰汧泉。《尔雅·释水》:"汧,出不流。"②水泉潜出地表形成池沼为汧,所以,汧是形成沼泽的泉水。四曰瀱泉。《尔雅·释水》:"泉一见一否为瀱。"③瀱泉是一种时流时止的泉水。五曰濫泉,亦作檻泉,即瀆泉。《春秋公羊传·昭公五年》:"瀆泉者何?直泉也。直泉者何?涌泉也。"④可知濫泉是指由地下直上涌出的泉水。六曰肥泉。《毛诗·邶风·泉水》:"我思肥泉。"汉代毛亨传云:"所出同,所归异,为肥泉。"⑤七曰瀵泉。这是一种出水量极大的涌泉。《尔雅注疏·释水》:"瀵,大出尾下。"刑昺疏:"尾犹底也,言源深大出于底下者名瀵。"⑥以上几种泉水,大体上是按照泉水的环境条件、水量及涌出形态来划分的。这些虽还属于对现象的认识,但如没有长期利用泉水的实践,这种明确的分类是不可能产生的。利用泉水灌溉,工事易施,当然很方便。但是,并非什么地方都有泉水可资引灌。泉灌的地域局限性,迫使人们凿井取水灌溉田园,以满足农作物生长的需要。

春秋时期,井灌逐渐发展起来,北方宋、卫等国都出现了利用井水灌溉的史实。《吕氏春秋·察传》记载:"宋之丁氏,家无井而出溉汲,常一人居外。及其家穿井,告人曰:'吾穿井得一人。'……闻之于宋君,宋君令人问之于丁氏,丁氏对曰:'得一人之使,非得一人于井中也。'"⑦字里行间洋溢着当时人们开发井水灌溉的喜悦心情。此外,《庄子·天地》《庄子·天运》《说苑·反质》等篇也

---

① 〔汉〕毛公传,〔汉〕郑玄笺,〔唐〕孔颖达等正义:《毛诗正义》卷一三,〔清〕阮元校刻:《十三经注疏(附校勘记)》,中华书局1980年版,第461页。
② 〔清〕郝懿行撰,王其和、吴庆峰、张金霞点校:《尔雅义疏》,十三经清人注疏,中华书局2017年版,第657页。
③ 〔清〕郝懿行撰,王其和、吴庆峰、张金霞点校:《尔雅义疏》,十三经清人注疏,中华书局2017年版,第654页。
④ 〔汉〕公羊寿传,〔汉〕何休解诂,〔唐〕徐彦疏:《春秋公羊传注疏》卷二二,〔清〕阮元校刻:《十三经注疏(附校勘记)》,中华书局1980年版,第2318页。
⑤ 〔汉〕毛公传,〔汉〕郑玄笺,〔唐〕孔颖达等正义:《毛诗正义》卷二,〔清〕阮元校刻:《十三经注疏(附校勘记)》,中华书局1980年版,第309页。
⑥ 〔晋〕郭璞注,〔宋〕刑昺疏:《尔雅注疏》卷七,〔清〕阮元校刻:《十三经注疏(附校勘记)》,中华书局1980年版,第2619页。
⑦ 许维遹撰,梁运华整理:《吕氏春秋集释》卷二二,新编诸子集成50,中华书局2018年版,第618页。

有关于春秋时井灌情况的明确记载。如《庄子·天地》:"子贡南游于楚,反于晋,过汉阴,见一丈人方将为圃畦,凿隧而入井,抱瓮而出灌,搰搰然用力甚多而见功寡。"①

利用井水浇地,需要配套有相应的提水工具。因此,井灌事业的发展,又促进了提水工具的进步。《淮南子·氾论》说:"古者剡耜而耕……抱甀而汲。"②甀是一种盛水的瓦器。用瓦罐来取水浇地,大约是最初使用的方法。这种方法在春秋时期是普遍存在的。据《说苑·反质》所载,春秋时著名思想家邓析路过卫国,也见到五位农民"负缶而入井",取水浇灌韭菜。③"抱瓮而灌",方法简单易行,但"用力多而见功寡",五人一天只能浇地一区,效率很低。

为适应井灌发展的需要,到春秋后期,出现了比"抱瓮"进步的桔槔提水法。"桔槔"一词最早见于《庄子》。该书《天运》篇中记载:"孔子西游于卫,颜渊问师金曰……师金曰:'……且子独不见夫桔槔者乎?引之则俯,舍之则仰。……'"④桔槔亦单称为槔、桥。子贡和邓析曾将桔槔提水法分别介绍于农人,子贡说:"凿木为机,后重前轻,挈水若抽,数如泆汤,其名为槔"。⑤邓析也云:"为机,重其后,轻其前,命曰桥。终日灌韭,百区不倦。"⑥据二人所述及后世画图,可知桔槔系用一根横木支在木柱上,一端用绳挂一水桶,另一端系着重物,使两端一上一下地运动以提取井水,即所谓"引之则俯,舍之则仰"。由于桔槔的制作运用了杠杆原理,不仅放桶取水可一按而下,就是提取水桶时,随着原重点之转换为力点,也能轻而易举地将盛满井水的水桶提取上来。所以"挈水若抽,数如泆汤""有械于此,一日浸百畦,用力甚寡而见功多",比起"抱瓮而灌",功效提高了百倍。⑦

前面提到的子贡是卫国人,历仕鲁、卫等国;邓析是郑国人,做过郑国大夫;师金,名金,是鲁国太师。他们虽然都是春秋时代的名士,但同农业生产并无多大直接的联系,而对桔槔的特点和功效却如此熟悉,这反映出当时卫、郑、鲁等

---

① 〔清〕王先谦撰:《庄子集解》卷三,新编诸子集成35,中华书局2018年版,第132页。
② 〔西汉〕刘安等著,许匡一译注:《淮南子全译》卷一三,贵州人民出版社1993年版,第752页。
③ 〔汉〕刘向著,王锳、王天海译注:《说苑全译》卷二〇,贵州人民出版社1992年版,第876页。
④ 曹础基:《庄子浅注》,中华书局1982年版,第213—214页。
⑤ 曹础基:《庄子浅注》,中华书局1982年版,第175页。
⑥ 〔汉〕刘向撰,向宗鲁校证:《说苑校证》卷二〇《反质》,中华书局1987年版,第513页。
⑦ 曹础基:《庄子浅注》,中华书局1982年版,第175页。

地的井灌事业已经有相当的发展,并且功效高的桔槔提水法正在逐渐取代"抱瓮而灌"的原始方法。

伴随着井灌的发展,人们对地下水的认识进一步加深,《管子·地员》篇对不同土地的地下水埋藏深度、地下水质及其相应的抗旱能力和适宜的农作物都作了详细的叙述。① 如果没有开发利用地下水的长期实践和细致观察,如此清晰而具体的认识是不可能获得的。因此,《管子》一书虽非春秋时期的作品,但书中关于地下水状况的记载,当是春秋以来发展井灌的实践经验总结。

总之,春秋战国时期是一个变革的时代,河南农业主要体现在土地制度的变革领域。此外,稻作品种的丰富和小麦主产区的出现,经济林木种植的发展,养殖业家庭化的转变,铁质农具的初步推广和专业化,包括土地耕作技术、作物栽培技术、田间管理技术在内的精耕细作技术体系的初步形成,以及规模农田水利工程的建设均体现了农业的发展和小农经济的形成。

---

① 黎翔凤撰,梁运华整理:《管子校注》卷一九,新编诸子集成 41,中华书局 2018 年版,第 1183—1264 页。

第四章 秦汉时期河南单一农耕方式的确立

秦汉时期是河南单一农耕方式的确立阶段。一方面,自耕农的破产、土地兼并、"限田""王田"之议、豪族农业规模经营等事件反映出当时土地制度的发展;另一方面,小农经济成为主要经营方式,豪强地主与庶民地主的土地经营等情况彰显了秦汉时期的农业经营方式。铁器生产,农业生产工具的铁器化,农具向多样化、专业化方向的发展,牛耕的扩展,麦作的推广,经济作物的种植,农田灌溉技术的提升等则体现了秦汉时期农业技术水平相较于前代进一步提升。

第一节　土地制度与农业经营方式

此前的战国时期是土地私有制形成的重要时期。在战国时期,土地私有的基本途径大体存在两种方式:一种是各诸侯国为了鼓励本国民众作战的积极性,以军功的形式赏赐给予田地,即所谓的军功赐田制,如此一来产生了一些靠军功起家的地主;另一种是官府在实行土地改革及赋税制度改革后,通过承认已有土地使用者所有权所形成的自耕农。从数量上看,由于靠军功获取田地和宅院的方式并非常态,也非国内人人都能够享受到这种待遇,因此,靠军功起家的地主所占比例和数量还是很有限的,不足以从根本上撼动旧制度的基础。军功地主是以战"要利于上"[1]的身份性地主,所以这些人并不是特别乐于经营和管理土地。[2] 而脱胎于土地私有化的小自耕农经济或许是当时最基本的农业经

---

[1] 〔汉〕班固撰,〔唐〕颜师古注:《汉书》卷二三《刑法志》,中华书局1962年版,第1086页。
[2] 林剑鸣:《秦汉史》(下册),上海人民出版社1989年版,第324页。

济形态,这些人是当时农业生产的主力军。在秦帝国统一中原以后,朝廷下令"使黔首自实田"①,这里的"黔首"所指的便是广大自耕农群体,通过"使黔首自实田"可以在法律上承认自耕农此前所占有的土地资源,并给予保障。自耕农经济可以说是秦代至西汉初年社会、经济、文化繁荣的经济基础。

一、土地制度的发展

秦汉专制主义中央集权职能强化,国家所拥有的土地一度呈现了逐渐增加的趋势,这主要表现在四个方面:一是朝廷加强了对于战乱后无主公田的控制,将其纳入国家所有;二是通过扩大皇家苑囿园池的规模来增加土地所有;三是对豪强权贵土地的剥夺;四是通过在边疆地区的开发屯垦,增加对边疆地区的土地拥有量。这些新增加的土地一部分以赏赐的形式直接给予官僚贵族和功臣,或者是赈济给贫民,或者是假贷给农民并收取田税,或者是由朝廷直接来管理。这样一种土地关系在稳定王朝经济基础方面起到重要作用。

1. 秦赋役与自耕农的破产

与井田制的土地次第分封、占有结构相比较,秦汉时期的自耕农的小土地私有是一种比较简单的经济结构。自耕农除了承担国家赋役,不存在地租剥削问题。所以经济学家认为,小自耕农经济是最适合封建主义的生产形式,这样一种生产形式将农业生产和桑蚕养殖丝织生产紧密结合在一起,但由于这种结合血缘亲合度最为密切,财产关系又最为简单,所以生产积极性相比于其他同期生产形式最高。② 自耕农对传统社会中的农业生产发展是有利的。自耕农所承担的赋役是当时国家财政的重要来源。胡如雷在《中国封建社会形态研究》中提到:"在中国历史上,从某种意义说,自耕农数量的增减往往标志着社会生产发展的速度和经济的繁荣或衰落,也关系着国家财政的多寡。"③自秦以来,自耕农的分化与负担始终是当时重要的社会、经济问题。这里所指的"分化"是就

---

① [汉]司马迁:《史记》卷六《秦始皇本纪》集解引徐广说,中华书局1959年版,第251页。
② 张金光:《商鞅变法后秦的家庭制度》,《历史研究》1988年第6期。
③ 胡如雷:《中国封建社会形态研究》,生活·读书·新知三联书店1979年版,第127页。

自耕农的不稳定性而言的,这种不稳定性最大的表现便是自耕农与地主间的矛盾;"负担"是就自耕农的赋役轻重程度而言的,这实际上体现了自耕农与王朝政权间的矛盾。在封建社会时代,正是因为王朝政权的压榨和地主对于土地的大肆掠夺才导致了自耕农破产。但就具体的问题而言,时代不同,矛盾的侧重点是各不相同的。秦从商鞅变法以来,虽然有"除井田,民得买卖"的说法,[①]但是在文献记载中关于土地兼并的记载比较少。

从某种程度上说,导致秦帝国迅速灭亡的关键原因就是国家政权和赋役承担者之间的矛盾升级。马克思说"强有力的政府和繁重的赋税是同一个概念"[②],自耕农承担的赋税和徭役是经济关系之外的一种法权关系,在征集调配方面往往具有很大随机性。虽然关于徭役时间、缴税额度等方面原有明确的规定,但在秦代,因秦始皇为了加强中央集权,不惜集中全国的人力、物力、财力,致力于废分封、堕关隘、销锋镝、迁豪杰、筑长城、击匈奴、戍五岭、修驰道、巡天下、穿骊山、营宫阙等,这些事情往往需要巨大的财政供给,对于国家和自耕农来说无疑也是巨大的财政负担。由于赋役沉重,劳动者就连基本的生存都无法维持,加之力役三十倍于以前,导致简单的农业生产已无法进行,社会被推向了绝境。李斯在分析秦末关东"群盗"并起的原因时说:"盗多,皆以戍、漕转、作事苦,赋税大也。"[③]《史记·秦始皇本纪》所载西汉贾谊《过秦论》提到秦"常为诸侯雄"的辉煌历史及"并海内,兼诸侯"的不朽功业,以此为铺垫来反衬"陈涉不用汤武之贤,不借公侯之尊,奋臂于大泽而天下响应"。[④] 这些说明了在当时农民和地主阶级及其国家政权之间的斗争与冲突已经上升为社会基本矛盾,并且已经达到无法调和的地步。

《吕氏春秋·审分览》指出:"公作则迟,有所匿其力也;分地则速,无所匿迟也。"[⑤]封建土地私有制的确立,是民心归农、生产积极性高涨的根本原因。战国时期的变法以满足百姓的田宅欲望作为激励机制,鼓励积极耕战,实现富国强

---

① 〔汉〕班固撰,〔唐〕颜师古注:《汉书》卷二四上《食货志上》,中华书局1962年版,第1137页。
② 中共中央马克思恩格斯列宁斯大林著作编译局编:《马克思恩格斯选集》第一卷,人民出版社1972年版,第697页。
③ 〔汉〕司马迁:《史记》卷六《秦始皇本纪》,中华书局1959年版,第271页。
④ 〔汉〕司马迁:《史记》卷六《秦始皇本纪》,中华书局1959年版,第276—284页。
⑤ 许维遹撰,梁运华整理:《吕氏春秋集释》卷一七,新编诸子集成50,中华书局2018年版,第431页。

兵。而且在战国时期，诸侯集团之间的对峙与斗争，可以暂时缓和并转化农民和地主阶级及其国家政权之间的矛盾。"各诸侯国之间的长期分治和战乱相寻，使统治者容易煽动各国人民之间的仇恨和不理性来转移本国人民对战争及徭役负担的不满，而人民因战争受的物质损失，又可从掠夺别国及战后的赏功而局部地得到弥补"。① 秦平定天下后，"元元之民冀得安其性命"②，自耕农及中小地主作为土地私有者，有着强烈的致富、安居愿望。从这个角度说，秦在统一六国后如果能够休养生息，恢复生产，为社会带来安定的局面，是可以延续几代甚至是更长时间的。但是因为秦王朝取守之道无异，"其道不易，其政不改"，沉重的赋税、频繁的徭役使"男子疾耕不足粮饷，女子纺绩不足衣服"，③劳动者的基本生产都无法维持，封建国家政权赖以存在的经济基础也就因此崩溃了。所以，秦帝国能够统一全国，而无法抵御陈涉、刘邦一介平民的原因或在于此。河南境内的情况与全国一致，也面临同样激烈的社会冲突。

2. 西汉土地兼并及其影响

公元前 201 年，刘邦颁"复故爵田宅令"，首先对诸侯子在关中者，"复之十二岁，其归者半之"；对前或聚保山泽者，"令各归其县，复故爵田宅"；对有爵者，或"令食邑"或"复其身及户"；对"民以饥饿自卖为人奴婢者，皆免为庶人"。④这些政策逐渐推广到全国，对于稳定汉初政权是有积极作用的，但最关键的是农民由此得以喘息，有了自己的土地，并恢复了正常的农业生产秩序。汉实行郡国并行制，虽然封赐了许多诸侯王，但他们所获得的土地和秦代靠军功获得的土地和宅院有很大不同，⑤因为这些诸侯王实际上并没有治理本国的权力，这种行政权力仍然是皇帝派官吏来完成的，⑥封国内的土地等资产仅供衣食租税。到西汉中期，随着中央集权加强，军功地主在武帝以后势力就逐渐趋向弱化。与之形成鲜明对比的，是非身份性地主和自耕农的数量显著增加。汉初虽有萧

---

① 赵靖主编：《中国经济思想通史》第一卷，北京大学出版社 1991 年版，第 450 页。
② 〔汉〕司马迁：《史记》卷六《秦始皇本纪》，中华书局 1959 年版，第 283 页。
③ 〔汉〕班固撰，〔唐〕颜师古注：《汉书》卷二四上《食货志上》，中华书局 1962 年版，第 1126 页。
④ 〔汉〕班固撰，〔唐〕颜师古注：《汉书》卷一下《高帝纪下》，中华书局 1962 年版，第 54 页。
⑤ 林剑鸣：《秦汉史》(上册)，上海人民出版社 1989 年版，第 529 页。
⑥ 〔汉〕班固撰，〔唐〕颜师古注：《汉书》卷一九上《百官公卿表上》，中华书局 1962 年版，第 741 页。

何等"贱强买民田宅数千万"①的记载,但总体而言并没有出现后来十分严重的土地兼并问题。② 此后大土地私有制获得比较迅猛的发展,土地兼并成为终西汉之世无法解决的严重社会问题。

  史学界多从生产关系角度探讨西汉大土地私有制发展,但对其深层社会经济原因并没有给予详细说明。在古代社会,与土地关系最为密切的便是农业生产。西汉农业自身的发展与进步是西汉土地关系变革的决定性因素。随着北方旱作农业技术体系的基本成熟,铁犁牛耕进一步得到广泛推广,促进了包含河南在内整个北方地区社会经济的繁荣。史称,汉兴"至武帝之初七十年间,国家亡事,非遇水旱,则民人给家足,都鄙廪庾尽满,而府库余财。京师之钱累百巨万,贯朽而不可校;太仓之粟陈陈相因,充溢露积于外,腐败不可食;众庶街巷有马,阡陌之间成群,乘牸牝者摈而不得会聚;守闾阎者食粱肉;为吏者长子孙;居官者以为姓号"③。

  随着秦汉农业经济的迅速发展,农业生产中的商品生产也成为不容忽视的重要内容。《史记·货殖列传》中列出年收入可以达到20万钱的农业经营项目:"故曰陆地牧马二百蹄,牛蹄角千,千足羊,泽中千足彘,水居千石鱼陂,山居千章之材。安邑千树枣;燕、秦千树栗;蜀、汉、江陵千树橘;淮北、常山已南,河济之间千树萩;陈、夏千亩漆;齐、鲁千亩桑麻;渭川千亩竹;及名国万家之城,带郭千亩亩钟之田,若千亩卮茜,千畦姜韭,此其人皆与千户侯等。"④从这一记载可以看出,所涉及的内容包括了粮食种植、畜牧养殖、渔业、林业、园艺经济作物等,这些都成了以营利为目的的商品性大农业生产。值得注意的是,司马迁将上述行业都纳入到不用窥探市井情况,不用远涉到远方,静待就可以获取利益的行业,而且没有任何轻视鄙夷的意思。

  《史记·货殖列传》中另有一段史料,是反映"通邑大都"商品流通情况的,

---

① 〔汉〕司马迁:《史记》卷五三《萧相国世家》,中华书局1959年版,第2018页。
② 〔汉〕班固撰,〔唐〕颜师古注:《汉书》卷二四上《食货志上》,中华书局1962年版,第1142—1143页。
③ 〔汉〕班固撰,〔唐〕颜师古注:《汉书》卷二四上《食货志上》,中华书局1962年版,第1135—1136页。
④ 〔汉〕司马迁:《史记》卷一二九《货殖列传》,中华书局1959年版,第3272页。

"亦比千乘之家"者其中多为农、林、牧、副、渔业产品。① 农业生产过程与商品经济的联系也更为密切。铁犁牛耕等先进生产力一方面使农民的土地垦耕能力提高,已不以"百亩之田"为满足,致力于扩大生产规模;另一方面"百工之事固不可耕且为也"②,购置铁犁、耕牛等生产资料,使农业基本投入加大。这些在客观上增加了农业经营的竞争性,有能力的会借助这种环境进一步提升实力,没有能力的就会被淘汰。这种局面加快了农民阶级尤其是自耕农的分化。一部分有能力的上升为中小地主,一部分则被淘汰沦为佃农、流民。西汉初年所实行的重农抑商、轻徭薄赋政策,固然有利于农业发展,但是其负面作用也不能被忽视。农业的发展促进了商品经济的繁荣,所以富商天下遍布,各种商品贸易没有流通不了的,民众均可以"得其所欲"③。

与此同时,盐铁作为农业与百姓须臾不可分离的重要生产与生活资料,而成为获利最丰的商品之一。一些经营盐铁生产与贩运的大工商业者,往往财富累积甚至比肩诸侯。④ 正是由于国家所实施的重农抑商、垄断经营的措施,迫使一些资本被投入到土地利用方面。"以末致财,用本守之"⑤,一些商户通过所赚取的工商业资本来进行土地兼并。汉借鉴秦亡教训,实行与民休息、轻徭薄赋政策。"什五税一""三十税一"等农业轻税制度之本意在于鼓励民间尽力进行农业生产,这对于农业生产者来说无疑具有一定的促进作用。但在现实条件中,往往是根据土地的数量来决定受益的情况,即土地拥有数量越多,得到的利益越大,地少则得益较少,如果没有土地就根本无法获利。东汉末年荀悦在《汉纪》卷八《孝文帝纪下》中指出文帝"不正其本而务除租税"⑥,这样的政策只是有益于那些豪强地主罢了。在这样一种情况下,为了能够减免田租,这些富家大户不惜进一步购买土地以扩大经营。

西汉的地税虽然比较轻,但是口赋、算赋、更赋、徭役相比而言较重。按口

---

① 〔汉〕司马迁:《史记》卷一二九《货殖列传》,中华书局1959年版,第3274页。
② 〔清〕焦循撰,沈文倬点校:《孟子正义》卷一一《滕文公章句上》,新编诸子集成5,中华书局2018年版,第399页。
③ 〔汉〕司马迁:《史记》卷一二九《货殖列传》,中华书局1959年版,第3261页。
④ 〔汉〕司马迁:《史记》卷一二九《货殖列传》,中华书局1959年版,第3274页;《史记》卷三〇《平准书》,第1425页。
⑤ 〔汉〕司马迁:《史记》卷一二九《货殖列传》,中华书局1959年版,第3281页。
⑥ 〔东汉〕荀悦、〔东晋〕袁宏撰,张烈点校:《两汉纪》上,中华书局2017年版。

征税,人口相若而资产差异大者负担明显不均。按丁征役,大土地所有者田产丰厚,交纳代役钱就不用亲自服徭役了;而自耕农则"月为更卒,已复为正,一岁屯戍,一岁力役,三十倍于古"①,长期在外服徭役就会延误农时、影响农业生产。所有这些政策看似合理,实则对于小土地所有者并没有什么好处,负担最重的是自耕农阶层。晁错曾这样描述自耕农状况:"今农夫五口之家,其服役者不下二人。其能耕者不过百亩,百亩之收不过百石。春耕夏耘,秋获冬藏,伐薪樵,治官府,给徭役;春不得避风尘,夏不得避暑热,秋不得避阴雨,冬不得避寒冻,四时之间亡日休息;又私自送往迎来,吊死问疾,养孤长幼在其中。勤苦如此,尚被水旱之灾,急政暴(虐)[赋],赋敛不时,朝令而暮改。当具有者半贾而卖,亡者取倍称之息,于是有卖田宅鬻子孙以偿责者矣。"②繁重的赋税徭役,是导致自耕农"卖田宅鬻子孙"的重要原因。人口增殖也加深了土地危机。据有关资料统计显示,在西汉初人口约为1400万,武帝时激增至3400万,宣帝时更是达到约4000万。③ 在河南境内许多地方已出现人多地少的现象。自耕农扩大再生产的能力有限,一般也没有足额的钱去购买土地以增加规模。④ 然而人口增长、子孙繁衍,随之而来的"分户析产"也是自耕农土地越来越少,日趋穷困、破产的重要原因之一。据《汉书·食货志上》,到汉武帝时代,已是"富者田连阡陌,贫者无立锥之地"⑤,自耕农破产已成为严重的社会问题。

董仲舒"是中国封建社会里第一个指责封建土地兼并的思想家"⑥,为了能够阻止土地兼并问题,董仲舒主张"限民名田,以澹(赡)不足"⑦。限民名田就是对私人占有土地的数量规定一个限度,"使富者足以示贵而不至于骄,贫者足以养生而不至于忧,以此为度而调均之。是以财不匮而上下相安,故易治也"⑧。董仲舒提出"度"的概念,意欲通过国家政权的自我调整去控制已经十分严重的土地兼并问题。"董仲舒的限田论和孟轲的井田思想,以及后来出现的均田思

---

① 〔汉〕班固撰,〔唐〕颜师古注:《汉书》卷二四上《食货志上》,中华书局1962年版,第1137页。
② 〔汉〕班固撰,〔唐〕颜师古注:《汉书》卷二四上《食货志上》,中华书局1962年版,第1132页。
③ 冷鹏飞:《中国秦汉经济史》,人民出版社1994年版,第152—153页。
④ 胡如雷:《中国封建社会形态研究》,生活·读书·新知三联书店1979年版,第125页。
⑤ 〔汉〕班固撰,〔唐〕颜师古注:《汉书》卷二四上《食货志上》,中华书局1962年版,第1137页。
⑥ 赵靖主编:《中国经济思想通史》(第一卷),北京大学出版社2002年版,第532页。
⑦ 〔汉〕班固撰,〔唐〕颜师古注:《汉书》卷二四上《食货志上》,中华书局1962年版,第1137页。
⑧ 张世亮、钟肇鹏、周桂钿译注:《春秋繁露·度制》,中华书局2012年版,第284页。

想,是中国封建时代田制思想的三个基本模式。在长期的封建社会里,每当封建土地兼并趋于剧烈的时候,都会有限田呼吁的发出。而后代的限田论者,实际上都不过是以这种、那种方式把董仲舒的限田思想加以具体化。"①汉武帝采取打击豪强政策,可以看作这一思想的实践。汉武帝打击、剥夺豪强的根本目的不在于制止自耕农的破产,而在于解决封建政权严重的财政危机。借助法权力量对豪强富商进行疾风暴雨式的打击活动,虽能奏一时之效,但豪强地主对小土地的兼并则是经济内在因素在起作用,带有持久性的特点。这就是西汉土地兼并问题难以解决的原因所在。在中央集权力量强化的情形下,政府没收的国有土地、财产由少府或水衡都尉管理,财政收入数额一度甚至超过大司农。这些国有土地,或国家直接经营,由政府征调、组织人力进行劳役剥削,或假赁给百姓以收租赋。其中若有豪民投机转租,则"分田劫假"②而利归权家。前者徒增农民力役负担,后者"威福分于豪强"③。以裕财为目的而扩张国有土地,其调整土地关系之作用就不会很大。

汉武帝之后,西汉历史上又出现数十年兴盛景象,特别是昭、宣帝时期,有"昭宣中兴"之称。昭帝时曾"罢中牟苑赋贫民"④;宣帝时这类记载逐渐增多,将苑囿园池未御幸及可省者"假与贫民",并贷给种子、食物。《汉书》卷八《宣帝纪》载,地节元年(前69)三月,"假郡国贫民田";地节三年(前67)冬十月,"且勿算事"。颜师古注,"假",即"权以给之,不常与";"且勿算事",即"不出算赋及给徭役"。⑤ 元帝时也是赓续昭、宣帝时期的政策。《汉书》卷九《元帝纪》载,初元元年(前48)春正月,"以三辅、太常、郡国公田及苑可省者振业贫民,赀不满千钱者赋贷种、食";夏四月,"勿租赋"。"赋贷种、食"之"赋",颜师古注,"给与之也"⑥。这些"假田"的对象几乎都是流民、贫民;"假田"时间几乎都在灾荒之后;"假田"诏令颁行全国,几乎包括各类公田;几乎在"假田"的同时,皆有"贷种食""勿租赋"和"且勿算事"等安辑、优惠政策。这些公田虽谓

---

① 赵靖主编:《中国经济思想通史》(第一卷),北京大学出版社2002年版,第532—533页。
② 〔汉〕班固撰,〔唐〕颜师古注:《汉书》卷九九《王莽传》,中华书局1962年版,第4111页。
③ 〔汉〕荀悦:《汉纪》卷八《孝文帝纪下》,载〔东汉〕荀悦、〔东晋〕袁宏撰,张烈点校:《两汉纪》(上),中华书局2017年版,第114页。
④ 〔汉〕班固撰,〔唐〕颜师古注:《汉书》卷七《昭帝纪》,中华书局1962年版,第229页。
⑤ 〔汉〕班固撰,〔唐〕颜师古注:《汉书》,中华书局1962年版,第246、249页。
⑥ 〔汉〕班固撰,〔唐〕颜师古注:《汉书》,中华书局1962年版,第279页。

"权以给之",但相关文献中并无收回假田的记载。"假田"等于把土地给予贫民,为他们向自耕农的转变创造了条件。昭宣时代的"假民公田","与其说是为了经营国有土地以增加国家收入的经济性措施,还不如说主要是为了缓和矛盾和安定社会的政治性措施"[1]。利用国有土地以招抚流亡、安置贫民,有效地调整了比较紧张的土地占有关系,对昭、宣、元等时期社会经济的恢复和发展产生了积极作用。

3. "限田""王田"之议

昭、宣之后土地兼并情况更加严重。由于连年被灾,自耕农的生产规模难以抗御自然灾害侵袭,纷纷破产。昭、宣时田野益辟、百姓安土的升平景象又变回了百姓困苦、流散道路。而末世吏治之腐朽更进一步加速了自耕农的破产,"民田有灾害,吏不肯除,收趣其租,以故重困"[2]。到了元、成、哀、平诸帝(前48—5)在位时期,由于君权衰落,豪族、贵戚、官僚、商人失去制约,仗其政治、经济特权疯狂兼并土地。当时贵族官僚"田宅亡限,与民争利"[3]。豪强地主所占有的农田有的甚至多至数千百顷,"富过王侯"[4]。号称"天下高訾"的富商巨贾通过赂遗王侯,结交雄杰,亦能名田为吏。随着土地的高度集中,境内的破产农民剧增。农民"有七亡而无一得""有七死而无一生",[5]于是"盗贼并起",冲击着腐朽飘摇的西汉王朝。

在这样一种情况下,汉哀帝即位,师丹辅政,眼见"豪富吏民訾数巨万,而贫弱愈困",他以"救急"心态建言哀帝,希望对贵族豪富的田产、奴婢加以限制;[6]时有司条奏:"诸王、列侯皆得名田国中,列侯在长安及公主名田县道,关内侯、吏民名田,皆无得过三十顷。诸侯王奴婢二百人,列侯、公主百人,关内侯、吏民三十人。年六十以上、十岁以下,不在数中。贾人皆不得名田、为吏,犯者以律

---

[1] 高敏:《秦汉史探讨》,中州古籍出版社1998年版,第322页。
[2] 〔汉〕班固撰,〔唐〕颜师古注:《汉书》卷七一《于定国传》,中华书局1962年版,第3043页。
[3] 〔汉〕班固撰,〔唐〕颜师古注:《汉书》卷一一《哀帝纪》,中华书局1962年版,第336页。
[4] 〔汉〕荀悦:《汉纪》卷八《孝文帝纪下》,载〔东汉〕荀悦、〔东晋〕袁宏撰,张烈点校:《两汉纪》上,中华书局2017年版,第114页。
[5] 〔汉〕班固撰,〔唐〕颜师古注:《汉书》卷七二《鲍宣传》,中华书局1962年版,第3088页。
[6] 〔清〕严可均校辑:《全汉文》卷四八师丹《建言限民田奴婢》,载《全上古三代秦汉三国六朝文》,中华书局1958年版,第388页。

论。诸名田畜奴婢过品,皆没入县官。"①"限田之议"可以说是西汉统治阶级的一次自救行动,它对私人占有土地的数量、限田执行期限,以及处理超额土地的办法等,都有比较明确、具体的规定,是对董仲舒限田思想的补充与发展。据文献记载,限田建议提出后曾对限制土地兼并起过一定作用,"时田宅奴婢贾为减贱"②。但是贵族官僚、豪强地主的贪欲决定了他们绝不会自愿放弃逾制田宅。外戚丁、傅两家,宠臣董贤等当朝权贵,对"限田之议"皆以为"不便"。汉哀帝亦自破规矩,一次赐董贤土地两千余顷。限田方案因此"遂寝不行"。"限田之议"或许能挽救西汉末世危机,然而它天真地寄希望于统治阶级自觉放弃既得利益,这无异于让"渴马守水,饿犬护肉,欲其不侵,亦不几矣"③。

"限田之议"的失败是西汉王朝灭亡的导火索之一。如何处理严重的社会危机,是王莽政权的当务之急。王莽对西汉后期的土地兼并和奴婢买卖两大社会问题的认识是比较深刻的,他在即位后所下诏令中指出:"秦为无道,厚赋税以自供奉,罢民力以极欲。坏圣制,废井田,是以兼并起、贪鄙生。强者规田以千数,弱者曾无立锥之居。又置奴婢之市,与牛马同栏,制于民臣,颛断其命……汉氏减轻田租,十而税一,常有更赋,罢癃咸出。而豪民侵陵,分田劫假。厥名三十税一,实什税五也。父子夫妇终年耕芸,所得不足以自存。故富者犬马余菽粟,骄而为邪;贫者不厌糟糠,穷而为奸。俱陷于辜,刑用不错。"④王莽揭露汉政之弊,并尝试进行了一系列"改制"措施,其中就包括了"王田制"。始建国元年(9),王莽宣布:"今更名天下田曰王田,奴婢曰私属,皆不得买卖。其男口不盈八而田过一井者,分余田予九族邻里乡党。故无田今当受田者,如制度。"⑤王莽企图用恢复井田、改变土地私有性和商品性的办法来制止土地兼并问题,但问题在于"在封建生产方式的上升发展时期禁止土地自由买卖,违反了历史发展规律"⑥。当时人们就已经认为王田制不可行,并指出:"井田虽圣王

---

① 〔汉〕班固撰,〔唐〕颜师古注:《汉书》卷一一《哀帝纪》,中华书局1962年版,第336页。
② 〔汉〕班固撰,〔唐〕颜师古注:《汉书》卷二四上《食货志上》,中华书局1962年版,第1143页。
③ 〔汉〕崔寔著,上海第八钢铁厂工人理论小组注:《政论注释》,上海人民出版社1976年版,第39页。
④ 〔汉〕班固撰,〔唐〕颜师古注:《汉书》卷九九中《王莽传》,中华书局1962年版,第4110—4111页。
⑤ 〔汉〕班固撰,〔唐〕颜师古注:《汉书》卷九九中《王莽传》,中华书局1962年版,第4111页。
⑥ 胡寄窗:《中国经济思想史》(中),上海人民出版社1963年版,第117页。

法,其废久矣。周道既衰,而民不从。秦知顺民之心,可以获大利也,故灭庐井而置阡陌,遂王诸夏。迄今海内未厌其敝。今欲违民心,追复千载绝迹,虽尧舜复起,而无百年之渐,弗能行也。"①王莽下令推行王田制,因买卖田宅而"抵罪者不可胜数",遭到自诸卿大夫至庶民的一致反对,始建国四年(12),王莽宣布废止王田制,"诸名食王田皆得以卖之,勿拘以法。犯私买卖庶人者,且一切勿治"②。

4. 豪族农业规模经营

以限田、王田制失败为标志,秦汉时期大土地私有制在蚕食国有土地、兼并小农私有土地的进程中占了上风,一度曾"三者并存"的态势为之改观。大土地私有者的经济地位上升,政治势力增强,并由此建立了以豪族地主为阶级基础的东汉政权。豪强地主在西汉中叶已具雏形,但由于当时封建政权的打击、制约,尚处蛰伏、隐蔽状态,难以得到长足发展。两汉之际的社会动荡,为豪族势力扩展提供了机遇。过去学术界长期以来对东汉魏晋豪族大土地所有制持否定态度,认为豪族势力膨胀削弱了中央集权力量,是造成中古时代长期分裂割据、社会动乱的根本原因;豪族经济的自然经济色彩、人身依附特征,是战国秦汉以来生产关系之倒退、经济发展之萎缩的原因。近年来,农史学者从社会、经济、科技发展角度研究豪族大土地所有制,认为它的形成与发展或有其历史必然性。与全国其他地区一致,东汉豪族分布比较集中的地区,大多是当时河南境内经济、文化较为发达的地区,豪族田庄作为基本经济形态,奠定了当地社会经济繁荣的物质基础。

铁器、牛耕的推广普及,是中国农业科技史上具有划时代意义的重要事件,是战国至秦汉时期生产力发展与进步的重要标志。由木石工具到铁制农具,由依靠人力到利用畜力,固然有益于农业,但能否真正用于生产,则需区别情形,不可一概而论。铁器牛耕的推广普及是一个渐进的过程,之前的春秋战国为其初始阶段,秦、西汉为其推广时期,东汉为其普及时期。与生产力发展水平相适应,便会有不同的社会经济形态。秦、西汉初年的小农经济一度繁荣,自耕农受

---

① 〔汉〕班固撰,〔唐〕颜师古注:《汉书》卷九九中《王莽传》,中华书局1962年版,第4129—4130页。
② 〔汉〕班固撰,〔唐〕颜师古注:《汉书》卷九九中《王莽传》,中华书局1962年版,第4130页。

其经济实力、生产规模制约,生产过程与铁犁牛耕联系不很密切,以使用(铲、锸、锄、镰等)小型农具、依靠手工劳动为主,在铁器牛耕推广普及程度有限的情况下,确实促进了农业生产的发展。即便如此,《盐铁论·水旱》中仍有"盐铁贾贵,百姓不便。贫民或木耕手耨,土擾淡食"[1]的记载。铁犁牛耕等先进生产手段之推广,或限于国有土地和部分大地主私有土地之间,范围相当有限。

铁器牛耕的真正普及,当在东汉以降。目前可见的河南等地的牛耕画像砖石等考古资料,基本上集中于东汉时代。随着铁犁、耧车、翻车、扬扇等机械性农具逐渐运用于农业生产,自耕农经济的局限性日渐显露,而大土地规模经营的优越性也因此得以体现。汉代牛、马价格大致为:牛贱者3000—5000钱,贵时达15000钱;马价约在15万至20万钱。铁制农具"固不可耕且为也",价格相当昂贵。[2] 当时耕作"用耦犁,二牛三人"[3],前挽、后驱、压辕需要数人协作完成。前引崔寔《政论》说耧车三犁共一牛"日种一顷"。代田、区田等高产耕作栽培技术措施,亦非五口之家所适应的生产方式。这些资料显示,自耕农无论是经济承受能力、生产规模,还是劳动力组合,都不具备广泛使用铁犁牛耕的条件。而豪强大地主则具有运用以上先进生产工具的能力。南阳等地的豪强墓葬画像砖石中有大量反映农业耕种、收获、储藏、加工等场景的,说明当时出现的一些先进的生产工具、生产技术都是在豪强地主的庄园内使用的。

从社会生产力水平看,东汉时的豪强经济与自耕农经济在使用先进生产工具、技术方面存在着巨大差异,田庄经济比自耕农经济具有明显的进步性。豪强经济大多利用自发性的宗族组织形成势力。因其独霸一方、干扰政令,故秦汉中央集权强化时期常遣散强宗豪右以打击豪族。但在战乱灾荒年代,当国家基层行政组织不能正常履行职能时,豪强地主往往是率领宗族宾客或作营堑坞壁自保,宗族间里赖其荫庇,或控制乡里基层政权,发挥某种程度的社会管理、生产组织功能,或凭其财力物力,投资于扩大再生产和改善生产条件。而广大农民为躲战乱、逃赋役、度饥馑而投身豪强大家成为依附民,或许能存一线生机。在东汉以及其后的魏晋南北朝时期,豪族经济在保障社会生产持续发展、

---

[1] 〔汉〕桓宽著,王利器校注:《盐铁论校注》卷六,上海古典文学出版社1958年版,第253页。
[2] 〔清〕焦循撰,沈文倬点校:《孟子正义》卷一一《滕文公上》,新编诸子集成5,中华书局2018年版,第399页。
[3] 〔汉〕班固撰,〔唐〕颜师古注:《汉书》卷二四上《食货志上》,中华书局1962年版,第1139页。

传扬周秦以来优秀文化传统等方面确实发挥了重要作用。

东汉豪强大土地的生产经营状况,在《四民月令》中有具体反映,可谓农、林、牧、渔、工、商诸业兼营,在某种程度上不假外求。史载,在南阳湖阳(今属河南省唐河县)的刘秀母舅樊宏家,"世善农稼,好货殖。重性温厚,有法度,三世共财,子孙朝夕礼敬,常若公家。其营理产业,物无所弃,课役童隶,各得其宜,故能上下戮力,财利岁倍,至乃开广田土三百余顷。其所起庐舍,皆有重堂高阁,陂渠灌注。又池鱼牧畜,有求必给。尝欲作器物,先种梓漆,时人嗤之,然积以岁月,皆得其用,向之笑者咸求假焉。资至巨万,而赈赡宗族,恩加乡闾"[1]。其中,"有法度""常若公家""物无所弃""各得其宜"说的是庄园的组织管理,"开广田土""陂渠灌注""池鱼牧畜"说的是庄园经营的产业,"财利岁倍""资至巨万"说的是庄园的经济效益,"三世共财""赈赡宗族,恩加乡闾"说的是豪强地主家庭的德惠家风。这些在东汉豪族田庄史料中颇具典型性。与秦、西汉相比,东汉时期商品经济明显衰落,自然经济色彩明显加重。具体表现为进入东汉以后,社会上的黄金似乎突然消失,铜钱也好像失去了昔日的重要性。东汉豪强大土地所有制的发展,在某种程度上吸纳了社会流动资本,这或是货币流通量减少的原因之一。但最具关键的因素是豪族大土地所有者所拥有的财力与生产规模,强化了自给自足的自然经济体系,有效地抵御了商品经济的盘剥,避免了"当具有者半贾而卖,亡者取倍称之息"[2],以致发生卖田宅鬻子孙的悲惨结局。东汉商品经济衰落,应视作独立经营的商人阶层的衰落。商业资本与地主经济相结合的商业活动仍然相当活跃,前述樊宏田庄与《四民月令》中的经营项目有相当内容与商业营利相关,并且不讳言"财利岁倍"。

到了中古时期,中国历史陷于长期的动乱与分裂,这在某种程度上应归咎于汉魏豪族势力的过分膨胀。他们由经济而进入政治,形成军阀割据势力,使封建中央集权国家趋于解体,最终酿成少数民族入主中原,使周秦以来形成的既有的农业结构、先进的农业科技和精耕细作的优良传统遭受巨大冲击,造成严重破坏。曹魏屯田、西晋占田,以及北朝隋唐实行的均田制度,在客观上对豪族大土地所有制发展都有某种程度的调控、制约、削弱作用。

---

[1] 〔宋〕范晔撰,〔唐〕李贤等注:《后汉书》卷三二《樊宏传》,中华书局1965年版,第1119页。
[2] 〔汉〕班固撰,〔唐〕颜师古注:《汉书》卷二四上《食货志上》,中华书局1962年版,第1132页。

二、土地所有制

1. 秦汉地主土地所有制

秦统一全国后,于秦始皇三十一年(前 216)公布"令黔首自实田"法令,即地主和有田的农民据实自报自己所有土地的亩数,并按照规定的土地亩数缴纳赋税,以取得国家法律对土地所有权的承认与保护。这样,土地私有制度便在中国历史上首次得以确立,也就是说,土地所有者对其土地的分割、转让、买卖、租赁、抵押和使用等权利可以自由处理,不受任何人的限制和干涉。土地私有制在法律上的确立,为中国两千多年的封建地主土地所有制奠定了基础。

"地主"一词所指的就是拥有较多土地、依靠地租收入生活的土地所有者。在农业社会,土地不仅是收入的重要来源和财富的稳妥保障,而且是社会地位的象征。一个人拥有了大量土地,其物质生活可以与千户侯等,因其"坐而待收"的地租不亚于"秩禄之奉,爵邑之入"[①],董仲舒所谓的"邑有人君之尊,里有公侯之富"[②]者,就是指田连阡陌的大地主。土地既然可以自由买卖,土地投资又能带来如此稳定的收益,土地兼并就必然会导致大、中、小地主的存在。大地主一般指皇亲、贵族、国戚、权臣、官僚、宦竖,以及巨贾、富商、豪绅、大农等,他们多集中于封建国家统治机构部门、各大城市及郡县治所。中小地主则多散处各地农村,构成封建社会经济的中心阶层。

正如前文所说,地主土地来源的种类很多,有的来自赏赐,有的凭特权侵占,这在历代史书中都曾有记载,但是,从全国来看,这样的事毕竟还是少数,所以史官才把它们当作不寻常的事而大书特书。地主的土地主要还是来自买卖,不用说民间的庶民地主的土地都是购买而来,就是达官显贵在正常情况下也必须通过购买才能获得土地。例如,与河南紧邻的沛国有个豪强范迁,"及在公辅,有宅数亩,田不过一顷,复推与兄子。其妻尝谓曰:君有四子而无立锥之地,

---

① 〔汉〕司马迁:《史记》卷一二九《货殖列传》,中华书局 1959 年版,第 3272 页。
② 〔汉〕班固撰,〔唐〕颜师古注:《汉书》卷二四上《食货志上》,中华书局 1962 年版,第 1137 页。

可余俸禄,以为后世业"①。达官贵人的土地必须通过购买,民间一般富商大贾的土地当然更必须由购买而来。例如宣帝在位时,南阳新野人阴子方"暴至巨富,田有七百余顷"②。

土地私有制的确立、土地的自由买卖,使得地权得以自由转移,是一个资源的优化配置过程。不善经营的农户在竞争中破产,失去土地;善于经营土地的农户在竞争中获胜,以其盈余收购更多的土地,从而使土地更多地集中到善耕者手中。而不善经营土地的农户也可以从土地的束缚中解脱出来,从事其他擅长的行业,这就是市场促进分工,分工又进一步促进经济增长的过程,从这方面来说,土地适度集中应该是好事。但在中国特殊国情下,人地关系的压力使得传统农业社会中土地的特殊保障功能进一步彰显,地权的转移有很大一部分并不是从不善耕作的农户转移到经营土地且具有较大优势的农户手中,而是转移到官僚、商贾等手中。而许多官僚地主、商贾地主并不具有经营土地的比较优势,他们看中的是土地的特殊保障功能,因为土地不忧水火,不惧盗贼,在传统农业社会中是最佳的投资对象,故出现了所谓"以末致财,用本守之"③的现象。另外,失去土地的农民,也并没有从农业领域转移出去从事其他行业,而是成了官僚地主、商贾地主的佃农。像这样的地权转移,并没有实现土地资源的优化配置,也没有可能走上商品生产的大规模经营道路,反而会产生一系列的社会危机。土地兼并问题自土地私有制产生确立后,一直伴随中国古代历史发展之始终,是历朝历代虽试图解决却始终未能解决的一个根本问题,这一现象自秦汉时期就已开始。

2. 秦汉小土地所有制

所谓"小土地所有者",是指拥有小块土地的直接生产者,即自耕农。他们拥有自己的小块土地,用全家劳力耕种来维持生活。秦时对有军功的均赏给土地,也给移民和能垦殖者分一定的田宅,这样便扶持了一些小土地所有者自耕农民。这种小额土地,即孟子所说的"明君制民之产,必使仰足以事父母,俯足以畜妻子,乐岁终身饱,凶年免于死亡",亦即"百亩之田,勿夺其时,八口之家可

---

① 〔宋〕范晔撰,〔唐〕李贤等注:《后汉书》卷二七《郭丹传》,中华书局1965年版,第941页。
② 〔宋〕范晔撰,〔唐〕李贤等注:《后汉书》卷三二《阴识传附弟兴》,中华书局1965年版,第1133页。
③ 〔汉〕司马迁:《史记》卷一二九《货殖列传》,中华书局1959年版,第3281页。

以无饥矣"①。即让自耕农能拥有维持其全家生活的土地数量,使其通过全家劳力耕作,所得除缴纳国家赋税之外,剩余尚能维持一家生计及继续重复简单再生产。秦汉时期,这种自耕农所拥有的小块土地,在私有土地中占据了绝大多数。

秦汉两代统治者都积极维护和培植小土地所有者,即自耕农。秦时奖励自耕农民生产,法律规定家有二男不析居者,倍其赋,以促进大量自耕农业的发展。同时抑制豪强兼并,采取迁徙富豪于他乡和加重征收赋税与徭役等措施,以求保持土地分配上的大体平衡。两汉时期则采取了限田、迁徙富豪,以及将国有土地分给无地农民耕种等手段以限制土地兼并,保护小自耕农经济。如哀帝时丞相孔光、大司空何武曾奏请:"诸侯王、列侯皆得名田国中。列侯在长安,公主名田县道及关内侯、吏民名田皆毋过三十顷。"②西汉还继续奉行秦代的迁徙富豪政策,同时实施重本抑末政策,限制商贾占田。西汉时一些富商巨贾大量购买土地,并与达官显宦勾结,成为"豪强兼并之家";成帝时对商贾实行占田限制,"贾人有市籍,及家属,皆无得名田,以便农。敢犯令,没入田货"③。

秦汉统治者之所以采取种种措施培植自耕农,是因为小自耕农经济是中国封建中央集权制的经济基础。自耕农不但是国家政权征收赋税的重要对象,也是兵役和徭役的重要来源。封建中央政权所控制的自耕农人数越多,就意味着赋役、徭役的征收量越大,也意味着中央集权制的经济实力越雄厚。而随着土地兼并现象的日益严重,大量自耕农沦为佃农,再加上官僚地主的营私舞弊,国家的财政状况就日益入不敷出,以致最终走向崩溃。

战国以来人口的增长以及不均衡分布,使土地资源相对变得稀缺,此时必须对土地进行集约化耕种,这是人多地少压力及技术限制的结果。要提高农民的劳动积极性,使农民更珍惜土地、更注重长期性的投入,就必须实行土地私有。当农民拥有了土地所有权并对土地的收益有长远预期之后,农民才会对土地的维护与保养进行长期投资,而不会采取掠夺性经营。因此,在人多地少的情况下,为了激励社会生产,实行土地私有是必然的趋势。但土地私有与土地

---

① 〔清〕焦循撰,沈文倬点校:《孟子正义》卷三《梁惠王上》,新编诸子集成5,中华书局2018年版,第103页。
② 〔汉〕班固撰,〔唐〕颜师古注:《汉书》卷二四上《食货志上》,中华书局1962年版,第1142—1143页。
③ 〔汉〕班固撰,〔唐〕颜师古注:《汉书》卷二四下《食货志下》,中华书局1962年版,第1167页。

自由买卖又会导致两极分化,尤其是官僚权贵及巨商大贾加入竞争,使土地产权的转移虽起到资源优化配置的作用,但也造就了大批无地的流民。在中国封建中央集权制社会,工商业和商品经济虽有一定程度的发展,但远没达到能吸收如此多失业人口的程度,大量丧失土地的劳动者成了地主的佃农。这使得地主经济与佃农经济依存关系由此而减弱。一方面,地主可以毫无顾忌地提高地租而获取利润;另一方面,佃农因此而承受着比自耕农重得多的剥削,对土地收益又没有长远的预期,此时他们的理性选择必然是对土地进行掠夺性经营,竭泽而渔,这在一定程度上势必影响农业生产的发展。更为重要的是,大土地所有者与佃农数量的增加,所占土地比重的上升,必然会影响封建政府的财政收入来源,而土地兼并所产生的大量流民,更往往是危及王朝稳定的重要变数之一。因此,秦汉统治者要采取种种手段打击豪强地主,抑制兼并,培植自耕农经济。在国家施行这些手段时,国有土地所有制的存在增强了国家宏观调控的能力。但地主经济特别是庶民地主经济对中国封建中央集权制统治也是必不可少的。土地私有制之所以是社会进步的表现,就在于它提供了激励机制使农民更有生产积极性,土地私有就会产生两极分化,对上升为庶民地主的向往和沦落为佃农的恐惧,使农民具有更多的动力从事农业生产。

总而言之,小土地所有制与地主土地所有制、国家土地所有制是秦汉时期河南土地占有的三种主要形式,它们的共同存在和相互作用,维系了秦汉社会经济的发展,也使得封建中央集权制出现了一种制度均衡。当然,由于封建地主经济内在机制性矛盾的存在,这种均衡又显然是暂时的、不稳定的。

三、农业经营方式

1. 小农经济成为主要经营方式

秦汉时期小农经济非常发达,逐渐成为当时农业的主要经营方式。"农夫五口之家",有田自耕的小农是全国编户齐民的基本部分。《史记》卷六《秦始皇本纪》载,秦始皇三十一年(前216),"使黔首自实田也"[1],以定赋。根据这一

---

[1] 〔汉〕司马迁:《史记》,中华书局1959年版,第251页。

法令,农民自动报送所垦土地实数,按定制缴纳租赋后,便取得了法律认可的土地所有权,这大大刺激了小农经济的发展。而汉代的编户齐民有"大家""中家""小家"之别。① "大家"大抵指豪强地主,田连阡陌,家资累万;"中家"大抵是一些中小地主;"小家"即一些拥有数十亩耕地,耕作自给的小农。这种一家一户就是一个生产单位的小农,构成了封建社会中央集权制的基础。

小农经济能成为战国秦汉时期主要经营方式,是因为它与当时的社会经济条件相适应,并体现出其经济成效。由于传统农业生产不仅需要日常的精心劳作和照料,对于复杂的自然环境所导致的生物体出现的种种问题都必须及时积极主动地采取措施,而且农业再生产具有连续性,比如对土壤肥力的保护既需要劳动力长期投入,也需要资金长期投入,这一切都需要从产权方面保护农民的劳动利益与投资利益的排他性,否则就会损害农民的劳动积极性和投资积极性,影响经济效率。而在土地私有的情况下,以家庭为单位的小自耕农不仅拥有自己土地的所有权,对土地的收益具有长期预期,而且以家庭为单位经营又使私人收益率接近社会收益率,以血缘、亲缘为纽带组成的家庭成员的利益具有明显的一致性与重合性,因此以家庭为单位的农民在对土地的收益具有长期预期的条件下,其劳动积极性是最高的。以家庭为单位,既可以进行小规模的以密集劳动力投入为特征的小农生产,也可以进行大规模的以密集资本投入为特征的大农场经营。但在战国秦汉时期就是以劳动密集型的小农经济为主,即以小农户在小规模土地上密集地投入劳力的精耕细作为基本,这既是由当时中国的特殊国情所决定的,也是由当时农业生产技术水平所决定的。

自战国秦汉时期全国范围开始出现了人口分布不均和人地关系紧张问题,到西汉时,在河南部分地区,每平方公里人口多达数百人,人口的增长使人均土地占有量非常少。我国现存最早的全国人口统计数字为《汉书》卷二八《地理志》所载西汉平帝元始二年(2)的户口数。根据这一文献统计,河南境内人口为12899279人,河南人口数量占全国总数的22.7%,每平方公里81人,不论是人口数量还是人口密度都位居全国第一。而当时京师所在地陕西,人口数量占全国总数的5.7%,仅仅位居第六;人口密度是每平方公里16.9人,仅位居全国第

---

① 〔汉〕班固撰,〔唐〕颜师古注:《汉书》卷五八《兒宽传》、卷七〇《陈汤传》、卷六《武帝纪》,中华书局1962年版,第2630、3024、180页。

七位。据《后汉书·郡国志》,反映东汉时期人口数字的年份很多,其中以顺帝永和五年(140)的数字最为详细,据其所载,当时河南境内人口为9866005人,占全国人口总数的19.7%,人口密度是每平方公里62人,虽然相比西汉有所下降,但不论是所占比重还是人口密度仍然是全国第一。

在这种情况下,只能实行每个家庭的小块土地集约经营,否则就会出现大批无地耕种的流民,影响社会的稳定。另外,在战国秦汉时期,相较于土地和资本来说,农民的劳动力价格低廉,因为在人多地少且又缺乏其他就业渠道的情况下,从事农业生产的劳动力的机会成本几乎为零,为了在最小成本投入条件下获得农业的较大产出,进行劳动密集型集约化经营当然是最有成效的。而小农经济正是在小块土地上投入密集劳动的集约经营方式,节约的是土地和资本,大量付出的是劳动力,劳动无成本原理使以家庭为单位的小农经济成为当时最主要且最有成效的农业经营方式。

秦汉时期的农业生产技术发展也在支持着这种依靠密集地投入劳动力来增加小块土地产出率的小农经营方式。由于人地关系紧张,战国秦汉时期农业生产技术的发明主要集中于怎样在有限的土地上增加产量,如《氾胜之书》所记载的汉代区田法,就是在小面积土地上以精耕细作的方法提高产量,甚至不用牛耕,只使用锄、耨等手工农具,大量投入劳动力的技术,分为沟种法与坎种法。沟种法为:"以亩为率,令一亩之地长十八丈,广四丈八尺,当横分十八丈,作十五町,町间分为十四道,以通人行。道广一尺五寸,町皆广一丈五寸,长四丈八尺,尺直横凿町作沟。沟一尺,深亦一尺";而坎种法则是在耕地上区划成一尺五寸的棋盘状,在一尺五寸见方的土地上,掘方六寸、深六寸、间隔九寸的"区",一亩可作3840区,每区播种粟20粒,加优质粪肥1升,秋收时每区可收粟3升,一亩即达百斛。[①] 区田法是一种非常集约的耕作法,要求在小块地上投入密集的劳动力,是节约土地和耕牛的汉代经营土地的标准技术。它的特点是:不拘地段,不拘作物,无须牛耕。采用深耕、密植、足肥、勤灌,在小面积土地获取高产。区田法的推广,显然有利于扶持自耕的小土地经营,对小农经济的发展具有重要意义。

对这种小农经营方式的选择,并非来自国家权威的强制命令,而是在当时

---

① 石声汉:《氾胜之书今释(初稿)》,科学出版社1956年版,第40、43、45、48—49页。

生产力条件下农民理性选择的结果。人地关系紧张必然导致地价和地租的上涨,农民在购买和租佃土地时总是要进行成本收益核算的。如果他们以极高的价格买进或租佃土地,他们就必须对土地进行集约化经营,以使土地的收益高于购买土地或租佃土地的成本,否则就要亏损。对土地集约化经营主要有资本密集型、技术密集型、劳动力密集型三种。而当时的农业生产技术本身就分为:节约劳动力型,如必须使用较多畜力牵引大型犁铧的代田法;节约资本型,如在小块土地上靠密集投入劳动力以提高土地产出量的区田法。因此,作为农户对土地如何进行集约化经营也就必然包括两种选择:密集投入资本和密集投入劳动力。在秦汉时期,生产力还比较落后,农业剩余并不多,在这种情况下资本对于大部分农户来说总是相对缺乏的。秦汉时期虽然商品经济已有一定程度的发展,但并没发展到能给耕种的农民提供更多的其他就业机会的地步,农民在耕织之余的剩余劳动力是没有其他就业出路的,这部分劳动力的机会成本几乎为零。既然机会成本为零,农民就不会在意大量投入劳动力之后劳动力的边际报酬是否递减,只要绝对产量能有所提高。

因此,在生产中面对投入资本和劳动力的选择,大部分农户会选择通过延长劳动时间、提高劳动质量的精耕细作方式来增加土地产出。而在当时生产技术条件限制下,"一夫挟五口"的家庭要进行精耕细作就只能耕种小块土地。另外,即使生产技术的提高使农民有能力耕种更大面积的土地,但在人地关系紧张的情况下,土地的总供给数量是一定的,而农民对土地的总需求量却因技术的提高而扩大了,在供给量一定而需求量增加的情况下,必然引起地租和地价的上涨,从而使扩大耕地面积无利可图。因为地租和地价的上涨,意味着农民必须投入更多的资本或劳动力更集约地经营土地,否则就会亏损。而这种努力会使大部分农户有限的资本和劳力仍然只能维持经营小块土地。这一切决定了进行小块土地的小规模经营和劳动力密集投入的精耕细作成为个体农户的理性选择。

2. 豪强地主与庶民地主对土地的经营

土地私有与土地自由买卖在法律上得到确认后,不仅培植了一大批小自耕农,同时也产生了地主阶层。战国秦汉时期的地主阶层可分为豪强地主与庶民地主两类。豪强地主主要是六国贵族后裔和各地的世家大姓,他们不仅广占良田,富甲一方,而且在地方上有特殊的影响力。他们不仅富有,而且"豪猾",所以"二千石莫能制""自郡吏以下皆畏避之",百姓都以"宁负二千石,无负豪大家"为格言。① 庶民地主则主要是由于土地私有与土地自由买卖后农民中发生剧烈贫富分化产生的,一般来说,他们占有的田产比豪强地主少,而且在政治上也不像豪强地主那样具有影响力。

秦汉时期,无论是豪强地主还是庶民地主,在土地的经营方式上,都存在两种选择:佣耕和佃耕。所谓"佣耕"即雇农,《韩非子·外储说左上》:"夫卖庸而播耕者,主人费家而美食,调布而求易钱者,非爱庸客也,曰:'如是,耕者且深,耨者熟耘也。'庸客致力而疾耘耕者,尽巧而正畦陌畦畤者,非爱主人也,曰:'如是,羹且美,钱布且易云也。'"②这里所说的佣客就是雇农,他与地主的关系是一种封建的雇佣关系,两者是相互依赖的。《吕氏春秋·为欲篇》曰:"晨寤兴,务耕疾庸,稷为烦辱,不敢休矣。"③"庸"即佣耕。可见当时地主使用佣耕已为数不少。用于农业生产的佣客,劳动涉及面较广,除卖佣播耕之外,还有卖佣从事水利灌溉等劳动,如《管子·治国》所说"耕耨者有时,而泽不必足,则民倍贷以取庸矣"④,就是地主使用雇农进行灌溉抗旱的实例。

秦汉时期佣耕亦越来越普遍,如《后汉书·卫飒传》说的"常佣以自给"、《后汉书·侯瑾传》说的"恒佣作为资"等。佣耕的普及与当时的农业生产技术有密切关系。秦汉时期农业生产技术方面最具时代意义和突破性的发明是代田法与区田法。这两种方法都是在人地关系紧张的情况下对土地进行集约化经营以提高单位亩产,不同的是一个为密集投入资本,一个为密集投入劳动力。代田法使劳动生产率得到提高,区田法使有限资本得以节约。对于大多数资本有限的小自耕农来说,当然是选择区田法比较有利,而对于资本相对宽裕的地主来说,代田法也有其优势。代田法是一种畎与垄相代的间作休耕法,也是一种"用力少而得谷多"的抗风耐旱耕作法。相比于南方,黄河流域雨水少,周年分配也不平均,一般是春旱多风,作物播种后立苗困难,自然影响产量,地上开

---

① 〔汉〕班固撰,〔唐〕颜师古注:《汉书》卷九〇《酷吏传》,中华书局1962年版,第3647、3668页。
② 〔清〕王先慎撰,钟哲点校:《韩非子集解》卷一一,新编诸子集成45,中华书局2018年版,第295页。
③ 陈奇猷校释:《吕氏春秋校释》,学林出版社1984年版,第1293页。
④ 黎翔凤撰,梁运华整理:《管子校注》卷一五,新编诸子集成40,中华书局2018年版,第1022—1023页。

了畎,种子播在畎里,旱风掠过,垄面受影响,畎内禾苗还能保持一定水分。到中耕除草时,逐次把垄上的土培壅到作物根部,一直到垄与畎平为止,这样,作物的根部深入土层,既可以吸收更多的水分,还可以防止倒伏。用代田法单位亩产量明显提高50%以上。由于代田法要"一亩三畎",必须使用二牛三犁的耦耕技术,才能开出深、宽各一尺的畎,因此需要较多的人力、畜力同时进行,这不是"一夫挟五口"的个体农户所能承担的,必须雇农进行集体生产,佣耕由此而盛行。这并不限于豪强地主,庶民地主与富裕农民在他们资金许可的条件下也会采用代田法,而要采用代田法,就必须雇农耕作,不同的是作为豪强地主的佣客,往往对豪强地主具有较深的人身依附,而作为庶民地主或富裕农民家中的雇农,更多体现的是一种经济关系,如前引《韩非子·外储说左上》,佣客致力疾耕是为"羹且美,钱布且易云也",主人"费家而美食,调布而求易钱者",是为"耕者且深,耨者熟耘也"。

秦汉时期豪强地主与庶民地主对土地的另一种经营方式是佃耕,就是地主将自己的土地租佃给无地的贫农,通过"租契"规定租额以作收租之约令。佃耕当时称为"假"。《汉书·食货志》述及"分田劫假"时,颜师古注,"分田,贫者无田,取富人之田耕作,共分其所收之谓也。假,亦即贫人赁富人之田也"①。佃耕的租额,即董仲舒所说的"或耕豪民之田,见税什五",如淳注:"十税其五",颜师古注:"言下户贫人,自无田而耕豪富家田,十分之中,以五输本田主也。"②佃农租种地主的土地,依然采用的是以家庭为单位的、以大量投入劳动力为特征的小农经营方式,但由于佃农没有土地所有权,资金比自耕农也更缺乏,因此劳动积极性没有自耕农高。

尽管豪强地主与庶民地主对土地的经营方式都是佃耕,但豪强地主的经营规模一般来说比庶民地主要大得多。豪强地主的田庄往往是聚族而居,豪强地主在田庄里不仅是地主身份,而且还被田庄内依附于他的佣客、佃农,甚至包括自有田产的小自耕农公认为家长。他们之间不仅存在着经济利益关系,还存在着人身依附关系。东汉崔寔《四民月令》中如实地记载了当时豪强地主田庄内

---

① 〔汉〕班固撰,〔唐〕颜师古注:《汉书》卷二四上《食货志上》,中华书局1962年版,第1143—1144页。
② 〔汉〕班固撰,〔唐〕颜师古注:《汉书》卷二四上《食货志上》,中华书局1962年版,第1137页。

逐月的农事安排和豪强地主田庄经营的各个侧面，涉及耕地、播种、育苗、收藏等农业生产活动，也涉及织布、酿酒、制药及贩卖、收购等活动，整个农庄基本形成了一个自给自足的半封闭式经济单位。"农人"是田庄里的基本生产劳动者，他们依附于豪强地主，称为徒附。他们或佣耕或假作，有自己的家庭和独立的经济，他们虽与地主结成依附关系，但其人身并不完全受地主控制。

田庄里也有少量奴婢，但由于奴婢价格昂贵，大量购买奴婢作为田庄的劳动力不如雇佣徒附合算，因此奴婢一般只用于服侍人或从事家庭手工业生产。聚族而居的田庄，宗族里有祖祢祭祀等共同活动，一般是由豪强地主以家长身份带领全族人进行的。

豪强地主在东汉以至魏晋南北朝时期势力日益壮大，其原因既有经济方面的也有政治方面的，有的学者将其归因于建立在二牛三人的耦耕技术基础上的代田法的推广，我们以为这并不是豪强地主产生、壮大的主要原因。无疑，二牛三人的耦耕可以垦耕大片土地，劳动生产率得以提高，但二牛三人的耦耕经营方式，只有具有一定资产的庶民地主甚至富裕农民都可以进行，并不是只有豪强地主才能采用。此外，在当时中国特殊的国情下，如果单从经济方面考虑，密集投入劳动力的区田法比密集投入资本的代田法更具有竞争力。

自秦汉以来，农耕文化正是在人口过多而土地、资本等其他生产要素过少的状态下发展的。在这种情况下，由于劳动力的相对价格低而土地、资本的相对价格较高，因此，通过土地、资本、劳动力三种生产要素组合以获取一定产量，最经济的做法是最大限度地利用相对价格较低的劳动力来替代相对价格较高的土地和资本，区田法和代田法都能较大幅度地提高单位面积产量，在节约土地方面是一致的；不同的是投入的资本、劳动力两种生产要素具有不同组合。可见，如果单纯从经济方面考虑，河南等中国广大地区运用代田法耕作的成本比区田法要高，在市场竞争中并不能因此而占优势。

历史事实已经证明，以密集投入劳动力精耕细作为特征的小农经济是在中国古代土地、资本等生产要素缺乏的情况下应对生存挑战的最佳适应方式，任何农业生产技术只有与小农经济的经营方式相结合，才能最大限度地发挥劳动力成本相对较低的优势，并尽可能多地提高土地产出率，才能适应河南省情。二牛三人的耦耕生产技术在历史上并没有存在多久，最终被一牛一人的犁耕形式所取代，直至近现代，这种一牛一人的犁耕形式仍然保留着，而二牛三人的耦耕则十分鲜见。二牛三人耦耕的缺点在于不能充分利用价格相对低廉的劳动力这一生产要素,对资金与生产规模的需求又较大。而一牛一人的牛耕形式由于可以适应"一夫挟五口"的小家庭经营,既吸纳了深耕的便利,又结合了精耕细作的优势,单位亩产比区田法和代田法都要高。

以家庭为单位分散独立经营的小自耕农经济是与封建中央集权制政权相互依存发展的。独立分散的小自耕农经济在传统农业生产中具有较强的激励功能,能最大限度地减少劳动的监督成本和管理成本,消除劳动者利益分配上的摩擦内耗,极大地调动农民的生产积极性,从而有效地利用农业剩余劳动力。因此,以家庭为单位的小农经济是适合传统农业生产的经营方式。但小农经济也存在着抗风险性差、依赖性强的特点,它必须依赖国家强有力的保护才能生存,否则就会破产,这种保护包括以下几方面。

第一,对农民生命财产及正常农业生产经营活动的保护。必须以国家强有力的权威保护正当的经济竞争,农民的合法产权不得受他人侵犯,农民的生产活动不得受到不正当行为的破坏。

第二,兴修水利。河南是个多灾的地区,涝旱间行,以小自耕农薄弱的力量根本无法抵御灾害的侵袭,以维持小自耕农正常的农业生产活动。

第三,在灾荒年间施行荒政。小自耕农经济由于分散经营,根基十分脆弱,如果朝廷不施行荒政,遇到灾年必然导致大批小自耕农的破产。

第四,通过国家的宏观调控,调整收入分配格局,以实现现有条件下的社会福利最大化,这在经历灾荒年、社会总产量下降的情况下尤为重要。小自耕农经济是建立在私有制基础上的,竞争是产生经济效率的源泉,为了追求经济效率,适当的贫富差距是必需的。但一旦社会的贫富差距拉得过大(这种极大的贫富差距经常还不是由正当竞争引起的,而是非正当竞争所致),特别是在经历灾荒年、社会供给(即总产量)相对于社会必需的总需求已经很小的情况下,这种过大的贫富差距就会导致大量小自耕农的破产。福利经济学告诉我们,消费品的价值大小体现为其效用水平的高低,而任何消费品的边际效用都是递减的,100斤粮食对于已经拥有太多粮食的富人和因灾荒而濒临饿死的一家五口,对后者的效用显然要大得多。在社会总产量已经逼近甚至低于社会必需的总需求时,这种收入分配不均所导致的社会危害尤其严重。大部分财富都被富人消费必然使贫者无法生存,使社会福利最大化无法实现。此时,为了保护小自耕农经济,稳定社会秩序,国家必须进行宏观调控,调整收入分配格局。

以上都是封建中央集权制国家必须履行的职责,任何一方面没有做好,都可能导致小自耕农的破产,而大量小自耕农的破产又会直接威胁到封建中央集权制政权的稳定。可见小自耕农经济并非是真正独立的,它对国家的保护具有极强的依赖性,如果国家的保护不到位,小自耕农就会纷纷破产,转而寻求地方豪强地主势力的保护,成为依附于豪强地主的佣客或佃农。即使暂时还没破产的小自耕农,如果要免受破产之灾,也必须转而依附于豪强地主,这就是许多豪强地主的依附民里包括一些自有土地的农民的原因。豪强地主的田庄不仅进行经济生产,还进行兵器制造,其田庄四周往往还建有营垒坞壁。同时豪强地主还进行水利投资,兴修一些中小型的水利工程。可见豪强地主已不仅仅是单纯的地主身份,他们似乎在代替国家对农民行使保护之责,因此他们也获得了农民的依赖,在地方上具有极大的影响力与号召力。

第二节　铁农具和牛耕的推广

秦汉时期,铁器生产的发展推进了农业生产工具向铁器化、多样化和专业化方向转化,进而促进了河南地区代田法耕作的实施与牛耕的增长,加快了河南地区农业生产的发展。

一、铁器生产逐渐成为重要产业

西汉前期,冶铁业有国营、官营(郡、国经营)和民营三种形式,[①]但获得长

---

① 张传玺:《中国通史讲稿》(上),北京大学出版社1982年版,第446页。

足发展的为后二者。吴王濞兼营盐铁,时有"布衣有朐邴,人君有吴王"①之谓。当时的赵、齐诸王亦以冶铸为业。传世的土封泥有"齐铁官印""齐铁官长""齐铁官丞""临淄铁丞""临淄采铁"等。孝惠高后时弛商贾之律,至文帝时"纵民得铸钱、冶铁、煮盐"②,促进了铁业大发展。《盐铁论》卷一《复古》谓:"往者,豪强大家,得管山海之利,采铁石鼓铸,煮海为盐。一家聚众,或至千余人,大抵尽收放流人民也。"③汉武帝时官至大司农的孔仅就是致生累千金的"南阳大冶"④。一些小铁冶者"父子戮力,各务为善器,器不善者不集。农事急,挽运衍之阡陌之间。民相与市买,得以财货五谷新币易货;或时贳民,不弃作业。置田器,各得所欲。更繇省约,县官以徒复作,缮治道桥,诸发民便之"⑤。他们重视铁器质量,自行运销市卖,"倾注全力以关注他的事业"⑥。老百姓或用财货,或用五谷,或用破损的旧农器以交换新农器,甚至有时还可赊欠,既不耽误生产,又得到了称心的农具。这种延伸、散布于乡遂阡陌之间的铁器市场网络,从另一角度反映了铁业生产之发达。

考古调查表明,两汉时代冶铁业已比较重视合理布局与科学分工。在河南省所见汉代冶铁遗址,"凡设在矿区或矿区附近城镇的作坊,一般兼营冶炼、铸造和铁器热处理加工;位于远离矿区的大城市的作坊,一般从事铸造、热处理加工、炒钢和锻造"⑦。巩义铁生沟、郑州荥阳古荥镇、南阳瓦房庄、温县招贤村等遗址,有的以矿冶为主,有的以生产农具为主,有的是以铁料和废旧铁器为原料的大型铸造兼炒钢、锻造的作坊,有的则是以"叠铸工艺"为特色。在许多铁器上发现字、数铭文,如"河一""河三""阳一"等,研究者认为是铁官所辖地区铁冶作坊的编号(表4-1)。人们由此可以推知不同作坊产品品种、质量与生产工

---

① [汉]桓宽撰,王利器校注:《盐铁论校注》卷一《禁耕》,新编诸子集成13,中华书局2018年版,第72页。
② [汉]桓宽撰,王利器校注:《盐铁论校注》卷一《错币》,新编诸子集成13,中华书局2018年版,第61页。
③ [汉]桓宽撰,王利器校注:《盐铁论校注》,新编诸子集成13,中华书局2018年版,第84页。
④ [汉]司马迁:《史记》卷三〇《平准书》,中华书局1959年版,第1428页。
⑤ [汉]桓宽撰,王利器校注:《盐铁论校注》卷六《水旱》,新编诸子集成13,中华书局2018年版,第479页。
⑥ 张传玺:《中国通史讲稿》(上),北京大学出版社1982年版,第146页。
⑦ 中国社会科学院考古研究所编:《新中国的考古发现和研究》,文物出版社1984年版,第464页。

艺之异同。古荥镇发现的一号高炉,炉缸长轴约 4 米、短轴约 2.7 米,面积约 8.5 平方米,炉高 6 米左右,有效容积约 50 立方米,为目前所见较大炉型之一。[1] 据推算,一号高炉每生产 1 吨铁约需铁矿石 2 吨、石灰石 130 公斤、木炭 7 吨左右,渣量 600 公斤多,日产铁量约在 0.5—1 吨左右。[2] 矿石的采挖、分筛,燃料的准备、加工乃至冶铁、铸造过程均需巨量劳动投入,而且需要比较完善的组织、管理体系。自身管理、生产、分工水平的提高,是汉代冶铁业成为独立生产部门的重要标志。

表 4-1　汉代河南地区铁官所属铁工场生产的铁器类型

铁官所在地		所属铁工场的遗址	产品标识	铁农具类型	其他铁器	出处
弘农郡	宜阳(今河南宜阳县西)	新安上孤灯村	弘一、弘二新安宜	铧冠、铲、六角锄等的铁铸范		《华夏考古》1988:2[3]
	黾池(今河南渑池县西)	渑池县火车站东南	绛邑、周左、黾等	铁犁范 35、"V"形铁口犁 1101、犁铧 48、双柄犁 1、犁镜 99、铁锸范 5 件以及锄、镰、锸、铲等多件	钻 11、锤 20、轴承 483、齿轮 4、斧 434、箭头 171、灯 4、炉 2、案 1、权 5、铺首 4、脚架 16、鸠 2,以及釜、甑、锅等的残片甚多	《文物》1976:8[4]

---

[1] 郑州市博物馆:《郑州古荥镇汉代冶铁遗址发掘简报》,《文物》1978 年第 2 期;弓春菊、多化良:《从郑州古荥汉代冶铁遗址出土文物浅谈汉代冶铁技术在世界冶金史上的地位和影响》,《中国文物报》2009 年 4 月 17 日 007 版。

[2] 《中国冶金史》编写组、河南省博物馆、石景山钢铁公司炼铁厂:《河南汉代冶铁技术初探》,《考古学报》1978 年第 1 期。

[3] 河南省文物研究所:《河南新安县上孤灯汉代铸铁遗址调查简报》,《华夏考古》1988 年第 2 期。

[4] 渑池县文化馆、河南省博物馆:《渑池县发现的古代窖藏铁器》,《文物》1976 年第 8 期。

(续表)

铁官所在地	所属铁工场的遗址	产品标识	铁农具类型	其他铁器	出处
河内郡	隆虑(今河南林州市)	鹤壁市汤阴县轱辘集、故县村、鹿楼村等		镰6、犁铧4、犁面2、钁3、铲7、钁内模23	锛3,加刃铣2,斧1,承3,锯3,齿轮2,泥抹1,削1,矛、剑、戟等兵器,权1,秤钩2,锛内模3等	《考古》1963:1;《农业考古》1991:3①
		温县招贤村			铁条	汉代叠铸②
河南郡	雒阳(今河南洛阳市)	郑州古荥镇	河一河二河三	犁、铲、锸的陶模。铁犁2、"V"形犁铧甚多(残)、铲112、锸18、竖銎镢21、双齿镢7、锄4件	六角承陶模。锛39、凿12、钉5、齿轮4、矛4件及夯、橐、削、灯、钩、钉等80余件	《文物》1978:2③

---

① 河南省文化局文物工作队:《河南鹤壁市汉代冶铁遗址》,《考古》1963年第1期;河南省文物研究所:《鹤壁市故县战国和汉代冶铁遗址出土的铁农具和农具范》,《农业考古》1991年第3期。
② 河南省博物馆《中国冶金史》编写组:《汉代叠铸——温县烘范窑的发掘和研究》,文物出版社1978年版,第14—16页。
③ 郑州市博物馆:《郑州古荥镇汉代冶铁遗址发掘简报》,《文物》1978年第2期。

(续表)

铁官所在地		所属铁工场的遗址	产品标识	铁农具类型	其他铁器	出处
河南郡	雒阳(今河南洛阳市)	巩义市铁生沟(巩)	河一 河二 河三	竖銎镢11件、铲26件,犁铧、双齿镢、锄等多件	锤、锛、凿、钩、钉、剑、刀、镞、釜等	《考古》1960:5①
		临汝夏店(梁)	河一 河二 河三	大、小铁镢300余件		《文物》1961:1②;《农业考古》1984:2③

---

① 瓦房庄汉代冶铁遗址,西汉时期出土铁质器物(件)有原料:长方形铁板和破碎的废旧铁器块;铸范:耧铧范芯2,浇口铁2;铸制铁器:"V"形铁犁铧2、耧铧7、凹字形锸3、镢7、铲2、锛8、斧27、釭2、凿2、钩2、锥1、权1、刀7、铲形刀1、悬刀1、镰3、鼎1、熨斗1、剑2、三角梃条1、方梃条1、圆梃条1;锻制铁器(件):铁圈4、铁环4。东汉时期出土铁质器物(件)有原料,包括基本完整的梯形板58,以铸制农具为主的废旧铁器碎块、残次品及浇口铁;铸模、铸范:铧范芯1、上外模1、锸上范、耧铧范芯4、锛范2、镢形范芯1、浇口铁21;铸制铁器:犁铧154、犁6、锸23、耧铧86、镢71、锛21、锄4、铲41、斧66、釭21、曹3、齿轮2、权11、鼎9、釜17、炉1、臼2、熨斗4、镳斗2、灯2、夯头1、筒形器1、耙齿形器1、纺轮1、生铁板和块15、熔渣、砧、衔、镳、凿等;锻制铁器:锨1、镰96、刀116、凿35(包含铸造)、钩19、鼻21、锥7、矛5、镈3、剑2、镞2、衔9、镳2、环16、圈3、斜口刀2、钳形器4、碗形器3、扁条74、方条44、圆条36;工具:锤14、砧2(铸造)、纺轮1等。表中所列主要为西汉时期部分。参见河南省文化局文物工作队:《河南巩县铁生沟汉代冶铁遗址的发掘》,《考古》1960年第5期。

② 倪自励:《河南临汝夏店发现汉代炼铁遗址一处》,《文物》1961年第1期。

③ 李京华:《河南古代铁农具》,《农业考古》1984年第2期。

第四章　秦汉时期河南单一农耕方式的确立　265

(续表)

铁官所在地	所属铁工场的遗址	产品标识	铁农具类型	其他铁器	出处
南阳郡	南阳瓦房庄	阳一、阳二①	铧冠模、镬范。"V"形犁2,耧铧7、锸3、镬7等	车器范。锛8、斧27、钅工2、刀9、剑2件及齿轮、凿、锤、砧、衔、盆、罐、鼎、钩形器、权、锥、环等	《华夏考古》1991:1②；《文物》1965:7③；《农业考古》1984:2④
宛(今河南南阳市)[比阳(今河南泌阳县)]	泌阳下河湾		镢模、范,锄范等(非铁质)	板材、器残片	《华夏考古》2009:4⑤
	鲁山县南关望城岗(鲁阳)	阳一、河口、阳二	铧冠铸模、镢、锄范,犁铧、镰等范模	小件铁器	《华夏考古》2002:1⑥,2021:1⑦
	桐柏县张畈村(平民)	阳一、阳二	锄	锤、砧、斧、刀、板、三角	《华夏考古》1992:1⑧

① "阳二"见于《贞松堂集古遗文》中锄或锸阳文拓本。参见罗振玉编纂：《贞松堂集古遗文》，北京图书馆出版社2003年版。
② 河南省文物研究所：《南阳北关瓦房庄汉代冶铁遗址发掘报告》，《华夏考古》1991年第1期。
③ 李京华：《从南阳宛城遗址出土汉代犁铧模和铸范看犁铧的铸造工艺过程》，《文物》1965年第7期。
④ 李京华：《河南古代铁农具》，《农业考古》1984年第2期。
⑤ 河南省文物考古研究所：《河南泌阳县下河湾冶铁遗址调查报告》，《华夏考古》2009年第4期。
⑥ 河南省文物考古研究所、鲁山县文物管理委员会：《河南鲁山望城岗汉代冶铁遗址一号炉发掘简报》，《华夏考古》2002年第1期。
⑦ 河南省文物考古研究院、鲁山县文物保护管理所、城市考古与保护国家文物局重点科研基地：《河南鲁山望城岗冶铁遗址2018年度调查发掘简报》，《华夏考古》2021年第1期。
⑧ 河南省文物研究所、中国冶金史研究室：《河南省五县古代铁矿冶遗址调查》，《华夏考古》1992年第1期。

(续表)

铁官所在地		所属铁工场的遗址	产品标识	铁农具类型	其他铁器	出处
南阳郡	宛(今河南南阳市)[比阳(今河南泌阳县)]	鲁山县西马楼村(鲁阳)	阳一阳二	锄、锸		
		方城县赵河村	比阳①	犁铧		
		南召县草店、后村、下村、朱砂铺②	比阳	犁铧		
颍川郡	阳城	登封市告成镇及大冶镇	川、阳成	铁铧		《文物》1977:12③
汝南郡	西平冶炉城	西平何庄,舞钢石门郭、铁山庙、沟头赵、许沟、圪垱赵和翟庄			铁制品	《中原文物》2016:1④
		确山县打铁冢(朗陵故城冶铁遗址内)			铁渣、残铁器等	《考古与文物》1987:5⑤

说明:该表在刘兴林《河南内黄三杨庄农田遗迹与两汉铁犁》表1和[日]潮见浩撰,赵志文译《汉代铁官郡、铁器铭文与冶铁遗址》表1等基础上制作而成。⑥

---

① "比阳"见于中国历史博物馆藏犁铧上。
② 其中下村遗址,或认为是宋元遗址。参见河南省文物研究所、中国冶金史研究室:《河南省五县古代铁矿冶遗址调查》,《华夏考古》1992年第1期。
③ 中国历史博物馆考古调查组、河南省博物馆登封工作站、河南省登封县文物保管所:《河南登封阳城遗址的调查与铸铁遗址的试掘》,《文物》1977年第12期。
④ 秦臻、陈建立、张海:《河南舞钢、西平地区战国秦汉冶铁遗址群的钢铁生产体系研究》,《中原文物》2016年第1期。
⑤ 钟华邦:《河南确山汉代朗陵古城铁遗址的新发现》,《考古与文物》1987年第5期。
⑥ 刘兴林:《河南内黄三杨庄农田遗迹与两汉铁犁》,《北京师范大学学报(社会科学版)》2011年第5期;[日]潮见浩撰,赵志文译:《汉代铁官郡、铁器铭文与冶铁遗址》,《中原文物》1996年第2期;杨素英:《河南地区两汉时期铁矿冶铸遗址的发现与初步研究》,重庆师范大学2015年硕士学位论文。

垂涎盐铁业的巨额收益,汉武帝决定夺回利源,实行盐铁官营。元狩四年(前119),大农令盐铁丞孔仅、东郭咸阳提议:将煮盐、冶铁之事收归官府管理,收入以充赋税;严禁私营铸铁、煮盐,"敢私铸铁器鬻盐者,钛左趾,没入其器物。郡不出铁者,置小铁官",管理铁器专卖事宜。① 于是汉朝廷在全国产盐、铁地选用家产富裕,又对铁、盐之事有经验者任盐铁官,建立专卖机构。据统计,"汉自武帝置盐铁官,计盐官二十七郡,为官三十有六。铁官四十郡,为官四十有八"②。盐铁官统属于大农令(后更名大司农),真正实现了盐铁生产、销售的国家垄断。这一政策,直接解决了当时国家所需的部分经费。暴乱之征、车甲之费、克获之赏,皆赖"盐铁之福",在客观上减轻了农业赋税负担。而集中了国家人力、物力、财力,有利于开发自然资源,扩大生产规模,提高科技水平,推动冶铁业的发展。有汉一代,盐铁官营、私营之争虽然不断,然每逢国家财政困难、边境不宁,必有"复修盐铁"之议,始终将盐铁业作为重要利源之一。

东汉冶铁业的发展比西汉时期更为广泛,铁器除农具、兵器外,还大量用以制作手工工具、生活用器等。铁业与盐业、粮食成为影响国计民生的三项重要产业。东汉官营冶铁业比重相对下降,而私营冶铁业则比较发达。《后汉书》卷七六《卫飒传》载,卫飒为桂阳太守,于耒阳县"罢斥私铸,岁所增入五百余万"。而东晋王嘉《拾遗记》卷六《前汉下》形容郭况"工冶之声,震于都鄙",有"郭氏之室,不雨而雷"之谓。③ 东汉冶铁业的重大成就之一是水排的发明与使用。《后汉书》卷三一《杜诗传》说,建武七年(31)杜诗为南阳太守,"善于计略,省爱民役,造作水排,铸为农器,用力少,见功多,百姓便之"④。水力鼓风把自然力用于冶铁生产,有利于减少生产成本,增大冶铸量。考古工作者在河南温县招贤村汉代铸铁遗址烘范窑内发掘出土16类器物、36种器型的叠铸范500多件。这些叠铸范一般每次可铸6—10层,每层铸器2—6件;最多的每次可铸14层,每层铸器6件。⑤ 叠铸工艺是批量生产的产物,既反映了冶铁业之规模、效率,

---

① 〔汉〕司马迁:《史记》卷三〇《平准书》,中华书局1959年版,第1429页。
② 马非百:《管子轻重篇新诠·轻重七·山国轨》,中华书局1979年版,第292页。
③ 〔东晋〕王嘉撰,〔南朝梁〕萧绮录,齐治平校注:《拾遗记》,中华书局1981年版,第150页。
④ 〔宋〕范晔,〔唐〕李贤等注:《后汉书》卷三一《杜诗传》,中华书局1965年版,第1094页。
⑤ 河南省博物馆《中国冶金史》编写组:《汉代叠铸——温县烘范窑的发掘和研究》,文物出版社1978年版,第1—14页。

亦反映出铁器消费、需求量之大。

二、农业生产工具的铁器化

战国秦汉时期农业生产工具铁器化过程包含两方面内容：一是铁农具的推广与普及，即铁器淘汰木、石、铜材质农具，逐渐成为"民之大用""农夫之死士"的过程；二是铁农具由用铁包套刃部向全铁质农器的转化过程。

秦汉时期，铁器在农具领域的主导地位已牢固建立起来。铁农具关乎国计民生，成为"民之大用""农夫之死士"，时人谓农为天下大业，而铁农具是辟莱田、灭草秽、熟五谷的得力武器。秦汉时期为中国水利发展史上最光辉的时期之一，许多大规模的水利设施兴修于这一时期。学术界认为秦汉水利事业勃兴绝非偶然，铁农具的普及为大规模发展水利事业提供了必要的手段。《汉书》卷二九《沟洫志》在描写白渠工程现场情景时曰："举臿为云，决渠为雨。"说明这种"武装了铁的臿"的挖土工具大量用于水利建设。

西汉时期还出现一种前所未见的巨型犁铧，其中 1955 年在辽阳三道壕出土的一件犁铧长 40 厘米、宽 42 厘米、高 13 厘米，断面作三角形，按原规格复制，重约 42 斤。这种巨型犁铧并非用于耕地作垄，而是水利工程用来开沟作渠的专用工具。① 近年安徽寿县芍陂遗址出土的"都水官"铁器，表明当时有专供水利工程的铁器生产部门。随着秦汉统一的中央集权国家的建立，铁农具不仅在中原一带，而且在边远地区也广泛使用。考古发掘中，从东北的辽宁、内蒙古到西南的云南、贵州，从东南的广东、福建到西北的甘肃，都发现了汉代的铁农具，当时甚至传入到今天的朝鲜、越南境内。秦汉铁农具种类基本上满足了农业生产中各个主要环节的需要。② 铁犁的广泛使用和改革，是秦汉农业生产工具发展的重要成就。据不完全统计，中华人民共和国成立后所出土的战国与秦汉铁犁铧之比为 1∶8。犁铧种类繁多，有铁口铧、尖铧、双翼铧、舌状梯形铧等。尤其是犁鐴的发明，使耕犁兼具耕地碎土、起垄作亩诸功用，极大地提高了土地耕

---

① 林剑鸣：《秦汉史》（上），上海人民出版社 1989 年版，第 544 页。
② 梁家勉主编：《中国农业科学技术史稿》，农业出版社 1989 年版，第 167 页。

作质量与农业生产效率。战国时期在耕垦领域占据重要地位的铁钁逐渐被铁犁铧所替代。秦汉440余年,现代考古出土铁钁25起,出土战国时期与秦汉时期铁钁比例为7:5。秦汉时期与铁钁功用相近的铁搭类农具明显增多。这种农具有二、三、四、六齿不等,以四齿居多。由于入土速利,兼具耙钁之效,又比犁耕要深,所以在小块土地开垦及无畜力农户中仍使用。河南郡中牟亦曾发现汉代犁壁。①

据东汉崔寔《政论》记载,西汉武帝时搜粟都尉赵过发明耧犁,"其法,三犁共一牛,一人将之,下种挽耧,皆取备焉。日种一顷,至今三辅犹赖其利。今辽东耕犁,辕长四尺,回转相妨,既用两牛,两人牵之,一人将耕,一人下种,二人挽耧,凡用两牛六人,一日才种二十五亩,其悬绝如此"②。近年在河南渑池、陕西富平、山西平陆、北京清河镇等地出土了汉代铁耧犁或耧播壁画。耧置铁脚,便于入土,对于提高播种质量、促进农业生产起了重要作用。

锄为重要中耕农具,《释名疏证补》卷七《释用器》:"锄,助也,去秽助苗长也。"③战国秦汉皆行六角形锄和凹口锄(或有定名为锸者),前者专用于锄草松土,后者主要用于挖土。《中国农业考古图录》记载战国锄类铁器35起,其中名曰锸或凹形铁门锄者占三分之一左右;秦汉锄类记载40起,名曰锸或凹形铁口锄者仅占十分之一。④ 六角形锄全铁制成,体宽而薄,两肩斜削,除草时不会碰伤庄稼,尤适于垄作、中耕。西汉还出现了铁鹤头锄,又名鹅脖锄,锄身三角形,钩联柄板,曲如鹅脖,奠定了今日锄类工具的基本形制。锄由兼具整地、中耕功能渐变为专门中耕的农具,与其由套、镰刃向全铁质的转化密切相关。如汉梁国、陈留郡雍丘等都有铁农具的使用,永城保安山二号墓出土有铁锄、铁斧,⑤陈留郡雍丘河南杞县许村岗一号汉墓出土有铁刀、铁锄等。⑥

大致从战国开始,铁镰逐渐取代铜镰。铜镰多在器身一面铸斜线纹,于刃

---

① 李京华:《河南古代铁农具》,《农业考古》1984年第2期。
② 〔北朝〕贾思勰著,缪启愉、缪桂龙译注:《齐民要术译注》,上海古籍出版社2009年版,第40页。
③ 〔汉〕刘熙撰,〔清〕毕沅疏证、王先谦补,祝敏彻、孙玉文点校:《释名疏证补》,中华书局2008年版,第239页。
④ 陈文华编著:《中国农业考古图录》,江西科学技术出版社1994年版。
⑤ 河南省文物考古研究所:《永城西汉梁国王陵与寝园》,中州古籍出版社1996年版,第74、200页。
⑥ 开封市文物管理处:《河南杞县许村岗一号汉墓发掘简报》,《考古》2000年第1期。

部形成锯齿,故有人怀疑它是否用于收割禾秸。铁镰一般无齿,可能与当时冶铁炼钢技术进步、镰刀刃部比较锋利有关。秦汉铁镰分锻、铸制两种。铸制铁镰或夹装于木柄或预留小孔加钉固定;锻制铁镰则卷铁为銎,直接套装木柄。汉代另有一种长身双刃锻镰,用于刈割野草、禾秸。汉代画像砖石多有使用铁镰形象,近年考古亦多有出土。铁镰速刈,易于提高功效。秦汉铁镰普及后,镰刀功用由采割禾穗向刈割禾茎发展,形制基本定型,此后变化不大,一直沿用至今。

从整地、播种、中耕到收获等一整套铁制生产工具的普及,是秦汉农具铁器化进入高级阶段的基本标志。辽阳三道壕西汉村落遗址的六处农民居住址中,均有铁农具出土,种类计有铧、锄、锸、铲、镰、锹等,证明一般农民已使用铁器。[①]辽阳时属边远地区,中原铁农具普及程度当高于此。2003年,河南省内黄县梁庄镇二杨庄村发现了大面积被泥沙覆盖的庭院遗存和农田遗迹为主要内涵的汉代遗址,该聚落遗址的始建年代当在西汉晚期,最迟不晚于新莽前期,后来可能被黄河洪水淹没于新莽后期或东汉初年。遗址出土了大铁犁、铁犁铧冠、铁斧、铁镰、铁钁等铁制农具,其中第二处庭院出土有犁铧冠、斧、钁、镰、剑、削、刀等类铁器。[②]

秦汉时期农业生产工具的铁器化,推动了农业生产的全面发展。农业基本建设的加强、农业生产率的提高、农业生产技术的发展与完善都与这一铁器化过程密切相关。

三、农具向多样化、专业化方向发展

秦汉时期铁器的逐渐普及,促进了农具柄、器结合工艺的完善;铁作为可铸、可锻材质,能根据需要尺寸规范化、标准化生产农具,促进了农业生产工具的专门化分工。战国秦汉时期畜力用作农耕动力,带动了农业机械的兴起,促

---

① 李文信:《辽阳三道壕西汉村落遗址》,《考古学报》1957年第1期。
② 河南省文物考古研究所、内黄县文物保护管理所:《河南内黄三杨庄汉代聚落遗址第二处庭院发掘简报》,《华夏考古》2010年第3期。

进了农业生产工具的多样化发展。战国秦汉时期农业生产工具的多样化、专业化发展,不仅大大提高了汉代的农业生产力,也标志着我国传统农具已进入基本定型、成熟期。

秦汉时期,铁农具式样、规格随着农业技术的不断进步而向实用、定型化方向发展。汉代铁犁有大、中、小之分,可适应不同耕作技术需要;鐴土有单、双面之别,或用于耕翻土地,或用于开渠作垄。观察秦汉铁锸实物,出土于北方者多为平刃、弧刃器,出土于南方者多为尖刃器。器形差异,应已考虑到南、北方土质不同。尖刃宜于垦辟草莱生土,平刃宜于耕翻田畴熟壤。汉代,横銎铁镢在中原一带占据主导地位。锻面有窄、阔之分,长条形窄面镢,主要用于挖土、开荒;半圆形阔面镢主要用于刨土、松土。另有横銎双齿、三齿镢,镢齿呈锥形,比较厚重,极易入土,为垦荒利器。秦汉时期,全铁刃铁锄明显增多,部分兼具挖土功能的大锄逐渐演变为阔面铁镢,而铁薅锄之出现则表明锄类农具至此已基本定型,并向轻、小方向发展,以适应精细的中耕作业需要。汉代以后,铁铚逐渐消退,铁镰已成为主要收获农具。东汉许慎《说文解字》、刘熙《释名》诸文字、训诂专书,或本六书以释字义,或以音训推究事物命名由来。今日习见的传统农具如镰、犁、锄、镢等,二书皆有阐释。《释名疏证补》卷七《释用器》释镰曰兼,以比喻其刃体廉薄锋利;释犁曰利,"利发土绝草根也",耕犁深翻功能跃然纸上;释锄曰助,"去秽助苗长也……头曰鹤,似鹤头也",说明锄乃专用中耕农具,并已跨越直、横銎直接安柄阶段,而由鹤项形锄钩连接锄柄与锄板;铧,"剡地为坎也"①。正如《释名·序》所谓"名之于实,各有义类",不同农具正式命其名、定其义而见诸字书,是秦汉时代传统农具形制、功用基本确定后的结果。

农具专门化趋势乃农具种类、形制、功用分化之结果;畜力、水力的利用,突破了简单的手工农具生产,促进了农业机构的兴起,推动了战国秦汉时期农具多样化发展。汉代的铁犁铧品种多样,大小不一,适应不同耕作技术需要。新中国成立后,河南、陕西、山东等地都有汉代型鐴(鐴土)出土,它是耕犁发展史上的重大成就之一。鐴土具有导引垡条逐渐上移,进而使其碎断、翻转,达到预定方向之功能,对于提高犁耕有重要作用。汉代犁鐴土有菱形、瓦形、方鐴缺角

---

① 〔汉〕刘熙撰,〔清〕毕沅疏证、王先谦补,祝敏彻、孙玉文点校:《释名疏证补》,中华书局2008年版,第237—240页。

形、马鞍形等四种类型,具有向一侧翻土与两侧翻土不同功用。从各地出土的牛耕壁画、画像石可见,汉代耕犁已具备犁辕、犁箭、犁床、犁梢等基本部件,结构趋于成熟定型。河南等地犁床、犁梢用曲木制成弓形体,无明显犁床,故称无床犁。两类耕犁都是直辕犁,有用二牛牵引的长直辕犁和一牛牵引的短直辕犁。《汉书》卷二四《食货志上》记载赵过推广耦犁,"用耦犁,二牛三人,一岁之收常过缦田亩一斛以上,善者倍之"①。耦犁具体结构不明,但其能提高耕地效率、增加粮食产量则是应该肯定的。

耧为畜力牵引的播种农机具。崔寔《政论》载"武帝以赵过为搜粟都尉,教民耕殖。其法三犁共一牛,一人将之,下种,挽耧,皆取备焉。日种一顷。至今三辅犹赖其利"。《汉书·食货志》亦载"其耕耘下种田器,皆有便巧"②。耧车是继耕犁后中国农具发展史上又一重大发明,对提高播种质量和促进农业生产起了重要作用。赵过发明的为三脚耧,另有独脚、两脚、四脚数种。许慎《说文解字》木部有"㭒"字,解谓"六叉犁"。清人段玉裁《说文解字注》依据大量证据注明"其上为耧,贮谷下种"③。㭒较其他耧脚耧犁,播种功效明显提高,但不便摇耧下种,故后来不多见。河南渑池、陕西富平、山东枣庄出土的汉代铁耧铧有尖刃锥形、弧刃铧形数种,可能与播种深浅、覆土厚度需求相关。

河南安阳内黄三杨庄遗址第二处庭院出土了与汉代代田法耕作技术体系相一致的、主要用于播种后镇压覆土的鼓形石磙农具。鼓形石磙两端面中部均有一方形卯眼,边长约 5 厘米,深约 7 厘米,高 35 厘米,两端面直径 17 厘米,腹径(最大处)约 37 厘米。④

四、代田法耕作的实施与牛耕的增多

西汉武帝末年为搜粟都尉的赵过推行代田、耦犁诸法。《汉书》卷二四《食

---

① 〔汉〕班固撰,〔唐〕颜师古注:《汉书》,中华书局 1962 年版,第 1139 页。
② 〔汉〕班固撰,〔唐〕颜师古注:《汉书》,中华书局 1962 年版,第 1138—1139 页。
③ 〔汉〕许慎撰,〔清〕段玉裁注:《说文解字注》,中州古籍出版社 2006 年版,第 259 页。
④ 河南省文物考古研究所、内黄县文物保护管理所:《河南内黄三杨庄汉代聚落遗址第二处庭院发掘简报》,《华夏考古》2010 年第 3 期。

货志》载：

> （赵）过能为代田，一亩三甽。岁代处，故曰代田，古法也。后稷始甽田，以二耜为耦，广尺深尺曰甽，长终亩。一亩三甽，一夫三百甽，而播种于甽中。苗生叶以上，稍耨垄草，因陨其土以附（根苗）〔苗根〕。故其《诗》曰："或芸或芋，黍稷儗儗。"芸，除草也。（秄）〔芋〕，附根也。言苗稍壮，每耨辄附根，比盛暑，垄尽而根深，能风与旱，故儗儗而盛也。其耕耘下种田器，皆有便巧。率十二夫为田一井一屋，故亩五顷，用耦犁，二牛三人，一岁之收常过缦田亩一斛以上，善者倍之。过使教田太常、三辅，大农置工巧奴与从事，为作田器。二千石遣令长、三老、力田及里父老善田者受田器，学耕种养苗状。民或苦少牛，亡以趋泽，故平都令光教过以人挽犁。过奏光以为丞，教民相与庸挽犁。率多人者田日三十亩，少者十三亩，以故田多垦辟。过试以离宫卒田其宫壖地，课得谷皆多其旁田亩一斛以上。令命家田三辅公田，又教边郡及居延城。是后边城、河东、弘农、三辅、太常民皆便代田，用力少而得谷多。[①]

符奎认为，赵过的代田法是在代田古法的基础上改进而来的一种耕作技术体系，就是将已实施土壤全耕的农田修整为甽（垄沟）亩（垄背）相间的形态，然后将种子播种于甽中，并在中耕过程中通过向作物根部逐渐培土，使甽与亩在一个作物生长周期内实现形态互换；赵过推行的代田法主要技术创新有"其耕耘下种田器，皆有便巧""用耦犁，二牛三人""教民相与庸挽犁"三点；而三杨庄遗址发现的大面积甽亩相间的农田，是我国目前发现的唯一一处汉代农田的实物遗迹，该遗址内出土的对农田进行开沟作垄的大铁犁和主要用于播种后镇压覆土的鼓形石磙等农具的形制和功能，揭示出该农田所反映的农业耕作技术与代田法的技术原理正相符合，因此，三杨庄遗址汉代农田很可能就是当时采用代田法耕作留下的遗迹。[②]

秦及西汉，国家力量致力于大型农田水利建设，促进了巨型开沟犁铧的发展。这种犁铧在河南周边很多地方均有出土。一般长40厘米左右，重9—15

---

① 〔汉〕班固撰，〔唐〕颜师古注：《汉书》，中华书局1962年版，第1138—1139页。
② 符奎：《秦汉农业聚落的形态与耕作技术——以三杨庄遗址为中心的探讨》，郑州大学2013年博士学位论文，第113—145页。

公斤。犁面和器部断面均呈等腰三角形。它需要"数牛挽行",主要用于水利工程的开沟作渠。另有舌形大铧,一般长、宽各 30 厘米左右,与之结合的是马鞍形双面犁镵,重约 7.5 公斤。它主要出土于汉武帝以后的墓葬中。这样的大铧可能是与代田法配合的耦犁部件。在使用直长辕的情况下,一头顶好的牛也是拉不动的,或如《汉书·食货志》中所云的"二牛三人"操作法。综观秦、西汉铁犁铧类型,虽时有小铁犁铧等出土,但总以厚重、粗大者居多。如河南安阳内黄三杨庄遗址第二处庭院出土一件残存铁犁铧冠呈"V"字形,双翼片长 34—44 厘米,夹角为 70°,翼宽为 13—16 厘米(后稍窄),厚约 0.7 厘米。[①] 秦、西汉时期的牛耕发展,多赖国家倡行推广,故铁犁、牛耕多见于国家组织的水利、农事活动。

赵过推行的代田、耦犁诸法,在中国牛耕发展史上占有十分重要的地位。它所反映的是有领导、有计划、有组织的官府行为。如前《汉书·食货志》所云"过使教田太常、三辅,大农置工巧奴与从事,为作田器。二千石遣令长、三老、力田及里父老善田者受田器,学耕种养苗状",其推广过程是:先"试以离宫卒田其宫壖地";后"令命家田三辅公田,又教边郡及居延城"诸屯垦场所;"是后边城、河东、弘农、三辅、太常民皆便代田"。但赵过推广的每套耦犁起码需要 3 个劳力,以 5 口之家的规模,自耕农难以适应这种大规模耕作方式。《盐铁论》卷六《水旱》篇所说"县官鼓铸铁器,大抵多为大器,务应员程,不给民用"[②],客观地反映了西汉牛耕发展的局限性。两汉之交,政府与循吏推广牛耕形成高潮。汉宣帝时(前 73—前 49),龚遂为渤海太守,劝民务农桑,"使卖剑买牛、卖刀买犊"[③];汉平帝元始二年(2),赐贫民田宅什器,"假与犁、牛、种食"[④]。

秦汉时期犁镵的多样性发展,扩大了耕犁在农业生产中的应用范围。秦汉时期阉牛技术的发展,对于改变公牛暴烈性情、便于役使、提高肉用质量具有重要作用。它是继穿牛鼻技术之后与耕牛役使相关的又一重大发明。河南方城出土的东汉阉牛画像石,为汉代阉割术提供了实物例证。在河南周边的江苏泗洪重岗乡、山东藤县黄家岭等地出土的牛耕画像石中牛体硕壮、双角长而内弯,

---

① 河南省文物考古研究所、内黄县文物保护管理所:《河南内黄三杨庄汉代聚落遗址第二处庭院发掘简报》,第 19—31、158—165、169 页。
② 〔汉〕桓宽撰,王利器校注:《盐铁论校注》,新编诸子集成 13,中华书局 2018 年版,第 478 页。
③ 〔汉〕班固撰,〔唐〕颜师古注:《汉书》卷八九《龚遂传》,中华书局 1962 年版,第 3640 页。
④ 〔汉〕班固撰,〔唐〕颜师古注:《汉书》卷一二《平帝纪》,中华书局 1962 年版,第 353 页。

有人认为当为水牛形象。① 黄牛和水牛是两种不同属的动物。秦汉时期南方牛耕文献记载和考古资料逐渐增多,从汉初禁关市马牛羊等"毋予蛮夷外粤金铁田器;马牛羊即予,予牡,毋与牝"②看,即使有北方黄牛输入也很难繁殖发展。不过,秦汉时期,广大的自耕农还是靠纯手工操作、人力锸耕起土的,"秦汉至东汉中期,我国基本上仍处于锸犁并用而以锸为主时期"③。

第三节 作物资源利用开发与农业生产水平提高

秦汉时期,河南地区的大田作物仍是粟、黍、麦、稻、豆、麻、粱等。如粟,考古发现和史籍记载都反映了粟在河南地区的广泛分布,今济源、武陟、伊洛地区、开封陈留等地都有粟的种植。④ 麦作的推广、稻作技术的进展及桑麻业、蔬菜种植业、畜牧业、渔业的发展,都揭示出秦汉时期河南地区农业生产水平的提高。

一、麦作推广与农业发展

汉代麦种植的发展可通过文献和考古两方面加以说明。汉儒注释"五谷",说法不一,但其中必定有麦。麦包括大麦(䵃)和小麦(来),商周时已有明确区分。战国秦汉时单言麦,一般指小麦。《礼记》卷一六《月令》,仲秋之月,"乃劝种麦,毋或失时,其有失时,行罪无疑"。《战国策》卷一《东周策》"东周欲为稻"条云,"今其民皆种麦,无他种矣"。《汉书》卷六《汉武帝纪》载元狩三年(前120)秋,汉武帝"遣谒者劝有水灾郡种宿麦(冬小麦)",以弥补秋粮的歉收。

---

① 张宣逸:《汉代画像中的"牛耕图"》,《农业考古》2020年第4期。
② 〔汉〕班固撰,〔唐〕颜师古注:《汉书》卷九五《南粤传》,中华书局1962年版,第3851页。
③ 杨际平:《试论秦汉铁农具的推广程度》,《中国社会经济史研究》2001年第2期。
④ 王大宾:《汉代中原诸郡农耕技术选择趋向》,《中国农史》2012年第1期。

《淮南子》卷四《墬形训》说东方"其地宜麦"。西汉轻车使者氾胜之"督三辅种麦,而关中遂穰"①。上面这些资料中所言的麦,都是指冬小麦。可以看出,当时对小麦种植相当重视,小麦在黄河中下游地区逐渐得到推广,种植面积扩大,地位上升,小麦主产区初步形成。建武五年(29),"夏四月旱、蝗",五月丙子诏云"久旱伤麦,秋种未下";陈留人董宣任洛阳县令五年,自奉廉洁,死后,家中仅"有大麦数斛,敝车一乘";永初三年(109)七月,"诏长吏案行在所,皆令种宿麦蔬食,务尽地力";元初二年(115)五月,京师、河南等地旱蝗,诏称"被蝗以来,七年于兹,而州郡隐匿,裁言顷亩,今群飞蔽天,为害广远"②。揭示河南各地天灾流行,地方官往往隐匿实情,虚报成果,大增民困,官府号召种麦与菜以救灾歉。20世纪60年代初,洛阳老城西北郊81号汉墓出土陶仓的盖子上分别书写有"麦""黍""粟""豆"等字样③。1972年,洛阳金谷园车站11号汉墓出土的一批书有文字的各式陶仓上,分别粉书"小麦百石""黍粟百石""粟""黍""小麦"等文字④。

麦作的推广、小麦主产区的初步形成极大地推动了北方地区的农业技术进步和种植业结构调整,当地的农业经济面貌逐步改变,人民饮食生活亦有所改善。

第一,麦作的推广促进了战国秦汉时代北方地区的农业技术进步。《氾胜之书·耕田篇》在讲述了当时土壤耕作总原则后,接着专门论述了麦田的耕作方法。书中说,凡(预备)种麦的田,平常要在五月耕一遍,六月再耕一遍,七月不要耕,好地耙平,等待下种。五月耕,一遍当得三遍;六月,一遍当得两遍;要是七月耕,五遍抵不了一遍⑤。关于播种期,《氾胜之书·大、小麦篇》中说"种麦得时,无不善。夏至后七十日可种,宿麦早种,则虫而有节,晚种则穗小而少实"⑥。就是说夏至后70天就可以开始种冬小麦,种得太早,会遭到虫害,而且节秆坚硬;种得太迟,则穗子小,籽粒不饱满。关于田间管理,《氾胜之书·大、

---

① 〔唐〕房玄龄等:《晋书》卷二六《食货志》,中华书局1974年版,第791页。
② 〔宋〕范晔撰,〔唐〕李贤等注:《后汉书》,中华书局2000年版,第39、2490、213、223页。
③ 陈定荣:《谷仓罐概述》,《农业考古》1987年第2期。
④ 余扶危、张剑:《洛阳金谷园车站11号汉墓发掘简报》,《文物》1983年第4期。
⑤ 石声汉:《氾胜之书今释(初稿)》,科学出版社1956年版,第8页。
⑥ 石声汉:《氾胜之书今释(初稿)》,科学出版社1956年版,第19页。

小麦篇》中说:"麦生,黄色,伤于太稠。稠者,锄而稀之。秋,锄;以棘柴耧之,以壅麦根。故谚曰:'子欲富,黄金覆。''黄金覆'者,谓秋锄麦,曳柴壅麦根也。"①这段话的意思是说,麦苗出土后,颜色黄,是由于太稠造成的。麦苗过稠,可以锄稀一些。秋天锄麦后,用酸枣柴拖一遍,把土集拢在麦根上,这样会增加收成。

《氾胜之书·大、小麦篇》对冬麦田的积雪保墒特别重视。冬天雪停以后,要用器具在麦田碓压,把雪压在地里,不让它随风飞去;再下雪,又这样碓压,这样,麦子能耐旱防虫,结实又多产。② 对冬闲田,也有类似的积雪保墒措施。当时还强调,春天麦子返青以后要锄麦。到榆荚生成,大雨停止,等地面干到现白色时,再锄。做到这些,收成可以增加一倍。关于麦种收获储藏,《氾胜之书·收种篇》说"种伤温郁,热则生虫也",就是说种子储藏必须通风干燥,否则种子就会霉坏或生虫;书中对麦种的储藏特别强调"取麦种,候熟可获,择穗大强者斩,束立场中之高燥处,曝使极燥。无令有白鱼,有辄扬治之。取干艾杂藏之,麦一石,艾一把。藏以瓦器、竹器。顺时种之,则收常倍"③。收藏麦种要用竹器或瓦器,中间夹杂干艾,一石麦,一把艾。《论衡》卷一六《商虫》也说:"藏宿麦之种,烈日干暴,投于燥器,则虫不生。如不干暴,阆喋之虫,生如云烟。"④这是当时人们在分析了害虫生活条件的基础上总结出来的小麦种子储藏方法,是后世种子热进仓技术的萌芽。

另外,相对于粟、黍来说,小麦对耕作栽培条件的要求较高,小麦的推广必然会刺激农业技术的进步。当时耕犁的改进,碎土镇压工具的产生,播种用耧车和石转磨的发明与推广,似乎均与麦子的广泛种植有关。可以看出,秦汉时期北方地区已形成一套较为完整的麦作技术措施,这显然是麦作长期发展和逐步推广的结果——麦作推广及麦作技术的进步对我国北方农业的发展具有重要的促进作用。

第二,麦作推广促进了北方轮作复种的萌芽。轮作与复种有区别也有联系,所以二者往往相提并论。民族学材料表明,某种形式的轮作的出现要比复

---

① 石声汉:《氾胜之书今释(初稿)》,科学出版社1956年版,第20页。
② 石声汉:《氾胜之书今释(初稿)》,科学出版社1956年版,第20页。
③ 石声汉:《氾胜之书今释(初稿)》,科学出版社1956年版,第34页。
④ 〔东汉〕王充:《论衡》,上海人民出版社1974年版,第254页。

种早。《吕氏春秋·任地》说:"今兹美禾,来兹美麦。"显然是指禾、麦轮作。复种是在连种制的基础上发展起来的。战国时期已从休闲制过渡到连种制,当时黄河中下游一些地区冬麦种植已比较普遍,不同播种期和成熟期的作物品种也已出现,黄河流域具备了实行复种制的某些条件,复种制可能已零星出现。如《荀子》卷一〇《富国》云:"今是土之生五谷也,人善治之,则亩数盆,一岁而再获之。"①

秦汉时期,黄河中下游地区主要实行一年一熟的连种制,轮作复种制已有明确记载。冬麦秋种夏收又可以接绝续乏,避免青黄不接,成为轮作复种的关键作物。《氾胜之书》谈道:"田二岁不起稼,则一岁休之。"②即连续两年长不好庄稼的田地,要让它休闲一年,自行恢复地力。这是在地力下降的情况下采取的一种措施,它从另一方面说明当时的土地是连年种植的。在这种情况下,某些采取精耕细作技术的土地就有可能实行两年二熟制。书中谈到区种麦时说到"禾收、区种"③,可能是指谷子收获后接着用区种法在同一块田地中种麦。如果第二年麦子收获后再种一茬谷子,就成了两年三熟。不过这种复种是在人工深翻灌溉的区田中进行的,一般麦田是要进行夏耕的:"凡麦田,常以五月耕,六月再耕,七月勿耕,谨摩平以待种时。"④这与《四民月令》的有关记载一致。当然上述的"禾收、区种"也可能仅指两种不同的农事活动,是在不同的田块中进行的,如果是这样,复种就无从谈起了。如果说氾胜之时代禾、麦复种尚不能十分肯定,那么东汉时期禾、麦复种确实已经出现了。郑玄注《周礼·地官司徒·稻人》引郑众说:"今时谓禾下麦为'荑下麦',言芟刈其禾,于下种麦也。"⑤郑玄在《周礼·秋官司寇·薙氏》注中又引郑众说:"又今俗间谓麦下为夷下,言芟夷其麦,以其下种禾、豆也。"⑥郑众是东汉初年人,郑玄是东汉末年人,可见在东汉

---

① 〔战国〕荀况著,蒋南华、罗书勤、杨寒清注译:《荀子全译》,贵州人民出版社1995年版,第183页。
② 石声汉:《氾胜之书今释(初稿)》,科学出版社1956年版,第8页。
③ 石声汉:《氾胜之书今释(初稿)》,科学出版社1956年版,第47页。
④ 石声汉:《氾胜之书今释(初稿)》,科学出版社1956年版,第8页。
⑤ 〔汉〕郑玄注,〔唐〕贾公彦疏:《周礼注疏》卷一六《地官司徒下》,〔清〕阮元校刻:《十三经注疏(附校勘记)》,中华书局1980年版,第746页。
⑥ 〔汉〕郑玄注,〔唐〕贾公彦疏:《周礼注疏》卷三四《秋官司寇第五》,〔清〕阮元校刻:《十三经注疏(附校勘记)》,中华书局1980年版,第869页。

时代,"禾—麦—豆"的两年三熟制确实存在。此后由于小麦的进一步推广,两年三熟成为北方地区长期以来普遍实行的种植制度。两年三熟种植制度的实现,提高了土地利用率,增加了粮食产量,促进了北方地区社会经济的发展。

第三,小麦种植的推广改善了北方地区人民的饮食生活。过去,人们食用米粒和麦粒,食物花样少,适口性差。战国秦汉时期,石转磨逐步得到推广。石转磨可以把谷物磨成粉末,为主食,尤其是面食的多样化创造了条件,极大地促进了小麦的种植。反过来说,小麦的增加也改变了北方地区的饮食结构,提高了人们的生活水平。汉代把麦面做成的食物称为饼,米粉做成的食物称为饵。西汉史游《急就篇》:"饼饵麦饭甘豆羹。"颜师古注:"溲面而蒸熟之则为饼。饼之言并也,相合并也。溲米而蒸之则为饵。饵之言而也,相粘而也。"①东汉刘熙《释名》卷二《释饮食》说:"饼,并也,溲面使合并也。胡饼作之,大漫冱也,亦言以胡麻著上也。蒸饼、汤饼、蝎饼、髓饼、金饼、索饼之属,皆随形而名之也。"②东汉许慎《说文解字》卷五释"麫"为"麦末"。饼泛指用面粉做的一切食物,与今大饼的概念不同。从《四民月令》看,东汉人掌握了面粉发酵技术,饼有了死面饼和发面饼的区别:"距立秋,毋食煮饼及水溲饼。"原注:"夏日饮水时,此二饼得水即强坚难消,不幸便为宿食作伤寒矣。试以此二饼置水中,即见验。唯酒溲饼,入水即烂矣。"这里的水溲饼是指用没有发酵的面做的饼,而酒溲饼则是指用发酵的面做的饼。③ 据说当时饼已有了各种做法,烧饼、面条、馄饨、水饺、馒头、包子都出现于这一时期,人们的主食种类从此开始丰富起来,北方人的饮食生活也发生了很大变化,并逐步形成了独具特色的面食文化。

二、稻作的种植

秦汉时期,水稻仍然是河南地区农作物之一,种植地域包括河内、洛阳、黄淮等地,还出现了稻作移栽技术。

---

① 张传官:《急就篇校理》,中华书局2017年版,第156页。
② 〔汉〕刘熙撰,〔清〕毕沅疏证、王先谦补,祝敏彻、孙玉文点校:《释名疏证补》,中华书局2008年版,第145—146页。
③ 〔东汉〕崔寔著,缪启愉辑释,万国鼎审订:《四民月令辑释》,农业出版社1981年版,第66页。

(一)种植地域

河内地区仍然种植水稻。河内郡是汉代瓷郡、名郡,位于太行山东南与黄河以北,是黄河、卫河的冲积平原。今河南省黄河以北沁、丹河流域水利条件优越,很早就发展为水利区。东汉安帝元初二年(115)下诏修理这里的旧渠,"通利水道,以溉公私田畴,""修理西门豹所分漳水为支渠,以溉民田"。① 东汉末,曹操都邺,也比较注意水稻生产。左思(左太冲)《魏都赋》描述了漳水渠所带来的好处,其中有"水澍粳稌,陆莳稷黍。……雍丘之粱,清流之稻"之句。李善注解说,清流位于邺西,出产御稻。② 袁准《观殊俗》(又名《招公子》)将河内青稻与新城白粳并举,③说明这一带的水稻品种优良。河内清、淇水的汲县一带泉流丰富,陂塘众多,也是理想的水稻种植区,东汉顺帝时(126—144),崔瑗为汲县令,"开稻田数百顷……百姓歌之"④。共城县(今河南辉县)西有百门陂,"百姓引以溉稻田,此米明白香洁,异于他稻。魏、齐以来,常以荐御"⑤。即使在东汉末年的大动荡年代,还保持着一定的经济实力,"表里山河,土广民殷"⑥。董卓之乱后,汉献帝流亡到河东,当时"百官饥饿",没有任何经济保障,十分狼狈;河内太守张杨"使数千人负米贡饷"予以支持,汉廷才得以苟延残喘。⑦

洛阳地区在旱作麦外,仍然利用水田种稻。从考古材料看,可证汉代洛阳地区仍继续种稻,且成就比较突出。20世纪50年代在洛阳烧沟汉墓出土的稻米,颗粒肥大。⑧ 后来又在洛阳老城西北郊发现西汉元帝至王莽年间(前48—33)的墓葬,出土的彩陶仓上有"鞴""米""稻米""白米"等字样和其他作物名称的字样。⑨ 洛阳以西新安铁门镇西汉墓葬出土陶仓上写有"精"及"黍""麻"

---

① 〔宋〕范晔撰,〔唐〕李贤等注:《后汉书》,中华书局2000年版,第222页。
② 〔梁〕萧统编,〔唐〕李善注:《文选》,岳麓书社2002年版,第184、187、211页。
③ 〔唐〕欧阳询撰,汪绍楹校:《艺文类聚》卷八五,中华书局1965年版;《全晋文》卷五四,载〔清〕严可均校辑:《全上古三代秦汉三国六朝文》,中华书局1958年版,第1769页。
④ 〔宋〕范晔撰,〔唐〕李贤等注:《后汉书》卷五二《崔骃传附子瑗传》,中华书局2000年版,第1724页。
⑤ 〔唐〕李吉甫:《元和郡县图志》卷一六,中华书局1983年版,第462页。
⑥ 〔晋〕陈寿:《三国志·魏书》卷二三《常林传》,中华书局1964年版,第658页。
⑦ 〔宋〕范晔撰,〔唐〕李贤等注:《后汉书》卷七二《董卓传》,中华书局2000年版,第2340页。
⑧ 〔日〕中尾佐助撰,王仲殊译:《河南省洛阳汉墓出土的稻米》,《考古学报》1957年第4期。
⑨ 贺宜保:《洛阳老城西北郊81号汉墓》,《考古》1964年第8期。

"大麦"等字。① 洛阳西南的新城以出产香秔米著称:"江表惟长沙名有好米,何得比新城秔邪?上风吹(炊)之,五里闻香。"② 香稻不光是米饭香,开花时便可闻到香味。汉末,桓彦林《七设》云:"新城之秔,雍丘之粱,重穋代熟,既滑且香,精稗细面,芬馞异粻。"③ 新城今名伊川,位于洛阳南伊水岸。前引袁准《招公子》云:"河内青稻,新城白粳,弱其游粱,濡蝐通芳。"这是中国文献上最早的香稻记述。洛阳新城香稻在三国魏时已如此有名,广受赞誉,可能与当地的自然条件有关,同时也说明它经过了长期精心培育。

黄淮平原地区也种植水稻。汉武帝时期朝野上下争言水利,全国兴起水利建设热潮,黄淮平原地区的陂塘水利引人注目,司马迁在《史记·河渠书》中曾专门提到。当地水利事业的发展,为水稻大规模种植提供了条件。在今淮河和汝河之间,汉代有鸿隙陂。颍川郡(治今河南禹州市)东南的汝南郡与颍川并称为两汉著名大郡。秦汉时期汝南郡的粮食作物主要是水稻、粟、豆等。汉武帝时期修筑的鸿隙陂,可以保障农田灌溉,基于此陂的灌溉,汝南"郡以为饶"④。成帝时,关东数水,破陂为害,"方进为相,与御史大夫孔光共遣掾行(事)〔视〕,以为决去陂水,其地肥美,省堤防费而无水忧,遂奏罢之。……王莽时常枯旱,郡中追怨方进,童谣曰:'坏陂谁?翟子威。饭我豆食羹芋魁。反乎覆,陂当复。谁云者?两黄鹄。'""饭我豆食羹芋魁",师古注曰:"言田无灌溉,不生粳稻,又无黍稷,但有豆及芋也。"⑤ 表明该地区是一直种植水稻的,但破坏之后,水利灌溉不力,才不得不改种旱作豆和芋。直到东汉时邓晨拜为汝南太守,起用许扬为都水掾,"扬因高下形势,起塘四百余里",得以灌溉鸿隙陂数千顷田。自此"汝土以殷,鱼稻之饶,流衍它郡"⑥,得水田之利的汝南郡,成为富甲一方的农业

---

① 河南文化局文物队:《河南新安铁门镇西汉墓葬发掘报告》,《考古学报》1959年第2期。陶仓上的"糒"字即糯米干粮,表明糯米干饭在汉代是很普遍的。
② 〔三国魏〕曹丕:《与朝臣论秔稻书》,载曹丕原著,易健贤译注:《魏文帝集全译》卷一,贵州人民出版社1998年版,第268页。
③ 〔唐〕虞世南辑:《北堂书钞》卷一四二《酒食部·总篇》,天津古籍出版社1988年版,第634页。
④ 〔汉〕班固撰,〔唐〕颜师古注:《汉书》卷八四《翟方进传附子义传》,中华书局1962年版,第3440页。
⑤ 〔汉〕班固撰,〔唐〕颜师古注:《汉书》卷八四《翟方进传附子义传》,中华书局1962年版,第3440页。
⑥ 〔宋〕范晔撰,〔唐〕李贤等注:《后汉书》卷一五《邓晨传》,中华书局1965年版,第584页。

发达区。后来有几位汝南太守也比较重视陂塘水利建设,当地的灌溉面积不断增加。东汉时这里的富陂县便是因"多陂塘以溉稻"而得名。①《后汉书》记汝南安城(今河南正阳东北)人周燮"有先人草庐结于冈畔,下有陂田……非身所耕渔则不食"。②山坡陂田应是水稻田,陂池养鱼,在淮北地区养鱼种稻,在汉代具有创新特色。东汉时,陈留郡(治今河南开封祥符区陈留镇)、济阴郡(治今山东菏泽定陶区)一带有水稻栽培。《三国志》卷九《魏书·夏侯惇传》载:"复领陈留、济阴太守……时大旱,蝗虫起,惇乃断太寿水作陂,身自负土,率将士劝种稻,民赖其利。"③据杨守敬等《水经注疏》卷二三《汳水注》,"太寿地无考,大约在宁陵、襄邑之间"④。

东汉时,汝水以东,颍、涡、睢、汴河之间的稻作亦开始勃兴。东汉初年,山阳(郡名,治今山东金乡西北)太守秦彭在境内起稻田数千顷。⑤汉献帝建安初年,曹操屯田许下(今河南许昌),引颍水灌溉。

(二)稻作技术

先秦至秦汉时期,黄河流域经济、文化发达,有关水稻的记述多集中于这一地区。虽然稻作源于南方,但有关南方稻作的记载却相对较晚,稻作技术在许多方面也不如北方先进。北方稻作技术在汉魏农书中记载较为详细,后世农书言北方稻作者或比较简略,或照搬《齐民要术》。西汉的《氾胜之书》、东汉的《四民月令》为我们论述这一时段的北方稻作提供了一些资料。《氾胜之书·种稻篇》载:"种稻,春冻解,耕反其土。种稻,区不欲大;大则水深浅不适。……冬至后一百一十日,可种稻。稻,地美,用种亩四升。"⑥其中谈到稻田整地、稻田田块大小、种稻时间和播种量等。书中总结的在灌溉过程中调节水温的方法很有特点,说明当时人们已认识到水温高低会影响水稻的生长发育。书中说:"始

---

① 〔北魏〕郦道元原著,陈桥驿、叶光庭、叶扬译注:《水经注全译》卷三〇《淮水注》引《十三州志》,贵州人民出版社2008年版,第763页。
② 〔宋〕范晔撰,〔唐〕李贤等注:《后汉书》卷五三《周燮传》,中华书局1965年版,第1742页。
③ 〔晋〕陈寿撰,〔宋〕裴松之注:《三国志》,中华书局1959年版,第268页。
④ 〔北魏〕郦道元注,〔民国〕杨守敬、熊会贞疏:《水经注疏》,江苏古籍出版社1989年版,第1967页。
⑤ 〔宋〕范晔撰,〔唐〕李贤等注:《后汉书》卷七六《秦彭传》,中华书局1965年版,第2467页。
⑥ 石声汉:《氾胜之书今释(初稿)》,科学出版社1956年版,第21页。

种,稻欲温。温者,缺其塍令水道相直。夏至后,大热,令水道错。"①水稻刚种下的时候需要较高的水温,用水温较低的外水灌溉时,使田埂上所开的进水口和出水口位于稻田的一头,并相互对直,以保持稻田原有的水温,此即"水道相直"的串灌法。盛夏时节,使进水口和出水口相互错开,这样灌溉水从田中斜穿而过,稻田原来温度较高的水就会很快被温度较低的新水所代替,从而降低稻田水温,以免水温过高影响水稻生长发育,此即"水道相错"的漫灌法。这种巧妙的稻田灌溉法,反映了我国北方稻作技术的发展。虽然这种串灌和漫灌方式还存在容易造成肥料流失的缺点,但就其调节稻田水温的作用来说,仍不失为稻田灌溉上的一项创举。②

东汉崔寔的《四民月令》记载了北方的水稻移栽技术,只是过于简略。书中"五月"条记:"五月,可别稻及蓝,尽夏至后二十日止。"③所谓别稻就是水稻移栽,这里只记述了移栽的时间要求,未提具体方法。可见我国北方水稻移栽不晚于东汉。南方水稻移栽至迟也出现于这一时期,可能有些稻作技术还超过了北方。

稻作的种植,从当时的加工工具上也可见一斑。济源泗涧沟西汉墓出土了一套加工谷物的农业机械模型——陶米碓和陶风车,通长 35 厘米,高 105 厘米。陶米碓,前是筑于地下的圆口圜底碓窝,窝内放有上方下圆的杵,杵的上部有安纳杵杆的长方形榫孔,后有两个并列的带柱碓架,柱内两侧有两个对称的用来装设杵杆中心支轴用的圆轴孔;碓架两侧面上,各有四个为安装舂米人手扶支架用的圆形柱孔;碓架的后部塑有一个双手前伸作扶架状的蹲姿舂米陶俑。陶风车位于米碓的右侧,梯形车箱,车箱中部有方漏斗形高槛,槛下有窄缝启门,启门的左右两端各有一个很小的启门轴孔,启门下边的正面作有方形出米口,在出米口右侧的正面上挖有圆形风口,在和风口相应的对面中心处有一安装风扇的曲轴孔,但风扇和曲轴已腐朽无存;风扇口后部塑有一个立俑,双手前伸作摇风车的姿态;槛的左侧为斜坡形空箱,系盛谷糠的地方;车箱上绘制的红色菱形方格纹图案还隐约可见。④

---

① 石声汉:《氾胜之书今释(初稿)》,科学出版社 1956 年版,第 22 页。
② 梁家勉:《中国农业科学技术史稿》,农业出版社 1989 年版,第 205 页。
③ 〔东汉〕崔寔著,石声汉校注:《四民月令校注》,中华书局 1965 年版,第 43 页。
④ 河南省博物馆:《济源泗涧沟三座汉墓的发掘》,《文物》1973 年第 2 期。

三、经济作物的种植及其发展

经济作物作为农业生产的一部分,在秦汉时期得到了迅速发展,种植规模扩大,分布广泛。下面就以桑麻业的发展、蔬菜的种植等为例来简要叙述秦汉时期河南地区经济作物的生产状况。

(一)桑麻种植与桑麻业发展

一个地区发达的丝织业,必须有繁荣的蚕桑业作为基础。河南地区发达的丝织业与该地区的蚕桑业是分不开的。

麻一名火麻,分雌雄。雄麻曰枲,亦曰牡麻,质佳,粗硬洁白,用于丧服;雌麻曰苴麻,亦曰荸麻、子麻、麻母、皮韧,沤之可织布。河南地区麻的种植很早,在《诗经》中就有反映。① 关于该地区种麻情况,在"黄河中游农业生产情况的忠实反映"的《氾胜之书》中已有记载。② 该地区所纳的土贡也反映出麻的种植情况,《汉书》卷二八《地理志上》记载:"荆、河惟豫州。……贡漆、枲、絺、纻、斐纤纩。"③ 西汉桓宽《盐铁论》卷一《本议》云:"兖、豫之漆丝絺纻,养生送终之具也。"

东汉定都洛阳,河南地区成为全国的政治中心,因居民增多,麻织品的消耗也增大,刺激了麻的种植。关于东汉麻类在河南地区的种植,集中反映在记述该地区经济情况的《四民月令》之中,崔寔在这部书中介绍了正月为麻田施底肥,二月、三月种苴麻,五月种牡麻等情况。崔寔于洛阳附近所总结的种麻经验,还因他任五原太守而流传到五原一带,"五原土宜麻枲,而俗不知织绩,民冬月无衣,积细草而卧其中,见吏则衣草而出。寔至官,斥卖储峙,为作纺绩、织纴、练缊之具以教之,民得以免寒苦"④。这说明崔寔有一定的实践经验。此后,

---

① 《诗经·王风·丘中有麻》云:"丘中有麻,彼留子嗟。"殆已反映麻的种植。"王风"是东周"王畿"区域的诗,包括今洛阳、偃师、巩义、温县、沁阳、济源、孟津一带。
② 石声汉:《氾胜之书今释(初稿)》,科学出版社 1956 年版,第 54 页。
③ 〔汉〕班固撰,〔唐〕颜师古注:《汉书》,中华书局 1962 年版,第 1530 页。
④ 〔宋〕范晔撰,〔唐〕李贤等注:《后汉书》卷五二《崔骃传附子瑗传》,中华书局 1965 年版,第 1730 页。

中原地区麻的种植也流传到鄯善地区,并成为当地重要的农作物,历东汉、曹魏、西晋乃至前凉而未衰。①

河南地区的桑蚕业发展几乎与农业同步,春秋战国时该地区桑蚕业已呈先进水平。《诗经·郑风·将仲子》:"将仲子兮,无逾我墙,无折我树桑。"②这虽是一个女子告诫自己的情人不要逾墙弄坏她家的桑树,但也由此反映了当时人们庭院种植桑树的事实。西汉时河南地区种桑树在《氾胜之书》中也有总结,氾胜之介绍了五月取种法、耕地的选择、黍桑合种等种桑方法。③ 东汉的桑蚕业在前代的基础上又有所发展,政府及其官员的倡导是桑蚕业发展的重要原因。汉章帝在即位之初就下诏让"二千石勉劝农桑"④,汉明帝的马皇后更是"乃置织室,蚕于濯龙中,数往观视"⑤,起了表率作用。河南地区桑蚕业的兴盛还可以由当时人们的著述中反映出来,仲长统的《损益篇》称"诸夏有十亩共桑之迫"⑥,意指种桑使土地紧张。宋子侯的《董妖娆诗》:"洛阳城东路……不知谁家子,提笼行采桑。纤手折其枝,花落何飘飏。请谢彼姝子,何为见损伤。"⑦这首诗可以说明洛阳城近郊有桑田的存在。从《后汉书》所载的建武二年(26)"野蚕成茧,被于山阜"⑧来看,该地区的桑树也并未因战争而遭到大规模的毁灭。即使在战乱时期,桑蚕业的发展也能给人们带来衣食上的方便,如汉末战乱,"袁绍之在河北,军人仰食桑葚"⑨。不但袁绍如此,曹操军队也曾以干桑葚为粮。初平年间,杨沛为新郑长,到兴平末年(195),"人多饥穷,沛课民益畜干椹……如此积得千余斛,藏在小仓"。曹操西迎汉献帝,途经新郑,千余军人处于无粮的窘境,

---

① 薛瑞泽:《从〈楼兰尼雅出土文书〉看汉魏晋在鄯善地区的农业生产》,《中国农史》1993年第3期。
② 《郑风》是今河南郑州、荥阳、登封、新郑等市域的民歌。
③ 石声汉:《氾胜之书今释(初稿)》,科学出版社1956年版,第31页。
④ 〔宋〕范晔撰,〔唐〕李贤等注:《后汉书》卷三《肃宗孝章帝纪》,中华书局1965年版,第132页。
⑤ 〔宋〕范晔撰,〔唐〕李贤等注:《后汉书》卷一〇上《皇后纪上·明德马皇后纪》,中华书局1965年版,第413页。
⑥ 〔清〕严可均校辑:《全上古三代秦汉三国六朝文·全后汉文》卷八八,中华书局1958年版,第950页。
⑦ 逯钦立辑校:《先秦汉魏晋南北朝诗·汉诗》卷七,中华书局1983年版,第198页。
⑧ 〔宋〕范晔撰,〔唐〕李贤等注:《后汉书》卷一《光武帝纪》,中华书局1965年版,第32页。
⑨ 〔晋〕陈寿:《三国志·魏书》卷一《武帝纪》,中华书局1964年版,第14页。

当此之时,"沛谒见,乃皆进干椹。太祖甚喜"。① 上述事例说明,在饥荒之年因广种桑树,所积的桑葚已成为人们充饥的食物,特别是杨沛在新郑能积得数千斛干桑葚,说明在新郑一带必然种植了大片的桑树。

陈留郡襄邑(今河南睢县)生产优质的丝织品,这里除东汉中央政府所设"服官"之外,民间制造锦绣之风也很盛行。王充《论衡》卷一二《程材篇》说:"襄邑俗织锦,钝妇无不巧,(日)[目]见之,日为之,手腴也"②,揭示了民间织锦业盛行是和河南大地长期种桑、养蚕密不可分的。《后汉书》卷八四《列女传》记河南乐羊子妻为激励丈夫上学,引刀断织机杼,正是民间普遍存在丝织的一个事例。汉桓帝时,陈留考城人仇览,40岁时被选为蒲亭长,"劝人生业,至于果菜为限,鸡豕有数"③。梁宋地区作为全国的丝织业重心,其丝织印染原料的生产很是繁盛,赵岐在《蓝赋并序》中云:"余就医偃师,道经陈留,此境人皆以种蓝(一种草本植物,叶子可以提制蓝色染料)染绀(茜)为业。蓝出弥望,黍稷不植,概其遗本念末,遂作赋曰:'同丘中之有麻,似麦秀之油油。'"④可见当地人种蓝之普遍,染料作物已完全排挤了粮食作物,成了一个经济作物专业区。

(二)蔬菜种植与发展

蔬菜种植在我国起源很早,秦汉时期河南地区作为政治中心之所在,城市居民因商业的发达而增多,对蔬菜的巨量需求刺激了与之相应的种植业的发展。

就当时全国而言,蔬菜在居民生活中的影响愈来愈重要,因而引起朝廷的高度重视,皇帝多次颁发诏令让包括河南地区在内的广大居民种植蔬菜。和帝永元五年(93)九月"令郡县劝民蓄蔬食以助五谷。其官有陂池,令得采取,勿收假税二岁"⑤。其目的是利用蔬菜生长期短、见效快的特点,让农民广泛种植并

---

① 〔晋〕陈寿:《三国志·魏书》卷一《贾逵传附李孚、杨沛传》,中华书局1964年版,第487页。
② 〔东汉〕王充:《论衡》,上海人民出版社1974年版,第189页。
③ 〔宋〕范晔撰,〔唐〕李贤等注:《后汉书》卷七六《循吏传·仇览传》,中华书局1965年版,第2479页。
④ 〔清〕严可均校辑:《全上古三代秦汉三国六朝文·全后汉文》卷六二,中华书局1958年版,第814页。
⑤ 〔宋〕范晔撰,〔唐〕李贤等注:《后汉书》卷四《孝和帝纪》,中华书局1965年版,第177页。

储蓄起来,以助五谷的不足。到了永元十二年(100)二月,和帝又"诏贷被灾诸郡民种粮。赐下贫、鳏、寡、孤、独不能自存者,及郡国流民,听入陂池渔采,以助蔬食"①。显然到荒灾时蔬菜是可以代粮的。桓帝永兴元年(153),全国32个郡国发生蝗灾,到了次年六月曾诏司隶校尉、部刺史曰:"蝗灾为害,水变仍至,五谷不登,人无宿储。其令所伤郡国种芜菁以助人食。"②这次蝗灾可能波及河南地区的一些郡国,才颁诏让人种菜度过荒年。在当时,以蔬食度日的官吏往往被视为廉洁的象征。光武帝时宣秉官至御史中丞、司隶校尉,《后汉书》中称其"性节约,常服布被,蔬食瓦器"③。袁宏《后汉纪》卷六《光武帝纪》记光武帝曾"幸其府,见秉布被瓦器,食则鱼飡"。蔬食是指以草菜为食,鱼飡是指清苦的食物。

史书又载,崔瑗爱士好宾客,盛宴招待,而"居常,蔬食菜羹而已"④,当然这只是崔瑗的一种生活方式,却因此获得了很高的声誉。顺帝永和初年(136),京城因谷贵而有饥馁之人,大将军梁商"辄遣苍头,以车载米、盐、菜、钱,与四城散乞贫民"⑤。梁商既然能大量地将菜给贫民,说明梁商在京城有大量的土地可供种菜之用。周纡任洛阳令之后,询问豪门贵戚情况,小吏把闾里豪强的情况向他汇报,他听后非常生气,乃厉声问道:"本问贵戚若马、窦等辈,岂能知此卖菜佣乎?"⑥洛阳市场既有专门卖菜之人,可知洛阳及其周围种菜之多。汉代崔寔所著的《四民月令》中就有关于蔬菜种植的记载。在这部著作中,作者崔寔详细记载了从正月至九月各月所种植的蔬菜,计有韭、瓜、瓠、葵、芥、葱、蒜、芜菁等,还记载了种植日期、收获日期、如何管理及储藏等。学术界研究认为,这部书所反映的情况主要也是指洛阳一带的。⑦

---

① 〔宋〕范晔撰,〔唐〕李贤等注:《后汉书》卷四《孝和帝纪》,中华书局1965年版,第186页。
② 〔宋〕范晔撰,〔唐〕李贤等注:《后汉书》卷七《孝桓帝纪》,中华书局1965年版,第299页。
③ 〔宋〕范晔撰,〔唐〕李贤等注:《后汉书》卷二七《宣秉传》,中华书局1965年版,第927页。
④ 〔宋〕范晔撰,〔唐〕李贤等注:《后汉书》卷五二《崔骃传附子瑗传》,中华书局1965年版,第1724页。
⑤ 〔东汉〕刘珍等撰,吴树平校注:《东观汉记校注》卷一五《梁商传》,中州古籍出版社1987年版,第599页。
⑥ 〔宋〕范晔撰,〔唐〕李贤等注:《后汉书》卷七七《酷吏传·周纡传》,中华书局1965年版,第2494页。
⑦ 中国农业科学院、南京农学院中国农业遗产研究室编著:《中国农学史(初稿)》上册,科学出版社1959年版,第214—215页。

当然,除了京城洛阳,河南地区的其他郡县也有蔬菜种植的记载。如上文中的陈留郡考城人仇览,被选为蒲亭长后,不仅重视粮食生产,而且还留意果树、蔬菜的种植,有力地促进了当地的经济发展。

总的来看,秦汉时期河南地区的经济作物不仅有麻、桑树、蔬菜,而且还有其他类别的经济林木。《史记·货殖列传》载:"安邑千树枣……淮北、常山已南,河济之间千树萩;陈、夏千亩漆……及名国万家之城,带郭千亩亩钟之田,若千亩卮茜,千畦姜韭,此其人皆与千户侯等。"① 司马迁列举的林木,当时经济价值较大,商品率较高,谁拥有千树或千亩,谁就可以富比"千户侯"。

四、畜牧业和渔业生产

(一)畜牧业生产

秦汉时期河南地区的经济以农业为主体,畜牧业是作为农业的补充而存在的,但农业和畜牧业在发展过程中相互联系,彼此影响,相得益彰,共同发展。农业的发展为畜牧业提供了饲料,而畜牧业的发展则为农业提供了大量的动力、肥料。畜牧业是河南地区经济发展过程中不可或缺的组成部分。

汉代河南地区仍存在着国营畜牧业,汉武帝为抵御匈奴,大规模养马,调往长安的马有数万匹,"卒牵掌者关中不足,乃调旁近郡"②。西汉京师东边的旁近郡为弘农和河东,既然官府能从包括这两个郡在内的关中旁近郡调集"牵掌之卒",说明这两个郡也有一定数量的牲畜养牧。而且《汉书》卷二八上《地理志上》载,豫州"畜宜六扰"。有学者研究,汉代各郡国大都设有养马机构。③ 河南地区也存在着一定数量的官营饲养业。宣帝时,黄霸任颍川太守,"使邮亭乡官皆畜鸡豚"④。邮亭乡官所喂养的鸡豚可能供给往来官员和官府所用,虽然其地域有限,但至少说明了当时该地区存在这一现象。东汉时政治中心移至河南

---

① 〔汉〕司马迁:《史记》卷一二九《货殖列传》,中华书局1959年版,第3272页。
② 〔汉〕司马迁:《史记》卷三〇《平准书》,中华书局1959年版,第1425页。
③ 高敏:《论秦汉时期畜牧业的特征和局限》,《郑州大学学报》1989年第2期。
④ 〔汉〕班固撰,〔唐〕颜师古注:《汉书》卷八九《黄霸传》,中华书局1962年版,第3629页。

地区,这里的国营畜牧业较西汉发达。国营畜牧业可分为三个牧区,其一为河东地区,其二为河内地区,其三为洛阳周围地区。东汉初年,光武帝拜寇恂为河内太守,为了支援光武帝北征燕、代,寇恂"移书属县,讲兵肄射,伐淇园之竹,为矢百余万,养马二千匹,收租四百万斛,转以给军"①。寇恂能在河内养马二千匹,即使无法肯定此处有国营牧场,至少也说明有官营养马业和适合马匹生长的自然环境。《后汉书》载,建武十三年(37),"陇、蜀平,诏融与五郡太守奏事京师,官属、宾客相随,驾乘千余辆,马牛羊被野"②。从"马牛羊被野"可以看出窦融这次举族内迁洛阳带来大量牲畜,这就为官营饲养业的发展奠定了基础。官营饲养业的发展使皇帝常以牲畜赐予臣下。③ 当时皇室有专门养马的马厩,安帝在永初元年(107)九月壬午曾下诏:"厩马非乘舆常所御者,皆减半食。"④此后,东汉朝廷又设置了一些新的养马厩,汉顺帝汉安元年(142),"秋七月,始置承华厩"。李贤注引《东观记》曰:"时以远近献马众多,园厩充满,始置承华厩令,秩六百石。"⑤可见承华厩的设置是因马匹增多而为之。到汉灵帝时,又增设了一个新的养马厩,"(光和)四年春(181)正月,初置骥厩承,领受郡国调马。豪右辜榷,马一匹至二百万"。李贤注云:"骥,善马也。调谓征发也。"⑥可见骥厩是一个养殖良马的厩,豪强则乘机从中谋利。中平元年(184),黄巾起义爆发后,灵帝"诏公卿出马、弩……厩马非郊祭之用,悉出给军"⑦。《后汉书》卷七一《皇甫嵩传》也记载皇甫嵩建议灵帝"益出中藏钱、西园厩马,以班军士。帝从之"。从中可反映出洛阳的马厩中养有大量的马匹。

两汉时朝廷主管畜牧业、饲养业的官员为太仆。《后汉书志》卷二五《百官志二》载,东汉中央政府太仆之下设"未央厩令一人,六百石。本注曰:主乘舆及厩中诸马"。其属员,刘昭注引《汉官》曰:"员吏七十人,卒驺二十人。"此外还有"长乐厩丞一人",其属员,刘昭注引《汉官》曰:"员吏十五人,卒驺二十人。

---

① 〔宋〕范晔撰,〔唐〕李贤等注:《后汉书》卷一六《寇恂传》,中华书局1965年版,第621页。
② 〔宋〕范晔撰,〔唐〕李贤等注:《后汉书》卷二三《窦融传》,中华书局1965年版,第807页。
③ 《后汉书》卷七九下《儒林·甄宇传》李贤注引《东观记》曰:"建武中每腊,诏书赐博士一羊。"可以为证。〔宋〕范晔撰,〔唐〕李贤等注:《后汉书》,中华书局1965年版,第2580页。
④ 〔宋〕范晔撰,〔唐〕李贤等注:《后汉书》卷五《孝安帝纪》,中华书局1965年版,第208页。
⑤ 〔宋〕范晔撰,〔唐〕李贤等注:《后汉书》卷六《孝顺帝纪》,中华书局1965年版,第272页。
⑥ 〔宋〕范晔撰,〔唐〕李贤等注:《后汉书》卷八《孝灵帝纪》,中华书局1965年版,第345页。
⑦ 〔宋〕范晔撰,〔唐〕李贤等注:《后汉书》卷八《孝灵帝纪》,中华书局1965年版,第350页。

苜蓿苑官田所,一人守之。"①河南地区弘农郡、河内郡等地的畜牧业与饲养业有专门的"马丞"管理,这从罗福颐《汉印文字征》所载该地区出土的"虢县马丞印""陕县马丞印"等可得到证明。从中可知汉代各郡国大都有专门主管马匹饲养的机构与官吏,形成了从中央到地方一套完整的马政系统。②

秦汉时期河南地区除个别牧主有较大规模养殖外,大都以家庭养殖业的小规模形式来体现,而且牲畜品种较多,以牛、羊、豕、驴、骡等为饲养对象。此时期拥有较多牲畜的牧主往往与大田产经营相结合。西汉武帝时河南人卜式,"以田畜为事",将家财完全分与弟弟,"独取畜羊百余",独自"入山牧十余岁,羊致千余头,买田宅";初将一半输于官府,"复田牧",后又将畜牧所得"钱二十万予河南守"以救灾民。③先后将家财一半、二十万输于官府,显然是规模较大的牧羊主。东汉时陈留长垣人吴祐"常牧豕于长垣泽中"④,其在长垣泽中牧豕的数量应该也不会太小。《论衡》云,"富贵之家,役使奴僮,养育牛马",以致"家人富殖",有"欢牛马不美田宅"者。⑤ 王符《潜夫论》卷三《浮侈篇》记载,当时富商大贾"牛马车舆,填塞道路"。仲长统《昌言上·理乱篇》载"豪人之室"是"马牛羊豕,山谷不能受"。崔寔的《四民月令》也提到田庄中饲养马、牛、羊、豕等牲畜,所有这些都说明地主田庄是农业与畜牧业相结合的产物。⑥ 这些牧主虽然为数不多,但其经济实力强大,《货殖列传》对这些人的经济实力描述得极为深刻:"陆地牧马二百蹄,牛蹄角千,千足羊,泽中千足彘……此其人皆与千户侯等。"⑦司马迁说这些因畜牧而经济实力膨胀的私营牧主可与"千户侯"的政治实力相匹敌,并非虚言,西汉的卜式就是一个典型的例证,他因经济实力强大而涉足政坛,最后官至御史大夫。

秦汉时期河南地区私营畜牧业占主导地位的是家庭养殖业。当时人们已经充分认识到牛在农业中的重要作用,东汉应劭云:"牛乃耕农之本,百姓所仰,

---

① 〔晋〕司马彪:《后汉书志》,中华书局1965年版,第3581页。
② 高敏:《论秦汉时期畜牧业的特征和局限》,《郑州大学学报》1989年第2期。
③ 〔汉〕司马迁:《史记》卷三〇《平准书》,中华书局1959年版,第1432页。
④ 〔宋〕范晔撰,〔唐〕李贤等注:《后汉书》卷六四《吴祐传》,中华书局1965年版,第2099页。
⑤ 〔东汉〕王充:《论衡》卷三《骨相篇》、卷一九《宣汉篇》,上海人民出版社1974年版,第38、296页。
⑥ 高敏:《论秦汉时期畜牧业的特征和局限》,《郑州大学学报》1989年第2期。
⑦ 〔汉〕司马迁:《史记》卷一二九《货殖列传》,中华书局1959年版,第3272页。

为用最大,国家为之强弱也。建武之初军役驱动,牛亦损耗,农业颇废。"① 正因为当时人们已认识到牛在农业生产中的重要作用,所以一般农户在力所能及时,大都养有耕牛,而且出现了为耕牛而争讼之事。汉章帝时,鲁恭为中牟令,"亭长从人借牛而不肯还之,牛主讼于恭"②。后在鲁恭的干预下,亭长方才还牛。因为牛的数量较多,当时还发生过牛疫。③ 也有为牛治病的兽医,汝南慎阳(今河南驻马店正阳县北)人黄宪"家世贫贱,父为牛医"④。他为当地耕牛治病,极有利于耕畜饲养,并推动农作发展。东汉时流传颇广的列女河南乐羊子妻的邻居养有鸡,因入其园,被其婆婆盗杀。⑤ 王莽末年,刘秀起兵,更始元年(23)三月,攻下颍川所属昆阳(今河南平顶山叶县)、定陵、郾,"多得牛马财物,谷数十万斛"⑥,反映了颍川郡养殖业(牛、马等)的兴旺。东汉时南阳叶县人高凤"少为书生,家以农亩为业……妻尝之田曝麦于庭,令凤护鸡"⑦,说明秦汉时期南阳郡同样存在着家庭养殖业。

综上所述,秦汉时期河南地区的私营畜牧业除个别牧主有较大规模养殖外,大都以分散的家庭养殖业的形式出现,而且牲畜品种较多,以牛、羊、驴、骡等为饲养对象,是农耕经济的重要补充。另外,在农家庭院往往养殖鸡、鸭等家禽,作为农村肉类食品的一个重要来源。总之,河南地区私营畜牧业是分散于一家一户的,具有规模小、分布广的特点。

(二)渔业生产

秦汉时期河南地区的渔业生产虽然比不上南方那么发达,但仍然值得一提。因为秦汉时期河南地区的水资源还是相当丰富的,这么多的河流湖沼陂

---

① 〔东汉〕应劭撰,王利器校注:《风俗通义校注·佚文·天地遵化》,中华书局1981年版,第622页。
② 〔宋〕范晔撰,〔唐〕李贤等注:《后汉书》卷二五《鲁恭传》,中华书局1965年版,第874页。
③ 〔宋〕范晔撰,〔唐〕李贤等注:《后汉书》卷三《章帝纪》:"建初四年冬,牛大疫。"中华书局1965年版,第137页。
④ 〔宋〕范晔撰,〔唐〕李贤等注:《后汉书》卷五三《黄宪传》,中华书局1965年版,第1744页。
⑤ 〔宋〕范晔撰,〔唐〕李贤等注:《后汉书》卷八四《列女传》,中华书局1965年版,第2793页。
⑥ 〔宋〕范晔撰,〔唐〕李贤等注:《后汉书》卷一上《光武帝纪上》,中华书局1965年版,第5页。
⑦ 〔宋〕范晔撰,〔唐〕李贤等注:《后汉书》卷八三《逸民传·高凤传》,中华书局1965年版,第2768—2769页。

池,除了灌溉农田,还可以从事渔业生产。

秦汉时期河南地区的自然渔业资源,大都分布于域内的河流、陂湖等水域中。鱼类大都属鲤鱼科,有鲤鱼、鳟鱼、鲂鱼、黄鱼等。张衡《七辨》:"巩洛之鳟,割以为鲜。审其齐和,适其辛酸。芳以姜椒,拂以桂兰。"①从中可以得知洛水所产鳟鱼已成为该地区人们生活中的美味佳肴。《说文》卷一一下曰:"鳟,赤目鱼也。"《本草纲目》卷四四《鳞部》云鳟"处处有之",可知鳟鱼产于各处水域,洛水所产较为有名。这一时期民间还流传着"伊洛鲂鲤,天下最美。洛口黄鱼,天下不如"②的谚语,说明这一带的鲂、鲤、黄鱼等品种甚为时俗所珍重。

除了洛水所产黄鱼,黄河黄鱼也是当时的名产。曹操《四时食制》:"鳣鱼大如五斗奁,长丈,口在颔下。常三月中从河上,常于孟津捕之,黄肥,唯以作酢。淮水亦有。"③《尔雅·释鱼》:鳣,郭璞注:"鳣,大鱼,似鲟而短鼻,口在颔下,体有邪行甲,无鳞,肉黄,大者长二三丈,今江东呼为黄鱼。"郝懿行疏:"今鳣止作灰色,其肉黄,通呼'黄鱼',亦呼'鲟鳣鱼','鲟、鳣'音相转也。"④亦有鳣鱼作鲤鱼之称。《说文》卷一一下:"鳣,鲤也。"体积大的鲤鱼被称为鳣鱼。⑤

伊水产鲵鱼,《太平御览》记载:"《广志》曰:'鲵鱼声如小儿,有四足,形如鳢,出伊水也。'"⑥司马迁称鲵鱼为人鱼,故《史记》卷六《秦始皇本纪》称始皇墓中"以人鱼膏为烛"。《集解》:"徐广曰:'人鱼似鲇,四脚。'"《正义》:"《广志》云:'鲵鱼声如小儿啼,有四足,形如鳢,可以治牛,出伊水。'"⑦鲵鱼即今天俗称的"娃娃鱼"。今卢氏、栾川、嵩县、伊川、新安等地均有分布,其中以卢氏县较多。

而这一时期最具生产意义的是普通居民的陂塘、池泽养鱼,是当时渔业生产的重要部分。《史记·货殖列传》载"水居千石鱼陂"者,其社会经济地位可

---

① 〔东汉〕张衡著,张震泽校注:《张衡诗文集校注》,上海古籍出版社1986年版,第299页。
② 〔宋〕李昉:《太平御览》卷九三六《鳞介部八》,中华书局1960年版,第4160页。
③ 〔清〕严可均校辑:《全三国文》卷三《魏三》,载《全上古三代秦汉三国六朝文》,中华书局1958年版。
④ 〔清〕郝懿行撰,王其和、吴庆峰、张金霞点校:《尔雅义疏》,十三经清人注疏,中华书局2017年版,第833页。
⑤ 〔汉〕许慎撰,〔清〕段玉裁注:《说文解字注》,中州古籍出版社2006年版,第576页。
⑥ 〔宋〕李昉:《太平御览》卷九三八《鳞介部十·鲸鲵》,中华书局1960年版,第4167页。
⑦ 〔汉〕司马迁:《史记》卷六《秦始皇本纪》,中华书局1959年版,第265页。

"与千户侯等"。《正义》:"言陂泽养鱼,一岁收得千石鱼卖也。"①这说明当时淡水养鱼获利颇丰。

历代官府在灾荒之年,利用陂池渔业资源的便利,"令民得渔采山林池泽"②,使灾民度过饥荒,如东汉和帝就曾于永元五年(93)、永元九年、永元十一年、永元十二年、永元十五年等下诏令流民入"陂池渔采",并且"勿收假税"。③而这几年正是京畿遭受灾害严重的时期。这虽然是在特定的历史条件下,特别是在灾荒之年所颁布的诏令,但表明渔业生产在农耕地区所占的重要地位,是农耕经济的补充。

秦汉时期渔业生产虽然作为农业经济的补充而存在,但仍然能为官府带来一定的收入。为了保证官府的渔税征收和对渔业生产实施有效的管理,历代皇朝在朝廷和地方都先后设置官吏进行管理。《汉书》载:"少府,秦官,掌山海池泽之税,以给共养,有六丞。"④《后汉书志》卷二六《百官志三》:"少府,卿一人,中二千石。本注曰:掌中服御诸物,衣服宝货珍膳之属。"《汉官》曰:"员吏三十四人……王者以租税为公用,山泽陂池之税以供王之私用。古皆作小府。"《汉官仪》曰:"田租、刍稿以给经用,凶年,山泽鱼盐市税少府以给私用也。"⑤这说明秦汉时期在中央设有少府之官,以征收包括陂泽渔税在内的杂税供皇帝私用。东汉时,"凡山泽陂池之税……世祖改属司农"⑥。而在地方则专设渔官收渔税,《后汉书志》卷二八《百官志五》:"其郡有……都水官者,随事广狭置令、长及丞,秩次皆如县、道,无分士,给均本吏。本注曰:凡郡县……有水池及鱼利多者置水官,主平水收渔税。在所诸县均差吏更给之,置吏随事,不具县员。"⑦上述资料可证明汉代河南地区诸郡县,凡有陂池之处都有可能设置官吏进行管

---

① 〔汉〕司马迁:《史记》卷一二九《货殖列传》,中华书局1959年版,第3272页。
② 〔宋〕范晔撰,〔唐〕李贤等注:《后汉书》卷四《孝和孝殇帝纪》永元十一年春二月,中华书局1965年版,第185页。
③ 〔宋〕范晔撰,〔唐〕李贤等注:《后汉书》卷四《孝和帝纪》,中华书局1965年版,第177、183、185、186、191页。
④ 〔汉〕班固撰,〔唐〕颜师古注:《汉书》卷一九上《百官公卿表上》,中华书局1962年版,第731页。
⑤ 〔晋〕司马彪:《后汉书志》,中华书局1965年版,第3592页。
⑥ 〔晋〕司马彪:《后汉书志》卷二六《百官志三》"少府·治令史"条,中华书局1965年版,第3600页。
⑦ 〔晋〕司马彪:《后汉书志》,中华书局1965年版,第3625页。

理,收取渔税,反映了秦汉时期的渔业生产已纳入了有序化的轨道。

总的来说,秦汉时期河南地区的渔业生产既有捕食自然鱼类的生产,也存在着人工养殖的渔业生产。

第四节 农田灌溉技术的提升

经历了秦末战乱后的汉初,全国各地的水利灌溉工程几乎都遭到严重破坏,逐渐趋于荒废,从而使农业生产陷于凋敝,社会经济濒临崩溃的境地。《汉书·食货志》称:"汉兴,接秦之敝,诸侯并起,民失作业而大饥馑。凡米石五千,人相食,死者过半。"[1]这便是当时社会经济残破的真实写照。为了稳定政治局势,恢复社会经济,汉高祖及继任者采取了一系列重要措施来恢复发展水利。两汉农田水利的蓬勃发展,促进了农业开发和社会经济的兴盛,对于河南历史的发展具有相当的影响。汉代农田水利的发展突出体现在南阳、汝南等地区。

一、汉代南阳水利灌溉

两汉时期,南阳大批农田水利工程的兴修和农田水利网的形成,是推动南阳农业发展最重要的内因。南阳水利,秦时就有孔氏家族"大鼓铸,规陂池"[2],到汉武帝时已有相当的发展。据《史记》卷一二二《宁成传》记载,汉武帝时,宁成曾于南阳"买陂田千余顷,假贫民,役使数千家"[3]。所谓陂田,当为陂水灌溉的农田。宁成已拥有千余顷农田,可见当时陂塘灌溉已具有相当的规模。汉武帝以后,南阳地区的陂塘灌溉事业更大规模地发展起来,其最显著的例子是汉

---

[1] 〔汉〕班固撰,〔唐〕颜师古注:《汉书》卷二四上《食货志上》,中华书局1962年版,第1127页。
[2] 〔汉〕司马迁:《史记》卷一二九《货殖列传》,中华书局1959年版,第3278页。
[3] 〔汉〕司马迁:《史记》,中华书局1959年版,第3135页。

元帝时南阳太守召信臣对南阳水利的开发。《汉书》卷八九《召信臣传》记载:"信臣为人勤力,有方略,好为民兴利,务在富之。躬劝耕农,出入阡陌,止舍离乡亭,稀有安居时。行视郡中水泉,开通沟渎,起水门提阏(堤堰)凡数十处,以广溉灌,岁岁增加,多至三万顷。民得其利,蓄积有余。信臣为民作均水约束,刻石立于田畔,以防分争。"①召信臣任南阳太守在建昭年间(前38—前34),从"起水门提阏凡数十处"及增田"多至三万顷"(合今200多万亩)来看,发展的速度很快,成绩相当可观。

东汉时期,南阳陂塘水利进一步发展。建武二年(26)朱祐为堵阳侯,竭堵水(今河南南阳唐河)为东、西两陂,引水溉田。② 建武七年(31)杜诗为南阳太守,对南阳地区的水利和农业进行大规模的开发,"造作水排,铸为农器,用力少,见功多,百姓便之。又修治陂池,广拓土田,郡内比室殷足"③。由于召信臣、杜诗先后对南阳水利的开发做出了特殊的贡献,奠定了这个地区农田灌溉事业的基础,所以"南阳为之语曰:'前有召父,后有杜母。'"④

经过两汉时期的开拓经营,南阳地区的陂塘工程得到广泛的发展。仅见于《水经注》卷二九、卷三一记载的重要陂塘工程就有几十项,如湍水的楚堰、六门陂、邓氏陂、安众港,比水的马仁陂、大湖陂,淯水(今白河)的樊氏陂、新野陂、豫章大陂,堵水的东陂、西陂,等等。⑤ 其中楚堰"高下相承",共有8重堰坝,对湍水实行梯级利用,"泽润不穷",灌田500余顷;⑥豫章大陂"灌良畴三千许顷"⑦;

---

① 〔汉〕班固撰,〔唐〕颜师古注:《汉书》,中华书局1962年版,第3642页。
② 〔北魏〕郦道元撰,陈桥驿、叶光庭、叶扬译注:《水经注全译》卷三一《淯水》,贵州人民出版社2008年版,第789页。
③ 〔宋〕范晔撰,〔唐〕李贤等注:《后汉书》卷三一《杜诗传》,中华书局1965年版,第1094页。
④ 〔宋〕范晔撰,〔唐〕李贤等注:《后汉书》卷三一《杜诗传》,中华书局1965年版,第1094页。
⑤ 〔北魏〕郦道元撰,陈桥驿、叶光庭、叶扬译注:《水经注全译》,贵州人民出版社2008年版,第744—745、746—747、788—789、789页。
⑥ 〔唐〕李林甫:《元和郡县图志》卷二一《山南道二》"邓州临湍县"条,中华书局1983年版,第535页;〔北魏〕郦道元撰,陈桥驿、叶光庭、叶扬译注:《水经注全译》卷二九《湍水》,贵州人民出版社2008年版,第744页。
⑦ 〔北魏〕郦道元撰,陈桥驿、叶光庭、叶扬译注:《水经注全译》卷三一《淯水》,贵州人民出版社2008年版,第789页。

樊氏陂东西 10 里,南北 5 里,灌田 300 余顷;①新野陂东西 9 里,南北 15 里。②这些陂塘不仅规模大,而且往往相互串联,形成河流沟渠与陂塘池堰相结合,类似长藤结瓜式的独特水利形式。

南阳地区至今还遗留唐河县湖阳镇的阡陌堰、新野召父渠、邓州市刘集镇陈桥村附近钳卢陂等几处汉代陂塘遗址。③ 在南阳地区几十座陂塘工程中,最为著名的是六门陂、钳卢陂和马仁陂。

六门陂位于穰县(治今河南邓州内城东南)西,又称六门石碣、六门堰、穰西石碣,是于湍水上修筑拦河石坝形成的一座水库,创建于建昭五年(前 34),始设 3 座水门,元始五年(5)"更开三门为六石门"④,六门陂因此而得名。陂水通过 6 座水门引出,"下结二十九陂",灌溉穰县、新野、涅阳(今河南邓州市东北)一带农田 5000 余顷。⑤ 邓州古六门堰遗址范围内就发现了一批东汉水利巨石。2003 年 5 月在邓州元庄乡曾庄村肖湾组赵河南岸拐角漫滩地发现了 99 块刻有文字的东汉水利巨石,是关于灌溉农田而修建水渠的。这批石头除刻有"虞少文石"的一块石头留存于邓州花洲书院外,其余带有文字的石头都存于南阳市卧龙岗汉画馆内。⑥ 现邓州市城区新华西路北尚存渠首,通往堤凹村北也有一段残留的干渠遗迹。⑦

钳卢陂是六门陂下二十九陂中最大的一座陂塘,又名迪陂、狄陂,位于今邓州市刘集镇陈桥村附近。从文献记载和残存的遗迹来看,陂址在穰县东南 60 里处,即今邓州市构林镇王堤村,自王堤至岗岔楼村还有一道 8.4 里的残堤。其陂系利用原有的湖洼,人工筑堤围成的蓄水工程,南北长 16 里,东西宽 3 里,共占地约 93 公顷。其水源除引导朝水(今刁河)入陂以外,还承纳构林关、柳

---

① 〔宋〕范晔撰,〔唐〕李贤等注:《后汉书》卷三二《樊宏传》,中华书局 1965 年版,第 1119 页。
② 〔北魏〕郦道元撰,陈桥驿、叶光庭、叶扬译注:《水经注全译》卷三一《清水》,贵州人民出版社 2008 年版,第 788 页。
③ 包明军:《南阳汉代的水利建设浅探》,《中州今古》2002 年第 4 期。
④ 〔北魏〕郦道元撰,陈桥驿、叶光庭、叶扬译注:《水经注全译》卷二九《湍水》,贵州人民出版社 2008 年版,第 744 页。
⑤ 〔北魏〕郦道元撰,陈桥驿、叶光庭、叶扬译注:《水经注全译》卷二九《湍水》、卷三一《清水》,贵州人民出版社 2008 年版,第 744、789 页。
⑥ 王军校:《南阳邓州元庄乡汉代水利巨石的发现及考释》,《南阳理工学院学报》2009 年第 5 期。
⑦ 周宝瑞:《汉代南阳水利建设》,《南都学坛》2000 年第 4 期。

渠、刘家沟等地表径流。① 残堤即狄寺址西边的一段南北向土堤遗迹。②

马仁陂是利用山谷洼地修筑的人工陂池,位于毗河上游泌阳县境内。马仁陂东、西、北三面丘岗环绕,西南面地势低下,筑有人工堤坝,并设水门,以时启闭。据史料记载,马仁陂广百顷,承纳92岔水,下分24堰,灌溉农田万余顷。③两千多年来,马仁陂经过不断修治,直至1958年改建时仍保留着基本轮廓,其拦河坝为均质黏土,宽约14—16米,长约820米,东西向,两端与山陂相连接;主河槽近左岸,斗门及溢洪道布置在右侧;另外西头岗坡处还有副溢洪道,水大时,可从溢洪道泄入毗河下游。④ 当然,这样完整的工程设施未必就是始建时的情况,但总有一定的历史承袭关系。

除堰塘陂池之外,当时打井灌溉现象也比较普遍。在南阳市区及郊区就发现有汉代水井数十眼之多,这些水井中多数为生产用水,如1997年在南阳市白河镇双铺村就发现了为灌溉所用的汉代水井群,汉墓中也发现了大量的陶水井模型。⑤

明人章焕《王道行重修陂堰记》云:"秦以下言水利者数十家,独南阳号称陆海。"⑥秦汉时期南阳农田水利事业的地位可见一斑。堰塘渠沟等农田水利工程的广泛兴修(表4-2),使南阳地区的水土资源得到相当程度的开发和利用。东汉张衡在《南都赋》中用生动的语言描述了当时南阳一带灌溉农业的盛况。赋文云:

> 于显乐都,既丽且康。陪京之南,居汉之阳。割周楚之丰壤,跨荆豫而为疆。……(于)其陂泽则有钳卢玉池,赭阳东陂。贮水渟洿,亘望无涯……其水则开窦洒流,浸彼稻田。沟浍脉连,堤塍相辗。朝云不兴,而潢潦独臻。决渫则暵,为溉为陆,冬稌夏穱,随时代熟。⑦

这俨然是一派江南水乡的绚丽景色,发达的水利灌溉,不仅使南阳地区"多黍多稌,无年不丰",而且为农业的进步创造了条件,孕育了稻麦轮作复种的一年两

---

① 杨运秀:《南阳汉画像与汉代经济研究》,河南大学出版社2012年版,第204—205页。
② 周宝瑞:《汉代南阳水利建设》,《南都学坛》2000年第4期。
③ 〔清〕倪明进修,〔清〕栗毓纂:《道光泌阳县志》,清道光四年(1824)刊本,成文出版社1976年版。
④ 赵书法、王景道:《泌阳古代水利工程——马仁陂》,《中国水利》1958年第5期。
⑤ 包明军:《南阳汉代的水利建设浅探》,《中州今古》2002年第4期。
⑥ 〔清〕朱璘纂修:《康熙南阳府志》卷三〇《南阳府》,康熙三十三年(1694)刊本。
⑦ 〔梁〕萧统编,〔唐〕李善注:《文选》,岳麓书社2002年版,第111页。

熟制。赋中有"冬稌夏穛,随时代熟"之句,"稌"是稻,而"穛"是稻下种麦。① 由此可见,东汉时期,南阳地区似已经存在"冬稌夏穛"的稻麦轮作的两熟制,这和当时"沟浍脉连,堤塍相辊"的水利建设无疑是密切相关的。

表 4-2　两汉南阳水利事业一览表

名称	古今地址	灌溉概况	承水	出处
六门陂	汉穰县西,今邓州市大西门外岔股路村北。市西 3 里	溉穰、新野、昆阳(按:为朝阳之误)三县 5000 顷。下接二十九陂,诸陂散流,咸入朝水。汉末毁废	湍水	《水经注·湍水》《水经注·清水》《中国文物地图集·河南分册》
钳卢陂	朝阳县西,今邓州市刘集镇陈桥村西南。邓州市南 60 里	召信臣所凿,灌田 3 万顷。钳卢玉池,赭阳东陂	朝水（今刁河）	《南都赋》《元和郡县图志》卷二一"邓州穰县"条《太平寰宇记》卷一四二《中国文物地图集·河南分册》
汉堤	汉穰县北,今邓州市赵集镇堤南高村北	(现仅残存 200 余米,已辟为缓坡耕地,高约 1 米余)	湍水中游北岸支流	《中国文物地图集·河南分册》
楚堰②	冠军县西北,今邓州市西北	高下相承 8 重,周 10 里,方塘蓄水,泽润不穷。灌田 500 余顷	湍水	《水经注·湍水》《元和郡县图志》卷二一"邓州临湍县"条《读史方舆纪要》卷五一《清一统志》卷二一二
三郎堰	邓州市北及镇平县南一带		严陵河	周宝瑞《汉代南阳水利建设》③

---

① 〔宋〕丁度等:《集韵》卷九《觉第四》,文渊阁四库全书本,第 236 册,第 722 页。
② 陈炜祺认为是否为汉代还存疑。参见陈炜祺:《汉代南阳盆地经济地理初探》,武汉大学 2005 年硕士学位论文。
③ 周宝瑞:《汉代南阳水利建设》,《南都学坛》2000 年第 4 期。

(续表)

名称	古今地址	灌溉概况	承水	出处
严陵河水坝	汉涅阳县,今镇平县贾宋镇马河湾村东北	(坝基宽15米,高约3米,石坝两端为夯土所筑的引坝)	严陵河	《中国文物地图集·河南分册》
玉池陂①	南阳东45里玉池	(承上石堰水)	淯水(今白河)	《南都赋》《王令集》附录《节妇夫人吴氏墓志铭》②
安众港	汉安众县,今邓州市东北、新野西北一带;南阳卧龙区与镇平、新野一带	不详(由安加堨、黑龙堰、斋陂等组成)	涅水	《水经注·湍水》周宝瑞《汉代南阳水利建设》
	安众县东部,今卧龙区陆营镇沭垢河下游一带	(梅溪又南……古人于安众竭之,令游水是潴,谓之安众港)	梅溪水	《水经注·淯水》
豫山下三十六陂③	宛县东北豫山东,今南阳市东北独山东	西汉召信臣、东汉杜诗、晋杜预作陂溉田		《读史方舆纪要》卷五一《南阳府》《清一统志》卷二一〇
牛角陂	南阳卧龙区			周宝瑞《汉代南阳水利建设》
斋陂	南阳西南	(安众港支渠)相传召信臣、杜诗所修		《光绪县志》卷九《沟渠》

---

① 陈炜祺认为是否为汉代还存疑。参见陈炜祺:《汉代南阳盆地经济地理初探》,武汉大学2005年硕士学位论文。
② 〔宋〕王令著,沈文倬校点:《王令集》,上海古籍出版社1980年版。
③ 陈炜祺认为是否为汉代还存疑。参见陈炜祺《汉代南阳盆地经济地理初探》,武汉大学2005年硕士学位论文。

(续表)

名称	古今地址	灌溉概况	承水	出处
清水四堰①		汉召信臣所置,灌田6000余顷	清水	《方舆纪要》卷五一《南阳府》 《清一统志》卷二一二 《中国文物地图集·河南分册》
上石堰	宛县北,今南阳市北。南阳北40里	(引清水南注于比水,溉4000余顷。即引白河达唐河,下段即今桐河)		
马渡港(堰)	宛县东南,今南阳市东南。南阳东南8里	(引白河至新野复入白河,即今溧河)		
蛲螂堰	新野北,今新野县北白河故道上			
沙堰(渠)	新野北,今新野县沙堰镇一带白河故道上	(渠首尚存,长约200米,宽约20米)		
樊氏陂	朝阳县北,今新野县西南上港乡瓦亭陂一带	陂东西10里,南北5里。灌田300余顷	朝水	《水经注·清水》 《后汉书·樊宏传》
豫章陂②	新野襄阳界,县南部	下溉良畴3000顷许	淯水	《水经注·清水》
邓氏陂	汉新野县,今新野县西北	不详	淯水	《水经注·淯水》
无名陂(新野陂)③	新野	东西9里,南北15里,陂水所溉,咸为良沃	淯水	《水经注·清水》

---

① 陈炜祺认为是否为汉代还存疑。参见陈炜祺:《汉代南阳盆地经济地理初探》,武汉大学2005年硕士学位论文。
② 陈炜祺认为是否为汉代还存疑。参见陈炜祺:《汉代南阳盆地经济地理初探》,武汉大学2005年硕士学位论文。
③ 陈炜祺认为是否为汉代还存疑。参见陈炜祺:《汉代南阳盆地经济地理初探》,武汉大学2005年硕士学位论文。

(续表)

名称	古今地址	灌溉概况	承水	出处
霞雾溪（召父渠）	新野北	汉召伯兴水利,自厚庄望夫石之东开溪一道,引白水,南北纵贯60里	白河	南阳汉代史陈列馆清《重修古刹黑龙堂记》碑 包明军《南阳汉代的水利建设浅探》
大湖陂	唐河南80里湖阳	(樊重)能治田,殖至300顷,陂波灌注。周围360丈(上承隆山水,其水城周四溉)		《水经注·比水》 明《嘉靖南阳府志》唐河湖阳堡
唐子、襄乡诸陂	湖阳县唐子山西南,今唐河县湖阳镇南	(南长水)上承唐子、襄乡诸陂,散流也(散流是灌溉的表现)	南长水	《水经注·比水》
阡陌堰	唐河湖阳镇	周围475丈(一块"阡陌堰"石碣)		明《嘉靖南阳府志》唐河湖阳堡条 包明军《南阳汉代的水利建设浅探》
醴渠、赵渠(召渠)①	湖阳县,今唐河县西南部一带	(自今唐河城附近引唐河南流至湖阳西与唐河支流会)	比水（今唐河）	《水经注·比水》 《(清乾隆)重修唐县志》卷一《地舆志》
汉挡	湖阳县,今唐河县南部龙潭镇韩庄北	(残存夯筑坝基长100余米,高出地面0.5—3米)	比水下游支流	《中国文物地图集·河南分册》 周宝瑞《汉代南阳水利建设》
上下陂堰	唐河	位于绵延河与唐河二水交汇处,也是西汉时较大的水利工程之一(不知出自何处)	比水	南阳汉代史陈列馆
堰陂	湖阳县,今唐河县上屯乡上下杨背之间	(残存土堰堤高3米,宽3米,长约1公里)	比水	《中国文物地图集·河南分册》

---

① 陈炜祺:《汉代南阳盆地经济地理初探》,武汉大学2005年硕士学位论文。

(续表)

名称	古今地址	灌溉概况	承水	出处
丹水渠（阿堤）	丹水县,今淅川县东南部丹江库区一带	丹水原有沟渠引水灌田30余顷,东汉永寿三年(157)七月壬午日被洪水冲垮,建宁元年(168)二月陈卿召民修复,溉田20余顷	丹水	《丹水丞陈卿纪勋》碑,《康熙南阳府志》卷六《艺文》引《(清咸丰)淅川厅志》卷四《艺文·碑记》
上默河①堰	内乡东	明嘉靖时溉田70余顷（杜诗创建）	清泉河默河	《(明嘉靖)南阳府志》卷四《陂堰》
郑渠②	内乡	明嘉靖时溉田10余顷（杜诗创建）	湍水	《康熙县志》卷二《井堰》
塔子湾堰	内乡			周宝瑞《汉代南阳水利建设》
堵阳陂	堵阳县,方城县城关镇大凉亭村一带	东西夹冈,水相去五六里,右合断冈两舌,都水潭涨,南北10余里（有东、西二陂）	堵水（今唐河）	《水经注·㵐水》《南都赋》《中国文物地图集·河南分册》《(明嘉靖)裕州志》
马仁陂③	舞阴县城东,今泌阳县西北羊册镇一带	泉流竞凑,水积成湖,盖地百顷。其所周溉田万顷,随年变种,境无俭岁	马仁陂水（毗河）	《水经注·比水》《水经注·㵐水》《清一统志》卷二一〇《(明嘉靖)南阳府志》卷四《堰陂》

---

① 陈炜祺认为是否为汉代还存疑。参见陈炜祺:《汉代南阳盆地经济地理初探》,武汉大学2005年硕士学位论文。
② 陈炜祺认为是否为汉代还存疑。参见陈炜祺:《汉代南阳盆地经济地理初探》,武汉大学2005年硕士学位论文。
③ 陈炜祺认为是否为汉代还存疑。参见陈炜祺:《汉代南阳盆地经济地理初探》,武汉大学2005年硕士学位论文。

资料来源：龚胜生《汉唐时期南阳地区农业地理研究》中《两汉南阳水利事业一览表》[1]、陈炜祺《汉代南阳盆地经济地理初探》表一《汉代南阳盆地农田水利工程一览表》[2]等。

二、汉代汝南水利灌溉

南阳东南的汝南地区也是陂塘工程的发达地区。这里位于伏牛山的东侧，土地肥沃，地势自西北向东南微微倾斜，有利于自流引灌。淮河及其支流汝水蕴藏着丰富的水利资源可供开发利用，而沟河坡洼的地形条件，也为兴建陂堤水利提供了方便。

两汉时期，汝南地区的陂塘灌溉事业有长足的发展，众多的陂塘散布于汝、淮之间，浸润着沃土良田。仅载于《水经注》的陂塘工程就有30多座，如卷二一《汝水注》的南陂、北陂、窑陂、土陂、壁陂、太陂、黄陵陂、葛陂、铜陂（三丈陂、三严水）、横塘陂、青陂、上慎陂、绸陂、墙陂、马城陂，卷三〇《淮水注》的燋陂、上慎陂、中慎陂、下慎陂、高塘陂、鸿隙陂、富陂等。这些陂塘的兴建时期，史料未作明确记载，但其中当有不少为汉代创建（表4-3）。正由于这一带"多陂塘以溉稻"[3]，经济富庶，所以西汉曾在这里设富波（波同陂）县。县以"富波"命名，反映了当时这个地区农田水利的兴盛。

表4-3 秦汉汝南地区水利事业简表

名称	时代	方位	规模	文献出处	说明
青陂	秦代	新蔡西南	灌500顷	《史记》《水经注》	规模系建宁三年（170）重修后数
鸿隙陂	西汉	正阳、息县间	数千顷田 起塘400里	《汉书》《后汉书》《水经注》《隋书》《元和郡县图志》《（嘉庆重修）大清一统志》	规模系建武十八年（42）修复后数

---

[1] 龚胜生：《汉唐时期南阳地区农业地理研究》，《中国历史地理论丛》1991年第2期。
[2] 陈炜祺：《汉代南阳盆地经济地理初探》，武汉大学2005年硕士学位论文。
[3] 〔北魏〕郦道元，陈桥驿、叶光庭、叶扬译注：《水经注全译》卷三〇《淮水》，贵州人民出版社2008年修订版，第763页。

续表

名称	时代	方位	规模	文献出处	说明
葛陂	西汉？	新蔡、平舆间	陂方数十里	《水经注》	
鲖阳渠	西汉、东汉	新蔡、临泉间	溉田万顷	《八家后汉书辑注》《水经注》	规模系永元二年(90)重修后数
石塘陂	东汉	汝南、正阳间	溉400顷	《后汉书》《三国志·魏书》《(嘉庆重修)大清一统志》《(雍正)河南通志》	永平五年(62)年修建,建安二十四年(219)年建

说明:本表在徐海亮《古代汝南陂塘水利的衰败》中《古代汝南陂塘水利一览表》基础上制作而成。①

西汉末年,战乱连绵,江淮地区的陂塘水利事业遭到相当的破坏。东汉建立以后,为了发展农业生产,比较致力于江淮地区陂塘工程的修复,使其充分发挥经济效益。因此,东汉时期修复陂塘水利的史实,常见于文献记载。如《后汉书》卷二九《鲍永附子鲍昱传》称,东汉明帝永平间(58—75),鲍昱为汝南太守时,"郡多陂池",陂塘水利的开发已相当普遍,但破坏也很严重,"岁岁决坏,年费常三千余万"。后经鲍昱建议,采用"方梁石洫",即以木桩加入陂塘水门,以石料铺设泄水渠道,于是,"水常饶足,溉田倍多",效益十分显著。②又《后汉书》卷四三《何敞传》载,和帝永元二年(90),何敞为汝南太守,"又修理鲖阳旧渠,百姓赖其利,垦田增三万余顷。吏人共刻石,颂敞功德"。《水经注》卷二一《汝水注》云:"葛陂东出为鲖水,俗谓之三丈陂。"鲖阳旧渠可能就是连接葛陂的鲖水。同书同卷又云"(葛)陂方数十里,水物含灵,多所苞育",通过鲖阳渠与葛陂串联后,水源得到调节运用,灌溉效益大大增加,灌田多达3万余顷。

两汉时期,汝南地区的陂塘工程以鸿隙陂最为著名。鸿隙陂又名洪池陂,在淮河与汝河之间,始建于何时史无明确记载。不过,从《史记》卷二九《河渠

---

① 徐海亮:《古代汝南陂塘水利的衰败》,《农业考古》1994年第1期。
② 韩光辉、向楠:《〈水经注〉所记"鸿隙陂"研究》,《陕西师范大学学报(哲学社会科学版)》2012年第6期。

书》"汝南、九江引淮"句等推测,它的兴建应早于汉武帝时期,可能建于春秋战国时代,或是自然积水形成。①《水经注·淮水》所载"其陂首受淮川,左结鸿隙陂",当为"其陂首受□□,淮川左结鸿隙陂",鸿隙陂下与淮河支流慎水相通,因此,鸿隙陂的地理位置应在息城(今属息县)至新蔡一线以东,汝水、慎水与淮水之间的地区。② 其水源主要引自淮河,同时也承纳慎水上游的径流。

鸿隙陂是一个具有相当规模的蓄水灌溉工程,与烦陂、上慎陂、中慎陂、下慎陂等相串联,形成陂塘罗布、津渠交络的灌溉网,效益甚巨,"郡以为饶"。但当时的陂塘多为利用有利地形,修筑土堤围成,需要经常维护,否则,往往泛溢为害。汉成帝时,"关东数水,陂溢为害",当时的丞相翟方进以为决去陂水,既可免除陂水泛溢之灾,又可省堤防修缮之费,还可将肥美的陂池之地垦辟为农田,遂将鸿隙陂废毁。但后来乡里百姓认为,翟方进是因"请陂下良田不得而奏罢陂"③的。不过,这种说法有学者提出疑问。鸿隙陂被废后,"民失其利",原来灌区的数千顷稻田变成了旱地。王莽时(9—22),汝南连续干旱,由于失去了陂水灌溉之利,常常造成严重的灾害,百姓"多致饥困",于是编造童谣,"追怨方进"。童谣云:"坏陂谁?翟子威(翟方进字子威)。饭我豆食羹芋魁。反乎覆,陂当复。谁云者?两黄鹄。"④该童谣谴责了翟方进,表达了恢复鸿隙陂的强烈愿望。

东汉建武中(约建武十三年至十八年,即37—42年)邓晨任汝南太守,他世居陂池水利发达的南阳地区,深知鸿隙陂对于汝南农业发展的重要意义。因此,他到任后,"欲修复其功",并委派平舆县人许扬为郡都水掾,主持修复工作。许扬"晓水脉",熟知水工技术,他"因高下形势",修筑堤堰。经过连续数年的经营,"起塘四百余里",完成了鸿隙陂的修复工程。从此"百姓得其便,累岁大

---

① 韩光辉、向楠:《〈水经注〉所记"鸿隙陂"研究》,《陕西师范大学学报(哲学社会科学版)》2012年第6期。
② 韩光辉、向楠:《〈水经注〉所记"鸿隙陂"研究》,《陕西师范大学学报(哲学社会科学版)》2012年第6期。鸿隙陂的地望有争议,如刘海峰认为它北起今上蔡县的华陂,向南经今上蔡县、平舆县、正阳县与新蔡县的交界处,到达今新蔡县的南部。参见刘海峰:《汉代大型水利工程鸿隙陂考》,《天中学刊》2007年第4期。
③ 〔汉〕班固撰,〔唐〕颜师古注:《汉书》卷八四《翟方进传》,中华书局1962年版,第3440页。
④ 〔汉〕班固撰,〔唐〕颜师古注:《汉书》卷八四《翟方进传》,中华书局1962年版,第3440页。

稔"①,"鱼稻之饶,流衍它郡"②。

除南阳、汝南地区之外,河南、河内的农田水利也有发展。河内地区,今河南省黄河以北沁、丹河流域水利条件优越,很早就发展为水利区。如秦代始建枋口堰;前引东汉安帝元初二年(115)下诏修理这里的旧渠,"通利水道,以溉公私田畴","修理西门豹所分漳水为支渠,以溉民田"。河南洛阳地区的井灌较为兴盛,洛阳汉墓出土了200余件陶水井模型,还发现3处居住遗址的砖砌水井,深有8米多,从井栏、井架、水斗、水槽的设置来看,与灌溉有关。③

三、汉代灌溉技术的发展

除普遍修建农田水利工程外,两汉的灌溉技术也得到发展,在水温调节、灌溉方式等方面都有所创新。

其一,水的温度对农作物的生长发育有相当的影响。不同的季节,作物不同的生长期对水温的要求有所不同,而自然界的水温有时与作物的需要不相适应,因而要进行必要的调节以利作物的生长发育。至迟在西汉时,人们对这个问题已有明确的认识,并在灌溉过程中采取措施来调节水温。如本章第三节中"稻作技术"所论"水道相直"之串灌法和"水道相错"之漫灌法,反映了我国古代灌溉技术的进步。

在旱作灌溉方面,当时也注意到水温调节问题。《氾胜之书》"种麻"条中提到:"天旱,以流水浇之,树五升。无流水,曝井水杀其寒气以浇之。"④据《氾胜之书》记载,麻是在二月下旬、三月上旬种植,夏季天旱时,需进行灌溉,这时井水温度一般低于气温,因此,用井水浇灌时,取出井水后,先让太阳曝晒,提高水温,"杀其寒气以浇之",为作物生长提供适宜的温度条件。可见当时对灌溉技术的考究。

其二,渗灌。渗灌是从地面以下一定深度处浸作物根层土壤的一种灌水方

---

① 〔宋〕范晔撰,〔唐〕李贤等注:《后汉书》卷八二上《许扬传》,中华书局1965年版,第2710页。
② 〔宋〕范晔撰,〔唐〕李贤等注:《后汉书》卷一五《邓晨传》,中华书局1965年版,第584页。
③ 王大宾:《汉代中原诸郡农耕技术选择趋向》,《中国农史》2012年第1期。
④ 石声汉:《氾胜之书今释(初稿)》,科学出版社1956年版,第26页。

法,在我国西汉时期已明见于文献记载。当时人们创造了一种高产栽培法——区种法。其田间布置形式有两种:一为宽幅点播,即在田面上开挖宽幅浅沟,庄稼种在浅沟里;一为方形点播,即在田面开挖一个个方形小区,大小深浅不等,随作物面异,庄稼种在小区内。区种法是集精耕细作技术于一炉的耕作栽培方法,渗灌便是为适应区种灌溉而设计的一种渗灌技术。

在《氾胜之书》记述的区种法里,载有两种渗灌措施,方式如下:区种瓠,"坑(即小区)畔周匝小渠子,深四五寸,以水停之,令其遥润。不得坑中下水";区种瓜,"以三斗瓦瓮,埋着科(亦即小区)中央,令瓮口上与地平。盛水瓮中令满。种瓜瓮四面,各一子。以瓦盖瓮口。水或减,辄增常令水满"。[①] 以上两种不同设施,布置方式不同,严格地说,前者不是典型的渗灌,但从"以水停之,令其遥润,不得坑中下水"的要求来看,则体现了渗灌的基本精神。而后者采用埋瓦瓮灌水的方法,则已完全符合现代渗灌的原理。它通过瓦瓮渗透作用,经常保持适量的水分供应,不破坏土壤结构,不产生板结现象,能较好地协调土壤中的水、肥、气、热状况,并可避免水分流失,减少蒸发。当时,"瓜收,亩万钱"[②]这种经济效益的取得,与渗灌法的实施无疑是分不开的。远在 2000 年前,我国人民就能运用这种经济用水、合理灌溉的特殊方法,不能不说是灌溉技术发展史上一个难能可贵的成就。

其三,淤灌的实践。我国北方的许多河流含沙量很高,早在汉代,文献就有"河水重浊,号为一石水而六斗泥""泾水一石,其泥数斗"的记载。[③] 河川水流含泥过多,对河道整治和引水灌溉有一定的麻烦,但细颗粒泥沙有机质很丰富,肥分高,是一项可贵的水土资源。例如黄河水泥沙中就有较高的速效性养分。据检验,在河南人民胜利渠渠首的泥沙中,含有机质 0.88%—1.00%,速效性氮为 0.0017%—0.004%。因此,引灌高含沙水流,既利用水分授润,又有收淤泥肥田改土之效,一举两得。

---

① 石声汉:《氾胜之书今释(初稿)》,科学出版社 1956 年版,第 51、49 页。
② 石声汉:《氾胜之书今释(初稿)》,科学出版社 1956 年版,第 50 页。
③ 〔汉〕班固撰,〔唐〕颜师古注:《汉书》卷二九《沟洫志》,中华书局 1962 年版,第 1697、1685 页。

第五章 魏晋南北朝时期河南古代农业的发展

魏晋南北朝时期,河南地区板荡,长年战乱破坏了秦汉以来农业生产发展的基础,河南地区农业生产滑向低谷。虽然魏晋与北魏时期,由于当政者采取了一些有利于农业发展的措施,但没有改变整个农业生产波折向下的趋势。

第一节 魏晋时期农业的曲折发展

东汉末年,黄巾起义及其后的军阀割据混战,导致东汉政权名存实亡。长年战乱使得全国尤其是河南地区的社会经济遭到毁灭性打击,农户与农田十之九亡。在农业生产毁坏殆尽的情况下,对于曹操、袁绍等割据军阀集团来说,谁能恢复农业生产,提振经济,谁就能在兼并战争中抢得先机,为一统中原奠定基础。而曹魏政权采取的农业政策最为有效,在中原地区的农业生产很快恢复到汉代,尤其是东汉时期相近似的水平,个别地区,如邓艾在淮南、淮北屯田垦殖的生产水平,已超过汉代。[1]

一、重农措施与屯田制、占田制的实施

曹操在军阀混战过程中,首先意识到农业在战争中的基础作用。于是利用战争的间隙,采取积极举措,大力恢复发展以河南为中心地区的农业生产。

---

[1] 曹贯一:《中国农业经济史》,中国社会科学出版社1989年版,第73页。

曹魏政权发展农业生产,以在中原地区募集农业劳动力为基础。据《文献通考·户口考》所载,魏国人口有 66 万多户,男女人口 443 万多。三国合计,户不到 200 万,人口不到 800 万,较汉末 5000 万人口减少了五分之四。中原地区作为军阀逐鹿的主要场所,人口流失更加严重。人是生产活动中最重要的因素,农业生产即使有了土地和其他生产资料,若是没有足够的劳动力,也无法顺利进行。为了解决农业劳动力匮乏问题,魏国积极推行招抚流民、安辑流亡的政策,对流亡逃散在外地的农民尽量招抚安辑,劝他们返回故乡本土,并给予生活上的救助与生产上的扶持,帮助他们安居力农,发展生产。张既"为京兆尹,招怀流民,兴复县邑,百姓怀之。"[①]类似的政策在关中地区也得到了推广。卫觊给荀彧书中说:"关中膏腴之地,顷遭荒乱,人民流入荆州者十万余家,闻本土安宁,皆企望思归。……勤耕积粟,以丰殖关中。远民闻之,必日夜竞还。"[②]凡此种种,均可见曹魏政权安抚流亡归来的流民,使就农业,以增加恢复发展农业生产劳动力。除此之外,为了增加农业劳动力,曹魏政权还强迫战俘迁徙河南等地。《三国志·蒋济传》载,"太祖问济曰:'昔孤与袁本初对官渡,徙燕、白马民,民不得走,贼亦不敢钞。今欲徙淮南民,何如?'济对曰:'是时兵弱贼强,不徙必失之。自破袁绍,北拔柳城,南向江、汉,荆州交臂,威震天下,民无他志,然百姓怀土,实不乐徙,惧必不安。'太祖不从,而江、淮间十余万众,皆惊走吴"[③]。

有了农业劳动力的初步基础,曹魏政权在河南地区采取了劝课农桑等一系列的政策。在争取充实农业劳动力的同时,大力推行劝课农桑、导民种稼发展农业生产的政策。它规定,要按照人口与垦田的比例作为各州郡长吏考绩的标准,这样就不得不使一些州郡长吏重视劝课农桑,发展农业生产。如在魏文帝时"徙散骑侍郎,为洛阳典农。时都畿树木成林,昶斫开荒莱,勤劝百姓,垦田特

---

① 〔晋〕陈寿撰,〔宋〕裴松之注:《三国志·魏书》卷一五《张既传》,中华书局 1959 年版,第 472 页。
② 〔晋〕陈寿撰,〔宋〕裴松之注:《三国志·魏书》卷二一《卫觊传》,中华书局 1959 年版,第 610 页。
③ 〔晋〕陈寿撰,〔宋〕裴松之注:《三国志·魏书》卷一四《蒋济传》,中华书局 1959 年版,第 450 页。

多"①。邢颙"更辟司空掾,除行唐令,劝民农桑,风化大行"②。曹魏时期很多地方官员采取了很多政策,包括减轻赋税的新的税制。租税轻重,直接关系到河南地区人民生活和社会安定。三国时代主要是农业税制,魏国的农业税制和汉代不同,它改革了汉代的"三十税一"和东汉后期"百分税一"的农业税制,同时废除了口赋和算赋,即人头税。早在曹操破袁绍后即明令实行新制。《魏书》载:"有国有家者,不患寡而患不均,不患贫而患不安。袁氏之治也,使豪强擅恣,亲戚兼并;下民贫弱,代出租赋,衒鬻家财,不足应命;审配宗族,至乃藏匿罪人,为逋逃主。欲望百姓亲附,甲兵强盛,岂可得邪!其收田租亩四升,户出绢二匹、绵二斤而已,他不得擅兴发。郡国守相明检察之,无令强民有所隐藏,而弱民兼赋也。"③明白规定土地税(田赋)按土地亩数计算,每亩纳租四升,由土地所有者缴纳,不能由使用土地的佃户代纳,即不准地主把租税负担转嫁给下户贫民;使占有土地多者多纳税,占有土地少者少纳税;同时农民每户除纳户调绢二匹、绵二斤外,不准额外征发其他赋税。这些规定,既使税制简化易行,又对农民租税负担有所减轻。至于严禁豪强迫令贫民代纳租税,由各郡国守相地方官吏稽查考核,这有利于法令的贯彻执行。又如废除口赋和算赋,农民就可不必为了纳赋急急地廉价出售谷物,不致谷方登场即须拿到市上出售,减少了商人压榨剥削农民的机会,对于农民无疑是有利的。魏明帝时由于外起兵役,内兴工程,大肆修建宫殿楼台,以致力役负担过重影响农时,蒋济上书说:"宗庙宫室,百事草创,农桑者少,衣食者多,今其所急,唯当息耗百姓,不至甚弊。弊劫之民,倘有水旱,百万之众,不为国用。凡使民必须农隙,不夺其时。"④杨阜奏谏曰:"方今二房合从,谋危宗庙,十万之军东西奔走,边境无一日之娱;农夫废业,民有饥色。陛下不以是为忧,而营作宫室,无有已时。"⑤可见当时曹魏政权

---

① 〔晋〕陈寿撰,〔宋〕裴松之注:《三国志·魏书》卷二七《王昶传》,中华书局1959年版,第744页。
② 〔晋〕陈寿撰,〔宋〕裴松之注:《三国志·魏书》卷一二《邢颙传》,中华书局1959年版,第383页。
③ 〔晋〕陈寿撰,〔宋〕裴松之注:《三国志·魏书》卷一《武帝纪》,中华书局1959年版,第26页。
④ 〔晋〕陈寿撰,〔宋〕裴松之注:《三国志·魏书》卷一四《蒋济传》,中华书局1959年版,第453页。
⑤ 〔晋〕陈寿撰,〔宋〕裴松之注:《三国志·魏书》卷二五《杨阜传》,中华书局1959年版,第707页。

统治阶层在一定程度上还是比较重视农民赋税负担,这也使得河南地区等农业得到较快恢复和发展。

曹魏在河南地区等推行得最成功且影响最深的农业政策是屯田制度。魏国屯田垦殖由来已久,远在汉献帝建安初年曹操就在许昌实行屯田。当时是在连年战乱,百姓流离,土地荒废,劳动者食不果腹的情况下,实行屯田垦殖,见效迅速,意义深远。对此《魏书》有详细的记载:"自遭荒乱,率乏粮谷。诸军并起,无终岁之计,饥则寇略,饱则弃余,瓦解流离,无敌自破者不可胜数。袁绍在之河北,军人仰食桑葚。袁术在江、淮,取给蒲蠃(luǒ),民人相食,州里萧条。公曰:'夫定国之术,在于强兵足食。秦人以急农兼天下,孝武以屯田定西域,此先代之良式也。'是岁乃募民屯田许下,得谷百万斛。于是州郡例置田官,所在积谷。征伐四方,无运粮之劳,遂兼灭郡贼,克平天下。"①有了这些成功的经验,魏国建立后更积极推行屯田政策。

曹魏屯田首先在河南地区等实施,屯田垦殖的形式有两种:一为民屯,一为军屯。民屯是采取招募的方式,由各地贫民自愿应募前往屯垦,但应募屯垦后,即须受屯田官吏的指挥役使,不能随便离开。除了招募,亦采用强制性的移民。从事屯垦的农民,不论是招募自愿来的或是强制性移民来的,都带有半军事化性质。《三国志·国渊传》称:"太祖欲广置屯田,使渊典其事。渊屡陈损益,相土处民,计民置吏,明功课之法,五年中仓廪丰实,百姓竞劝乐业。"②又《三国志·袁涣传》称:"是时新募民开屯田,民不乐,多逃亡。涣白太祖曰:'夫民安土重迁,不可卒变,易以顺行,难以逆动,宜顺其意,乐之者乃取,不欲者勿强。'太祖从之,百姓大悦。"③民屯除前面提到的许昌外,在颍川(禹州)、荥阳(郑州)、洛阳、原武(原阳)、弘农(灵宝)、河内(武陟)、野王(沁阳)、襄城、汝南、梁国(商丘)等地也有。军屯遍及边境和各州郡县,其中规模最大且最有成效的是邓艾在淮南的屯田。《三国志·邓艾传》载:"时欲广田畜谷,为灭贼资,使艾行陈、项已东至寿春。艾以为'田良水少,不足以尽地利,宜开河渠,可以引水灌溉,大积军

---

① 〔晋〕陈寿撰,〔宋〕裴松之注:《三国志·魏书》卷一《武帝纪》,中华书局1959年版,第14页。
② 〔晋〕陈寿撰,〔宋〕裴松之注:《三国志·魏书》卷一一《国渊传》,中华书局1959年版,第339页。
③ 〔晋〕陈寿撰,〔宋〕裴松之注:《三国志·魏书》卷一一《袁涣传》,中华书局1959年版,第334页。

粮,又通运漕之道'。……又以为'昔破黄巾,因为屯田,积谷于许都以制四方。今三隅已定,事在淮南,每大军征举,运兵过半,功费巨亿,以为大役。陈、蔡之间,土下田良,可省许昌左右诸稻田,并水东下。令淮北屯二万人,淮南三万人,十二分休,常有四万人,且田且守。水丰常收三倍于西,计除众费,岁完五百万斛以为军资。六七年间,可积三千万斛于淮上,此则十万之众五年食也。以此乘吴,无往而不克矣。'"[1]军屯在魏国很多地方得以推广,其中河南地区等也很常见,尤其是淮河两岸。"农官兵田,鸡犬之声,阡陌相属。"邓艾极力主张在中原等地推广军屯,他曾认为屯田兵生产的粮食,不仅能满足自身需要,六七年间可以满足十万军队五年的粮食供应。曹魏政权曾长时间驻军在淮河两岸应对孙吴政权,"且田且守",从容应对。

魏国的屯田垦殖,自武帝曹操开始实行,直到司马氏执政方有所变化。屯田垦殖对发展生产、恢复经济作用巨大。曹操在汉末群雄割据中刚刚站稳脚跟,即决定"奉天子以令不臣,修耕植,畜军资"两大方针,[2]前者迎献帝到许昌,使他在政治上取得了优越地位;后者广开屯田,使他在经济上拥有雄厚实力,故能"征伐四方,无运粮之劳,遂兼灭群贼,克平天下"。虽然如此,但屯田仅仅限于国有无人占有之地,在全国的土地之中所占比重并不高,大地主大官僚依然控制着河南地区大部分的土地。而即使是屯田,农民负担的地税比自耕农负担的地税重得多,人身控制也更严。因此到曹魏后期,河南地区等的屯田制基本废除了,到西晋时期被大族土地所有制即占田制所代替了。《晋书·食货志》保存了这一资料,在平吴之后,所规定的占田制为:"男子一人占田七十亩,女子三十亩。其外丁男课田五十亩,丁女二十亩,次丁男半之,女则不课。……远夷不课田者输义米,户三斛,远者五斗,极远者输算钱,人二十八文。其官品第一至于第九,各以贵贱占田,品第一位者占五十顷……而又各以品之高卑荫其亲属,多者及九族,少者三世。宗室、国宾、先贤之后及士人子孙亦如之。而又得荫人以为衣食客及佃客。"[3]此外,还作了按户调绢、绵的规定,称为"户调之式"。曹

---

[1] 〔晋〕陈寿撰,〔宋〕裴松之注:《三国志·魏书》卷二八《邓艾传》,中华书局1959年版,第775—776页。

[2] 〔晋〕陈寿撰,〔宋〕裴松之注:《三国志·魏书》卷一二《毛玠传》,中华书局1959年版,第374—375页。

[3] 〔唐〕房玄龄等:《晋书》卷二六《食货志》,中华书局1974年版,第790页。

操平袁绍之后,规定户调,较西晋户调少三分之一。制度规定占田最多不得超过五十顷,最少十顷,佃客最多不得超过五十户,最少一户。荫户也作了限制规定。但其后荫户却大大发展了,少则几十户,多者上千户。荫户的膨胀,实际上就是坞壁庄园势力的膨胀。自耕农,甚至小地主,在战乱之中无法自保,只能求庇于豪强,国家还不得不以诏令来加以限制。由此占田制成为坞壁庄园发展的助推剂,到十六国时期,河南地区发展到坞壁林立、占田为王的局面了。

二、种植的主要农作物

魏晋南北朝时期河南地区主要的农作物有粟、小麦、稻等。早在新石器中期,河南所在的中原地区就形成粟、稻混作的格局,奠定了我国主要农作物起源地的地位。小麦在新石器晚期即龙山文化时期在中原地区便已经种植,商代以后种植范围逐渐广泛,到汉以后成为中原地区主要的旱作作物。[1] 秦汉以来粟、稻与小麦等农作物种植面积日益广泛,魏晋时期则沿袭了这一传统。在淮河以北主要种植粟等旱作作物,淮河以南则种植水稻等水田作物。当然,在整个中原地区,水旱作物的混作更加广泛。

魏晋时期,河南地区的主粮作物之一为粟。粟又称为"稷",在先秦古籍中比较常见。而魏晋时期的文献将粟称为"谷"。从文献的记载来看,粟的种植范围遍布河南省。《魏书》曾载,曹操与袁绍相持,曹操火烧袁绍军粮几十万担的谷子,此谷子即为"粟"。[2] 又《三国志》云:"刺史职存则监察不废,郡吏万数,还亲农业,以省烦费,丰财殖谷。"[3]魏晋时期,河南地区的粟种植面积不仅广,而且储量也较大,在民间是最重要的主食之一,甚至成为百姓间物物交易的中介物,"以谷贵,罢五铢钱"[4],可见粟在河南百姓眼中的重要性,甚至可以放弃官方的货币而以粟代之。粟在官方的视角中,也是财富的象征。汉献帝曾经将粟赏赐

---

[1] 卫斯:《我国汉代大面积种植小麦的历史考证》,《中国农史》1988年第4期。
[2] 〔晋〕陈寿撰,〔宋〕裴松之注:《三国志·魏书》卷六《袁绍传》,中华书局1959年版,第199页。
[3] 〔晋〕陈寿撰,〔宋〕裴松之注:《三国志·魏书》卷九《夏侯尚传附子玄传》,中华书局1959年版,第297页。
[4] 〔晋〕陈寿撰,〔宋〕裴松之注:《三国志·魏书》卷二《文帝纪》,中华书局1959年版,第78页。

给大臣,《三国志》载:"赐诸侯王将相已下大将粟万斛,帛千匹,金银各有差等。"①曹操也曾经将粟当作财富与荣耀赏赐给部下,如袁涣去世后,曹操一次赏赐给其家人2000斛粟。②曹丕赏赐给殷登"谷三百斛,遣归家"③。魏明帝赏赐满宠"田十顷,谷五百斛,钱二十万"④。由此可见魏晋时期,河南地区粟的种植非常普遍,收成较为可观,粟既是当时人们的主食之一,也是统治阶级的财富体现之一。

魏晋时期,河南地区的主粮作物除了粟,还有麦。《汉书·食货志上》记载,两汉时期中原地区已经广泛种植大麦和小麦。据《氾胜之书》及崔寔的《四民月令》记载来看,汉代麦类不仅有大麦和小麦,而且小麦中还有旋麦和宿麦等不同的品种。可见在魏晋时期,河南地区麦的品种已经非常丰富。文献中有很多魏晋时期种植小麦的记载,如曹操为严明军纪,禁止军队践踏小麦的典故。《三国志》载:"尝出军,行经麦中,令士卒'无败麦,犯者死'。骑士皆下马,付麦以相持,于是太祖马腾入麦中,敕主簿议罪;主簿对以《春秋》之义,罚不加尊。太祖曰:'制法而自犯之,何以帅下?然孤为军帅,不可杀,请自刑。'因援剑割发以置地。"⑤西晋时期,河南的小麦种植也非常普遍。《晋书》中有很多相关的记载,如晋武帝太康元年(280)四月,"三河、魏郡、弘农雨雹,伤宿麦","河南、河内、河东、魏郡、弘农雨雹,伤麦豆"。⑥太康二年(281)五月,"河东、乐安、东平、济阴、弘农、濮阳、齐国、顿丘、魏郡、河内、汲郡、上党雨雹,伤禾稼"⑦。

魏晋时期水稻在河南地区种植得到推广。水稻是我国人民自古至今的一种主要的粮食作物之一,考古发现,湖南、江西可能是我国最早的水稻栽培地,而河南也可能是我国水稻的起源地,裴李岗文化贾湖遗址发现了中原地区最早的稻的遗存。新石器晚期,中原地区已经成了较普遍的旱稻混作农作区,黄河两岸都能见到旱稻的遗存。到汉代,水稻品种已有"粳稻"和"糯稻"等不同品种,魏晋时期则可能多达十几种,其中不乏很多优质稻种。如河内(今河南武

---

① 〔晋〕陈寿撰,〔宋〕裴松之注:《三国志·魏书》卷二《文帝纪》,中华书局1959年版,第58页。
② 〔晋〕陈寿撰,〔宋〕裴松之注:《三国志·魏书》卷一一《袁涣传》,中华书局1959年版,第335页。
③ 〔晋〕陈寿撰,〔宋〕裴松之注:《三国志·魏书》卷二《文帝纪》,中华书局1959年版,第58页。
④ 〔晋〕陈寿撰,〔宋〕裴松之注:《三国志·魏书》卷二六《满宠传》,中华书局1959年版,第725页。
⑤ 〔晋〕陈寿撰,〔宋〕裴松之注:《三国志·魏书》卷一《武帝纪》,第55页。
⑥ 〔唐〕房玄龄等:《晋书》卷三《武帝纪》、卷二九《五行志下》,中华书局1974年版,第72、873页。
⑦ 〔唐〕房玄龄等:《晋书》卷二九《五行志下》,中华书局1974年版,第873—874页。

陂)一带盛产水稻,三国魏何晏《九州论》载:"安平好枣,中山好栗,魏郡好杏,河内好稻,真定好黎,共汲好漆。"①汲县汉代就种有水稻,崔瑗为汲令,"为人开稻田数百顷。视事七年,百姓歌之"②。新城(今伊川南)的稻谷在东汉时期就已经出名,魏晋时期更有盛名,因为品质好,曹魏对新城粳稻采用官方的屯田制来推广种植,并大多被官方收纳。这一种植方式一直延续到西晋。魏文帝称新城粳稻"江表唯长沙名有好米,何得比新城粳稻邪？上风炊之,五里闻香"③。晋武帝因喜爱新城粳稻,曾专门下诏书:"今以邺奚官奴婢著新城,代田兵种稻,奴婢各五十人为一屯,屯置司马,使皆如屯田法。"④

除小麦、粟、水稻等主要农作物外,魏晋时期河南地区的蔬菜品种也较为丰富。当时的官僚地主都有专门的菜地。如《晋书·职官志》记述了各级官员的菜地面积:"诸公及开府位从公者,品秩第一","元康元年,给菜田十顷,田驺十人,立夏后不及田者,食奉一年";"特进品秩第二"者,"元康元年,给菜田八顷,田驺八人,立夏后不及田者,食奉一年";"光禄大夫与卿同秩中二千石","惠帝元康元年,始给菜田六顷,田驺六人";"尚书令,秩千石","元康元年,始给菜田六顷,田驺六人,立夏后不及田者,食奉一年"。⑤ 由此可以看出,魏晋时期,包括河南地区在内大小官员都能拥有自己的菜地,种植蔬菜,作为农业粮食作物的补充。《齐民要术》记载了魏晋时期种植的蔬菜主要有葵、韭菜、茄子、蔓菁、芋头、菜瓜、芹菜、胡瓜、蘑菇、芸苔、冬瓜、竹笋、兰香、藕等30余个品种。潘岳在《闲居赋》中写道:"菜则葱韭蒜芋,青笋紫姜,堇荠甘旨,蓼荽芬芳,蘘荷依阴,时藿向阳,绿葵含露,白薤负霜。于是凛秋暑退,熙春寒往,微雨新晴,六合清朗。太夫人乃御版舆,升轻轩,远览王畿,近周家园。"⑥最能体现魏晋河南地区蔬菜种植的是西晋皇家的芳蔬园,真实反映了当时统治阶层食用菜蔬的情况。《拾

---

① 〔清〕严可均校辑:《全三国文》卷三九,载《全上古三代秦汉三国六朝文》,中华书局1958年版,第1274页。
② 〔宋〕范晔撰,〔唐〕李贤等注:《后汉书》卷五二《崔骃传附子瑗传》,中华书局1965年版,第1724页。
③ 〔清〕严可均校辑:《全三国文》卷七魏文帝《与朝臣书》,载《全上古三代秦汉三国六朝文》,中华书局1958年版,第1090页。
④ 〔唐〕房玄龄等:《晋书》卷二六《食货志》,中华书局1974年版,第787页。
⑤ 〔唐〕房玄龄等:《晋书》卷一四,中华书局1974年版,第726—730页。
⑥ 〔唐〕房玄龄等:《晋书》卷五五《潘岳传》,中华书局1974年版,第1505—1506页。

遗记》卷九《晋时事》载:"咸宁四年,立芳蔬园于金墉城东,多种异菜。有菜名曰'芸薇',类有三种,紫色者最繁,味辛,其根烂熳,春夏叶密,秋蕊冬馥,其实若珠,五色,随时而盛,一名'芸芝'。其色紫者为上蔬,其味辛;色黄者为中蔬,其味甘;色青者为下蔬,其味咸。常以三蔬充御膳。其叶可以藉饮食,以供宗庙祭祀,亦止人渴饥。宫人采带其茎叶,香气历日不歇。"①魏晋时期,河南民间的菜园子从有关文献的记载中也能略知一二。《晋四王起事》载:"成都王颖,奉惠帝还洛阳道中,于客舍作食。宫人持斗余粳米饭以供至尊,大蒜盐豉。到获嘉市粗米饭,瓦盂盛之。天子啖两盂,燥蒜数株,盐豉而已。"②可见魏晋时期,河南地区菜蔬品种丰富。

三、农业工具与耕作方式的变化

两汉时期是我国历史上第一个鼎盛阶段,这一时期农业耕作方式对后世影响深远。精耕细作是两汉时期我国古代农业生产发展的最大亮点。魏晋时期河南地区农业经历了从荒废到逐步恢复发展的过程,而恢复发展得益于此时农具的更新、耕种方式的恢复与改变。

魏晋时期河南地区牛耕普及,出现了长辕犁,铧变得宽而尖锐,能犁起更多的土地。如1974年4月,河南三门峡渑池火车站发现一个北魏铁器窖藏,窖藏包含了自汉至北朝时期的器物,多数属于曹魏,共有60多种器形的4195件(块)窖藏铁器,包括铁范、铁器、铁材和烧结铁等,总重达3500公斤。其中,以铁犁具为大宗,有双柄犁范3件、犁范1件、铧范31件;犁48件、双柄犁1件、犁镜99件、"V"形犁铧1101件(多数是大铧,小铧仅有12件);铁犁具以外的铁农器还有数量较多的铲,以及束腰式耧铧、半圆錾镢、弧形镰刀、锸、六角形锄等。③

牛耕由二牛牵引变成了二牛牵引与一牛牵引并存的耕作方式,节省了畜力成本。播种工具耧是汉武帝时开始推行的,在魏晋南北朝时期继续推广和改

---

① 〔东晋〕王嘉:《拾遗记》,中华书局1981年版,第203页。
② 〔北宋〕李昉等:《太平御览》卷九七七《菜茹部二·蒜》,中华书局1960年版,第4329页。
③ 渑池县文化馆、河南省博物馆:《渑池县发现的古代窖藏铁器》,《文物》1976年第8期。

进。在曹魏嘉平时,出现了二脚耧,《齐民要术·种葱》有"两耧重耩,窍瓠下之"①,提高了播种效率。农业灌溉工具与汉代相比,也有了进步。曹魏时,马钧对翻车作了改进,"居京都,城内有地,可以为园,患无水以灌之,乃作翻车,令童儿转之,而灌水自覆,更入更出,其巧百倍于常"②,提升了灌溉效率。此外,桔槔、辘轳、柳罐等提水工具也在普遍使用。魏晋时期,谷物加工农具有了改良,普遍利用上了水力加工工具。其中尤以水力碾碓磨为突出,西晋王戎"园田水碓,周遍天下"③。河内郡界内"多公主水碓",以致"遏塞流水,转为浸害"的地步。④ 可见当时水碓数量之多。另外西晋杜预已大概发明了"连机碓"和"八磨"。至于"八磨"的结构与运作原理,晋人嵇含《八磨赋》有具体的记载:"外兄刘景宣作为磨,奇巧特异,策一牛之任转八磨之重,因赋之曰:方木矩時,圆质规旋,下静以坤,上转以乾,巨轮内建,八部外连。"⑤这无疑利用了齿轮原理,同时带动八部磨运转,由此可知,在晋代制造"八磨"的技术已不止少数人所掌握。

尽管魏晋时期生产工具不断有改进,但由于战乱频仍,劳动力流失,精耕细作的生产方式在很大程度上遭到了破坏,甚至重新出现了粗放式耕作。东汉末年黄巾大起义与诸侯战争,使得河南在内的中原大量劳动者流离失所,耕地荒芜。李剑农在《魏晋南北朝隋唐经济史稿》中认为,魏晋南北朝时期,由于战乱,中原地区首次出现移民高潮,大量劳动者南迁或死亡,使得大量土地荒芜,劳动力缺失,中原地区甚至沦丧为牧场。⑥ 梁家勉在《中国农业科学技术史稿》中指出,魏晋南北朝时期,少数民族南迁,大肆屠杀汉族,是中原地区汉族发展的低潮时期,中原地区精耕细作农业遭到极大破坏;而《齐民要术》的出现,说明当时农业在低谷中还有些许发展或恢复,"《齐民要术》记载的耕、耙为中心,以防旱保墒为目的的旱地耕作技术体系,标志着中国北方旱地农业精耕细作技术在这

---

① 〔北朝〕贾思勰著,缪启愉、缪桂龙译注:《齐民要术译注》卷三,上海古籍出版社2009年版,第169页。
② 〔晋〕陈寿撰,〔宋〕裴松之注:《三国志·魏书》卷二九《杜夔传》,中华书局1959年版,第807页。
③ 〔唐〕房玄龄等:《晋书》卷四三《王戎传》,中华书局1974年版,第1234页。
④ 〔唐〕房玄龄等:《晋书》卷四六《刘颂传》,中华书局1974年版,第1294页。
⑤ 〔北宋〕李昉:《太平御览》卷七六二《器物部七》,中华书局1960年版,第3385页。
⑥ 李剑农:《魏晋南北朝隋唐经济史稿》,三联书店1959年版,第32页。

一时期已臻成熟"①。事实上这一时期,河南地区土地和人口都遭受了战争的巨大冲击和破坏。河南地区荒芜一片,了无生气,在京都洛阳周围出现了大量的荒芜土地。到曹魏文帝时期,情况似乎依旧没有改观。"文帝践阼,徙散骑侍郎,为洛阳典农。时都畿树木成林,昶斫开荒莱,勤劝百姓,垦田特多。"②至于人口,"中国萧条,或百里无烟,城邑空虚,道殣相望"③。蒙文通通过对比两汉与西晋的人口数量,认为魏晋时期以中原为代表的北方地区人口急剧下降,只占到两汉时期的四分之一不到。④经过汉末三国战乱,曹魏初居中原,"唯有户六十六万,口四百四十三万"⑤。与两汉相比,此时中原乃至整个北方地区人口减少量惊人,整体呈现地多人少的局面。《三国志·邓艾传》与《晋书·食货志》载邓艾两淮屯田,人口与两汉时期比较也不到二分之一。而两淮之间在魏晋时期相对于河洛等地,则还是当时人丁兴旺之所,可见当时河南人力之凋敝非同一般。《晋书·食货志》记载西晋占田制,男人要耕种七十亩田地,至少也要耕种五十亩,而女人则要耕种三十亩田地。在当时无机械耕作的情况下,仅仅靠人力耕作是无法想象的,每个人平均拥有的耕作面积是相当多的。平均每人耕作这么多的田地,粗放耕作的可能性是非常大的。前文提到王昶劝课农桑,实际上推行的就是粗放耕作的农垦方式。

尽管采用粗放的农耕方式,占用了两汉时期曾经的大量良田,魏晋时期仍然出现大量田地抛荒的现象,经年累月则野兽出没,乃至成为各级官僚的私家猎场,甚至出现少数民族的游牧经济。上自皇帝,下到一般地主似乎都有自己的专门猎场。圈地为私至"群鹿犯暴,残食生苗……卒有兵戎之役,凶年之灾,将无以待之"⑥。可见魏晋粗放耕作的惨况,而狩猎带来的境遇也非农业生产的

---

① 梁家勉:《中国农业科学技术史稿》,农业出版社 1989 年版,第 243 页。
② 〔晋〕陈寿撰,〔宋〕裴松之注:《三国志·魏书》卷二七《王昶传》,中华书局 1959 年版,第 744 页。
③ 〔晋〕陈寿撰,〔宋〕裴松之注:《三国志·吴书》卷五六《朱治传》,中华书局 1959 年版,第 1304 页。
④ 蒙文通:《中国历代农产量的扩大和赋役制度及其学术思想的演变》,《四川大学学报》1957 年第 2 期。
⑤ 高原:《魏晋南北朝北方农业耕作方式与人口关系之探讨》,《中国经济史研究》1995 年第 1 期。
⑥ 〔北宋〕司马光:《资治通鉴》卷七三魏明帝青龙三年(235)四月条,中华书局 1956 年版,第 1123 页。

好转,统治者狩猎,又给农业生产带来了严重的破坏。① 首先,中原地区作为京畿所在地,统治者狩猎带来大量基层劳动者的被动应付,造成劳动力的进一步浪费;其次,狩猎活动往往超出了禁苑的范围,造成禾苗践踏损失。大量耕地抛荒无人打理,耕地成为荒地或牧场。中原地区在魏晋时期一度出现大量的牧场,曹魏为屯军甚至设置了典牧令等行政官员来管理牧场,这种情形一直延续到西晋。"又州司十郡,土狭人繁,三魏尤甚,而猪羊马牧,布其境内,宜悉破废,以供无业。业少之人,虽颇割徙,在者犹多,田诸苑牧,不乐旷野,贪在人间。故谓北土不宜畜牧,此诚不然。案古今之语,以为马之所生,实在冀北,大贾羋羊,取之清渤,放豕之歌,起于钜鹿,是其效也。可悉徙诸牧,以充其地,使马牛猪羊龁草于空虚之田,游食之人受业于赋给之赐,此地利之可致者也。"马、牛、羊在中原大地任意游荡,反映的不一定是畜牧业的发达,相反反衬了农业的萧条。"又昔魏氏徙三郡人在阳平顿丘界,今者繁盛,合五六千家。二郡田地逼狭,谓可徙还西州,以充边土,赐其十年之复,以慰重迁之情。一举两得,外实内宽,增广穷人之业,以辟西郊之田,此又农事之大益也。"②

农业的荒废,从水利设施的荒废上也可见一斑,在豫南地区,曾经是屯军种地,邓艾等人在此兴修了陂泽等水利设施,到西晋时期大量被废弃,豫南的水田变成了旱泽,无法耕作。"东南以水田为业,人无牛犊,今既坏陂"③,只能水田改作旱地,收成也锐减。甚至在中原腹地的水利设施或者富水良田,都无法得到很好的耕作。"又如汲郡之吴泽,良田数千顷,泞水停洿,人不垦植。闻其国人,皆谓通泄之功不足为难,舄卤成原,其利甚重。而豪强大族,惜其鱼捕之饶,构说官长,终于不破。此亦谷口之谣,载在史篇。谓宜复下郡县,以详当今之计。荆、扬、兖、豫,污泥之土,渠坞之宜,必多此类,最是不待天时而丰年可获者也。以其云雨生于畚臿,多稌生于决泄,不必望朝隮而黄潦臻,禁山川而霖雨息。"④可见魏晋时期,河南所在的中原地区的陂泽等农田水利设施的废弃程度相当严重,也可视为当时农业荒废的一个标志。

---

① 许智银:《三国时期的狩猎活动》,《许昌学院学报》2004 年第 3 期。
② 〔唐〕房玄龄等:《晋书》卷五一《束晳传》,中华书局 1974 年版,第 1431—1432 页。
③ 〔唐〕房玄龄等:《晋书》卷二六《食货志》,中华书局 1974 年版,第 788 页。
④ 〔唐〕房玄龄等:《晋书》卷五一《束晳传》,中华书局 1974 年版,第 1431—1432 页。

第二节　东晋十六国时期坞壁经济兴起下的农业衰退

西晋后期,爆发"八王之乱",河南地区在经历短暂的平稳期之后,又陷入晋王室的战乱,北方的少数民族乘机大举入侵中原。河南地区遭遇了"五胡乱华"时期。百业凋敝,中小地主和流民武装占有大量土地,形成坞壁武装庄园,而基层百姓流离失所,农业生产首当其冲遭到极大的破坏。傅筑夫在《中国封建社会经济史》中认为东晋十六国时期,河南地区不是遭到一点点破坏,而是极大地摧残,是极大地退化,成为游牧或者半农牧区,而且这种局面到北朝末期都没有改观。[①] 梁家勉在《中国农业科学技术史稿》一书中认为北方游牧民族南下,破坏了河南地区的精耕农业,而《齐民要术》的出现,又标志着河南地区的精耕农业在某些特定区域,尤其是在坞壁庄园内得到恢复与发展。[②] 唐启宇《中国农史稿》指出,河南地区的坞壁庄园内,可能延续了部分精耕细作农业,而庄园之外则是粗放农业,在北魏均田制实行之后,这一状况也没有改变。[③] 我们认为,东晋十六国时期,河南地区在坞壁庄园内,农耕技术得到了逐步的恢复和发展,而庄园外则是牧场与粗放农业为主的农耕形式。由于坞壁庄园所占比例远远低于粗放农业,整体来看,河南地区的农业生产陷入两汉以来的低潮时期。

一、坞壁林立下的土地所有形式

东晋十六国时期,中原板荡,北方少数民族入侵,盛行于两汉时期的精耕农业遭到很大程度的破坏。西晋末年的"八王之乱"和"五胡乱华"使得河洛乃至

[①] 傅筑夫:《中国封建社会经济史》第三卷,人民出版社1984年版,第32页。
[②] 梁家勉主编:《中国农业科学技术史稿》,农业出版社1989年版,第243页。
[③] 唐启宇编著:《中国农史稿》,农业出版社1985年版,第363页。

整个中原地区的汉族士族阶层大量南迁江南,普通劳动者流离失所。兵祸使得中原地区失去了十数万劳动者。匈奴刘渊反叛西晋建立后汉,其子刘聪在灭西晋的战争中,以消灭汉族有生力量为目的,成千上万的中原汉人死于其屠刀下。刘聪与西晋东海王司马越相持于项城,司马越兵败身死。太尉王衍率部众逃往江东避难,结果在宁平城遭到刘聪大将石勒攻击,"勒以骑围而射之,相践如山。王公士庶死者十余万"①。其后少数民族互相征战,城墙频换大王旗,中原地区人力损失一直不绝。咸和四年(329),石虎在消灭刘曜的战争中,"季龙执其伪太子熙、南阳王刘胤并将诸王等及其诸卿校公侯已下三千余人,皆杀之。徙其台省文武、关东流人、秦雍大族九千余人于襄国,又坑其王公等及五郡屠各五千余人于洛阳"②。除了屠杀汉人,北方的少数民族政权还大量掳掠中原地区的汉人,使得中原十室九空。如石勒将逯明"破东燕酸枣而还,徙降人二万余户于襄国"③。石勒大将石生进攻刘曜领地河内,在新安"克垒壁十余,降掠五千余户而归",导致"河东、弘农间百姓无聊矣"。④ 在此情况下,中原地区出现了第二次移民高潮,劳动力进一步出走,中原地区农业经济陷入低潮。"诸夏纷乱,无复农者","中原萧条,千里无烟"。⑤

河南地区陷入战乱纷争之时,出现了大量的坞壁庄园。坞壁实际上是平地起建的带有角楼的武装小城堡,兴起于两汉之际的豪强地主庄园。《后汉书·李章传》云"清河大姓赵纲遂于县界起坞壁,缮甲兵,为所在害"⑥,这是史书文献中关于豪强坞壁的最早记载。从西汉末期王莽乱汉开始,动荡的局势使得在洛阳周围及河北等广大区域分布着形形色色的坞壁。如李矩"素为(平阳)乡人所爱,乃推为坞主,东屯荥阳,后移新郑……矩招还离散,远近多附之"⑦。永嘉之乱时,郭默率河内怀人,"自为坞主……流民依附者渐众"⑧。洛阳城陷,魏浚

---

① 〔唐〕房玄龄等:《晋书》卷五九《东海王越传》,中华书局 1974 年版,第 1625 页。
② 〔唐〕房玄龄等:《晋书》卷一〇三《刘曜载记》,中华书局 1974 年版,第 2701—2702 页。
③ 〔唐〕房玄龄等:《晋书》卷一〇四《石勒载记》,中华书局 1974 年版,第 2724 页。
④ 〔唐〕房玄龄等:《晋书》卷一〇五《石勒载记》,中华书局 1974 年版,第 2741 页。
⑤ 〔唐〕房玄龄等:《晋书》卷一〇七《石季龙载记》、卷一〇九《慕容皝载记》,中华书局 1974 年版,第 2795、2823 页。
⑥ 〔宋〕范晔撰,〔唐〕李贤等注:《后汉书》卷七七,中华书局 1965 年版,第 2492 页。
⑦ 〔唐〕房玄龄等:《晋书》卷六三《李矩传》,中华书局 1974 年版,第 1706 页。
⑧ 〔唐〕房玄龄等:《晋书》卷六三《郭默传》,中华书局 1974 年版,第 1714 页。

"屯于洛北石梁坞……归之者甚众"①。刘遐为坞主,"遂壁于河、济之间,贼不敢逼"②。

西晋永嘉之乱后,没有离开的豪强地主、流民,以及南下的少数民族逐渐建立起三种不同形式的坞壁庄园。

第一种是地主豪强的坞壁庄园,这种庄园实际是东汉豪强地主庄园的继续与发展,是一个自给自足的独立小王国,拥有更加明显的私人武装。豪强地主圈占大量土地,以保护一般失地流民为借口,引诱其投靠而成为坞壁庄园中的主要劳动力,也有中原地区的流民迫于生计而主动投靠的情况。"赋重役勤,人不堪命",小农不得不"多依豪室"。③ 坞壁的土地属于豪强地主,流民委身其中换取微薄的生存资料。坞壁庄园中除了流民,还有以豪强地主为宗主,以宗族血缘为纽带纠集而成的庄民,聚族而居,其地位高于流民,可能也能分得自己的小块土地,是坞壁庄园武装力量中的骨干。在豪强地主的领导下,这些人在和平时期也是耕作者之一,战时则成为武装成员。河南地区的坞壁在东晋十六国时期具有地缘和血缘双重特征,实际上以战乱时期的宗乡关系为纽带而组建起来,坞壁庄园的庄主称作坞壁主,也称作坞主、营主、行主等,其身份几乎全部是地方豪强地主,是国家意志和乡村秩序的连接阶层。④ 如洛阳的一泉坞等⑤具有这一时期最典型的宗法特征和地域乡里特征。在绝大多数坞壁庄园中,还有宾客人员。所谓宾客都是当时的知识分子,有的是失势的豪强地主,这些人是豪强地主的亲信,但可能与之没有宗族关系。在豪强地主的坞壁庄园中,坞主具有绝对的权威,拥有大部分的土地,组织农业生产等经济活动,具有向坞民收赋税的权力,是这个独立封闭小王国中的统治者。坞民依附坞壁主,获得土地耕作使用权,向坞壁主负责纳税而非向国家纳税,得到坞壁主的庇护。

第二种是流民聚集而建立的坞壁庄园。东晋十六国时期,战争造成大量的流民。部分流民由于各种原因没有南迁或是依附豪强坞壁庄园,而是聚族占据

---

① 〔唐〕房玄龄等:《晋书》卷六三《魏浚传》,中华书局1974年版,第1713页。
② 〔唐〕房玄龄等:《晋书》卷八一《刘遐传》,中华书局1974年版,第2130页。
③ 〔唐〕杜佑撰,王文锦、王永兴、刘俊文等点校:《通典》卷七《食货七·丁中》,中华书局1988年版,第156页。
④ 韩昇:《魏晋隋唐的坞壁和村》,《厦门大学学报》1997年第2期。
⑤ 齐涛:《魏晋隋唐乡村社会研究》,山东人民出版社1994年版,第2—6页。

荒芜的土地进行耕作,宗族性与地域性特点也十分明显。由于流民原先身份低微,受到少数民族与汉族豪强地主的双重压迫,因而也自发组成了坞壁武装。十六国初期,流民坞主李矩"阻水筑垒,且战且耕"①。流民坞壁中最典型者当数乞活坞壁,诸如魏浚,"寓居关中,永嘉末……与流人数百家保河阴之硖石。……及洛阳陷,屯于洛北石梁坞"②。流民坞壁的坞壁主不是豪强地主,而是宗族中有威望者担任,一般由流民通过民主推选产生。庄园中的土地实行宗族平均分配,有几个宗族组成的坞壁也是在较为民主的协商后实行分配耕作。耕作收成实行"劳者有其食"的原则,兼顾老弱,多余的收成则共同储存,以备灾荒和战乱。流民坞壁由于势力较弱,且拥有的土地都来自无主的荒芜之地,所以具有不固定性,一旦受到北方少数民族政权与豪强地主的强大威胁而无法抗拒,流民坞壁就会随时迁移而放弃原有的耕地。

第三种是北方少数民族入侵者在河南地区建立的少数民族坞壁。其内部结构有鲜明的部族特点,实行兵农分离的方式进行耕作,部族首领即为坞壁主,部族中精壮者为兵,一般部族人为民。由于少数民族坞壁存在大量的部落制残余,其经济方式显然不同于汉人坞壁,其生产方式自然也保留了本民族色彩。③其农业生产方式与汉人坞壁也大相径庭,农业耕作多向汉人学习,且耕地面积有限,而牧场与放牧经济依然占据很大比例。坞壁主与少数民族政权的关系具有二重性,一方面对少数民族政权采取承认与顺从的态度,另一方面在经济与军事上保持独立,与中央政权关系好时就对其支持,关系疏远则不听支配。胡人坞壁的武装主要针对的是汉人武装和其他少数民族武装。

河南地区的坞壁庄园一大特点是凭险而建立。东晋十六国时期,少数民族游牧武装十分强悍。面对强大的胡族武力,豪强地主的坞壁皆"凡聚众据险者……及给养能自足之故,必选择险阻而又可耕种,及有水源之地。其具备此二者之地,必为山顶平原及溪涧水源之地,此又自然之理也"④。坞壁经济因此具有平川水利耕作和山地山川作业的双重特性。河洛地区是中原坞壁庄园最

---

① 〔唐〕房玄龄等:《晋书》卷六三《李矩传》,中华书局 1974 年版,第 1709 页。
② 〔唐〕房玄龄等:《晋书》卷六三《魏浚传》,中华书局 1974 年版,第 1712—1713 页。
③ 唐长孺:《魏晋南北朝隋唐史三论》,武汉大学出版社 1992 年版,第 116 页。
④ 陈寅恪:《桃花源记旁证》,《金明馆丛稿初编》,生活·读书·新知三联书店 2001 年版,第 192 页。

集中的区域,如檀山坞,"其山四绝孤峙,山上有坞聚,俗谓之檀山坞"①。这种坞壁庄园占有地利条件,少数民族政权虽然占领了中原,但对坞壁林立的状况却无可奈何,甚至加以抚恤。后赵石勒在位时期,曾经诏令"遣使循行州郡,劝课农桑"②。其子石季龙时,"其令百僚各上封事,解西山之禁,蒲苇鱼盐除岁供之外,皆无所固。公侯卿牧不得规占山泽,夺百姓之利。"③慕容皝亦采用宽农政策,发展小农经济,"皝躬巡郡县,劝课农桑,起龙城宫阙","苑囿悉可罢之,以给百姓无田业者。贫者全无资产,不能自存,各赐牧牛一头。若私有余力,乐取官牛垦官田者,其依魏、晋旧法。沟洫溉灌,有益官私,主者量造,务尽水陆之势"。④

豪强地主的坞壁庄园是河南地区主要的坞壁庄园形式,坞民在坞主的率领下,和平时期从事农业生产,如果出现外族的滋扰则进行武装斗争活动,耕种与抗争并存,保证坞壁庄园内部的正常运行。坞壁庄园经济一般发展较为平和甚至是繁荣,有一种"劝课农桑,百姓甚亲赖之"⑤情景,与庄园外部千里无人烟的荒凉场景形成鲜明对照,这可能是此一时期出现桃花源这一文学理想王国的社会原因⑥。坞壁庄园因大小不同而容纳了不同的人口数。由于十六国时期战乱造成的客观原因,我们对坞壁人口在当时所占的具体比例无法做准确的估计⑦,只能从史料的吉光片羽中以窥一斑,河南地区坞壁的户数规模可能从数百家到数万家不等。如永嘉乱后,石勒陷冀州郡县堡壁百余,众至十余万;长广郡挺县苏峻纠集数千家,结垒于本县;三辅豪右绞杀令长,垒三十余壁,拥众五万。⑧河南地区的坞壁农业脱胎于两汉时期的豪族庄园农业,东汉崔寔撰述的《四民月令》中,详尽罗列出当时庄园中的多种生产项目,如属于农林方面的有谷物、豆类、菜蔬等。⑨如此规模的坞壁人口从事农业生产等,才足以支撑坞壁庄园的经

---

① 〔北魏〕郦道元撰,王国维校:《水经注校》卷一五,上海人民出版社 1984 年版,第 489 页。
② 〔唐〕房玄龄等:《晋书》卷一〇六《石季龙载记》,中华书局 1974 年版,第 2770 页。
③ 〔唐〕房玄龄等:《晋书》卷一〇五《石勒载记》,中华书局 1974 年版,第 2735 页。
④ 〔唐〕房玄龄等:《晋书》卷一〇九《慕容皝载记》,中华书局 1974 年版,第 2822、2825 页。
⑤ 〔北宋〕司马光:《资治通鉴》卷一一八"东晋元熙元年(419)二月"条,中华书局 1956 年版,第 3773 页。
⑥ 陈寅恪:《桃花源记旁证》,载《金明馆丛稿初编》,生活·读书·新知三联书店 2001 年版,第 188—200 页。
⑦ 陈琳国:《十六国时期的坞堡壁垒与汉人大姓豪族经济》,《晋阳学刊》2007 年第 3 期。
⑧ 〔唐〕房玄龄等:《晋书》卷一〇四《石勒载记》、卷一〇〇《苏峻传》,中华书局 1974 年版,第 2711、2628 页。
⑨ 〔东汉〕崔寔著,石声汉校注:《四民月令校注》,中华书局 1965 年版,第 173—205 页。

济发展,是东晋十六国时期河南地区在农业经济陷入低谷的情况下,依旧能够维持发展的一个主要原因。其生产能力可见一斑。如文献记载,石勒军中大饥,击败汲郡枋头数千众组成的坞壁,"因其资,军遂丰振"①。

东晋十六国的坞壁庄园实质上是豪强地主阶层因王朝中央政权相对衰落时期而加强对土地的兼并和对农民的人身管控而形成的,是地主统治阶层在特殊战乱时期对土地等物质资料抢夺的一种物质表现形式,强化了豪强地主的权力,促进了地方大族的发展,而削弱了中央王朝政权的权力,客观上在一定范围内维持了农业生产必需的环境,保持了农业生产的发展,同时促进了胡汉民族交流,使得北方少数民族加速汉化和民族融合。

二、坞壁庄园内的耕作方式与作物

东晋十六国时期,虽然坞壁林立造成了河南地区割据势力互相争斗的局面,但也由于坞壁亦军亦农的特点,在一定程度上保护了河南地区的农业生产,使得中原在此一时期成为北方农业生产的中心,在一定程度上也促使了北方农业生产的恢复。此时也出现了一些新的生产工具,如甘肃酒泉丁家闸十六国时期的 5 号墓,墓中壁画有两幅耙地图,耙作"人"字形,耙齿比魏晋时期增多,这应当就是《齐民要术》所载"铁齿䥵楱"的人字耙的原型,②很有可能是从中原地区传播过去的。

在河南地区黄河两岸,尤其是河洛地区,坞壁庄园林立,其中的劳动者大多是因各种原因没有南迁的流民,大多继承了两汉以来精耕细作的农耕技术。坞壁庄园内农业生产初步得到恢复和发展,也促使了河内乃至三魏地区农业成为此一时期河南地区最好的区域,也是人口恢复最快的区域。在坞壁庄园的外围,则是大片的荒芜之地或牧场。在西晋时期,此区域就因为牧场而出现了农田不敷应用,束皙给晋武帝上疏提出"州司十郡,土狭人繁,三魏尤甚,而猪羊马牧,布其境内,宜悉破废,以供无业"③。这一情况到北魏时期似乎还无改观,甚

---

① 〔唐〕房玄龄等:《晋书》卷一○四《石勒载记》,中华书局 1974 年版,第 2717 页。
② 〔北朝〕贾思勰著,缪启愉、缪桂龙译注:《齐民要术译注》卷一《耕田》,上海古籍出版社 2009 年版,第 27—28 页。
③ 〔唐〕房玄龄等:《晋书》卷五一《束皙传》,中华书局 1974 年版,第 1431 页。

至因为少数民族南侵更促进了牧业的发展,曾被称为畜牧业南侵。《魏书·食货志》载:"高祖即位以后,复以河阳为牧场,恒置戎马十万匹,以拟京师军警之备。"①由此可以看出,此时中原地区很多良田成了牧场,精耕农业的荒废程度可见一斑。北魏宇文福"规石济以西、河内以东,拒黄河南北千里为牧地"②。可见在整个十六国时期,河洛地区坞壁庄园外围都是牧场,这一区域形成了牧场与精耕农业区并列相间的奇观。牧场为当时的少数民族政权提供了大量的猪羊肉食与军马,甚至"天苍苍,野茫茫,风吹草低见牛羊"③,"牛羊驼马,色别为群,谷量而已"④。

庄园内田地则分为上、中、下三等,以黄河河洛为核心的耕地分类更加细化,《齐民要术》卷一《耕田》记载:"凡开荒山泽田,皆七月芟艾之,草干即放火,至春而开垦。根朽省功。其林木大者𪓳杀之,叶死不扇,便任耕种。三岁后,根枯茎朽,以火烧之。耕荒毕,以铁齿镯榛再遍杷之,漫掷黍穄,劳亦再遍。明年,乃中为谷田。"⑤总结耕田应对不同土地,尤其是烧荒之地的根本方法,对十六国时期大片荒芜之地的耕作应该是很好的总结与指导。《齐民要术》还指出,耕地应该注意季节与墒情。在季节上应该"凡秋耕欲深,春夏欲浅。犁欲廉,劳欲再。犁廉耕细,牛复不疲;再劳地熟,旱亦保泽也。秋耕掩青者为上。比至冬月,青草复生者,其美与小豆同也。初耕欲深,转地欲浅。耕不深,地不熟;转不浅,动生土也。菅茅之地,宜纵牛羊践之,践则根浮。七月耕之则死。非七月,复生矣"⑥。至于墒情与土壤,《齐民要术》强调:"凡耕高下田,不问春秋,必须燥湿得所为佳。若水旱不调,宁燥不湿。燥耕虽块,一经得雨,地则粉解。湿耕坚垎(胡格反),数年不佳。谚曰:'湿耕泽锄,不如归去。'言无益而有损。湿耕者,白背速镯榛之,亦无伤;否则大恶也。春耕寻手劳,古曰'耰',今曰'劳'。《说文》曰:'耰,摩田器。'今人亦名劳曰'摩',鄙语曰'耕田摩劳'也。秋耕待白

---

① 〔北齐〕魏收:《魏书》卷一一〇《食货志》,中华书局 1974 年版,第 2857 页。
② 〔北齐〕魏收:《魏书》卷四四《宇文福传》,中华书局 1974 年版,第 1000 页。
③ 〔北宋〕司马光:《资治通鉴》卷一五九"梁中大同元年(546)十一月"条胡三省注,中华书局 1956 年版,第 4943—4944 页。
④ 〔北齐〕魏收:《魏书》卷七四《尔朱荣传》,中华书局 1974 年版,第 1644 页。
⑤ 〔北朝〕贾思勰著,缪启愉、缪桂龙译注:《齐民要术译注》,上海古籍出版社 2009 年版,第 27 页。
⑥ 〔北朝〕贾思勰著,缪启愉、缪桂龙译注:《齐民要术译注》卷一《耕田》,上海古籍出版社 2009 年版,第 30 页。

背劳。春既多风,若不寻劳,地必虚燥。秋田塥(长劫反)实,湿劳令地硬。谚曰:'耕而不劳,不如作暴。'盖言泽难遇,喜天时故也。桓宽《盐铁论》曰:'茂木之下无丰草,大块之间无美苗。'"①

《齐民要术》卷二《收种》则重点提到农作物的收种问题:"凡五谷种子,浥郁则不生,生者亦寻死。种杂者,禾则早晚不均,舂复减而难熟,粜卖以杂糅见疵,炊爨失生熟之节,所以特宜存意,不可徒然。粟、黍、穄、粱、秫,常岁岁别收:选好穗纯色者,劁(才雕反)。刈高悬之……以拟明年种子……将种前二十许日,开出,水淘,浮秕去则无莠。即晒令燥,种之。"②《齐民要术》是魏晋南北朝时期我国最著名的农书,主要记载了黄河中下游地区的农耕生产技术,自然成为了解这一时期中原地区农业生产技术最重要的史学资料。此阶段的黄河两岸,作物种植是以旱作物为主,主产作物是谷子即粟,其他还有稻、黍、麦及各种豆类。《晋书·五行志》曾提到黄河地区种植谷子及春播的大豆、小豆、斑豆等旱作作物。③ 有些地区种植业产量很高,以洛阳为中心的伊洛河流域为河南传统农业区,水利条件好,作物产量高,是十六国时期当政者所倚重的区域。河南地区的南部即黄淮之地,农业生产也有一定的发展。此区域自然条件虽好,但受战争影响,遭受的破坏最大。南豫州亦是"颍川、汝阳荒残来久,流民分散在谯、历二境"④。但在战争的间隙期间,生产也能得到一定的恢复,如刘宋时"永明之世,十许年中,百姓无鸡鸣犬吠之警,都邑之盛,士女富逸"⑤。此区域主要种植稻、粟、麦、豆亦很普遍。而耕田很少牛耕,用官牛耕种屯田租佃,由六分加到八分,负担太大,只得无牛而耕。⑥ 其主要原因推测是因为战乱导致耕牛稀少。此地马虽有发展条件,由于战争造成严重缺马。马在战争中最为需要,而且易于掠走,所以此地没见到大型牧场的记载。

---

① 〔北朝〕贾思勰著,缪启愉、缪桂龙译注:《齐民要术译注》,上海古籍出版社2009年版,第27页。
② 〔北朝〕贾思勰著,缪启愉、缪桂龙译注:《齐民要术译注》,上海古籍出版社2009年版,第42—43页。
③ 〔唐〕房玄龄等:《晋书》卷二七、二八、二九,中华书局1974年版,第821、845、873—874页。
④ 〔梁〕萧子显:《南齐书》卷一四《州郡志上》,中华书局1972年版,第249页。
⑤ 〔梁〕萧子显:《南齐书》卷五三《良政传》,中华书局1972年版,第1217页。
⑥ 〔唐〕房玄龄等:《晋书》卷四七《傅玄传》,中华书局1974年版,第1321页。

第三节　北魏以来农业的复兴与发展

鲜卑族南下定都洛阳,政治上一统了中原为主的北方地区,而经济上则面临着满目疮痍、百废待兴的局面。劳动人口缺失,大量良田被抛荒,而自东汉末年开始的坞壁林立、财政上各自为政的局面没有改观,统治者急需从农业生产等方面改变这一局面,来维护其统治。北魏采取了劝课农桑、均田等措施,收到了一定的效果。

一、实施均田制的动因

北魏南迁以后,逐渐汉化,由游牧生活统治方式为主逐渐转化为以农耕生活方式为主,北魏王朝也由原始的部落联盟转化为正统的封建王朝。为此,统治阶层对土地的占有与贪婪日益强烈,而此时中原地区的坞壁庄园势力不但没有式微,反而出现联保,形成强大的武装集团,甚至占领州郡,有资本与中央集权统治者抗衡,甚至威胁到北魏贵族的统治。坞壁主成为实际上的一方诸侯,名义上庇护上千的小户,向中央政权纳税,实际上是财税自主,上缴北魏中央政府的税收是其压榨小户或流民的九牛一毛。北魏政权财政上完全无法自主,反而要严重依赖坞壁主的支持,难以巩固在中原地区的统治。北魏元明帝试图收复坞壁主,不但没有成功,反而引起坞壁主们的叛乱。太武帝在统一中原的战争中,不但没有收复中原地区的坞壁主,反而依赖其出钱出兵,其结果是到太武帝当政时期,坞壁庄园势力更加膨胀,不听北魏中央集权的政令。如赵郡李氏坞壁,北魏孝庄帝时期,李元忠统率的坞壁部曲,军事力量强大,组织纪律严明,对强盗流寇进行有效反抗,这其中不仅小股暴动的流民闻风退却,即便葛荣领导的大批叛军也屡次为之击破。① 又如迁居河东的薛氏坞壁,原籍属于川蜀,由于拥有强大的坞壁力量的支撑,逐渐发展为全国性大士族的"郡姓"②。薛氏雄踞河东,在组织部曲宗族抗击胡族入侵的过程中作用显著,其后河东薛氏坞壁在北魏分东西后的对峙格局中亦起到关键作用。③ 坞壁武装集团不仅霸占大量土地,谎报、少报甚至不报纳税人口,公开占领州县,组织或者支持武装暴乱,严重威胁到北魏的统治。

除了坞壁庄园在北魏时期占有大量土地,北魏的国有土地实际上在早期也在不断私有化。北魏定都洛阳后,"洛阳虽历代所都,久为边裔,城阙萧条,野无烟火。栗磾刊辟榛荒,劳来安集。德刑既设,甚得百姓之心"④。"又别立农官,取州郡户十分之一以为屯人,相水陆之宜,料顷亩之数,以赃赎杂物余财市牛科给,令其肆力。一夫之田,岁责六十斛,蠲其正课并征戍杂役。行此二事,数年之中,则谷积而人足,虽灾不为害。"⑤通过屯田开垦荒地的方法,一度控制的国有土地十分可观,"诸宰民之官,各随地给公田,刺史十五顷,太守十顷,治中、别驾各八顷,县令、郡丞六顷。更代相付。卖者坐如律"⑥。甚至将土地租赁给代迁的小民耕种,"以苑牧之地赐代迁民无田者"⑦。租赁给小民的土地肯定都是中央政府的土地。北魏政权将国有土地大量赏赐给功臣和地方官员。如"吕舍既归国,从至京师,给赐田宅"⑧,荥阳有李氏陂,即为孝文帝赏赐给功臣李冲的大片田地,"李氏陂,县东四里。后魏孝文帝以此陂赐仆射李冲,故俗呼为仆射陂。周回十八里"⑨。随着国有土地大片被赐予功臣与近臣,国家对土地的控制力无疑就减弱了。到北魏中后期,迁都洛阳的鲜卑贵族对土地的占有欲更加贪

---

① 〔唐〕李延寿:《北史》卷三三《李灵传》,中华书局 1974 年版,第 1202 页。
② 刘淑芬:《北魏时期的河东蜀薛》,黄宽重、刘增贵主编:《家族与社会》,台湾学者中国史研究论丛,中国大百科全书出版社 2005 年版,第 259—281 页。
③ 毛汉光:《晋隋之际河东地区与河东大族》,载《中国中古政治史论》,上海书店出版社 2002 年版,第 105—147 页。
④ 〔北齐〕魏收:《魏书》卷三一《于栗磾传》,中华书局 1974 年版,第 736 页。
⑤ 〔北齐〕魏收:《魏书》卷六二《李彪列传》,中华书局 1974 年版,第 1386 页。
⑥ 〔北齐〕魏收:《魏书》卷一一〇《食货志》,中华书局 1974 年版,第 2855 页。
⑦ 〔北齐〕魏收:《魏书》卷八《世宗纪》,中华书局 1974 年版,第 198、213 页。
⑧ 〔北齐〕魏收:《魏书》卷四二《尧暄传附吕舍传》,中华书局 1974 年版,第 955 页。
⑨ 〔唐〕李吉甫撰,贺次君点校:《元和郡县图志》卷八《河南道四》"郑州管城县"条,中华书局 1983 年版,第 203 页。

得无厌,《通典》卷二《食货二·田制下》引《关东风俗传》载:"其时强弱相凌,恃势侵夺,富有连畛亘陌,贫无立锥之地。昔汉氏募人徙田,恐遗垦课,令就良美。而齐氏全无斟酌,虽有当年权格,时暂施行,争地文案有三十年不了者,此由授受无法者也。其赐田者,谓公田及诸横赐之田。魏令,职分公田。不问贵贱,一人一顷,以供刍秣。自宣武出猎以来,始以永赐,得听卖买。迁邺之始,滥职众多,所得公田,悉从货易。又天保之代,曾遥压首人田,以充公簿。比武平以后,横赐诸贵及外戚佞宠之家,亦以尽矣。又河渚山泽有可耕垦肥饶之处,悉是豪势,或借或请,编户之人不得一垄。"①

由此可以看出,北魏时期中原地区被官员与豪强地主抢占兼并到了无以复加的地步,国有土地私有化与坞壁庄园并存严重侵蚀了北魏的统治基础。根植于土地所有形式的矛盾,直接导致北魏中央政权财政收入的枯竭与受制于人,中原地区林立的坞壁主与豪强地主实际上垄断了地方税源,为增加王朝的财政收入,必须打破原先的"宗主督护",由王朝中央政府直接向农民征税。

二、均田制的实施与意义

面对土地危机,即农业生产之根本,关系到北魏政权能否在中原地区长久站稳脚跟。北魏在冯太后执政期间,开始改革土地兼并与坞壁林立的局面。二者既是北魏统治中原的两个基础,又是扎入北魏核心统治集团者身上的两根刺,必须平稳地逐步革除。相州刺史李安世提出《均田疏》:"臣闻量地画野,经国大式;邑地相参,致治之本。井税之兴,其来日久;田莱之数,制之以限。盖欲使土不旷功,民罔游力。雄擅之家,不独膏腴之美;单陋之夫,亦有顷亩之分。所以恤彼贫微,抑兹贪欲,同富约之不均,一齐民于编户。窃见州郡之民,或因年俭流移,弃卖田宅,漂居异乡,事涉数世。三长既立,始返旧墟,庐井荒毁,桑榆改植。事已历远,易生假冒。强宗豪族,肆其侵凌,远认魏晋之家,近引亲旧

---

① 〔唐〕杜佑撰,王文锦、王永兴、刘俊文等点校:《通典》卷二《食货二·田制下》,中华书局1988年版,第27—28页。

之验……"①李安世列举了西晋以来中原地区因战乱分裂而导致贵族豪强霸占良田,而北魏统一中原后,百姓回归故土向豪强索要土地未果的客观事实,从而主张"虽桑井难复,宜更加均量",按照劳动力多少,制定相应的标准把土地分给无地的百姓耕种,勾勒出"家丰岁储,人给资用"的富国安民的愿景。

李安世的建议被冯太后、孝文帝等北魏王朝决策者大致采纳,才以中原地区为核心推行了影响深远的均田制。《魏书·食货志》载均田制的主要内容为:一、"诸男夫十五以上,受露田四十亩,妇人二十亩,奴婢依良。丁牛一头受田三十亩,限四牛。所授之田率倍之,三易之田再倍之,以供耕作及还受之盈缩。"二、"诸民年及课则受田,老免及身没则还田。奴婢、牛随有无以还受。"三、"诸桑田不在还受之限,但通入倍田分。于分虽盈,没则还田,不得以充露田之数。不足者以露田充倍。"四、"诸初受田者,男夫一人给田二十亩,课莳余,种桑五十树,枣五株,榆三根。非桑之土,夫给一亩,依法课莳榆、枣。奴各依良。限三年种毕,不毕,夺其不毕之地。于桑榆地分杂莳余果及多种桑榆者不禁。"五、"诸桑田皆为世业,身终不还,恒从见口。有盈者无受无还,不足者受种如法。盈者得卖其盈,不足者得买所不足。不得卖其分,亦不得买过所足。"等等。②

从以上内容看,北魏均田制客观上肯定了劳动者对土地的所有权和使用权,扶持了小农经济,对小农土地制的发展有所帮助,从而一定程度上缓解了阶级矛盾。但实际上北魏推行的均田制依旧视为为地主统治阶级而服务,具有很大的局限性:一、"均田"均的是国家利用行政权力所占的魏晋以来的荒芜之地,而不是地主豪强的良田,没有从根本上触及地主豪强的利益。二、"均田制"的出发点是保护豪强地主的根本利益,进一步强化了地主豪强原先土地占有的合法性。三、"均田制"既不是真正的均分,也不是真正实行"耕者有其田",只是用荒地来吸引流民并将之固定在土地之上,从这个意义上来说北魏王朝阻止了坞壁庄园主和豪强地主对土地的进一步兼并,而自身实际上变身成了隐性的坞壁庄园主。

均田制实施虽然有很多局限性,但依旧有一定的现实意义,对中原地区农耕经济的恢复和发展具有积极意义:一、缓和了地主与农民之间的阶级矛盾,虽然不是"耕者有其田",但使得当时的流民有了可耕种且直接对政府纳税的农

---

① 〔北齐〕魏收:《魏书》卷五三《李孝伯附子李安世传》,中华书局1974年版,第1176页。
② 〔北齐〕魏收:《魏书》卷一一〇《食货志六》,中华书局1974年版,第2853—2854页。

田,提升了农民耕田的积极性。二、强化了国家对土地和税收的控制权,规定了"露田"即荒芜之地不得占有与买卖,阻断了豪强地主与坞壁庄园主继续抢占土地的可能性,将之直接分配给农民,农民不再受到地主和坞主的支配,而直接受国家政权的支配,向国家纳税一方面保障国家的财源,另一方面可以减轻地主对农民的盘剥,减轻农民的负担。三、北魏均田制为其后统治者所效仿,并取得了较好的效果。均田制自北魏孝文帝推行以来,一直沿用到隋朝和初唐,影响深远。东魏等政权效仿北魏实行均田制,依旧取得了一定的成效。

北魏以来推行的均田制从社会阶层上看具有很大的欺骗性,其实质是统治阶级与豪强地主争夺农民即劳动力的一场内部斗争,是既得利益者利益分配上的妥协与调节,不会触及统治者和豪强地主之间的根本利益。而广大劳动者依旧被捆绑在土地上为统治阶层服务,"均田制"只是为这根绳索披上一层蒙蔽人眼睛的外衣,农民有田可耕,只是勒在脖子上的绳索暂时松弛了一点。而正因为如此,松弛的绳索刺激了农民耕田的积极性,自北魏开始,中原地区颓废了上百年之后,开始了恢复和上升之旅。

三、农业工具与农作物种植

北魏以来,由于以河南为中心的部分地区得以暂时统一,农业生产也逐步恢复和发展。生产工具得到了改善与提升,牛耕更加普及,出现了"蔚犁"。《齐民要术·耕田》载:"今自济州以西,犹用长辕犁、两脚耧。长辕耕平地尚可,于山涧之间则不任用,且回转至难,费力。未若齐人蔚犁之柔便也。"[1]这种"蔚犁"相对老式的长辕犁具有"柔便"的优点,便于在山间小块田地之间进行耕作且省力。除耕犁的改进之外,整地农具还增加了新的种类,据《齐民要术》记载,有铁齿镢榛、耢、辗、锋等。[2]北魏时期的铁齿镢榛就是人字耙。耙齿用铸铁制成,耙条成"人"字形状交叉相连。用于耙碎翻耕之后的土块与土条,使之细碎

---

[1] 〔北朝〕贾思勰著,缪启愉、缪桂龙译注:《齐民要术译注》卷一《耕田》,上海古籍出版社2009年版,第40页。
[2] 〔北朝〕贾思勰著,缪启愉、缪桂龙译注:《齐民要术译注》卷一《耕田》,上海古籍出版社2009年版,第27—28、53—54、31页。

平整。这种耙的出现要早于贾思勰所在的东魏时期。北魏以来,在沿用汉代三脚耧的同时,又创制了两脚耧和一脚耧。① 由于两脚耧的耧脚是固定的,行距也固定,无法调节行距宽窄,因此当时改造成一脚耧。考古发现也提供了有力的证据,渑池县火车站附近的冶铁作坊,延续时间从汉到北魏时期,其中出土了魏晋南北朝时期的农业生产工具,其中曹魏到北魏时期为多。铁制农具有犁、双柄犁、犁镜、犁铧、锄、镰等。此时谷物加工"硙舂簸,皆用水功"②,即加工粮食的各个环节都可使用水力。

北魏以来,河南地区普遍种植小麦等多种旱作作物。宣武帝时期,李平非常看重河南地区所在的中原地区的农作物,"今复秋稼盈田,禾菽遍野,銮驾所幸,腾践必殷"③。崔光也赞扬中原"播麦纳菽,秋春相因"④,宣武帝在黄淮之间大力推广秋种麦、春种粟稻的策略,"(正始元年)九月丙午,诏缘淮南北所在镇戍,皆令及秋播麦,春种粟稻……比及来稔,令公私俱济也"⑤。孝明帝时期,中原地区遭受旱灾,"农要之月,时泽弗应,嘉谷未纳,三麦枯悴。德之无感,叹惧兼怀"⑥。三麦可能指的是小麦、大麦与元麦。北魏以后,河南依旧是当时农业生产的重地。北齐时期,东郡太守孟业推广种植,"其年夏,五官张凝因出使,得麦一茎五穗,其余或三穗四穗共一茎者,合郡咸以政化所感,因即申上。至秋,复有东燕县人班映祖,送嘉禾一茎九穗"⑦,反映了中原丰收高产的景象。西魏在抢占了北齐的弘农郡后,得到了大量的粮食,"因馆谷五十余日"⑧。可见中原地区在此一阶段成了北方的重要粮食产地。不仅如此,河南地区作为京畿重地,蔬菜果树种植也颇负盛名。孝文帝曾下诏,"诸民有新居者,三口给地一亩,以为居室,奴婢五口给一亩。男女十五以上,因其地分,口课种菜五分亩之

---

① 〔北朝〕贾思勰著,缪启愉、缪桂龙译注:《齐民要术译注》卷一《耕田》,上海古籍出版社2009年版,第40—41页。
② 〔魏〕杨衒之撰,范祥雍校注:《洛阳伽蓝记校注》卷三《城南》,上海古籍出版社1958年版,第132、135页。
③ 〔北齐〕魏收:《魏书》卷六五《李平传》,中华书局1974年版,第1451—1452页。
④ 〔北齐〕魏收:《魏书》卷六七《崔光传》,中华书局1974年版,第1495页。
⑤ 〔北齐〕魏收:《魏书》卷八《世宗纪》,中华书局1974年版,第198页。
⑥ 〔北齐〕魏收:《魏书》卷九《肃宗纪》,中华书局1974年版,第229页。
⑦ 〔唐〕李延寿:《北史》卷八六《孟业传》,中华书局1974年版,第2875页。
⑧ 〔唐〕令狐德棻等:《周书》卷二《文帝纪下》,中华书局1971年版,第23页。

一"①,"诸州郡课民益种菜果"②。洛阳崇义里杜子休院子里"时园中果菜丰蔚,林木扶疏"③。而其时果树繁多,白马寺内"浮屠前,柰林、蒲萄异于余处,枝叶繁衍,子实甚大。柰林实重七斤,蒲萄实伟于枣,味并殊美,冠于中京。帝至熟时,常诣取之,或复赐宫人。宫人得之,转饷亲戚,以为奇味。得者不敢辄食,乃历数家。京师语曰:'白马甜榴,一实直牛。'"④

北魏以来,农业的生产成就还在于此时出现了农业著作《齐民要术》。《齐民要术》大约成书于北魏时期,是我国杰出农学家贾思勰以黄河中下游地区劳动人民农牧业生产为内容所著的一部综合性农业巨著,在世界农业史上也享有盛誉。全书十卷九十二篇,系统地总结了 6 世纪以前黄河中下游劳动者的农业生产经验,包含季节、气候、选种、田地管理、灌溉、作物收成、农产品加工等诸多内容,被誉为中国古代农业百科全书。学界一般认为《齐民要术》考察记述的重点区域在中原地区,无疑这也是此一时期河南地区农业生产的重要成果。

第四节　魏晋南北朝时期的水利兴建

魏晋南北朝时期,战争频仍,统治者无暇大力发展农业生产,更无力专修大型水利设施,但当权者依然意识到农田水利是农业生产的命脉。如曹魏时期重视农田水利,是魏晋南北朝时期兴修水利最多的一个时期。其后西晋、北魏统治者,包括十六国时期不断更换的当政者,只要聊有作为,依旧重视兴修水利。

---

① 〔北齐〕魏收:《魏书》卷一一〇《食货志》,中华书局 1974 年版,第 2854 页。
② 〔北齐〕魏收:《魏书》卷七上《高祖纪上》,中华书局 1974 年版,第 137 页。
③ 〔魏〕杨衒之撰,范祥雍校注:《洛阳伽蓝记校注》卷二《城东》,上海古籍出版社 1958 年版,第 89 页。
④ 〔魏〕杨衒之撰,范祥雍校注:《洛阳伽蓝记校注》卷四《城西》,上海古籍出版社 1958 年版,第 196 页。

一、魏晋时期兴修的水利设施

曹魏时期,出于军事与农业生产发展的需要,先后兴修了白沟、睢阳渠、利漕渠、新河和泉州渠等六条运河,在满足军事需要的同时,也为河南地区沿河两岸农田灌溉创造了有利条件。另外,内地各州郡还专门为农田水利灌溉而兴修了大量工程。边疆州郡也在和平时期兴修水利,取得了较好的效果。

睢阳渠的开凿经过与作用史籍语焉不详,《水经注》中无明显记载。可以想见睢阳渠在当时不是大型工程,可能仅仅是一时之需要。《三国志·武帝纪》:建安"七年春正月,公军谯……遂至浚仪,治睢阳渠,遣使以太牢祀桥玄。进军官渡"[1]。《资治通鉴》云:"浚仪县,属陈留郡。睢水于此县首受浪荡渠水,东过睢阳县,故谓之睢阳渠。"[2]其中浪荡渠即为鸿沟的一部分,在战国时期已初成规模,东汉末年,战乱与洪水灾害交替,渠道淤积。曹操看到了此旧渠道的重要性便加以疏浚,运输粮草到官渡,以利于与袁绍决战。而战争的进展,也证明了曹操挖掘此渠道的正确性,从而推动曹操不断开挖运河、兴修水利,以图统一北方。其后夏侯惇领陈留、济阴太守,"时大旱,蝗虫起,惇乃断太寿水作陂,身自负土,率将士劝种稻,民赖其利"[3]。

官渡之战后,曹操为北进又在河南地区兴修了规模较大的白沟,"遏淇水入白沟以通粮道"[4]。白沟在今河南省浚县西,原为黄河故道,[5]以菀水分部分淇水为源,东北流至黎山西北,与宿胥故渎合。白沟东北流接今内黄县以下古清河,水流微弱。东汉建安九年(204)曹操欲进攻袁尚,为遏淇水东入白沟以通粮运,在淇水入黄河处下大枋木筑堰。《水经注·淇水》:"淇水又南历枋堰旧淇水南,东流迳黎阳县界,南入河。……汉建安九年,魏武王于水口,下大枋木以成

---

[1] 〔晋〕陈寿撰,〔宋〕裴松之注:《三国志·魏书》卷一《武帝纪》,中华书局1959年版,第22—23页。
[2] 〔北宋〕司马光:《资治通鉴》卷六四汉献帝建安七年(202)春正月条,中华书局1956年版,第2044页。
[3] 〔晋〕陈寿撰,〔宋〕裴松之注:《三国志·魏书》卷九《夏侯惇传》,中华书局1959年版,第268页。
[4] 〔晋〕陈寿撰,〔宋〕裴松之注:《三国志·魏书》卷一《武帝纪》,中华书局1959年版,第25页。
[5] 谭其骧:《海河水系的形成与发展》,载《长水集续编》,人民出版社1994年版,第414—462页。

堰,遏淇水东入白沟,以通漕运。故时人号其处为枋头。"①"遏淇水东入白沟"的意思就是阻止淇水流入黄河,迫使它改流注入白沟,增加白沟水源,以解决进攻邺城的军粮漕运问题。从这则记载可知,淇水原来是南流入黄河的,和白沟并不相通。卢谌《征艰赋》曰:"后背洪枋巨堰,深渠高堤者也。"②枋头是一个规模很大的水利枢纽工程。该工程包括两项:一是用巨大的枋木做成堰,将原先流入黄河中的淇水加以拦截;另一项是开凿渠道,将淇水与原来源头在内黄县的清河相连通。这一条新利用的渠道被称为白沟。白沟形成后,沟通了太行山南麓许多的水系和陂塘,灌溉了大片的农田。如《水经注·清水》有百门陂"方五百步,在共县故城西"。《元和郡县图志》卷一六《河北道一》卫州共城县中有百门陂,"百姓引以溉稻田,此米明白香洁,异于他稻,魏、齐以来,常以荐御。陂南通漳水"③。

  白沟的枋头工程自曹操建成后,历经三国魏、晋,直至南北朝时期,虽然也曾有过短暂的不通航时间,但大部分时间作为黄河北侧水运通道的枢纽。与此同时,因这项水利工程而在这里兴起一座城市,也被称为"枋头"。白沟为曹操军队的供给提供了方便的水运,他很快就夺取了邺城。到了两晋和北朝时期,枋头成为黄河北侧的一个军事重镇。西晋末年向冰率众数千壁于枋头;④永嘉之乱后,石勒自河淮地区北趋冀州,即路由枋头。⑤ 十六国后赵时,氐人苻氏自关中徙此,以卫邺都。《晋书·苻洪载记》有石季龙"以洪为龙骧将军、流人都督,处于枋头"。⑥ 又《晋书·苻坚载记》有苻坚灭前燕后,"坚自邺如枋头,宴诸父老,改枋头为永昌县"⑦。后来东晋谢尚北征,即遣戴施为先锋据枋头;⑧而以枋头命名的著名的枋头之役,则是桓温戎马生涯中最黯淡无光的一页。⑨

  曹魏时期,还对漳河进行了修整,兴修了漳河上的水利工程。北魏郦道元

---

① 〔北魏〕郦道元注,王国维校:《水经注校》,上海人民出版社1984年版,第322—323页。
② 〔北魏〕郦道元注,王国维校:《水经注校》,上海人民出版社1984年版,第323页。
③ 〔唐〕李吉甫撰,贺次君点校:《元和郡县图志》,中华书局1983年版,第462页。
④ 〔唐〕房玄龄等:《晋书》卷一〇四《石勒载记上》,中华书局1974年版,第2717页。
⑤ 〔唐〕房玄龄等:《晋书》卷九五《佛图澄传》,中华书局1974年版,第2485页。
⑥ 〔唐〕房玄龄等:《晋书》卷一一二,中华书局1974年版,第2867页。
⑦ 〔唐〕房玄龄等:《晋书》卷一一三,中华书局1974年版,第2893页。
⑧ 〔唐〕房玄龄等:《晋书》卷七九《谢尚传》,中华书局1974年版,第2071页。
⑨ 〔唐〕房玄龄等:《晋书》卷八一《邓岳附子邓遐传》、卷九八《桓温传》,中华书局1974年版,第2132、2576页。

《水经注》云：

> 昔魏文侯以西门豹为邺令也，引漳以溉邺，民赖其用……魏武王又堨漳水，回流东注，号天井堰。里中作十二墱，墱相去三百步，令互相灌注，一源分为十二流，皆悬水门。陆氏《邺中记》云："水所溉之处，名曰晏陂泽。"……魏武又以郡国之旧引漳流自城西东入，径铜雀台下，伏流入城，东注谓之长明沟也。渠水又南径止东门下……沟水南北夹道，枝流引灌，所在通溉，东出石窦堰下，注之湟水。故魏武《登台赋》曰："引长明灌街里。"谓此渠也。①

何谓"墱"，李周翰注《魏都赋》云："墱，级次，泄水之处，言有十二也。"②墱，就是排灌设施。曹操修整"西门十二渠"，不但种植水稻，也许还稻、麦间作，或者稻、麦休耕。左思《魏都赋》云："甘荼伊蠢，芒种斯阜。西门溉其前，史起灌其后。"对此"芒种"，唐代李善注云："郑司农曰：芒种，稻麦也。"③曹操用漳水来灌溉农田，种植稻、麦，以丰盈兵营粮仓。

曹魏时期，颇为重视兴建河内的水利。曹魏黄初六年（225），司马孚为野王典农中郎将，建议兴修此地水利设施。沁水"屈曲周回，水道九百，自太行以西，王屋以东，层岩高峻，天时霖雨，众谷走水，小口〔石〕漂迸，木门朽败，稻田泛滥，岁功不成……臣以为方石为门，若天亢旱，增堰进水，若天霖雨，陂泽充溢，则闭石〔方〕断水，空渠衍涝，足以成河。云雨由人，经国之谋……诏书听许。"魏文帝采纳了司马孚的建议，于是，"夹岸累石，结以为门，用伐木门枋"。④ 枋门在今济源市境内，以石门代替木门，经久耐用，提高了沁河水的灌溉效率。据《水经注》记载，沁河及其支流，在曹魏时期几乎都经过不同的修缮，可灌溉河内大部分地区，包括今沁阳、温县、博爱、武陟、济源等地，⑤是豫北地区较大的人工与自然河道相结合的灌溉系统。

曹魏政权建立定都洛阳后，战略重心由黄河北岸转移到黄河南岸。曾改善都城洛阳的水上运输与灌溉设施。魏明帝曾在城西十里处整修东汉旧堰，取名

---

① 〔北魏〕郦道元注，王国维校：《水经注校》卷一〇《浊漳水》，上海人民出版社1984年版，第348—349页。
② 〔梁〕萧统编，〔唐〕李善等注：《六臣注文选》，中华书局2012年版。
③ 〔梁〕萧统编，〔唐〕李善注：《文选》卷六，岳麓书社2002年版，第184页、第199页注〔八〕。
④ 〔北魏〕郦道元注，王国维校：《水经注校》卷九《沁水》，上海人民出版社1984年版，第309—310页。
⑤ 〔北魏〕郦道元注，王国维校：《水经注校》卷九《沁水》，上海人民出版社1984年版，第306—318页。

"千金堨",并开凿沟渠五条。三国魏太和五年(231)筑,积石为堰,堰谷水。《水经注·谷水》:谷水"东至千金堨。《河南十二里〔县〕境簿〔薄〕》曰:'河南县城东十五里有千金堨。'《洛阳记》曰:'千金堨旧堰谷水,魏时更修此堰,谓之千金堨。……堨是都水使者陈协所〔造也〕。'"①《洛阳伽蓝记》卷四《城西》:"长分桥西有千金堰,计其水利,日益千金,因以为名。"②曹魏时期兴建的千金堨(五龙渠),到西晋初年,被洪水冲毁。"太(始七年六月二十三)日,大水迸瀑,出常流上三丈,(荡坏二堨,五龙)泄水南注泻下,加岁久漱啮,每涝〔劳〕即坏,历载消〔捐〕弃大功,今故为今〔令〕遏〔堨〕,更于西开泄,名曰代〔伐〕龙渠,地形正平,诚得为泄〔泻〕至理,千金不与水势激争,无缘当坏,由其卑下水,得输〔踰〕上漱啮故也。今增高千金于旧一丈四尺,五龙自然必历世无患,若五龙岁久复坏,可转于西更开二堨,(二渠合)用二十三万五千六百九十八功,以其(年十月二)十三〔二〕日起,作功重人,少到八年四月二(十日,毕代)龙渠,即九龙渠也。"③

曹魏政权还在黄淮平原大修水利,推广屯田,以储备军粮。文帝时,贾逵为豫州刺史,兴修了所谓的"贾侯渠"。④郑浑在文帝即位后任阳平、沛二郡太守,兴修郑陂,"比年大收,顷亩岁增,租入倍常,民赖其利,刻石颂之,号曰郑陂"⑤。淮阳渠、百尺渠等也在这一时期陆续疏浚、兴建。三国魏正始二年(241),司马懿为灭吴而兴建陂渠。以尚书郎邓艾为长官,巡行淮水流域。邓艾以为"田良水少,不足以尽地利,宜开河渠,可以引水浇溉,大积军粮,又通运漕之道"⑥。邓艾遍访淮河流域,建议开河渠、兴屯田。司马懿采纳其建议,从钟离(今安徽凤阳东)而南,横石以西,近沘水,在四百余里范围内,推广屯田,扩建渠堰。并逐年扩修淮阳、百尺二渠,上引黄河,下通淮水、颍水,兴建广漕渠。最终广漕渠全长三百余里,可溉田二万顷,终致淮南、淮北地区资食有余而无水害。《晋书》卷一《宣帝纪》载魏正始四年(243)广开淮阳、百尺二渠,"帝以灭贼之要,在于积谷,乃大兴屯守,广开淮阳、百尺二渠,又修诸陂于颍之南北,万余顷。自是淮北仓

---

① 〔北魏〕郦道元注,王国维校:《水经注校》卷一六《谷水》,上海人民出版社 1984 年版,第 528—529 页。
② 〔魏〕杨衒之撰,范祥雍校注:《洛阳伽蓝记校注》,上海古籍出版社 1958 年版,第 238 页。
③ 〔北魏〕郦道元注,王国维校:《水经注校》卷一六《谷水》,上海人民出版社 1984 年版,第 5529 页。
④ 〔晋〕陈寿撰,〔宋〕裴松之注:《三国志·魏书》卷一五《贾逵传》,中华书局 1959 年版,第 482 页。
⑤ 〔晋〕陈寿撰,〔宋〕裴松之注:《三国志·魏书》卷一六《郑浑传》,中华书局 1959 年版,第 511 页。
⑥ 〔晋〕陈寿撰,〔宋〕裴松之注:《三国志·魏书》卷二八《邓艾传》,中华书局 1959 年版,第 775 页。

庾相望,寿阳至于京师,农官屯兵连属焉";同书卷二六《食货志》亦载:"遂北临淮水,自钟离而南横石以西,尽沘水四百余里,五里置一营,营六十人,且佃且守。兼修广淮阳、百尺二渠,上引河流,下通淮颍,大治诸陂于颍南、颍北,穿渠三百余里,溉田二万顷,淮南、淮北皆相连接。自寿春到京师,农官兵田,鸡犬之声,阡陌相属。每东南有事,大军出征,泛舟而下,达于江淮,资食有储,而无水害,艾所建也。"①

曹魏时期河南地区的农田水利基本恢复到了秦汉之际,拥有了全国最好的农田灌溉系统。这有赖于鸿沟水系淤积以后汴渠等新的运输渠道的恢复与开凿,终致人工运河和中原地区的沙河、颍河等淮河水系得以重新沟通,"始于屯田,成于转运",形成了新的中原运河网与灌溉设施。这条新的农田灌溉系统与运河航线大致可能是始于大梁附近的汴渠,向北入黄河,向南先入沙河,再进颍水,从而入淮河。关于这条水运航线,《三国志·魏书·文帝纪》记载,黄初五年(224)八月,曹魏曾伐吴,其进军路线就与这条航线有关。"循蔡、颍,浮淮,幸寿春。"②其后西晋社会也依赖此航道。《资治通鉴》记载,晋惠帝时,陈敏曾"漕运南方米谷以济中州"③。

总之,曹魏时期,河南地区经过几十年的苦心经营,形成了比较发达的农田水网,对维系曹魏统治起到了至关重要的农业支撑作用。而到西晋时期黄淮之间的陂、渠等水利设施因为战争与洪水毁坏殆尽。杜预因此主张"发明诏,敕刺史二千石,其汉氏旧陂旧堨及山谷私家小陂,皆当修缮以积水。其诸魏氏以来所造立,及诸因雨决溢蒲苇马肠陂之类,皆决沥之"④。晋武帝初期,为劝课农桑,采纳了杜预的建议,逐渐消除陈旧水陂造成的水患。

二、东晋十六国时期的水利设施

东晋十六国时期,河南地区大多时间处于战乱之中,农业生产整体上遭到

---

① 〔唐〕房玄龄等:《晋书》,中华书局1974年版,第15、785—786页。
② 〔西晋〕陈寿:《三国志·魏书》卷二,中华书局1982年版,第84页。
③ 〔北宋〕司马光:《资治通鉴》卷八五"晋惠帝大安二年(303)十二月"条,中华书局1956年版,第2691页。
④ 〔唐〕房玄龄等:《晋书》卷二六《食货志》,中华书局1974年版,第789页。

破坏,农田水利毁坏殆尽。统治者也无暇顾及与整修,文献记载此一时期的水利设施极为少见,仅仅在前秦时期苻坚的宰相王猛主持整修了郑白渠。"坚以关中水旱不时,议依郑白故事,发其王侯已下及豪望富室僮隶三万人,开泾水上源,凿山起堤,通渠引渎,以溉冈卤之田。及春而成,百姓赖其利。"[①]这项措施改善了当地农田灌溉条件,使得当地许多盐碱地得到改良。同时此一时期部分运河因为战争需要,得以重新疏通,也在一定程度上取得了沿线的灌溉作用。前文提到的白沟的枋头附近的水网,得到了疏通甚至是通航。东晋刘裕北伐后秦,修汴渠,"自洛入河,开汴渠以归"[②]。这些记载,虽然提到运河漕运之事例,但说明东晋十六国时期,这些水道依然存在并发挥作用。无疑,灌溉沿河两岸的农田也是其中的功能之一。

另外,黄淮之间自"永嘉之乱"以后迄于隋代,灌溉水利事业总体上说相当低落,仅仅有些小的陂、渠的开发利用。如《水经注》中记载了不少陂塘,表明民间小型水利建设仍在进行,但由政府官员组织兴建的大型灌溉工程则很少,仅有薛胄的事迹稍可称道。《隋书》卷五六《薛胄传》称:"先是,兖州城东沂、泗二水合而南流,泛滥大泽中,胄遂积石堰之,使决令西注,陂泽尽为良田。又通转运,利尽淮海,百姓赖之,号为薛公丰兖渠。"[③]算是河南附近一项不错的工程。

三、北魏时期的农田水利设施

河南地区经过了十六国的乱局,鲜卑族南下,短暂统一北方。尤其是北魏孝文帝改革与汉化政策的实施,逐渐扭转了河南地区农业生产低谷的局面,首先是农田水利设施逐渐得到了恢复与利用。

两汉时期,得益于兴修了大量的农田水利设施,河南地区农业得到了快速的发展。魏晋十六国以来,这些水利设施由于长期的战乱,大量已经被废弃。黄河两岸的枋,黄淮之间的陂,已经荒废甚至成为农田耕种的隐患。尤其是西

---

① 〔唐〕房玄龄等:《晋书》卷一一三《苻坚载记上》,中华书局1974年版,第2899页。
② 〔南朝〕沈约:《宋书》卷二《武帝纪中》,中华书局1974年版,第44页。
③ 〔唐〕魏徵等:《隋书》,中华书局1973年版,第1388页。

晋时期,黄淮之间很多的人工陂经常溃决威胁农田。由于工程量小,这些陂的恢复和使用一般在很短的期限内即能见效。北魏时期陂主要分布在黄河流域和淮河流域。根据《魏书·地形志》的记载,黄河流域主要有临漳的鸬鹚陂、林台泽,汲郡北修武县的清阳泉、马泉、陶河、育河、五里泉、重泉等,朝歌县(今河南淇县)的淇水、白沟水、天井沟,林虑郡林虑县(今河南林州)的陵阳河,临淇县有卓水陂,怀州平皋县有平皋陂;淮河流域许昌郡扶沟县有龙洲陂康沟水,鄢陵县有蔡泽陂、三门陂、深陂,新汲(今河南扶沟县)有鸭子陂,梁州阳夏郡雍丘县(今河南杞县)有白杨陂,定陵郡北舞阳县有木陂,襄城郡繁昌县(治今河南临颍西北)有阳城陂,汝南郡济阳有石历陂等。① 这些陂尤其是淮河两岸的陂水量丰沛,稍加修整即可灌溉农田。这些陂的利用,为北魏时期河南地区的农业发展奠定了初步基础。

北魏统治者定都洛阳后,实施了一系列的汉化改革,其生活方式也逐渐由游牧向农耕转化,促使其逐渐重视农耕,并采取劝课农桑、兴修水利的政策。首先修复了洛阳地区部分水利设施。《水经注》载千金堨:

  水积年渠,堨颓毁,石砌殆尽,遗基见(存。朝廷太和)中,修复故堨。按千金堨石人西胁下文云:若沟渠久疏,深引水者,当于河南城北石碛西,更开渠北出,使首狐[孤]立[丘]故沟东下,因故易就碛坚,便时事业已讫,然后见之,加边方多事,人力苦少,又渠堨(新成,未患)于水,是以不敢预修通之,若于后,当复(典功)者,宜就西碛,故书之于石以遗后贤矣。虽石(碛沦败),故迹可凭,准之于文,北引渠,东合旧渎,旧(渎又东,晋惠帝造石渠于水上,)……②

"千金堨"的修复,将谷水与洛水疏通,既方便航运,也大大促进了洛阳近郊农田灌溉,促进了洛阳附近农业的恢复和发展。

孝文帝曾下诏大力发展水利航运,有过庞大的规划:"朕欲从此通渠于洛,南伐之日,何容不从此入洛,从洛入河,从河入汴,从汴入清,以至于淮?下船而战,犹出户而斗,此乃军国之大计。今沟渠若须二万人以下、六十日有成者,宜

---

① 〔北齐〕魏收:《魏书》卷一〇六,中华书局 1974 年版,第 2456、2458、2458、2460、2481、2527、2527、2527、2532、2544、2545、2562 页。
② 〔北魏〕郦道元著,王国维校:《水经注校》卷一六《谷水》,上海人民出版社 1984 年版,第 530 页。

以渐修之。"①在举行修凿河道开工仪式的太和二十年(496)九月"丁亥,将通洛水入谷,帝亲临观。②"沈文秀任怀州刺史,"大兴水田,于公私颇有利益"③。沈文秀在怀州通过发展水稻生产,提高了粮食产量,不仅使种水稻的农民从中得到实惠,而且也有益于国家,可以看出,这是一件一举两得的事情。太和年间,李彪上书孝文帝:"臣以为宜析州郡常调九分之二,京都度支岁用之余,各立官司,丰年籴贮于仓,时俭则加私之二,粜之于人。如此,民必力田以买官绢,又务贮财以取官粟。年登则常积,岁凶则直给。又别立农官,取州郡户十分之一以为屯人。相水陆之宜,料顷亩之数,以赃赎杂物余财市牛科给,令其肆力。一夫之田,岁责六十斛,蠲其正课并征戍杂役。行此二事,数年之中,则谷积而人足。""帝览而善之,寻施行焉。自此公私丰赡,虽时有水旱,不为灾也。"④由此可见孝文帝及其臣下相当重视屯田,兴修水利,发展农业生产。

孝文帝还要求河南各州郡大力兴建水利,《魏书》卷七《高祖纪下》载,太和十有三年,八月,"戊子,诏:'诸州镇有水田之处,各通灌溉,遣匠者所在指授。'"⑤孝文帝还对中原地区的河道进行了大力的修治。北魏宣武帝时期,崔楷分析了黄河连年决口的原因,提出了建议整治荥阳汴口的建议:"良由水大渠狭,更不开泻,众流壅塞,曲直乘之所致也。至若量其逶迤,穿凿涓浍,分立堤堨,所在疏通,预决其路,令无停蹙。随其高下,必得地形,土木参功,务从便省。使地有金堤之坚,水有非常之备。钩连相注,多置水口,从河入海,远迩径通,泻其硗舄,泄此陂泽。"⑥北魏统治者采纳了崔楷的建议,并任命其主持治黄工程,这是北魏时期中原地区最大的一次黄河整治工程,可惜崔楷"用工未就,诏还追罢"⑦。

宣武帝时期,还对汴河、蔡水进行过修整。崔亮"又议修汴蔡二渠,以通边运,公私赖焉"⑧,局部改善了沿线的农田灌溉。《北齐书》载,李愍在任南荆州

---

① 〔北齐〕魏收:《魏书》卷五三《李冲传》,中华书局1974年版,第1185页。
② 〔北齐〕魏收:《魏书》卷七下《高祖纪下》,中华书局1974年版,第180页。
③ 〔北齐〕魏收:《魏书》卷六一《沈文秀传》,中华书局1974年版,第1367页。
④ 〔北齐〕魏收:《魏书》卷一一〇《食货志》,中华书局1974年版,第2857页。
⑤ 〔北齐〕魏收:《魏书》卷七下《高祖纪下》,中华书局1974年版,第165页。
⑥ 〔北齐〕魏收:《魏书》卷五六《崔楷传》,中华书局1974年版,第1254页。
⑦ 〔北齐〕魏收:《魏书》卷五六《崔楷传》,中华书局1974年版,第1255页。
⑧ 〔北齐〕魏收:《魏书》卷六六《崔亮传》,中华书局1974年版,第1477页。

刺史时,"于州内开立陂渠,溉稻千余顷,公私赖之"①。可见北朝时期,河南地区虽然依旧处于频繁的战乱状态,但统治者依旧比较重视河南地区的农田水利,并对其采取了一定措施进行整修,为农业的恢复发展奠定了一定的物质条件。

纵观魏晋南北朝时期河南农业的发展历程,我们认为有以下特点:

一、农业生产遭受破坏。此一时期,河南地区处于长期的战乱纷争,农业生产整体遭受极大破坏,人口因战乱而大量流失,失去了农业生产最大的动能,土地荒芜,先进的农耕方式因游牧民族的南下而被废弃,导致整体产能严重倒退。

二、不同的土地政策代表的是地主阶级的利益。从曹魏以来,河南地区先后出现了曹魏时期的屯田制、西晋时期的占田制、十六国时期的坞壁庄园与北魏以来的均田制,土地制度的政策各异,实质上代表的是豪强地主统治阶层对土地的垄断和对农民的人身剥削。

三、农业是社会发展的基础。无论战争多么残酷,河南地区政权更替多频繁,当政者要想在中原站稳脚跟,必须重视农业生产。自曹魏开始,统治者在战乱频仍时期,依旧重视劝课农桑。屯田制、均田制在客观上促进了河南地区农业生产的恢复和发展,甚至坞壁庄园也在一定区域内保护和维持了农业生产。

四、农业生产在低谷中前行。此一时期河南地区的农业生产不是一降到底,而是在波折中有缓慢的发展,曹魏的劝课农桑政策与北魏的均田制都使得河南农业发展得到一定程度的恢复,坞壁庄园林立时代也出现了庄园内精耕农业与庄园外粗放农业并存的景象。在此情况下,河南地区的农业水利建设有了新的发展,农业生产工具和耕作方式有了一定的进步和发展,农业生产经验更加丰富,为隋唐的农业生产腾飞奠定了基础。

---

① 〔唐〕李百药:《北齐书》卷二二《李元忠附李愍传》,中华书局1972年版,第318页。

第六章 隋至五代时期河南古代农业的复兴

隋唐五代时期，是中国历史第三次从分裂走向统一，又从统一走向分裂的时期。河南地区处于当时的政治和经济核心区域，洛阳长期作为副都，是政治副中心；五代后，开封又成为辐辏并臻的政治、经济中心，因而各朝政府的农业政策在河南地区得到较好落实。河南东部的黄淮平原和北部的华北平原是历史悠久的农耕区，至隋唐五代时期仍是全国产粮最多的地区。虽然在农业发展过程中天灾人祸频仍，但国家的统一为地区间的交流提供了便利。南方一些先进的耕作工具和灌溉设施传播到北方，改善了北方农耕区的生产方式。从河南地区来看，隋唐五代时期已经广泛使用的农耕工具、灌溉设备和粮食加工工具一直使用到 20 世纪中叶，说明隋唐五代时期的农业发展在前工业化时代已达到了相当的高度。

第一节　隋至唐前期政府的兴农政策

隋至唐前期，行政区划的调整，户口的调查，户籍的整顿，均田制、租庸调制的实施等，都有力推进了这一时期河南农业的恢复和发展，出现了隋代和开元农业生产盛况。

一、区划和户口

1. 隋代的区划和户口

581 年，杨坚代周即帝位，建隋朝。589 年，隋渡江灭陈，一统全国。隋初，对行政区划进行了必要的调整。开皇初撤州设郡,置司隶刺史,全国设 190 郡 1255 县,管理 8907546 户,人民 46019956 口。其中在河南地区设 15 郡 142 县,管理 1706537 户,户口近全国的五分之一。据《隋书·地理志》,各郡县情况如下:

河南郡,统县 18(河南、洛阳、阌乡、桃林、陕、熊耳、渑池、新安、偃师、巩、宜阳、寿安、陆浑、伊阙、兴泰、缑氏、嵩阳、阳城),户 202230;

荥阳郡,统县 11(管城、汜水、荥泽、原武、阳武、圃田、浚仪、酸枣、新郑、荥阳、开封),户 160964;

梁郡,统县 13(宋城、襄邑、雍丘、宁陵、虞城、谷熟、陈留、下邑、考城、楚丘、砀山、圉城、柘城),户 155477;

襄城郡,统县 8(承休、梁、郏城、阳翟、汝源、汝南、鲁、䢴城),户 105917;

颍川郡,统县 14(颍川、襄城、汝坟、叶、北舞、郾城、繁昌、临颍、尉氏、长葛、许昌、瀷强、扶沟、鄢陵),户 195640;

汝南郡,统县 11(汝阳、城阳、真阳、新息、褒信、上蔡、平舆、新蔡、朗山、吴房、西平),户 152785;

淮阳郡,统县 10(宛丘、西华、溵水、扶乐、太康、鹿邑、项城、南顿、䢵、铜阳),户 127104;

弘农郡,统县 4(弘农、卢氏、长泉、朱阳),户 27466;

南阳郡,统县 8(穰、新野、南阳、课阳、顺阳、冠军、菊潭、新城),户 77520;

淮安郡,统县 7(比阳、平氏、真昌、显冈、临舞、慈丘、桐柏),户 46840;

东郡,统县 9(白马、灵昌、卫南、濮阳、封丘、匡城、胙城、韦城、离狐),户 121905;

汲郡,统县 8(卫、汲、隋兴、黎阳、内黄、汤阴、临河、澶水),户 111721;

河内郡,统县 10(河内、济源、温、河阳、安昌、王屋、获嘉、新乡、修武、共城),户 133606;

弋阳郡,统县 6(光山、乐安、定城、殷城、固始、期思),户 41433;

义阳郡,统县 5(义阳、罗山、钟山、礼山、淮源),户 45930。[①]

[①] 〔唐〕魏徵等:《隋书》卷三〇《地理志中》、卷三一《地理志下》,中华书局 1974 年版,第 834—843、848—849、875、894 页。

隋炀帝即位后,好大喜功,不惜民力,营东都,开运河,征四夷,拓疆土,致使国库空虚,民不聊生,终于引爆了隋末农民起义。唐王李渊乘势终结了隋朝,并于618年建立唐朝。

2. 盛唐时期的区划和户口

隋代末年,天下大乱,至唐武德中,只剩200余万户,至唐贞观年间,犹不满300万户。① 唐朝建立之初,吸取隋亡之教训,采取较为宽松的土地、赋税和人口政策,社会生产和人口得到快速恢复和发展。至唐玄宗开元二十八年(740),"户部计帐,凡郡府三百二十有八,县千五百七十有三,羁縻州郡,不在此数。户八百四十一万二千八百七十一,口四千八百一十四万三千六百九,应受田一千四百四十万三千八百六十二顷一十三亩。虽未盈两汉之数,晋、魏以来,斯为盛矣"②。

关于唐代河南地区的区划,《旧唐书》《新唐书》和《元和郡县志》三书都有记载,但三书所记并不全同,一则因为彼时区划变更频繁,各书所记之材料来源可能有差别,二则可能是印制、流传过程中产生的差别,不再一一考证。今依《新唐书·地理志》所载,今河南地区唐时分别属河南道、河北道、山南东道和淮南道,各道府州县和户口情况列于次:

河南道:

河南府,户194746,口1183092,县20(河南、洛阳、巩、偃师、缑氏、阳城、登封、陆浑、伊阙、新安、渑池、福昌、长水、永宁、寿安、密、河清、颍阳、伊阳、王屋);

陕州,户20958,口170238,县6(陕、硖石、灵宝、平陆、夏、芮城);

虢州,户28249,口88845,县6(弘农、阌乡、湖城、朱阳、玉城、卢氏);

滑州,户71983,口422709,县7(白马、卫南、匡城、韦城、胙城、酸枣、灵昌);

郑州,户76694,口367881,县7(管城、荥阳、荥泽、原武、阳武、新郑、中牟);

许州,户73347,口487864,县9(长社、长葛、阳翟、许昌、鄢陵、扶沟、临颍、舞阳、郾城);

陈州,户66442,口402486,县6(宛丘、太康、项城、溵水、南顿、西华);

蔡州,户80761,口460205,县10(汝阳、朗山、遂平、上蔡、新蔡、褒信、新息、

---

① 〔宋〕郑樵:《通志》卷六一《食货志一》,中华书局1987年版,第740页。
② 〔后晋〕刘昫等:《旧唐书》卷三八《地理志一》,中华书局1975年版,第1393页。

真阳、平舆、西平);

汴州,户109876,口577507,县6(浚仪、开封、尉氏、封丘、雍丘、陈留);

宋州,户124268,口897041,县10(宋城、襄邑、宁陵、下邑、谷熟、楚丘、柘城、砀山、单父、虞城);

濮州,户57782,口400648,县5(鄄城、濮阳、范、雷泽、临濮)。

河北道:

孟州,县5(河阳、汜水、河阴、温、济源,会昌年间设,无户口数据);

怀州,户55349,口318126,县5(河内、武德、获嘉、武陟、修武);

相州,户101142,口590196,县6(安阳、邺、汤阴、林虑、尧城、临漳);

卫州,户48056,口284630,县5(汲、卫、共城、新乡、黎阳);

澶州,县4(顿丘、清丰、观城、临黄,大历年间设,无户口数据)。

山南东道:

泌州(唐州),户42643,口182364,县7(泌阳、比阳、慈丘、桐柏、平氏、湖阳、方城);

邓州,户43055,口165257,县6(穰、南阳、向城、临湍、内乡、菊潭)。

淮南道:

光州,户31473,口198580,县5(定城、光山、仙居、殷城、固始);

申州,户25864,口147756,县3(义阳、钟山、罗山)。[①]

盛唐时期,今河南省范围内共设20府州,150县,管理1369096户,占全国的16%强;户1268988,人7622116口,占全国的15%强。需要说明者,上列各州县中,部分县已不在今河南省的区划中,如陕州的平陆、夏、芮城,相州的邺、临漳、尧城,濮州的鄄城,宋州的砀山、单父,今分属山西省、河北省、山东省和安徽省,但唐时隶属河南道亳州的酂、城父、鹿邑、真源、永城,隶属曹州的考城,隶属河北道魏州的临河、洹水、内黄,今属河南省区划,均未计数,多计者和未计者大体相抵,数字接近于真实。

---

① 〔北宋〕欧阳修、宋祁:《新唐书》卷三八《地理志二》、卷三九《地理志三》、卷四〇《地理志四》、卷四一《地理志五》,中华书局1975年版,第982—990、993、1009—1010、1012—1013、1031—1032、1054、1056页。

二、土地制度

隋、唐两代皆定都长安,但河南地区自秦汉以来即为历代中央政府统治的核心区域。因关中地狭人密,单是粮食供给就成为历代执政者心焦的问题,一遇饥馑就遣人往洛阳就食。① 所谓就食,就是本地粮食不足,需到有粮的地方吃饭。隋炀帝于大业年间营建东都洛阳,并遣人往洛阳就食。盛唐之前,自唐太宗李世民以下,至唐玄宗李隆基,历位皇帝都有到洛阳就食的记录,最少的有10个月,长者达数年,武周时期,更迁都洛阳达21年。因此,彼时中央政府的政策在河南地区应得到完全执行。要了解河南地区农业发展状况,就不能忽略彼时中央政府的政策。

1. 隋代的均田制

隋文帝即位之初,承袭了北朝历代政权的均田制。规定每丁受露田80亩、永业田20亩,妇女受露田40亩;露田在受田人年老力衰时(66周岁)需退还国家,同时免去其负担的租调;永业田可种桑、榆、枣、麻,可以继承或买卖;奴婢亦可受田,但需依其庇主的地位核定受田奴婢的多寡,亲王之家的受田奴婢限300人,嗣王家的受田奴婢限200人,二品嗣王和异姓王家的受田奴婢限150人,正三品以上及王宗家受田奴婢限100人,七品以上家的受田奴婢限80人,八品以下至庶人家的受田奴婢限60人;丁牛一头受田60亩,一家限4牛;自诸王以下至于都督,皆给永业田各有差,多者至百顷,少者至40亩;宅用地户三口给1亩,奴婢则五口给1亩;京官又给职分田,自一品至九品,给田5顷至1顷不等;外官亦各有职分田,又给公廨田以供公用。②

开皇十二年(592),因天下户口岁增,关中地区土地狭而人口众,衣食不给,有朝臣建议将关中和其他地区较稠密的人口迁徙到地广人稀的地区,隋文帝采纳其意见,试图通过减少人口解决关中的粮食问题。隋炀帝即位后,屡兴大业,他还没来得及过问田亩之事,就改朝换代了。

---

① 〔唐〕魏徵等:《隋书》卷二《高祖纪下》,中华书局1973年版,第54页。
② 〔唐〕魏徵等:《隋书》卷二四《食货志》,中华书局1973年版,第677、680—681页。

2. 盛唐之前的均田制

唐朝建立后,亦继承了均田制。武德七年(624),以均田制定赋税,凡天下丁男,给田1顷,笃疾、废疾给40亩,寡妻妾30亩,若为户者加20亩。[①] 至唐玄宗开元二十五年(737),推出了较完备的授田法。据杜佑《通典》卷二《食货二·田制下》所述,其主要内容是:

(1)田广1步、长240步为亩,100亩为顷。丁男给永业田20亩,口分田80亩,其中男18岁以上亦依丁男给,老男、笃疾、废疾各给口分田40亩,寡妻妾各给口分田30亩,先永业者,通充口分之数。黄、小、中、丁男女及老男、笃疾、废疾、寡妻妾当户者,各给永业田20亩,口分田20亩。应给宽乡,并依新定数;若狭乡所受者,减宽乡口分之半。其给口分田者,易田则倍给。

(2)其永业田,亲王100顷,职事官正一品60顷,郡王及职事官从一品各50顷,国公若职事官正二品各40顷,郡公若职事官从二品各35顷,县公若职事官正三品各25顷,职事官从三品20顷,侯若职事官正四品各14顷,伯若职事官从四品各10顷,子若职事官正五品各8顷,男若职事官从五品各5顷;上柱国30顷,柱国25顷,上护军20顷,护军15顷,上轻车都尉10顷,轻车都尉7顷,上骑都尉6顷,骑都尉4顷,骁骑尉、飞骑尉各80亩,云骑尉、武骑尉各60亩。其散官五品以上,同职事给,兼有官爵及勋俱应给者,从多,不并给。若当家口分之外,先有地非狭乡者,并即回受,有剩追收,不足者更给。诸永业田皆传子孙,不在收授之限,即子孙犯除名者,所承之地亦不追。……五品以上永业田,皆不得狭乡受,任于宽乡隔越射无主荒地充;其六品以下永业,即听本乡取还公田充,愿于宽乡取者亦听。应赐人田,非指的处所者,不得狭乡给。

(3)应给园宅地者,良口3口以下给1亩,每3口加1亩;贱口5口给1亩,每5口加1亩,并不入永业口分之限。其京城及州郡县郭下园宅,不在此例。

(4)诸京官文武职事职分田:一品12顷,二品10顷,三品9顷,四品7顷,五品6顷,六品4顷,七品3顷50亩,八品2顷50亩,九品2顷,并去京城百里内给。其京兆、河南府及京县官人职分田亦准此。

(5)诸州及都护府、亲王府官人职分田:二品12顷,三品10顷,四品8顷,五品7顷,六品5顷,七品4顷,八品3顷,九品2顷50亩。

---

① 〔后晋〕刘昫等:《旧唐书》卷四八《食货志上》,中华书局1975年版,第2088页。

(6)镇戍关津、岳渎及在外监官,五品5顷,六品3顷50亩,七品3顷,八品2顷,九品1顷50亩。三卫中郎将、上府折冲都尉各6顷,中府5顷50亩,下府及郎将各5顷。上府果毅都尉4顷,中府3顷50亩,下府3顷。上府长史、别将各3顷,中府、下府各2顷50亩。

(7)亲王府典军5顷50亩,副典军4顷,千牛备身左右、太子千牛备身各3顷。亲王府文武官随府出藩者,于在所处给。

(8)诸军上折冲府兵曹2顷,中府、下府各1顷50亩。其外军校尉1顷20亩,旅帅1顷,队正副各80亩,皆于领侧州县界内给。其校尉以下在本县及去家百里内领者不给。

(9)诸驿封田皆随近给,每马1匹给地40亩。若驿侧有牧田之处,匹各减5亩。其传送马,每匹给田20亩。

(10)诸庶人有身死家贫无以供葬者,听卖永业田。即流移者亦如之。乐迁就宽乡者,并听卖口分。卖充住宅、邸店、碾硙者,虽非乐迁,亦听私卖。

(11)诸买地者,不得过本制,虽居狭乡,亦听依宽制,其卖者不得更请。凡卖买,皆须经所部官司申牒,年终彼此除附。若无文牒辄卖买,财没不追,地还本主。

(12)诸以工商为业者,永业、口分田各减半给之,在狭乡者并不给。诸因王事没落外藩不还,有亲属同居,其身分之地,六年乃追。身还之日,随便先给。即身死王事者,其子孙虽未成丁,身分地勿追。其因战伤及笃疾、废疾者,亦不追减,听终其身也。

(13)诸田不得贴赁及质,违者财没不追,地还本主。若从远役外任,无人守业者,听贴赁及质。其官人永业田及赐田,欲卖及贴赁者,皆不在禁限。诸给口分田,务从便近,不得隔越。若因州县改易,隶地入他境及犬牙相接者,听依旧受。其城居之人,本县无田者,听隔县受。①《唐六典》卷三《尚书户部》所载略同。②

按照这样的政策,至天宝中应受田14303862顷13亩。按天宝十四载(755)有户890万余,计定垦之数,每户合1顷60余亩。如此的规模,整体来说

---

① 〔唐〕杜佑:《通典》卷二《食货二·田制下》,中华书局1988年版,第29—32页。
② 〔唐〕李林甫等撰,陈仲夫点校:《唐六典》,中华书局1992年版,第73—76页。

应满足一家自耕农的基本需求了。天宝以后，法令弛宽，土地兼并日烈，耕者有其田的均田制已名存实亡。

三、赋税制度

1. 隋代的田赋

均田制是生产资料分配的规则，而获取赋税则是政府的目的，所谓"有田则有租，有家则有调，有身则有庸"[①]。租即地租；调即户调，按人数收缴的地方土产，与人头税相近；庸即力役，就是成丁每年需出数十天的时间无偿为政府服务。

隋初，为兼顾民生与政府收入，对人口年龄与赋税的关系做出了明文规定。以男女 3 岁以下为黄，10 岁以下为小，17 岁以下为中。18 岁以上为丁，始课役。60 岁为老，乃免课役。开皇三年（583），乃令人以 21 岁成丁。炀帝即位，户口益多，男子以 22 岁成丁。[②]

隋初的赋税总体处于较低水平，丁男一床（一对夫妇），每年纳租粟 3 石；户调视情况有不同规定，种桑田者，每年输调绢、絁 1 匹，绵 3 两；种麻田者，输调布 1 端，麻 3 斤；无妻之单丁与奴婢纳一半租调；每丁每年服役 1 月，役丁为 12 番，匠则 6 番，有品爵及孝子、顺孙、义夫、节妇，并免课役。[③] 开皇十年（590），规定年 50 岁以上者，可以纳布帛代替力役，就是输庸代役。[④] 开皇三年（583），苏威为纳言，奏减赋役，务从轻典，隋文帝悉从之。规定丁男上调为 21 岁，减 12 番，每岁为 20 日役，减调绢 1 匹为 2 丈。[⑤]

自魏晋以来，由于赋役沉重，户口瞒漏情况很严重，大大减少了国家赋税的来源。为保障政府赋税收入，开皇三年（583），隋文帝下令各州县"大索貌

[①] 〔宋〕郑樵：《通志》卷六一《食货志一·赋税》，中华书局 1987 年版，第 739 页。
[②] 〔唐〕杜佑：《通典》卷七《食货七·丁中》，中华书局 1988 年版，第 154 页。
[③] 〔唐〕魏徵等：《隋书》卷二四《食货志》，中华书局 1973 年版，第 679—681 页。
[④] 〔唐〕魏徵等：《隋书》卷二四《食货志》，中华书局 1973 年版，第 682 页。
[⑤] 〔宋〕郑樵：《通志》卷六一《食货志一·赋税》，中华书局 1987 年版，第 738 页。

阅"①,即根据户籍上登记的年龄、体貌来核查户口,防止丁壮年诈老诈小,逃避租庸调,使大量逃避租役的丁壮和隐匿户口重新编入户籍。

为了防止地方官吏、豪强在户籍、户等、赋税方面营私舞弊,开皇五年(585),隋文帝采纳高颎的建议,详细核定各郡州县之户籍,由政府规定划分户等的标准,作为定样,颁发各郡县,使之依样划分户等。每年正月初五日,由各县县令、巡人,各随便近,五党三党,共为一团,依样定户上下,由政府规定各等民户所应负担的赋税徭役数目,并从轻定额,且低于豪强地主对于依附农民的地租。许多原来依附于豪强地主的农民纷纷脱离他们,向官府申报户口,纳税服役,成为国家的编户,使得国家赋税收入增加。② 同时,这些措施的实施,使农民负担有所减轻,提高了其生产积极性,促进了农业生产的发展。

为保证赋税及时收缴,隋初沿用北朝旧制,建立基层政府附随组织,即三长制。开皇九年(589)新令,5家为保,5保为闾,4闾为族,500户为乡,设乡正管理;成为保、党、乡三级的三长制。③ 三长的主要职责,一是协助政府核查田亩和户籍、人丁,二是协助政府收缴赋税,在稳定社会结构、秩序、生产和赋税收缴等方面发挥了无可替代的功能。

开皇年间,虽遭水旱,而户口岁增。诸州调物,每年河南自潼关、河北自蒲阪,再到长安,输送的队伍相属于路,昼夜不绝者数月。加上隋文帝躬行节俭,杜绝奢靡浪费,所以府库日盈。开皇十年(590)一统江南,免除江南各地当年的租赋。开皇十二年(592),有司上言库藏皆满,不得不再建左藏之院,构屋以受之。诏曰:"既富而教,方知廉耻,宁积于人,无藏府库。河北、河东今年田租,三分减一,兵减半,功调全免。"④由于隋文帝时期以户丁授田,又轻徭薄赋,人民皆安居乐业,国家富裕强盛,史称"开皇之治"。

隋炀帝即位后,户口益多,府库盈溢,乃除妇人及奴婢、部曲之课。但这种天下承平的日子不能满足他建立大业的雄心。据唐杜佑《通典》所载,大业初年,炀帝即营建洛邑,每月役丁200万人;又导洛至河及淮,又引沁水达河北,通涿郡,筑长城东西千余里,皆征百万余人,丁男不充,以妇人兼,役而死者大半;

---

① 〔唐〕魏徵等:《隋书》卷二四《食货志》,中华书局1973年版,第681页。
② 〔唐〕魏徵等:《隋书》卷二四《食货志》,中华书局1973年版,第681页。
③ 〔唐〕杜佑:《通典》卷三《食货三·乡党》,中华书局1988年版,第63页。
④ 〔唐〕魏徵等:《隋书》卷二四《食货志》,中华书局1973年版,第682页。

及亲征吐谷浑,驻军青海,遇雨雪,士卒死者十二三;又三驾东征辽泽,皆兴百余万众,运送后勤补给的就更多了。又逆征数年之赋,穷侈极奢。官逼民反,民不得不反,"举天下之人,十分九为盗贼。身丧国灭,实自取之"①。

2. 盛唐之前的赋税

唐朝建立后,从隋炀帝那里汲取了教训,基本延续了隋初的赋税政策。武德二年(619)二月下令:"每丁租二石,绢二丈,绵三两。自兹以外,不得横有调敛。"②武德六年(623)三月令:男女始生为黄,4岁为小,16岁为中,21岁为丁,60岁为老。③ 武德七年(624)三月,在颁布唐初均田制的同时,也规定了相应的赋税政策:

(1)每丁岁入粟二石;

(2)调则随乡土所产,每年每丁输绫、绢、绝各2丈,布加五分之一。输绫、绢、绝者,兼调绵3两,输布者加麻3斤;

(3)凡丁岁役20天,若不役,收其庸,每日3尺;有事而加役者,加15天免其调,加30天则租调俱免,通正役不能过50天;

(4)若夷獠之户,皆从半税;

(5)凡水旱虫伤为灾,十分损四以上,免租;损六以上,免调;损七以上,课役俱免。④

唐太宗贞观年间(627—649),出现了一个文治武功并兴的治世局面,史称"贞观之治"。《贞观政要》中记载了李世民以民为本的治国思想,"君,舟也;人,水也。水能载舟,亦能覆舟"⑤。他屡言:"为君之道,必须先存百姓。若损百姓以奉其身,犹割股以啖腹,腹饱而身毙";"每思伤其身者不在外物,皆由嗜欲以成其祸。若耽嗜滋味,玩悦声色,所欲既多,所损亦大,既妨政事,又扰生民";"凡事皆须务本,国以人为本,人以衣食为本,凡营衣食,以不失时为本。夫不失时者,在人君简静乃可致耳。若兵戈屡动,土木不息,而欲不夺农时,其可得乎?""安人宁国,惟在于君。君无为则人乐,君多欲则人苦";"雕镂器物,珠

---

① 〔唐〕杜佑:《通典》卷七《食货七·历代盛衰户口》,中华书局1988年版,第148页。
② 〔宋〕王溥:《唐会要》卷八三《租税上》,中华书局1960年版,第1530页。
③ 〔宋〕王溥:《唐会要》卷八五《团貌》,中华书局1960年版,第1555页。
④ 〔宋〕王溥:《唐会要》卷八三《租税上》,中华书局1960年版,第1530—1531页。
⑤ 〔唐〕吴兢著,滕帅、李明译注:《贞观政要注释》卷一,岳麓书社2014年版,第25页。

玉服玩,若恣其骄奢,则危亡之期可立待也。自王公以下,第宅、车服、婚嫁、丧葬,准品秩不合服用者,宜一切禁断";"由是二十年间,风俗简朴,衣无锦绣,财帛富饶,无饥寒之弊"。① 李世民治下的要臣都以清廉自守,"岑文本为中书令,宅卑湿,无帷帐之饰。有劝其营产业者,文本叹曰:'吾本汉南一布衣耳,竟无汗马之劳,徒以文墨致位中书令,斯亦极矣。荷俸禄之重,为惧已多,更得言产业乎?'""温彦博为尚书右仆射,家贫无正寝,及薨,殡于旁室";"魏徵宅内,先无正堂";"户部尚书戴胄卒,太宗以其居宅弊陋,祭享无所,令有司特为之造庙"。②

李世民从隋的灭亡中汲取教训,以史为鉴。他说:"往昔初平京师,宫中美女珍玩无院不满。炀帝意犹不足,征求无已,兼东西征讨,穷兵黩武,百姓不堪,遂致灭亡。此皆朕所目见,故夙夜孜孜,惟欲清净,使天下无事。遂得徭役不兴,年谷丰稔,百姓安乐。夫治国犹如栽树,木根不摇,则枝叶茂荣。君能清净,百姓何得不安乐乎?"③并接受魏徵"愿当今之动静,必思隋氏以为殷鉴,则存亡之治乱,可得而知。若能思其所以危,则安矣;思其所以乱,则治矣;思其所以亡,则存矣。知存亡之所在,节嗜欲以从人……"④之论。《贞观政要》所记贞观年间政治清明、社会安定的文字,虽有溢美之词,但多少也反映了唐初的社会现实:

> 太宗自即位之始,霜旱为灾,米谷踊贵,突厥侵扰,州县骚然。帝志在忧人,锐精为政,崇尚节俭,大布恩德。是时,自京师及河东、河南、陇右,饥馑尤甚,一匹绢才得一斗米。百姓虽东西逐食,未尝嗟怨,莫不自安。至贞观三年,关中丰熟,咸自归乡,竟无一人逃散。其得人心如此。加以从谏如流,雅好儒术,孜孜求士,务在择官,改革旧弊,兴复制度,每因一事,触类为善。初,息隐、海陵之党,同谋害太宗者数百千人,事宁,复引居左右近侍,心术豁然,不有疑阻。时论以为能断决大事,得帝王之体。深恶官吏贪浊,有枉法受财者,必无赦免。在京流外有犯赃者,皆遣执奏,随其所犯,置以

---

① 〔唐〕吴兢著,滕帅、李明译注:《贞观政要》卷一、八、六,岳麓书社2014年版,第1、1、327、327、250、250页。
② 〔唐〕吴兢著,滕帅、李明译注:《贞观政要》卷六,岳麓书社2014年版,第256页。
③ 〔唐〕吴兢著,滕帅、李明译注:《贞观政要》卷一,岳麓书社2014年版,第31—32页。
④ 〔唐〕吴兢著,滕帅、李明译注:《贞观政要》卷八,岳麓书社2014年版,第44页。

重法。由是官吏多自清谨。制驭王公、妃主之家,大姓豪猾之伍,皆畏威屏迹,无敢侵欺细人。商旅野次,无复盗贼,囹圄常空,马牛布野,外户不闭。又频致丰稔,米斗三四钱,行旅自京师至于岭表,自山东至于沧海,皆不赍粮,取给于路。入山东村落,行客经过者,必厚加供待,或发时有赠遗。此皆古昔未有也。①

唐代早期,在租庸调制度执行的过程中也出现了一些问题,例如政府耗费过度,积蓄不厚。永淳元年(682),太常博士裴守真上表曰:

> 夫谷帛者,非造化不育,非人力不成,一夫之耕,才兼数口,一妇之织,不赡一家。赋调所资,军国之急,烦徭细役,并出其中,黠吏因公以贪求,豪强恃私而逼掠,以此取济,民无以堪。又以征戍阔远,土木兴作,丁匠疲于往来,饷馈劳于转运,微有水旱,道路遑遑,岂不以课税殷繁,素无储积故也。夫大府积天下之财,而国用有缺,少府聚天下之伎,而造作不息,司农治天下之粟,而仓庾不充,太仆掌天下之马,而中厩不足,此数司者,役人有万数,费损无限极,调广人竭,用多献少,奸伪由此而生,黎庶缘斯而苦,此有国之大患也!②

明确指出这种只思眼前、积贮薄弱的现象是难以长治久安的。

还有所征缴的调或庸存在计量标准不一和质量问题。开元八年(720)正月敕,"顷者以庸调无凭,好恶须准,故遣作样,以颁诸州,令其好不得过精,恶不得至滥。……而诸州送物,作巧生端,苟欲副于斤两,遂则加其丈尺,至有五丈为匹者,理甚不然,阔一尺八寸,长四丈,同文共轨,其事久行,立样之时,亦载此数,若求两而加尺,甚暮四而朝三,宜令所司简阅,有逾于比年常例,丈尺过多,奏闻"③。后又令,各地缴纳的物品质量低劣的,要公开展示,追究相关责任人的责任。开元十六年(728)七月敕,诸州租及地税等,宜令州、县长吏审核,当依限征纳讫,具明所纳数及督办的官员、物品的种类等,如征纳违限及检覆不实,涉事官员停职并严惩。④ 这种核验制度其实早已在官仓收贮环节实施有年,洛阳含嘉仓遗址出土的长寿二年(693)铭文砖证实,类似的档案其实早已具备。含

---

① 〔唐〕吴兢著,滕帅、李明译注:《贞观政要》卷一,岳麓书社2014年版,第34—35页。
② 〔宋〕王溥:《唐会要》卷八三《租税上》,中华书局1960年版,第1532页。
③ 〔宋〕王溥:《唐会要》卷八三《租税上》,中华书局1960年版,第1532—1533页。
④ 〔宋〕王溥:《唐会要》卷八三《租税上》,中华书局1960年版,第1533页。

嘉仓窖19所出铭文砖二上刻:"含嘉仓仓中门东西大街北,南北竖街东,从西向东数窖,从南向北数行,第八行,第三窖,合纳邢州长寿元年租,小□七千五百石九斗八升,耗在内。长寿二年三月廿四日纳了,输典王简,副纲青山县丞张谦,张侨,仓史赵□,丞田□,知仓事张琮。"①输送邢州地租的责任人王简、张谦手里,也应该拿着一份相同内容的验讫文书才能回去交差。开元十六年(728)的敕令是把这种交付验讫的制度前推到征收环节,以保证征收的租调数量和质量。

开元二十二年(734)五月,又对征收赋税和杂役中出现的问题做出规定:百姓非商户,郭外居宅及每丁一牛,不得将入货财数;免征杂匠及幕士杂役;一户之内有4丁以上者,杂役不得过2人,3丁以下者只1人;应征庸调及资课,限每年十月三十日完毕。以往惯例,每年八月起开始征收庸调,因农功未毕,恐难济办,自天宝初后延至每年九月三十日起征。②

为逃避杂役,开元年间已出现丁多之家别籍异居的情形,甚者还有逃户,因色役伪滥,天下户口逃亡,朝廷深以为患。天宝元年(742)正月再敕令州县勘会,凡家之中有10丁以上者,免征2丁赋役,5丁以下者免征1丁赋役,令一家同籍共居,以敦风教,侍养老人的侍丁免差科。③

天宝九载(750)十二月,针对征收赋税中出现的贪贿问题,下令凡在征缴过程中,有贪受一钱以上者,以枉法赃论,涉事官员解职并追究刑责,巡查征缴的采访使,若不能检举纠正这种行为的,别有处分。④

经过一百多年的补充完善,基于均田制之上的租庸调制度已经走到终点。这种配套的制度在开垦田亩以扩大农业生产面积,提高生产总量,同时减轻人民负担,调动人民从事农业生产的积极性,保障政府赋税收入等方面具有积极意义。从开皇之治再到贞观之治、开元盛世,历时一百多年繁荣局面的出现,正是实施均田制和租庸调制度的结果。《唐会要》所记唐高宗至唐玄宗时期的户籍情况如下:永徽三年(652)七月,计户3800000;神龙元年(705)十一月,计户6156141;开元十四年(726),计户7069565;开元二十年(732),计户7861236;开

---

① 河南省博物馆、洛阳市博物馆:《洛阳隋唐含嘉仓的发掘》,《文物》1972年第3期。
② 〔后晋〕刘昫等:《旧唐书》卷四八《食货志上》,中华书局1975年版,第2090页。
③ 〔唐〕杜佑:《通典》卷六《食货六·赋税下》,中华书局1988年版,第108页。
④ 〔宋〕王溥:《唐会要》卷八三《租税上》,中华书局1960年版,第1534页。

元二十六年(738),计户 8018710;天宝元年(742),计户 8535763;天宝十三载(754),计户 9069154。①

物质的生产和人口的生产是相辅相成的,在一定的情况下二者也是相互促进的。

3. 均田制和租庸调制的局限性

均田制和租庸调制也有其局限性。其一是土地资源是有限的,对人口的容纳有一定的限度,当人口增加到一定的数量后,必然会出现无地可均的情形,在当时就出现了宽乡和窄乡的差别。而在史籍中并无记载唐朝政府调整政策的文字,政策的调整总会牵涉到部分人的利益,说明唐朝政府一直在回避这个矛盾。其二是承认永业田的私有化,甚至口分田也可买卖,这就为土地兼并留下了可能,后期土地兼并日趋严重,与政府的政策不无关系。其三是按丁缴纳租调庸,实际上国家的财政负担全压在部分底层人民身上。按唐朝政府的政策,户内有课口者为课户,无课口者为不课户。诸视流内九品以上官及男年 20 岁以下、老男、废疾、妻妾、部曲、客女、奴婢,皆为不课户。据唐杜佑《通典》卷七《食货志七·历代盛衰户口》所载,天宝十四载(755),管户总 8914709 户,应不课户 3565501 户,占总户的近 40%,应课户 5349280 户,占总户的 60%;管口总 52919309 人,不课口 44700988,占总人口的 84.5%,课口 8208321,占总人口的 15.5%。② 要让这一成多的青壮年养活那八成多的人口特别是还有贵族和官吏,无论如何是力有不逮的。这就为中晚唐社会矛盾冲突和社会动荡埋下了祸根。

第二节 中晚唐至五代时期农业的变革

中晚唐至五代,"安史之乱"及随之而来的藩镇割据和唐末农民起义对河南

---

① 〔宋〕王溥:《唐会要》卷八四《户口数》,中华书局 1960 年版,第 1550—1551 页。
② 〔唐〕杜佑:《通典》,中华书局 1988 年版,第 153 页。

农业经济和农业生产带来严重破坏,行政区划变化、人口减少,均田制和租庸调制难以为继,两税法开始实施。

一、区划和户口

唐玄宗天宝十四载(755)发生了安史之乱,叛军从华北地区一直攻进长安城,唐玄宗逃亡四川。叛军先后以洛阳、邺城为中心,与唐王朝相持了7年有余。战争不仅消耗了大量的人口和物资,更直接阻碍了人口和物质的生产与再生产,从《元和郡县志》和杜甫的诗歌中,可以看到安史之乱给河南地区造成的严重破坏。如《元和郡县志》所记河南各地户口变化:

河南府,县26,开元户127440、乡200,元和户18799、乡80,减户678%;

陕州,县8,开元户47322、乡56,元和户8720、乡16,减户544%;

虢州,县6,开元户17742、乡50,元和户5236、乡36,减户339%;

汝州,县7,开元户26052、乡60,元和户13079、乡37,减户199%;

汴州,县6,开元户82190、乡161,元和户8218、乡53,减户1000%;

宋州,县10,开元户103000、乡193,元和户5200、乡83,减户1981%;

滑州,县7,开元户53627、乡105,元和户8056、乡缺,减户666%;

郑州,县7,开元户64619、乡124,元和户13944、乡18,减户463%;

许州,县7,开元户59717、乡117,元和户5291、乡57,减户1129%;

陈州,县6,开元户52692、乡104,元和户4038、乡37,减户1305%;

蔡州,县12,开元户51210、乡107,元和户10263、乡缺,减户499%;

申州,县3,开元户21020、乡42,元和户614、乡21,减户3423%;

光州,县5,开元户29695、乡61,元和户1990、乡62,减户1492%;

濮州,县5,开元户46921、乡913,元和户、乡缺;

怀州,县5,开元户43175、乡89,元和户8741、乡31,减户524%;

相州,县10,开元户78000、乡151,元和户39000、乡29,减户200%;

卫州,县5,开元户30666、乡67,元和户2777、乡19,减户1104%;

澶州,县4,开元无此州数据,元和户3269、乡17;

邓州,县7,开元户38611、乡58,元和户14104、乡61,减户274%;

唐州,县7,开元户21597、乡45,元和户40740、乡87,增户189%。①

据此不完全统计,除唐州一地外,其余各府州人口锐减,轻者减少一半,严重者高达3423%。劳动力的缺乏必然导致田土荒芜,农业提供生活资料的能力严重降低。

与此同时,唐朝社会治理结构千疮百孔,各种利益集团之间的冲突日益尖锐,唐皇室和社会上层贵族为满足自己私欲,罔顾社会现实,横征暴敛,苛捐杂税繁多,下层人民苦不堪言。乾符二年(875),长垣爆发了王仙芝起义。次年,山东曹州黄巢义军加入,数月之间义军数量达几万人。王、黄分道后,黄巢部从河南渡淮河,再渡长江,转战江南十余州,并于乾符六年(879)六月克广州,旋即挥师北上,义军沿途痛斥宦官专权、纲纪败坏,禁止官吏殖财贪赃,深得人心,大军发展到数百万众。广明元年(880)十一月克洛阳,次月攻占长安。中和三年(883),黄巢不敌唐军的反攻,撤出潼关,转战河南,攻蔡州、陈州,竟数月不克。次年,黄巢兵败身亡。

黄巢起义严重打击了唐王朝的腐朽统治,同时也加剧了社会动荡,对社会生产力造成了严重摧残。河南地区自始至终都处于黄巢起义的中心,社会破坏程度较其他地区尤甚。史载,黄巢部在败攻蔡州、陈州间,竟以人肉为军粮,"贼围陈郡三百日,关东仍岁无耕稼,人饿倚墙壁间,贼俘人而食,日杀数千。贼有春磨砦,为巨碓数百,生纳人于臼碎之,合骨而食,其流毒若是"②。《新唐书》《资治通鉴》亦有类似记载。这些记载未必真有其事,但长期的社会动荡所造成的田土荒芜、粮食短缺应是事实。

唐亡之后,北方便进入军阀割据称雄的五代时期。除后唐建都洛阳外,后梁、后晋、后汉、后周皆建都开封。这些小朝廷为续命自顾不暇,无户口检视记录。直到后周柴荣时,为定均人口和税租始检括户口。据《册府元龟》载,显德五年(958),在辖内各州检视土地户口,除淮南州县外,共检到2309812户,田土1085834顷。宋太祖受禅时得后周遗户2554747户,与盛唐时河南地区1268988户相比,其时北方的总人口才比盛唐时河南一地的人口多1倍。此外五代时期

---

① 〔唐〕李吉甫撰,贺次君点校:《元和郡县图志》卷五、六、七、八、九、十一、十六、二一,中华书局1983年版,第129—130、155、161、165、175、179、197、201、207、211、237、243、245、295、443、451、458、466、532、538页。

② 〔后晋〕刘昫等:《旧唐书》卷二〇〇下《黄巢传》,中华书局1975年版,第5397页。

尚有未入州县版籍的兵户、营田户、隐户、僧道、贱户和逃户,因此,要厘清五代时期的户口和田土情况是困难的。

二、人口和田制的变化

安史之乱是唐朝命运的转折点。从755年到763年,河南地区是安史之乱为害最久、为祸最烈的地区,人口大量死亡或逃亡,大片田土荒芜。前述《元和郡县志》所载,元和年间与开元年间相比,河南地区各州县户口都有不同程度的减少,农业生产力遭受了极大的破坏。而盛唐之前一直实施的均田制和租庸调制已难以为继。

1. 逃户问题

逃户是唐代前期业已出现且一直困扰中晚唐历代政府的经济问题。盛唐以前就已经出现为逃避赋役而逃亡的现象,《唐会要》卷八五《逃户》载,景云二年(711),监察御史韩琬上疏说:"顷年人多失业,流离道路,若此者,臣粗言之,不可胜数。然流离之人,岂爱羁旅而忘桑梓,顾不得已也,然以军机屡兴,赋敛重数,上下逼促,因为游民"。开元九年(721)正月,监察御史宇文融请急察色役伪滥并逃户及籍田,阳翟县尉皇甫憬对政府冗员太多、人民负担沉重提出了警告:"今之具寮,向逾万数,蚕食府库,侵害黎民,户口逃亡,莫不由此。"[1]逃户的增多直接导致了政府收入减少,为使逃户归乡,天宝十四载(755)八月,诏令天下诸州,逃户在本乡有田宅产业,其逃亡后被邻里占用者,在其归复后,应恢复其田宅产业,占用者已缴纳的租赋不得向归业者讨还。[2] 但这种政策的效果极为有限,逃户仍然在不断增多。

与逃户相对应,在此地为逃户,在彼地则为客户。开元十八年(730),宣州刺史裴耀卿论时政上疏曰:"窃见天下所检客户,除两州计会归本贯已外,便令所在编附。"[3]客户在新居地显然受到欢迎,新居地多是宽乡,地多人稀,需要有

---

[1] 〔宋〕王溥:《唐会要》卷八五《逃户》,中华书局1960年版,第1561—1562页。
[2] 〔宋〕王溥:《唐会要》卷八五《逃户》,中华书局1960年版,第1564页。
[3] 〔宋〕王溥:《唐会要》卷八五《逃户》,中华书局1960年版,第1563页。

新到的劳动力去垦殖。但客户在有唐一代始终是外乡人,其在户籍中一直保留五等籍的身份。

安史之乱后,逃户就更多了。关于优待逃户归乡的政令在唐肃宗至德元载(756)以后被历代政府屡加重申。据《唐会要》所载有以下数事:

(1)至德二载(757)二月敕,诸州百姓多有流亡,或官吏侵渔,或盗贼驱逼,或赋敛不一,或征发过多。俾其怨咨,何以辑睦?自今以后,所有科役,须使均平。本户逃亡,不得辄征近亲,其邻保务从减省,要在安存。

(2)乾元三年(760)四月敕,逃户租庸,据则征纳,或货卖田宅,或摊出邻人,辗转诛求,为弊亦甚。自今以后,应有逃户田宅,并须官为租赁,取其价直,以充课税,逃人归复,宜并却还,所由亦不得称欠租赋,别有征索。

(3)宝应元年(762)四月敕,近日已来,百姓逃散,至于户口,十不半存。今色役殷繁,不减旧数,既无正身可送,又遣邻保祗承,转加流亡,日益艰弊,其实流亡者且量蠲减,见在者节级差科,必冀安存,庶为均济。其月敕,百姓田地,比者多被殷富之家官吏吞并,所以逃散,莫不由兹。宜委县令,切加禁止。若界内自有违犯,当倍科责。

(4)宝应元年(762)五月敕,逃户不归者,当户租赋停征,不得率摊邻亲高户。

(5)广德二年(764)四月敕,如有浮客,情愿编附,请射逃人物业者,便准式据丁口给授。如二年以上,种植家业成者,虽本主到,不在却还限,任别给授。

(6)大历元年(766)制,逃亡失业,萍泛无依,时宜招绥,使安乡井,其逃户复业者,宜给复二年,无得辄有差遣,如有百姓先货卖田宅尽者,宜委本州县取逃死户田宅,量丁户充给。

(7)长庆元年(821)正月赦文,应诸道管内百姓,或因水旱兵荒,流离死绝,见在桑产,如无近亲承佃,委本道观察使于官健中取无庄有人丁者,据多少给付,便与公验,任充永业,不得令有力职掌人妄为请射,其官健仍借种粮,放三年租税。

(8)会昌元年(841)正月制,安土重迁,黎民之性,苟非艰窘,岂至逃亡?将欲招绥,必在资产。诸道频遭灾沴,州县不为申奏,百姓输纳不办,多有逃亡。

(9)大中二年(848)正月制,逃户荒废的田土,令老人与所由并邻近等同检勘分明,分析作状,送县入案,任邻人及无田产人且为佃事与纳税粮。如五年内不来复业者,便任佃人为主,逃户不在论理之限。其屋宇、桑田、树木等权佃人,逃户未归五年内,不得辄有毁除斫伐,如有违犯者,据限口量情以科责,并科所由等不检校之罪。

(10)咸通十一年(870)七月敕,诸道州府百姓承佃逃亡田地,如已经五年,须准承赦文,便为佃主,不在论理之限,仍令所司准此处分。①

尽管中晚唐政府试图招揽逃户,但逃户问题的根本是以丁为本的赋税政策。逃户与土地兼并也有彼此联系的因素,这两个问题成为中晚唐政府难以解决的沉疴。在一百多年的时间里,历代政府屡就逃户问题发布政令,也反映了田地荒芜、劳动力缺乏已经成为中晚唐政府头痛的问题。不过客户似乎还受到一些优待,以免其成为新的逃户。贞元十二年(796)六月,越州刺史皇甫政奏,贞元十年(794)进绫、縠1700匹,至汴州,值兵逆叛,物皆散失,请新来客户续补前数。但这个主意受到唐德宗的严厉斥责:"百姓有业则怀土,失业则去乡,彼客户者,咸以遭罹苛暴,变成疮痍之人,岂可重伤哉,可罢其率,特免所失物。"②

直到五代时期,逃户仍然是困扰政府的问题。后周显德二年(955)重申逃户认旧业的年限为五年,同时又规定了许多细则,更为合理,更易操作。应自前及以后有逃户庄田,许人请射承佃,供纳租税。如三周年内,本户来归业者,其桑土不以荒熟,并庄田交还一半。五周年内归业者,三分交还一分。应已上承佃户,如是自出力别盖造屋舍及栽种树木、园圃,并不在交还之限。如五周年外归业者,庄田除本户坟茔外,不再交付。如有荒废桑土,承佃户无力佃莳,只仰交割与归业人户佃莳。诸州应有冒佃逃户物业不纳租税者,其本户归业之时,不计年限,并许论认。如本户不来归业,亦许别户请射为主。近北诸州,自契丹离乱,乡村人户多被番军打虏向北,今后如有五周年内,其本主还来识认,不以桑土荒熟,并庄园三分中交还二分;十周年内来者,交还一半;十五周年内来者,三分中交还一分。③ 这种政策一直延续到北宋初年,目的在于使人口回流。

2. 土地兼并日烈

从中晚唐至宋初,土地兼并之势已不可回转。在多数情况下,兼并都以买卖的形式出现,具体说来有以下几种情形:

---

① 〔宋〕王溥:《唐会要》卷八五《逃户》,中华书局1960年版,第1565—1567页。
② 〔宋〕王溥:《唐会要》卷八五《逃户》,中华书局1960年版,第1565—1566页。
③ 〔宋〕王溥:《五代会要》卷二五,上海古籍出版社1978年版,第406—407页。

其一，官僚地主凭借手中的特权兼并占有大量的田产。唐皇甫枚《三水小牍》卷下《郑大王聘严郜女为子妇》载："许州长葛令严郜，衣冠族也，立性简直……咸通罢任，乃于县西北境上陉山阳置别业，良田万顷。"①此人还只是一个层级较低的小官，那些高官占有的田产可想而知。

其二，没有官身的人也可以通过买卖占有土地。《三水小牍》卷上《卫庆耕田得大珠》载，咸通、乾符年间，汝坟编户卫庆耕田得宝珠，"自是家产日滋，饭牛四百蹄，垦田二千亩，其丝枲他物称是，十年间郁为富家翁"②。宋曾巩《试秘书省校书郎李君（迁）墓志铭》云，李迁"生五代之际，再试明经不合，退居楚丘，有田百余顷"③。

其三，寺院也参与了土地兼并的进程。今荥阳市广武镇桃花峪存《唐昭成寺僧朗谷果园庄地亩幢》一通，从碑文的记载可窥彼时寺院兼并土地之一斑。碑文引首说，唐贞元八年（792），"东京昭成寺于河阴县僧朗谷果园庄一所。知事僧智用。然有施地及卖地众多，施主等皆有忏疏，自立契书舍入伽蓝，永充常住，洎乎施主乃知身若幻，悟影如泡，虑火宅之难居，预修净境，遂以割青畴之沃壤，恒供普通，减绿野之良田，善牙不断，已斯功德庄严，施主维原七代先亡，神生极乐，见存眷属，福庆千春。但智用，一介肤僧，滥为缁侣，幸蒙驱策，敢有思维，窃恐谷徙陵迁，桑田变海，文簿沦毁，眷疏漂亡，所以雕幢刻石，题施主之芳名，镌记于斯，表后人之瞻顾，即使满芥城之不朽尽劫而石永存哉"④。碑文全文4000余字，主要记录从唐代宗广德二年（764）至唐德宗贞元二十一年（805）计41年间，昭成寺通过布施、购买等手段兼并的土地。据碑文记录，当时买卖土地的费用各有差：

大历十年（775），买地价：

买地20亩，用钱20000文，平均每亩1000文。

大历十四年（779），买地价：

---

① 〔唐〕皇甫枚：《三水小牍》，〔清〕阮元辑：《宛委别藏》，江苏古籍出版社1988年版，第43页。
② 〔唐〕皇甫枚：《三水小牍》，〔清〕阮元辑：《宛委别藏》，江苏古籍出版社1988年版，第13—14页。
③ 〔宋〕曾巩：《元本元丰类稿七》卷四五《志铭》，国家图书馆出版社2018年版，第172页。
④ 荆山林：《〈唐昭成寺僧朗谷果园庄地亩幢〉所表现的晚唐寺院经济情况》，《学术研究》1980年第3期。

买李光地 5 亩,用钱 12000 文,平均每亩地价 2400 文;

又买李光地 14 亩,8 亩平,6 亩坡,用钱 22400 文,平均每亩 1600 文;

再买李光地 15 亩,用钱 24000 文,平均每亩 1600 文;

买李希地 12 亩,用钱 15600 文,平均每亩 1300 文;

买李芬地 18 亩,用钱 25000 文,平均每亩约 1389 文;

买张悦地 13.5 亩,用钱 20850 文,平均每亩约 1544 文;

买张荣地 17 亩,用钱 17000 文,平均每亩 1000 文。

建中元年(780)买地价:

买李希地 12 亩,用钱 15600 文,平均每亩 1300 文;

买僧智用生缘地 1 顷 25 亩,本主为官事不辩,遂与昭成寺果园庄,用钱 100 贯,平均每亩 800 文;

买赵芬地 20 亩,用钱 10000 文,平均每亩 500 文;

买赵芬地 47 亩,用钱 28200 文,平均每亩 600 文;

买地主周用 20 亩,用钱 10000 文,平均每亩 500 文。

贞元二十一年(805),戚秀兰将田地、果园、井屋等,一并布施于僧朗谷果园庄,"永充普通供养。入常住,于后不得典卖,秀兰又愿过往先亡,神生静土,见存家口,福乐百年。永为恒式,子孙已来,更无翻动,恐后无凭,故立此忏文,仍清上碑石为记……其文地捌拾亩,忏疏,舍施,取钱五十阡"。并刻有戚秀兰和其四子一孙、亲戚 2 人姓名及年龄,还有见施人 4 人、见人 12 人姓名。

买张文义山原地 70 亩,用钱 15000 文,平均每亩约 214 文。另碑文还记有逯保因欠债卖地、张洽兄弟因父亡卖地事。

从碑文的记载可以知道以下数事:

(1)碑文明曰表彰,实为立此存照,标明其对碑刻所记土地的所有权。

(2)大历年间所购土地除一特例每亩地价 2400 文外(因其同时布施了 8 亩),其余地价在 1000 文至 1600 文之间,建中年间地价急剧下降至 500—800 文,几乎较大历年间减损了一半。这固然会与土地的质量有一定的关联,但相距不远的土地也不至质量相差 1 倍。应是需求与供给失衡或者是币重货轻、通货紧缩等原因造成了地价的落差。

(3)贞元二十一年,戚秀兰布施 80 亩田地、果园及其井屋等,取钱 50000 文,实质是半卖半送,合每亩 625 文,与同期买地价相当。所不同者,这条记录其实就是一张地契,其上刻有戚秀兰和其四子一孙、亲戚 2 人姓名及年龄,还有见施人 4 人、见人 12 人姓名。与正规的地契相比,只缺少官府的认可凭信。

(4)最廉价者当是买张文义之山原地,每亩折合约 214 文。

(5)明确记录卖地原因的,一是土地本主因为官事不辩,卖地 1 顷 25 亩与僧智用作生缘地;二是逯保因欠债卖地;三是张洽兄弟因父亡卖地,事情的原委碑文并无明载。照常理推测,彼时土地乃是最主要的生产资料,失去土地就意味生活无着,不到走投无路时不会轻易变卖自己的产业。

东京昭成寺与长安昭成寺是否有关联并不重要,重要者彼时其并非名刹,也无大德高僧主持,一个普通的小寺在 40 年间竟通过各种手段从普通百姓手里获得土地 1790 亩之多,彼时此等寺庙何其多也!那些名刹大德所拥有的土地就更不在话下了。

由于土地兼并日烈,社会矛盾激化,连中唐名相陆贽也不得不承认:"今制度驰紊,疆理隳坏,咨人相吞,无复畔限。富者兼地数万亩,贫者无容足之居,依托强豪,以为私属,贷其种粮,赁其田庐,终年服劳,无日休息,罄输所假,常患不充,有田之家,坐食租税。"①这种情形已经威胁到唐朝政府的统治,距离唐朝的灭亡已为期不远。

3. 土地流转的方向

地产总是不断流转的,所谓千年田换八百主。大体说来,中唐以后土地流转有如下几个方向:

其一是官僚地主和一般地主因破落而变卖土地。《北梦琐言》卷三载:"唐咸通中,荆州有书生号'唐五经'者……常谓人曰:'不肖子弟有三变,第一变为蝗虫,谓鬻庄而食也。第二变为蠹鱼,谓鬻书而食也。第三变为大虫,谓卖奴婢而食也。'三食之辈,何代无之?"②

其二是分家析产。唐《户令》:"诸应分田宅及财物者,兄弟均分;……妻家所得之财,不在分限;兄弟亡者,子承父分;兄弟俱亡,则诸子均分。"③分家析产

---

① 〔唐〕陆贽:《论兼并之家私敛重于公税》,〔清〕董诰等编:《全唐文》卷四六五《均节赋税恤百姓六条其六》,中华书局 1983 年影印本,第 4759 页。
② 〔北宋〕孙光宪撰,林青、贺军平校注:《北梦琐言》,三秦出版社 2003 年版,第 48—49 页。
③ 〔日〕仁井田陞著,栗劲、霍存福、王占通等编译:《唐令拾遗·户令第九》,长春出版社 1989 年版,第 155 页。

后,经营有道者会产业兴旺,反之就会中落,中落者就不得不变卖土地。

其三是招募垦田。安史之乱后,荒芜之地甚多。唐敬宗宝历年间(825—826),令各地优恤客户,给与闲地,二周年不得差遣;①后唐明宗(926—933)也诏令各州营田务,只许耕无主荒田及召浮客;②后晋天福三年(938),明示诸州,特降条流,应所在无主空闲荒地,一任百姓开垦,候及五顷以上、三年外,即许县司量户科徭,如未及五顷以上者,不在骚扰之限。③天福七年(942),邓、唐、随、郢诸州多有旷土,"宜令人户取便开耕,与免五年差税"④;后汉时规定,应天下户口夏税见供输顷亩税赋外,一任人户开垦荒地及无主田土,五年之内,不议纳税;⑤后周广顺年间(951—953),周太祖曾先后颁布《令诸道劝课耕桑敕》《抚恤沿边流民敕》,鼓励农户量力垦耕河滩之地与荒芜无主之田,规定不得虚占土田,有妨别户居止。⑥地方政府也致力垦田,后梁河南尹张全义在洛阳一带劝农垦耕,仓储殷丰。⑦直到宋初,荒地仍多,汴梁所属23州,幅员数千里,地之垦者十才二三。⑧垦耕闲置或抛荒的土地以提供更多的粮食和物质,是五代各朝政府所关注的大事,毕竟民以食为天是亘古不变的真理。

其四是官田私化。盛唐之前,官员有大量的职分田和公廨田,部分地方还有驻军的屯田,这些土地的产权都归政府。安史之乱后,户口、土地和政府的财政情况都发生变化,为了将浮客与无主荒废的土地结合起来,增加政府收入,地方政府常将闲置的土地租给浮户耕种。五代时设职官营田务,隶于户部,主管公田垦殖事务。后周广顺二年(952),令除京兆府的庄宅务、赡军国榷盐人户、两京行从庄外,其他各地的营田务下放州县管理,客户租佃的庄田、桑土、舍宇,便令充为永业,自立户名。⑨佃户拥有长期使用权,虽未明文确定其所有权,实质已私有化了。客户租佃的官田,还须轻立租课,并可世代承佃,即使是官方的

---

① 〔清〕董诰等编:《全唐文》卷六八,中华书局1983年版,第716页。
② 〔北宋〕薛居正等:《旧五代史》卷四二《后唐明宗纪八》,中华书局1976年版,第582页。
③ 〔宋〕王钦若:《册府元龟》卷四九五《邦计部·田制》,凤凰出版社2006年版,第5626页。
④ 〔后晋〕刘昫:《旧五代史》卷八〇《后晋高祖纪六》,中华书局1975年版,第1058页。
⑤ 〔清〕董诰等编:《全唐文》卷一二〇,中华书局1983年版,第1215页。
⑥ 〔清〕董诰等编:《全唐文》卷一二三,中华书局1983年版,第1232、1237页。
⑦ 〔后晋〕刘昫等:《旧五代史》卷六三《张全义传》,中华书局1975年版,第838页。
⑧ 〔元〕脱脱等:《宋史》卷一七三《食货志上一》,中华书局1985年版,第4160页。
⑨ 〔宋〕王溥:《五代会要》卷一五,上海古籍出版社1978年版,第256页。

屯田,至五代末也耕了40余年,父子相承,以为永业。

官田的地租多于有地之人的两税而少于民间租地人的地租,正常缴纳租课者可以永久租赁,但无完全的所有权,在五等户籍中还是客户。至北宋以后,官田的地租与民间地租同额,实际上已承认了租官田者的土地所有权。

三、两税法的实施及影响

1. 中唐的人口和税赋形势

安史之乱后,人口形势发生了急剧变化。据《新唐书》卷五二《食货志二》、《通典》卷七《食货七·历代盛衰户口》载,唐肃宗乾元三年(760)的户口数据,到帐169州,应管户总1933124,不课户总1174592,课户758532;管口总16990386,不课口14619587,课口2370799。自天宝十四载(755)至乾元三年,损户总5982584,不课户损2391909,课户损3590675;损口总35928723,不课口损30710301,课口损5218422。至大历中,唯有130万户。

以丁为赋税单位的租庸调制,在满足政府开支需要和人民负担之间的矛盾难以调和,鉴于此,唐朝政府不得不调整税收政策。广德元年(763)七月十一日制:一户之中,有三丁,放一丁,庸调地税依旧。[1] 意在减轻人民负担,但这种象征性的减税不能从根本上解决政府收入和人民负担之间的矛盾。

大历四年(769)正月敕,百姓及王公以下,自今以后,宜准度支长行旨,条每年税钱,上上户4000文,上中户3500文,上下户3000文,中上户2500文,中中户2000文,中下户1500文,下上户1000文,下中户700文,下下户500文,其现任官一品准上上户税,九品准下下户税,余品并准依此户等税;此外还规定了各类工商业者、寄住户、浮客的纳税办法。[2] 这时的税赋政策已经发生了重大变化:其一将过去几百年来一直执行的实物地租改为以钱计算的货币地租;其二纳税范围扩大,除了依附于均田制上的丁口,还包括王公以下的各等官吏,无疑拓宽了税收渠道,增加了政府收入。

---

[1] [宋]王溥:《唐会要》卷八三《赋税上》,中华书局1960年版,第1534页。
[2] [后晋]刘昫等:《旧唐书》卷四八《食货志上》,中华书局1975年版,第2091—2092页。

大历八年(773)正月,敕青苗地头钱,天下每亩率15文。① 这种税目应是土地税,与别户等级收税显然有重复收税之嫌。

建中元年(780)正月,政府又对收税办法进行调整。委黜陟使、观察使、刺史转运所由,计百姓及客户,约丁产,定等第,均率作,年支两税。如当处土风不便,更立一限,其比来征科色目一切停罢。至二月十一日起,准条请令黜陟使、观察使及州县长官,据旧征税数及人户土客定等第、钱数多少,为夏秋两税。其鳏寡孤独不支济者,准制放免。其丁租庸调并入两税。州县常存丁额,准式申报。其应科斛斗,准据大历十四年(779)见佃青苗地额均税,夏税六月内纳毕,秋税十一月内纳毕。黜陟使每道定税讫,具当州府应税都数及征纳期限,并支留合送等钱物斛斗分析闻奏,并报度支金部、仓部,并遣黜陟使、观察使、刺史计人产等级,为两税法,此外敛者以枉法论。② 这种税收办法即是两税法的开端。

2. 两税法的实施

建中元年(780)八月,杨炎以为安史之乱后,丁口转死非旧名矣,田亩移换非旧额矣,贫富升降非旧第矣,还拿过去的政策征收税赋已行不通,建议实施新的税收政策,其言曰:

> 迨至德之后,天下兵起,始以兵役,因之饥疠,征求运输,百役并作,人户凋耗,版图空虚。军国之用仰给于度支转运二使,四方大镇又自给于节度、团练。使赋敛之司增数而莫相统摄,于是纲目大坏。朝廷不能覆诸使,诸使不能覆诸州。四方贡献悉入内库,权臣猾吏缘以为奸,或公托进献,私为赃盗者动以万计。有重兵处皆厚自奉养,正赋所入无几。吏之职名随人署置,俸给厚薄由其增损。故科敛之名凡数百,废者不削,重者不去,新旧仍积,不知其涯。百姓受命而供之,旬输月送,无有休息,吏因其苛蚕食于人。凡富人多丁,率为官为僧,以色役免。贫人无所入则丁存。故课免于上而赋增于下,是以天下残瘁,荡为浮人。乡居地著者百不四五,如是者迨三十年。炎遂请作两税法,以一其名。曰:凡百役之费,一钱之敛,先度其数而赋于人,量出以制入。户无土客,以见居为簿,人无丁中,以贫富为差,不居处而行商者,在所州县税三十之一,度所取与居者均,使无侥幸。居人

---

① 〔后晋〕刘昫等:《旧唐书》卷四八《食货志上》,中华书局1975年版,第2092页。
② 〔宋〕王溥:《唐会要》卷八三《租税上》,中华书局1960年版,第1535页。

之税,秋夏两征之,俗有不便者正之。其租庸杂徭悉省而丁额不废。申报出入如旧式。其田亩之税,率以大历十四年垦田之数为准,而均征之。夏税无过六月,秋税无过十一月。逾岁之后,有户增而税减轻,及人散而失均者,进退长吏,而以度支总统之。[①]

唐德宗接受了杨炎的建议,令各地观察使、刺史,计人产等级,为两税法,再有法外征税者,以枉法论处。

两税法的核心是:

(1)凡百役之费,一钱之敛,先度其数而赋于人,量出以制入。量出的思想近似于财政预算,与量入为出的小农思想有本质的区别,从财政管理的角度说,无疑远超出了其时代范畴。

(2)户无土客,以现居为簿。征税的范围扩大,无论是土著还是外来者,一律照章纳税。

(3)人无丁中,以贫富为差。纳税的多少以资产为依据,各州县对民户资产进行估算,然后分别为九等户,即大历四年(769)所定之上上户至下下户共九等户,厘定各级不同税率。以土地的多少作为主要的纳税标准,由税丁向税产方向转变。通过两税法的实施,政府已经间接承认了私人所有土地的合法性。

(4)无居处之行商,税三十之一。唐时虽然以农为本,但商业的税率并不比农业的税率高。

(5)秋夏两征之。这主要是为了适应农业生产的季节性,所以分别在两个不同的收获季缴纳赋税,及时征收、及时入库,满足了政府即时开支的需要,在财政困难时期,这是一种极为有效的手段。

(6)废除租庸调和各种杂役。两税法的施行,从根本上否定了租庸调制的基础均田制,事实上均田制早已毁坏,依附于其上的租调庸制已失去了存在的基础。

(7)人丁申报如故。除依田亩征税外,仍然保留了人丁税。只有人尽其力,在土地上出产更多的物质,人丁税才有保障,从而也保障了土地税的缴纳。人丁税之所以成为两税法出现后还能单独存在的税种,其意义在于通过收缴人丁税以保障缴纳土地税。

(8)田亩之税,以大历十四年(779)垦田之数为准,而均征之。大历十四年

---

① 〔宋〕王溥:《唐会要》卷八三《租税上》,中华书局1960年版,第1535—1537页。

税收几何无从考定,据宋郑樵《通志》云,大历十四年应是其前后年中税率最多者,并斥"总无名之暴赋立为常规也"①,考虑到两税法施行之前的财政状况,这种推定应是合理的。

(9)户增而税减轻,人散而失均者,进退长吏。这一规定重在约束地方官员,防止偷税漏税情况的发生。

(10)户部度支负责具体实施,明确税收的主体责任。

两税的征收都以货币结算,这就牵涉到价值尺度——货币。

3. 唐至五代时的货币

唐代的货币种类较少,最早铸行也是最重要的钱币是武德四年(621)铸造的开元通宝,其次是乾封元年(666)铸造的乾封泉宝,但流行时间只一年多就作废了。第三种是乾元元年(758)铸造的乾元重宝当十文和重轮乾元重宝当五十文。安史之乱时,叛军铸造了顺天元宝和得壹元宝,这两种钱都当一百文开元通宝钱。还有大历通宝和建中通宝,此二币制作粗糙,钱文不清,极可能是民间私铸钱。此外还有会昌年间再铸行的开元通宝钱,这种钱是会昌灭佛事件后,销毁佛寺中的铜像及各种用器后改铸的,背后皆有一字,多为铸钱的地点,如京、洛等。

五代时,后梁铸开平元宝,后唐铸天成元宝,后晋铸天福元宝,后汉铸汉元通宝,后周铸周元通宝。汉元通宝和周元通宝发行量较大,存世较多,其余几种发行量较小,存世少。

钱币多是铜铸,考古发现也见有金银铸造的开元通宝钱。唐代对外交流频繁,故波斯萨珊王朝的银币和东罗马的金币也在长安和洛阳的市场流通。②

唐初,币值稳定,物价低廉。每石米价只三四十钱,贞观十五年(641),全国米价平均每斗5钱,低者仅3钱。永徽五年(654),洛阳粟米价每石25钱。直到开元年间,洛阳的米价每斗还不到20钱,以致政府担心谷贱伤农。③ 不只是粮食,绢、布等物也都价格低廉。

安史之乱给政府财政带来沉重的负担,物资消耗巨大。物价持续上涨,当时洛阳米价涨到每斗7000文,比开元年间上涨三四百倍。④ 为平抑物价上涨对

---

① 〔宋〕郑樵:《通志》卷六一《食货略一·赋税》,中华书局1987年版,第739页。
② 杨育彬:《河南考古》,中州古籍出版社1985年版,第359页。
③ 〔宋〕王钦若:《册府元龟》卷五〇二《邦计部·平籴》,凤凰出版社2006年版,第5707页。
④ 〔后晋〕刘昫等:《旧唐书》卷四八《食货志上》,中华书局1975年版,第2100页。

人民生活的影响,政府不得不让货币贬值,所以发行大币值的乾元重宝。此后的广德、宝历年间,币制频繁更换,但平抑物价的作用并不明显。至大历年间,开始以增加收入为目标的税赋改革,即分九等户,以资产课税的办法,税赋收入增多,通货膨胀(物价上涨)之势才逐渐回落。

两税法施行后,由于征税皆以钱计算,致使货币的需求量大增,从而造成了币重货轻的通货紧缩局面。两税法初行之时,每斗米价 200 文,到贞元时不过 50 文,①绢价大历时一匹 4000 文,建中初值 3200 文,贞元初值 1600 文,至贞元十九年(803)仅值 800 文。② 上节所述《唐昭成寺僧朗谷果园庄地亩幢》所揭土地的价值变化,贞元年间较元和年间也缩水了一半的价钱,正是当时通货紧缩的反映。

两税法颁布后,又对执行过程中出现的问题不断补充新的政令。建中三年(782)五月,"初加税,时淮南节度使陈少游请于当道两税钱,每一千加税二百,度支因诏诸道悉如之";建中四年(783)正月赦文,"京兆府今年已后,准当府每年赦额,应合给用钱物斛斗及草者,宜便于两税内比诸州府例克留,免其重叠请受,余送纳度支,其河南府亦宜准此"③。这样可以减少征税运输和拨付运输的成本。也有因灾情免税的情况,贞元十二年(796)十月,虢州刺史崔衍奏,所部多是山田,且当邮传冲要,属岁不稔,颇有流离,旧额赋租特乞蠲;④开成二年(837)二月,节度诸州府或遇水旱,有欠税额,合供钱物斛斗。⑤

由于币重货轻,人民缴纳赋税往往要出售超出几倍的实物才能换来需要缴税的钱币,晚唐时期,又部分恢复了实物地租。

两税法施行后,虽说除两税外,并不取之于民,但在官府收入不足时,还是有数额不同的苛税科目,"如间架,如借商,如除陌,取于民者不一"。所以后世有不少学者斥其为苛政。

两税法将唐代名目繁多的杂税,统一归并为地税和户税两种,是中国古代赋税制度的转折点,它标志着以税丁为主的税制向税产为主的税制的转变,应该说是赋税制度的变革和进步,对后来的历史影响巨大。

---

① 〔清〕董诰等编:《全唐文》卷六三四,中华书局 1983 年版,第 6399 页。
② 〔宋〕欧阳修:《新唐书》卷一六五《权德舆传》,中华书局 1975 年版,第 5078 页。
③ 〔宋〕王溥:《唐会要》卷八三《租税上》,中华书局 1960 年版,第 1537 页。
④ 〔宋〕王溥:《唐会要》卷八三《租税上》,中华书局 1960 年版,第 1537 页。
⑤ 〔宋〕王钦若:《册府元龟》卷四八八《邦计部·赋税第二》,凤凰出版社 2006 年版,第 5537 页。

第三节 隋至五代时期农业的发展状况

隋至五代时期,河南农业在生产技术、作物种植、禽畜饲养、粮食加工和储藏等各方面都有长足的进步。到中晚唐五代,天灾人祸、藩镇割据又使河南农业残破不堪,但局部地区农业经济也得到有限的恢复。

一、隋唐时期农业主管的机构及职责

1. 农业主管机构

民以食为天,农业是历史上历朝历代政府都需关注的要事。据宋郑樵《通志》所载,隋朝初年,延续北朝体制,在中央政府设司农寺,隶属大司徒,有卿、少卿各一人,掌三农九谷稼穑之政令及仓市薪米园池果实,炀帝时置少卿2人;唐高宗龙朔中改农为司稼,咸亨初复旧,卿1人,少卿2人,掌东耕供进耒耜及邦国仓储之事,领上林、太仓、钩盾、导官四署,署各有令丞;在司农下设诸屯监,隋置诸屯监及副监,畿内者隶司农,自外者隶诸州,唐因之,置监及丞,掌营种、屯田、功课、畜产等事。[①]

水利是农业的命脉。隋初设水部侍郎,隶属工部,唐武德三年(620)改为水部郎中,龙朔二年(662)改为司川大夫,咸亨元年(670)复旧,天宝中改水部为司水,至德初复旧,掌川、渎、津、济、船、舻、浮桥、渠、堰、渔、捕运、漕水、碾硙等事。[②] 另有一机构都水监。隋开皇三年(583)废都水台入司农,十三年(593)复置,仁寿元年(601)改为都水监,加置少监,又改监及少监并为令,领舟楫、河渠二署;唐武德

---

① 〔宋〕郑樵:《通志》卷五四《职官略》,中华书局1987年版,第673页。
② 〔唐〕李林甫等撰,陈仲夫点校:《唐六典》卷七《尚书工部》水部郎中条,中华书局1992年版,第225—227页;〔宋〕欧阳修:《新唐书》卷四八《百官志三》,中华书局1975年版,第1201—1202页。

八年(625),置都水台,后复为都水监,置令,隶属将作大匠,贞观中复为都水监,置使者,龙朔二年(662)改都水使者为司津监丞,光宅元年(684)改都水监为水衡,置都尉,神龙元年(705)复为都水监,置使者2人,分总其事,领舟楫、河渠二署。① 从职能上看,水部郎中与都水监在职能上有相近之处,但又有区别,水部郎中的职能在于水资源的利用,而都水监则偏重于水资源的管理。

粮食储备也是历代政府所关注的,太仓署也是历代都设置的机构。隋设司仓,有令2人,丞6人。唐代沿袭,有令3人,丞2人,掌粮库出纳。分布各地的粮库设诸仓监,负责所管理粮仓的出纳。

为平抑粮价,防止粮价波动影响社会生活秩序,隋设常平署,唐武德中置常平监官,以均天下粮价。年景歉收,粮价上涨则减价而出,粮食丰收则增籴而入。设常平令1人,掌仓粮管钥、出纳、粜籴。

2. 隋唐五代时期的历法

还有与农业相关且很重要的职官,就是掌管历法的机构。据清黄本骥《历代职官表》载,隋仍置秘书省,领太史曹,令、丞各2人,司历2人,监候4人,其历、天文、漏刻等各有博士及生员。② 隋初,太史令从七品,太史丞正九品,太史监候、太史司历从九品;隋炀帝时,太史令升为五品,其下依次升,但职位有减少;唐后又改为司天台、秘阁局、浑仪监、太史监、太史局,其主事官员的名头、人数也频繁更改。③ 这种现象说明这种机构地位不高,常成为政府机构裁撤合并的对象。据《新唐书·百官志》载,司天台监1人,正三品;少监2人,正四品;上丞1人,正六品上;主簿2人,正七品上;主事1人,正八品下;掌察天文,稽历数。④

隋唐时期使用了很多历书。隋代用《开皇历》《皇极历》《大业历》,唐代使用过《戊寅历》《麟德历》《景龙历》《大衍历》《元和观象历》《长庆宣明历》《宝应

---

① 〔后晋〕刘昫等:《旧唐书》卷四四《职官志三》,中华书局1975年版,第1897—1898页;〔宋〕欧阳修、宋祁:《新唐书》卷四八《百官志三》,中华书局1975年版,第1276—1277页。
② 〔清〕黄本骥编:《历代职官表》,中华书局1965年版,第11、162—166页。
③ 〔唐〕李林甫等撰,陈仲夫点校:《唐六典》卷一〇《秘书省》"太史局"条,中华书局1992年版,第302—305页;〔后晋〕刘昫等:《旧唐书》卷四三《职官志二》"司天台"条,中华书局1975年版,第1855—1856页。
④ 〔宋〕欧阳修、宋祁:《新唐书》卷四七《百官志二》"司天台"条,中华书局1975年版,第1215—1216页。

历》《正元历》《景福崇元历》等。盖各种历法都有缺陷,所以才如此频繁地更换新法使用。在诸多历法中,比较有价值者当是《皇极历》《戊寅历》《麟德历》和《大衍历》。

《皇极历》,信都(治所在今河北冀县)刘焯制。《皇极历》在历算史上有两个突出之处。其一是吸收了南朝祖冲之的岁差法,推出的岁差值为75年。岁差是指这个冬至点与上一个冬至点在黄道上位置移动的数值,现代天文学推算的数值是71年又8月差一度,而祖冲之推算的数值是45年又11月差一度,显然《皇极历》推算的误差更小。其二是采用了南朝何承天的定朔法。朔日是指太阳与月球在黄经上的半径相等,从地球上看日月几乎同时出没。由于月亮绕地球运行的轨道是椭圆形的,当月球运行到近地点时速度快,运行到远地点时速度慢,这就造成了朔日之间所需时间的差别。据现代天文学推算,快时29天又6小时多,慢时则需29天又19小时多,平均时长为29天12小时多,据平均时长定朔日即为平朔。古代历法通用平朔,但其推算的数值误差要大很多,天长日久,误差累积越来越大,不得不重新制定历法。因以定朔法制定历法极易出现连续三小月相连或连续四大月相连的情形,终因太史令张胄玄的反对而未能施行。①

《戊寅历》为道士傅仁均所制。傅仁均,滑州白马(治所在今河南滑县)人,精历算推步。唐初受唐高祖令修历法,他将定朔法纳入《戊寅历》中,并成功说服唐高祖颁布施行,这也是中国第一部由政府颁布施行的定朔法历法。但他没有解决连续大小月的问题,贞观中甚至出现连续四个大月的现象,很快就停止执行了。②

唐高宗麟德年间,又颁行了《麟德历》。《麟德历》为岐州(治所在今陕西凤翔)李淳风所制。他亦精通天文历算阴阳之法。《麟德历》亦采用定朔法编制,但李淳风用变通的办法解决了连续大小月的问题。在形式上将连续大月和连续小月之朔日向后推迟一天,这样就形成了最多有连续两个大小月的结果。《麟德历》在当时受到好评,被认为是较精密的历法,定朔法也成为制定历法的

---

① 〔唐〕魏徵等:《隋书》卷一八《律历志下》,中华书局1973年版,第459—501页。
② 〔宋〕欧阳修、宋祁:《新唐书》卷二五《历志一》,中华书局1975年版,第534—557页。

准则被以后历代所继承。①

《大衍历》为僧一行所制。一行俗名张遂,魏州昌乐(治所在今河南南乐)人,精天文历算阴阳之学。由于《麟德历》在使用过程中误差越来越大,已不能满足需求。开元七年(719),唐玄宗命一行稽考前代诸家历法得失,另撰新历。一行率当时的天文历算工作者,仔细观测了日、月、星辰运动的第一手数据,发现恒星的位置与西汉相比已发生较大的变化。于是废除了已使用800多年的二十八宿位置数据,并以重新测定的数据代之,无疑提高了历法的准确性。他还发明专用的测量仪器"复矩图",在白马(今滑县)、浚仪(今开封)、扶沟和上蔡建立了四个观测点,此四地相距不远,且大体南北处于同一条线上。这些观测点的观测得到重要的发现,即子午线一度的长度为351里另80步,换今制约为129.22公里,是世界最早报告的测量子午线的数据。现代测量的数据为111.2公里,虽然数据误差较大,但在当时也是极为不易的成就。开元十七年(729),《大衍历》颁布施行,随后又传入日本。欧阳修在《新唐书》中说,从汉代《太初历》到唐《麟德历》,有历法23部,都接近于真实的岁月交替,但没有一部是周密无缺的。到一行制定的《大衍历》才做到真实又周密,值得后世做历书者学习。② 在当时这个评价应该是不过分的。

后晋司天监马重绩制《调元历》。③ 后周显德三年(956),端明殿学士、左散骑常侍、权知开封府事王朴上《历经》1卷、《历》11卷、《草》1卷、《显德三年七政细行历》1卷,世宗览之,亲为制序,仍付司天监行用。④ 但这些历书都没经得起时间的检验,后周灭亡后都随之湮灭了。

二、农业生产方式

1. 农耕过程及主要农具

农业生产的过程包括耕地、播种、中期田间管理、灌溉、收割等环节。每一

---

① 〔宋〕欧阳修、宋祁:《新唐书》卷二六《历志二》,中华书局1975年版,第559—586页。
② 〔宋〕欧阳修、宋祁:《新唐书》卷二七《历志三》,中华书局1975年版,第587—635页。
③ 〔宋〕薛居正等:《旧五代史》卷一四〇《历志》,中华书局1976年版,第1862—1863页。
④ 〔宋〕薛居正等:《旧五代史》卷一四〇《历志》,中华书局1976年版,第1866页。

环节都要用不同的工具才能完成。在中国几千年的历史上,农业的发展非常缓慢,几百年前、上千年前的工具,后世仍在照常使用,因为小生产并不需要重大的技术改进就能继续生存下去。前代遗留的工具,比如汉时已广为使用的耧车,极为适应北部旱地的耕作,在较长的历史时期内只是稍有改进还在继续使用。河南地区唐墓出土的犁铧,与汉代相比也相去无几,这种犁铧应是北方地区广泛使用的直辕犁所用的。唐代创制了曲辕犁,主要是为适应南方水田的耕作而发明的,但在北方旱作农业区亦可广泛使用。唐陆龟蒙在《耒耜经》中详细记述了构成曲辕犁的各个部件、尺寸和功能。曲辕犁是中国耕犁发展到比较成熟阶段的典型,其优点是操作机动灵活,便于调整耕深、耕幅,适于在小面积地块上耕作。除犁以外的翻土工具还有铁镢等。① 农田耕翻后,须经过碎土和平整。平整的农具穮、耙,中期田间管理的农具铲、锄、耨,收获的工具铚和镰等,从河南地区唐墓出土的铁农具的形制看,与晚近时期相差无几。②

灌溉是农业生产中必备的程序。三国时期发明的靠人力和机械力转动的翻车,一直使用到 20 世纪。唐代在南方的河湖水口地区又发明了靠水力翻动的筒车。这种发明很快就在水力充沛的地区得到推广。中唐时,刘禹锡还记录了当时业已存在的机汲取水法,就是高架水槽,将高处的水源引到低处使用,适用于丘陵和浅山地带。③ 这就是后来渡槽的发端。

粮食收获后,还需经过脱粒粗加工才能将禾秆与谷物分离,成为谷粒。脱粒的工具常见两种:其一是用畜力拉动的碌碡,俗谓石磙者。其二是人力使用的连枷。范成大《秋日田园杂兴》云:"新筑场泥镜面平,家家打稻趁霜晴。笑歌声里轻雷动,一夜连枷响到明。"④其中的"连枷"就是脱粒的工具。经过从播种到收谷入仓,一个农业生产的过程才算完成。

古代的农业生产从技术上说并不复杂,知识的传授主要依靠千百年来口耳相传,身体力行。北朝贾思勰《齐民要术》既总结了黄河中下游地区历史上的农业生产经验,同时又可以指导以后的农作生产。因而要了解隋唐五代时期的农

---

① 〔唐〕陆龟蒙:《耒耜经》,载《农说及其他二种》,丛书集成初编本第 1468 册,商务印书馆 1936 年版。
② 白云翔:《隋唐时期铁器与铁器工业的考古学论述》,《考古与文物》2017 年第 4 期。
③ 〔清〕董诰等编:《全唐文》卷六〇六,中华书局 1983 年版,第 6126 页。
④ 〔宋〕范成大:《范石湖集》卷二七,上海古籍出版社 1981 年版,第 375 页。

业发展状况,《齐民要术》仍有借鉴意义。《齐民要术》对田地开垦、耕种到食品加工和利用等一系列过程都有详细记述,同时还记述了种植、养殖和园艺相关的问题,说它是农学的百科全书并非言过其实。《齐民要术》中还探讨了抗旱保墒,恢复、提高土壤肥力的办法,明确提出农业生产的原则应该是因时、因地、因作物品种而制宜。

晚唐时期,韩鄂(一作谔)仿《礼记·月令》体裁撰《四时纂要》,全书约有一半的内容是占候、择吉和祈禳,其余部分特别是其中的杂事部分,对农业生产和加工技术有详细的记载。主要有以下内容:一是各类农作物和林、牧、副、渔业的生产技术,包括粮食作物、油料作物、纤维作物、蔬菜、染料作物、桑蚕、果树、竹木、茶、牧养、兽医方剂、养鱼、养蜂等;二是农副产品的加工和制造,包括沤麻、动植物纤维制造和染色、酿造、乳制品、油脂加工、淀粉加工、动物胶加工、食物腌制和贮藏等;三是药用植物的栽培、方剂、贮藏等;四是器物的制造和保管,包括农具、油衣和漆器、皮毛衣物、日用杂器等;五是农副产品的买卖和高利贷。关于农业生产和加工的技术主要来自《齐民要术》,但有所增益。对于各类农作物和果木的种植技术记述较详,还有棉、茶、雄麻、黍穄间作和人工培育食用菌的记载。关于棉的记载有人主张是后世窜写的。此外还记载有各种农副产品的加工制造技术,如利用麦麸酿制"麸豉",制酱、药酒、果子酒,各种植物淀粉的提制等,说明这一时期的农产品加工业较前代有了较快的发展。[1]

2. 主要农作物及产量

根据《齐民要求》和《四时纂要》两本农书的记载,当时的农作物品种有粟、黍、稷、粱、秫、大豆、小豆、麻、大小麦、水稻、旱稻、胡麻、诸色瓜、瓠、芋、葵、蔓菁、蒜、薤、葱、韭、蜀芥、云台芥子、胡荽、荏蓼、姜、荷、芹、蘧、苜蓿等数十种。还记载了枣、桃、李、杏、梅梨、栗、柰、柿、石榴、椒、葡萄等主要的果木。

粟是黄河流域的原生谷物,是一种耐旱的高产作物,其种植的历史可推到六千多年前。经过几千年的发展,北朝时已有多个不同的品种适应不同条件下种植,《齐民要术》中记载的粟的品种多达86个。隋唐五代时期,粟依然是河南地区的主要农作物。杜甫诗曰:"忆昔开元全盛日,小邑犹藏万家室。稻米流脂

---

[1] 〔唐〕韩鄂(一作谔)原编,缪启愉校释:《四时纂要校释》"校释前言",农业出版社1981年版。

粟米白,公私仓廪俱丰实。"①粟不仅产量较高,而且容易存储,在比较干燥的条件下,可存储9年,一般低湿的条件下,也可存储5年。从含嘉仓砖铭我们可以看到,粟的存储量是很大的。②

小麦亦是主要的旱地作物。现有资料表明,河南地区夏商时代小麦的种植已经有所扩展,至隋唐时期已成为小麦的主产区,一直到现在,河南都是全国小麦产量最多的地区。唐李贺《昌谷诗》所云"芒麦平百井,闲乘列千肆"③,描述的就是洛阳附近种植麦子的情景。张谓在《别睢阳故人》中说:"夏雨桑条绿,秋风麦穗黄。"④他只注意了诗文的工整,却忽略了季节。元和年间王建《江陵使至汝州》诗云:"回看巴路在云间,寒食离家麦熟还。"⑤从这些诗中,可以领略到当时河南各地小麦种植的情况。今时旱作区内,彼时都应有小麦的种植。

水稻也是重要的作物品种。在河南史前时代的遗址中,就发现有粳稻遗存。淮河上游各支流当时水量充沛,因而自魏晋以降至隋唐五代时期,都有水稻的种植。黄河支流和黄河北岸冲积平原区也种植水稻。前引李贺《昌谷诗》又云:"昌谷五月稻,细青满平水。"宋之问《游陆浑南山自歇马岭到枫香林,以诗代书答李舍人适》记陆浑所产时说:"粳稻远弥秀,栗芋秋新熟。"⑥《元和郡县志》卷一六卫州共城县(治所在今辉县市)有百门陂,"在县西北五里。方五百许步,百姓引以溉稻田,此米明白香洁,异于他稻,魏、齐以来,常以荐御";卷五光州仙居县(治所在今光山县)下有仙堂六陂,南朝"梁武帝大同元年,百姓堰谷水为六陂,以溉稻田"。⑦ 从这些记载看,当时在水量充沛的地区,水稻的种植是普遍的。

主要农作物是粮食的核心构成,其产量的多少关系到每个人的吃饭问题。而决定产量的是单位面积的产量,即亩产量。亩产量会受到土壤、气候、作物品种等因素的影响,不同的地区甚至不同的地块、不同种类,亩产量都会

---

① 〔唐〕杜甫:《忆昔》二首之二,〔清〕彭定求等:《全唐诗》卷二二〇,中华书局1960年版,第2328页。
② 河南省博物馆、洛阳市博物馆:《洛阳隋唐含嘉仓的发掘》,《文物》1972年第3期。
③ 〔清〕彭定求等:《全唐诗》卷三九二,中华书局1960年版,第4435页。
④ 〔清〕彭定求等:《全唐诗》卷一九七,中华书局1960年版,第2023页。
⑤ 〔清〕彭定求等:《全唐诗》卷三〇一,中华书局1960年版,第3434页。
⑥ 〔清〕彭定求等:《全唐诗》卷五一,中华书局1960年版,第626页。
⑦ 〔唐〕李吉甫撰,贺次君点校:《元和郡县图志》,中华书局1983年版,第462、247页。

有差别。关于亩产量的文献记录不多,有关农史方面的研究结果也只是一种推算。

要搞清楚亩产量的问题,首先要确定一亩有多少面积。《新唐书》卷五一:"唐制度田以步,其阔一步、其长二百四十步为亩,百亩为顷。"一步为五尺,可唐制尺有大小之分,《唐六典》卷三《尚书户部·金部郎中》:"凡度以北方秬黍中者一黍之广为分,十分为寸,十寸为尺,一尺二寸为大尺。"①从出土文物里的唐尺来看,一尺在29—31厘米之间,②大约是大尺的长度,小尺的长度可能在25厘米上下。若依大尺,则一亩合今制540平方米左右;若依小尺,则有375平方米左右。关于唐尺的长度早就聚讼纷纭,又遇上唐制的亩还有大亩、小亩之别。据吴慧的研究结论,一小亩约相当于一大亩的41.67%,③约合225平方米,连大亩一半都不到。唐代田制丁男授田共100亩,应是按小亩计算的,如以大亩算,恐力有不及。

田亩有肥沃和贫瘠之别,现在看历史上的亩产只能以平均数计算,即便如此,也只能是估计数字。《唐会要》卷八五说:"营公田一顷,不啻得计,早收一年,不减一百石。"④李翱《平赋书》:"一亩之田,以强并弱,水旱之不时,虽不能尽地力者,岁不下粟一石。"⑤《旧唐书》卷一六三《崔弘礼传》:"请于秦渠下辟荒田三百顷,岁收粟二万斛。"《新唐书》卷一六四《崔弘礼传》,崔弘礼"迁河阳节度使,使治河内秦渠,溉田千顷,岁收八万斛"。从这些记载看,当时粟的亩产大约在1石。据吴慧的研究结论,唐代1石合汉代3.81石,再考虑到套种等因素,折合汉制为亩产3.57石,折合今制为亩产334斤。⑥

水稻的出米率低于粟,秕糠约占稻谷的四成。据吴慧的推算,水稻的产量约为每亩1.07石,⑦折合今制约为亩产357斤上下。

小麦和其他作物,因数据极其缺乏,想做一个大致的推算也不可能。当然关于粟和水稻的亩产推算也并不一定准确,因为亩产问题不能仅凭一时一地的数

---

① 〔唐〕李林甫等撰,陈仲夫点校:《唐六典》,中华书局1992年版,第81页。
② 国家计量总局等:《中国古代度量衡图集》,文物出版社1984年版,第26—29页。
③ 吴慧:《中国历代粮食亩产研究》,农业出版社1985年版,第151页。
④ 〔宋〕王溥:《唐会要》,中华书局1960年版,第1563页。
⑤ 〔清〕董诰等编:《全唐文》卷六三八,中华书局1983年版,第6439页。
⑥ 吴慧:《中国历代粮食亩产研究》,农业出版社1985年版,第154页。
⑦ 吴慧:《中国历代粮食亩产研究》,农业出版社1985年版,第154页。

据,而是应有一段连续的数据来支撑,但我们现在已无法获取这样的数据了。

3. 粮食加工技艺

就谷物而言,入仓贮存后还需经过脱壳工序才能成为食物的原料。脱壳的工具一般是石碾或石磨,河南安阳隋代张盛墓和偃师杏园唐墓都出土有碾和磨的模型,[①]其形制与 20 世纪北方农村地区所使用的碾、磨并无差别,既可用畜力拉动,也可用人力推动。碎壳以后还要让秕糠和谷实分离,这时就需要另一种工具——风车。风车是一种半机械的去秕糠工具,从汉代开始就大量使用,河南多地汉墓中都出土有陶风车模型,[②]它通过叶片转动产生风力,质量较轻的秕糠被风吹出去,而质量较重的谷实则下沉收入器皿中。这种风车同样也使用到 20 世纪。此外,还有小型加工谷物、面粉或其他需要碎化的食材之工具——碓。碓与臼是配套使用的工具,其实就是放大的杵臼。自汉代开始直到 20 世纪,碓是一直在使用的粮食加工工具。汉代发明的水碓在水力充沛的地区依然延续下来。宋乐史《太平寰宇记》卷五载,缑氏县柏谷坞"西有二寺,亦在原上。入谷数百步,又有二佛,精巧美丽,有牛舂、马䃑、水碓之利"[③]。唐万齐融《阿育王寺常住田碑》有载:"始象耕而鸟耘,终牛舂而马䃑。"[④]牛舂、马䃑应是以畜力为动力的加工机械,但已无法详知其形制和工作原理。水碓即汉代以来流传的水力工具。

在隋唐时期的粮食加工工具中,颇值一书者,即是曾经与灌溉相左而名动一时的水碾硙事件。水碾硙即是以水能为动力的加工工具,北朝时期已很常见。《洛阳伽蓝记》卷三:"至正光年中,太后始造七级浮图一所……碾硙、舂、簸皆用水功。"[⑤]《魏书》卷一二《孝静帝纪》载:"封王诸子为县公,邑各一千户。奉绢三万匹,钱一千万,粟二万石,奴婢三百人,水碾一具,田百顷,园一所。"同书卷六六《崔亮传》:"奏于张方桥东堰谷水造水碾磨数十区,其利十倍,国用便之。"[⑥]《北史》卷五四《高隆之传》:"又凿渠引漳水周流城郭,造水碾硙,并有利

---

① 考古研究所安阳发掘队:《安阳隋张盛墓发掘记》,《考古》1959 年第 10 期;中国社会科学院考古研究所河南二队:《河南偃师市杏园村唐墓的发掘》,《考古》1996 年第 12 期。
② 河南省博物馆:《济源泗涧沟三座汉墓的发掘》,《文物》1973 年第 2 期。
③ 〔宋〕乐史撰,王文楚等点校:《太平寰宇记》,中华书局 2007 年版,第 74 页。
④ 周绍良总主编:《全唐文新编》卷三三五,吉林文史出版社 1999 年版,第 3836 页。
⑤ 〔魏〕杨衒之撰,范祥雍校注:《洛阳伽蓝记校注》,上海古籍出版社 1958 年版,第 136 页。
⑥ 〔北齐〕魏收:《魏书》,中华书局 1974 年版,第 313、1481 页。

于时。"①《嵩阳石刻集记》卷上《唐二》:"至(武德)八年二月,又蒙别敕,少林寺赐地肆拾顷,水碾硙一具。"②《新唐书》卷三六《五行志三》:"济源路敬淳家水碾柱将坏,易之为薪。"③说明此时水碾虽不是稀罕物品,但也非普通人所能轻易拥有。

为了合理利用水资源,保障漕运和灌溉用水,唐朝政府颁行了水利管理法规《水部式》,其原文已佚。现存《水部式》系在敦煌发现的残卷,共29段35条2600余字。内容包括农田水利管理、碾的设置及其用水规定、船闸和桥梁、渡口的管理维修等内容。唐开元二十五年(737)《水部式》残卷(伯2507号)记载:"诸水碾硙,若拥水质泥塞渠,不自疏导,致令水溢渠坏,于公私有妨者,碾硙即令毁破。……诸溉灌小渠上,先有碾硙,其水以下即弃者,每年八月卅日以后,正月一日以前,听动用。自余之月,仰所管官司,于用硙斗门下,着锁封印,仍去却硙石。先尽百姓溉灌,若天雨水足,不须浇田,任听动用。其傍渠疑有偷水之硙,亦准此断塞。"④《唐六典》卷七《尚书工部·水部郎中员外郎》中也有规定:"凡水有灌溉者,碾硙不得与争其利;自季夏及于仲春,皆闭斗门,有余乃得听用之。"⑤武周时,狄仁杰《谏造大像疏》说当时寺观:"膏腴美业,倍取其多;水硙庄园,数亦非少。"⑥唐景云元年(710)七月,因寺观广占田地及水碾硙,侵损百姓,令各州长官检括,凡令式之外者一律没收。⑦但拥有碾硙者都是王公贵族、高阶官吏和寺院高僧一类的特权阶层,他们往往视政府的政令如无物,为与民争利,不惜以身试法。在唐开元、广德和大历年间,唐朝政府屡次下令拆除关中地区灌渠上的碾硙并销毁,此即轰动一时的水碾硙事件。但在河南地区,除唐睿宗景云元年一事外,其他的文献记载中还无类似的记载。

---

① 〔唐〕李延寿:《北史》,中华书局1974年版,第1945页。
② 《少林寺牒》,〔清〕叶封:《嵩阳石刻集记》,文渊阁四库全书本,第684册,第120页。
③ 〔宋〕欧阳修、宋祁:《新唐书》,中华书局1975年版,第937页。
④ 赖俊:《敦煌文书〈水部式〉残卷相关问题研究》,陕西师范大学2016年硕士学位论文,第13、15—16页。
⑤ 〔唐〕李林甫等撰,陈仲夫点校:《唐六典》,中华书局1992年版,第226页。
⑥ 〔清〕董诰等编:《全唐文》卷一六九,中华书局1983年版,第1727页。
⑦ 〔唐〕唐睿宗:《申劝礼俗敕》,〔清〕董诰等编:《全唐文》卷一九,中华书局1983年版,第223页。

三、种植业和养殖业

种植业和养殖业是农业的重要组成部分。隋唐五代时期,《齐民要术》[1]所记载种植和养殖的门类应在继续发展。从《新唐书·地理志》《元和郡县志》和宋《太平寰宇记》[2]诸书的记载中,我们仍可以了解彼时河南地区种植业和养殖业的状况。

1. 丝织和其他土产

为详细了解河南地区种植业和养殖业的状况,根据上述三书的记载,做成一表列于次:

表 6-1　隋唐五代时期河南地区土产表

道	府州	《新唐书》	《元和郡县志》	《太平寰宇记》
河南道	河南府	贡文绫、缯縠、丝葛、埏埴盎缶、苟杞、黄精、美果华、酸枣	开元贡绫、白瓷器,赋绢、绵	土产桑白皮、桔梗、玄参、丹参、旋覆花、大戟、白蜡、半夏、芫花、硝粉,以上并入贡,瓷、钟乳赋绫、绢
	汝州	绝	开元贡细绝,赋绝、绵	土产绢、绝、鹿脯、蜜、蜡
	陕州	粰麦、栝蒌、柏实	开元贡柏子仁、瓜蒌,赋绝、绢、绵、丝、布	土产柏子仁、瓜蒌根、绝、绢、麝香、蕤仁、石胆
	虢州	绝、瓦砚、麝、地骨皮、梨	开元贡天门冬、地骨白皮、麝香,赋绢、绝、绵	土产方纹绫、花纱、绢、梨、枣、砚瓦、麝香、蜜、黄丹
	滑州	方纹绫、纱、绢、蘸席、酸枣仁	开元贡方纹绫,赋绵、绢	土产方文绫、绢、绵、花纱
	郑州	绢、龙莎	开元贡麻黄,赋绵、绢	土产梨、麻黄、凤翱席尤佳
	颍州	绝、绵、糟白鱼	开元贡绝二十匹,绵二十七斤,赋缺	土产花官绝、绵

---

[1] 〔北朝〕贾思勰著,缪启愉、缪桂龙译注:《齐民要术译注》,上海古籍出版社 2009 年版。
[2] 〔宋〕乐史撰,王文楚点校:《太平寰宇记》,中华书局 2007 年版。

(续表)

道	府州	《新唐书》	《元和郡县志》	《太平寰宇记》
河南道	许州	绢、蔗席、柿	开元贡蔗心席、干柿,赋绵、绢	土产绢、蔗心席、干柿、黄明胶
	陈州	绢	开元贡绵、绢,赋粟、麦	土产丝、绵、绫、绢
	蔡州	珉玉棋子、四窠、云花、龟甲、双距、溪鹅等绫	开元贡龟甲,双鹨鹅、四窠云绫,赋绫、绵	土产旧贡龟甲双距绫、四窠云花鹨鹅绫,今贡龙凤蚊幮、泽兰、茱萸、虻虫、水蛭(以上二物各二两)、蓍草、生石斛
	汴州	绢	开元贡绢二十匹,赋绵、绢	土产绢、绵、谷子、麻黄、酸枣
	宋州	绢	开元贡绢二十匹,赋绢、绵	土产漆、枲、㿦、纻、绵、绝、縠、绢
	濮州	绢、犬	开元贡绢二十匹,赋绵、绢	土产绵、绢
河北道	孟州	黄鱼鲊		土产古贡黄鱼鲊,今贡粱米、石榴
	怀州	平纱、平𬘬、枳壳、茶、牛膝	开元贡牛膝,赋丝、绵、绢,元和贡平𬘬十匹,牛膝	土产丝、绢、绵、绝,朱胶
	相州	纱、绢、隔布、凤翮席、花口瓢、知母、胡粉	开元贡纱、凤翮席、胡粉、知母,赋绵、绢、丝	土产胡粉、凤翮席花口葫芦、纱、绢
	卫州	绫、绢、绵、胡粉	开元贡绢,赋绵、绢	土产丝、布、绢
	澶州	角弓、凤翮席、胡粉	开元贡平𬘬、绢,赋绝、绵、绢、粟	土产角弓、凤翮席、白桑皮、茅香、香附子、胡粉

续表

道	府州	《新唐书》	《元和郡县志》	《太平寰宇记》
山南东道	唐州	绢、布	开元贡绢、丝布,赋布、麻,元和贡绢十匹	土产绢、方城梨、半夏、桔梗、茱萸、乌头
山南东道	邓州	丝布、茅菊	开元贡白纻、丝布,赋布、麻	土产丝布、绢、蔓荆子、款冬花、进白菊花(其花在骑立山,有人户看守)、白花蛇
淮南道	光州	葛布、石斛	开元贡葛十匹、生石斛六十斤,赋绝、绢	土产茜草、葛、远志、绵、绢、生石斛、名玉
淮南道	申州	绯葛、纻布、赀布、茶、虻虫	开元贡葛十匹,赋布、纻、绵、绢	土产旧贡绯葛、白纻布、花蛇、茶

从上表可知,隋唐五代时期河南地区进贡的物品,除中药材和瓦砚、玉石之外,主要有丝织品(包括纱、縠、绢、绫、绵、绝、绅)、麻葛制品(包括纻、麻、葛、布、枲、绤)、果品(包括酸枣、柿、梨、石榴、枣)、其他土产品(包括茶、栗、漆、蘪席、凤翩席、颍州糟白鱼、孟州之黄鱼、黄鱼鲊、鳣鱼、鹿脯、蜜)等几类。

丝织品的原料是桑蚕,其种植和养殖的历史在河南地区十分悠久。孟子说,"五亩之宅,树之以桑,五十者可以衣帛矣"①。从河南各地区的贡品来看,在隋唐五代时期,今河南各地都有桑蚕的种植和养殖,并在此基础上形成了丝织手工业。其产品的种类有:

①纱和縠。纱是一种质地轻薄、柔软、透亮的丝织品,所谓轻纱薄翼者,即对此而言。縠则是一种起皱纹的纱。纱是古代夏服面料,除素纱之外,还有印花纱和敷彩印花纱,在河南地区出土的唐代陶侍女俑和部分唐代壁画上可以看到这种式样,而实物则未有发现。

②绢、绅。绢是一种较简单的平纹组织,也是最为普遍的一种丝织品。原称为"练",也称"素"或"纨"。后因梁武帝小名"阿练",而改称绢,今谓之绸,古又写为"绅"。平织的绢不织花纹,主要用印染方法来敷彩。绢可分为二种:一是经、纬线根数大略相同的平纹绢,另一种是经线较密而纬线有规律地或松或

---

① 〔清〕焦循撰,沈文倬点校:《孟子正义》(上),新编诸子集成5,中华书局2018年版,第60页。

紧、显出"畦纹"的畦纹绢。

③绫。采用斜纹组织或斜纹变化组织织成,其表面的织纹如冰凌之理,故称为绫。唐时著名的绫是缭绫。白居易有诗云:"缭绫缭绫何所似?不似罗绡与纨绮。应似天台山上月明前,四十五尺瀑布泉。中有文章又奇绝,地铺白烟花簇雪。"①诗中的缭绫产于越州。同为贡品,产于河南各地的绫也应与此相仿。

④绵。即丝绵,在棉花种植之前,丝绵是最主要的御寒物质。

⑤绝。如绢般平纹组织,但经纬线较粗,宜为冬服面料。

麻葛制品主要为服饰面料。纻、麻、葛、枲皆指麻类植物的表皮,纻的纤维韧性较强,麻、葛、枲纤维较长,其织成物分别名布名绤,绤是纤维较粗的布。

在河南各地的贡品中,还有蔍席、凤翻席,在当时应该是有名的土产,但不能详考其为何种植物材料所制。

漆也是古代河南地区的土产。安阳殷墟曾出土过商代的残存漆器,庄子做过宋国的漆园小吏,说明秦汉之前,河南地区是生漆的主要产地之一。生漆是从漆树割取的天然液汁,主要由漆酚、漆酶、树胶质及水分构成。以之为涂料,有耐潮、耐高温、耐腐蚀等特殊性能,又可以加入各色颜料,配制出不同色漆,光彩照人。偃师杏园唐墓曾出土过唐代的漆器,②有可能是河南本地制造的。

栗的种植面积在隋唐五代时期应很广,《太平寰宇记》卷一一一记蔡州汝阳县栗园,"汝水湾中有地数顷,有栗园,今谓之栗洲是也"③。今河南西部和南部的山区,多有栗的分布,与古时种植的传统不无关联。

2. 茶和榷茶

茶叶在隋唐五代时期也是河南地区的贡品之一。《新唐书》和《太平寰宇记》都记有申州贡茶。唐陆羽《茶经·八之出》载,淮南"以光州上,义阳郡、舒州次"④。河南南部地区何时开始茶树种植不可详考,但至唐时已是本地著名土产则是不争的事实。陆羽因嗜茶且著《茶经》三篇,对茶叶的推广普及具有很大

---

① 〔唐〕白居易:《缭绫——念女工之劳也》,〔清〕彭定求等:《全唐诗》卷四二七,中华书局 1960 年版,第 4704 页。
② 中国社会科学院考古研究所河南二队:《河南偃师市杏园村唐墓的发掘》,《考古》1996 年第 12 期。
③ 〔宋〕乐史撰,王文楚等点校:《太平寰宇记》,中华书局 2007 年版,第 200 页。
④ 〔唐〕陆羽:《茶经》卷下,兰州大学出版社 2004 年版,第 48 页。

的促进作用,"时鬻茶者至画羽形置炀突间,祀为茶神"①。陆羽在贞元末卒,但嗜茶饮茶之风气,从唐贞元年间就开始了。

晚唐时期财政收入紧张,政府不得不广开税源。饮茶之风尚既开,茶叶的生产和经营就能产生很多利润。贞元九年(793)正月,初税茶,税率为十税一,每岁茶税收入达40万贯。② 其时江淮地区的茶商为避税,所制茶为大模,名为1斤,实有50两的量,"诸道盐铁使于悰每斤增税五钱,谓之'剩茶钱',自是斤两复旧"③。

唐德宗建中元年(780),采纳户部侍郎赵赞的建议,税天下茶、漆、竹、木,十取一,以为常平本钱。时军用广,常赋不足,所税亦随尽,亦莫能充本储。④ 不光是茶,连其他的土特产品也要纳税,所谓巧取豪夺者,大抵如是。唐穆宗长庆年间(820—824),两镇用兵,帑藏空虚,盐铁使王播乃增天下茶税率,百钱增五十。王播自领江淮、浙东西、岭南、福建、荆襄茶税的收缴;为避税计,天下茶商又加斤至20两,王播又奏加取焉。⑤ 唐文宗(826—840年在位)时,王涯为相,徙民茶树于官场,不能迁移的焚烧毁尽,这种形同从百姓手里抢钱的行为招惹天下大怨。唐武宗(840—846年在位)即位后,盐铁转运使崔珙又增江淮茶税,是时茶商所过州县皆有重税,或掠夺舟车,露积雨中,诸道置邸以收税,谓之"拓地钱",故私犯益起。⑥ 唐宣宗大中初(847),盐铁转运使裴休立茶叶专卖规定:私鬻三犯皆三百斤,乃论死;长行群旅,茶虽少亦死;顾载三犯至五百斤,居舍侩保四犯至千斤皆死;园户私鬻百斤以上杖脊;三犯加重徭;伐园失业者,刺史、县令以纵私盐论;庐、寿、淮南皆加半税,天下税益增倍。⑦

茶叶消费在中唐以后成为百姓日常生活的一部分。偃师杏园唐墓M5013崔防墓,出土过褐釉瓷茶碾,⑧洛阳其他地区也曾出土过茶碾和煮茶的釜、炉。不要说社会上层,就是下层官吏和普通大众也有饮茶的习惯。正因为茶叶消费

---

① 〔宋〕马端临:《文献通考》卷一八,中华书局2011年版,第503页。
② 〔宋〕王溥:《唐会要》卷八四《杂税》,中华书局1960年版,第1546页。
③ 〔宋〕欧阳修、宋祁:《新唐书》卷五四《食货志四》,中华书局1975年版,第1382—1383页。
④ 〔宋〕马端临:《文献通考》卷一八,中华书局2011年版,第501页。
⑤ 〔宋〕欧阳修、宋祁:《新唐书》卷五四《食货志四》,中华书局1975年版,第1382页。
⑥ 〔宋〕欧阳修、宋祁:《新唐书》卷五四《食货志四》,中华书局1975年版,第1382页。
⑦ 〔宋〕欧阳修、宋祁:《新唐书》卷五四《食货志四》,中华书局1975年版,第1382页。
⑧ 中国社会科学院考古研究所:《偃师杏园唐墓》,科学出版社2001年版。

已成习俗,晚唐政府顺势将之变为苛税的又一来源。

3. 酿酒与榷酒

最后还要附谈一下粮食加工的重要一支——酿酒业。

河南地区饮酒的历史可谓悠久。据目前可信的资料显示,商代的酿酒业已比较发达,多地都见考古出土的商周时期的酒。[1] 隋唐以前,饮酒已是寻常百姓的家常事,市场上的酒也可自由买卖。晚唐以后,官府收入有限,不得不广开财源。广德二年(764)十二月,令天下各州量定酤酒户,随月纳税,除此外不问官私,一律禁止买卖;[2]大历六年(771)二月,量定酤酒户为三等,逐月交纳税钱;[3]建中三年(782),官府又禁止私人酤酒,由官府置店自酤收利,以助军费,[4]开启了酒专卖的历史。

贞元二年(786)十二月,在长安地区执行榷酒之法,每斗榷酒钱150文,酒户可免除杂差役。元和六年(811),榷酒钱除经营酒的商户外,其他从两税的青苗钱征收。会昌六年(846)九月,在扬州、陈许、汴州、襄州、河东征收酒曲专卖税,在浙西、浙东、鄂岳等处,置官营店卖酒,禁止私买私卖。[5]

后梁开平三年(909),放开了酒曲专卖。但后唐天成三年(928)又开征酒曲税,令三京(今开封、洛阳、商丘)、邺都、诸道州、府乡村人户,自是年七月后,于夏秋田苗,上亩纳曲钱五文,直接将酒曲税纳入夏秋青苗税;又令京都及诸道州、府、县、镇、坊界及关城草市内,应逐年买官府经营的曲;除酿酒和经营酒的榷酒户外,自酿自饮的酒如有私卖,一经查出,勒依中等酒户纳榷。后唐长兴二年(931),令诸道州、府人户,每秋苗一亩上,原征曲钱五文,今后特放二文,仍征三文。后周显德年间(954—960),在诸道州、府设曲务,并在各专卖市场逐处设都务处,监管酒曲的生产和销售,以本年生产的酒曲数为来年的生产总数,销售酒曲要现钱付讫,不得赊卖;乡村人户自造米醋及卖糟造醋自用的,允许在本州

---

[1] 温睿、李静波:《考古遗存中酒类残留物的研究进展》,《西北大学学报(哲学社会科学版)》2017年第1期。

[2] 〔宋〕王钦若:《册府元龟》卷五〇四《邦计部·榷酤》,凤凰出版社2006年版,第5726页。

[3] 〔宋〕郑樵:《通志》卷六二,中华书局1987年版,第750页。

[4] 〔宋〕郑樵:《通志》卷六二,中华书局1987年版,第750页。

[5] 〔宋〕王溥:《唐会要》卷八八《榷酤》,中华书局1955年版,第1607—1608页。〔宋〕王钦若:《册府元龟》卷五〇四《邦计部·榷酤》,凤凰出版社2006年版,第5727页。

县内沽卖酒曲。①

酒的专卖既增加了政府收入,又制止了粮食的过度消费,应该说这种制度与横征暴敛是有区别的。但是,其将酒税转移到田亩之上,无疑加重了农民的负担,这也是五代政权频繁更换的诱因之一。

4. 养殖业

养殖业也是农业中的一个重要门类。其时主要的养殖动物是马、牛、驴、骡、羊、狗、猪、鸡、鸭、鹅、鱼等。

马是其时最主要的负载牲畜,军队、各级政府部门都需要大量的马匹,无论是战时还是平时,政府都需要蓄养马匹。河南地区虽然是农业区,但也有牧马之地。《元和郡县志》卷六"汝州梁县","广成泽,在县西四十里。后汉安帝永初元年,以广成游猎地假与贫人。……案此泽周回一百里。隋炀帝大业元年置马牧于此。"②《太平寰宇记》卷八记,汝州有广成泽,"隋大业中置马牧焉。亦名黄陂,有溉灌之利,至今百姓赖之"③。除官府之外,民间也有很多牧马人。河南地区的隋唐五代墓葬中出土有为数甚多的三彩马、彩绘陶马和骑马俑,④这些私人拥有的马大多来源于民间养殖。从造型上看,唐代马的品种较魏晋时期更高大雄健,很可能来自波斯或东罗马。《齐民要术》载有关于马的挑选、饲养和马病治疗等方面的技术与经验,⑤对隋唐五代时期马的养殖应裨益甚多。

牛、驴、骡是常见的家畜,举凡耕田、运输、粮食初加工等都需以畜力代人力,因而这几种家畜的饲养是非常普遍的。唐代墓葬中常见牛和牛车,因为牛是农耕时代重要的生产力,所以牛也是彼时最受保护的家畜。五代时后周对贩卖牛皮者出台了严格的管制措施。广顺元年(951)三月令:诸道、州、府牛皮今后犯一张,本犯人徒三年,刺配,重处色役,主管的公务人员杖九十;两张以上,本人处死,主管的公务人员徒二年半,刺配重处色役,告事人赏钱五十千。其人户有牛死者,其本户告报本地方主管官员、邻保人,在当日内共同检验后,才可

---

① 〔宋〕王溥:《五代会要》卷二六,上海古籍出版社1978年版,第421页。
② 〔唐〕李吉甫撰,贺次君点校:《元和郡县图志》,中华书局1983年版,第166页。
③ 〔宋〕乐史撰,王文楚点校:《太平寰宇记》,中华书局2007年版,第145页。
④ 河南省文物研究所:《河南考古四十年》,河南人民出版社1994年版。
⑤ 〔北朝〕贾思勰著,缪启愉、缪桂龙译注:《齐民要术译注》,上海古籍出版社2009年版,第333—359页。

剥皮,并报官府备案。显德五年(958)六月又下令,诸道、州、府应有商贾兴贩牛畜者,不计黄水牛,凡经过处并不得抽税。买卖成交时只据卖价,每一千抽税钱二十,不得另外加税。[①]《齐民要术》载有关于牛的挑选、牛病的治疗等技术知识,对民间养牛户和兽医助力不小。[②]

羊、狗、猪、鸡、鸭、鹅也是很久前就驯化了的家畜家禽。隋唐五代时期的墓葬中出土的各种质地的家畜家禽俑甚多。据《太平寰宇记》卷五偃师县尸乡载,"祝鸡翁者,洛阳人,居尸乡山下,养鸡百余年"[③],有可能其时已经出现了专业养殖人。从出土文物的造型来看,狗的形象与汉魏时期颇有区别,身材较高大,很可能是从域外输入的新品种。

除动物养殖外,水产品的种植和养殖在大小水域都普遍存在。水产品有莲藕、菱、芡等,最重要者是鱼。隋唐五代河南地区的贡品中有颍州糟白鱼,孟州之黄鱼、黄鱼鲊、鲴鱼,在当时应该是很有名的。其时河南地区有众多的河流、湖泊和人工运河、灌渠、陂塘,这些水域为鱼的生长和繁殖提供了空间。《齐民要术》载有养鱼的方法技巧,[④]隋唐五代时期鱼的养殖可以从中得到借鉴。

四、粮食的运输和储藏

1. 水陆交通

隋唐五代时期,黄河中下游地区是中国古代政治、经济和文化中心区域,域内聚集了大量的人口。按当时全国户均人口折算,隋代洛阳有1044750人,《新唐书》载唐开元八年(720)有1183092人。[⑤] 除这些常居人口外,还有大量的商人、僧侣、游客、使者等,实际人口要远多于史书记载的人口。这些人每天都要消费大量的食物,仅凭当地土产是难以满足的。同时全国各地交纳的赋税都要

---

① 〔宋〕王溥:《五代会要》卷二五,上海古籍出版社1978年版,第404页。
② 〔北魏〕贾思勰著,缪启愉、缪桂龙译注:《齐民要术译注》,上海古籍出版社2009年版,第359—365页。
③ 〔宋〕乐史撰,王文楚点校:《太平寰宇记》,中华书局2007年版,第81—82页。
④ 〔北魏〕贾思勰著,缪启愉、缪桂龙译注:《齐民要术译注》,上海古籍出版社2009年版,第398—399页。
⑤ 〔宋〕欧阳修、宋祁:《新唐书》卷三八,中华书局1975年版,第982页。

存储在国家设置的粮仓。解决交通运输问题便成为当时政府的头等要事。对于大批量的货运而言,水运相较于陆运,成本低且效率高,至今依然如此。

隋炀帝大业元年(605),征发河南诸郡男女百余万,开通济渠,自西苑引谷洛水达于河,又引河通于淮海,自是天下利于转输。大业四年(608)又征发河北诸郡百余万众,开永济渠,引沁水南达于河北,通涿郡。自是丁男不供,始以妇人从役。[1] 大运河的开通对当时而言具有现实意义,其影响也是深远的。

大运河开通后,使用既久,有些河段已阻塞,需要疏浚整治。开元二年(714),因汴州东梁公堰毁坏,致江淮漕运不通,河南尹李杰征发汴、郑丁夫以浚之,公私深以为利,刻石立水滨以纪其绩;开元十五年(727)正月,令将作大匠范安友检行郑州河口斗门,征发河南府、怀、郑、汴、滑、卫三万人疏决旧河口。[2] 每年春夏之交,北方干旱,运河两岸多有盗开斗门取水者,致使舟船停滞。贞元二年(786)五月敕,漕运通流,国之大计。令汴、宋等州观察使,划清各州县责任河段以巡察,郑州、徐州、泗州等地的刺史亦准此,保障运河通航。[3]

晚唐至五代时期,运河失修,加上人民逃亡,漕运已举步维艰。后唐同光三年(925),吏部尚书李琪建议,重奖转输搬运之人,输运五百石以上,白身授一初任州县官;有官者依次晋升,立即取用;千石以上至万石者,不拘文武,给予最高的奖赏。[4] 所谓重赏之下必有勇夫,出台这样的政策,可见当时的漕运已是燃眉之急。

三十年河东,三十年河西,这是河道水流的自然规律。洛口仓门前原有码头,可直接卸货入仓。但到五代时期,洛河水道南移,距离仓门稍远,负责转运的牙官每天要负责运转40石,运转维艰,多有逃逸。[5] 长兴四年(933),乃在沿河北岸别凿一湾,引船直至仓门下卸。[6]

因五代时汴州已为政治和经济中心,始经营以汴州为中心的漕运网络。后周显德四年(957),疏下汴水一派,北入于五丈河,又东北达于济,自是齐鲁之舟楫,皆至京师。显德六年(959)二月,命侍卫马军指挥使韩令坤,自京东流下汴

---

[1] 〔宋〕郑樵:《通志》卷六二,中华书局1987年版,第747页。
[2] 〔后晋〕刘昫等:《旧唐书》卷四九《食货志下》,中华书局1975年版,第2114页。
[3] 〔宋〕王溥:《唐会要》卷八七《漕运》,中华书局1960年版,第1598页。
[4] 〔宋〕王溥:《五代会要》卷二七,上海古籍出版社1978年版,第430—431页。
[5] 〔宋〕王溥:《五代会要》卷二七,上海古籍出版社1978年版,第431页。
[6] 〔宋〕王溥:《五代会要》卷二七,上海古籍出版社1978年版,第431页。

水,入于蔡河,命侍卫步军都指挥使袁彦浚五丈河,以通漕运,[1]初步形成了以汴州为中心的运输网。

河南漕运的梗刺在三门峡。在当时的技术条件下,三门峡是不可逾越的漕运障碍,每年因此地水文复杂难以掌控而损失的漕粮、漕船无以数计。故隋唐时期在陕州建有太原仓、集津仓等转运仓库,经陆路避开三门之险。隋初遣仓部侍郎韦瓒,向蒲、陕以东募民,能于洛阳运米40石,经砥柱之险,达于常平者,免其征戍。[2] 40石米并非很多,能用这样的条件交换,可见当时对漕粮需求之急迫。唐显庆元年(656)十月,褚朗请开砥柱三门,凿山架险,拟通车陆运,于是发卒六千人,一月而功毕,后水涨引舟,竟不能进。开元二十九年(741)十一月,陕郡太守李齐物凿三门上路运粮。[3] 至唐贞元年间(785—805),李泌为陕虢观察使,始在集津仓山西径开凿运道至三门,以便避三门峡之险。[4] 这条陆路的开通,为关东向关中地区运送粮草提供了便利。

由于交通运输对国家的经济、军事日趋重要,五代时期始出现了陆路交通规则和路标,长兴二年(931)八月敕令,"道路街巷,贱避贵,少避长,轻避重,去避来。宜令三京、诸道州、府各遍下县镇,准旧仪制于道路分明刻牌,于要会坊门及诸桥柱,晓示路人,委本界所由官司,共相巡察。有违犯者,科违敕之罪"[5]。这种简易的规则和处罚措施,对于提高道路交通效率是极为有利的。

2. 各类仓储

隋文帝开皇三年(583),"以京师仓廪尚虚,议为水旱之备。于是诏于蒲、陕、虢、熊、伊、洛、郑、怀、邵、卫、汴、许、汝等水次十三州,置募运米丁。又于卫州置黎阳仓,洛州置河阳仓,陕州置常平仓,华州置广通仓,转相灌注。漕关东及汾、晋之粟,以给京师"[6]。除政府建立的粮仓外,隋代在民间还建有义仓,又名社仓,以为水旱年岁不丰之备。安阳隋代张盛墓曾出土过不同类型的粮仓模型。

---

[1] 〔宋〕王溥:《五代会要》卷二七,上海古籍出版社1978年版,第432页。
[2] 〔唐〕魏徵等:《隋书》卷二四《食货志》,中华书局1973年版,第683页。
[3] 〔宋〕王溥:《唐会要》卷八七《漕运》,中华书局1960年版,第1595、1598页。
[4] 〔宋〕欧阳修、宋祁:《新唐书》卷五三《食货志三》,中华书局1975年版,第1370页。
[5] 〔宋〕王溥:《五代会要》卷二五,上海古籍出版社1978年版,第409页。
[6] 〔唐〕魏徵等:《隋书》卷二四《食货志》,中华书局1973年版,第683页。

唐代建立了比较完备的仓储体系。中央政府建立诸色仓,各州建有正仓,县以下则建立义仓,遇到年谷不登、百姓饥馑之时,则开仓赈济。高宗武后年间,义仓不许杂用。其后公私窘迫,贷义仓支用。自中宗神龙之后,天下义仓费用向尽。① 开元二十五年(737)定式,王公以下每年户别据所种田亩,别税粟二升以为义仓。其商贾户若无田及不足者,上上户税五石,上中以下递减各有差。② 此外,还设有常平仓,平抑丰歉年份的粮价。天宝八载(749),各类粮仓的储存达到96062220石,和籴1139530石。诸色仓粮总12656620石,其中含嘉仓5833400石、太原仓28140石;正仓总42126184石,其中河南道5825414石、淮南道688252石、山南道143882石;义仓总63177660石,其中河南道15429763石、淮南道4840872石、山南道2871668石;常平仓总4602220石,其中河南道1212464石、淮南道81152石、山南道49190石。③

①含嘉仓。含嘉仓始建于隋大业年间,唐代又对含嘉仓不断修筑、扩大,成为当时最大的官仓。1971年,河南省博物馆和洛阳市博物馆对含嘉仓进行考古钻探、调查和发掘,④查明了含嘉仓的仓城范围,城内部分粮窖排列和道路的分布,并发掘了六个粮窖,了解到粮窖的结构和储粮情况。此后经历次勘探发掘,共探出粮窖287个,其中发掘了19座。据历次考古勘探发掘资料,含嘉仓城近于南北长、东西宽的长方形城郭,总面积约43万平方米。城墙四面各有城门1座,东、西、南、北分别为仓东门、圆壁门、含嘉门和德猷门。仓城内分为生活管理区和粮窖区。生活管理区位于城西北部,粮窖区位于仓城东部和南部,其内有十字形街道,粮窖排列东西成排,南北成行。现存窖口直径最大的18米左右,深12米左右,最小的口径8米左右,深6米左右。仓城的东南部有漕运码头,与瀍河、洛河相通连。

粮窖的形制结构,一般先从地面向下挖一个圆缸形土窖,窖壁和底部经夯打坚实,达到光洁、平整,再用木柴把窖壁烧烤焦燥,使其难于渗水,在窖底铺设一层杂有黑灰色混合物的红烧土碎块。在窖壁下半截还涂一层高约1米类似沥青的黏液,窖壁表面铺一层厚约2—3厘米的木板,并衬以草席和谷糠。窖顶可能是木架结构的草顶,外形如圆锥体。先用木棍和木板搭成由中心向周围辐射的木架,

---

① 〔宋〕郑樵:《通志》卷六二,中华书局1987年版,第752页。
② 〔宋〕郑樵:《通志》卷六二,中华书局1987年版,第752页。
③ 〔宋〕郑樵:《通志》卷六二,中华书局1987年版,第752页。
④ 河南省博物馆、洛阳市博物馆:《洛阳隋唐含嘉仓的发掘》,《文物》1972年第3期。

上铺苇席或蒲席一层,然后盖上束草,草上涂一层很厚的混合泥,以达到密封和防止地面水下渗的目的。在 160 号窖还发现了大量的变质炭化的谷子,谷子的颗粒仍然清晰。据测算,160 号窖内现存谷子的总储量约为 25 万公斤。

在含嘉仓城还发现部分铭文砖,砖呈正方形,正面和侧面平整光滑,有的在刻文前还经过磨光处理。文字阴刻涂朱,铭文记载纳粮的品种和数量、入窖的年月、运输和管理的官员姓名。其上记载的年号有调露、长寿、天授、万岁通天、圣历、光宅、开元等。纳粮的来源主要是当时华北地区运来的租粟和江南地区运来的租糙米。从铭砖上记载各窖储粮数字来看,多的一万数千石,少的数千石,据杜佑《通典·食货志》所记,含嘉仓的储粮数将近诸色仓储粮总数的一半,可谓天下第一粮仓。[1]

②黎阳仓。黎阳仓也是隋唐时期著名的粮仓之一。2011 年 10 月,河南省文物考古研究所对浚县城关镇东关村前街东关囤上遗址进行了考古调查和勘探,确定该遗址就是黎阳仓遗址。[2] 发现与黎阳仓有关的主要遗迹有城墙、护城壕、仓窖遗迹、大型建筑基址、道路等。

据考古调查和发掘的资料,黎阳仓城依山而建,平面近长方形,面积约 7.8 万平方米。从仓城的总体布局推断,仓城的西北部应为粮仓、漕运和管理机构所在位置。目前已探明圆形储粮仓窖 84 个,总体上看仓窖排列基本整齐有序。经考古发掘清理的 3 座隋代仓窖,直径约 8 米。根据窖口周围和窖底中心清理出的柱础遗迹推断,窖上原有建筑物,防止雨水渗透。窖内的自然淤泥表明仓窖废弃后经历了一段自然淤填的过程。依据仓窖内出土的遗物和结合叠压其上的北宋时期地面建筑遗存分析,黎阳仓大约在唐代中期以前已经废弃。

③回洛仓和兴洛仓。回洛仓、兴洛仓也是隋唐时期著名的粮仓。

回洛仓建于隋大业年间。隋初定都长安,因关中地区地狭人密,加上三门之险导致黄河漕运不畅。隋炀帝大业初始建东都,新置回洛仓和兴洛仓。主要是为了方便东南漕粮随时入库,保障洛阳及其以西地区的粮食供应。因为回洛仓在隋朝具有重要的战略地位,因此成为兵家必争之处。据《旧唐书》《新唐

---

[1] 〔唐〕杜佑撰,王文锦、王永兴、刘俊文点校:《通典》,中华书局 1988 年版,第 291—292 页。
[2] 郭木森、马晓建、赵宏:《河南浚县黎阳仓遗址考古获重要发现》,《中国文物报》2013 年 3 月 1 日第 008 版。

书》《太平寰宇记》等书记载,隋末回洛仓先后被瓦岗军、隋越王杨侗、王世充、李世民反复占领,得仓者得胜,失仓者为贼为寇。

回洛仓遗址位于隋唐洛阳城外的东北部(今洛阳市瀍河区)。① 据考古发掘报告可知,回洛仓城为东西长 1140 米、南北宽 355 米的长方形城郭。仓城的东西两侧各设一个仓窖区,各由十字形道路将其分为 4 个相对独立的存储区。根据仓窖分布规律推算,整个仓城仓窖的数量在 700 座左右。在城内还钻探出两条南北走向的沟渠,推测可能是与漕运有关的沟渠遗迹。

回洛仓目前已发掘清理圆形仓窖 4 座,出土的遗物较重要者为隋"大业元年"纪年铭砖。回洛仓使用时间短暂,隋亡后即废弃。

兴洛仓又名洛口仓,建于隋大业二年(606),仓城周围广 20 余里,"穿三千窖,每窖容八千石","置监官并镇兵千人守卫",据史料记载估算,整座仓城储漕米 2400 万石,居隋代官仓储量之首。隋末天下大乱,如同回洛仓一样,各割据政权先后据有兴洛仓,至唐初几废。唐玄宗开元二十一年(733)下诏复置洛口仓,恢复储藏。2010 年下半年,郑州市文物考古研究院开始对郑州隋唐大运河沿线进行全面调查。② 在巩义七里铺岭发现一夯筑城墙遗址,通过观察城墙的剖面得知,此城筑于汉代,至隋唐时对局部维修加固并继续使用,结合文献记载,此城与洛口仓位置相近。但其规模与文献记载的洛口仓又有差距,也没有发现粮窖遗迹,只能说此城为寻找洛口仓提供了有益的线索。

④河阴仓。开元二十年(732),长安粮价高涨。京兆尹裴耀卿建议在河口置一仓,纳河东租米,便放船归。从河口即分入河洛,官自雇船载运至三门之东,置一仓。三门既水险,即于河岸用小车运十数里至三门之西,又置一仓。每运至仓,即搬下贮纳,水通即运,水细便止。自太原仓溯河入渭,更无留停,所省巨万。如此漕运的粮食就会源源不断地运往关中,粮价的问题就可以解决。开元二十二年(734)八月,置河阴县及河阴仓、河西柏崖仓、三门东集津仓、三门西盐仓,开三门山十八里陆路,以避湍险。自江淮而溯鸿沟,悉纳河阴仓。自河阴送纳含嘉仓,又递纳太原仓。自太原仓浮渭以实关中。以裴耀卿为江淮转运

---

① 王炬、吕劲松、赵晓军:《洛阳隋代回洛仓遗址 2015 年度考古发掘简报》,《洛阳考古》2017 年第 1 期。
② 顾万发、汪松枝:《隋唐大运河郑州段调查》,《中国文物报》2012 年 4 月 27 日第 008 版。

使,以郑州刺史崔希逸、河南少尹萧炅为副,三年运粮700万石,省脚力钱30万贯。大历四年(769),户部尚书刘晏奏置汴口仓。元和三年(808)四月,增置河阴仓屋150间,河阴仓实际上已成为当时最大的物流仓储调配分流中心。①

3. 五代的仓储制度

五代以后并无新的仓储设施兴建,大概是前朝所遗留者已可满足需要,但在仓廪管理方面却有很大不同。后梁开平四年(910)五月,"补开封府及河南北仓吏,非旧典也";后唐时增收布袋钱,"人户送纳之时,如有使官布袋者,每一布袋,使百姓纳钱八文。内五文与擎布袋人,余三文即与仓司充吃食、铺衬、纸笔、盘缠。若是人户出布袋,令祗纳三文与仓司"。② 这无异于明火执仗地抢劫。长兴二年(931)开始加收耗,每斗上纳加耗二合,以充仓司耗折。③ 据含嘉仓铭文砖,耗在运粮的数量内,只注明付讫的数量中"耗在内"④,后唐天成时官府运送的租粮也不收耗。⑤ 产生耗的原因很多,将耗费转嫁给人民亦与抢劫无异。后晋天福八年(943)五月,"据人户元纳耗二升,内一升依旧送纳本色,充备鼠雀耗折;一升即令人户送纳价钱两文足,与元纳钱八文足,共一十文足,充备仓司斗袋人夫及诸色吃食、纸笔、铺衬、盘缠支费"。至后周广顺元年(951),这种强索耗费钱的行为才有所缓解,下令"其诸道、州、府仓场库务,宜令节度使、刺史,专切铃辖,掌纳官吏,一依省条指挥,不得别纳斗余、秤耗。旧来所进羡余物,今后一切停罢"⑥。过去强索强取的行径被明令禁止,也算是减轻人民负担的一种善举。

---

① 〔宋〕王溥:《唐会要》卷八七《漕运》,中华书局1960年版,第1596—1597页。
② 〔宋〕王溥:《五代会要》卷二七,上海古籍出版社1978年版,第432页。
③ 〔宋〕王溥:《五代会要》卷二七,上海古籍出版社1978年版,第432页。
④ 河南省博物馆、洛阳市博物馆:《洛阳隋唐含嘉仓的发掘》,《文物》1972年第3期。
⑤ 〔宋〕王溥:《五代会要》卷二七,上海古籍出版社1978年版,第432页。
⑥ 〔宋〕王溥:《五代会要》卷二七,上海古籍出版社1978年版,第433页。

五、唐末五代农业经济的凋敝与初步恢复

(一)自然灾害

1. 水灾记录

农业受自然的制约极大。即便是现代社会已有多重保障,相比其他产业,农业抵抗自然侵害的能力仍然是脆弱的。大江大河中最桀骜不驯的黄河从河南中部穿境而过,在带来丰富水资源的同时,也为害不轻。据《唐会要》《五代会要》《河南通志》所辑录的资料,仅隋唐五代时期的黄河水灾就有20多次:

唐太宗贞观十一年(637)九月,黄河泛滥,溢坏陕州、河北县及太原仓。

高宗永淳二年(683)七月,河溢,坏河阳桥。

武后如意元年(692)八月,河溢,坏河阳县;圣历元年(698)秋,黄河溢。

玄宗开元十四年(726)秋,大水,河南河北尤甚。河及支川皆溢,怀、卫、郑、滑人皆巢居、舟居;八月河决卫州。

代宗大历十二年(777)秋,大雨,河溢,河南平地深五尺。

宪宗元和八年(813)十二月,河溢,浸滑州羊马城之半,滑州薛平、魏博、田洪正征役万人,于黎阳界开古黄河道,南北长十四里,东西阔六十步,经黎阳山东,汇于古渎,名曰新河,自是滑人无水患。

文宗开成三年(838)夏,河决,浸郑、滑外城。

昭宗大顺二年(891)二月,河阳河溢,坏人庐舍;乾宁三年(896)四月,河圮于滑州,朱全忠决其堤,因为二河,散漫千余里。

后唐同光二年(924)八月,河溢;同光三年(925),诏平卢节度使符习治酸枣遥堤,以御决河;同光三年(925)六月至九月,河决,坏民田;七月,巩县河决,冲注廒仓。

后晋天福六年(941)九月,河决于滑州、邢州,一溉东流,居民登丘冢,为水所隔,诏所在发舟船以救之;兖州、濮州界皆为水所漂溺,命鸿胪少卿魏玭、将作少监郭廷让、右领卫将军安漼、右骁卫将军田峻,于滑、濮、澶、郓四州,检河水所害稼,并抚问遭水百姓。天福七年(942)三月,命宋州节度使安彦威率丁夫塞

之,河平,建碑立庙于河决之所。开运元年(944)六月,河决滑州,环梁山入于汶济;河泛溢,坏堤堰,郑州原武、荥泽县界河决;三年(946)六月,河决鱼池;九月,河决澶、滑、怀州;十月,河决卫州,又河决原武。

后汉乾祐元年(948)四月,河决原武;六月,河决滑州鱼池,安彦威督诸道运民,自豕韦之北筑堰数十里,给私财以犒民,民无散者,竟止其害,以功加邠国公,诏于河决之地建碑立庙;乾祐三年(950)六月,河决原武。

后周广顺二年(952)十二月,河决郑、滑,王峻请自行视修塞之;显德元年(954),遣使分塞决河,十一月河堤成。①

从这些记录看,黄河为害的程度分为圮、溢、决三种,以决危害最烈。从频率上看,短则年余,长则几十年,黄河两岸人民深受其害。更有甚者,后梁龙德三年(923),段凝以唐兵渐逼,乃决河御敌,"自酸枣决河东注于郓,以限唐兵,谓之护驾水,决口日大,屡为曹、濮患"②。这是天灾之外,又有人祸相加。

除黄河干道外,其他各支流和淮河各支流也经常发生水害。据上述各书所录有以下各事:

贞观十一年(637)七月一日,黄气竟天,大雨,谷水溢入洛阳宫,深四尺,坏左掖门,毁宫寺19所,损六百余家。唐太宗敕,凡所作役,量事停废,遭水之处,赐帛有差。二十日,废明德宫及飞山宫之玄圃院,分给河南洛阳遭水户。

永淳元年(682)五月十四日,连日澍雨。二十三日,洛水溢,坏天津桥,损居人千余家。如意元年(692)七月一日,洛水溢,损居人五千余家。

神龙元年(705)七月,洛水暴涨,坏百姓庐舍二千余家,溺死者数百人;神龙二年(706)四月,洛水涨,坏天津桥,损居人庐舍,死者数千人。

开元五年(717)六月,巩县暴雨连月,山水泛溢,漂没民舍700余家,同日泛水溢,没民人200余家。开元八年(720)六月二十一日,东都谷、洛、瀍三水溢,损居人961家,溺死815人,许、卫等州田庐荡尽,掌关兵士溺死者1148人。开

---

① 〔宋〕王溥:《唐会要》卷四三《水灾上》,中华书局1960年版,第778—779页。〔宋〕王溥:《五代会要》卷一〇《水溢》,上海古籍出版社1978年版,第180—182页。〔清〕田文镜等修,〔清〕孙灏等纂:《(雍正)河南通志(一)》卷一三《河防二·河防考》,河南省地方史志办编纂:《河南历代方志集成·省志卷10》,雍正十三年(1735)刻本影印,大象出版社2016年版,第267—268页。

② 〔清〕田文镜等修,〔清〕孙灏等纂:《(雍正)河南通志(一)》卷一三《河防二·河防考》,大象出版社2016年版,第268页。

元十年(722)五月,伊、汝水溢。开元十四年(726)七月十七日,瀍水暴涨入洛,损诸州租船数百艘,损租米172800石;十八日,怀、惠、郑、汴、滑、濮大雨,人皆巢居,死者千计。开元二十九年(741)七月,洛水溢。

贞元三年(787)闰五月,东都、河南、江陵大水,坏人庐舍,汴州尤甚;贞元八年(792)八月,河北、山南、江、淮凡40余州大水,漂溺死者2万余人;贞元十五年(799),郑、滑大水;贞元十九年,蔡、申、光等州水,赐物五万段、米十万石、盐三千石以赈贫民。

元和二年(807),蔡州上言大水,平地水深八尺。元和八年(813),许州大水,摧大岚山。元和十二年(817)六月,河北水灾,邢、洺尤甚,平地或深二丈。元和十三年(818)六月,淮水溢,坏人庐舍;十一月,润、常、陈、许四州以水害闻田不发者万余顷;十二月,润、常、湖、衢、陈、许6州大水。

长庆二年(822)七月,诏陈、许两州水灾颇甚,百姓庐舍漂溺复多,言念疲氓,岂忘救恤?宜赐米粟共五万石充赈,给令度支,先于管内见收贮米粟充。本道观察使审勘责所漂溺贫破人户,量家口多少作等第分给闻奏。

太和二年(828)六月,陈州水害秋稼;太和三年(829)七月,宋、亳水害秋稼;太和四年(830)十一月,京畿、河南、江南、湖南等道大水害稼,诏本道节度使、观察使出官米赈给。

开成二年(837)八月,山南东道诸州大水,田稼漂尽。[①]

据《五代会要》卷一〇《水溢》所记,五代时期的水灾亦很频繁:

后梁开平四年(910),青、宋、冀、亳水,诏令本州以省仓粟、麦等赈贷。

后唐同光二年(924)十二月,中书门下奏:"今年秋,天下州府多有水灾,百姓所纳秋税,请特放加耗。"从之。同光三年(925)六月至九月,大雨,江、河决,坏民田;七月,洛水泛涨,坏天津桥,漂近河庐舍,舣舟为渡,覆没者日有之;邺都奏,御河涨,于石灰窑口开故河道以分水势。长兴三年(932)七月,诸州大水,宋、亳、颍尤甚。宰臣奏曰,今秋宋州管界,水灾最甚,人户流亡,粟价暴贵。……兼大水之后,颇少宿麦,穷民不办种子,亦望本州据人户等第支借麦

---

① 〔宋〕王溥:《唐会要》卷四三《水灾上》、卷四四《水灾下》,中华书局1960年版,第778—786页。〔清〕田文镜等修,〔清〕孙灏等纂:《(雍正)河南通志(一)》卷一三《河防二·河防考》,大象出版社2016年版,第267—268页。

种,来年收麦,据原数却令收纳,从之。清泰元年(934)九月,连雨害稼。

后晋天福四年(939)七月,西京大水,伊、洛、瀍、涧皆溢,坏天津桥;开运元年(944)六月,黄河、洛河泛溢,坏堤堰,郑州原武、荥泽县界河决。

后周广顺二年(952)七月,暴风雨,京师水深二尺,坏墙屋不可胜计。诸州皆奏大雨,所在河渠泛溢害稼。广顺三年(953)六月,诸州大水。①

这些记载中,除开元十四年(726)瀍水暴涨入洛,损失漕船数百艘,损失租米172800石外,其余均未计损失,人民伤亡数字只有几条记录。但这些记录亦可反映当时灾情之严重。

2. 蝗灾和旱灾记录

与水灾相对的是旱灾。一般的旱灾还可以通过灌溉系统减轻和降低损失,但要减少与旱灾相关联的蝗灾所带来的损失,则是古人力有未逮的。据《唐会要》卷四四和《五代会要》卷一〇所载,唐至五代时期,曾发生几次大的蝗灾。

开元四年(716)五月,山东诸州大蝗,分遣御史捕而埋之,卒行焚瘗之法,获蝗14万石,投之汴水,流下者不可胜数。八月二十四日敕,河南、河北检校杀蝗虫使狄光嗣、康瓘、敬昭道、高昌、贾彦璿等,宜令待虫尽,看刈禾有次序,即入京奏事。

兴元元年(784)四月,自春大旱,麦枯死,禾无苗,关中有蝗,百姓捕之,蒸暴,扬去足翅而食之。明年五月,有蝗起自东海,西至陇坻,群飞蔽天,旬日不息,所至苗稼无遗。

开成二年(837)六月,魏、博、淄、青、河南府并奏蝗害稼;开成四年(839)十二月,郑、滑两州蝗;开成五年(840)四月,汝州有虫食苗,五月,河南府有黑虫生,食田苗,汝州管内蝗,六月,河阳飞蝗入境,魏、博、河南府、河阳等9县,陕府、虢州等6县蝗。

会昌元年(841)三月,邓州穰县蝗。

咸通三年(862)五月,淮南、河南蝗。

后梁开平元年(907)六月,许、陈、汝、蔡、颍五州蝗生,有野禽群飞蔽空,食之皆尽。

后晋天福七年(942)四月,山东、河南、关西诸郡蝗害稼,至天福八年(943)

---

① 〔宋〕王溥:《五代会要》,上海古籍出版社1978年版,第180—181页。

四月,天下诸道州飞蝗害稼,食草木叶皆尽。

后汉乾祐元年(948)七月,开封府奏,阳武、雍丘、襄邑等县蝗,开封尹侯益遣人以酒肴致祭,寻为鹳鹆食之皆尽;乾祐二年(949)五月,宋州奏,蝗一夕抱草而死,差官祭之。①

尤其是开成二年(837)和会昌元年之间,几乎年年有蝗灾。蝗灾过后,粮食几乎颗粒不存,史书并无赈济的记载,很难想象当时的灾民如何度过灾荒年月。

3. 其他灾害记录

除水灾和蝗灾之外,火灾也偶有发生。天宝十载(751)正月,"陕州运船火,烧船二百一十五只,损米一百万石,舟人死者六百人,商人船数百只"②。这场火灾损失了数百条生命和如此规模的物资,光是一百万石米就是几十万个人丁缴纳的一年的赋税。贞元十年(794)四月,"河阴转运院火,盗所为也"③。河阴仓是转运粮库,火灾的损失恐怕也不会是少数,但文献并未记得清楚明白。

另外还有一类灾害,虽然与农业关联不大,影响有限,也附记于此。《五代会要》卷一〇《地震》:"天成二年(927)七月,郑州地大震,杀二人。"④与水灾、蝗灾相比,地震带来的损失就微不足道了。

(二)唐末五代农业经济的凋敝与初步恢复

安史之乱后,中原残破,兵连祸结,河南经济基础遭受重创,其在全国的经济地位明显下降。许州乃四战之地,社会经济遭受战乱、天灾破坏严重。如唐肃宗至德元载(756)十二月安禄山遣兵攻颍川,"城中兵少,无蓄积","绕城百里庐舍,林木皆尽"⑤。淮西吴元济作乱,"群众四出,狂悍而不可遏,屠舞阳,焚叶县,攻掠鲁山、襄城。汝州、许州及阳翟人多逃伏山谷荆棘间,为其杀伤驱剽者千里"⑥。唐代诗人白居易《许昌县令新厅壁记》亦云:"许昌县居梁郑陈蔡之间,要路由于斯。当建中、贞元之际,大军聚于斯,尽残其民,火焚其邑,田生荆

---

① 〔宋〕王溥:《唐会要》卷四四《螟蜮》,中华书局1960年版,第789—790页。〔宋〕王溥:《五代会要》卷一〇《蝗》,上海古籍出版社1978年版,第183—184页。
② 〔宋〕王溥:《唐会要》卷四四《火》,中华书局1960年版,第787页。
③ 〔宋〕王溥:《唐会要》卷四四《火》,中华书局1960年版,第787页。
④ 〔宋〕王溥:《五代会要》,上海古籍出版社1978年版,第172页。
⑤ 〔北宋〕司马光:《资治通鉴》卷二一九,中华书局1956年版,第7008页。
⑥ 〔后晋〕刘昫等:《旧唐书》卷一四五,中华书局1975年版,第3948页。

棘,官舍为煨烬。"① "元和八年(813)五月,许州大水,坏庐舍,漂溺居人","水败军府"。② 黄巢自长安东撤围陈州期间,亦纵兵许州掳掠。③ 黄巢起义失败后,秦宗权"命将出兵,寇掠邻道","屠剪焚荡,殆无孑遗","北至卫、滑,西及关辅,东尽青、齐,南出江、淮,州镇存者仅保一城,极目千里,无复烟火"。④ 可见,战乱致使许州萧条凋残,人烟稀少。许州开元时户数59717、乡117,到元和时户数5291、乡57,元和时户数大幅度地下降,不及开元时的十分之一。

《资治通鉴》卷二三九宪宗元和九年(814)闰八月条载:"少阳在蔡州,阴聚亡命,牧养马骡,时抄略寿州茶山以实其军。"⑤同书卷二四〇宪宗元和十二年(817)二月条载:"淮西被兵数年,竭仓廪以奉战士,民多无食,采菱芡鱼鳖鸟兽食之,亦尽,相率归官军者前后五千余户;贼亦患其耗粮食,不复禁。"⑥

唐末黄巢起义军与唐军在淮西南周旋300余日,地方军阀抢占地盘,秦宗权在蔡州(今驻马店汝南)称帝,大肆掠夺烧杀,造成"极目千里无人烟,车载盐尸供寇粮"的惨象。寿州(今安徽寿县)地方势力王绪无奈南移入闽,光州数万吏民也随从南逃。同时中原流亡江南吏民必经固始。黄滔《福州峰山故真觉大师碑铭》记载,入闽"僧尼士庶"一天就有5000多人。⑦

《旧唐书》卷二〇〇下《秦宗权传》云:"巢贼既诛,宗权复炽,僭称帝号,补署官吏","贼首皆慓锐惨毒,所至屠残人物,燔烧郡邑。西至关内,东极青、齐,南出江淮,北至卫滑,鱼烂鸟散,人烟断绝,荆榛蔽野。贼既乏食,啖人为储,军士四出,则盐尸而从。关东郡邑,多被攻陷。唯赵犨兄弟守陈州,朱温保汴州,城门之外,为贼疆场"。⑧ 可见,残暴的秦宗权集团对当时的社会经济造成极大的破坏,而河南地区的残破尤其惨烈。

---

① 〔民国〕王秀文等修,张庭馥等纂:《(民国)许昌县志(一)》卷六,成文出版社影印1968年版,第1269页。
② 〔后晋〕刘昫等:《旧唐书》卷一五一,中华书局1975年版,第4057页。
③ 〔北宋〕司马光:《资治通鉴》卷二五五僖宗中和三年(883)六月条,中华书局1956年版,第8296页。
④ 〔北宋〕司马光:《资治通鉴》卷二五六僖宗中和四年(884)十二月条,中华书局1956年版,第8318页。
⑤ 〔北宋〕司马光:《资治通鉴》,中华书局1956年版,第7705页。
⑥ 〔北宋〕司马光:《资治通鉴》,中华书局1956年版,第7731页。
⑦ 〔清〕董诰等编:《全唐文》卷八二六,上海古籍出版社1990年版,第3858页。
⑧ 〔后晋〕刘昫等:《旧唐书》,中华书局1975年版,第5398—5399页。

许州经济恢复较快的时期则在秦宗权集团灭亡、忠武军依附宣武镇朱全忠之后。"由是中原尘静","陈、许流亡之民,襁负归业"。① 陈、许二州在赵犨兄弟的经营下,经济恢复,"民获其利","风化大行"。② 赵昶死后,接任的弟弟赵珝更注重经济建设,发展生产。"陈州土壤卑疏,每岁壁垒摧圮,工役不暇,珝遂营度力用,俾以甓周砌四墉,自是无霖潦之虞","又询邓艾故址,决翟王河以溉稻粱,大实仓廪,民获其利。珝兄弟节制陈、许,继拥旌钺,共二十余年,陈人爱戴,风化大行。"③

唐末五代,河南尹张全义治洛阳,使洛阳地区的社会经济得到恢复。张全义(852—926),初名居言,又名宗奭,字国维,濮州临濮(今山东鄄城西南)人。初在黄巢大齐政权中为官,后历仕唐、后梁、后唐三朝内外官职二十九,领方镇七,后梁进封魏王,后唐封齐王。但他一生基本上在洛阳主政。自光启三年(887)五月进据洛阳,他任河南尹,治洛阳长达40年,政绩可称。他采取有效措施,恢复了洛阳地区的社会经济。唐末兵燹战乱,洛阳地区城邑灰烬,萧条荒芜,人烟稀少。他选派部属分赴河南府(今洛阳)18属县招抚农户,安辑流民,劝课农桑,恢复生产。同时,重视生产督导,奖励耕桑,减省刑罚,免除租税,教民战阵以御盗。数年之后,"桑麻蔚然,野无旷土",人口兴旺。④ 在此基础上,他又恢复了地方政权建置和统治秩序。他袭取了河阳(今河南孟州),使洛阳地区免除了来自河阳节度使李罕之所索军粮及缣帛的负担。他还主持修葺了洛阳都城,缮理了河南府署。洛阳地区社会经济的恢复和发展,使其成为后梁朝廷财政的重要基地,而洛阳城市经济的复苏亦为后唐建都洛阳奠定了基础。

沙陀族李存勖家族所建后唐,为解决军需,恢复营田,并恢复设置主管各类营田的营田务和营田使。后唐营田务亦称稻田务,隶属户部,由营田使主持,营田使多由刺史或军职兼任。后唐营田的范围和规模是五代十国时期最为突出的,其范围几及全国各州府,西京(今西安)泾阳(今属陕西)三白渠一带,唐(今河南泌阳)、邓(今属河南)、复(今湖北沔阳西南)、郢(今湖北京山)、瀛(今河北

---

① 〔北宋〕薛居正等:《旧五代史》卷一四,中华书局1976年版,第194页。
② 〔北宋〕薛居正等:《旧五代史》卷一四,中华书局1976年版,第198页。
③ 〔北宋〕薛居正等:《旧五代史》卷一四,中华书局1976年版,第197—198页。
④ 〔北宋〕司马光:《资治通鉴》卷二五七僖宗光启三年(887)六月条,中华书局1956年版,第8359页。

河间)、莫(今河北任丘北)等州,两河地区,洛阳城南地区都开置有营田,其中三白渠一带营田规模相当大,设置营田务达 11 个。后唐营田,主要是军事性质的营田,如边地及唐、邓、复、郢地区的营田,皆以士兵耕垦闲田,"且战且耕",以供应军粮。但招募流民开垦的营田在内地有所发展,成为一种解决农民土地问题的方式,并逐渐发展到取代军屯的地步。长兴二年(931)九月规定:"应三京、诸道营田,只耕佃无主荒田,及召浮客。"①因与此类同,所以后唐庄宅务亦称庄宅营田务、营田庄宅务。后唐营田在解决军粮供应及流民土地方面起到一定积极作用。后唐明宗李嗣源革除弊政,关心民间疾苦。裁减宫人、伶人、宦官,诛杀宦官佞幸,惩治贪浊,精简机构,汰除冗滥等,有利于复苏民困。而减免赋税,废除变相增税的"纽配""省耗",禁州县官吏以检括田地扰民,限制高利贷盘剥,禁富户规避丁徭等利民措施,减轻了农民负担。由是,几年之内,"年谷屡丰,兵革罕用,校于五代,粗为小康"②。

后晋经济也得到一定程度的恢复。五代河南府洛阳桑氏桑维翰,后晋军国重臣之一。进士及第,后唐节度掌书记。后晋历职枢密使、中书侍郎同中书门下平章事、集贤殿学士、晋昌军节度使、检校太傅、侍中等,封开国公。《资治通鉴》卷二八一后晋高祖天福二年(937)正月条载:"时晋新得天下,藩镇多未服从;或虽服从,反仄不安。兵火之余,府库殚竭,民间困穷,而契丹征求无厌。维翰劝帝推诚弃怨以抚藩镇,卑辞厚礼以奉契丹,训卒缮兵以修武备,务农桑以实仓廪,通商贾以丰货财。数年之间,中国稍安。"同书卷二八二后晋高祖天福六年(941)六月条载桑维翰密疏云:"臣愿陛下训农习战,养兵息民,俟国无内忧,民有余力,然后观衅而动,则动必有成矣。"③

邢州尧山郭氏郭威建后周,在位 3 年,躬行节俭,革除积弊,与民休息,促进了生产的恢复和经济的发展。郭威内侄后周世宗邢州龙岗(今河北邢台西南)人柴荣(921—959)即位后,继承郭威重农恤民的政策,经济上,招集流亡,奖励耕垦,平均赋税,减免苛敛,兴修水利,治理黄河,疏通漕路,扩建都城,禁佛及罢

---

① 〔北宋〕王溥:《五代会要》卷一五《户部》,文渊阁四库全书本,第 607 册,台湾商务印书馆 1986 年版,第 585 页。
② 〔北宋〕司马光:《资治通鉴》卷二七八明宗长兴四年(933)十一月条,中华书局 1956 年版,第 9095 页。
③ 〔北宋〕司马光:《资治通鉴》,中华书局 1956 年版,第 9168、9224 页。

诸色课户、俸户等,促进了生产的恢复和经济的发展。

第四节 隋至五代时期的农田水利设施

隋至五代时期,灌溉、防洪等农田水利设施在继承、利用前朝的基础上有所发展,除疏浚原有渠道外,也兴修了一些水利设施,保障了农业持续和稳定的发展。

一、灌溉设施

河南地区是中国最早的农业区之一,农田水利设施开发较早,史载战国时期楚孙叔敖在淮河流域开芍陂、魏西门豹在邺地开十二渠以灌溉农田。秦汉以后,农田水利设施屡有兴建,至隋唐五代时期,前代遗留的水利设施大概有以下情形。

其一是业已废弃的。《元和郡县志》卷九蔡州汝阳县下记鸿郤陂云:

> 鸿郤陂,在县东一十里。汉成帝时,陂溢为害,翟方进为丞相,以为决去陂水,其地肥美,省堤防之费……王莽时,尝枯旱,郡人追怨方进……建武中,太守邓晨使许阳为都水掾,令复鸿郤陂。阳曰:"昔成帝梦上天,天帝怒曰:'何故坏我灌龙池?'"于是乃因高下形势,起塘四百余里,数年乃立。今废。①

三国魏将邓艾在淮河支流溵水屯田抗吴,大兴水利以灌溉农田。《元和郡县志》卷八陈州溵水县(治今商水县)下录有溉灌城,"县东北二十五里。本魏将邓艾所筑。艾为典农使,行陈、颍之间,东至寿春。艾以为田良水少,不足尽

---

① 〔唐〕李吉甫撰,贺次君点校:《元和郡县图志》,中华书局1983年版,第238—239页。

地利,遂开筑陂塘,大兴溉灌,军储丰足,因名此城"①,至唐时亦废。类似这样至隋唐时已经废弃的设施当不在少数。

其二是前代开凿的灌渠至唐时仍然继续使用的。《元和郡县志》卷九光州固始县下录有茹陂,云"在县东南四十八里。建安中,刘馥为扬州刺史,兴筑以水溉田";光州仙居县(治所在今光山县)下录有仙堂六陂,云"在县西南十一里。梁武帝大同元年,百姓堰谷水为六陂,以溉稻田";同书卷二一邓州穰县(治所在今邓州)下录有六门堰,"在县西三里。汉元帝建昭中,召信臣为南阳太守,复于穰县南六十里造钳卢陂,累石为堤,旁开六石门,以节水势。泽中有钳卢玉池,因以为名,用广溉灌,岁岁增多,至三万顷,人得其利。后汉杜诗为太守,复修其陂,百姓歌之曰:'前有召父,后有杜母。'"临湍县(治所在今邓州)下录有楚堰,"在县南八里。拥断湍水,高下相承八重,溉田五百余顷";同书卷一六卫州共城县(今辉县)下录有百门陂,"在县西北五里。方五百许步,百姓引以溉稻田。此米明白香洁,异于他稻,魏、齐以来,常以荐御。陂南通漳水"。②淮西有龙陂(今正阳东)。③这些前朝开凿的水利设施,延续至隋唐时期依然在使用。

其三是前代开凿的灌渠至唐时重新疏浚的。《唐会要》卷八九载:"太和五年七月,(温)造复为河阳(今孟州)节度使,奏复浚怀州方渠枋口堰,役工四万,溉济源、河内、温、武陟、四县田五千顷。"④

因为有前代遗留的灌溉设施可资利用,作为一个历史悠久的农耕区,隋唐时期河南地区新开凿的农田水利工程并非很多。文献记载有以下数事。

《元和郡县志》卷五河南府济源县:"百尺沟,在县东北六里,引济水溉灌,仁寿三年置。初分功,人穿十丈,故名百尺沟";卷六陕州陕县:"北利人渠,隋开皇六年,文帝遣邳国公苏威引橐水西北入城,百姓赖其利,故以为名。南利人渠,东南自硖石界流入。与北渠同时疏导";卷六汝州梁县:"黄陂,在县东二十五里。南北七里,东西十里。隋朝修筑,有溉灌之利,隋末废坏。乾封初,有诏增修,百姓赖其利焉";卷九蔡州新息县:"王梁渠,在县西北五十里。

---

① 〔唐〕李吉甫撰,贺次君点校:《元和郡县图志》,中华书局1983年版,第214页。
② 〔唐〕李吉甫撰,贺次君点校:《元和郡县图志》,中华书局1983年版,第247、533、535、462页。
③ 徐海亮:《古代汝南陂塘水利的衰败》,《农业考古》1994年第1期。
④ 〔宋〕王溥:《唐会要》,中华书局1960年版,第1621页。

隋仁寿中修筑。开元中县令薛务更加疏导,两岸通官陂一十六所,利田三千余顷"。①《唐会要》卷八九载:"长庆二年,温造为朗州(治今确山县)刺史,奏复开乡渠九十七里,溉田二千顷,郡人利之,名为右史渠。"②据研究,淮西有溉田千顷的苍陵堰(今汝南西南)、张柴陂(今遂平东南),溉田200顷的椒陂塘(阜阳南)等。③ 以河南幅员之广,能青史留名者毕竟还在少数,大多数乡间野渠是无缘在历史上留名的。

在地形有利的地方,直接引自然溪水灌溉,无须开凿沟渠。《元和郡县志》卷六虢州弘农县(治今灵宝市)下录有鸿胪水,"过县北十五里入灵宝界,溉田四百余顷";同书卷一六怀州河内县(治所在今沁阳市)下录有丹水,"北去县七里。分沟灌溉,百姓资其利焉"。④ 这种灌溉设施一般是小规模的,受益的范围也较小。

灌溉设施主要的功能是农田灌溉,也可在其中种植水产品,这又是其功能的外延。《元和郡县志》卷一六怀州武德县(治所在今武陟县)下录有平皋陂,"在县南二十三里。周回二十五里,多菱莲蒲苇,百姓资其利"⑤。对于已经获水利之益的人民而言,这也是额外的收益。

二、防洪设施

抗旱减灾是农业生产永恒的使命,但防洪抗洪也是不能缺少的,特别是沿黄地带就更为重要。西汉时梁孝王修建的蓼堤在隋唐时期依然发挥其应有的作用。《元和郡县志》卷七汴州开封县下载:"蓼堤,在县东北六里。高六尺,广四丈。梁孝王都大梁,以其地卑湿,东徙睢阳,乃筑此堤,至宋州凡三百里。"⑥它虽然比长城、大运河的工程要小得多,但以一小诸侯国的力量完成此工程殊为

---

① 〔唐〕李吉甫撰,贺次君点校:《元和郡县图志》,中华书局1983年版,第146、157、166、240页。
② 〔宋〕王溥:《唐会要》,中华书局1960年版,第1621页。
③ 徐海亮:《古代汝南陂塘水利的衰败》,《农业考古》1994年第1期。
④ 〔唐〕李吉甫撰,贺次君点校:《元和郡县图志》,中华书局1983年版,第162、445页。
⑤ 〔唐〕李吉甫撰,贺次君点校:《元和郡县图志》,中华书局1983年版,第446页。
⑥ 〔唐〕李吉甫撰,贺次君点校:《元和郡县图志》,中华书局1983年版,第176页。

不易。

唐元和八年(813),依郑滑节度使薛平等所建议开凿卫州黎阳县古黄河道。此前滑州多水灾,其城西去黄河二里,每夏涨溢则浸坏城郭,水及羊马之半。薛平询诸将吏,得古河道于卫州黎阳县界,奏请开古河,以泄洪水。乃于郑、滑两郡,役徒万人凿古河,南北长十四里,东西阔六十步,深二丈七尺,决旧河以注新河,遂无水患,诏并褒美焉。① 防堵洪水是必要的,分洪泄洪,减低洪水的破坏力,亦可变害为利。

五代后唐天成五年(930),张敬询为滑州节度使,"以河水连年溢堤,乃自酸枣县界至濮州,广堤防一丈五尺,东西二百里,民甚赖之"②。这应是几次黄河洪水之后总结血的教训才做出的决定。治理黄河也是以后历代政府高度重视的大事。

三、农田水利设施的基本估算

农田水利见于史籍记载者毕竟还是极少的,文献档案的缺乏使得史官记史的资料来源不足,在交通、信息都未发达的古代,这本是极正常的事情。清代修定的《河南通志》卷一七至一九《水利志》录有河南全省明代以前的各种名目的农田水利设施2484项,明代去隋唐五代时期远者千年,近者只有几百年,以战国秦汉遗留的水利设施唐时仍可使用的旧例推测,其中有相当的数量应是隋唐五代工程的遗留。③ 今将其书所记的全省各类水利设施统计附表于后,以此窥见隋唐五代时农田水利之大貌。

---

① [宋]王溥:《唐会要》卷八九《疏凿利人》,中华书局1960年版,第1621页。
② [宋]薛居正等:《旧五代史》卷六一《唐书三七·张敬询传》,中华书局1976年版,第821页。
③ [清]田文镜等修,[清]孙灏等纂:《(雍正)河南通志(一)》,河南省地方史志办编纂:《河南历代方志集成·省志卷十》,雍正十三年(1735)刻本影印,大象出版社2016年版,第332—399页。

表 6-2 《河南通志》水利设施统计表(明以前)

		水	河	陂	沟(沟渠、道沟、陂沟)	渠	池	潭	湾	湖	洼	口(闸)	堤	沼	泽	洞	泉	塘(屯)	合计(小计免计)
开封府	祥符	1		1	3														5
	陈留			1	8														9
	杞			1	7														8
	通许				7														7
	太康		7		2		1	1	1	1		14	1						28
	尉氏				5	3													8
	洧川		1	14	1	11		4		3			2	1					37
	鄢陵		4		4			1					1						10
	扶沟				4														4
	中牟		50		140												1		191
	阳武				7	8													15
	封丘				2														2
	小计	1	62	17	188	24	1	6	1	4	14	1	3	1			1		324
归德府	商丘		2		12	1				1									16
	宁陵				3														3
	永城				37														37
	鹿邑		1	3	98														102
	虞城				2														2
	夏邑				2														2
	睢州		2		4					1							1		8
	考城		1		2														3
	柘城		1		1														2
	小计		7	3	161	1				2							1		175
彰德府	安阳		2	1		3											1		7
	汤阴		8		10														18
	内黄				2	1													3
	林县																1	1	2
	小计		10	1	12	4											2	1	30

（续表）

		水	河	陂	沟(沟渠、道沟、陂沟)	渠	池	潭	湾	湖	洼	口(闸)	堤	沼	泽	涧	泉	塘（屯）	合计（小计免计）
卫辉府	汲县					1												1	2
	新乡											1							1
	辉县					10													10
	淇县											1							1
	延津				1														1
	浚县			2			1		1				1						5
	滑县					1									1				2
	小计			2	1	12	1		1			2	1		1			1	22
怀庆府	河内		1			30													31
	济源		4			2													6
	武陟		1																1
	孟县					1													1
	温县		3										5						8
	小计		9			33							5						47
河南府	洛阳					10													10
	偃师																1		1
	宜阳					9													9
	永宁					12													12
	渑池	15			7														22
	嵩县					13													13
	卢氏					2													2
	小计	15			7	46											1		69
南阳府	南阳			8	1	13							37						59
	唐县			8		5							6						19
	泌阳			5		1							16						22
	镇平			3		8							3						14
	桐柏			1									4						5
	邓州			49		25													74

（续表）

		水	河	陂	沟(沟渠、道沟、陂沟)	渠	池	潭	湾	湖	洼	口（闸）	堤	沼	泽	涧	泉	塘（屯）	合计（小计免计）
南阳府	内乡						1						14				1		16
	新野		7	2	27				1				9						46
	淅川			21	22								32						75
	裕州			1									5						6
	舞阳			12	2														14
	叶县		1		131								1						133
	小计		82	37	234	1	1						127					1	483
汝宁府	汝阳	3	7	143	1			3	3	16								9	185
	上蔡	20	3	68					1									21	113
	确山		35										6					1	42
	正阳		26						2									13	41
	新蔡	1	2	45	1								19					9	77
	西平		1	1	98			1					12					4	117
	遂平	15		4				1	1				17		1				39
	小计	39	74	261	100			6	25				51		1			57	614
信阳州	信阳						5						15					72	92
	罗山		9	4			2						6				1	11	33
	小计		9	4			7						21				1	83	125
汝州	汝州		1		24		1										3		29
	鲁山																		
	郏县		1		1														2
	宝丰		1		2														3
	伊阳				28		1												29
	小计		3		55		2										3		63

(续表)

		水	河	陂	沟(沟渠、道沟、陂沟)	渠	池	潭	湾	湖	洼	口(闸)	堤	沼	泽	涧	泉	塘(屯)	合计(小计免计)
陈州	陈州	5	1		24	4				3									37
	西华	1	1							1									3
	商水	3			3			1		1									8
	项城	3			21							1	2						27
	沈丘				81														81
	小计	12	2		129	4		1		5		1	2						156
许州	许州				15		1			2						1	1		20
	临颍	3			13													1	17
	襄城				3														3
	郾城	4			17	8			1				1						31
	长葛	1	25		17		1												44
	禹州				1														1
	小计	8	25		66	8	2		1	2			1		1	1	1		116
郑州	郑州	2				1				3					1				7
陕州	陕州					2													2
	灵宝					51													51
	阌乡					7													7
	小计					60													60
光州	光州			1	12					3	1	7	17					1	42
	光山			1									19					22	42
	固始	1		1								32			1				35
	息县			9	3	1						6	5					6	30
	商城			6						6			11					5	28
	小计	1		18	15	1				9	1	45	52		1			34	177
总计		16	150	236	881	583	1	10	3	42	15	74	263	1	4	3	9	177	2468

说明:1.本表据〔清〕田文镜等修、〔清〕孙灏等纂《(雍正)河南通志·水利志》编成,凡志书明确记载清代开或清代浚者,均未录入本表。如新郑县下所录沟渠皆清代开通或疏浚,皆不录入,它皆类此。

2. 志书未录其地水利者，本表亦不录。如密县下，志书未录一渠，故本表不录县名，它皆类此。

关于上表各项相关水利名称，略做解释如下：

(1) 沟。或称沟渠、道沟、陂沟，共881条记录，为数最多。沟泛指田间水道。《周礼·考工记·匠人》："九夫为井，井间广四尺，深四尺，谓之沟。"①

(2) 渠。指人工开凿的水道或濠沟，共583条记录。《史记》卷二九《河渠书》："秦欲杀郑国。郑国曰：'始臣为间，然渠成亦秦之利也。'秦以为然，卒使就渠。"②

(3) 堤、堰，共263条记录。堤指挡水的坝埂，《全后周文》卷一二载北周庾信《明月山铭》云："堤梁似堰，野路疑村。"③筑坝挡水谓之堰。东汉刘熙《释名》卷一《释水》："滴，术也，偃使水郁术也，鱼梁水碓之谓也。"④《三国志》卷六《魏书六·董卓传》："卓伪欲捕鱼，堰其还道当所渡水为池。"⑤

(4) 陂，池塘、湖泊之别称，共236条记录。《左传·鲁哀公元年》："今闻夫差，次有台榭陂池焉，宿有妃嫱嫔御焉。"⑥

(5) 塘（屯），共177条记录，筑土防水称为塘。《庄子·达生》："被发行歌而游于塘下。"⑦古时圆的叫池，方的称塘。《国语》卷三《周语下》："陂塘污庳，以钟其美。"⑧《文选》卷二三载东汉刘桢（字公干）《赠徐干》诗："细柳夹道生，方塘含清源。"⑨

(6) 闸、港。闸是指在水道堤坝上设置的闸门，《宋史》卷九四《河渠志四·

---

① 林尹注译：《周礼今注今译》卷一一《冬官考工记·匠人》，台湾商务印书馆1979年版，第471—472页。
② 〔汉〕司马迁：《史记》，中华书局1959年版，第1408页。
③ 〔清〕严可均校辑：《全上古三代秦汉三国六朝文》（四），中华书局1958年版，第3941页。
④ 〔汉〕刘熙撰，〔清〕毕沅疏证、王先谦补，祝敏彻、孙玉文点校：《释名疏证补》，中华书局2008年版，第40页。
⑤ 〔晋〕陈寿撰，〔宋〕裴松之注：《三国志》，中华书局1959年版，第171页。
⑥ 〔晋〕杜预注，〔唐〕孔颖达等正义：《春秋左传正义》卷五七，〔清〕阮元校刻：《十三经注疏（附校勘记）》，中华书局1980年版，第2155页。
⑦ 曹础基：《庄子浅注》，中华书局1982年版，第282页。
⑧ 上海师范大学古籍整理组校点：《国语》，上海古籍出版社1978年版，第102页。
⑨ 〔梁〕萧统编，〔唐〕李善注：《文选》，岳麓书社2002年版，第751页。

汴河下》:"每百里置木闸一,以限水势。"①港是可以停泊航船的江湾或河湾,《全唐诗》卷六八一韩偓《寄隐者》诗:"长松夜落钗千股,小港春添水半腰。"②南宋杨万里《诚斋集》卷三三《舟中买双鳜鱼》诗:"小港阻风泊乌舫,舫前渔艇政收网。"③此二者皆河南南部方言,指利用自然河道建设的水利设施。

(7)洼,指较深的水池。《庄子·齐物论》:"大木百围之窍穴……似洼者,似污者。"④

(8)泽,水聚汇之处谓泽。《尚书·禹贡》:"九川涤源,九泽既陂。"⑤水草丛杂之地也称泽。东汉应劭《风俗通义·山泽第十》:"水草交厝,名之为泽。"⑥

从上表列出的水利设施中,要准确判断哪些兴建于隋唐五代时期是困难的。但上表中的有些设施明清仍沿用,特别是乡渠,绝大多数都名不见经传,无从稽考。只能按常理推断,其中有相当的沟渠是隋唐五代时期的遗留。

总而言之,从文献和考古资料来看,隋唐时期在继承前代农业发展的基础上,在农业生产各环节所使用的工具和技术上都有新的发展,虽然这种发展是缓慢的、改良或改进型的,但毕竟还是促进了彼时农业的发展。

---

① 〔元〕脱脱等:《宋史》,中华书局 1985 年新 1 版,第 2328 页。
② 〔清〕彭定求等:《全唐诗》,中华书局 1960 年版,第 7804 页。
③ 〔宋〕杨万里:《诚斋集》,文渊阁四库全书本,第 1160 册,第 355 页。
④ 曹础基:《庄子浅注》,中华书局 1982 年版,第 16 页。
⑤ 陈戍国:《尚书校注》,岳麓书社 2004 年版,第 29 页。
⑥ 〔汉〕应劭撰,王利器校注:《风俗通义校注》,中华书局 2010 年版,第 477 页。

第七章 宋元时期河南古代农业的相对衰退

北宋的建立结束了五代十国的分裂局面,为河南农业生产的恢复和持续发展奠定了基础。北宋时期,河南的农业在前代的基础上达到了一个新的高度,农作物的多样化、耕作技术的进步和农田水利设施的进一步兴建,是这一时期农业发展的突出表现。直至崛起于中国北方的女真族大举南侵,宋金之间长达数年的战争,极大地破坏了河南的农业生产,导致了金代前期河南农业的大幅度衰退。金世宗时期,随着统治者对农业的重视,河南的农业逐步得到了一定程度的恢复,在某些方面甚至超越了北宋的农业发展成就。元代统一中国,由于朝代的更迭,河南农业再一次受到影响。但在元代立国之后一段时间,以游牧民族起家的统治者再一次认识到农业对稳固政权的巨大作用,以多种方式推动全国各地的农业生产。元代统治时间较短,但却出现了大量的农书,这也是农业发展的一个鲜明标志。在这样的大背景下,河南的农业也得到了很大的发展,在一些方面取得了超越宋金的辉煌成就。元代末年,政权走向没落,农业也受到了极大的打击,迅速走向衰落。

第一节 北宋时期农业的恢复和发展

公元960年,赵匡胤在陈桥驿黄袍加身,建立北宋,结束了五代十国的分裂割据局面。宋代推行崇文抑武的国策,实行土地私有制,大力发展社会经济文化,取得了空前的成就,农业生产获得显著发展。作为宋代的核心地区,河南的农业发展迎来了新的机遇,在许多方面的发展达到了前所未有的高度。

一、农业生产整体状况

土地等自然条件是农业生产的基础,不同地区的情况差别较大。我们大致以宋州(今商丘)、许州(今许昌)、洛阳及其以北为河南北部,以南为河南南部。文献资料显示,北部大部地区发达或比较发达,南部大部地区比较落后甚至荒凉,呈现出南北不平衡的特点。

1. 河南北部

在农业生产诸要素中,土质最重要。这方面开封不具优势,土层薄,土质劣,多属黄河冲积的细沙,所谓"都城土薄水浅,城南穿土尺余已沙湿"①。沙壤之中有机质不多,肥力不足,而且结构疏松,风吹即扬,常常是"风吹沙度满城黄"②,不利于水土保持。针对这一不利因素,宋代开封农业的发展,以引黄灌淤和改良土壤为主。引黄灌淤兴起于宋神宗时,杨汲主管开封府界常平,权都水丞,与侯叔献一起推行汴水淤田法,"遂酾汴流涨潦以溉西部,瘠土皆为良田"。宋神宗予以嘉奖,赐以所淤田1000亩。③ 他们"引砜水溉畿内瘠卤,成淤田四十万顷以给京师"④。这是已知宋代各地淤田面积最大的成果。朝廷曾在开封府"取得淤田土,视之如细面然",一寺院"旧有田不可种,去岁以淤田故遂得麦"⑤。不能种植的土地变成可以种植的土地,原有耕地经过改良,大大提高了产量。假使按每亩提高产量1斗计(河东路淤田提高产量2石左右)也能增产400万石。王安石于熙宁八年(1075)估计道:"府界淤田岁须增出数百万石。"⑥这一数额尽管巨大,但还属于保守的估计。由此可知,宋代开封普遍的淤田活

---

① 〔南宋〕江少虞:《宋朝事实类苑》卷六一《土厚水深无病》,上海古籍出版社1981年版,第815页。
② 〔北宋〕王安石:《王文公文集》卷七六《读诏书》,上海人民出版社1974年版,第809页。
③ 〔元〕脱脱等:《宋史》卷三五五《杨汲传》,中华书局1985年版,第11187页。
④ 〔南宋〕黄震:《黄氏日抄》卷九一《书侯水监行状》,文渊阁四库全书本,第708册,第986页。
⑤ 〔南宋〕李焘:《续资治通鉴长编》卷二二一,熙宁四年三月戊子,中华书局2004年版,第5370页。
⑥ 〔南宋〕李焘:《续资治通鉴长编》卷二六五,熙宁八年六月戊申,中华书局2004年版,第6489页。

动,无疑是一场农业革命,直接的和潜在的效益十分可观。故而史书记载:"累岁淤京东、西咸卤之地,尽成膏腴,为利极大!"[1]其中大部在河南。

开封有着丰富的水利资源,汴河、五丈河、蔡河、金水河穿境而过,还有许多池塘、水库,如著名的三十六陂。利用丰富的水利资源,开封还开展水稻种植。熙宁六年(1073)"初,蔡河既作重闸,有余水,乃教河侧人种旱地为稻",附近的奉先寺"率先种稻"并大获成功,受到宋神宗的表彰:"奉先寺进新种稻极佳,赐与一道紫衣。"[2]第二年,开封府面向社会招募人员"开种稻田"[3],使水稻生产进一步扩大。熙宁八年(1075),开封、陈留(今开封东南)、咸平(今通许)"三县种稻",有关部门请求于陈留县界旧汴河下口的新旧二堤之间修筑水塘,"取汴河清水入塘灌溉"[4]。元丰元年(1078),司农寺报告,进士李复、王谌"踏视府界官荒地,募诱闽、蜀民种稻有劳,乞推恩"。朝廷诏授予李复、王谌广南路摄官,以示奖励。[5] 从南方稻乡招募农业技术人员,在开封的官田上种稻,更好地推广了水稻种植。皇宫中也种植有水稻。如天禧四年(1020)十月,宋真宗召皇太子、宗室、近臣"赴玉宸殿翠芳亭观稻"[6];熙宁五年(1072)九月,"诏辅臣观稻于后苑"[7];元祐二年(1087)十月,宋哲宗"观稻于后苑"[8]。如此等等,史料较多,仅《续资治通鉴长编》中就有10余次记载,主要是一种示范作用。皇帝等人此时所观赏的显然是饱满、金黄的稻穗,表明长势良好。

宋神宗熙宁年间,朝廷大力推行农田水利法,开封府兴建水利工程25处,新增水利田1574929亩,占当地农田总数11384831亩的13.8%,占全国新修水

---

[1] 〔南宋〕李焘:《续资治通鉴长编》卷二七七,熙宁九年八月庚戌,中华书局2004年版,第6779页。
[2] 〔南宋〕李焘:《续资治通鉴长编》卷二四七,熙宁六年九月末,中华书局2004年版,第6017页。
[3] 〔南宋〕李焘:《续资治通鉴长编》卷二五六,熙宁七年九月丁酉,中华书局2004年版,第6247页。
[4] 〔南宋〕李焘:《续资治通鉴长编》卷二六四,熙宁八年五月乙酉,中华书局2004年版,第6478页。
[5] 〔南宋〕李焘:《续资治通鉴长编》卷二九三,元丰元年十月乙卯,中华书局2004年版,第7152页。
[6] 〔南宋〕李焘:《续资治通鉴长编》卷九六,天禧四年十月丙午,中华书局2004年版,第2221页。
[7] 〔南宋〕李焘:《续资治通鉴长编》卷二三八,熙宁五年九月癸亥,中华书局2004年版,第5799页。
[8] 〔南宋〕李焘:《续资治通鉴长编》卷四○六,元祐二年十月庚辰,中华书局2004年版,第9876页。

利田总数的4.37%,①成就可谓巨大,农业生产因而登上一个新台阶。

人口上百万的开封,对蔬菜的需求量巨大,而新鲜蔬菜不能依赖外地,所以蔬菜生产自然十分发达。北宋东京(今开封市)近郊农业得到恢复和发展,并经历了从旷土、草地到农田、牧地,再到园圃的几度变迁。②南方人张耒记载:"北方治菜畦如棋枰,土极细匀,汲井灌之,次第相及,殊可观也。"③这种精细耕作的蔬菜生产,自然包括开封。《清明上河图》中的开封,在城乡交界处就有一处菜园,可看到一列列整齐的菜畦。"大抵都城左近,皆是园圃,百里之内,并无闲地。"④这里的"圃",就包括菜园,如"汴老圃纪生,一钼苴三十口。病笃,呼子孙,戒曰:'此二十亩地,便是青铜海也。'"⑤青铜海的意思是铜钱的海洋,指这20亩菜地中有取之不尽的财富,足以养活全家30口人,显示了蔬菜生产与销售蕴含着丰厚的利润。这些菜农当时被称作"园户"⑥。孟元老记载,立冬前五日,"西御园进冬菜。京师地寒,冬月无蔬菜,上至宫禁,下及民间,一时收藏,以充一冬食用。于是车载马驮,充塞道路"⑦。如此充沛的供应,反映了生产的发达。开封、洛阳所产的芋,"差圆小。而惟东西京者佳,他处味不及也"⑧,其特点是圆而小,味道最好。又如北宋末,开封每到四月,有一种嫩时可食用的葫芦,名叫茄瓠,"初出上市,东华门争先供进,一对可直三五十千者"⑨。两只卖到30贯至50贯,属于专供王公贵族的珍奇时蔬。应该说,至少从产量上讲,开封的蔬菜生产是最发达的,因为面向的是人口最多、生活质量最高的东京。

---

① 程民生:《宋代地域经济》,河南大学出版社1999年版,第85页。
② 梁建国:《北宋东京近郊的农业转型》,《中山大学学报(社会科学版)》2020年第6期。
③ 〔北宋〕张耒:《张耒集》卷三二《二月二日挑菜节大雨不能出》(注文),中华书局1999年版,第551页。
④ 〔北宋〕孟元老著,伊永文笺注:《东京梦华录笺注》卷六《收灯都人出城探春》,中华书局2006年版,第613页。
⑤ 〔北宋〕陶谷:《清异录》卷一《青铜海》,丛书集成初编本,第2845册,第20页。
⑥ 〔南宋〕李焘:《续资治通鉴长编》卷二二,太平兴国六年四月辛未,中华书局2004年版,第492页。
⑦ 〔北宋〕孟元老著,伊永文笺注:《东京梦华录笺注》卷九《立冬》,中华书局2006年版,第878页。
⑧ 〔北宋〕寇宗奭:《本草衍义》卷一八《芋》,人民卫生出版社1990年版,第135页。
⑨ 〔北宋〕孟元老著,伊永文笺注:《东京梦华录笺注》卷八《四月八日》,中华书局2006年版,第749页。

开封尉氏县有片 4800 顷低洼的膏腴农田,曾被惠民河泛滥毁坏。宋仁宗时,地方官将积水排泄,"水涸地沃,亩率收一钟"①,单位亩产量高达 1 钟即 5 石,实属难得。尉氏西南的朱家曲镇,"居民繁杂,宛然如江乡"。欧阳修还有诗称赞道:"桑柘田畴美,渔商市井通。"②鄢陵同样发达,孔武仲刚进入鄢陵,就叹道:"驿道夷平桑柘美,人言从此属皇州。"又云:"连天皆秋黍,盖水有莲荷。"③北宋末,陈留地方政府募民开垦碱卤之地,使 2000 顷府地"尽为膏壤"④。长垣(今长垣南)的社会经济状况颇佳,宋真宗亲临该县时,曾称赞"民物甚蕃,亦佳邑也"⑤,即指人口众多,物产丰富。西边的中牟县"当国西门,衣冠往来之冲也,地瘠民贫,赋役烦重"⑥。虽然位于交通要道,但境况并不佳。

桑蚕业作为农业的组成部分,在开封也有一定的优势。宋真宗咸平四年(1001)三月,"京师及近畿诸州雪损桑"⑦,次月,皇帝"以四郊所取桑叶、麦苗示辅臣曰:观此足知岁事矣"⑧。说明开封一带桑蚕业有一定的基础。开封西郊的一位老农说:"蚕收百箱桑蔽野,麻麦极望无边疆。"⑨欧阳修也言开封:"四月田家麦穗稠,桑枝生椹鸟啁啾。"⑩嘉祐年间,祥符县(今开封)开挖孟阳河,在一处 6 里长的地段内,种植有桑 500 余株。⑪ 在东南的开封古城一带,梅尧臣看到

---

① 〔北宋〕宋祁:《景文集》卷三五《尉氏县吕明府创修泄水渠颂》,丛书集成初编本,第 1877 册,第 451 页。
② 〔北宋〕欧阳修:《欧阳修全集·居士集》卷一〇《朱家曲》,中华书局 2001 年版,第 160 页。
③ 〔北宋〕孔文仲、孔武仲、孔平仲:《清江三孔集》,孔武仲:《入鄢陵界》《鄢陵界中》,齐鲁书社 2002 年版,第 120、126 页。
④ 〔南宋〕李弥逊:《筠溪集》卷二四《龙图阁直学士右通奉大夫致仕叶公墓志铭》,文渊阁四库全书本,第 1130 册,第 819 页。
⑤ 〔南宋〕李焘:《续资治通鉴长编》卷四五,咸平二年十二月乙卯,中华书局 2004 年版,第 970 页。
⑥ 〔元〕脱脱等:《宋史》卷二九九《石扬休传》,中华书局 1985 年版,第 9930 页。
⑦ 〔元〕脱脱等:《宋史》卷六二《五行志一下》,中华书局 1985 年版,第 1341 页。
⑧ 〔南宋〕李焘:《续资治通鉴长编》卷四八,咸平四年四月丁巳,中华书局 2004 年版,第 1057 页。
⑨ 〔北宋〕司马光著,李之亮笺注:《司马温公集编年笺注》卷四《和范景仁西圻野老》,巴蜀书社 2009 年版,第 218 页。
⑩ 〔北宋〕欧阳修:《欧阳修全集·居士集》卷一三《夏享太庙摄事斋宫闻莺寄原甫》,中华书局 2001 年版,第 221 页。
⑪ 〔北宋〕欧阳修:《欧阳修全集·奏议集》卷一五《论孟阳河开掘坟墓札子》,中华书局 2001 年版,第 1689 页。

"岂复古阡陌,但问新桑麻"①。又如尉氏朱家曲镇,也是"蔼蔼桑柘岸"②。但一些地方不知种桑养蚕,如宋神宗熙宁四年(1071),提点开封府界诸县镇兼常平事吴审礼上书说道:"帝畿千里,有终日行不见桑柘处,民不知蚕,非所以美俗。请教以种艺,责县劝率之。不一年,所租以亿万计。"朝廷接受了这一建议,下令予以推行。③

开封府以外,京西北路和京西南路的东北部属于现在的河南省。在宋初的几十年中,社会经济恢复慢。宋太宗至道二年(996),太常博士、直史馆陈靖上言:"今京畿周环二十三州,幅员数千里,地之垦者十才二三,税之入者又十无五六。复有匿里舍而称逃亡,弃耕农而事游惰,赋额岁减,国用不充。"④也就是说,当时河南的中北部大部分地区还比较荒凉,人口稀少,农田多废弃,反映的基本是事实。当时的邓、许(今许昌)、陈(今淮阳)、颍(今安徽阜阳)、蔡(今汝南)、亳(今安徽亳州)、宿(今安徽宿州)等地,有官私闲田351处,凡22万余顷,都是汉魏以来的荒地。⑤ 而后来的《宋史·地理志一》对京西的有关介绍就难以听信,所言是这样的:"东暨汝、颍,西被陕服,南略鄢、郢,北抵河津。丝、枲、漆、纩之所出……(洛阳)土地褊薄,迫于营养……唐(今唐河)、邓、汝、蔡(今汝南)率多旷田。"⑥此言给人们留下京西一派荒凉贫瘠的印象,实际上是以点带面,以北宋前期代中后期,失之偏颇。各地情况实际上有很大的差异,其中京西北路的自然条件普遍较好。

京西北路的中心地区洛阳,随着首都地位的丧失,经济地位比前代下降了。据记载,其地"民性安舒,而多衣冠旧族。然土地褊薄,迫于营养"⑦,意思是整体上农业生产比较薄弱。欧阳修也说:"河南虽赤县,然征赋之民户才七八千,

---

① 〔北宋〕梅尧臣著,朱东润编年校注:《梅尧臣集编年校注》卷一五《过开封古城》,上海古籍出版社2006年版,第307页。
② 〔北宋〕梅尧臣著,朱东润编年校注:《梅尧臣集编年校注》卷一一《舟次朱家曲寄许下故人》,上海古籍出版社2006年版,第185页。
③ 〔南宋〕李焘:《续资治通鉴长编》卷二二五,熙宁四年七月戊申注文,中华书局2004年版,第5492页。
④ 〔元〕脱脱等:《宋史》卷一七三《食货志上一》,中华书局1985年版,第4160页。
⑤ 〔北宋〕钱若水:《宋太宗实录》卷七七,至道二年四月丁酉,甘肃人民出版社2005年版,第174页。
⑥ 〔元〕脱脱等:《宋史》卷八五《地理志一》),中华书局1985年版,第2117页。
⑦ 〔元〕脱脱等:《宋史》卷八五《地理志一》,中华书局1985年版,第2117页。

田利之入率无一钟之亩。人稀,土不膏腴。"①但实际情况并不尽如此,其他方面情况比较好。比如,建国初政府就下令"修西京古道,峻隘处悉令坦夷"②,使其社会经济交流条件得以改善。太平兴国四年(979)平定北汉后,宋政府将太原的僧侣道士及"民高赀者"迁移到西京,③这些善于积蓄的富户的到来,为当地带来了大量流动资金,增强了经济实力。洛阳城则呈现出繁华的景象,如宗泽对洛阳称赞道:"都人士女各纷华,列肆飞楼事事嘉。政恐皇都无此致,万家流水一城花。"④司马光诗云:"西都自古繁华地,冠盖优游萃五方。比户清风人种竹,满川浓绿土宜桑。"⑤张耒也言:"洛阳山水风物甲天下。"⑥由此可知,洛阳断非贫困之地。洛阳多贵族,但爱花者、种花者更多的是老百姓,"洛阳风俗重繁华,荷担樵夫亦戴花"⑦,"洛城花品虽奇绝,多出寻常百姓家"⑧,从花市盛况可以得知,花木经济已经形成。郑獬在诗中写道:"第一名花洛下开,马驮金饼买将回。"其下注语曰:"陈人常赍金就洛中市花,一圃或至千余缗。"⑨这是指一处园圃的牡丹,价值1000余贯。意味着这户人家一年至少收入1000余贯,说明种植牡丹可以致富。又如,一樵者在山中发现一珍贵牡丹品种,卖给了魏仁浦家,魏家也用以赚钱,向每位观赏者收取10余文,"日收十数缗"⑩。

园艺方面花卉嫁接技术,有《和葛闳寺丞接花歌》略云:"江城有卒老且贫……生自东都富贵地。家有城南锦绣园,少年止以花为事。黄金用尽无他

---

① 〔北宋〕欧阳修:《欧阳修全集·居士外集》卷一四《东斋记》,中华书局2001年版,第935页。
② 〔南宋〕李焘:《续资治通鉴长编》卷三,建隆三年正月末,中华书局2004年版,第61页。
③ 〔南宋〕李焘:《续资治通鉴长编》卷二十,太平兴国四年五月戊子,中华书局2004年版,第453页。
④ 〔北宋〕宗泽:《宗泽集》卷五《至洛》,浙江古籍出版社1984年版,第69页。
⑤ 〔北宋〕司马光著,李之亮笺注:《司马温公集编年笺注》卷一四《和子骏洛中书事》,巴蜀书社2009年版,第467页。
⑥ 〔北宋〕张耒:《张耒集》卷五三《题吴德仁诗卷》,中华书局1999年版,第808页。
⑦ 〔北宋〕司马光著,李之亮笺注:《司马温公集编年笺注》卷一五《效赵学士体成口号十章献开府太师》,巴蜀书社2009年版,第505页。
⑧ 〔北宋〕文彦博:《文潞公集》卷七《近以洛花寄南大斋阁蒙赐诗五绝褒借今成五篇以答来贶》,山西人民出版社2008年版,第96页。
⑨ 〔北宋〕郑獬:《郧溪集》卷二八《次韵程丞相观牡丹》,文渊阁四库全书本,第1097册,第375页。
⑩ 〔北宋〕欧阳修:《欧阳修全集·居士外集》卷二五《洛阳牡丹记·花释名第二》,中华书局2001年版,第1099页。

能,却作琼林苑中吏。年年中使先春来,晓宣口敕修花台。奇芬异卉百余品,求新换旧争栽培。犹恐君王厌颜色,群芳只似寻常开。幸有神仙接花术,更向成都求绝匹。梁王苑里索妍姿,石氏园中搜淑质。金刀玉尺裁量妙,香膏腻壤弥缝密。迥得东皇造化工,五色敷华异平日。一朝宠爱归牡丹,千花相笑妖娆难。窃药嫦娥新换骨,婵娟不似人间看。……接花之技尔则奇,江乡卑湿何能施?吾皇又诏还淳朴,组绣文章皆弃遗。上林将议赐民畋,似昔繁华徒尔为。西都尚有名园处,我欲抽身希白傅。一日天恩放尔归,相逐栽花洛阳去。"①这不仅反映范仲淹对花卉嫁接技术的了解,也反映了他对这位有嫁接花卉绝技而贫病交迫的老卒坎坷遭遇的深切同情和关怀。

竹子在经济作物中也占有相当的比重,北宋名臣欧阳修说:"洛最多竹,樊圃棋错。包箨榈笋之赢,岁尚十数万缗,坐安候利,宁肯为渭川下?"②黄庭坚有诗云:"洛下斑竹笋,花时压鲑菜。一束酬千金,掉头不肯卖。"③反映了其作为珍奇蔬菜的紧俏。开封市场上就有食用的名产"西京笋"出售。④ 嘉祐年间,在开封做官的梅尧臣一年两次接到友人赠送的洛阳春笋后,专门作诗赞道:"龙孙春吐一尺牙,紫锦包玉离泥沙。金刀瑾错截嫩节,铜驼不与大梁赊。""牡丹开尽桃花红,斑笋进林犀角丰。两株远寄川上鸿,韩郎辍口赠楚翁。便令剥锦煮荆玉,甘脆不道筜瓢空。"⑤丰富的林业资源更带来丰厚的利润,如"伊瀍大山,属连数百里,其生植深远无穷。多材木林竹、薪蒸橡栗之饶,岁取之,设方洐以载,浮伊而下,循渠引行,萃于城中。物众售平,人用赖焉"⑥。至于洛阳城中,"泉甘土沃,风和气舒,自昔至今,人乐居之。青山出于屋上,流水周于舍下,竹木百花茂美"⑦,园林遍布。

---

① 〔北宋〕范仲淹:《范文正集》,文渊阁四库全书本,第1089册,第565—566页。
② 〔北宋〕欧阳修:《欧阳修全集·居士外集》卷一四《戕竹记》,中华书局2001年版,第936页。
③ 〔北宋〕黄庭坚:《黄庭坚全集·外集》卷三《食笋十韵》,四川大学出版社2001年版,第930页。
④ 〔北宋〕孟元老著,伊永文笺注:《东京梦华录笺注》卷二《饮食果子》,中华书局2006年版,第189页。
⑤ 〔北宋〕梅尧臣著,朱东润编年校注:《梅尧臣集编年校注》卷二七《韩持国遗洛笋》《韩持国再遗洛中斑竹笋》,上海古籍出版社2006年版,第940、949页。
⑥ 〔北宋〕蔡襄:《蔡襄集》卷二八《导伊水记》,上海古籍出版社1996年版,第488页。
⑦ 〔北宋〕李复:《潏水集》卷六《游归仁园记》,文渊阁四库全书本,第1121册,第61页。

作为西京，自然是宫殿林立，凡有宫室9990余区。① 由于水源充足，因而广泛种植水稻，"洛下稻田亦多"，并有一种特别的无芒稻。宋仁宗时的宋庠在洛阳任长官，也见到郡圃种稻："谁取霜禾种，来依郡圃栽。芒随虎掌熟，畦作佛袍开。"②虎掌是粳稻的一种，当属"霜禾种"的耐寒品种。宋徽宗时，官方在此设有稻田务，③另有特产为黄粱、白粱："今黄、白二种，西洛间农家多种，为饭尤佳。"④此地还出产油料作物芝麻——当时写作脂麻。熙宁五年（1072），有人反映京师开封由于官方买芝麻导致芝麻价钱上涨，王安石反驳说："今年西京及南京等处水，脂麻不熟，自当贵。"⑤可见洛阳等地是开封芝麻的主要供应基地。桑蚕业也比较发达，梅尧臣在洛阳有诗云："露柘林初静，烟梯不复收，春蚕吐丝足，工女忌寒休。"还有因"柔条初变绿，春野忽飞霜"而作的《伤桑》诗。⑥ 所属巩县（今巩义东），"据大道之冲，河洛所会，舟车之饶，民以富强……地要而民富"⑦，得交通要道之利，经济状况良好。

虢州（今灵宝）在行政区划上属于陕西，苏轼言："有洪淄灌溉之饶，被女郎云雨之施。四时无旱，百物常丰。宝产金铜，充牣诸邑；良材松柏，赡给中都……鱼肥鹤浴，依稀同泽国之风。"⑧当地的山水土地资源，为农业、林业、矿业、渔业的发展提供了良好的条件。陕州（今三门峡西）地处东西交通要道，"关蜀秦晋之地，舟车商贾之辐辏，金玉锦绣之所积，肩摩车击，人物最盛于他州"⑨，交通运输较为发达，物资、人烟繁盛。

许州（今许昌）也多沃区，"土疆财赋，既广且繁"⑩。如其首县长社："田园

---

① 〔元〕脱脱等：《宋史》卷八五《地理志一》，中华书局1985年版，第2104页。
② 〔北宋〕宋庠：《元宪集》卷五《郡圃观稻》，文渊阁四库全书本，第1087册，第443页。
③ 〔北宋〕张邦基：《墨庄漫录》卷三《崔德符罢废》，中华书局2002年版，第92页。
④ 〔北宋〕寇宗奭：《本草衍义》卷二〇《青黄白粱米》，人民卫生出版社1970年版，第149页。
⑤ 〔南宋〕李焘：《续资治通鉴长编》卷二三六，熙宁五年闰七月丙辰，中华书局2004年版，第5737页。
⑥ 〔北宋〕梅尧臣著，朱东润编年校注：《梅尧臣集编年校注》卷一《新茧》《伤桑》，上海古籍出版社2006年版，第13—14页。
⑦ 〔北宋〕尹洙：《河南先生文集》卷四《巩县孔子庙记》，四部丛刊初编缩印本，第18页。
⑧ 〔北宋〕苏轼：《苏轼文集》卷四七《上虢州太守启》，中华书局1986年版，第1357页。
⑨ 〔北宋〕刘斧：《青琐高议》后集卷七《温琬》，上海古籍出版社1983年版，第168页。
⑩ 司义祖整理：《宋大诏令集》卷一五九《升许州为颍昌府诏》，中华书局1962年版，第601页。

极膏腴,豪吏多殖产其中。"①肥沃的农田引来众多权势人家购置产业。宋仁宗时,许州人还不会种稻,张士逊出任许州长官后,召来南方襄汉地区的佃户种植公田,发展水稻,不久即出现了"压塍霜稻报丰年,镰响枷鸣野日天"的盛况,②获得了丰收。许州西湖风光在宋代很著名,利用其水资源,附近也多水稻:"浅浅碧水平,青青稻苗长。"③许州舞阳(今舞阳东)自然条件较差,"舞阳地薄,民多逃……舞阳地下,岁大雨河决,辄涝"④。土质差,地势低下,水灾频仍,居民因此多有逃亡。许州蔬菜生产也很发达,"城东北门内多蔬圃,俗呼香菜门"⑤。许州的葱全国闻名,"谚云:'汝州风,许州葱。'其来素矣"⑥,看来多有销往外地者,所以名气四扬。

郑州一带情况比较特殊。郑州位于东京、西京之间,又是首都通往西部地区的交通要道,有"咽喉半天下,客车日交轸"⑦之称。但郑州的社会经济与临近的中牟相同,发展程度一般。有纪事诗记载了其州城的简陋:"南北更无三座寺,东西只有一条街。四时八节无筵席,半夜三更有界牌。"⑧除官方驿递繁忙外,城市建设及其经济竟别无他长,甚至可以称作萧条。西边的荥阳同样如此:"荥阳当孔道,地瘠民贫。"⑨指出这一点具有特别的意义:交通优势是社会经济发展的一个条件,但地处交通要道未必就是交通优势,并不能必然带来经济优势,那些匆匆过客没有拉动当地消费,商业活动没有因位于交通主干道而兴起。郑州农村多水面,出产的芡实及鸡头米质量佳、数量大,欧阳修称:"京师卖五岳

---

① 〔北宋〕孙觌:《鸿庆居士集》卷三三《宋故右朝散大夫直秘阁提举江州太平观朱公墓志铭》,文渊阁四库全书本,第1135册,第335页。
② 〔北宋〕宋祁:《景文集》卷二三《湖上见担稻者》,丛书集成初编本,第287页。
③ 〔北宋〕梅尧臣著,朱东润编年校注:《梅尧臣集编年校注》卷一六《和资政侍郎湖亭杂咏绝句十首·稻畦》,上海古籍出版社2006年版,第354页。
④ 〔北宋〕黄庶:《伐檀集》卷上《送真长书记知舞阳》,文渊阁四库全书本,第1092册,第767页。
⑤ 〔北宋〕庄绰:《鸡肋编》卷上,中华书局1997年版,第34页。
⑥ 〔北宋〕沈括著,侯直平校点:《梦溪笔谈》卷二四《杂志》,岳麓书社2002年版,第172页。
⑦ 〔北宋〕刘挚:《忠肃集》卷一五《观音院饯送章子平出守郑州探得近字》,中华书局2002年版,第335页。
⑧ 〔北宋〕庄绰:《鸡肋编》卷上,中华书局1983年版,第17页。
⑨ 〔南宋〕周紫芝:《太仓稊米集》卷七〇《钱随州墓志铭》,文渊阁四库全书本,第1141册,第496页。

宫及郑州鸡头最为佳。"①在开封市场颇受欢迎。景祐元年(1034)十二月丁丑，郑州由于"车传旁五(引者按：应为午)，民庐阜藩，固可以充奉寝园，辅宁都甸"，朝廷下诏"郑州宜升为节镇……仍以大两省知州"。②经济上的"车传旁五，民庐阜藩"，即交通便利、居民众多而比较富裕，导致行政地位的提升，但整体经济仍很落后。宋神宗时，因"地狭民贫，不能输役"，一度废州为县。③宣和元年(1119)，郑州等地的卤碱之地"悉垦为田"④，种植面积扩大了许多，农业获得了较大的发展，经济状况有所好转。

南京应天府(今商丘)属于京东路，土地肥沃，属于平原地区，但由于地势低洼，水患频繁。北宋真宗时期，应天府一带发生水灾，情形较为严重。郑希甫受命治理，"相土凿渠，尾授于淮，疏瀄尽涸，翌年得垦田号上上。由是改职方，知泽州"⑤，从根本上解决了此地低洼地形长年积水的弊端，并且还变劣势为优势，把淤地变成了肥沃的良田。仁宗朝，应天府、陈、蔡等州又一次发生积水灾情。地方官员借用"汴夫"帮助治水，通过三年的努力，积水完全疏通，"三年而奏功，凡潴积之地为良田"⑥。如晁补之所说："去都而东，顺流千里，皆桑麻平野，无山林登览之胜。"⑦农业比较发达。又如王仲敷赞扬的那样，"其原野则田畴弥望，不可计数。浸以曜渔之源，被以沃壤之土。举趾即云，荷锄乃雨"，故而有"芃芃离离，禾麦稷黍"的空前盛况。⑧小麦种植面积的大幅度增加，成就了"南京面"这一在当时闻名遐迩的名产。黄庭坚把"抹南京面，作槐叶冷淘"⑨作为人生的快事，可见其兴盛。由于汴河漕运发达，交通极为便利，宋州因而借其

---

① 〔北宋〕欧阳修著，李之亮笺注：《欧阳修集编年笺注》卷九《初食鸡头有感》原注，巴蜀书社2008年版，第355页。
② 司义祖整理：《宋大诏令集》卷一五九《升郑州为节镇诏》，中华书局1962年版，第601页。参见〔清〕徐松辑《宋会要辑稿·方域》五之二二，中华书局1957年版。
③ 〔北宋〕邹浩：《道乡集》卷三五《中大夫直龙图阁知青州军州事王公墓志铭》，文渊阁四库全书本，第1121册，第475页。
④ 〔元〕脱脱等：《宋史》卷一八二《食货志下四》，中华书局1985年版，第4434页。
⑤ 〔北宋〕苏舜钦：《苏舜钦集》卷一四《屯田郎荥阳郑公墓志》，上海古籍出版社2011年版，第185页。
⑥ 〔北宋〕王巩：《闻见近录》，丛书集成初编本，第3892册，第7页。
⑦ 〔南宋〕吕祖谦编：《宋文鉴》卷八四，晁补之《照碧堂记》，中华书局2018年版，第1198页。
⑧ 〔南宋〕吕祖谦编：《宋文鉴》卷一〇，王仲敷《南都赋》，中华书局2018年版，第126页。
⑨ 〔北宋〕赵令畤撰，孔凡礼点校：《侯鲭录》卷八《黄鲁直品食》，中华书局2002年版，第200页。

利,成为一个商业都会。北宋末期的张叔夜也说:"南京地势平广,居民繁富。"①人口众多而且比较富裕。其东部属于亳州的永城,位于交通要道,"其地舟车错出,号剧县",长官在宋初原由吏部选派,但并不得力,随后由朝廷选择京师官员担任。韩亿咸平年间出任知县,大力革除旧弊,"又为兴起其利,未数月,一邑欢然从之"②。这一经济大县获得了新的发展机遇。也有一些县的经济状况相当落后。如张耒路过柘城(今柘城北)时看到"荒城人稀荆棘老,野兔惊跳出寒草。……入门四顾皆桑田,居民三五依道边。"③城外多荒草,城内多农田,农业与商业都很萧条。

河南北部一些州县,行政区划上属于河北路。相州(今安阳)是一片肥沃富庶之地。这里"土厚水深。種稑蔽野,桑麻耀林。顷必万秉,亩皆百金。错轮毂于涂中,资菽粟与缣纨","物夥财阜","厥赋上上④"。土质、物产都使人惊羡。当地人名相韩琦,有《安阳好》词10余章,其一云:"安阳好,形势魏西州。曼衍山河环故国,升平歌吹沸高楼,和气镇飞浮。笼画陌,乔木几春秋。花外轩窗排远岫,竹间门巷带长流,风物更清幽。"⑤从中可以感受到其富足与祥和。宋仁宗天圣四年(1026),地方官王沿兴修相州水利,并提议把关中郑白渠一带百姓中犯罪当刺配者一律送到相州,以解决相州水利建设的技术和劳力问题。他还派出当地水工前往郑白渠参观学习,"观彼疏导之制",然后便引衡、漳之水灌溉相州农田,⑥但由于自然环境的变迁,其中一些土地质量下降,如相州、卫州(今卫辉)的一些地方,即是"颇杂斥卤"⑦。在宋徽宗时,农田水利仍有新发展,如黎阳县(今浚县)开挖了一条水渠,"复废田四千顷,皆膏腴沃壤。民赖其赐,因号

---

① 〔南宋〕徐梦莘:《三朝北盟会编》卷八八,靖康二年三月二十九日,上海古籍出版社1987年版,第654页。
② 〔北宋〕苏舜钦:《苏舜钦集》卷一六《推诚保德功臣正奉大夫守太子少傅致仕上柱国开国公食邑三千三百户食实封八百户赐紫金鱼袋赠太子太保韩公(亿)行状》,上海古籍出版社2011年版,第203页。
③ 〔北宋〕张耒:《张耒集》卷一四《自南京之陈宿柘城》,中华书局1990年版,第243页。
④ 〔北宋〕赵鼎臣:《竹隐畸士集》卷一《邺都赋》,文渊阁四库全书本,第1124册,第116页。
⑤ 〔南宋〕吴曾:《能改斋漫录》卷一七《维扬好安阳好词》,上海古籍出版社1960年版,第496页。
⑥ 〔清〕徐松辑:《宋会要辑稿·食货》七之九,中华书局1957年版。
⑦ 〔元〕脱脱等:《宋史》卷八六《地理志二》,中华书局1985年版,第2131页。

其渠曰长丰渠"①,取得了很好的经济效益,沿渠的大片农田因而常获丰收。

金履祥言怀州(今沁阳)"田皆腴美,俗谓小江南"②。土地普遍肥美,气候温暖,宛若江南。怀州、卫州(今卫辉)一带是传统的肥沃之区,"怀、卫州素号沃壤,斛斗至贱"③,粮食充沛,储备丰富。建隆元年(960)宋军平定潞州(今山西长治)李筠之乱,怀州就是军需供应基地。④ 所属的修武县,"含沁水丰腴之泽,土邑蕃庑,□井缮完"⑤,水利资源丰富,土壤肥沃,社会经济良好。怀州农村充分利用水利资源,普遍实行四季浇地:"春、夏浇田……秋、冬浇田"⑥,也即春、夏、秋之外,还有先进的冬灌。冬灌可蓄水于土,起到"冬水春用"的作用,还可稳定地温,减少麦苗冻害,并能细碎土块,杜绝吊苗和寒风袭根。熙宁三年(1070),在王安石推行的农田水利法中,老百姓因为担心增加税赋而不愿发展水田,严重影响了农田水利的发展。朝廷于是接受了地方官的请求,税制照旧,并不因增加水田而加征税额及其名目,由此充分激发了民间兴修农田水利的积极性,扩大了水稻种植面积。

河南北部的孟州,属县济源:"县僻人事少,土肥风物殊……竹不减淇水,花仍似洛都。"⑦土地肥美,风光秀丽。该县历代都有修筑各种水利设施的活动,大型水利设施尤甚。北宋嘉祐八年(1063),在京西转运使吴充的主持下,济源修复了唐代温造主政时修建的渠堰,这样一来,许多土地又变成了水田,重新大面积种植价值较高的水稻,原来每亩地只值100余文,此后升到了将近2000文,⑧增值约20倍。据文献记载,孟州汜水县的李诚庄,土地肥沃,河渠纵横,水源充

---

① 〔宋〕穆洙:《宣德郎穆翚墓表》,〔清〕陆增祥编:《八琼室金石补正》卷一一一,文物出版社1985年版,第783页。
② 〔南宋〕金履祥:《资治通鉴前编》卷一《禹贡》注文,文渊阁四库全书本,第332册,第19页。
③ 〔北宋〕包拯著,杨国宜校注:《包拯集校注》卷一《请于怀卫籴米修御河船运》,黄山书社1999年版,第51页。
④ 〔南宋〕李焘:《续资治通鉴长编》卷一,建隆元年四月丙申,中华书局2004年版,第14页。
⑤ 〔北宋〕李洵:《怀州修武县十方胜果寺记》,曾枣庄、刘琳主编:《全宋文》,第129册,上海辞书出版社、安徽教育出版社2006年版,第154页。
⑥ 〔清〕徐松辑:《宋会要辑稿·食货》七之四,中华书局1957年版。
⑦ 〔北宋〕司马光著,李之亮笺注:《司马温公集编年笺注》卷一四《寄题济源李少卿章园亭》,第2册,巴蜀书社2009年版,第421页。
⑧ 〔清〕萧应植修,沈椁庄纂:(乾隆二十六年)《济源县志》卷六《水利》,引熙宁三年《千仓渠水利奏立科条碑记》,乾隆二十六年刻本,第2—3页。

足,为富庶之地。孟州治所河阳县,原来"土人不习水田之利",宋仁宗皇祐年间陈襄任知县时,开始试验种稻:"得水之可以溉田者……命其徒出钱十万,僦田二顷以试之。粳稻果大收。得谷以偿出钱者,其余犹足以供官。河阳人大享其利!"①种植推广取得成功,每亩所产水稻的价值,至少是500文,加上"其余犹足以供官"的部分,每亩产值将近1贯。河阳人由于种植水稻带来了相当高的经济收益。由此可见,水稻在当时的种植已经非常普遍了,"民胥效之,瘠卤之地,遂为膏腴",土壤也由于种植水稻得到改良,至宋神宗元丰末,当地仍仰水稻之利。② 文彦博有多首诗赞美孟州,如"三城争似洛城乐",还有"河阳好县花称满,仰望三川难比肩"之句,"雨后全无京洛尘,名园胜景足游人"描绘了园林之美,"朱轮大斾斾春乐,济上山阳景物佳。莫羡洛城花品好,三城本色有朱砂"之句则赞扬了牡丹之盛,皆不下于洛阳。③

卫州的水稻种植历史悠久,宋代种稻仍然较多。梅尧臣诗云:"我久在河内,颇知卫风俗,沙田多种稻,野饭殊脱粟。"④其中以共城县(今辉县)最为突出。该县的百门陂(今百泉),方500步,水源丰富,以此灌溉稻田,培育出优质稻米,到宋代,仍是皇宫内大米的来源,并在宋仁宗时扩大了种植面积,普及民间:"共城有稻田,以供尚食,水利有余,而民不与焉。"宋仁宗时,"使岁溉之外,与百姓共之。"⑤这一优势得以更好地发挥。共城的稻米为历代皇宫所钟爱,说明其质量是上乘的。黄庭坚列举人生快事,其中就有"炊共城香稻"⑥,足证为难得之美味。桑蚕业也有一定规模,史载,卫州人杜常"跨驴读书,驴嗜草失道,

---

① 〔北宋〕陈襄:《古灵集》卷二五,叶祖洽《陈襄行状》,文渊阁四库全书本,第1093册,第706页。
② 〔北宋〕陈襄:《古灵集》卷二五,附刘彝《陈先生祠堂记》,文渊阁四库全书本,第1093册,第715页。
③ 〔北宋〕文彦博:《文潞公集》卷七《次韵留守相公尧夫促令归洛》,山西人民出版社2008年版,第90页;《谢留守相公尧夫惠书及诗意爱勤重》,第90页;《近以洛花寄献献斋阁蒙赐诗五绝褒借今辄成五篇以答来贶》,第96页。按,"仰望三川难比肩"原作"仰望山川难比肩",误,据文渊阁四库全书本改。
④ 〔北宋〕梅尧臣著,朱东润编年校注:《梅尧臣集编年校注》卷一六《卫州通判赵中舍》,上海古籍出版社2006年版,第331页。
⑤ 〔北宋〕范仲淹:《范仲淹全集·范文正公文集》卷一四《太常少卿直昭文馆知广州军州事贾公墓志铭》,四川大学出版社2002年版,第342页。
⑥ 〔北宋〕赵令畤撰,孔凡礼点校:《侯鲭录》卷八《黄鲁直品食》,中华书局2002年版,第200页。

不之觉,触桑木而堕"①。卫州的新乡"土地饶美,物产阜盛,幸太平无事之久,其民富庶安乐"②,颇为富饶。

澶州(今濮阳)的桑蚕业相当发达,北宋仁宗时期,民间大量砍伐桑树,以供给官用,总数达三四十万株之巨,可见其桑树之多,也从侧面反映了养蚕业的发达。③ 距离澶州不远的滑州(今滑县东)则是一片平沙旷野,唐朝就有"万沙无寸木"的诗句,宋朝仍是"地无尺木,沙如掌平"④,自然植被稀少,环境不佳。同样由于濒临黄河,居民不堪劳役频仍,多有逃亡,正如司马光诗所云:"东郡堤徭苦,向来烟火疏。"⑤显然是贫困荒凉之地。"本州自天禧河决后,市肆寂寥,地土沙薄,河上差科频数,民力凋敝"⑥,照宁五年(1072),曾废州降为白马县,但元丰四年(1081)又恢复为州。宋神宗时澶州也开展了淤田,所"淤官地皆上腴"⑦,效果良好。景祐四年(1037),滑州民黄庆家"蚕自成被,长二丈五尺阔四尺"。这件喜事惊动了朝廷,皇帝"赐茶彩其家"⑧。可见滑州也有一定规模的桑蚕业。

在宋神宗大兴农田水利的高潮中,沿黄、沿汴河地区普遍进行了淤田,元丰元年(1078),都大提举淤田司向朝廷报告:"京东、西淤官私瘠地五千八百余顷,乞依例差使臣等管勾。"⑨其中京西及京东路的部分地区淤田都是在河南境内,数千顷的淤田,对河南东北部农业是有不少改善的。

---

① 〔元〕脱脱等:《宋史》卷三三〇《杜常传》,中华书局1985年版,第10635页。
② 〔明〕储珊修,李锦纂:《(正德)新乡县志》卷六,〔宋〕詹文《卫州新乡县学记》,天一阁藏明代方志选刊本,第96页。
③ 〔北宋〕欧阳修:《欧阳修全集·奏议集》卷七《论乞止绝河北伐民桑柘札子》,中华书局2001年版,第1574页。
④ 〔南宋〕陈郁:《藏一话腴》内编卷上,文渊阁四库全书本,第865册,第542页。
⑤ 〔北宋〕司马光著,李之亮笺注:《司马温公集编年笺注》卷八《送李祠部知滑州》,第2册,巴蜀书社2009年版,第31页。
⑥ 〔南宋〕李焘:《续资治通鉴长编》卷二三七,熙宁五年八月辛巳,中华书局2004年版,第5759页。
⑦ 〔南宋〕李焘:《续资治通鉴长编》卷二九〇,元丰元年六月癸卯,中华书局2004年版,第7085页。
⑧ 〔南宋〕李焘:《续资治通鉴长编》卷一二〇,景祐四年五月庚申,中华书局2004年版,第2831页。
⑨ 〔南宋〕李焘:《续资治通鉴长编》卷二八八,元丰元年二月甲寅,中华书局2004年版,第7045页。

2. 河南南部

河南南部地区农业发展也是不平衡的,东南部情况较好,西南部相对比较差。

陈州(今淮阳)的土质颇为优良,"厥田惟上"①,为农业发展提供了优良条件,与许、邓等州都是亩产 3 斛即 3 石的高产田。② 陈州的牡丹种植是当地的一个非常具有特色的经济项目:"洛阳牡丹之品,见于花谱,然未若陈州之盛且多也。园户植花,如种黍粟,动以顷计。"③陈州的牡丹虽然没有洛阳牡丹那么出名,但种植规模远远超过洛阳,专业化程度甚高,专业种植者谓之"园户",已是具有相当规模的牡丹种植产业,效益亦相当可观。政和年间,陈州种植牡丹专业户牛氏家培育出一种奇特牡丹品种:"色如鹅雏而淡,其面一尺三四寸,高尺许,柔葩重叠,约千百叶,其本姚黄也。而于葩英之端,有金粉一晕缕之,其心紫蕊,亦金粉缕之。牛氏乃以缕金黄名之,以蘧蒢作栅,屋围帐,复张青帘护之。于门首,遣人约止游人,人输十金,乃得入观。十日间,其家数百千。"④仅凭此项就可以致富了。晚年居住在淮阳的张耒有诗云:"淮阳三月桃李时,街头时有卖花儿。"⑤时令鲜花的零售,是花卉经济的具体表现。蔬菜生产也发达,张耒云:"最爱南城汲井园,春来蔬甲不胜繁。"⑥但东部与颍州(今安徽阜阳)交界的项城(今沈丘)情况有异,皇祐年间,欧阳修从颍州赴陈州,一进入项城,便发现"地土卑薄,桑柘萧条,始知颍真乐土,益令人眷眷尔"⑦。还有一个不利因素是,陈州深受地势低下之害,常有水灾。宋哲宗时知陈州的胡宗愈说:"本州地势卑下。至秋夏之间,许、蔡、汝、邓、西京及开封诸处大雨,则诸河之水并由陈州沙河、蔡河同入颍河,颍河不能容受,故陈州境内潴为陂泽。"⑧严重的时候,以至于

---

① 〔北宋〕宋祁:《景文集》卷一《陈州瑞麦赋并表》,丛书集成初编本,第 1872 册,第 2 页。
② 〔元〕马端临:《文献通考》卷七《田赋七》,中华书局 1986 年版,第 76 页。
③ 〔北宋〕张邦基:《墨庄漫录》卷九《陈州牛氏缕金黄牡丹》,上海古籍出版社 1992 年版,第 251 页。
④ 〔北宋〕张邦基:《墨庄漫录》卷九《陈州牛氏缕金黄牡丹》,上海古籍出版社 1992 年版,第 251 页。
⑤ 〔北宋〕张耒:《张耒集》卷一六《二月十五日》,中华书局 1990 年版,第 266 页。
⑥ 〔北宋〕张耒:《张耒集》卷三〇《春日怀淮阳六首》,中华书局 1990 年版,第 533 页。
⑦ 〔北宋〕欧阳修:《欧阳修全集·书简》卷四《与张职方三通》,中华书局 2001 年版,第 2409 页。
⑧ 〔清〕徐松辑:《宋会要辑稿·方城》一七之一一,中华书局 1957 年版,第 7602 页。

"四顾百里,不见涯涘"①。陈州遭受积水之患长达百余年,一直到宋徽宗朝才开河疏水,走出了困境。陈州以及相邻的蔡州(今汝南)均有桑蚕业。郑獬有诗描述两地旱灾时说:"万顷无寸苗,旱气白于水。桑叶虫蚀尽,蚕未三眠起。"②旱灾造成的两大损失,一是庄稼,二是桑蚕,可知桑蚕业的重要地位。

南部的蔡州(今汝南)是自然条件良好之地,有"允为剧郡,赋舆错出,实异庶邦"③之誉。北宋中期,刘敞通判蔡州时,曾"凿池开河,以利灌溉"④。宋英宗时,吕公著知蔡州,"导水泉溉田,易军营草舍以瓦,修孔子庙,荐举孝行,善政甚多"⑤,农业生产得到推进。司马光言:"蔡州封部阔远,户口繁庶,土饶山林,素多盗贼。地望之重,过于寿州。牧守之任,尤须择人。"⑥秦观也言:"汝南风物甚美。"⑦所属新息(今息县),苏轼诗云:"上蔡(按:此泛指蔡州)有良田,黄沙走清渠。罢亚百顷稻,雍容十年储。"又言:"昔年尝羡任夫子,卜居新息临淮水。怪君便尔忘故乡,稻熟鱼肥信清美。竹陂雁起天为黑,桐柏烟横山半紫。"⑧任氏是眉州(今四川眉山)人,在此山清水秀的鱼米之乡乐不思蜀了。宋徽宗时的苏过也赞颂道:"淮蔡山川美,民淳足鱼稻。"⑨歌颂了山川的秀美和鱼稻的丰足。

属于淮南路的光州(今潢川),"地雄物夥"⑩,表明属于物产丰富之地,尤以茶叶经济为突出特色。宋代茶分片茶(蒸制后模压成片)、散茶两种,光州皆有

---

① 〔北宋〕陈师道:《后山居士文集》卷九《策问十五道·一》,上海古籍出版社1984年版,第507页。
② 〔北宋〕郑獬:《郧溪集》卷二四《陈蔡旱》,文渊阁四库全书本,第1097册,第332页。
③ 司义祖整理:《宋大诏令集》卷一五九《升蔡州为淮康军诏》,中华书局1962年版,第601页。
④ 〔明〕李贤等:《明一统志》卷三一《汝宁府·名宦·刘敞》注,文渊阁四库全书本,第472册,第789页。
⑤ 〔清〕田文镜、王士俊等监修,孙灏、顾栋高等编纂:《(雍正)河南通志》卷五六《名宦·汝宁府》,文渊阁四库全书本,第537册,第326页。
⑥ 〔北宋〕司马光著,李之亮笺注:《司马温公集编年笺注》卷一九《论移张叔詹知蔡州状》,第3册,巴蜀书社2009年版,第91页。
⑦ 〔北宋〕秦观著,徐培均笺注:《淮海集笺注》卷二五《汝水涨溢说》,上海古籍出版社2000年版,第831页。
⑧ 〔北宋〕苏轼:《苏轼诗集》卷一五《答任师中家汉公》,中华书局1982年版,第756页;卷二〇《过新息留示乡人任师中》,第1021页。
⑨ 〔北宋〕苏过著,舒大刚、蒋宗许、李家生等校注:《斜川集校注》卷三《送八弟赴官汝南》,巴蜀书社1996年版,第177页。
⑩ 〔南宋〕祝穆:《宋本方舆胜览》卷五〇《光州》,上海古籍出版社1991年版,第448页。

出产。其中片茶全国有 26 种,光州出东首、浅山、薄侧 3 种。① 沈括记载了嘉祐六年(1061)光州茶场的有关数字:光州光山场买茶三十万七千二百一十六斤,卖钱一万二千四百五十六贯。子安场买茶二十二万八千三十斤,卖钱一万三千六百八十九贯三百四十八。商城场买茶四十万五百五十三斤,卖钱二万七千七十九贯四百四十六。② 可知北宋中期,光州每年产茶 935799 斤,销售金额为 53224 贯余,平均每斤茶叶 57 文。具体而言,不同场的不同等级茶叶有不同的卖价:商城场散茶上号每斤 73.5 文,中号 67.2 文,下号 56 文,浅山 42 文;光山场中号 38.5 文,下号 33.6 文;子安场上号 70 文,中号 59.5 文,下号 49 文,浅山 40.6 文。③ 光山茶就是现今驰名全国的信阳毛尖的前身。

属于淮南路亳州的鹿邑(今鹿邑西),梅尧臣诗云:"公秫时为酒,晨庖日有鱼,沛谯风物美,聊以乐琴书。"④从侧面反映了农业生产的发展程度较好。

北宋前期,豫西南地区长期处于农业发展滞后的状态。宋太宗至道二年(996),朝廷任命太常博士、直史馆陈靖为京西劝农使,在陈、许、蔡、邓、唐(今唐河)、汝等州,组织农民开垦土地。但副使大理寺丞皇甫选、光禄寺丞何亮却认为"功难成,愿罢其事"。宋太宗坚持要开发,指示陈靖继续进行。不久,三司以投资太大,"费官钱数多,万一水旱,恐致散失",此举便就此罢休。⑤ 后来的几十年间,变化不大。苏辙曾指出:"今自楚之北,至于唐、邓、汝、颍、陈、蔡、许、洛之间,平田万里,农夫逃散,不生五谷,荆棘布野,而地至肥壤,泉源陂泽之迹,迤逦犹在。其民不知水耕之利,而长吏又不以为意,一遇水旱,民乏菜茹。往者因其死丧流亡,废县罢镇者,盖往往是矣。"⑥尽管这一描述在地域范围和程度上均有夸大,但大体是比较符合实际的。如蔡州,北宋后期仍有"蔡地薄赋重"⑦之说,从宋仁宗时开始,这里的大部分地区农田水利事业广泛兴起,至北宋中后期

---

① 〔元〕马端临:《文献通考》卷一八《征榷考五》,中华书局 1986 年版,第 173 页。
② 〔北宋〕沈括:《梦溪笔谈》卷一二《官政二》,上海书店出版社 2003 年版,第 95 页。
③ 〔清〕徐松辑:《宋会要辑稿·食货》二九之一一,中华书局 1957 年版,第 5313 页。
④ 〔北宋〕梅尧臣著,朱东润编年校注:《梅尧臣集编年校注》卷八《送张子野秘丞知鹿邑》,上海古籍出版社 2006 年版,第 126 页。
⑤ 〔元〕脱脱等:《宋史》卷一七三《食货志上一》,中华书局 1985 年版,第 4161 页。
⑥ 〔北宋〕苏辙:《栾城集·栾城应诏集》卷一〇《民政》,上海古籍出版社 1987 年版,第 1690—1691 页。
⑦ 〔元〕脱脱等:《宋史》卷三一九《欧阳棐传》,中华书局 1985 年版,第 10382 页。

得到开发,扭转了落后局面。

在北宋中前期的 100 年间,唐州长时间人烟稀少,大片土地乏人耕种,农业经济一片萧条。宋仁宗嘉祐年间,赵尚宽主政唐州,决心改变农耕废弛的情形,发展唐州的农业生产,恢复当地经济。他遍览方志图经,实地考察了汉召信臣所修筑的水利工程遗迹,下定决心从兴修水利入手,经过艰苦奋战,修复了 3 陂 1 渠,总计可以灌溉良田 1 万余顷。为了扩大灌溉范围,又组织农民修建支渠数十条。水利工程的重修,为农业生产奠定了坚实的基础,又贷款给农民购买耕牛,于是流民纷纷涌来,投入了生产活动之中。经过三年的努力,"榛莽复为膏腴,增户积万余",从根本上改变了当地的落后面貌。神宗时期,高赋任知州,在前任的基础上又有进一步的发展,修筑陂堰 44 处,新开垦荒地 31300 余顷,大规模招募流民,效果非常显著,户口大为增加,为农业生产注入了新的活力。① 为吸引更多的农民前来开垦荒地,在税收上制定了特殊政策:"凡白亩之田,以四亩出赋,自是稍稍垦治,殆无旷土。"② 垦种 100 亩地,按 4 亩交税,也即税率仅是其他地方的 4%,这一税收政策对农民具有很大的吸引力,调动农民生产积极性的效果十分明显。唐州经过官民的共同努力,农业落后的面貌大为改观,"昔之菽粟者多化而为稌(即稻)"③。政和年间,唐州桐柏县西城仓储藏有朝廷封桩稻草数十万(束),④ 可见水稻生产兴盛。又如其中的方城:"方城古称险,远在豫州南。近岁污莱辟,新民秦晋参。"⑤ 开发的热潮吸引了来自陕西、山西的流民,增添了劳动力。著于《宋史·循吏传》者仅有 12 人,先后主政唐州的赵尚宽、高赋二人皆能名列其中,说明二人在唐州任上兴修水利、造福一方,具有强大的社会影响力,为时人所称道和敬仰。熙宁四年(1071),唐州泌阳(今唐河)

---

① 〔元〕脱脱等:《宋史》卷四二六《赵尚宽传》《高赋传》,中华书局 1985 年版,第 12702—12703 页。
② 〔南宋〕李焘:《续资治通鉴长编》卷三三七,元丰六年七月辛未,中华书局 2004 年版,第 8133 页。
③ 〔北宋〕王安石:《王文公文集》卷三六《新田诗序》,上海人民出版社 1974 年版,第 430 页。
④ 〔南宋〕范公偁:《过庭录·先子言韩见素冒重责动桩草御水》,中华书局 2002 年版,第 349 页。
⑤ 〔北宋〕司马光著,李之亮笺注:《司马温公集编年笺注》卷一四《寄唐州吴辨叔二兄》,第 2 册,巴蜀书社 2009 年版,第 416 页。

县令王友谅积极发展经济，"招诱流亡千余户，垦田数千顷"，得到朝廷的嘉奖。① 此地的落后面貌得到改观。宋哲宗时，水利兴建活动普及民间。唐州吴氏，是一位民间兴修水利的领头人，在农闲时节，组织数千农民，"大治陂水灌田，利及一方"②。单从农民自发兴修水利就可看到农民的生产积极性有多高。北宋末年，唐州社会经济已有很大发展，以方城县为例："最为诸路会口，井邑亦甚繁富。"③可见颇为繁荣。

邓州穰县（今邓州）在北宋中期农业发展加快，如曾在邓州任职的范仲淹说："穰下故都今善藩，沃衍千里多丰年。"④穿越境内的白河两岸，稻畦相望，长势喜人："车过白水沙痕阔，雁落钳卢稻穟长。"⑤邓州的南阳，农田水利发达，梅尧臣诗"频官吴越饱粳稻，况住南阳多水田"⑥即是证明。北宋元丰年间，县丞燕居冲主持修建了马渡港堰，"渠成民赖其利"，灌溉面积超过千顷。⑦ 宋哲宗时，邓州"年谷屡登，闾里无事"⑧，就是其成效的体现。邓州还盛产菊花，方勺记载："邓菊甲于天下，父老云其品无虑六七十。绍圣初，先子为教官，主善堂后所有仅五十种，乃前任刘正夫求于诸邑得之。闻颇恨不尽其佳品而去。"⑨菊花栽培技术居全国前列。范仲淹《献百花洲图上陈州晏相公》《览秀亭诗》⑩记载了邓州的菊花种植。

关于酿造技术，范仲淹《依韵答提刑张太博（张焘）尝新酝》描述了邓州千

---

① 〔南宋〕李焘：《续资治通鉴长编》卷二一九，熙宁四年正月己酉，中华书局 2004 年版，第 5328 页。
② 〔南宋〕李焘：《续资治通鉴长编》卷四七一，元祐七年三月壬辰，中华书局 2004 年版，第 11243 页。
③ 〔南宋〕徐梦莘：《三朝北盟会编》卷八八，靖康二年三月二十九日，上海古籍出版社 2008 年版，第 655 页。
④ 〔北宋〕范仲淹：《范仲淹全集·范文正公文集》卷三《依韵和安陆孙司谏见寄》，北京图书馆出版社 2006 年版，第 56 页。
⑤ 〔北宋〕梅尧臣著，朱东润编年校注：《梅尧臣集编年校注》卷二二《送王察推缜之邓州》，上海古籍出版社 2006 年版，第 625 页。
⑥ 〔北宋〕梅尧臣著，朱东润编年校注：《梅尧臣集编年校注》卷二八《送谢师厚太博通判汾州》，上海古籍出版社 2006 年版，第 996 页。
⑦ 〔元〕孛兰盼等撰，赵万里校辑：《元一统志》卷三《南阳府》，中华书局 1966 年版，第 262 页。
⑧ 〔北宋〕陆佃：《陶山集》卷七《邓州谢上表》，丛书集成初编本，第 1930 册，第 82 页。
⑨ 〔北宋〕方勺撰，许沛藻、杨立扬点校：《泊宅编》卷二，中华书局 1983 年版，第 13 页。
⑩ 〔北宋〕范仲淹：《范文正集》，文渊阁四库全书本，第 1089 册，第 592、569 页。

日醇的名贵及酿造技术。①

从上可以看到,北宋中期以后,唐、邓地区农业有跳跃性的发展。自宋英宗治平后,"开垦岁增"②,开始走出低谷。至北宋末期,发展到了两宋最高峰。

汝州具有优越的自然环境,并非荒凉贫瘠之地,早在宋初,此地就有"内园兵士种稻",宋真宗时又招募农民 200 户,垦田 600 顷种稻,岁收 23000 石。③ 宋徽宗时期,水稻种植进一步扩大,远胜前期,于是顺应形势的需要,官方在此专门设立了种稻组织"稻田务"。④ 福建人江翱任汝州鲁山县令时,为提高土地的利用率,解决此地连年干旱少雨的问题,从自己的家乡福建运来旱稻种子,把旱稻引入到鲁山种植,自此"邑人多种之,岁岁足食"⑤。种植结构得到改变,解决了口粮问题,苏过诗中描写道:"西南望平原,汝水稻千顷。黄云卷穰穟,怀我江湖境。"⑥足见水稻生产已成规模。范纯仁任汝州襄城知县时,大力促进桑树种植,犯轻罪的人无须坐牢,可以种植桑树作为惩罚,不久,桑树种植很快发展起来,民感其德,称为"著作林"。⑦ 北宋末年,汝州社会经济已摆脱了贫困。宣和元年(1119),葛胜仲知汝州,"国初,京西多旷土,宝元、康定间,特轻其赋,募民垦辟,岁久地无遗利,而民益富"⑧。宋徽宗时的慕容彦逢说:"汝为州,当嵩山之阳,萦带汝水,土脉膏腴。旁近郡旱潦不登,汝辄丰稔。以故民力优裕……宾旅自远至,视其闾里,愉愉舒缓,谓之乐郊。"⑨陈渊在诗中描绘当地的盛况:"人烟盛乐土,草树亦精产。"⑩可见日臻富庶的景象。鲁山县,原来"境土多榛莱,

---

① 〔北宋〕范仲淹:《范文正集》,文渊阁四库全书本,第 1089 册,第 570 页。
② 〔元〕脱脱等:《宋史》卷一七四《食货志》,中华书局 1985 年版,第 4213 页。
③ 〔南宋〕李焘:《续资治通鉴长编》卷四四,咸平二年四月丙子,中华书局 2004 年版,第 942 页。
④ 〔元〕脱脱等:《宋史》卷一七四《食货志》,中华书局 1985 年版,第 4212 页。
⑤ 〔南宋〕江少虞:《宋朝事实类苑》卷二三《江翱》,上海古籍出版社 1981 年版,第 283 页。
⑥ 〔北宋〕苏过著,舒大刚、蒋宗许、李家生校注:《斜川集校注》卷二《北山杂诗》,巴蜀书社 1996 年版,第 127 页。
⑦ 〔元〕脱脱等:《宋史》卷三一四《范纯仁传》,中华书局 1985 年版,第 10282 页。
⑧ 〔北宋〕葛胜仲:《丹阳集》卷二四,附章倧《宋左宣奉大夫显谟阁待制致仕赠特进谥文康葛公行状》,文渊阁四库全书本,第 1127 册,第 661 页。
⑨ 〔北宋〕慕容彦逢:《摘文堂集》卷二《香山天宁观音禅院新塑大阿罗汉记》,文渊阁四库全书本,第 1123 册,第 439 页。
⑩ 〔北宋〕陈渊:《默堂先生文集》卷二《自入襄城即有山水之兴路中稍有赓唱因呈遵道》,四部丛刊本,第 7 页。

民力不足",宋神宗时,"河朔荐饥,诏许流民占垦。公诱掖安集,至者如归,未数月,年谷大登,百室熙饱,公上之输数倍他邑"。① 任槐任叶县令,"招募流民,辟地一千余顷,桑枣十余万,添户五千有奇,考课为京西路诸邑之最"②。宣和年间的葛胜仲,在《和若拙弟说汝州可居已约卜一丘韵》中,有"汝海膏腴人共说"③之语,足见其富裕已具有吸引力,地方农业经济获得突飞猛进的发展。只是由于水土缺碘,居民多患地方病——瘿病,即单纯性甲状腺肿,俗称"大脖子病"。梅尧臣有诗云:"汝水出山险,汝民多病瘿,或如鸡精满,或若猿嗛并。女惭高掩襟,男大阔裁领,饮水拟注壶,吐词俸有鲠。"④该地方病严重地影响了人口素质以及生活、生产活动。

京西南路长期土旷人稀,所以在一定程度上制约了农业的发展。从宋初到宋仁宗朝,朝廷一直在向京西路输送流民、降民等人口,如开宝年间,迁徙太原民众万余家于河南、山东,⑤后又"尽驱其(北汉)人民分布河、洛之间"⑥。灭北汉后,"徙僧道士及民高赀者于西京"⑦。雍熙年间,又迁徙契丹山后诸州降民至河南府(今洛阳)、许州(今许昌)、汝州等地,凡 8236 户 78262 人,牛、羊、驼、马 40 余万头。⑧ 他们的到来,大大缓解了当地劳动力不足的局面,促进了农牧经济的发展,"垦田颇广,民多致富"⑨,加上当地人口的自然增长,自宋神宗元丰年间到宋徽宗朝,户数增长了 150%,为全国最高的增长率,京西路的经济地位也大有提高。宋徽宗政和五年(1115),汝州"岁比丰登,珍祥屡发",因升为

---

① 〔北宋〕李昭玘:《乐静集》卷二八《李奉议墓志铭》,文渊阁四库全书本,第 1122 册,第 391 页。
② 〔北宋〕谢悰:《宋故左中散大夫致仕上柱国清平县开国子食邑五百户赐紫金鱼袋任公墓志铭》,曾枣庄、刘琳主编:《全宋文》,第 122 册,上海辞书出版社、安徽教育出版社 2006 年版,第 220 页。
③ 〔北宋〕葛胜仲:《丹阳集》卷二〇《和若拙弟说汝州可居已约卜一丘韵》,文渊阁四库全书本,第 1127 册,第 615 页。
④ 〔北宋〕梅尧臣著,朱东润编年校注:《梅尧臣集编年校注》卷一六《和王仲仪咏瘿二十韵》,上海古籍出版社 2006 年版,第 346 页。
⑤ 〔南宋〕李焘:《续资治通鉴长编》卷一〇,开宝二年五月己未,中华书局 2004 年版,第 225 页。
⑥ 〔南宋〕李焘:《续资治通鉴长编》卷二〇,太平兴国四年正月丁亥,中华书局 2004 年版,第 442 页。
⑦ 〔南宋〕李焘:《续资治通鉴长编》卷二〇,太平兴国四年五月戊子,中华书局 2004 年版,第 452 页。
⑧ 〔南宋〕李焘:《续资治通鉴长编》卷二七,雍熙三年七月壬午,中华书局 2004 年版,第 620 页。
⑨ 〔元〕脱脱等:《宋史》卷八五《地理志》,中华书局 1985 年版,第 2117 页。

陆海军节度。① 宣和元年(1119),南辅颍昌府(今许昌)、西辅郑州以及滑州(今滑县东)、河阳(今孟州南)等州郡的盐碱地,被当地人民"悉垦为田"②,农业生产向前迈进了一大步。时人这样描述京西财政状况:"畿甸之右,都邑相望,赋入浩繁,雄视他路!"③如宣和年间,京西"上下赡足,资聚沛然",转运使在政绩考核中,名列全国第一。④ 显然已摆脱了落后局面,走向繁荣。只是持续时间较短,不久战乱就来临了。

二、农业管理机构

农业管理机构的完善是组织和促进农业生产的重要保障,政府农业管理机构的设立和完善程度也反映了该时期的农业发展程度。宋代中央关乎农事的职能部门有户部和工部。在元丰官制改革之前,则主要是三司和司农寺等。

由于地方政府是农民和农业生产的直接管理者,故而地方各级行政长官、各级地方监察机关等地方机构均负有管理农业的职责,制定农事活动的发展规划,引导和组织农民兴修水利,农作物的种植,引进优势品种,改良耕作方式、生产工具等一切与农业生产相关的活动,均为地方政府的职责所在。

劝农制度在中国历史悠久,宋代的劝农制度已经相当完备了。第一,皇帝需要亲耕籍田,这是历代的常例,宋代沿用而已,尽管如此,对促进农业生产也有积极的象征意义。第二,设立劝农机构劝农司,这是宋代的首创,具有划时代的意义。第三,地方官的官衔上多了劝农职事,⑤明确了地方官员在劝农方面的责任。第四,农师制度的建立。北宋初年,政府建立了农师制度,来指导和督促农业生产。关于这个制度,文献中有详细记载:"诸路州民户或有能勤稼穑而乏

---

① 〔清〕徐松辑:《宋会要辑稿·方城》五之一,中华书局1957年版,第7383页。
② 〔元〕脱脱等:《宋史》卷一八二《食货志》,中华书局1985年版,第4434页。
③ 〔北宋〕刘一止:《苕溪集》卷三九《宋辉复秘阁修撰除京西路转运副使》,文渊阁四库全书本,第1132册,第191页。
④ 〔北宋〕孙觌:《鸿庆居士集》卷三四《宋故右中奉大夫直秘阁致仕朱公墓志铭》,文渊阁四库全书本,第1135册,第349页。
⑤ 周方高:《宋朝农业管理初探》,浙江大学2005年博士学位论文。

子种与土田者,或有土田而少男丁与牛力者,许众户推一人谙会种植者,州县给帖补为农师,除二税外,并免诸杂差徭。凡谷、麦、麻、豆、桑、枣、果实、蔬菜之类,但堪济人,可以转教。众多者,令农师与本乡里正、村耆相度。且述土地所宜,及某家现有种子,某户现有闲丁,某人现有剩牛,然后分给旷土,召集余夫,明立要契,举借粮种,及时种莳。候收成,依契约分,无致争讼。官司每岁较量所课种植功绩。如农师有不能勤力者,代之。坠农务为饮博者,里胥与农师谨切教诲之,不率教者州县依法科罚。"①可以说,农师制度涵盖了农业生产的方方面面,从田地、耕牛、人力、种子、耕种方式、收获分成等各个方面规定了农师的责任和义务以及奖惩条例,可谓详备。农师制度的建立,对宋代农业生产的发展提供了制度保障,使农民在从事农业生产时有所遵循,极大地提高了农业生产的效率,使得宋代的农业发展大大超越前代,取得了卓越的成就。

三、发展农业的措施与制度

1. 颁发劝农诏文

农业是封建王朝的经济命脉,宋代统治者也深刻地认识到这一点。从北宋建立之初,朝廷就持续发布劝农诏文,鼓励农民开垦荒地,努力发展农业生产,恢复农业经济。宋太祖建隆三年(962),下诏劝民播种:"生民在勤,所宝惟谷,先王之明训也。……永念农桑之业,是为衣食之源。今阳和在辰,播种资始,虑彼乡间之内或多游惰之民,苟春作之不勤,则岁功之何望。卿任居守土,职在颁条,宜劝谕耕耘。"②次年,朝廷命官员们到各地去指导均田,苟暴失实者将会受到严厉的处分。在劝导农民耕种的同时,亦下诏劝民广为种树,这不得不说是一种非常有远见卓识的政策。宋太祖乾德二年(964),再次下发劝农诏令:"农为政本,食乃民天……今土膏将起……宜课东作之勤,副西成之望,使地无遗利,岁有余粮。"四年闰八月,诏令天下:"所在长吏,告谕百姓,有能广植桑枣、开垦荒田者,并只纳旧租,永不通检。令佐能招复逋逃,劝课栽植,岁减一选者,加

---

① 〔清〕徐松辑:《宋会要辑稿·食货》六三之一六二,中华书局1957年版,第6067页。
② 〔清〕徐松辑:《宋会要辑稿·食货》六三之一六二,中华书局1957年版,第6067页。

一阶。"①宋太祖开宝六年(973)对各州诏曰:"今年四月以前逃移人户特许归业,只据现佃桑土输税,限五年内却纳元额;四月以后逃移者永不得归业,田土许人请射。"②宋太宗至道二年(996),任命太常博士陈靖为京西劝农使,任命皇甫选、何亮为劝农副使,到陈、许、蔡、颍、襄、邓、唐、汝等州巡查,并且劝民垦田。劝农诏书的颁发前后持续了数年之久,显示了统治者对国之根本的农业生产极为重视。北宋对前代所采用的各种鼓励农业发展的有效方法,尽皆遵行并力践之,特别值得一提的就是亲耕观稼。宋太宗太平兴国三年(978)四月和雍熙二年(985)于城南观麦。③ 太平兴国九年(984)五月,"出南薰门观稼,召从官列坐田中,令民刈麦,咸赐以钱帛"④。

2. 土地与赋税制度

宋代国有土地的经营种类主要是职田、学田和屯田三种。唐代实行的职田,到五代时已废弛。至宋真宗咸平二年(999),职田制又恢复,规定自两京大藩府至下县,给职田 7—40 顷,以官庄及远年逃户田拨充,招募浮客为佃户。南宋时,职田收入常被借调来支援军粮,时废时复。学田是中国历代政府专门拨出以兴办社会教育为目的,由官学或书院等教育单位占有形式的国有土地,学田始见于南唐,宋代开始推广,宋神宗(1068—1085 在位)时,州郡普置学田。学田来源或由皇帝诏赐,或由官府从官田中拨给,或由地方拨款购置,或由族田、义庄拨给,或由私人捐献。宋大观三年(1109),全国学田为 10.599 万顷。学田一般采取分散出租形式,实行定额租制,以实物地租为主,但在南宋时,货币地租已在学田地租中占相当比重。宋代以后历代政府都实行过数额不同的学田,而且一直延续到民国时期。

宋代屯田也有军屯和民屯两种。北宋前期,为防御辽和西夏侵扰,太宗时在河北边缘开展军事屯田,真宗、神宗年间也相继设立军事屯田。但终北宋一代,由于边事纷扰,军屯成效不大,南宋亦然。宋代民屯和唐代一样,也称为营田,南宋以江淮营田最盛,到绍兴年间(1131—1162),南宋营田面积达到 10 万顷,为天禧年间(1017—1021)诸州屯营田总数 4200 余顷的 24 倍。可见,南宋

---

① 〔清〕徐松辑:《宋会要辑稿·食货》六三之一六一,中华书局 1957 年版,第 6067 页。
② 〔清〕徐松辑:《宋会要辑稿·食货》六九之三五,中华书局 1957 年版,第 6347 页。
③ 〔元〕脱脱等:《宋史》卷四《太宗本纪》,中华书局 1985 年版,第 58、76 页。
④ 〔元〕脱脱等:《宋史》卷一一三《礼十六·嘉礼四》,中华书局 1985 年版,第 2696 页。

营田曾出现过相当繁荣的局面。①

在"不抑兼并"的国策下,两宋时期地主土地私有制进一步膨胀。与汉唐初年"未有并兼之害"不同的是,宋代自建国伊始,兼并势力就以非常猖狂的姿态出现在土地运动之中。到了仁宗之后,出现"天下田畴,半为形势所占"之势,②"势官富姓占田无限,兼并冒伪,习以成俗"③。这种大土地私有制的恶性膨胀直至南宋,仍在继续之中,但依靠政治特权大量占有田产已经不是地主积聚土地的主要形式,而是依照时价通过土地购买来获得土地。宋立国之初,赵匡胤即示意其大臣,"多积金银厚自娱乐","择便好田宅市之,为子孙立永久之业"。④ 北宋末年,出现了朱勔那样占田 30 万亩的大土地所有者。⑤ 南宋初年,有张子颜等那样有田庄 15 个,田产跨越 6 州府,分布 10 个县的大地主。⑥ 虽然自宋仁宗之后,宋王朝也曾数次重申过类似的限田令,但主要在于防止官吏依靠特权扩大自己的私有土地,所以规定官吏享有免除特权的田亩面积之外,则一律与编户同承赋役,但仍不限制地主的田产扩大。⑦

宋代,自耕农、半自耕农的人数约占 55%。而自耕农佃农化的发展,也是宋代自耕农经济的最大特点。特别是宋代赋税的沉重负担也加速了这个发展的过程。除了田赋税,还要缴纳"身丁钱",凡年满 20 岁与未满 60 岁的男性公民都要缴纳,实际上是一种人头税。宋代的田赋亦称两税,分夏、秋两季征收。夏税多半税钱,或折纳绸、绢、棉布、麦等,秋税一般输粮,大体为每亩税米 1 斗上下。唐代赋税"亩税 2 升",宋代虽然每亩 1 斗,但其他苛捐杂税甚多,较之汉唐"增至七倍"或"将近十倍"了。

除此外,还有差役。宋代的差役有职役和杂徭之分,职役主要是由地主承担,而杂徭则主要是由自耕农或半自耕农的下户所承担。这些杂徭包括疏浚河道、修筑堤堰、修路造桥、筑城挖壕、运输粮草、送上供钱帛官物,乃至为官府盖

---

① 胡廷积主编:《河南农业发展史》,中国农业出版社 2005 年版,第 81 页。
② 〔南宋〕李焘:《续资治通鉴长编》卷九八,建兴元年二月庚子,中华书局 2004 年版。
③ 〔元〕脱脱等:《宋史》卷一七三《食货志上一·农田》,中华书局 1985 年版,第 4164 页。
④ 〔宋〕司马光著,邓广铭、张希清校:《涑水记闻》卷一,中华书局 1989 年版,第 13 页。
⑤ 〔元〕脱脱等:《宋史》卷四七〇《朱勔传》,中华书局 1985 年版,第 13686 页。
⑥ 〔南宋〕徐梦莘:《三朝北盟会编》卷二三七,绍兴三十一年(1161)十月二十九日戊辰,张子颜等输米助军,上海古籍出版社 2008 年版,第 1702 页。
⑦ 胡廷积主编:《河南农业发展史》,中国农业出版社 2005 年版,第 82 页。

房建郭等,由于杂徭苛重,农家田园荒芜,农民的贫困化和佃农化成为宋代严重的社会问题。①

3. 义庄的兴起

开办义庄是范仲淹的一大创举,它不仅开创宋代大兴义庄的先河,而且成为后世地主缙绅的典范。义庄又称为义田,既与传统族田有别,也不是同居共财的大家庭,而是一种新型的赈恤组织。钱公辅《义田记》说,范仲淹"平生好施与,择其亲而贫、疏而贤者,咸施之。方贵显时,置负郭常稔之田千亩,号曰'义田',以养济群族之人。日有食,岁有衣,嫁娶凶葬皆有赡"②。义庄是一个赈济组织,为全体族人提供基本的衣食,主要是资助宗族中的贫困家庭及婚丧嫁娶急用钱的家庭。但在一定条件下,也赈济族外之人。范仲淹亲自制定的《义庄规矩》说:"乡里、外姻亲戚,如贫窭中非次急难,或遇年饥不能度日,诸房同共相度诣实,即于义田米内量行济助。"③

范氏义庄也是范仲淹民本文化观在其力所能及的小圈子内现实的反映。义庄不仅是宋代社会中的一种重要基层组织,而且是一种宗族文化,一种"家族内部的规范化的救助组织",反映的是宗族崇拜、礼法规范、伦理道德等宗族文化在尊祖睦族中的重要纽带作用。这种礼法规范也体现在《义庄规矩》中。范仲淹创办的义庄这种组织形式不仅为历代所效仿,其所制定的范氏《义庄规矩》甚至直接被参考运用。南宋余姚孙应时《范氏义庄题名》评论说:"盖公平生所立不待称赞,此其一事已足为百世师矣。"④

自范仲淹建立义庄后,北宋官僚富室争相效法,买田建庄赡族,逐渐演变为维系封建统治的基层社会组织。北宋义庄空间分布较为集中,一是以范氏义庄为中心的地区,二是以京师开封为中心的周边府州。⑤

---

① 胡廷积主编:《河南农业发展史》,中国农业出版社 2005 年版,第 83 页。
② 〔清〕吴楚材、吴调侯选编:《古文观止》,中华书局 1959 年版,第 423 页。
③ 〔北宋〕范仲淹:《范文正公集》,四部丛刊本,第 9 册,第 2 页。
④ 〔北宋〕范仲淹著,李勇先、王蓉贵校点:《范仲淹全集》(中册),四川大学出版社 2002 年版,第 1173 页。
⑤ 马秋菊:《宗族伦理视野下的宋代义庄》,《贵州社会科学》2019 年第 9 期。

四、农田水利工程

宋代河南地区农田水利工程有两大成就:一是南阳陂塘工程的修复,二是河内引沁灌区。

宋太宗端拱初年,陈尧叟等人认为:"自汉、魏、晋、唐以来,于陈、许、邓、颍暨蔡、宿、亳至于寿春,用水利垦田,陈迹具在。望选稽古通方之士,分为诸州长吏,兼管农事,大开公田,以通水利。"①他们建议修复陈、许、邓、颍、蔡等州的原有已经成型的水利工程,并在江淮军中挑选军卒作为劳力,大力开垦水田。谢绛、赵尚宽等地方官为恢复南阳灌区,不辞辛劳,成绩卓著。谢绛"请知邓州。距州百二十里,有美阳堰,引湍水溉公田。水来远而少,利不及民;滨堰筑新土为防,俗谓之墩者,大小又十数,岁数坏,辄调民增筑。奸人蓄薪荄,以时其急,往往盗决堰墩,百姓苦之。绛按召信臣六门堰故迹,距城三里,壅水注钳庐陂,溉田至三万顷"②。庆历六年(1046),知邓州的范仲淹亦曾率领当地百姓凿井浇田抗旱,并取得好的收成。宋仁宗嘉祐年间,赵尚宽为唐州知州,他派推官张询主持兴复大渠一条、大陂四所,其利可以灌溉田地几数万顷。在此基础上组织农民合力修建小陂支渠数十条,极大地改善了灌溉条件,改变了靠天吃饭的局面,让数万顷土地变为良田,造福一方。神宗熙宁五年(1072),提举京西常平陈世修在唐州引淮水入东西邵渠,灌注九子等十五陂,灌溉田地200里,取得了极大的成效。真宗咸平年间,汝南"导汝水浇溉"③,每年收成可达2万多石。真宗大中祥符四年(1011),汝南的广丰陂废毁,宋英宗治平四年(1067)重修,"变榛莽而为稻粱"④。凡此种种,足可见水利对于农业生产的影响是非常巨大的,凡是水利工程修造成绩卓著的地区,其农业生产都获得了很大的发展。如果某一地的农田水利工程废弃或者损坏,则对农业造成很大的破坏。

---

① 〔南宋〕李焘:《续资治通鉴长编》卷三七,至道元年正月戊申,中华书局2004年版,第806—807页。
② 〔元〕脱脱等:《宋史》卷二九五《谢绛传》,中华书局1985年版,第9847页。
③ 〔南宋〕李焘:《续资治通鉴长编》卷四四,咸平二年四月丙子,中华书局2004年版,第942页。
④ 〔清〕黄降:《广丰陂记》,载〔清〕德昌修,王增纂:(《嘉庆》汝宁府志》,清嘉庆元年(1796)刊本。

沁河也是河南境内的一条大河,其对古代农田水利的贡献自不待言。北宋建立之初,引沁灌区渠首的枋口堰遭到废毁,对该区域内的农田水利造成较大的不利影响。直至宋仁宗嘉祐八年(1063),引济水的千仓渠才得以修复。宋神宗熙宁间,陈知俭为京西路提举,他针对千仓渠的详细使用规程,制定了较为完备的《千仓渠水利科条》,使人们用水有章可循,有法可依。

五、农业恢复发展的原因

1. 充足的劳动力与可耕地的不断增加

在农业社会,人口的稳定增长是社会发展的一个基本前提。"夫民者,国之根也",人口数量的发展变化往往反映了一个国家的政治形势和经济发展状况。宋代河南的人口基数较小,发展缓慢。"京西南、北路,本京西路,盖《禹贡》冀、豫、荆、兖、梁五州之域,而豫州之壤为多……然土地褊薄,迫于营养。盟津、荥阳、滑台、宛丘、汝阴、颍川、临汝在二京之交,其俗颇同。唐、邓、汝、蔡率多旷田,盖自唐季之乱,土著者寡。"①以此观之,当时河南人口密度比较低,总人数也少。北宋王朝定都开封,为了获得发展农业生产所需的劳动力,实行了大规模的向河南地区移民的政策。得益于这一政策的实施,河南的人口在北宋建立之后不久就慢慢地恢复起来,这为农业生产的发展奠定了劳动力基础。

北宋建立之初,宋王朝就将周边降民大规模地迁往内地。开宝二年(969),宋太祖"徙太原民万余家于山东、河南"②。这次迁徙充实了中原地区的人口。太平兴国四年(979)宋太宗攻克太原,"毁太原旧城,改为平晋县。以榆次县为并州。徙僧、道士及民高赀者于西京"③。把僧、道和一些太原的富家大户迁往洛阳,不仅充实了洛阳地区的人口,而且还带去了大量的财富,对经济的恢复起到了很大的作用,也促进了农业生产的发展。雍熙三年(986),并、代等地许多因战争而无家可归的民众被宋王朝统一迁往河南府、许、汝等州,这次迁徙规模

---

① 〔元〕脱脱等:《宋史》卷八五,中华书局1977年版,第2117页。
② 〔南宋〕李焘:《续资治通鉴长编》卷十,中华书局2004年版,第225页。
③ 〔南宋〕李焘:《续资治通鉴长编》卷二〇,中华书局2004年版,第452页。

较大,总数达 8236 户 78262 口,牲畜 40 余万头。① 这种政府主导的一定规模的移民持续到仁宗时期,为河南地区输送了数量可观的劳动力。其他地区因为自然灾害而无法生存的百姓逃往河南避难的也有不少,这也在一定程度上扩大了北宋河南地区的人口规模,为此后宋代农业的发展奠定了基础。

除人力因素外,制约农业发展的另一个重要的因素就是耕地。耕地的多寡、质量的好坏,都直接决定着农业生产的发展规模。北宋政府为了恢复发展农业不遗余力,想尽一切办法扩大可耕地面积,提高农业产量,并且取得了不错的成效。北宋建立之初,政府大力提倡无地或少地农民开垦土地。至道元年(995)颁布了《募民耕旷土诏》:"近年以来,天灾相继,民多转徙,田卒汙莱。虽招诱之甚勤,而逋逃之未复。宜伸劝课之令,更示蠲复之恩。应诸道州府军监,管内旷土,并许民请佃,便为永业,仍与免三年租税,三年外输税十之三。应州县官吏,劝课居民垦田多少,并书于印纸,以俟旌赏。"②从国家层面对私人开垦土地予以鼓励。前面我们提到的唐州知州赵尚宽及其继任者高赋,积极执行中央政府发展农业的政策,努力发展水利事业,他们所管辖的地方都成了全国的典范,农业生产取得了很好的成绩,这说明在宋代前期所推行的促进农业发展的措施收到了实效。

2. 以农立国的根本国策促进了政府对农业的重视

农业是封建王朝兴衰的基础,北宋的统治者也深知这一点,所以他们对农业极为重视,对农业生产的支持力度很大。神宗时,"禁伊洛上源私取水者""惟西京分引入城,下流还归洛河"。目的虽说主要为保汴渠漕运,但也有利于农业用水。政府非常注重兴修水利工程,咸平二年(999),汝州官府"导汝水浇灌,岁收二万三千石"。神宗朝的王安石变法,其中包含的一些措施如方田均税等都在一定程度上推动了农业的发展。熙宁二年(1069)颁布的关于农业的法令《农田水利条约》,从律法层面对农业生产中关于农田水利方面做了明确的规定,这在前代都是不多见的。宋期政府把"民无流移"作为对官员考核的一项极为重要的指标。这项政策极大地激励了地方官员对人口稳定的重视。可以说,宋政府从诏令、律法、官员考核等诸多层面展现了对农业的重视,有力地推动了宋代

---

① 〔南宋〕李焘:《续资治通鉴长编》卷二七,中华书局 2004 年版,第 620 页。
② 司义祖整理:《宋大诏令集》卷一八二,中华书局 1962 年版,第 660 页。

河南农业的发展。

庆历三年(1043)八月范仲淹出任参知政事,九月,在仁宗的支持下提出十项重大的改革政策,即《答手诏条陈十事》中的十事,史谓"庆历新政"。这十事是:一、明黜陟;二、抑侥幸;三、精贡举;四、择官长;五、均公田;六、厚农桑;七、修武备;八、减徭役;九、覃恩信;十、重命令。"均公田""厚农桑""减徭役"都是重视农业的大事。如"厚农桑"条中,范仲淹具体阐述了"浚河、置闸、修围"三者结合的治水主张,并要求:"诸路转运司令辖下州军吏民,各言农桑之间可兴之利、可去之害,或合开河渠,或筑堤堰陂塘之类",于每年二月兴修水利。[①] 对兴修水利的重视,无疑有助于水利工程技术的发展。

北宋初期,经唐末五代战乱,河南人口锐减,而此一时期北宋政府把大量外地民户迁入河南,对河南农业生产力的迅速恢复起着非常重要的作用。水利是农业的命脉,北宋政府对河南的水利建设尤为重视,而河南有黄河、淮河两大水系及汴河、惠民河、广济河(五丈河)、金水河、御河等数条运河与二水系相连,兴修水利既有较为有利的物质条件,又有国家政策的大力扶持,遂使河南农田水利建设取得了显著效果。通过对河南农业发展状况的研究,不但可以了解北宋政府重农政策的相关内容,同时也可以看出北宋政府的农业开发政策收到了相当的成效。[②]

北宋时期河南农业发展较快,在北方处于上游水平。宋初的由政府主导的长时期、大规模的移民快速增加了河南的劳动力规模,河南的农业生产在短期内迅速得到恢复。税收政策的稳定和以民为本,极大地激发了农民的劳动积极性和对土地的依赖性。大规模兴修农田水利工程、黄河流域的淤田,提高了土地的肥力,提高了单位面积的产量,收益增加。水稻在北宋时期的河南得到了广泛种植,这是一个了不起的成就。这些成就的取得都与北宋政府的推动密不可分。

3. 农业教育文化发展

范仲淹是一位热心兴学育人的著名教育家。他认为国家不但要大力培养一些通达儒家经邦治国之术的有从政能力的人才,也要培养一些具有专门知

---

① 〔北宋〕范仲淹:《范文正奏议》,文渊阁四库全书本,第 427 册,第 11 页。
② 魏天安:《北宋时期河南的农业开发》,《中州学刊》2001 年第 4 期。

识、技能的人才,如医学、数学、历算、水利、武学等。因此他对实用的专业技术教育也很重视。

范仲淹首创学校实学之风,而科学技术就是实学的重要部分。如他为苏州州学延聘的胡瑗,"教人有法,科条纤悉备具"①。《宋元学案》卷一载,胡瑗因材施教,设经义和治事两斋;经义斋专攻六经,"选择其心性疏通,有器局,可任大事者,使之讲明六经";治事斋专攻治兵、治民、水利、算数等科,教生徒"一人各治一事,又兼摄一事,在治民以安其生,讲武以御其寇,堰水以利其田,算历以明数是也"。胡瑗的教授方法在全国产生广泛的影响,并在太学中推广,"庆历中,兴太学,下湖州取其法,著为令"②。同治《苏州府志》卷二五《学校一》所引元柳贯《修学记》云:"吴郡有学起范文正公,而学有教法起胡安定(胡瑗)先生。当是时,天下固未有学,苟教事者以礼聘不以选授,学非常有则甚重矣。其后文正公条上天章阁十事,仁宗慨然命天下郡县皆立学,又取安定学法为太学法学教,因著为令,至于今不废。其端盖自文正发之,而吴郡实为之权舆焉。"元代著名学者柳贯高度评价范仲淹的兴教业绩。可见,范仲淹对包括科学技术在内的专门教育的影响,确实是深远的。

又如,范仲淹大力推崇南京应天府书院多方面培养专门人才的做法。他在《南京书院题名记》中说,南京书院培养的人才兼有百家之学,所谓"通《易》之神明,得《诗》之风化,洞《春秋》褒贬之法,达礼乐制作之情,善言二帝三王之书,博涉九流百家之说者,盖互有人焉"③。丁母忧期间,他主持应天府书院,培养了不少人才。在邓州任上,他创办了花洲书院。花洲书院环境幽雅,风景宜人,范仲淹《献百花洲图上陈州晏相公》诗云:"穰下胜游少,此洲聊入诗。百花争窈窕,一水自涟漪。洁白怜翘鹭,优游羡戏龟。"④花洲书院是当时邓州的最高学府,闲暇之时,他经常到书院讲学。

范仲淹的诗文作品中有不少是对民俗风情的描述与赞美。在主政邓州期间,他对邓州淳厚的民风赞叹不已。他在《依韵和安陆孙司谏见寄》中说"穰下

---

① 〔元〕脱脱等:《宋史》卷四三二《胡瑗传》,中华书局1985年版,第12837页。
② 〔元〕脱脱等:《宋史》卷四三二《胡瑗传》,中华书局1985年版,第12837页。
③ 〔北宋〕范仲淹:《范文正集》卷七,文渊阁四库全书本,第1089册,第622页。
④ 〔北宋〕范仲淹:《范文正集》卷四,文渊阁四库全书本,第1089册,第592页。

故都今善藩"①;在《依韵答提刑张太博尝新酝》中说邓州"古来风化纯"②;在《邓州谢上表》中也说"风俗旧淳,政事绝简,心方少泰,病宜有瘳"③;在《依韵和提刑太博嘉雪》中说"南阳风俗常苦耕"④,但希望人们永享太平安康,"长戴尧舜主,尽作羲黄民。耕田与凿井,熙熙千万春"。在《览秀亭诗》中,他描绘了邓州春天的踏青之游民俗:"箫鼓动地喧,罗绮倾城游。五马不行乐,州人为之羞。"⑤其时,士女"彩丝穿石节,罗袜踏青期"⑥。"彩丝穿石节",范仲淹自注云:"襄邓间旧俗,正月二十二日,士女游河,取小石通中者,用彩丝穿之,带以为祥。"范仲淹还记载了邓州的宴饮礼节,即招待客人,先敬三杯,然后才可以行酒令。他在《依韵答提刑张太博尝新酝》中写道:"礼俗重三爵,今乃不记巡。"⑦

邓州有祈雨之俗,大旱无雨,民间自发举行祈雨仪式。《依韵和提刑太博嘉雪》说:"龙遁云藏不肯起,荒祠巫鼓徒轰轰。"⑧巫祝在荒敝破败的祠堂外,擂鼓祈雨。范仲淹治理邓州时,也按照当时的习俗,在正月间带领属下组织了祭风师活动。其《祠风师酬提刑赵学士见贻》有云:"所祈动以时,生物得咸遂。勿鼓江海涛,害我舟楫利。昊天六七月,会有雷雨至。慎无吹散去,坐使百谷悴。"⑨

第二节 金代农业的发展

金代所辖的东北、华北大平原,气候适宜,土地肥沃,境内河流纵横,水源也极为丰富,具有发展农业的良好自然条件。金代统治者进入中原之后,深受宋

---

① 〔北宋〕范仲淹:《范文正集》卷二,文渊阁四库全书本,第1089册,第569页。
② 〔北宋〕范仲淹:《范文正集》卷二,文渊阁四库全书本,第1089册,第570页。
③ 〔北宋〕范仲淹:《范文正集》卷一七,文渊阁四库全书本,第1089册,第741页。
④ 〔北宋〕范仲淹:《范文正集》卷二,文渊阁四库全书本,第1089册,第572页。
⑤ 〔北宋〕范仲淹:《范文正集》卷二,文渊阁四库全书本,第1089册,第569页。
⑥ 〔北宋〕范仲淹:《范文正集》卷四,文渊阁四库全书本,第1089册,第592页。
⑦ 〔北宋〕范仲淹:《范文正集》卷二,文渊阁四库全书本,第1089册,第571页。
⑧ 〔北宋〕范仲淹:《范文正集》卷二,文渊阁四库全书本,第1089册,第572页。
⑨ 〔北宋〕范仲淹:《范文正集》卷二,文渊阁四库全书本,第1089册,第569页。

代发达的农耕文化的影响及以农立国的传统思想的逐渐渗透,金代统治者也逐渐把农业生产作为巩固自己统治的基础来抓。总体来说,金代的农业生产和农业经济,吸收了中原地区农业发展的成果,是在中原农耕文化的基础上发展起来的。通过政府和民间的共同努力,金代的农业迎来了一个短暂的蓬勃发展时期。

一、农业发展基本情况

金人所谓的"河南",是地理意义上的河南,主要在黄河以南地区,不包括现在的豫北地区。在两宋之际,残酷的战争给这里带来灭绝般的破坏。如建炎元年(1127)秋,庄绰从邓州经许昌到商丘,一路上"无复鸡犬,井皆积尸,莫可饮;佛寺俱空,塑像尽破胸背以取心腹中物;殡无完柩,大逵已蔽于蓬蒿;菽粟梨枣,亦无人采刈"[1]。除死尸外,连鸡犬也没有,大路上长满了野草,正是千里无人烟,惨不忍睹。

这一地区由于是金代长期的政治中心,而且是攻打南宋的主要前线,所以金朝政府对其恢复发展十分重视。正隆二年(1157),就有诏"以河南州郡营造有劳,新邦百姓宜在优恤,遣使者观察风俗,赈恤困乏,仍令各修水田,通渠灌溉"[2]。一方面是安抚人民,提高劳动水平和积极性,一方面是兴修水利,强化基本建设,都是从根本上落实经济发展问题。

河南北部的经济状况,始终比南部优越。在金代初年,至少农业是发达的。如绍兴中,宋朝使者郑刚中来到河南,看到"愈北,物愈贱,米粟愈多。如永城会亭(今夏邑南),皆小镇邑,亦庾米万数。闻京(指开封)、洛间斗粟不三十金。造化所以相佑者,是岂浅浅"![3] 粮价低贱,储备丰富,显然是连年丰收的结果。乾道五年即大定九年(1169),宋朝使者楼钥在相州境内写道:"自南京来,饮食

---

[1] 〔北宋〕庄绰:《鸡肋编》卷上,中华书局1997年版,第21页。
[2] 〔南宋〕宇文懋昭著,崔文印校证:《大金国志校证》卷一四《海陵炀王》,中华书局1986年版,第195页。
[3] 〔南宋〕郑刚中:《北山文集》卷二〇《与秦承相》,丛书集成初编本,第1965册,第242页。

日胜,河北尤佳,可以知其民物之盛否。"①也就是说,从归德府(今商丘)、开封北上到相州,经济条件越来越好。两位使者不约而同地都感受到了这一历史事实。

怀州(今沁阳)、卫州两地,分别属于河东路和河北路,自然条件较好。卫州"土温且沃……稻塍莲荡,香气蒙蒙,连亘数十里。又有幽兰瑞香,其它珍木奇卉,举目皆崇山峻岭……真所谓行山阴道中"②。"卫州风土甚佳。"③良好的生态环境使得种植业较为发达,"上下数十里,灌溉田园,植竹种稻,获利益多"④。竹林和水稻种植,产生了良好的经济效益。其他地方也多有水乡景色。如丘处机路过修武时,"爱其风土之美,裴回久之",他的徒弟们遂在此修建清真观,旁边有一眼大泉,"溉千亩,稻塍莲荡,东与苏门接,茂林修竹,往往而在"⑤。金朝后期,怀州州治所在的河内,"民家有多美橙者,岁获厚利"⑥。这些都是北方少见的江南水乡气象。济源"富有山水,景明气秀,民物夥繁,四方之游观者蹄踵相接"⑦,不但物产丰富,人口众多,还是旅游胜地。属大名府路开州的清丰县,"魏地之大邑也,桑麻四野,鸡犬之声相闻"⑧,显然是人烟稠密、农业发达之地。孟州的州城原来距离黄河较近,地势低洼潮湿。大定年间搬迁新址,新城"极为壮观","冠盖相望,人物熙熙,梅橙花竹,比屋皆然。春朝巷陌,罗绮香风;秋夜楼台,管弦明月。盖礼乐衣冠用文之地",⑨反映出社会经济富足祥和的气象。

而相州的境况更佳,连宋人到此都夸赞道"土地平旷膏沃,桑枣相望"⑩。基础优良,农林经济发达,如城西南的善应一带,"平冈回合尽桑麻,百汊清泉两

---

① 〔南宋〕楼钥:《攻愧集》卷一一一《北行日录》上,文渊阁四库全书本,第694页。
② 〔清〕张金吾编:《金文最》卷三七,蔡松年《水龙吟词序》,中华书局1990年版,第539页。
③ 〔元〕脱脱等:《金史》卷一二〇《乌古论蒲鲁虎传》,中华书局1975年版,第2617页。
④ 〔清〕张金吾编:《金文最》卷六八,李伦《创修泉池碑》,中华书局1990年版,第995页。
⑤ 〔金〕元好问:《元好问全集》卷三五《清真观记》,山西人民出版社1990年版,第17页。
⑥ 〔元〕脱脱等:《金史》卷一二八《石抹元传》,中华书局1975年版,第2770页。
⑦ 〔清〕张金吾编:《金文最》卷七二,王藏器《济源县创修石桥碑》,中华书局1990年版,第1056页。
⑧ 〔清〕张金吾编:《金文最》卷八〇,张献臣《清丰县重修宣圣庙碑》,中华书局1990年版,第1170页。
⑨ 〔元〕尚企贤:《重立孟州三城记》,李修生编《全元文》第10册,凤凰出版社2005年版,第524页。
⑩ 〔南宋〕楼钥:《攻愧集》卷一一一《北行日录》上,文渊阁四库全书本,第694页。

岸花"①。水源充足,农作物遍布,其城市经济也比较发达。大定九年(1169),宋朝使者楼钥一进入相州城,就感到:"人烟尤盛。二酒楼曰'康乐楼',曰'月白风清',又二大楼夹街,西无名,东起三层,秦楼也。望旁巷中,又有琴楼,亦雄伟。"②回来路过时又记载道:"秦楼街尤繁华,自北门至南门约七八里所,士女多靓妆拥观。"③可以想见其市场繁荣,居民富裕。他还指出,汤阴县"有重城,自此州县有城壁,市井繁盛,大胜河南"④,城市经济繁荣昌盛,远远超过了黄河以南的州县。第二年,范成大"过相州,市有秦楼、翠楼、康乐楼、月白风清楼,皆旗亭也"⑤,旗亭就是酒楼。范成大有《翠楼》诗云:"连衽成帷迓汉官,翠楼沽酒满城欢。"自注云:"在秦楼之北,楼上下皆饮酒者。"⑥证明确实繁华。

东部的归德府,也很发达。乾道五年(1169),楼钥路过归德府城东南9公里外,看到此处有"金果园,果木甚多",是个专业水果生产基地。他还看到归德府城内"市井益繁"⑦,也即市场繁荣,人口密集,城市经济比较发达。西部的洛阳,在金朝后期"人烟繁夥,物货丰殖,隐然一大都会"⑧,继承了历史传统,是一处繁华的商业大都会。

河南南部在北宋时期人烟稀少,土地荒芜,宋金战役时又为边防地区,战争频繁,对农业的破坏可想而知。到了金代,这里仍然非常荒凉,农业十分落后,至金世宗时期,"人稀地广,蒿莱满野"⑨的面貌仍未得到改观。陈州、蔡州、汝州等地荒凉破败,朝廷一度准备实施"徙百姓以实其处,复数年之赋以安辑之"⑩的政策,以移民增户、免税增收政策发展当地经济。又如属于南宋湖北的

---

① 〔金〕元好问:《元好问全集》卷一三《善应寺五首》,山西古籍出版社2004年版,上册第399页。
② 〔南宋〕楼钥:《攻愧集》卷一一一《北行日录》上,文渊阁四库全书本,第693页。
③ 〔南宋〕楼钥:《攻愧集》卷一一二《北行日录》下,文渊阁四库全书本,第705页。
④ 〔南宋〕楼钥:《攻愧集》卷一一一《北行日录》上,文渊阁四库全书本,第693页。
⑤ 〔南宋〕范成大:《范成大笔记六种·揽辔录》,中华书局2002年版,第13页。
⑥ 〔南宋〕范成大:《范石湖集》卷一二《翠楼》,上海古籍出版社1981年版,第150页。
⑦ 〔南宋〕楼钥:《攻愧集》卷一一一《北行日录》上,文渊阁四库全书本,第688页。
⑧ 〔元〕杨果:《重修绘贤堂记》,李修生编《全元文》第二册,凤凰出版社1999年版,第200页。
⑨ 〔清〕张金吾编:《金文最》卷八八,刘秉文《保大军节度使梁公墓铭》,中华书局1990年版,第1280页。
⑩ 〔元〕脱脱等:《金史》卷九二《曹望之传》,中华书局1975年版,第2037页。

信阳:"申为小郡,地号极边,人物荒残,山川萧索……邑虽有二,户不盈千。"①"信阳一军系沿边,去淮无四十里,户口单寡,财用穷匮,不及近里州军一草市。"②边防不安定的环境使之一派萧条。蔡州的情况一度好转。大定二十六年(1186),蔡州长官对当地描绘道:"悬瓠城雄壮,登临写客怀。九州惟古豫,千里控长淮。极目栖林杪,临芳瞰水涯。南城新息路,西市确山街。门易朝金榜,亭余阅世牌。乐光眉拂黛,溱汝股分钗……土风敦俭素,声乐绝淫哇。玉粒家家足,红姜处处皆。"③从中我们至少看到其粮食产量丰富,经济作物遍布。金世宗大定二十九年(1189),尚书省奏:"河南地广人稀,若令招集他路流民,量给闲田,则河东饥民减少,河南且无旷地矣。"④金世宗批准了这一计划,同时制定了相应的优惠政策:"民验丁佃河南荒闲官地者,如愿作官地则免租八年,愿为己业则免税三年,并不许贸易典卖。"⑤从此经济开始恢复,个别地方经济状况良好,"地腴俗厚,而民富庶,侔于他邑"⑥,在周边县中比较突出。梁县西边的温汤有优良的温泉,曾为皇家所钟爱。正隆六年(1161),"诏汝州百五十里内州县,量遣商贾赴温汤置市"⑦,一度成为一方商业中心。

金代,河南开始种植从西北传来的西瓜。乾道六年即金大定十年(1170),范成大出使金国,路过开封时,初次尝到了西瓜:"味淡而多液,本燕北种,今河南皆种之。"因作《西瓜园》诗云:"碧蔓凌霜卧软沙,年来处处食西瓜。形模漫漫淡如水,未可蒲萄苜蓿夸。"⑧至今,生长于沙地的开封西瓜还是一方名产。

金代河南的农业虽然取得了一定的成就,但在统治者的残酷剥削下,河南人民依然陷于贫困,许多百姓生活难以为继。乾道五年即金世宗大定九年(1169),宋朝使者楼钥记载:"金人浚民膏血以实巢穴,府库多在上京诸处,故河

---

① 〔南宋〕王之道著,沈怀玉、凌波点校:《相山集点校》卷一九《信阳到任谢表》,北京图书馆出版社 2006 年版,第 244 页。
② 〔南宋〕王之道著,沈怀玉、凌波点校:《相山集点校》卷二二《乞移屯沿边札子》,北京图书馆出版社 2006 年版,第 278 页。
③ 〔金〕王寂:《拙轩集》卷二《蔡州》,丛书集成初编本,第 2048 册,第 17—18 页。
④ 〔元〕脱脱等:《金史》卷四七《食货志二》,中华书局 1975 年版,第 1049 页。
⑤ 〔元〕脱脱等:《金史》卷四七《食货志二》,中华书局 1975 年版,第 1049 页。
⑥ 〔清〕张金吾编:《金文最》卷六八,钮某《重修北极观碑》,中华书局 1990 年版,第 998 页。
⑦ 〔元〕脱脱等:《金史》卷五《海陵纪》,中华书局 1975 年版,第 113 页。
⑧ 〔南宋〕范成大:《范石湖集》卷一二《西瓜园》,上海古籍出版社 1981 年版,第 148 页。

南之民贫甚,钱亦益少。"①为充实其北方的政治中心地区的经济实力,大肆搜刮河南地区的财富。宋宁宗庆元初即金章宗明昌末,宋朝使者卫泾报告说:"所过河南州郡,凋弊太甚。供备牛马,取办军须,十室九空,殆同清野。怨讟并作,至有'及汝偕亡'之谣。"②河南地区被迫竭尽全力供应官府和军需,经济凋敝,居民乃至于家徒四壁。农业生产的发展并未从本质上改变贫苦农民的生活状况。

金朝后期,由于形势变化,贞祐二年(1214)金宣宗迁都南京开封。北方的政治、经济中心南迁到了中原,河南农业经济随之发生变化,取得很大进步。由于迁都带来大量人口南迁,农业劳动力得到了有效的补充。金宣宗初年,河北军户南迁者近百万口:"河北军户徙居河南者几百万口。"③其后果之一,如高汝砺所说:"河南自车驾巡幸以来,百姓凑集,凡有闲田及逃户所弃,耕垦殆遍。"④荒地得到广泛开垦,农田面积扩大了许多,农业生产在量上获得大发展。金政府迁都南京,使得河南的地位获得大提升,各种因素的综合作用促进河南的农业发展起来。

首先,垦田面积比北宋扩大许多。金宣宗兴定三年(1219),"河南军民田总一百九十七万顷有奇,见耕种者九十六万余顷"⑤。垦田面积为96万余顷。而北宋元丰年间开封府、京西路共有垦田仅为326683顷,⑥金朝后期河南的垦田面积,接近北宋时的3倍。也就是说,金朝后期河南农业的发展出乎意料地超过了北宋时期。金宣宗兴定三年(1219),"河南颇丰稔,民间多积粟"⑦,就是其农业生产发展的表现。

其次,水利田的建设,提高了单位亩产量。兴定五年(1221),省臣报告说:"今河南郡县多古所开水田之地,收获多于陆地数倍。"⑧水田数量既多,粮食产量更比旱地成倍提高,其中以南阳最为典型。兴定四年(1220),参知政事李复亨言南阳"土性宜稻",有稻田500余顷,亩产量高达5石之多,"凡五百余顷,亩

---

① 〔南宋〕楼钥:《攻愧集》卷一一一《北行日录》上,文渊阁四库全书本,第690页。
② 〔明〕黄维、杨士奇编:《历代名臣奏议》卷三五〇,上海古籍出版社1989年版,第4539页。
③ 〔元〕脱脱等:《金史》卷四七《食货志二》,中华书局1975年版,第1052页。
④ 〔元〕脱脱等:《金史》卷一〇七《高汝砺传》,中华书局1975年版,第2356页。
⑤ 〔元〕脱脱等:《金史》卷四七《食货志二》,中华书局1975年版,第1054页。
⑥ 〔元〕马端临:《文献通考》卷四《田赋四》,中华书局1986年版,第59页。
⑦ 〔元〕脱脱等:《金史》卷一〇七《高汝砺传》,中华书局1975年版,第2359页。
⑧ 〔元〕脱脱等:《金史》卷五〇《食货志五》,中华书局1975年版,第1123页。

可收五石,都得二十五万余石"①。而宋代的陈、许、邓、蔡等地的水田,亩产不过3石,②则金朝的单位亩产量超过了宋朝。次年五月,南阳县令李国瑞又开水田400余顷,受到朝廷的表彰:"诏升职二等,仍录其最状遍谕诸道。"③不但连升两级,还将其事迹通报全国。十一月,朝廷下令"募民兴南阳水田"④。正大中,南阳县令元好问记载:"今号名藩,田则九州上腴,人则四方和会。"⑤可见农业发达,人口繁盛,"南阳大县,兵民十余万"⑥。金朝后期的邓州(今南阳)有着发达的农田水利:"邓之属邑,多水田,业户余三万家。长沟大堰,率因故连而增筑之,而其用力有不可胜言者。"⑦大力恢复并发展了历史上的水利设施,有力地推动了农业的发展,泌阳(今唐河)"土腴而桑鲜"。由于优良的土地资源没有得到充分利用,在金朝后期,地方官恢复了历史上的农田水利设施,"搄圯苴漏,潴潆散,理沟洫,复作斗门,阓十数处",使肥沃的土地得到浇灌,并有玉池、泡坡等水利设施用于种稻,曾"岁获千万钟",收成很好,又组织农民种植桑树30万棵,遂成为致富的门路,"县以之致富焉",达到了"户繁土腴"的良好景况。⑧

再次,调整政策,增加生产,发展经济。如新蔡原以民户养牛多少定赋税,致使农民不敢多养牛或将牛藏匿起来,不敢耕种役使,至金末刘肃任县令后"命树畜繁者不加赋,民遂殷富"⑨。"行之再稔,荒田耕垦殆尽,畜牧遍野。"⑩通过多养牛,提高了生产力,使农民富裕起来。

---

① 〔元〕脱脱等:《金史》卷一〇〇《李复亨传》,中华书局1975年版,第2218页。
② 〔南宋〕李焘:《续资治通鉴长编》卷三七,至道元年正月戊申,中华书局2004年版,第806—807页。
③ 〔元〕脱脱等:《金史》卷五〇《食货志五》,中华书局1975年版,第1122—1123页。
④ 〔元〕脱脱等:《金史》卷一六《宣宗纪下》,中华书局1975年版,第359页。
⑤ 〔金〕元好问:《元好问全集》下册卷四〇《南阳廨署上梁文》,山西古籍出版社2004年版,第97页。
⑥ 〔元〕郝经:《遗山先生墓铭》,李修生编:《全元文》第4册,江苏古籍出版社1999年版,第416页。
⑦ 〔金〕元好问:《元好问全集》上册卷三三《创开漯水渠堰记》,山西古籍出版社2004年,第749页。
⑧ 〔元〕王恽:《秋涧先生大全集》卷五二《金故朝请大夫泌阳县令赵公神道碑》,四部丛刊初编本第226册,上海书店1989年版。
⑨ 〔明〕宋濂:《元史》卷一六〇《刘肃传》,中华书局1976年版,第3764页。
⑩ 〔元〕苏天爵辑撰,姚景安点校:《元名朝臣事略》卷一〇之一《尚书刘文献公》,中华书局1996年版,第197页。

关于金代河南的粮食亩产量的问题,学者也作了研究。兴定三年(1219),尚书右丞领三司事侯挚言:"按河南军民田总一百九十七万顷有奇,见耕种者九十六万余顷,上田可收一石二斗,中田一石,下田八斗,十一取之,岁得九百六十万石,自可优给岁支。"①按其统计和计算,旱地的平均亩产为1石,不如北宋时期。水田以南阳为例,如前文所揭示的那样,亩产量可高达5石之多,超过了宋朝。

河南的粮食种植业以小麦为主,有"河南之田最宜麦"②之说,无疑已经成为小麦的主产区。正隆六年(1161),金海陵王南迁时,"自中都(今北京)至河南,所过麦皆为空"③。如此看来,至少在开封以北地区的主干道两旁,所种全是麦子。金宣宗兴定四年(1220)河南发生水灾,"流亡者众,所种麦不及五万顷,殆减往年太半"④,大概能够推知黄河以南地区种麦约10余万顷,占"见耕"土地96万顷的十分之一以上。⑤

二、考古材料所反映的农业发展状况

除文献记载外,在我国北方各地还出土有相当数量的金代铁农具,还有和农业有关的大型遗址,生动反映了金代的农业发展状况。2006年8月至2007年8月,河南省文物考古研究所在市县文物部门的配合下,对沙门城址进行了抢救性的考古发掘和勘探工作。延津县位于河南省北中部,黄河故道自西南而东北绵亘境内。沙门城址深处黄河故道,位于延津县西北榆林乡沙门村东北2公里。在城址西部的金元时期文化堆积层下发现有大面积的北宋或金代前期的垄作农田遗迹,田垄宽约25厘米。其中清理的一部分农田中,田内人踩的足印、动物的足印清晰可见。在城址中部的探方清理中,发现三层垄作农田遗迹相叠压。沙门城址是中原地区宋元时期中小城址的第一次考古发掘,其发掘成

---

① 〔元〕脱脱等:《金史》卷四七《食货志二》,中华书局1975年版,第1054页。
② 〔元〕脱脱等:《金史》卷一〇七《高汝砺传》,中华书局1975年版,第2355页。
③ 〔元〕脱脱等:《金史》卷五《海陵纪》,中华书局1975年版,第113页。
④ 〔元〕脱脱等:《金史》卷四七《食货志二》,中华书局1975年版,第1054—1055页。
⑤ 程民生:《古代河南经济史》(下),河南大学出版社2012年版,第232—240页。

果为研究宋金元时期社会经济的发展状况和农业的发展水平及黄河河道的变迁等提供了丰富翔实的实物资料。①

三、灾害和防灾

农业社会,自然灾害对农业生产的影响是非常大的。政府的经济基础不仅依赖于农业经济的收益,也依赖于风调雨顺,即尽量少的自然灾害。可以说,中国古代长期受到自然灾害的侵袭,政府和民间都有一些防灾救灾的措施和经验,但有些措施必须在政府的主导下才能够起作用。历代都有防灾救灾的制度和办法,金代的灾害较为频繁,谈到农业的发展就不得不探究其灾害的发生和防灾的措施。唯其如此,才能够全面了解金代的农业发展状况。

(一)积极发展农业,多积蓄粮食

1. 垦荒。鼓励垦荒是金代重要的防灾措施之一,也能极大地提高劳动者的生产积极性。金章宗时,对于垦荒者所开垦的土地,用不同的方式减免其租税:一是以最下第五等减半定租,并且免租八年;二是愿为己业者则以第七等减半为税,且免税七年;三是种比邻之地者,交官租三分之二;四是佃黄河退滩地者,免租一年。② 垦荒与减租政策同时并行,扩大了耕地面积,提高了粮食产量,不仅保证人们的现实需要,还有应对荒年的粮食储备。

2. 兴修水利,灌溉农田。政府倡导农民引河开渠,灌溉农田,建设水利工程。这样做其利有二:一是取河水的灌溉之利,发展农业生产;二是可以治水防洪,减少涝灾。章宗泰和八年(1208),下诏令诸路按察司规划水田,并详述水田之利:"水田之利甚大,沿河通作渠,如平阳掘井种田俱可灌溉。比年邳、沂近河布种豆麦,无水则凿井灌之,计六百余顷,比之陆田所收数倍。"③宣宗贞祐四年(1216),程渊上奏:"砀山诸县陂湖,水至则畦为稻田,水退种麦,所收倍于陆地。

---

① 刘海旺、张家峰、朱汝生:《河南延津沙门城址考古获丰硕成果》,《中国文物报》2007年12月14日第2版。
② 〔元〕脱脱等:《金史》卷四七《食货志》,中华书局1975年版,第1043页。
③ 〔元〕脱脱等:《金史》卷五〇《食货志》,中华书局1975年版,第1122页。

宜募人佃之,官取三之一,岁可得十万石。"①金代还制定奖惩制度,以激励地方官引导百姓开渠灌溉农田。"县官任内有能兴水利田及百顷以上者,升本等首注除。谋克所管屯田,能创增三十顷以上,赏银绢二十两匹,其租税止从陆田。"②

3. 仓储的设立。金初,为了防备灾害已经设立有仓储。"太宗以岁稔,官无储积无以备饥馑,诏令一夫赋粟一石,每谋克别为一廪贮之。"③金世宗时期,各府、州、县均已设立常平仓。"丰则增价以收者,恐物贱伤农。俭则减价以出者,恐物贵伤民。增之损之以平粟价,故谓常平。"④明昌三年(1192),仓储制度定型,县距离州 60 里内就州仓,60 里之外则需特置。州县原有仓仍旧使用,否则创置。明昌五年(1194),"天下常平仓总五百一十九处,见积粟三千七百八十六万三千余石,可备官兵五年之食,米八百一十余万石,可备四年之用"⑤。到了金代末年,"故廪庾之积,尤为吾州之大政。……即以新仓为事,度材于山,赋庸于兵,心计手授,百堵皆作"⑥。常平仓的设立基本上贯穿了整个金代,为军用和民用提供了基本的支持。在丰年,政府收购百姓的余粮,囤于仓储,称为和籴。宣宗贞祐三年(1215),命高汝砺籴于河南诸郡,令民输挽入京。⑦ 整个金代,在上京、西京、东京、南京地区均有实行和籴,以备灾荒之用的政策。

4. 防灾预警的上报。金代规定,各路每月上报雨泽田禾分数。地方州郡要及时向尚书省汇报庄稼的长势及雨情。在庄稼生长期间,朝廷经常派人下去巡察农事,以防虫灾等灾害的发生。泰和八年(1208),"诏谕有司,以苗稼方兴,宜速遣官分道巡行农事,以备虫蝻"⑧。在庄稼收获之时,各路要向户部申报雨雪情况以及庄稼收获之数,⑨使户部及时了解各种信息,以便早做准备,防患于未然。可以说,金代对农业灾害的防控程度和措施之严密,远超我们的想象,其布

---

① 〔元〕脱脱等:《金史》卷五〇《食货志》,中华书局 1975 年版,第 1122 页。
② 〔元〕脱脱等:《金史》卷五〇《食货志》,中华书局 1975 年版,第 1122 页。
③ 〔元〕脱脱等:《金史》卷四七《食货志》,中华书局 1975 年版,第 1063 页。
④ 〔元〕脱脱等:《金史》卷五〇《食货志》,中华书局 1975 年版,第 1120 页。
⑤ 〔元〕脱脱等:《金史》卷五〇《食货志》,中华书局 1975 年版,第 1122 页。
⑥ 阎凤梧:《全辽金文》,山西古籍出版社 2002 年版,第 3158 页。
⑦ 〔元〕脱脱等:《金史》卷五〇《食货志》,中华书局 1975 年版,第 1118 页。
⑧ 〔元〕脱脱等:《金史》卷一二《章宗纪》,中华书局 1975 年版,第 283 页。
⑨ 〔元〕脱脱等:《金史》卷四七《食货志》,中华书局 1975 年版,第 1056 页。

防之缜密,谋划之周详,让灾害预警变成预防灾害发生的第一道牢固的防线。

(二)水利工程的兴修与河患治理

1.治河机构与专职人员的设立与完善。在诸种自然灾害中,水灾为诸害之首。金境内的黄河大约每隔三至六年就泛滥一次,今山东、河北、河南地区是历次黄河泛滥的重灾区。金代在多年的实践中,对河患的预防逐步摸索出一套行之有效的对策。首先是设立专门的河防管理机构和专职人员,负责日常的防灾事宜。尚书省工部是国家公共事业管理机构,掌山林川泽之禁,江河堤岸、道路桥梁的修建,下设都水监,专规措黄河、沁河,在卫州置司。设置官员有监,掌川泽、津梁、舟楫、河渠之事。少监、丞两员,掾两员,勾当官四员,承担分治及其他杂务。① 朝廷也临时委派其他部门的官员兼治河防。如章宗命翰林待制奥屯忠孝,权尚书户部侍郎,太傅少监温昉,权尚书工部侍郎,行户、工部事,专管修筑河防之事。其次,金代让地方官兼职维护河防事。大定二十七年(1187)八月,黄河泛滥成灾后,御史台言:"自来沿河京、府、州、县官坐视管内河防缺坏,特不介意。若令沿河京、府、州、县长贰官皆于名衔管勾河防事,如任内规措有方能御大患,或守护不谨以至疏虞,临时闻奏,以议赏罚。"②世宗采纳了这个建议,于是四府、十六州之长贰都兼提举河防事,四十四县令佐皆管勾河防事。

2.黄河汛情奏报制度。汛情奏报简称报汛,战国时期已设此制。北宋朝廷下令黄河、汴河沿岸的官员必须随时上报所在河流的水位涨落情况。金代则以法令的形式把每年的5月至7月底定为江河的涨水期。在此期间,沿河各州县的官员须严加防守,并随时上报所发生的水情与险情。金代颁行的《河防令》被认为是"目前所见的最早的系统防洪令"③。

3.制定责任法奖功罚过。金代为奖励治河有功者,设迁赏之制。大定二十七年(1187)二月,以卫州新乡县令张虞、丞唐括唐古出、主簿温敦偎喝等人,因河水入城,闭塞救护有功,给予奖赏。明昌六年(1195),"以修河防工毕,参知政事胥持国进官二阶,翰林待制奥屯忠孝以下三十六人各一阶,获嘉令王维翰以

---

① 〔元〕脱脱等:《金史》卷五六《百官志》,中华书局1975年版,第1276—1277页。
② 〔元〕脱脱等:《金史》卷二七《河渠志》,中华书局1975年版,第672—673页。
③ 谭徐明主编:《中国灌溉与防洪史》,中国水利水电出版社2005年版,第52页。

下五十六人,各赐银币有差"①。对于不称职、不作为或失职的官员,实行问责与罢免制。户部侍郎王寂,在水灾之时,不去救灾,而去捕鱼,取官物,被罢黜。②"都水外监员数冗多,每事相倚,或复邀功,议论纷纭不一,隳废官事。拟罢都水监掾,设勾当官二员。"③过去选用都、散巡河官,只由监官辟举,皆诸司人,或年老或疾病,避仓库之繁,行贿请托,以致多不称职。拟升都巡河作从七品,于应入县令廉举人内选注外,散巡河依旧,亦于诸司及丞簿廉举人内选注,并取年六十以下有精力能干者。到任一年,委提刑司体察,若不称职,即日罢之。如守御有方,致河水安流,任满,从本监及提刑司保申,量与升除。④ 为了监督与整治河防官员,章宗泰和二年(1202),敕令御史台,严查与河防利害相关的官员。

4. 修筑水闸、水渠以防水旱。金代的治河与兴修水利、防旱防涝有密切的关系,农田水利的修建和管理,由地方长官主持。一是修筑水闸以防水患。潞州西韩村,"凡秋夏之际,天雨大作,则东自白马山,泊乎西岭之间,奔流倾注,数道而来,经由西韩民居之檐下。既无以防遏,遂漱为大沟,深三丈余,官路圮坏……岁既久,而水之为患益甚"⑤。李晏来镇昭义,"于是命工规度,凿石于近山,相其地势,而为石闸十余级。两旁甃石壁数。两闸之下,复补散石,而树以青杨杂木,庶乎杀其水势,历久而不坏也。闸既成,水遂西注,合于漳河。……凡一秋而沟乃平,遂成坦途"⑥。二是引水通衢以利民。据《金文最》记载,章宗泰和八年(1208),孔公"凿南山之水,延袤五十余里,通于邑衢,以富鄢民"⑦。水利一兴,官民两利。卫绍王大安二年(1210),诏河东、河北沿边募饥民修水利,令所在官司任责。⑧ 三是修筑堤坝挡水护岸。黄河周围的地区,雨季经常发生水灾。为此,每当春季,修筑埽堤,以防水患。当时治河,是把秫秸、石块、树枝捆扎成圆柱形,用以挡水或护岸,也称埽堤。大定十三年(1173)三月,世宗命

---

① 〔元〕脱脱等:《金史》卷一〇《章宗纪》,中华书局1975年版,第235—236页。
② 〔元〕脱脱等:《金史》卷二七《河渠志》,中华书局1975年版,第672页。
③ 〔元〕脱脱等:《金史》卷二七《河渠志》,中华书局1975年版,第679页。
④ 〔元〕脱脱等:《金史》卷二七《河渠志》,中华书局1975年版,第679页。
⑤ 阎凤梧:《全辽金文》,山西古籍出版社2002年版,第2020页。
⑥ 〔清〕张金吾:《金文最》,中华书局1990年版,第352页。
⑦ 〔南宋〕宇文懋昭撰,崔文印校证:《大金国志校证》卷二五,中华书局1986年版,第352页。
⑧ 〔南宋〕宇文懋昭撰,崔文印校证:《大金国志校证》卷二二《东海郡侯上》,中华书局1986年版,第296页。

雄武以下八埽同时修筑埽堤。① "雄州北抵白沟,南邻易水,当九河之冲,西北负诸山阜。间来霖雨,其支流横至,湍注益暴,渐浸城址,连年病之。……西上阁使李公允则镇抚是州,添置外城。预为御灾之备,即于城西南崇积其土,完平堤防,以大其形式。虽岁遭水滥,冲突斯城之隅,其巨者分而散之,则东凑河之故道,北溯环濠,滔溢遂息,人不复忧,以获百世之利……"②四是修筑水渠以抗旱。"自政隆二载,雨不时降,邑民苏仲礼、宋俱倡导:'孝子河岸高百丈,开崖穿洞流渠行水,纠多工成之可以救旱。今岁不及兴,嗣岁不亦可乎?'闻者忻从,集工七十五,公以己钱代买渠地十余里,费千余贯。牛车并人力,总二万二千。"③广济民渠修成后,对灌溉民田、缓解旱情起到了重要作用。

5. 注重日常维护,防患于未然。金代修筑堤岸除用泥石垒筑外,还用薪、草、树枝进行护堤。金代沿黄河上下共25个护堤,6个在河南,19个在河北。护堤设散巡河官一员。后又特设崇福上下埽都巡河官兼石桥使。巡河官总统埽兵12000人,每年用薪110万束,草183万束,用以维护堤坝。金代的一些有识之士和治河官员,在长期治河实践中,总结出了以防患为主的办法,这就是疏其淤塞,修固堤岸。"广树榆柳,数年之后,堤岸既固,埽材亦便,民力渐省。"④这个措施着眼于长远,为朝廷所采用。

6. 疏分河水,修改河道。疏分河水是治理河患的措施之一。大定八年(1168),河决李固渡,水溃曹州城,分流于单州之境。而新河水六分,旧河水四分,若塞新河,则二水复合为一。如遇涨溢,南决则害于南京,北决则山东、河北皆被其害。因此照旧疏分河水,只在李固南筑堤以防决溢。⑤修改河道是治理河患的措施之二。马蹄扫河从东北流,害田为多,闭之,则由徐州东南入海,所经皆葭苇、荒秽之地,河壖腴田,可利东明诸县。朝廷派康德璋董其役,⑥改河水由东北为东南入海,使得东明诸县得其利。⑦

---

① 〔元〕脱脱等:《金史》卷二七《河渠志》,中华书局1975年版,第671页。
② 阎凤梧:《全辽金文》,山西古籍出版社2002年版,第1780页。
③ 〔清〕张金吾:《金文最》卷二二,中华书局1990年版,第307页。
④ 〔元〕脱脱等:《金史》卷一〇四《高霖传》,中华书局1975年版,第2289页。
⑤ 〔元〕脱脱等:《金史》卷二七《河渠志》,中华书局1975年版,第670页。
⑥ 阎凤梧:《全辽金文》,山西古籍出版社2002年版,第3057页。
⑦ 武玉环:《金代的防灾救灾措施述论》,《吉林大学社会科学学报》2010年第4期。

第三节 元代农业的复兴与衰落

元代实现了"汉、唐极盛之际,有不及焉"[①]的空前大统一,出现了"轻刑薄赋,兵革罕用"[②]的和平安定时期,为生产的恢复和发展创造了极为有利的客观条件。加上元统治者依靠行政力量推行种种发展生产的措施,因此,通过全国各族劳动人民辛勤劳动,元代农业生产在全国范围内不但没有停顿,反而还获得了一定程度的发展。[③] 元朝末年,随着统治的腐朽没落,农业也受到了较大的破坏,终于走向衰落。

一、农业管理机构

为了确保劝农政策的执行效果,元世祖设置了专事农事督导的官职。即位之初,他便"命各路宣抚司择通晓农事者,充随处劝农官"[④]。次年,正式成立劝农司。至元七年(1270),又设立司农司,以参政知事为卿,下设四道巡行劝农司。以后,司农司又改为大司农司,增设了4名巡行劝农使和副使。就其职权而言,元朝规定:"大司农司,秩正二品。凡农桑、水利、学校、饥荒之事,悉掌之。"[⑤]可以说,司农司是元朝的一个常设机构。地方上,监察系统兼劝农事,地方官吏皆以劝农署衔,基层组织的劝农活动是通过"社"来完成的。在村社管理上,制度规定:"凡五十家立一社,择高年晓农事者一人为之长。增至百家者,别设长一员。不及五十家者,与近村合为一社。地远人稀,不能相合,各自为社者

[①] 〔明〕宋濂:《元史》卷五八《地理志》,中华书局1976年版,第1346页。
[②] 〔元〕叶子奇:《草木子》卷三上,中华书局1959年版,第47页。
[③] 谢天祯:《论元代农业生产的发展》,《内蒙古社会科学》1983年第6期。
[④] 〔明〕宋濂:《元史》卷九三《食货志一》,中华书局1976年版,第2354页。
[⑤] 〔明〕宋濂:《元史》卷八七《百官志三》,中华书局1976年版,第2188页。

听。其合为社者,仍择数村之中,立社长官司长以教督农民为事。"①这样就形成了从中央到地方比较完备的农业管理体系。

农业管理机构的职责是劝课农桑,编写农书,颁发劝农文,推广农业生产知识和技术。《农桑辑要》是在至元十年(1273)由司农司官员编辑而成,至元二十三年(1286)六月"诏以大司农司所定《农桑辑要》书颁诸路"②,大约每隔五六年,就颁行一千四五百部,前后印刷颁布总数约在2万部,③"给散随朝并各道廉访司、劝农正官"④。成宗大德八年(1304)下诏刊刻王祯《农桑通诀》《农器图谱》及《谷谱》等书,认为其"考究精详,训释明白,备古今圣经贤传之所载,合南北地利人事之所宜,下可以为田里之法程,上可以赞官府之劝课。虽坊肆所刊旧有《齐民要术》《务本辑要》等书,皆不若此书之集大成也。若不锓梓流布,恐失其传"⑤,等等。这些农书的颁布有利于各地劝农正官履行其劝农职责,也反映了元朝廷在指导农业生产中的作用。⑥

元代的统治者非常重视农业生产。元世祖忽必烈(1215—1294)"即位之初,首诏天下,国以民为本,民以衣食为本,衣食以农桑为本。于是颁《农桑辑要》之书于民,俾民崇本抑末"⑦。在元世祖执政期间,多次下发劝农诏书。如中统二年(1261)四月,"诏十路宣抚使量免民间课程。命宣抚司官劝农桑,抑游惰,礼高年,问民疾苦"⑧。次年四月,"命行中书省、宣慰司、诸路达鲁花赤、管民官,劝诱百姓,开垦田土,种植桑枣,不得擅兴不急之役,妨夺民时"⑨。至元二十五年(1288)正月,诏曰:"行大司农司、各道劝农营田司,巡行劝课,举察勤惰,

---

① 〔明〕宋濂:《元史》卷九三《食货志一》,中华书局1976年版,第2354—2355页。
② 〔明〕宋濂:《元史》卷一四《世祖本纪第十一》,中华书局1976年版,第290页。
③ 〔元〕大司农司撰,缪启愉校释:《元刻农桑辑要校释·附录》,农业出版社1988年版,第544—549页。
④ 〔元〕大司农司撰,缪启愉校释:《元刻农桑辑要校释·附录·蔡文渊序》,农业出版社1988年版,第533页;汪兴和:《元代劝农机构研究》,暨南大学2004年硕士学位论文。
⑤ 王毓瑚校:《王祯农书·附录·元帝刻行〈王祯农书〉诏书抄白》,农业出版社1981年版,第446页。
⑥ 王星光:《气候变化与秦汉至宋元时期黄河中下游地区农业技术发展》,人民出版社2019年版,第340—341页。
⑦ 〔明〕宋濂:《元史》卷九三《食货志一·农桑》,中华书局1976年版,第2354页。
⑧ 〔明〕宋濂:《元史》卷四《世祖本纪一》,中华书局1976年版,第69页。
⑨ 〔明〕宋濂:《元史》卷五《世祖本纪二》,中华书局1976年版,第84页。

岁具府、州、县劝农官实迹,以为殿最。路经历官、县尹以下并听裁决。或怙势作威侵官害农者,从提刑按察司究治。"①元代对前代所有促进农业的措施,都能择其善者而从之,如遣官劝课、注重农时、巡督耕稼等,无不集其大成。元武宗大德十一年(1307),颁布扰农的禁令:努力耕田的有赏,游惰的有罚,纵畜牧损禾稼桑枣的,责成赔偿,然后治罪。仁宗皇庆二年(1313),谕告劝课农桑,勤于劝课的守令可以升迁,怠惰的受到黜降。②

同时,元世祖于至元七年(1270)向全国颁布了14条《农桑之制》,其内容丰富,定制明确,在中国古代农业政策史上具有独特地位。《农桑之制》涉及范围较广,包括农村行政、农田制度、水利建设、副业安排等方面,③超过了前代关于农业的立法规模和涵盖范围。

二、农业制度

大蒙古国初期,统治区域主要集中在蒙古高原,适宜农业生产的区域较少,农业发展不占主要地位,农业制度几乎无从谈起。窝阔台汗时期,随着战争向南推进,适宜农业发展的区域扩大,即便依然以游牧业为主,但在适宜地区逐渐发展农业,并制定了丙申税制。蒙哥汗时期,统治区域扩展到中原地区,统治者及时地调整统治政策,逐渐形成民田和官田两种土地所有制形式。为了配合战争的需要,统治者扩大官田中屯田范围,并发展农业,增加收取赋税的区域。忽必烈时期,建立起更为广大的以中原地区为政治中心的统治范围,农耕区域扩大,统治者按照不同农耕区域的特征,扩大民田,发展农业,制定劝农制度,整顿村社制度等不尽相同的农业制度,维护大一统政权。随着战争的推进,更是极大地扩展屯田范围,农业呈现快速恢复状态。元朝中后期,战争结束,屯田不再是主要土地制度,农业相关制度也没有更大的改变和发展。

元朝时期的土地所有制形式有官田和民田,其中屯田制度是国有土地制度

---

① 〔明〕宋濂:《元史》卷一五《世祖本纪十二》,中华书局1976年版,第308页。
② 邓云特:《中国救荒史》,生活·读书·新知三联书店1958年版,第349页。
③ 王星光:《气候变化与秦汉至宋元时期黄河中下游地区农业技术发展》,人民出版社2019年版,第341—342页。

的主要呈现方式,具有代表性;劝农制度和村社制度是元朝时期特有的农业管理制度;赋税制度发展则体现了元朝时期农业发展变化的趋势。

1. 元朝时期的多元土地制度

随着元朝对外战争的不断推进,其土地分配方式有所变化。就所有制来说,分为官田、民田两大系统。民田是私有土地,耕种者向国家缴纳税粮,并且土地可以买卖。① 官田的使用方式比较多,有赐田、职分田、屯田等。同时,全国农业发展状态是极其不平衡的。基本可以分为中原汉地、北方边地、东南地区、西南地区等几大区域。②

屯田活动伴随元朝始终,与元朝不断征伐有直接关系。但从设立区域和时间来看,可分为三个时间段:蒙古国时期、元代忽必烈时期、忽必烈以后时期。其管理机构的变迁也是从无到有,又逐渐弱化,忽必烈之后亦有调整。

2. 劝农制度及实施

宪宗元年(1251),忽必烈开始经略中原地区,曾经多次成为蒙金战场的中原"土旷民贫"③。元朝初年,两淮流域"在前南北边檄,中间歇闲岁久,膏肥有余,虽有居民,耕种甚是稀少"④,甚至"荒城残堡,蔓草颓垣,狐狸啸聚其间"⑤。面临这样的局面,元朝"首诏天下,国以民为本,民以食为天,衣食以农桑为本"⑥,积极发展农业。

劝农制度从元朝初年开始,一直持续到元朝末年。从最初基层设立劝农官,到中央设立劝农司,中央劝农司又下派巡行劝农使,大司农司又在基层设立行司农司,基层劝农司最终并入肃政廉访司,从实际劝农活动到成为监察活动。尽管中央的大司农司机构一直保留,甚至由丞相兼任,但从长时期来看,劝农职责从最初的强力进行,普及地方官吏职责,以及后来机构缩减,甚至有劝农使扰农事项发生。劝农制度也呈现出阶段性特点,忽必烈时期为劝农高峰,后来逐

---

① 陈高华、史卫民:《中国经济通史·元代经济卷上》,中国社会科学出版社 2007 年版,第 161 页。
② 吴宏岐:《元代农业地理》,西安地图出版社 1997 年版,第 1 页。
③ 〔明〕宋濂:《元史》卷一五三《刘敏》,中华书局 1976 年版,第 3610 页。
④ 〔元〕王恽:《秋涧先生大全文集》卷九一《开种两淮地土事状》,元人文集珍本丛刊(二),台湾新文丰出版公司 1985 年版,第 472—473 页。
⑤ 〔元〕陆文圭:《墙东类稿》卷一二《故武德将军吴侯墓志铭》,元人文集珍本丛刊(四),台湾新文丰出版公司 1985 年版,第 594 页。
⑥ 〔明〕宋濂:《元史》卷九三《食货志一·农桑》,中华书局 1976 年版,第 2354 页。

渐衰落了。劝农制度出台及衰落既体现了元朝对农业的重视,也说明这个时期农业亟须恢复和发展,从另一个角度反映出战争对农业的破坏极其严重。

3. 基层村社制度及运作

面对荒芜的田地,元世祖忽必烈采取的最亲民的农业措施就是整顿村社。这是建立在当时中原地区人口凋敝、民不聊生基础上的举措。"村社的劝农作用在元前期较为明显,元后期村社逐渐成为催征科派的工具,其劝农的职能和意义越来越小,甚至出现了扰农现象。"① 村社制度在不同时期和不同地域执行情况不尽相同。

4. 元朝的赋税制度

元朝的赋税制度是建立在蒙古国时期已有赋税基础上的。"逮及世祖,申明旧制。"② 窝阔台汗时期的赋税,"大率以唐为法。其取于内郡者,曰丁税,曰地税,此仿唐之租庸调也"③,也就是上文的丙申税制。到了忽必烈时期,"取于江南者,曰秋税,曰夏税"④。《元史》记载,"于是输纳之期、收受之式、关防之禁、会计之法,莫不备焉"⑤。至此,形成了北方征收丁税、地税为主,南方征收夏秋之税。"十七年,遂命户部大定诸例:全科户丁税,每丁粟三石,驱丁粟一石,地税每亩粟三升。减半科户丁税,每丁粟一石。新收交参户,第一年五斗,第三年一石二斗五升,第四年一石五斗,第五年一石七斗五升,第六年入丁税。协济户丁税,每丁粟一石,地税每亩粟三升。随路近仓输粟,远仓每粟一石,折纳轻赍钞二两。富户输远仓,下户输近仓,郡县各差正官一员部之,每石带纳鼠耗三升,分例四升。……宋一石当今七斗。"⑥ 韩儒林先生认为:"丙申税制基本上奠定了有元一代在北方的赋税体制;忽必烈即位以后,不过是在原来的基础上进一步严格了'送纳之期,封完之禁,会计之法'等有关规定而已。"北方税粮制度的最终确立是在至元十七年(1280),当时元政府已经灭宋,统一江南。"元朝统治者没有将北方的赋役制度引入新征服的南宋故地,而沿用南宋旧制,以减轻

---

① 汪兴和:《元代劝农机构研究》,暨南大学2004年硕士学位论文。
② 〔明〕宋濂:《元史》卷九三《食货一·税粮》,中华书局1976年版,第2357页。
③ 〔明〕宋濂:《元史》卷九三《食货一·税粮》,中华书局1976年版,第2357页。
④ 〔明〕宋濂:《元史》卷九三《食货一·税粮》,中华书局1976年版,第2357页。
⑤ 〔明〕宋濂:《元史》卷九三《食货一·税粮》,中华书局1976年版,第2357页。
⑥ 〔明〕宋濂:《元史》卷九三《食货一·税粮》,中华书局1976年版,第2358—2359页。

改朝换代在江南社会及其经济发展过程中所引起的震动或干扰。"①在继承原有赋税基础上,针对不同区域,元朝农业税收制度体现了因地制宜的特点。②

三、发展农业的措施

金元之际,蒙金之间战争不断,对北方农业造成严重破坏。河南是蒙金争战的主战场,蒙古军在钧州(今禹州)、许州(今许昌)、考城(今兰考)、归德(今商丘)、蔡州(今汝南)等地,都进行了疯狂的大屠杀。开封被围后,疾疫流行,加之饥馑,五十日内死亡人数多至九十万人。在战争中,蒙古军将"惟利剽杀,子女玉帛悉归其家"③,他们把大批居民"强抑为奴",号称"驱口"。根据元初宋子贞的记载,"河南初破,被俘虏者不可胜计"④。占领开封后,蒙古统治者"徙遗民实北边",把河南淮北居民迁往河北,"饿殍盈道"⑤,造成淮北地区人民的散亡。幸免于难的士民纷纷结寨自保,或者投靠豪强、世侯,求得生存。大世侯张子良转徙南北,"依之以全活者,不可胜计",后来他迁到归德,以"泗州西城二十五县"投降蒙古⑥。济南张荣也乘机招纳流亡,"时河南民北徙至济南,荣下令民间,分屋与地居之,俾得树畜"⑦。

蒙金战争后,河南地区一片残破,"遗民无几"⑧,居民减少超过半数。原来繁华的大都市归德、开封、洛阳成为废墟,宋军进入开封,城内只有居民三百户。

在蒙古统治下的河南地区,由于蒙古贵族习惯于草原游牧生活,军将"分拨牧马草地",从而占用大片农田。"伐桑蹂稼"事件也屡有发生,耕地因战争和蒙

---

① 韩儒林主编:《元朝史》,人民出版社1986年版,第347—350页。
② 刘九万:《蒙元时期农业发展及农业相关制度探析》,《中央民族大学学报(哲学社会科学版)》2020年第2期。
③ 〔元〕姚燧:《牧庵集》卷一五《中书左丞姚文献公神道碑》,文渊阁四库全书本第1201册,第548页。
④ 〔元〕苏天爵:《元文类》卷五七《中书令耶律公神道碑》,上海古籍出版社1993年版,第754页。
⑤ 〔明〕宋濂:《元史》卷一五九《宋子贞传》,中华书局1976年版,第3736页。
⑥ 〔明〕宋濂:《元史》卷一五二《张子良传》,中华书局1976年版,第3598页。
⑦ 〔明〕宋濂:《元史》卷一五〇《张荣传》,中华书局1976年版,3558页。
⑧ 〔明〕宋濂:《元史》卷一五三《杨奂传》,中华书局1976年版,第3621页。

古军的践踏而多荒废。蒙哥即位时,蒙古已统治中原将近二十年,河南地区依然"土旷民贫"①。南京(今开封)一路,金代户口超过百万,壬子年(1251)的抄籍户只有三万零一十八,人口仅十八万四千三百六十七②,史称"汉地不治,河南尤甚"③。

农业生产的衰败不利于统治的稳定,而在对河南地区几十年的统治中,蒙古统治者也逐步适应了河南地区的封建经济和政治制度,统治方式也在不断变化。忽必烈即位后,下诏"国以民为本,民以衣食为本,衣食以农桑为本"④,雷厉风行地采取"重农""劝农"措施。第一,在中央和地方设立劝农官和劝农机构,建立官员考核制度,以监督和指导农业生产,并把"户口增,田野辟"作为地方官考课的主要标准。至元七年(1270)设立司农司,"专掌农桑水利",负责考核各地管民长官。司农司还奉命搜求古今农书,删繁摘要,结合实际,编成《农桑辑要》,颁行全国,指导各地农业生产。元代前期,河南地区经济恢复卓有成效,地方官吏也重视发展生产。夏邑县令许义夫,"每亲诣乡社,教民稼穑。见民勤谨者,出己俸赏之,怠惰者罚之。三年之间,境内丰足"⑤;进士出身的郑州知州孛颜忽都,在考绩中"治行第一"⑥;张升在汝宁(治今汝南县)以"治效以最称"⑦。

第二,保护农田,禁止把农田占为牧场。金元之际蒙古军将广占农田,有的多达数千顷,"不耕不稼,谓之草场,专放孳畜"⑧。当时大军所经过的官路,一里以内都作为营盘牧地,提供军马刍牧。忽必烈即位后,禁止占用民田,派人清理被攘夺牧场的河南农田,按籍"悉归于民"或"听民耕垦"。中统二年(1261)七月颁诏,"河南管军官于近城地量存牧场,余听民耕"⑨。后又屡次申戒蒙古

---

① [明]宋濂:《元史》卷一五三《刘敏传》,中华书局1976年版,第3610页。
② [明]宋濂:《元史》卷五九《地理志二》,中华书局1976年版,第1401页。
③ [明]宋濂:《元史》卷一五五《史天泽传》,中华书局1976年版,第3660页。
④ [明]宋濂:《元史》卷九三《食货志一》,中华书局1976年,第2354页。
⑤ [明]宋濂:《元史》卷一九二《许义夫传》,中华书局1976年,第4374页。
⑥ [明]宋濂:《元史》卷一三二《千奴传》,中华书局1976年,第3259页。
⑦ [明]宋濂:《元史》卷一七〇《胡祇遹传》,卷一七七《张升传》,中华书局1976年版,第3993、4127页。
⑧ [明]王圻辑:《续文献通考》卷一《田赋》引赵天麟《太平金镜策》,现代出版社1986年版,第2781页。
⑨ [明]宋濂:《元史》卷四《世祖纪一》,中华书局1976年版,第72页。

军将"不得以民田为牧地",并追令退还冒占耕地,给无地农民耕种。① 同时,忽必烈还一再"申严畜牧损坏禾稼桑里之禁",通令"诸军马营寨及达鲁花赤、管民官、权豪势要人等,不得恣纵头匹损坏桑枣,踏践田禾,骚扰百姓"②。至元十六年(1279)三月,忽必烈还下诏,"禁归德、亳、寿、临淮等处田猎"③。这些措施颁布后,虽未杜绝蒙古军将改农田为牧地的现象,但无疑对变农为牧、以牧伤农起到抑制作用。

第三,招集逃亡农民,开垦荒地。中统二年颁布诏令,流民复业免税一年、次年减半。元朝还以法令的形式将荒闲土地归为国家所有,允许农民自由开垦。

第四,减轻赋税,兴修水利。河南地区经常发生水旱灾害,元廷多次减免赋税,并进行赈灾,以帮助灾民恢复农业生产。如至元十年(1273)十月,"河南水,发粟赈饥民,仍免今年田租";大德元年(1297)三月,"归德、徐、邳、汴梁诸具水,免其田租"④。元代还在各地建立常平仓,"丰年米贱,官为增价籴之;歉年米贵,官为减价粜之"⑤。常平仓除平抑物价外,还用以储备粮食,以便随时赈济,发展生产。同时,元代也十分重视水利建设。中央设都水监,地方置河渠司,"以兴举水利、修理河堤为务"。"凡河渠之利,委本处正官一员,以时浚治。或民力不足者,提举河渠官相其轻重,官为导之。"⑥元朝前期,黄河决堤基本上做到及时修补。河南地区兴办屯田,兴修水利,成效显著。

宪宗蒙哥在位,忽必烈主持河南军事,采纳幕僚姚枢的建议,"布屯田以实边戍",在开封设立河南屯田经略司,以赵璧、史天泽、杨惟中等为经略使,"俾屯田唐、邓、申、裕、嵩、汝、蔡、息、亳、颍诸州"⑦,并在邓州建置屯田万户府,专管各处屯田。忽必烈即位后,继续在河南淮北地区实行屯田。元人虞集说,"世祖皇帝既定海内,以蒙古一军留镇河上,与民杂耕,横亘中原"⑧。两淮地区还招募和

---

① 〔明〕宋濂:《元史》卷五《世祖纪二》,中华书局1976年版,第93页。
② 黄时鉴点校:《通制条格》卷一六《农桑》,浙江古籍出版社1986年版,第202页。
③ 〔明〕宋濂:《元史》卷一〇《世祖纪七》,中华书局1976年版,第210页。
④ 〔明〕宋濂:《元史》卷一九《成宗纪二》,中华书局1976年版,第410页。
⑤ 〔明〕宋濂:《元史》卷九六《食货志四》,中华书局1976年版,第2467页。
⑥ 〔明〕宋濂:《元史》卷九三《食货志一》,中华书局1976年版,第2355页。
⑦ 〔明〕宋濂:《元史》卷一四六《杨惟中传》,中华书局1976年版,第3467页。
⑧ 〔元〕虞集:《道园学古录》卷二四,文渊阁四库全书本,第1207册,第348页。

迁徙居民立屯,多次"徙民实边屯耕",屯田农民也往往补入军中。如至元五年(1268),"以陈、亳、颍、蔡等处屯田户充军"①。元初,河南屯田军民皆"授之兵、牛,敌至则御,敌去则耕"②,实行耕战结合,以适应当时对宋作战的需要。成宗以后,也不断颁诏屯田,并"以两淮闲田给蒙古军",以解决驻军粮食供给。③

四、农业发展的成就

1. 各地农业发展情况

1233年,蒙古军攻克开封后,准备屠城,耶律楚材加以劝阻,他痛陈屠城之弊:"凡弓矢甲仗金玉等匠及官民富贵之家,皆聚此城中,杀之则一无所得,是徒劳也。"由此保住了城中147万人民。④ 开封避免了一场灭顶之灾,100余万拥有较高素质和技能的居民得以继续发挥生产力作用,因而很快地走向恢复发展的道路。《马可波罗行纪》中记载:"有丝甚饶,以织极美金锦及种种绸绢。是为一富足之州,由是一切谷粮皆贱。境内有野味甚多,且有虎。有富裕之大商贾包办其所买卖商货之税额,君主获有收入甚巨。"⑤反映了其农业、手工业、商业的发达,经济富足,生态环境良好,故而"风物富庶,习俗侈靡"⑥。此后汴梁路的农业不断有新的发展。

开封由于濒临黄河,水灾多,土质差。宪宗二年(1252)大封同姓时,因忽必烈为同母弟中最年长且贤者,特意让他在南京路(今开封)和关中任选一地。忽必烈选了关中而放弃了南京,因为"南京河徙无常,土薄水浅,舄卤生之"⑦,自

---

① 〔明〕宋濂:《元史》卷六《世祖纪三》,中华书局1976年版,第117页。
② 〔明〕宋濂:《元史》卷四《世祖纪一》,中华书局1976年版,第58页。
③ 张金铣:《蒙元时期淮河流域的农业生产》,《中国农史》2000年第4期。
④ 〔元〕耶律楚材:《湛然居士文集》附录,宋子贞《中书令耶律公神道碑》,中华书局1986年版,第327—328页。
⑤ [意]马可波罗著,[法]沙海昂注,冯承钧译,党宝海新注:《马可波罗行纪》第144章,河北人民出版社1999年版,第305页。
⑥ 〔元〕刘应李原编,詹友谅改编:《大元混一方舆胜览》卷中《汴梁路》,四川大学出版社2003年版,第345页。
⑦ 〔元〕姚燧:《牧庵集》卷一五《中书左丞姚文献公神道碑》,文渊阁四库全书本,第1201册,第7页。

然条件不佳,后来,元政府在此因地制宜发展农业,取得了很大成绩。如至元十八年(1281),将分散在全国各地的回族炮手,一律集中到开封屯田,括回族炮手"散居他郡者,悉令赴南京屯田"①。他们就成为河南回族的前身。农业的发展,以水稻种植最为突出,把"土薄水浅"的劣势变成优势。元初,长葛县尹赵志,即在县南低洼之地引溪水开创稻田300余顷。②在临颍的邓艾口,也有民间稻田300顷。③元武宗曾把新任河南行省平章事何玮召到榻前,叮嘱道:"汴省事重,屯田久废,卿当为国竭力。"④但何玮到任后,并没有遵照皇帝的旨意发展农业。朝廷又任命中宪大夫、峡州路总管韩冲为"汴梁稻田总管"⑤,以路总管的级别专管汴梁路官营稻田事务,可知这里的水稻种植面积相当广大。朝廷还设有汴梁稻田提举司,达鲁花赤、提举、同提举、副提举各一员。⑥元顺帝至正十二年(1352),因海运不通,京师发生粮食危机,朝廷诏河南于"洼下水泊之地"置屯田8处,于汴梁添立都水庸田使司,长官为正三品,"掌种植稻田之事"。⑦朝廷专门机构特设于此,表明开封水稻生产达到新规模,地位日益重要。在古代开封历史上,类似情况是比较罕见的。汴梁路的仪封县(今兰考东北),经济比较富庶,早在蒙古国时,就是"桑土衍沃,民俗便安"⑧。属于汴梁路的郑州,蒙古国时期,在许州人卢元的组织下,由各地流民恢复起来。

到了至元年间,郑州曾有所发展。长官黄廷佐"革前政白科之弊,垦辟荒芜,务农重谷,发荥阳炭山之利,浚汴水以通南东之舟楫,劝孝弟,化凶奸,百废具举"⑨。减轻了赋税,拓展了农田,开发煤炭生产和交通水利,社会全面进步。具体到农业方面,成绩很大:"公田无旷闲,桑果诸树,顿增数倍,鸡豚狗彘,畜养

---

① 〔明〕宋濂:《元史》卷一一《世祖纪八》,中华书局1976年版,第232页。
② 〔明〕张良知修:《(嘉靖)许州志》卷五《赵志传》,天一阁藏明代方志选刊本,第56页。
③ 〔明〕宋濂:《元史》卷一九三《刘天孚传》,中华书局1976年版,第4387页。
④ 〔明〕宋濂:《元史》卷一五〇《何伯祥传附何玮传》,中华书局1976年版,第3546页。
⑤ 〔元〕苏天爵:《滋溪文稿》卷一二《元故奉元路总管致仕工部尚书韩公神道碑铭》,中华书局1997年版,第182页。
⑥ 〔明〕宋濂:《元史》卷八七《百官志三》,中华书局1976年版,第2211页。
⑦ 〔明〕宋濂:《元史》卷九二《百官志八》,中华书局1976年版,第2335页。
⑧ 〔元〕王恽:《秋涧集》卷三九《睢州仪封县创建庙学记》,文渊阁四库全书本,第1200册,第500页。
⑨ 〔元〕胡祗遹:《紫山大全集》卷九《郑州重修庙学记》,文渊阁四库全书本,第1196册,第257页。

蘖蕃,比年饶足,民皆乐业。"①种植业、林业、畜牧业都得到显著发展,人民安居乐业。

河南东部地处黄淮平原的归德府,在元代初年得到大力治理。"归德为郡,南控江淮,北临大河,沃壤方数千里,侯始下车,爱其土风厚完,民生朴茂。"②这是至元三年(1266)时的情况,可见农田肥沃,居民生活稳定。不久,地方官又治理了当地的水患,社会经济稳定发展。

豫北彰德路(今安阳)在蒙古国时期,就从兵火中迅速恢复:"披荆榛,拾瓦砾,抚疮痍,集市肆。不四三年,既庶而富,四境邻邑,政治莫能及。"③其安阳县的水冶,就是一个典型:"人烟仍古邑,村落带清泉。修竹云千亩,垂杨翠半天。卜居多胜地,沽酒验丰年。"④由于土地非常肥沃,农业发达,居民生活相当优裕。

卫辉等地在蒙古国时期就很快得到恢复。萧璘任卫辉等地提领长官时,"振领大纲,简而有要,诚以御下,三州之内,属吏效忠,民用不扰。期岁后,赋税增而狱讼简,上计于郡,为他州最"⑤,可见颇具经济实力。许多地方官致力于经济发展,取得了不小的成就。

豫西重镇河南府(今洛阳)在元朝前期,与关陇地区一样,"号称沃土,国家承平百载,年谷丰衍,民庶乐康"⑥,人民生活比较美满。属县如宜阳,元代初年盛产水稻:"一架飞梁映霁虹,玉流通灌稻畦中。"⑦至少反映了水稻生产的状况,这种情况元泰定帝致和年间出现逆转:"军旅数起,饥馑荐臻,民之流亡十室而九。自是朝廷数遣重臣出粟与币以惠活之,蠲除租赋以休养之,择选官属以

---

① 〔元〕刘泽民:《黄公德政去思之碑》,〔明〕徐恕修、王继洛纂,张惠民、刘子荣校注:《嘉靖郑州志》卷六,中州古籍出版社2002年版,第167页。
② 〔元〕苏天爵:《滋溪文稿》卷二《归德府新修谯门记》,文渊阁四库全书本,第1214册,第25页。
③ 〔元〕胡祗遹:《紫山大全集》卷一八《武略将军彰德录事朱公墓志铭》,文渊阁四库全书本,第1196册,第382页。
④ 〔元〕许有壬:《至正集》卷一三《水冶》,文渊阁四库全书本,第1211册,第97页。
⑤ 〔元〕胡祗遹:《紫山大全集》卷一六《卫辉提领长官萧公神道碑》,文渊阁四库全书本,第1196册,第356页。
⑥ 〔元〕苏天爵:《滋溪文稿》卷一七《元故亚中大夫河南府路总管韩公神道碑铭》,中华书局1997年版,第280页。
⑦ 〔元〕刘秉忠著,李昕太、张家华、张涛点注:《藏春集点注》卷三《宜阳道中》,花山文艺出版社1993年版,第245—246页。

抚安之,既久而后事稍得宁。"元顺帝前后,经韩永的治理,经济状况有所好转,[1]整体上"物繁人富"[2],经济状况有了很大改观。

河南南部地区也呈现出繁荣的景象,元世祖朝的王恽,曾有诗写道:"河南雨足余三尺,河北嗷嗷千里赤。河南谷麦贱于土,河北齐民有饥色。……天有贵神名太一,前岁人传豫州域。连年大稔风雨时,全是福星照临力。"[3]这里说的河南,是指黄河以南的豫中南地区,连年风调雨顺,农业获得大丰收。

包括今河南大部的河南江北行省在元代的整体发展,时人有着深刻的感受。元成宗大德九年(1305)即有人言:"河南先民疏土旷,田价至弱……逮今民日生集,丛蓁灌莽尽化膏沃,价倍十百。"[4]此时元朝建立仅30余年,土地价格以数十倍上百倍的幅度迅速增长,显然是因为人口猛增,土地得到充分利用并能产出越来越多的财富。故而元朝末年有汴梁人对和平时期的河南经济追忆道:"河南提封三千余里,郡县星罗棋布,岁输钱谷数百万计。"[5]实际情况是,元政府每年在此征收税粮2591269石,仅次于江浙省而名列第二,[6]占全国总数12114708石的21.4%,至少可以说,是江北诸省中贡献粮食最多的省份。

到了元朝后期,日益腐败的统治集团成为社会生产的阻碍,水利设施废坏也得不到修复,河南经济开始衰退。至正四年(1344),河南境内发生大饥荒,社会经济遭受重大挫折:"河南、北大饥,明年又疫,民之死者半……民罹此大困,田莱尽荒,蒿藜没人,狐兔之迹满道。"[7]灾害非常严重,以至于人口锐减,社会经济惨遭摧残,自此随着元朝政府日趋衰亡,至正十一年(1351),元末农民战争终于在河南行省中心开封的兰考引爆。[8]

---

[1] 〔元〕苏天爵:《滋溪文稿》卷一七《元故亚中大夫河南府路总管韩公神道碑铭》,中华书局1997年版,第280页。
[2] 〔元〕刘应李原编,詹友谅改编:《大元混一方舆胜览》卷中《河南府路》,四川大学出版社2003年版,第359页。
[3] 〔元〕王恽:《秋涧集》卷一一《福星行》,文渊阁四库全书本,第1200册,第127页。
[4] 〔元〕苏天爵编:《元文类》卷一七,李术鲁翀《知许州刘侯民爱铭》,上海古籍出版社1993年版,第214页。
[5] 〔明〕宋濂:《元史》卷一八六《张桢传》,中华书局1976年版,第4267页。
[6] 〔明〕宋濂:《元史》卷九三《食货志一》,中华书局1976年版,第2360页。
[7] 〔元〕余阙:《青阳先生文集》卷八《书合鲁易之作颍川老翁歌后续集》,四部丛刊续编本,第72册。
[8] 程民生等著:《古代河南经济史》(下),河南大学出版社2012年版,第240—255页。

2. 元代农业发展的具体表现

从我国整个封建社会的历史来看,元代农业生产有了比较大的发展,甚至有某些方面的突破。首先表现在农业生产技术的提高和工具的改革与创新。元代在不到一百年的时间内,出现了十多种农业科学专著。[1] 这些农书详细总结和记载了当时农业生产上的成就,特别是农业生产技术和生产工具方面的创造。元代王祯《农书》中的《农器图谱》详细记载了宋元时期使用、新创或改良过的百余种农具,中国传统农具发展至此,已臻于成熟。

元代农业生产的发展还表现在大规模的屯田开荒与耕地面积的扩大。元统治者特别是忽必烈,积极推行扩大耕地面积的政策以发展农业生产,或将牧场拨给农民,或听民自垦荒地,并规定免除一切劳役、赋税,鼓励开荒。大规模的屯田,对扩大耕地面积、兴修水利、发展农业生产都有积极作用。它不仅解决了军储需要,而且节省了运输费用,减轻了人民负担,同时,还促进了边疆地区的经济发展,巩固了边防。

大规模的水利建设是元代农业生产发展的重要特点。水利是农业的命脉,是确保农业发展的重要条件。元代的水利建设在中国历史上是比较突出的,范围广大,成绩卓著。世祖时,总管谭澄在怀孟路劝民凿唐温渠,引沁水灌田,于是"地无遗利""民用不饥"[2]。又有提举王允中、大使杨端仁凿沁河渠成,灌田四百六十余所,"甚益于民"[3]。元代,从世祖忽必烈到以后诸帝均十分重视水利建设,治水范围遍及全国十行省,内容包括凿运河、修水渠、疏故道、治河湖、筑堤围、造闸堰、掘深井,既增加了灌溉面积,保证了农业丰收,促进了元代农业生产的发展,又积累了许多丰富的水利经验,涌现了像郭守敬、贾鲁、任仁发等杰出的水利专家。

元代农业生产的发展突出表现在农产量的增加。随着农业生产技术的进步,农业生产工具的改革与创新,以及水利的兴修,元代农业生产迅速得到恢复和发展。北方在金朝统治的一百年时间里,农业生产非常落后,以后又加上蒙古贵族的征服战争,农业生产破坏更加严重。但世祖初期,北方农业很快就得

---

[1] 参见王毓瑚编著:《中国农学书录》,农业出版社1964年版,第105—124页。
[2] 〔明〕宋濂:《元史》卷一九一《谭澄传》,中华书局1976年版,第4356页。
[3] 〔明〕宋濂:《元史》卷六五《河渠志》,中华书局1976年版,第1628页。

到恢复,"民间垦辟种艺之业,增前数倍"。河南的农业生产都有了较大幅度增长,河南则因社会安定,荒田垦辟,水利发达,使荒田变为良田,结果"土田每亩价值比数年前踊添百倍"①,地价迅速上涨。

由于各地农业生产的恢复和发展,产量都有了较大幅度的增长。宋元北方亩产均为一石,南方亩产二石,但宋制一石比元制为小,大抵宋一石折今 0.6 石,元一石折今 1.2 石。可见元代产量比宋代高。根据余也非先生研究,元代与宋代相比,增产幅度达 38.9%。这种增长幅度在中国封建社会是不多见的。元代农业迅速发展,粮食产量增长很快,于是在全国各地遍设粮仓,储粮颇丰,不仅满足了统治阶级的奢侈消靡和军队需要,而且还不断用于赈济灾民,规模相当可观。粮食生产的发展,促进了经济作物的种植。元代已有部分农民专门从事蚕桑和棉花等经济作物的生产,以供应手工业的需要。②

第四节 引浊放淤工程的兴修

宋元时期,黄河中下游地区在渠系灌溉工程方面最典型的就是引浊放淤。这主要是利用浑浊的黄河之水灌淤田地,改良土壤的一种方法。利用黄河水淤田在前代即有,但大规模的放淤却在宋代。放淤地区一是京东西路及汴河流域,二是黄河下游及河北地区,三是黄河中游的河东地区。据《宋史·河渠志五》记载,北宋熙宁年间管辖东京淤田的李孝宽说:"矾山涨水甚浊,乞开四斗门,引以淤田,权罢漕运再旬。"③说的就是当时京都地区(今开封)淤灌优先于漕运。

---

① 〔元〕胡祇遹:《紫山大全集》卷二二《革昏田弊榜文》,文渊阁四库全书本,第 1196 册,第 402 页。
② 谢天祯:《论元代农业生产的发展》,《内蒙古社会科学》1983 年第 6 期。
③ 〔元〕脱脱等:《宋史》卷九五《河渠志五》,中华书局 1985 年版,第 2372 页。

一、汴河两岸的放淤情况

淤灌工程首先是在黄河分支汴水两岸兴起的。熙宁二年(1069),秘书丞侯叔宪上疏称,汴河两岸有公私废田2万余顷,其少半用来牧马,剩余万余顷成为不耕之地。"观其地势,利于行水。欲于汴河两岸置斗门,泄其余水,分为支渠,及引京、索河并三十六陂,以灌溉田。"建议得到朝廷批准。次年,以侯叔宪和杨汲"并权都水监丞,提举沿汴淤田"[①]。到熙宁四年(1071),汴河放淤取得了显著效果,开封以西许多"瘠土皆为良田"[②],仅中牟一带淤田即达4000余顷。宋神宗曾派内臣去淤区考察,归报:"淤田视之如细面","一寺僧言:旧有田不可种,去岁以淤田故遂得麦",[③]肯定了放淤的作用。熙宁六年(1073)夏,侯叔宪又引汴水淤开封府界闲田。如前所引,熙宁八年(1075)四月,负责京东淤田的李孝宽建言为淤田而暂罢漕运,得到了朝廷的支持,可见朝廷对放淤的重视。是年九月,张景温建议"陈留等八县碱地,可引黄汴河水淤灌",得到朝廷允许,"诏次年差夫"兴办。熙宁十年(1077)六月,权领都水淤田程师孟等"引河水淤京东、西沿汴田九千余顷";七月,前权提点开封府界刘淑"奏淤田八千七百余顷"[④]。元丰元年(1087)都大提举淤田司上言"京东、西淤官私瘠地五千八百余顷"[⑤]。总之,从熙宁至元丰年间,京畿周围的中牟、开封、陈留、咸平(今通许)等县,不断放淤以改造盐碱地和瘠薄之地为良田,直至元丰二年(1079),引洛水通汴,黄河水不再入汴,才停止放淤。淤灌后的土地比较肥沃,所种庄稼生长良好,每年就可增产粮食几百万石。[⑥]苏辙虽然反对变法,但对淤田却大加赞赏,

---

① 〔元〕脱脱等:《宋史》卷九五《河渠志五》,中华书局1985年版,第2368页。
② 〔元〕脱脱等:《宋史》卷二五五《杨汲传》,中华书局1985年版,第11287页。
③ 〔南宋〕李焘:《续资治通鉴长编》卷二二一,熙宁四年三月戊子,中华书局2004年版,第5370页。
④ 〔元〕脱脱等:《宋史》卷九五《河渠志五》,中华书局1985年版,第2373页。
⑤ 〔元〕脱脱等:《宋史》卷九五《河渠志五》,中华书局1985年版,第2373页。
⑥ 〔南宋〕李焘:《续资治通鉴长编》卷二六五,熙宁八年六月戊申,中华书局2004年版,第6489页。

他看到黄河淤田之处,"粟麦之利,比之他田,其收十倍"①。不少地方在淤田上还广泛地种上了水稻,有的地主栽种榆柳,比出租土地还有利,可见树木生长是旺盛的。②

二、黄河下游的放淤情况

在黄河下游地区,今河北南部、河南北部也进行了放淤。熙宁五年(1072),"程昉奏引漳、洺河淤地,凡二千四百余顷"③。王安石称赞程昉:"所开闭四河,除漳河、黄河外,尚有溉淤及退出田四万余顷,自秦以来,水利之功,未有及此。"④熙宁六年(1073)阳武县(今河南原阳)民邢晏等364户言:"田沙碱瘠薄,乞淤溉,候淤深一尺,计亩输钱,以助兴修。"⑤得朝廷许可,并免予输钱。次年,知谏院邓润甫言:"淤田司引河水淤酸枣(今河南延津)、阳武县田,已役夫四五十万,后以地下难淤而止。"⑥经淤灌的碱卤之地,土壤肥力大为改善。

北宋时期,农田水利工程以中小型为主。宋神宗熙宁二年(1069)颁布王安石制定的"淤田法",建立"淤田司"。在黄河中下游各支流"引浊灌淤",包括河南、河北、山西、陕西等省俱得其利,淤灌面积达2500万亩,⑦改良了大片盐碱地,原收谷5—7斗的田地,淤灌后"收至三两石"。这一时期,河南的黄汴诸河大规模引浊放淤,改良了土壤,大大提高了粮食产量。在陈留等8县,仅京畿一路的淤田,每年就可增产粮食几百万石。这在当时人多地少、需要养活大量人口的现实环境下,起到了稳定社会的作用。除引水放淤外,引洛引黄灌溉的成功也对这一时期河南农业的发展起到了很大的推动作用。在京都开封附近,还兴建了水网工程,不但能将涝水排出导入泗水,而且汴河、惠民河、五丈河、金水

---

① 〔宋〕苏辙:《栾城集》卷四〇《论开孙村河札子》,文渊阁四库全书本,第1112册,第406页。
② 周宝珠、陈振主编:《简明宋史》,人民出版社1985年版,第65—72页。
③ 〔元〕脱脱等:《宋史》卷九五《河渠志五》,中华书局1985年版,第2369页。
④ 〔元〕脱脱等:《宋史》卷九五《河渠志五》,中华书局1985年版,第2371页。
⑤ 〔元〕脱脱等:《宋史》卷九五《河渠志五》,中华书局1985年版,第2370页。
⑥ 〔元〕脱脱等:《宋史》卷九五《河渠志五》,中华书局1985年版,第2371页。
⑦ 杨德泉、任鹏杰:《论熙丰农田水利法实施的地理分布及其社会效益》,《中国历史地理论丛》1988年第1期。

河贯穿全城,水运交通四通八达,开封汴渠已经成为把经济中心的南方和政治军事中心的汴京联系起来的大动脉,是维持中央集权统治供给的生命线,因此,水利建设主要是围绕汴渠修复治理进行的,并把农田水利建设推向法治化,为促进农业发展和社会繁荣做出了重要的贡献。[1]

总之,北宋时期以河南为中心,加上政府实行"崇文抑武"的国策,大力发展经济,农业生产也迎来了空前的发展机遇。在此基础上,河南的农业取得了不俗的发展成绩,开封地区的淤田获得极大成功,为农业生产奠定了坚实的基础,使得京畿附近的农田产量大幅上升。农业工具的改良也极大地提高了生产力。北方地区水稻的种植,扩大了河南农作物的种植范围,解决了开封这个当时世界上特大城市的粮食供给问题。花卉果树的栽培和种植不仅反映了当时人们较高的生活水平和多样化的生活需求,也扩大了农业经济的范畴。北宋农业经济的蓬勃发展,也带动了商业、手工业的繁荣和进步。

北宋末年,宋金之间长达数年的拉锯战极大地破坏了农业发展的基础,宋金之际的河南农业发展受到重创。然而金世宗即位后,平息北部契丹起义,击退了南宋隆兴北伐,签署《隆兴和议》,开启了双方四十余年的和平局面,推动金朝转入和平发展轨道。在内政和经济方面,勤政节俭,选贤治吏,轻赋重农,尊崇儒学,使金朝国库充盈,农民也过上富裕的日子,天下小康,实现了"大定盛世"的繁荣鼎盛局面。这样的政治环境使得金代的河南农业一度出现了繁荣昌盛的局面。金代后期,金宣宗迁都开封,再一次提高了河南的政治地位,农业经济也随之再度得到发展:垦田面积比北宋有显著扩大;多开水利之田,提高了单位亩产量;城市建设也相应得到了发展。金代末年,朝廷对河南的百姓课税过重,横征暴敛,河南的自耕农经济比重下降,约有半数的土地是剥削较重的租佃制。在这样的重压之下,河南的农业经济很快崩溃。

元代的统治者出身于游牧民族,原本对农业并不重视,但在其入主中原之后,逐渐接受农耕文化的理念和统治方式。元世祖忽必烈采取多种方式促进劝农政策的实行,设立劝农机构,无疑为元代农业生产的发展奠定了坚实的基础。元政府还努力保护农田,禁止把农田占为牧场;招募流亡各地的农民,鼓励他们开垦荒地;政府还减轻赋税,大规模兴修水利,开启了促进农业生产的"黄金时

---

[1] 胡廷积主编:《河南农业发展史》,中国农业出版社2005年版,第84页。

期"。在政府的大力倡导、积极推动下,元代的农业生产取得了巨大的进步。农业生产技术的提高和农具的改革与创新是元代农业生产的一大亮点,这集中体现在元代数量众多的农业著作里。大规模屯田开荒,极大地扩大了可耕地的面积。水利建设为农业生产的发展提供了良好的基础条件,在此基础上,农作物的产量得到提高,使得元代的农业经济在一定时期超越了前代。元代末年,统治者的腐败最终不可逆转地推动了河南农业迅速走向衰败。

宋元时期河南的农业发展成就虽然巨大,但由于朝代更替频繁,农业政策和农业制度无法一以贯之地推行,加之有宋一代直至金元时期,战争连绵不断,这也对河南的农业发展带来了极大的负面影响,使得宋元时期的农业呈现出螺旋式前进和跳跃式发展的特点。每一个朝代都有自己的农业亮点,但由于没有持续性的发展,短暂的发展成果也被战争和腐败的统治等因素所抵消。北宋后期,中国的经济重心已经南移,河南的政治中心地位的变化和经济地位的缺失,也注定了这一时期的河南农业最终走向衰落。

第八章 明清时期河南古代农业的延续与转型萌芽

明清时期,河南仍是以农业生产为主的社会,农业发展虽在朝代更迭的战争、封建统治的腐败以及严重自然灾害的影响下而出现衰败之象,但同时也在朝廷实行的一系列政策措施中得以恢复和发展,表现出了很强的传承性和发展韧性。在农业发展之际,同时也出现了一丝新机,某些方面出现了向近代转型的萌芽。此时,河南的农田水利建设也取得了一定的成绩,为农业发展提供了保障。

第一节 明代农业的恢复与农村商品经济的发展

元末明初,各地因历经连年战争而凋敝不堪,人们居无定所,流亡人数剧增,导致田地荒芜,朱元璋对此也曾一针见血地指出,"盖因久困兵革,生息未遂"[①]。鉴于此,他不断告诫各级官员要实行休养生息之策,尽快恢复农业生产。在一系列促进农业恢复政策的刺激下,河南农业很快得以恢复,在此基础上,农村商品经济也有了一定程度的发展,对农村社会产生了诸多影响。

---

① 《明实录·明太祖实录》卷二二,洪武元年正月戊戌,"中央研究院"历史语言研究所 1962 年校印,第 313 页。

一、农业恢复的举措

在战争的摧残下,明初河南农业衰颓异常,"沃壤之土,自兵燹以来,尽化为榛莽之墟"①。为了尽快恢复农业生产水平,河南采取了一系列举措。

(一)垦荒与屯田

元末战争中,河南农民逃亡的现象十分严重,为此,明政府大力招徕流亡,鼓励他们回归故土,进行复垦复种,规定农民因战乱流亡他地者,田产被他人耕种,则视为耕种者所有;如若逃亡者返乡复耕,地方政府要在邻近的荒田中如数给予耕地,其他的荒地也随农民开垦,且可免除徭役三年。这一政策的实施,极大地激发了农民开辟荒地的热情。洪武元年(1368),开封知府上任时,朱元璋就对他说要把耕地开垦、人口增加作为施政的当务之急:"所谓田野辟,户口增,此正中原今日之急务。"②洪武二十八年(1395),朱元璋再次命令二十六年以后栽种的桑枣果树和二十七年以后开垦的耕地,不论数量多少,均不起科,若有违背此诏令者,按犯罪处理。在这一系列政策的实施下,全省开垦的土地越来越多,如洪武元年(1368)十一月,开封等府招徕的复业之民就有302230户,新开垦的田地达147358顷③。由此可见,垦荒的效果还是很明显的。

屯田是明初采取的另一项促进农业恢复的政策。屯田分为民屯和军屯两种。民屯,"其制,移民就宽乡,或召募或罪徙者为民屯"④。河南实行的民屯主要是移民或招募。洪武三年(1370),郑州知州提出屯田的想法,并指出"为今之计,莫若计复业之民垦田外,其余荒芜土田,宜责之守令,召诱流移未入籍之民,官给牛种,及时播种"⑤。朱元璋对此法深以为是,决定实行屯田。起初,民屯设有专门机构管理,后属布政使司管辖。屯田之法收效很大,迁民屯田"计今年所

---

① 〔明〕屠叔方:《建文朝野汇编》卷一七,书目文献出版社1989年版,第347页。
② 《明实录·明太祖实录》卷三七,洪武元年十二月辛卯,第749页。
③ 《明实录·明太宗实录》卷二五,永乐元年闰十一月丁未,第461—462页。
④ 〔清〕张廷玉:《明史》卷七七《食货志一》,中华书局1974年版,第1884页。
⑤ 《明实录·明太祖实录》卷五〇,洪武三年三月丁酉,第978页。

收谷、粟、麦三百余万石,棉花千一百八十万三千余斤,见种麦苗万二千一百八十余顷"①。河南的军屯也收到了很好的成效,其时河南有屯田30695顷、黄牛6544头,是全国军屯效果最好的省份之一。民屯和军屯有力地促进了河南农业的恢复和发展。

(二) 蠲免与赈恤

明初的河南经过战乱的洗礼,百废待兴,为了体现与民休息的政策及缓解社会矛盾,明政府采取了蠲免租税和赈济灾民的措施。洪武二年(1369),明朝廷就免除了包括河南在内的广大区域的赋税,减轻了农民的负担。次年,念及河南"疲困为甚"的实际情况,明政府再次免除了河南的税粮。此后,又连续多年实行蠲免政策,使河南农民受益甚深,如洪武四年(1371)免河南被灾田租,九年、十年、十五年、十七年、十八年、十九年、二十一年、二十八年等年份均对河南实施了不同程度的减免田赋的政策,太祖其后的成祖、宣宗等时期也都实行过类似的政策,这使河南的农业得以很快恢复。

河南是兵灾和自然灾害严重的地区之一,"老稚之孤贫者,多有所失",应当"赈恤之"。② 于谦抚豫期间在赈恤灾民方面做得较好,正统六年(1441),于谦奏请利用官仓的粮食赈济灾民,这一建议得到朝廷的批准。后来他又赈济了来自山东、陕西的约20万流民,保证了他们的基本生活,化解了社会风险。

(三) 移民

历经元末农民战争,河南境内人口损失严重,多地出现了"无人之地"③的惨象。到了明朝建国十余载时,河南的土地还有因为"人力不至,久致荒芜"现象的出现,这种现象在豫北地区表现得更为普遍。明初人口锐减也可以从政区变化中窥见一斑,如洪武初年,河南布政使司省并的县有20个,降级(府降为州、州降为县)的有10个,④这种变化正是其时社会现象的直接表征。

---

① 《明实录·明太祖实录》卷二二三,洪武二十五年十二月辛未,第3264页。
② 《明实录·明太祖实录》卷三二,洪武元年七月庚寅,第573页。
③ 〔清〕顾炎武著,陈垣校注:《日知录校注》卷一〇《开垦荒地》,安徽大学出版社2007年版,第576页。
④ 〔清〕张廷玉:《明史》卷四二《地理三》,中华书局1974年版,第977页。

为了快速增加人口,调整人口地域分布,明政府实行了移民政策,其中迁至河南的人口基本来自山西,这是因为山西受战乱影响小,人口稠密,洪武二十四年(1391)时两省相差1819463口。明洪武初年,山西之民就开始迁往河南,这在各地的方志和家谱、族谱中都有明确记载,如封丘的"西仲宫郭氏始祖大庆明洪武元年自晋迁此"[①],温县的记载是"洪武二年,徙山西之民于温县"[②]。到了永乐元年(1403),仍有移民至裕州的记录,"分丁来耕"。河南的移民政策还是很有效果的,到洪武二十四年(1391),河南人口数量增加了2782670人。据统计,洪武年间移民至怀庆府的山西人有9万人,占洪武二十六年(1393)全府人口的40%;移民至开封的山西人有55万人,占当地全部人口的40%;移民至卫辉府的山西人有4万余人,占当地总人口的35%。这是省内移民人数较多的地区,其他地区也有一定数量的移民。

移民政策的实行,使河南在短时期内就实现了人口数量的增加,为迁入地提供了充足的劳动力,同时也促进了当地荒地的开垦,可以说是农业生产恢复发展的重要推动力量。

(四)兴修水利

兴修水利是恢复农业生产的一项重要措施。明初的水利建设较前代有了进步,兴建了诸多灌溉工程,主要包括塘堰等蓄水工程,以供灌溉之用;疏浚河渠、修建堤岸,以供引水、泄水和防洪之用。另外还针对用水纠纷建立了一套有效的解决办法。这部分内容在下文有详述,故在此就不赘述。

二、农业生产的恢复与发展

经过明初行之有效的措施的推行,河南农业生产得到恢复,并在一些方面有所发展,主要体现在以下几个方面。

[①] 〔民国〕姚家望修,黄荫梧纂:《(民国)封丘县续志》卷四《氏族别录》,民国二十六年(1937)铅印本。

[②] 〔民国〕王公容修,段继武等纂,温县志总编室校订:《(民国)温县志稿》卷一二《杂志·大事记》,河南省温县地方志编纂委员会1986年印,第265页。

(一)人口的增长

作为农业生产中的主要劳动力,人口的增长是农业恢复和发展的基本标志。在明政府的努力下,河南人口数量不断增加,洪武十四年(1381),河南布政使司辖户数有 314785,口数有 1891087,到了永乐十年(1412),户数增至 404820,口数为 2914845,后者比前者增加了 90035 户、1023758 口。到了明中后期,河南人口增长较为明显。

表 8-1　明朝部分年代河南人口统计[①]

单位:口

府州名称	洪武二十四年(1391)	永乐十年(1412)	成化十八年(1482)	嘉靖三十一年(1552)
开封	1183339	1133722	2046702	2038542
河南	528657	523952	738227	780990
彰德	132015	144013	320096	341104
卫辉	100714	162488	202618	195647
怀庆	196690	280098	435300	421896
南阳	116977	109633	322023	388433
汝宁	183123	208592	447375	529103
汝州	129362	131441	252734	337517
合计	2570877	2693939	4765075	5033232

从上表可以看出,不同地域在不同时期人口略有波动,但总人口是呈上升趋势的。

明代河南人口的增长与全国总人口相比也是很明显的,洪武二十六年(1393)时河南人口占全国总人口的 3.16%,弘治四年(1491)时这一比例上升为 8.18%,万历六年(1578)时更是增长为 8.56%。河南人口数量的快速增加为农业发展提供了条件。

(二)耕地面积的扩大

明朝颁布的垦荒、移民等政策,使原本荒芜的土地被大量垦辟为耕地,致使

[①] 程有为、王天奖主编:《河南通史》(第三卷),河南人民出版社 2005 年版,第 444 页。

全省的耕地面积持续扩大。

表 8-2　明朝部分年代河南耕地面积①

单位:顷

洪武二十四年(1391)	弘治十五年(1502)	嘉靖三十一年(1552)	万历三十年(1602)
275309	416294	736153	954176

从上表可以看出,明代河南耕地面积增长速度十分惊人,万历年间的数量是明初的346%,年均增加的耕地面积有3172顷,河南的耕地面积在全国占有重要地位。

河南耕地面积的增加也可以从田赋征收的增长中窥测。洪武二十四年(1391),河南征收麦、丝、粮、米2649100多石两,到了永乐十年(1412)就增加到2737000多石两,20多年中增加了87900多石两。耕地作为农业生产的基本条件,它的增加为农业恢复提供了直接条件,为社会经济发展夯实了基础。

(三)粮食种植的发展

首先,粮食种植技术的进步。此时,农民掌握了轮作复种和间作套种的种植方法,以此提高土地的产出,增加收获量,"凡麦收空隙,可再种他物"②。在播种时,农民还发现了用药物拌种以防虫害的方法,这在以前是没有的,应是新创,如在陕洛地区,就出现了农民用砒霜拌种子的做法。在农田灌溉上,井灌得到重视,且这种方式在大旱时效果很好,"宜广推行之也"③。河南地方官员在干旱时积极引导农民利用水井进行浇灌田地。

其次,粮食品种的增多。粮食作物的品种在明朝时也逐渐丰富起来,如偃师的谷类有黍、粟、小麦、大麦、黑豆、芝麻、稷、绿豆、青豆、豌豆、白豆等品种;④鄢陵的五谷中粟最多,品种也多种多样;内黄仅豆类就有12个品种。⑤ 瓜果蔬

---

① 马雪芹:《明代河南的土地垦殖》,《中国历史地理论丛》1995年第1期。
② 〔明〕宋应星:《天工开物》卷上《乃粒·麦工》,中华书局1959年版,第15页。
③ 〔明〕徐光启撰,石声汉校注:《农政全书校注》卷一六《水利》,上海古籍出版社1979年版,第405页。
④ 〔明〕魏津修,张让山纂:《(弘治)偃师县志》卷一《土产》,天一阁藏明代方志选刊本52,上海古籍书店1982年影印。
⑤ 〔明〕董弦、王训等纂,〔明〕王崇庆校正:《(嘉靖)内黄县志》卷二《田赋》,天一阁藏明代方志选刊本52,上海古籍书店1982年影印。

菜在河南的种植品种也越来越多,如范县的蔬菜有 23 种、瓜果有 24 种。① 特别值得一提的是玉米,明朝时开始在河南境内种植,嘉靖时,鄢陵、尉氏、襄城、郑州、巩县、荥阳等地都有栽培玉米的记录。玉米以其适应性好、耐旱、高产而在全省推广较快,有效地增加了粮食产量,并逐渐成为全省的主要粮食作物之一。

最后,河南粮食的单产有所增加。明前期的时候成熟耕地的产量在 2 石到 3 石之间,中后期增加 1 石。但也应该看到,河南各地的粮食单产有较多差异,河南与全国其他地方,尤其是与南方相比,也是有差距的。

(四)经济作物种植的发展

明初,政府规定"凡民田五亩至十亩者,栽桑、麻、木棉各半亩,十亩以上倍之"②。这一政策极大地促进了棉花在全国的种植。河南的棉花生产也快速增加,"中州沃壤,半植木棉",全省种植棉花的有 60 多个州县。③ 在种植面积大量增加的基础上,棉花产量也随之增加,万历六年(1578),在各司府征棉总数中河南占 27.8%,其产量之大由此可见,并因此改变了全国棉花种植的地理分布格局。河南还是棉纺织业发达的地区之一,如鄢陵的纺织技术与纺织中心松江相接近,且在官府的督促下,棉纺织业推广开来。

麻类种植在官府的推进下也有所增加,大部分地区都继续栽培,但一直受到植棉业发展的冲击,且棉纺织业的优势较为明显,植麻业出现萎缩。

河南境内还种植有其他经济作物,如茶叶、烟草、药材等。茶叶在信阳地区广为种植,但到了明中后期在各种因素的影响下濒于灭绝。烟草是在明朝时传入中国的,明末时在中牟有种植,但种植面积不大。药材种植则具有一定规模,以怀庆、南阳两地为最,前者以"四大怀药"(地黄、菊花、山药、牛膝)为代表,而南阳"药乡"马山口出产 500 余种药材,远近闻名。

(五)桑蚕林果业的发展

明代河南的桑蚕业在政府的支持下取得了较快发展。洪武初年,明朝规定

---

① 〔明〕时泰纂修:《(嘉靖)范县志》卷二《土产》,嘉靖十四年(1535)刻本。
② 〔清〕张廷玉:《明史》卷七八《食货志·赋役》,中华书局 1974 年版,第 1894 页。
③ 王兴亚:《明清河南集市庙会会馆》,中州古籍出版社 1998 年版,第 32 页。

了栽种桑、麻、棉的要求,对栽种的桑树四年起科,洪武之后的历代也都对桑蚕业多有关注。河南各地的桑蚕业取得了长足进步,如洪武二十四年在扶沟县起科的桑树有 24547 株,巩县有 35906 株。为了促进桑蚕业的发展,省内的一些地方开设了桑园以培植桑苗,如在鲁山就有 2 处,"皆官蓄桑苗,岁给民者"①。全省各地普遍重视种桑养蚕,且增加速度很快,如在通许县,正德五年(1510)比洪武二十四年增加 831%,襄城永乐十年(1412)比洪武二十四年(1391)增加 799%,内乡县则更是增加 1776.2%,从这有连续数据记载的三地可以大略看出全省桑蚕业的发展速度之快。但到了明中叶以后,河南的桑蚕业逐渐衰落了。

明朝,河南的林果种植则取得较大进步,全省各地都种植有各种果树。据记载,成化二十二年(1486)前全省有枣树、柿树等 118156371 株,人均 24.5 株,但这个数据多有不实之处,实际数量应超过此数。这些林果植株多是不征税的,同时又可以产出巨大的经济效益,成为社会经济的重要组成部分。

(六)畜牧业的发展

明朝时河南的畜牧业主要是官营牧马业。明朝时政府规定江北地区每 5 户养马 1 匹,到了永乐年间,改为每 5 丁养马 1 匹,免除田租的一半以为补偿,可见养马与种植一样都是极其重要的。正统十一年(1446),河南的彰德、卫辉、开封开始养马,②这三地在成化年间共养马、骡 10197 匹。另外,明朝实行的是卫所制,卫所进行屯田中养有耕牛,成化年间有 6544 头。这些官营的畜牧业为明朝政府提供了大量的大牲畜,对农业生产、军事防务、运输等都有重要意义。

民间畜牧业主要是家庭蓄养的一些品种,如马、牛、羊、猪、驴、骡、鸡等,一直都十分常见。如安阳人"善牧羊"③,汝州产牛、羊、马、犬等。

---

① 〔明〕姚卿修,孙铎纂:《(嘉靖)鲁山县志》卷一《山川》,天一阁藏明代方志选刊本 50,上海古籍书店 1982 年影印。
② 〔清〕张廷玉:《明史》卷九二《兵志四》,中华书局 1974 年版,第 2271 页。
③ 〔明〕崔铣纂辑:《(嘉靖)彰德府志》卷二《地理志》,天一阁藏明代方志选刊本 45,上海古籍书店 1982 年影印。

三、农村商品经济的发展

明朝,在传统粮食作物、新引进粮食作物、经济作物、林果业、畜牧业以及由此带动的手工业、商业等社会经济的方方面面发展的前提下,河南农村的商品经济与全省大势一样都有了一定的发展。

首先是交通网络的便捷为商品经济发展奠定了基础。河南居天下之中,水陆交通都十分便利,可以与全国各地建立起联系。以开封府为中心的跨省商路而言,具体交通线路如下表所示:

表 8-3 以开封府为中心的跨省商路路线[①]

陆路	开封府向北—丁店—延津县—卫辉府—淇县—汤阴县—彰德府—磁州—邯郸县—真定府—保定府—涿州—顺天府
	开封府向南—朱仙镇—尉氏县—鄢陵县—上蔡县—汝宁府—真阳县—罗山县—分水岭—麻城驿—沙河口—汉口镇—武昌府
	开封府向东—陈留县—杞县—睢州—宁陵县—归德府—丁家道口—师家道口—韩家道口—萧县—徐州
	开封府向西—中牟县—郑州—荥阳县—汜水县—河南府—新安县—渑池县—陕州—灵宝县—阌乡县—潼关—华阴县—临潼县—西安府
	开封府向西北—郑州—河南府—陕州—潼关—蒲州—临晋县—安邑县—闻喜县—曲沃县—临汾县—洪洞县—霍州—介休县—平遥县—祁县—太原府
	开封府向西北—中牟县—荥泽县—河内县—泽州—高平县—长子县—襄垣县—沁州—祁县—太原府
	开封府向东南—陈留县—陈州—宁陵县—归德府—虞城县—夏邑县—永城县—百善道驿—宿州—凤阳府—滁州—江浦县—江东驿—应天府
	开封府向东南—陈留县—杞县—宁陵县—虞城县—夏邑县—永城县—南宿州—灵璧县—泗州—盱眙县—天长县—甘泉山—扬州府
	开封府向西南—郑州—新郑县—襄城—叶县—裕州—南阳府—新野县—襄阳府

---

① 程民生、程峰、马玉臣:《古代河南经济史》(下),河南大学出版社 2012 年版,第 339—340 页。

(续表)

水陆	开封府向东—王家楼—草店—唐家湾—植胜码头—八里湾—单县河口—旧丰县—黄河—进溜沟—铜山—徐州
	开封府向东南—朱仙镇—西华县—周家店—颍息坡—富坝口—界沟驿—颍州—颍上县—怀远县—凤阳府—泗州—清江闸—淮安府
	开封府向东南—朱仙镇—扶沟县—西华县—周家店—王昌集—界沟—太和旧县—颍上县—寿州河口—荆山—临淮县—五河县—双沟—旧县—泗州—洪泽—清口—清江浦
	开封府向东南—朱仙镇—西华县—李方店—周家口—南顿—丁村集—新县—沈丘—龙湾塘—田家集—颍州

另外，省内还有多条以彰德府、汝宁府、归德府、周家口、南顿等为起点的水陆商路路线，与邻近地区保持着密切交往。

就省内线路而言，以开封为中心，向东可达归德府，向西可达河南府和陕州，向南可达汝宁府和信阳州，向北可达怀庆、卫辉、彰德，向西南可达南阳府，与全省各地之间都有交通通道。

明朝时，江南地区经济相对发达，其所生产的产品出现了剩余，这些产品就通过上述交通网络直抵河南城乡。同时，河南的广大农村地区出产有大量的农产品和手工业品，这些产品又是江南发达地区所需要的，于是通过上述交通网络输出到江南地区。在输入与输出之间，河南农村的商品经济就发展起来了。

其次是农业和手工业的商品化。随着农业生产力的提高，农业经营多样化是大趋势。农民在保证粮食生产的前提下，种植多种经济作物，如棉花、烟草、染料作物、中草药、蔬菜等，这些经济作物多是作为商品交易而存在的，这就促进了农村的商品经济发展。其中最为典型的是棉花及棉纺织业，下面就以此为例加以说明。

棉花种植面积在政府的支持下而不断增加，"中州沃壤，半植木棉"，全省种植棉花的州县有60余个，可以说棉花种植十分普及。在种植面积增加的基础上，棉花产量也随之上升，河南成为全国主要的棉花产区。其后，棉纺织业也不断兴起和繁荣，如陈幼学在确山和中牟任知县时大力提倡棉纺织业，曾将800

余部纺车发给各地。① 据统计,全省有 54 个州县拥有棉纺业。当时,河南生产的产品有棉布和棉布制品,前者包括阔布、棉布、平布、文布、紫花布、花棉布、漂白布、青蓝布等,后者包括布袜、布帕、巾帽、成衣等。

在棉花产量和棉纺制品增加的基础上,棉花原料及棉纺制品大多是作为商品投放市场的,加深了农村的商品化程度,因为从事棉纺业者多是来自乡村农家。如万历年间的温县地区,"民间纺织无问男女,每集蚩氓抱布而贸者满市"②;在滑县也出现同样的情形,土人纺织为主,估客转贩,其利亦薄。可见,当地所产的棉布不仅是自用,还有进入集市,成为集市贸易商品的情况。另外,在集市购买棉布商品的不仅是本地商人,还有外地商人,他们购买棉布,而后贩运至外地,如在尉氏县的集市上就有这样的商人,他们把棉布运输到颍州(今安徽阜阳)销售。③

此时河南的棉纺织业水平在江南之下,这就使得河南所产棉花被大量运往江南,使河南成为原料供应地,所谓"吉贝(棉布)则泛舟而鬻诸南,布则泛舟而鬻诸北"④就是此意。这说明此时的商品贸易形成了一定的区域分工。

再次是商品交易场所的发展。一是集市。集市是城乡贸易的重要场所,与商品经济发展同步。此时河南集市的发展主要表现在集市数量的增多、开市日期的频繁以及集市规模的扩大三个方面。集市的数量在明朝时有所增加,如尉氏县设在乡镇的有尹郭集、吴照集、蔡家庄集等处,全县的集市数量到宣德十年(1435)时增加了 14 处,成化时增加 1 处;永城也在乡镇设立有为数不少的集市,数量由 6 处增加到 45 处,是当地商品经济发展的表现之一。开市日期方面,各地有一定差异,有每月一集、两集、四集、六集、八集,甚至一日一集、两日一集的现象,总的来说是开市频次越来越高。集市规模也在商品经济发展的促进下越来越大,市民越来越富有。如武陟的木栾店商贾往来,商品交易繁荣;内乡县的急滩店因交通便利而"商至货聚",变得富裕起来。此种情况不胜枚举。

---

① 〔清〕张廷玉:《明史》卷二八一《陈幼学传》,中华书局 1974 年版,第 7217 页。
② 〔清〕李若廉修,吴国用纂:《(顺治)温县志》上《集市》,顺治十六年(1659)剜改明万历刻本。
③ 〔明〕曾嘉诰修,汪心纂:《(嘉靖)尉氏县志》卷一《风土类·民业》,天一阁藏明代方志选刊本 49,上海古籍书店 1982 年影印。
④ 〔明〕徐光启撰,石声汉校注:《农政全书校注》卷三五《蚕桑广类》,上海古籍出版社 1979 年版,第 969 页。

二是庙会。庙会虽直接起源自寺庙,以烧香祈福、还愿为主,但在商品经济发展的带动下,庙会也出现了商品交易的内容,"创立庙会,招徕商贾"①就是此意。全省各地的庙会都具有此项功能,即使是最小的庙会,也会有交易的参与。如百泉的中草药交易庙会,众多的药材商都会集中到此,药材买卖十分兴盛。庙会上的商品交易活跃了乡村、城镇的经济。三是商业城镇。商业城镇是更为高级的商品集中交易市场,与农村有一定联系。明代河南出现了一批具有特色的商业城镇,如汝宁府的杨埠镇、开封府的朱仙镇、豫东南的周家口、邓州的穰东镇、舞阳的北舞渡、豫南的金家寨市、项城县的南顿、归德府的丁家道口等,这些商业重镇均具有便利的交通,易于商品交流。

最后是农村经济形态和社会结构的变化。在商品经济的影响下,农村的经济形态和社会结构都在发生变化,传统的农业生产已不是纯粹的农业生产,或多或少都会有商业活动参与其中。如杞县的一位张姓地主把自家的农业生产看作一种农场企业去经营,最终变成了具有更大实力的经营性地主。再如,江西商人在河南邓县的农村地区放高利贷,通过在农民青黄不接时预买收获物而获利。

商品经济的发展还促使农村多种植经济作物,且分工越来越细,越来越职业化,把农业生产卷入商品交易之中。如在尉氏就出现"为农者,或田而稼,或圃而蔬,或园而果,或野而蕲"②的情况。

商品经济的增加,打破了原来农村封闭的环境,与外界交流越来越多,商业成为百姓生活的重要组成部分。随着商品经济的发展,人们的价值观也开始发生变化,奢侈现象增多,如在邓州"习奢侈"③,郑州地区也"竞为奢靡,专事纷华"④。

---

① 〔清〕杨世达纂修,殷时学校注:《(乾隆)汤阴县志》卷二《舆地》,乾隆三年(1738)刻本,汤阴县志总编室2003年印。
② 〔明〕曾嘉诰修,汪心纂:《(嘉靖)尉氏县志》卷一《风土类·民业》,天一阁藏明代方志选刊本49,上海古籍书店1982年影印。
③ 〔明〕潘庭楠纂:《(嘉靖)邓州志》卷八《舆地志·风俗》,天一阁藏明代方志选刊本48,上海古籍书店1982年影印。
④ 〔明〕徐恕修,王继洛纂,张万钧校注:《嘉靖郑州志校释》,郑州市地方史志编纂委员会1988年编印本,第4页。

第二节　明代生产条件的恶化与农田水利建设的发展

从明代中后期开始,河南农业生产逐渐由盛转衰,明末时达到崩溃的边缘,主要影响因素有社会矛盾的加深以及生态环境的恶化。但河南作为主要的农垦区,其在农田水利建设方面还是取得一些成绩的。

一、农业生产条件的恶化

明朝中后期,封建政治统治日益黑暗,在人地关系、土地兼并、赋役征收、流民等方面问题突出,社会矛盾越来越深,农业生产的社会环境日益恶化。另外,此时气候异常,导致自然灾害频发,且在过度垦殖的影响下,农业生态环境遭到破坏,农业生产面临着严峻的自然生态环境考验。

(一)社会矛盾的加深

进入明中期后,封建社会的腐朽性日益显露出来,社会矛盾逐渐加深,主要有人地关系的紧张、土地兼并的加剧、沉重的赋役剥削、严重的流民问题等,这些问题严重影响着农业生产的发展。

首先是人地关系的紧张。农业社会中,养活更多人口所需要的粮食主要依赖于耕地面积的扩大,而一定土地养活的人口数是固定的,当人口持续增长,而耕地面积的增速不能与之大致保持同步时,人地关系就会趋于紧张,民众的生活也就无法得到保障,社会矛盾随之加剧。明初,在元末农民战争的摧残下,河南人口稀少,但在移民、人口自然增殖、典卖人口赎回等政策的推动下,其地的人口数量不断攀升,如邓州的人口数从洪武二十四年(1391)的29578人增长到嘉靖四十一年(1562)的138574人,后者是前者的4.69倍,由此可见明代河南人口的增长速度。在人口大量增加的同时,土地开垦力度也在不断加大,耕地面积逐渐扩张,但耕地开垦是有限度的。从整体上来说,人地关系是趋于紧张的,下表就很好地说明了这一点。

表 8-4 明代河南土地与人口对照表[①]

年份	田地(亩)	户数	人口数	每户平均人口	人口密度(人/平方公里)
洪武十四年(1381)	—	314785	1891087	6.00	12.86
洪武二十四年(1391)	—	330294	2106991	6.38	14.32
洪武二十六年(1393)	44946982	315617	1912542	6.06	13
弘治四年(1491)		436843	2614398	5.98	17.77
弘治十五年(1502)	41609969	550973	4989320	9.06	8.34
嘉靖二十一年(1542)	41632200	603871	5278275	8.74	7.89
万历六年(1578)	74157952	633067	5193602	8.20	35.31

由上表可以看到,明代河南的人口密度虽有波动,但其总的走向是逐渐增加的,再加之隐匿人口、流民等在一定程度上的存在,河南人口密度在实际上远远超过上表所列数值。

其次是土地兼并的加剧。明代,藩王经济十分盛行,他们大肆兼并土地。明初,仅周王被封于河南,自开封占田,及至嘉靖中期时,河南已存在郡王 39 位、辅国将军 212 位、奉国将军 244 位以及数不胜数的中尉。[②] 到了万历年间,这一数量继续上升,这样就形成了一个庞大的王庄集团,他们或受朝廷封赐,或强取豪夺,王庄占田呈尾大不掉之势,土地兼并愈演愈烈,这也成为河南的积弊之一。所谓封赐,就是皇帝赏赐给藩王的土地,这一数量也是十分惊人的,如仁宗赐给赵王朱高燧 80 余顷园田地,宪宗赐给唐王朱芝址 140 顷闲地,孝宗赐给周王棣六世孙 5210 余顷土地,潞王、福王等就藩时所受土地都达到了数万顷,这是一般百姓所难以想象的。除此之外,各个王庄为了满足自己的挥霍,还通过各种形式(直接掠夺、投献、"买"等)强取豪夺其他田地,如福府强占汜水县

---

① 参考赵长贵:《明清中原生态环境变迁与社会应对》,南京大学 2011 年博士学位论文。
② 〔明〕陈子龙等选辑:《明经世文编》卷一八六,中华书局 1962 年版,第 1915 页。

农民开垦的 448 顷多土地[1],甚至被称为"尺寸皆夺自民间"[2];张允将鹿邑等地农民开垦的 6000 余顷土地投献徽王;郑王、赵王等均"买"过农民之田。另外,一些贵族官僚也通过各种形式从农民手中夺取更多的耕地,使河南的土地集中进一步加剧。土地兼并使更多的农民失去土地,成为地主阶级压榨的对象,他们或进行反抗,或忍受现状而生产积极性不高,严重影响农业发展。[3]

再次是沉重的赋役剥削。大量的土地被贵族、地主、豪绅等侵占后,他们利用各种手段不纳或少纳税,进而转嫁到农民身上,加重对农民的盘剥,常见的方法有"飞洒""诡寄""包纳"等。到了明中后期,封建统治走向衰败,为了满足统治阶级的物质欲望,对各地的税收不断加重,除赋役和田租之外,还要承担名目繁多、层出不穷的杂税,如拜见银、须知银、图本银、马价银等,如在鲁山县就有 20 多种税目。[4] 底层民众是各种赋役的实际承受者,他们为躲避剥削而逃离家乡,成为流民,使得社会不稳定因素陡然增加。

最后是严重的流民问题。河南的流民问题在宣德年间就已经出现,虽经过政府的控制,一些流民回归乡里,但并未从根本上解决流民产生的深层原因(主要是赋役剥削),流民问题仍然不断出现,且呈加剧的态势。成化十一年(1475),在原杰所奏的流民人数中,河南一地就约占 62%。河南大量的流民主要集中在统治力量薄弱的交界地带,如河南与山东、北直隶、南直隶交会地区等。流民产生后,他们脱离原有的保甲和赋役体系,活动于政府的统治之外,既减少了赋税收入,也削弱了封建统治基础,对农村的发展影响尤大。

(二)生态环境的恶化

气候异常导致自然环境的恶化。总体来说,从 14 世纪初至 20 世纪初是我国历史上的一个寒冷期,前后共历时 500 余年。由于温暖期与寒冷期的交替是一个循序渐进的过程,在明朝初期时,气候还算比较温暖,自明代宗以后就有了

---

[1] 〔民国〕田金祺等修,赵东阶等纂:《(民国)氾水县志》卷四《赋役》,民国十七年(1928)铅印本,成文出版社 1968 年影印。
[2] 〔清〕张廷玉:《明史》卷一二〇《诸王传》,中华书局 1974 年版,第 3648 页。
[3] 马雪芹:《明代河南王庄农业经济研究》,《中国经济史研究》1996 年第 4 期。
[4] 〔明〕姚卿修,孙铎纂:《(嘉靖)鲁山县志》卷一〇《田赋志》,天一阁藏明代方志选刊本 50,上海古籍书店 1982 年影印。

较大不同,如景泰四年(1453),山东、河南、浙江、直隶淮、徐、四川、云南、辽宁、湖北等地都出现了"大雪数尺""人畜冻死万计""陨霜杀麦"的现象,河南罗山也是因寒冷导致"竹树鱼蚌皆死"。① 这对农业生产带来诸多消极影响。据研究表明,在其他条件保持不变的情况下,年均气温每下降 1 度,粮食单产随之下降 10%;与此同时,年降水量每下降 100 毫米,粮食单产也会下降 10%。② 这加剧了农业生产的不利态势。

在多个促进荒地开垦政策的刺激下,河南人民垦荒的力度大大增加,大面积的平原、山林、滩涂等被垦为良田,成为耕地。在易垦之处开垦完毕之后,农民就向不易开垦之处要地,如"其在岩畔溪滨,贫牧搜拓者十七,余则庙刹、荒径"③。百姓为增加耕地可谓是千方百计,煞费苦心。但是,也应该看到,在土地被大量垦殖的背景下,河南的农业发展缺乏统一规划,具有一定的随意性和不可持续性,尤其是在片面追求耕地面积增加的前提下,滥垦滥伐滥开发现象严重,那些不适宜耕种的土地也被开垦出来,如森林、浅滩、湖泊等,出现了过度垦殖的现象。如万历年间,陈幼学在担任确山知县时,曾"垦莱田八百余顷",后转任中牟知县时,他又令民开垦草地,"得沃田数百顷"。尽管他的这些做法使百姓得到了一定数量的耕地,但由此也造成了旱涝灾害频发、土地盐碱化等影响农业生产的严重后果,农业生产条件日趋恶化。过度垦殖造成的生态环境问题,会逐渐导致土壤沙化,土质疏松,加之在暴雨的作用下,水土流失也就在所难免。此外,河道也更易淤积堵塞,水流不畅,土地盐碱化也就逐渐显现出来,在这方面表现最为明显的就要数黄河了。如崇祯十五年(1642)黄河淹没开封,整个开封城以及邻近区域都受灾严重,待洪水退去后,"昔之饶裕,咸成碱卤"④。

灾害频仍,对农业生产造成不可逆转的影响。水灾、旱灾、雹灾、风灾、蝗灾等多种灾害频繁发生,且多种灾害叠加发生的现象十分普遍,如崇祯十三年(1640)内黄县就出现了"红风大作,麦死无遗""三伏无雨,旱蝗残食""八月二十四日降霜,荞麦不收"等灾害现象,对当地农业生产造成严重损失。下面以尉

---

① 〔清〕张廷玉:《明史》卷二八《五行·》,中华书局 1974 年版,第 426 页。
② 张家诚:《气候变化对中国农业生产的影响初探》,《地理研究》1982 年第 2 期。
③ 〔明〕沙蕴金修、苏育等纂:《(崇祯)汤阴县志》卷六《田赋》,崇祯十年(1637)刊本。
④ 〔清〕周玑修,朱璇纂:《(乾隆)杞县志》卷七《田赋志》,乾隆五十三年(1788)刊本。

氏县为例,说明灾害的严重程度。

表 8-5　明朝时期河南尉氏县灾年与丰年情况表①

年份		灾荒或丰收情况
洪武	五年(1372)	六月,蝗
	十七年(1384)	大水
	二十二年(1389)	大旱
宣德	三年(1428)	河溢郑州,漫流及尉为灾
成化	二十年(1484)	大饥,人相食
弘治	七年(1494)	丰稔,斗麦十钱
	十一年(1498)	大有年,斗粟十钱
正德	十一年(1516)	春,大饥
	十四年(1519)	春夏,连雨月余,麦禾俱损
嘉靖	七年(1528)	正月,地震水旱相仍,民饥
	八年(1529)	春,大饥。六月,蝗飞蔽天
	九年(1530)	夏,蝗。入秋,复生蝻
	十年(1531)	蝗伤稼殆尽
	十一年(1532)	大蝗,知县游凤仪以粟召民捕之,升斗相易,不数日积满诸仓
	十五年(1536)	大饥,大疫
	十六年(1537)	九月,黄河水溢城外,郊野不浸者仅五六里大,无麦禾
	十七年(1538)	春,大饥,疫疠大作
	十八年(1539)	春,大饥。秋,蝗
	二十七年(1548)	五月,大水漷没禾稼殆尽
	三十年(1551)	五月,大风拔木
	三十二年(1553)	春,大饥

① 〔清〕沈淮修,王观潮纂:《(道光)尉氏县志》卷一,道光十一年(1831)刊本。

(续表)

年份		灾荒或丰收情况
隆庆	四年(1570)	秋,大有年
万历	四年(1576)	秋,大水
	十五年(1587)	大饥,大疫
	十六年(1588)	春,大饥,大疫
	二十二年(1594)	荒旱,大饥
	二十七年(1599)	三月,旱。秋,大旱,无禾。冬,大饥
	三十二年(1604)	大饥
	三十三年(1605)	大有年
	四十年(1612)	三月,蝗
	四十二年(1614)	蝗蝻食禾稼,民大饥
	四十四年(1616)	六月,蝗
崇祯	三年(1630)	夏,大水,雨雹,伤禾稼
	五年(1632)	六月二十二日,暴雨彻夜,黄河泛滥,平地水深二丈,冈阜淤没
	七年(1634)	六月十四日,蝗自东南来,落地尺余,住十余日,五谷食毁大半
	十三年(1640)	四月,蝗食禾既。七月,大旱,蝗,禾草俱枯。八月,陨霜杀菽,大饥,斗粟银二两,人相食

自然灾害的发生,一方面直接对农业生产造成损害,禾苗被毁坏或者无法种植庄稼;另一方面对农业再生产造成影响,如劳动力的减少、土地的盐碱化等。总之,灾害对农业生产造成的影响是不容小觑的。

二、农田水利事业的发展

明朝前期,朝廷和地方政府都十分注意农田水利事业,给予各方面的支持,并取得了一系列的成就,不仅兴修了陂塘、沟渠等水利设施,而且还建成了诸多大型骨干水利工程,使河南的农田水利事业呈现新景象。但到了明中后期,农田水利失修的现象越来越严重,在旱涝等自然灾害面前不堪一击,逐渐式微。

(一)黄河以南地区

首先是重要灌区的修复与维护。清河灌区是固始县境内的一个著名灌区,这个灌区历史悠久,可以上溯到春秋时期,楚相孙叔敖修建的期思陂就是其原型之一,再加上东汉建安五年(200)扬州刺史刘馥修建的茹陂,二者共同构成了明朝时期的清河灌区。该灌区的引水口在本县的黎集,在史河上打坝修渠引水,名为清河;又在史河下游凿渠引水,名为湛河,两河相连,构成了规模较大的灌区。在这个灌区内,分布着陂塘、渠等农田水利工程,在当时具有一定的典型性。在清河和湛河上均修建有水闸、土坝和陂塘,经过一段时间的运行,从天顺三年(1459)始就对灌区进行不断维护,到了嘉靖年间,灌区面积进一步扩大,"百里不求天"的灌区逐渐成形。后又多次对清河、湛河进行整修,如成化年间再次建成了均济闸,嘉靖年间对清河上的中闸进行修缮,成化年间对湛河进行了疏浚,同时把原有的木闸换成了石闸等,这些措施都进一步巩固了灌区的正常运行,为农业发展夯实了根基。

汝宁府在农田水利建设方面做出的成绩也是较为出色的。洪武八年(1375),知府万孟雅组织当地民众修建汝河大堤,并建有水闸。成化年间,西平县令对境内的洪河进行修整,将河道中的弯曲之处变直,使水流更为顺畅,减轻水患灾害;嘉靖年间,知县王诰率领民众疏浚渠道,修筑堤坝。新蔡县境内,在地方官员的努力下修建了九沟,直接沟通了境内的洪汝水与淮河水系,增加了入淮口。汝阳县,大司农金钱在万历年间修筑了一条长达50里的汝河河堤,同时又对沟渠进行疏浚。遂平知县胡来进在境内的吴家桥处修筑了一条新河,增加了引水通道,减轻了水患。

豫西南地区也疏浚及新修了一些农田水利工程,其中要数邓州最为突出。邓州地区的农田水利设施在明初时逐渐恢复,直接促进了当地各方面的发展,其境内"户繁土辟,水利益兴,灌溉稻畦,遍于四境"[①],呈现出一派欣欣向荣的景象,与其他地方相比,可说是一片乐土。弘治年间,朝廷下旨要对召公渠进行

---

① 〔清〕蒋光祖修,姚之琅纂:《(乾隆)邓州志》卷四《水利》,乾隆二十年(1755)刊本。

修复。① 其后,境内的各种水利工程又得以不断疏浚与整修,如正德年间疏浚陂堰40多处,嘉靖年间又修复数十处陂堰。另外,邓州的黄家堰、楚堰、黑龙堰等,内乡县的郑渠堰、东俞公堰、西俞公堰等,新野县的沙堰、黑龙堰等,镇平县的西河堰、上石堰等,南阳县的泉水堰、马渡港等为数不少的农田水利设施得到修复,同时还有一批新开挖的水利设施,如邓州的吕公堰、马龙堰,内乡县的珍珠堰、黄水河堰,镇平县的三里河堰、江石堰等,这些水利事业的兴修造福一方,提升了农业抵御自然灾害的能力。

另外,在豫东地区也出现了农田水利建设的热潮。如中牟知县陈幼学在万历年间大力发展水利事业,广为疏浚沟渠,使农民获利颇丰,"疏为河者五十七,为渠者三十九,俱引入小清河,民大获利"②。

(二)黄河以北地区

黄河以北地区的农田水利事业的成就主要集中在三个方面,即沁河灌区的农田水利工程、卫河流域的水利灌溉工程以及漳河、滏阳河、洹河等附近的农田水利工程。

首先是沁河灌区的农田水利工程。沁河灌区的水利工程起源甚早,以秦朝时修建的枋口堰较为出名,到了唐朝时仍将之称为秦渠,明弘治年间时称为广济渠枋口堰。水利工程修建之后,各朝各代均有修复,到了明代时有了长足进步。

弘治六年(1493),河南参政朱瑄对广济渠进行修复,经过整修,在该灌区内出现了利人、丰稔、广济、温润、减水等 5 条水渠,这 5 条水渠镶嵌在大地上,好似 5 条蛟龙,故引沁渠首也被称为"五龙口"。隆庆二年(1568),怀庆知府纪诚对灌渠进行了一次大规模整修,开创了通济河、广惠南北河等 6 条渠河,其中重修的广济渠长 150 多里,可以灌溉农田 5000 余顷,通济河的灌溉面积也大为增加,比元代增加 2000 余顷。通过此次全面整修,灌区的灌溉能力大为提升,农田水利工程发挥的作用更为显著。但同时也应该看到,该渠采用的是土口引

---

① 〔清〕潘守廉修,张嘉谋纂:《(光绪)南阳县志》卷九《沟渠》,光绪三十年(1904)刊本,成文出版社 1976 年版。
② 〔清〕张廷玉等:《明史》卷二八一《陈幼学传》,中华书局 1974 年版,第 7217 页。

水,这就容易出现淤塞的现象,虽经过历次整理,但都没有明显改善。到了万历二十七年(1599),河内县令袁应泰提出了"非凿南山以通流泉"的解决方案。次年,他立即组织两万民众投入到这一浩大的水利工程之中。在施工过程中,石匠"卧而凿之,渐而下蹲,渐而下俯",就这样经过了3年的时间才把山体凿穿,显露出一条长40多丈、高2丈、宽8丈的洞体,另外还有石明渠、广济洞、广济渠等。广济渠的干渠长150里,在干渠的旁边还有众多的支渠,其中规模稍大的有24条,名为"二十四堰"。这些渠道为农田灌溉提供了很大的便利,"四境之田,均收灌溉之利"[①]。

此外,万历二十八年(1600),济源知县史纪言兴修了永利渠,可以有效灌溉济源、孟县等五地的农田。万历四十一年(1613),济源知县石应嵩完善了永利渠,并修建水闸、支渠等工程,农田灌溉面积增加了11平方公里。

其次是卫河流域的水利灌溉工程。明初洪武年间,新乡县为了预防来自辉县的山洪,在知县胡南溟的发动下,修建了块村营闸以及用于泄水的沟渠。辉县原本有云门堰,但因年久而被湮没,每到雨季,庄稼尽遭水淹。嘉靖三年(1524),知县许璡就采取"疏浚溪渠,导万泉之水,自九圣营引入其地"的措施,最终使"悉复故迹,遂成沃壤"[②]。嘉靖二十四年(1545),辉县知县郭淳看到境内山洪肆虐,百姓苦不堪言,遂决定建水闸以阻水,马家桥上闸就应运而生了,同时还开挖水渠,"渠之两旁,全民皆种稻",当地百姓受益颇深。嘉靖三十年(1551),辉县官员敖宗庆也修建了一座水闸,因距离马家桥上闸不远,且位于其北边,故称其为马家桥下闸,此闸为数百顷稻田提供了水源。[③] 另外,还修建有裴家闸等水闸。这些水闸均是引卫河水浇灌田地,是卫河流域水利工程系统的重要组成部分。

最后是漳河、滏阳河、洹河等附近的农田水利工程。漳河沿岸的农田水利工程主要集中在临漳县。弘治十一年(1498),知县景芳为了抵御漳河水患,修筑了临漳大堤,被人们称为"景公堤"。万历二十五年(1597),知县袁应泰再次

---

① 〔清〕袁通修,方履籛、吴育纂:《(道光)河内县志》卷一三《水利志》,道光五年(1825)刊本。
② 〔清〕周际华修,戴铭等纂:《(道光)辉县志》卷七《渠田志》,光绪十四年(1888)补刻道光十五年(1835)本。
③ 〔清〕周际华修,戴铭等纂:《(道光)辉县志》卷一〇《循政志》,光绪十四年(1888)补刻道光十五年(1835)本。

修筑河堤,在景公堤的基础上增修40里,同时他还修建有广济渠,待修成之后,还制定了用水规则,规定了用水次序,保证了农业用水。

滏阳河沿岸的水利工程主要有五爪渠、西闸、东闸等。五爪渠修建于洪武年间,是磁州知州主持修建,用于稻田浇灌,"上足以供输,下足以养赡"①。后来,五爪渠被冲毁,宣德年间被重新修建,惜其又被淹没。西闸始建于万历十五年(1587),由磁州知州孙建主持修成。东闸始建于崇祯八年(1635),由磁州知州李为珩修建而成,是模仿西闸修筑。

洹河沿岸的农田水利工程以高平渠为中心,形成了一个引洹水灌溉农田的水利体系。万历十四年(1586),彰德知州发动民众在高平渠口修筑了石闸,同时还修建了诸多支渠,这些工程修成后,出现了"灌田不可胜数,收获视他处为饶"②的景象。后来,历任安阳知县又修建石堰、支渠等工程,效果明显。高平渠在干渠与众多支渠的共同作用下,形成了一个具有一定规模的灌溉体系,使周围的农田受益匪浅。

第三节 清代前中期农业的恢复与发展

清初,为了迅速恢复农业生产,朝廷采取了诸多举措,如实施更名田、劝民垦荒、蠲租与赈济、兴修水利等,经过一段时间的发展,河南农业得到了恢复,且有了一定程度的发展,诸如在耕地面积和人口的增加、农作物品种的多样化、农业水平的提高以及生产关系的变化等方面都有所体现。另外,此时的畜牧业也有所发展。

---

① 〔明〕周文龙修,孙绍等纂:《(嘉靖)磁州志》卷三《艺文志》,嘉靖三十二年(1553)刻本;天一阁藏明代方志选刊续编本3,上海书店1990年影印。
② 转引自唐金培、程有为等:《河南水利史》,大象出版社2019年版,第282页。

一、清初恢复农业生产的措施

清初,为了恢复在明末战争中凋敝的农业生产,清廷采取了一系列举措,大体有如下四点。

一是实施更名田。经过明末农民战争,明朝藩王占有的大量土地被分配给农民,一些家破人亡的士绅占有的土地也被重新分配,另外还有大量抛荒的田地,这些土地亟须复种,从而征收赋税。而更名田政策就是在这时提出的,即"将前明废藩田产给予原种之人,必改民产,号为更名地,永为世业",同时"与民田一例输银,免纳租银"。① 河南作为明朝分封藩王最多的地区,更名田的实施范围也最大。对大量的荒地,清朝也鼓励农民开荒,三年后按地亩交粮。更名田确认了农民对土地的所有权,调动了他们垦荒和耕种的积极性。与此同时,明卫所管辖的土地也改归民田,清朝决定"各省卫所钱粮并入民粮,一并考成巡抚"②。这也就是说,朝廷承认了地权的变更,如在祥符地区就有新并入的卫所土地 312 顷 38 亩。③

二是劝民垦荒。经过明末残酷的战争,全省各地都出现了面积不等的荒地,为了加速荒地的开垦,鼓励垦荒的政策应运而生。顺治元年(1644),河南巡抚上奏时言道,河南在黄河以北的地区"府县荒地九万四千五百余顷,因兵燹之余,无人佃种,乞令协镇官兵开垦,三年后量起租课"④。此后,黄河以北的荒地被开垦出来,得以耕种。顺治六年(1649),清廷正式颁布"垦荒令":"察本地方无主荒田,州县官给以印信执照,开垦耕种,永准为业。"⑤在垦荒政策的鼓舞下,各地开垦荒地的积极性大增,开垦面积不断扩大,到了顺治十五年(1658),全省垦荒的面积达到了 9 万多顷,每年可以增加税赋四十万八千多两。其后,开垦

---

① 〔清〕高宗敕撰:《清朝通典》卷一《食货一》,浙江古籍出版社 1988 年版,第 2024 页。
② 《清圣祖实录》卷二九,康熙八年五月戊午,中华书局 1985 年影印版,第 397 页。
③ 〔清〕李同亨修,张俊哲、张壮行纂:《(顺治)祥符县志》卷二《田土》,天津古籍出版社 1989 年版,第 13 页。
④ 《清世祖实录》卷一一,顺治元年十一月癸卯,中华书局 1985 年影印版,第 108 页。
⑤ 《清世祖实录》卷四三,顺治六年四月壬子,中华书局 1985 年影印版,第 348 页。

的荒地又得到确权,垦荒的力度更是加大了。到了康熙年间,垦荒的政策更为灵活,起科的年限得以放宽,开垦的荒地拥有所有权,垦荒面积进一步增加,河南在整个康熙年间累计垦荒 224542 顷。[1] 雍正朝继续推行鼓励垦荒的政策,垦荒效果十分明显。另外,河南实行的还有屯田法,在豫北和沿黄地区较为常见,到嘉庆前期,全省的屯田面积有 6004419 亩,位于全国各省前三位。通过垦荒政策的实施,全省各地的垦荒面积都有所增加,如在沈丘,"土地之辟,十倍于前,几无寸土不毛矣"[2]。耕地面积的增加,为全省农业的恢复夯实了根基。

三是蠲租与赈济。清朝要求各地官员对本地发生的灾害必须如实上报,迁延、隐匿者要追究责任。各地灾荒发生后,清政府对当地的赋税或减或免或缓,如顺治二年(1645),免济源、武陟、孟县、温县 4 县当年的额赋和安阳等 9 州县额赋的一半;同年,又免彰德、卫辉、怀庆、河南各府的荒赋。其后,在康熙、乾隆年间也有减免田赋的情况。针对灾荒中出现的大量灾民,清政府采取各种措施加以赈济,保障其基本生活。如乾隆七年(1742),河南灾民数量较多,清政府直接从直隶拨银 3 万两购买粮食,还下拨了 20 万石仓米供给河南。在政府的组织下,各地还建有义仓、社仓以应对自然灾害,但这一措施没有很好地坚持下去,收效不大。另外还建立有仓储,在灾荒发生时可以很好地救济灾民,还可以应对市场粮价的波动。这些措施都体现出了清政府与民休养生息、促进农业恢复的决心。

四是兴修水利。水利是农业生产的命脉,兴修水利是农业生产恢复的有力保障。清前期,河南水灾时有发生,尤其是黄河泛滥为害甚深,"田产尽没""屯落尽没"[3]之事对农业生产造成较大损失。河南为了改变农业生产靠天吃饭的局面,兴修水利是必然之举。首先是建设水利设施。各地在清初时就大力兴修水利,加强对境内河流、渠道、水闸等的治理,如武陟等地"各筑沁河堤";康熙年间,疏浚硝河故道,与卫河相沟通;乾隆年间,河内对利丰河进行疏浚,河内因此

---

[1] 〔清〕田文镜等修,〔清〕孙灏等纂:《(雍正)河南通志(一)》卷二一《田赋上》,河南省地方史志办编纂:《河南历代方志集成·省志卷10》,雍正十三年(1735)刻本影印,大象出版社 2016 年版。

[2] 〔清〕何源洙等修,鲁之璠等纂,沈丘县地方史志编纂委员会校注:《(乾隆)沈丘县志》卷二《地理志·风俗》,中州古籍出版社 1991 年版,第 45 页。

[3] 〔清〕唐侍陛修,洪亮吉等纂:《(乾隆)怀庆府志》卷六《河渠志·河防》,乾隆五十四年(1789)刊本。

获利很大。① 其次是解决泄水问题。汝宁府多洼地,积水严重,耕地无法种植农作物,上蔡知县杨廷望与邻近各县商议后,决定开挖泄水渠道,使积水汇入汝河、淮河,使原有难以耕种的田地,"皆涸出变为沃壤,数十年来逃荒之民,尽皆复业"。② 最后是强化水利管理,解决在用水过程中产生的纠纷。如怀庆府、彰德府都有一套行之有效的办法,对用水的日期、用水量作出明确规定,减少纷争,促进农业的发展。

二、农业生产的恢复与发展

在清初恢复农业生产政策的作用下,清前期的农业得到快速恢复,并取得了一些新的进展,主要表现在耕地面积的扩大、人口数量的增加、粮食种植的发展、经济作物的种植以及农业生产技术的提高等方面。

一是耕地面积的扩大。清初期,在战争的影响下,全省出现了大量的荒地,抛荒率在60%以上。③ 明朝末年,全省耕地面积有954179顷,顺治十六年(1659)时有行粮熟地383307顷。在清初鼓励垦荒政策的刺激下,各地出现了开垦耕地的热潮,田土面积也随之增加,到了康熙二十四年(1685)时有成熟耕地57万多顷。雍正时继续实行垦荒政策,同时实施自首隐田政策,耕地面积进一步扩大,雍正十年(1732)时的税田已达62万多顷。乾隆时更进一步,乾隆十八年(1753)时田额达到了72万多顷,嘉庆年间时则增加为77万多顷。可以看出,作为农业生产基础的耕地已经得到初步恢复,耕地面积的扩大为农业的恢复和发展奠定了坚实的基础。

二是人口数量的增加。战争对人口的消耗是有目共睹的,致使全省各地人口减少十分严重。如康熙三十年(1691)的数据显示,开封府原有人丁653564人,逃亡人丁218956人,逃亡率高达33.5%;又如洧川县逃亡率超过了52%,荥阳为56.8%,陈州为63.9%等,可见人口损失之严重程度。明万历六年(1578),

---

① 〔清〕袁通修,方履篯、吴育纂:《(道光)河内县志》卷一三《水利志》,道光五年(1825)刊本。
② 〔清〕杨廷望修,张沐纂:《(康熙)上蔡县志》卷三《沟洫志》,康熙二十九年(1690)刊本。
③ 程有为、王天奖主编:《河南通史》(第三卷),河南人民出版社2005年版,第577页。

全省有人口519.3万人,到顺治十八年(1661)时仅有91.86万人,后者只是前者的17.69%。在政局稳定和农业恢复的便利条件下,河南人口数量迅速上升,康熙二十四年(1685)时已经增加到了143万人,雍正二年(1724)则已增至1284.29万人,远远超过明末人口数量,乾隆四十八年(1783)时更是高达2055.25万人。全省人口数量迅猛增加,这也意味着农业劳动力的增加,同时也从侧面说明农业有了恢复与发展,不然不可能养活这么多的人口。

三是粮食种植的发展。清初,在垦荒和与民休养生息政策的支持下,河南农业得以恢复,"生齿渐繁,而土著者少,附籍者众,百谷异种,各树其土之所殖,而物产亦为之小变"①,传统粮食作物的品种增多,高产作物得以种植和推广。河南是种植麦子的主要地区,耕种面积大、品种繁多、商品率高,可以保障朝廷漕运的充足。乾隆十八年(1753)运往京城的河南麦子就达8119石之多,②高宗皇帝说的"(河南)麦收天下足"就是最好的注脚。谷子是河南种植的另一作物,品种多样,康熙年间在河南府种植的就有24种,③且该作物中有耐盐碱的碱谷,很好地适应了盐碱地的种植需求。豆类也是全省种植的作物之一,有黄豆、青豆、绿豆、黑豆、豌豆、蚕豆、豇豆等品种,嘉庆二十五年(1820)的田赋中豆类有120822石,超过了麦、米总和。河南的水稻种植在豫北、豫南都有分布,尤其是在水源充足的南部,种植面积较大,同时也培育出了多个优良品种,如在光州有水、旱两类23种。玉米、甘薯是原产美洲后引进国内种植的两种主要作物,它们逐渐改变了传统的粮食结构,减轻了人口增长带来的粮食压力。玉米到清朝时已经有较多种植,豫西最多,豫北、豫东也不少,顺治年间的河南府全境都种植玉米,④康熙、雍正时更为扩大,归德府、怀庆府都大面积种植,其后在各地的方志中均可见关于玉米的记载,可见其种植之普遍。甘薯自清朝引进河南后,迅速得到推广,通许、固始、洛阳、鲁山、南召、汲县等地均有种植记录。乾隆后期,种植面积进一步增加,并成为救灾的一种重要粮食作物。

---

① 〔清〕董学礼原修,宋名立补修:《(乾隆)裕州志》卷一《地理志·土产》,乾隆五年(1740)补刻本,成文出版社1976年影印。
② 梁方仲:《中国历代户口、田地、田赋统计》,上海人民出版社1980年版,第423页。
③ 陈梦雷原编,杨家骆主编:《古今图书集成·方舆汇编·职方典》卷四三五《河南府部》,鼎文书局1977年版,第3973页。
④ 〔清〕朱明魁修,何柏如纂:《(顺治)河南府志》卷四《土产》,顺治十八年(1661)刻,康熙二年(1663)刊本。

四是经济作物的种植。最为重要的是棉花的种植与扩大,乾隆时河南已成为全国主要产棉区。豫东平原的兰阳县、豫西的河南府、豫北的卫辉府、豫西的怀庆府、豫南的南阳府都是省内的主要产棉地,如偃师"收花之利与五谷等"①,孟县"县西高坂,颇产棉花"②等。河南的棉花大量供应全国其他省份,主要是陕西和甘肃,山西和湖北的相对较少。③ 河南出产的棉花成为江南地区棉纺业原料的主要来源。其他经济作物还有:一是油料作物,包括花生和芝麻,花生在康熙之前的汝宁府已在全府种植,阳武、方城也有种植,清中期以后在全省种植;芝麻在清朝时种植广泛,淮阳、汲县、杞县、获嘉、嵩县、原武、温县、修武等诸多地方都有种植记录,如嵩县的"脂麻"中"黑者名巨胜,可榨油"④等,芝麻一般用作药用和榨油。二是染料作物,主要有蓝草和红花,其中蓝草种植广泛,有一定规模,如林县种植的有大蓝和小蓝,修武也种植小蓝。河南出产的蓝靛质量较高,在清朝进行的对比中,卢氏的入选上品,新乡的属中等。红花在清朝时继续发展,汲县、新乡、获嘉、孟津、泌阳、裕州、商城等都种植红花,且是作为商品交易而存在的,价值很高。三是烟草种植在清朝时也有所发展,康熙十八年(1679),鹿邑"遍地栽之"⑤,规模很大;乾隆时也多有记载,如获嘉县就有种植烟草的记录。⑥ 但从各地也可以看出,此时的烟草种植不平衡,为数不多。四是中草药的种植在一些地方有相当大的种植面积,如著名的"四大怀药"在怀庆府就有较广的分布。另外在其他地方也因地制宜地栽种了中草药,如在汝州有天花粉、天门冬、天南星、地黄、黄芩等百余种,⑦武陟有车前子、枸杞、茴香、地黄、山药等。⑧

五是农业生产技术的提高。随着耕作经验的逐步积累,农民在播种、选种、

---

① 〔清〕汤毓倬修,孙星衍等纂:《(乾隆)偃师县志》卷五《风土记·风俗》,乾隆五十四年(1789)刊本。
② 〔清〕仇汝瑚修,冯敏昌纂:《(乾隆)孟县志》卷四上《田赋·附物产》,乾隆五十五年(1790)刊本。
③ 李文治:《中国近代农业史资料》(第1辑),生活·读书·新知三联书店1957年版,第425页。
④ 〔清〕康基渊纂修:《(乾隆)嵩县志》卷一五《食货志》,乾隆三十二年(1767)刊本。
⑤ 〔清〕吕士鵕修,梁建等纂:《(康熙)鹿邑县志》卷一《物产》,康熙三十一年(1692)刊本。
⑥ 〔清〕吴乔龄修,李栋纂:《(乾隆)获嘉县志》卷九《物产》,乾隆二十一年(1756)刊本。
⑦ 〔清〕白明义修,赵林成纂:《(道光)汝州全志》卷四《食货志·物产志》,道光二十年(1840)刊本。
⑧ 〔清〕王荣陛修,方履籛纂:《(道光)武陟县志》卷一一《物产志》,道光九年(1829)刊本。

施肥等方面都有了一定的进步。播种方面,轮作套种技术广为使用,农民们利用麦、豆等农作物的轮作,实现一年两熟或两年三熟的目的,如孟津县"刈麦后艺菽粟,秋收仍艺麦"①,密县经过套种,实现了"凡地两年三收"②。选种方面,农民根据不同的地势和气候选择不同的种子,如在太康就出现了高沙地适宜种植白麦、高淤地适宜种植五花头、下洼黑淤地适宜种植小红麦、碱地则适宜种植大麦的种植作物种类的区别。③ 施肥方面,使用的有牲畜粪、草粪、人粪、灰粪等种类,这些肥料都是农业生产中常见的。

三、畜牧业的发展

畜牧业是农业的重要组成部分,畜牧业产出的牲畜、家禽等既可以为人民提供肉、奶、蛋,用于田地耕作,方便出行以及获得收益,也可以在战争中发挥作用。河南的畜牧业在清初时得到了恢复与发展。

牲畜饲养在农户中非常普遍,这与农村生活息息相关。全省各地广泛饲养的有马、骡、牛、羊、猪等,种类繁多,如禹州有牛、羊、马、骡、驴等数种,④息县有马、骡、驴、羊、牛、狗、兔等品种。⑤ 尤其是马、骡、驴等在山区更受重视,可以作为交通工具。在山区,规模稍大的养羊现象比他处多,可以利用丰盛的水草进行放牧,如林县有以放羊为业的农户,他们因此获利颇多。家禽相较牲畜则更为普遍,家家户户都会饲养数量不等的家禽,主要是鸡、鸭、鹅等常见品种。

河南畜牧业,尤其是大牲畜养殖进一步发展,使得其不断被清政府征调,满足军事防务的需求。如康熙年间在西藏用兵时,就曾调发河南马、骡1万匹,河南如数交送。后来,清政府攻打准噶尔时也要求河南买驮骡3000匹。

依靠畜牧业带动起来的还有毛纺织业,养羊多的地区利用不同的品种,梳

---

① 〔清〕赵擢彤修,宋绪纂:《(嘉庆)孟津县志》卷四《土产》,嘉庆二十一年(1816)刊本。
② 〔清〕景纶修,谢增纂:《(嘉庆)密县志》卷一一《风土志·谷种》,嘉庆二十二年(1817)刊本。
③ 魏千志:《明清史概论》,中国社会科学出版社1998年版,第151页。
④ 〔清〕朱炜修,姚椿、洪符孙纂:《(道光)禹州志》卷九《土产》,道光十五年(1835)刊本。
⑤ 〔清〕刘光辉修,任镇及纂:《(嘉庆)息县志》卷一《物产》,嘉庆四年(1799)刊本。

收羊毛,"以细毛为绒,以粗毛为毡"[①]。河南产的"寒羊毛"较为知名,此种羊毛细腻,弹性好,颜色洁白,适宜制造细呢,很受人们的欢迎。

在畜牧业发展的推动下,设置专门的交易市场是必然趋势。如在开封、息县等地都设立了专业交易市场。另外,各地还有庙会和交易大会定期举行,如内乡县每年的三月十四日逢会,大会上会有千余头马、驴在此买卖,猪、羊等被交易无数。但真正交易数量较多的还是要数散布于各地的数量众多的集市。

四、农业生产关系的变化

伴随着清初河南农业生产水平的恢复和提升,农业生产关系也在悄然发生变化。在清初的垦荒过程中,虽有一部分农民获得土地,成为自耕农,但大部分的土地还是落入到了地主手中,他们用租佃或雇工的方式耕作田地。在荒地充足而劳动力不足之时,农民可以对地主傲然不屑,但随着荒地的开辟殆尽,以及人口的大量增加,传统的租佃关系再次恢复。

其时,地主阶级主要通过三种方式压榨农民:一是实物定额租。在这种租佃关系下,地主仅提供田地,耕作的其他资料,如种子、工具、牲畜等均由承租人自己解决,双方在确定租佃关系时,就会约定每年或每季佃农应交的地租,并在规定时间内送至地主家中。如乾隆六年(1741),灵宝的张姓佃户租地 2.2 亩,与地主约定每年的地租为七斗等。这种租佃方式在灾年时显得尤为苛刻,致使佃户家破人亡的现象时有出现。二是实物分成租。双方不约定固定的地租,而仅约定双方分配收获物的比例,具体的比例高低主要根据地主提供的生产资料的多寡而定。若地主仅仅提供土地,多为平分收获物;若地主除提供土地外,还提供有其他物资,分取收获物的比例就会升高。这类租佃关系是最为常见的。三是货币地租。租佃条件与第一种相同,地主只提供土地,而佃户交纳的不再是实物,而是与之等价的货币。

在河南,上述租佃关系中除按时交纳收获物外,还有一定的劳役地租,佃户对地主有较强的人身依附关系,这种现象在分成租中较多。交纳劳役地租时,

---

① 〔清〕杨潮观纂辑:《(乾隆)林县志》卷五《土宜记》,乾隆十七年(1752)刊本。

佃农需要听从田主的安排,在他们有需要时提供一定量的无偿劳动,如守夜、巢粮等。如在裕州,租佃双方约定三七分配收获物外,还约定有"背豆巢卖"的劳动义务。更有甚者,田主将佃户视为奴仆,称其为"佃仆"。与南方其他省份相比,河南这类现象存在较多,显得尤为严重,这也是河南农业生产力落后的表现之一。为了减轻这种人身依附关系,清政府在法律上做出了修改,雇工与主人之间"平日共坐共食,彼此平等相称,不为使唤服役"[①],劳动者地位的提高,增加了他们的劳动积极性。

货币地租作为当时最先进的租佃形态,是商品经济发展的产物。这在河南也有所表现,但以当时河南的社会经济发展水平而言,货币地租所占比例远远少于实物地租。如学者搜集了嘉庆年间8个省的货币地租的案例,共有37件,其中发生于河南的只有1件,占比很低。但它毕竟出现且有部分地区实行了,这也不能不算是一种进步。

第四节 清代后期农业发展的凋敝与新机

清后期,河南农业面临着严峻的社会危机和严重的自然灾害群发期,农业生产条件逐渐恶化,古代农业在延续清中前期的同时,也正在走向衰落。但同时也需要注意,农业在沉沦中也出现了些许新机,最主要的表现就是现代性农业科技的传入、现代性农业教育的开展。这些都是河南农业生产中的新鲜事物,为河南农业发展带来了一丝希望。

一、农业生产条件的恶化

清后期,河南农业生产条件逐渐恶化,这与深重的社会危机和时处清末灾

---

① 〔清〕阿桂等纂:《大清律例》卷二八《刑律》,中华书局2015年版。

害群发期密不可分。

(一)深重的社会危机

政治统治日愈腐朽,官府盘剥也越来越重。为了应对日益增加的开支,"捐班"和"军功"的人数越来越多,且较易获得实权,充任到各府州县,而通过科举走向仕途的却难以快速获得官职,这样就出现了州县衙门的"百万虎狼",他们靠压榨普通民众为生。如光绪三年(1877)的新安县令在遇到灾荒时,竟一心想着鱼肉百姓,不思救灾事宜,导致该县民众"十损六七,地荒人稀矣",这样的现象比比皆是。另外,官府为了增加收入,征收各种税,如丁漕浮收、差徭改折、厘金、捐输等,这些税收有增无减。在这些正赋之外,官府还巧立名目,征收各种杂税,如睢州的"月报税契"等。在吏治日偷的晚清时期,广大农民是最底层的受害者。清政府通过各种手段转嫁到农业上的负担也越来越重,农业生产日渐衰落也是必然趋势。

土地集中,农民失去生产资料。在乾嘉时期,全国大约七成的土地归地主阶级,进入近代后有所降低。河南各地的情况有所不同:豫南、豫东、豫西地区的部分地区土地集中,如咸丰、同治年间,正阳县贫富悬殊,富者连片沃土,穷者无立锥之地;固始县在光绪末年时也是富者占地十之七八。豫西多山地,地主占据的是大面积的山地,如宝丰杨姓地主"挂千顷牌"。豫东也是如此,如考城的大地主集中了七八百顷的田地。

地主阶级掌握了大量的土地,他们或按封建的租佃形式耕种,或雇民耕种,前者是主要的形式,后者次之。在租佃制下,地主通过三种形式剥削佃农:一是征收定额地租,且多为实物地租,佃农生产粮食的六七成归地主;二是双方商议收获物的分配比例,一般是地主提供土地,佃户出劳动工具和劳动力,地主获得大部分收获物;三是帮工分益,佃农仅能够获得收获物的两三成,其余归地主。无论是定额租,还是分成租,河南地主对佃农的剥削率在全国来说都是较高的,这就严重影响了农户的生产积极性,束缚了农业的发展。

晚清时频发的战争,一个重要影响就是土地荒废、民生凋敝,"村落皆墟,四望草莽,兽蹄鸟迹索户外,数百村之家,存者十一而已"[①],是对当时经历战争洗

---

① 转引自程有为、王天奖主编:《河南通史》(第四卷),河南人民出版社2005年版,第51页。

劫的河南农村的真实写照。此外,原有的土地占有关系被打破,地权混乱,农民丧失土地的现象更为普遍,遭受地主豪绅压榨的也更多。战争对人口造成的影响是很大的,在战争中伤亡了大量的人口,农业生产劳动力不足,这对农业造成的影响是不言而喻的。

(二)清末灾害群发期

晚清时期,中国历史进入新一轮的寒冷期,气候异常导致灾害频发,造成的影响深且广,这也就是所谓的"清末自然灾害群发期",河南也不例外地深受自然灾害的影响。河南本就处于内陆地区,季风性气候明显,降雨集中且不均衡,集中于夏秋季节,再加上省内的黄河、淮河等水系,一遇强降雨极易出现洪涝,如光绪十三年(1887)出现的大水灾等。同时,本地区的冬春季节则少雨,在气候异常时也易出现旱灾,如光绪年间出现的丁戊奇荒等。异常天气频发,使得晚清河南的灾荒十分严重,据统计,晚清时河南的灾荒程度在全国各省份中属较为严重的。

表 8-6　1875—1895 年全国 18 个省份灾荒发生总数对比表[①]

省别 年代	直隶	山东	河南	山西	陕西	甘肃	江苏	浙江	安徽
1875—1895	1291	1559	1402	473	546	143	1194	1164	794

省别 年代	江西	湖北	湖南	四川	贵州	云南	广西	广东	福建
1875—1895	512	528	226	272	43	169	209	141	88

在河南发生的灾害中,水灾和旱灾是最为常见的,加之还有风灾、雹灾、虫灾、疫灾、冻灾以及动物灾、雷灾等。

水灾是最为常见的灾种,几乎每年都会发生,且都会有数量不等的州县遭灾,但又集中在道光、咸丰、同治时期及光绪、宣统时期。前者水灾频发,大灾不断。如道光二十三年(1843),夏秋季节大雨连绵,又逢中牟黄河决口,黄河两岸及低洼地带均被淹。咸丰十一年(1861),安阳、西平、宜阳、嵩县等 18 个州县普

[①]　苏全有、李长印、王守谦:《近代河南经济史》(上),河南大学出版社 2012 年版,第 21 页。

降大雨,河水暴涨,"山河并涨,禾稼被淹"[1]。后者,水灾情况有增无减,特别是光绪十三年(1887)后,受灾面积达数十州县的灾害不在少数,其后的22年中,平均每3年就会出现特大水灾。如光绪十三年,黄河在郑州决口,被灾面积达15个州县,受灾人口有"一百八九十万"[2],同时,沁河在武陟决口,滑县也因河堤漫决而受灾,此次特大水灾实属百年未见;光绪十八年(1892),卫河漫溢,周围10余县被灾,又加上孟县、安阳、林县、修武、温县等地也相继出现洪涝,灾象惨烈;光绪二十一年(1895),"雨水之多为近年所未见",河水上涨,临漳、内黄、永城、汲县、获嘉、封丘等均出现水灾;其后,光绪二十四年(1898)、光绪三十二年(1906)也出现了水灾。

旱灾则是另一个常见灾种,发生次数仅次于水灾,一旦发生就会出现"禾苗尽枯,野无青草"呈片状分布的景象。如道光二十六年(1846),汲县、新乡等8县遭遇旱灾,"二麦被旱无收";咸丰八年(1858),光州、汲县等5州县被灾;同治元年(1862)、同治三年(1864)等年份也发生了旱灾。而发生于光绪年间的丁戊奇荒则是最为严重的旱灾,此次旱灾从光绪元年(1875)就初露端倪,禹州、鄢陵等地已出现大旱,此后又连续大旱,太康、卢氏、武陟等地陆续出现旱灾,"饿殍载道"[3],"死者不可胜计"[4],甚至出现了"父子相食"[5]的惨象。这次旱灾前后持续4年,受灾面积广,是200多年来所未见的严重灾害,河南是受灾较重的区域,人口损失2803000人。[6]

另外,风灾也是晚清时期的常见灾害,常发生于春夏季节。如光绪二十六年(1900),考城县的风灾,"大风如晦"[7];郾城也出现了"毁房屋无数"[8]的大风灾。风灾的发生往往伴随着其他灾害,加重灾荒的程度。雹灾也是发生很频繁

---

[1] 水利水电科学研究院编:《清代海河滦河洪涝档案史料》,中华书局1981年版,第461页。
[2] 水利水电部水管司、水利水电科学研究院编:《清代淮河流域洪涝档案史料》,中华书局1998年版,第925页。
[3] 〔民国〕靳蓉镜修,王志等纂:《(民国)鄢陵县志》卷二九《祥异志》,民国二十五年(1936)开封新豫印刷厂铅印本。
[4] 〔清〕韩炬、郭光澍修,李旭春纂:《(光绪)卢氏县志》卷一二《祥异》,光绪十八年(1892)刊本。
[5] 中国人民政治协商会议修武县委员会文史资料委员编:《修武文史资料》(第9辑),1993年,第36页。
[6] 夏明方:《也谈"丁戊奇荒"》,《清史研究》1992年第4期。
[7] 〔民国〕张之清修,田春同纂:《(民国)考城县志》卷三《事纪》,民国十三年(1924)铅印本。
[8] 〔民国〕陈金台修,周云绂纂:《(民国)郾城县记》卷五《大事篇》,民国二十三年(1934)刊本。

的灾害之一,多在夏季,如光绪元年(1875),出现的冰雹"大如碗者,碎木杀禾"①,同时也对房屋、人畜造成诸多伤害。虫灾包括蝗虫、红虫、豆青虫等造成的灾荒,在春、夏、秋发生较多,它们直接蚕食农作物,对农业影响较大,如光绪二十六年(1900),考城出现严重蝗灾,造成本地"食禾几尽"②。疫灾则主要是由传染性疾病引发的,如天花、霍乱、疟疾、鼠疫等,春秋季是多发期,如同治年间,正阳县发生瘟疫,导致全县"被传染者大半,死伤颇多"。旱灾也是引发疫情的重要因素,如在丁戊奇荒时就发生了疫情。冻灾多发生在冬春季节,对植物和人畜影响较大,如光绪十三年(1887),荥阳等地出现冻灾,"果树多冻死",严重的会出现冻死人的情况,西平县就出现过这类情形。③ 动物灾、雷灾则是不易频发的灾害,影响相对较小。

上述自然灾害对农业生产造成很大的影响。首先是直接造成农作物的受损或毁灭,无论是旱涝灾害,还是虫灾、雹灾等灾害,首先影响的就是农业,禾苗尽毁是常见之事,这就对农业生产造成直接破坏。其次是影响农业的再生产,一是灾后土地荒芜,二是劳动力减少,三是劳动工具的匮乏。最后是农业生态环境发生变化。

二、古代农业的延续

晚清时期,河南的农业对清代中前期的农业仍有很强的延续性,但延续中也透露出了农业凋敝的趋势,这是不容忽视的事实,主要包括农作物种植结构的调整、农产品商品化的半殖民性、畜禽饲养的落后等方面。需要说明的一点是,在其中也不排除局部向好的现象,如古代农作物的发展、经济作物的增加等,但这些都不能从整体上改变河南农业生产衰颓的总趋势。

(一)农作物种植结构的调整

鸦片战争后,在自然灾害和社会危机的双重打击下,河南农业种植结构也

---

① 〔民国〕郑康侯修,朱撰卿纂:《(民国)淮阳县志》卷八《杂志》,民国二十三年(1934)铅印本。
② 〔民国〕张之清修,田春同纂:《(民国)考城县志》卷三《大事纪》,民国十三年(1924)铅印本。
③ 西平县史志编纂委员会:《西平县志》,中国财政经济出版社1990年版,第83页。

经受了一定冲击,既有保持传统的一面,也有不断调整的一面,前者主要表现在传统粮食作物的延续,后者表现在经济作物的增加。

1. 粮食作物的延续

河南地处内陆,在中日甲午战争之前还没有直接成为列强的侵略对象,战后则逐渐加深。晚清时期,河南农业中的粮食作物仍以小麦、玉米、水稻等作物为主,但这一时期的粮食作物发展缓慢,处于较低水平。

小麦是河南主要的粮食作物,种植历史久远。到了晚清时期,小麦的种植面积有所增加,在康熙年间,开封、陈州等地就把小麦放在当地物产的第一位,在太康等数十个县也是当地最主要的物产,乾隆时河南是全国的小麦主产区。另外,小麦的种植品种也有所增加,如禹县就有掺麦、楼麦、红脖雁麦、拳芒麦、白和尚头麦、三月黄等品种。① 对麦田的管理方法依然是传统方式。另外,全省种植的麦类还有大麦和荞麦,其中,大麦在近代时期以后呈下降态势,荞麦在"丰年种者绝少"②。总体来说,受自然灾害的影响,农业生产波动较大,1821—1910年间的夏粮产量始终不高。

表8-7　1821—1910年河南省夏粮收成统计表③

年份	州县数	不满六成	六成以上	七成以上	八成以上
道光元年(1821)	108	3	30	41	3
道光五年(1825)	108		17	63	2
道光十年(1830)	108	1	2	41	6
道光十五年(1835)	108	14	33	49	1
道光二十年(1840)	107	12	32	52	1
道光二十五年(1845)	107	12	47	43	5
道光三十年(1850)	107	47	40	20	
咸丰五年(1855)	107	42	56	9	

---

① 〔民国〕车云修,王琴林、陈嘉桓纂:《(民国)禹县志》卷七《物产》,民国二十六年(1937)刊本。
② 〔民国〕欧阳珍修,韩嘉会纂:《(民国)陕县志》卷一三《实业》,民国二十五年(1936)铅印本。
③ 河南省地方史志编纂委员会:《河南省志》第25卷《农业志》,河南人民出版社1993年版,第70页。

(续表)

年份	州县数	不满六成	六成以上	七成以上	八成以上
咸丰十年(1860)	107	77	26	4	
同治四年(1865)	107	88	19		
同治九年(1870)	107	101	5	1	
光绪元年(1875)	107	99	6	2	
光绪六年(1880)	107	91	15	1	
光绪十一年(1885)	107	101	5	1	
光绪十六年(1890)	107	103	4		
光绪二十一年(1895)	107	104	3		
光绪二十六年(1900)	107	105	2		
光绪三十一年(1905)	107	105	2		
宣统二年(1910)	107	103	3	1	

水稻是我国的传统作物,在河南的安阳、辉县、沁阳、洛阳、鲁山、南阳、潢川等地均有种植,其中,在信阳、桐柏地区的水稻种植面积更大,且有一定的水利工程与其配套。在长期的种植过程中,农民积累了一定的种植经验,同时也培育出了适宜本地种植的品种,如光山的六月报、湖南早、江西早、云南黏、等苞齐等众多品种。晚清时期,种植技术以传统为主,但战争和自然灾害对水稻生产还是带来了一定的影响。

玉米是在明朝时引入河南种植的,其后种植规模不断扩大,并在河南形成了豫北、豫西两个大的主产区,豫东地区以及南阳市等地也有一定的种植面积。玉米在不同的地方有不同的称呼,或称为玉蜀黍,或称为包谷,或称为棒子。各地的种植时间、产量也不尽相同。如南阳称玉米为玉蜀黍,它的产量每亩为4斗左右,重量约为120余斤;阳武县则称其为玉蜀黍、包谷,"近年种者颇多";封丘称其为玉蜀黍、玉高粱、包谷,有黄、白两种。[①] 此外,考城、鹿邑、洛宁、偃师、

[①] 〔民国〕姚家望修,黄荫柟纂:《(民国)封丘县续志》卷二《地理志·物产》,民国二十六年(1937)铅印本。

巩县、宜阳等地也都有关于种植玉米的记载。20世纪初,在长期经验积累的基础上,玉米的栽培技术有了一定的提高,开始注重精耕细作。

红薯,也称番薯、甘薯、山芋,最初生于海南,后传至内地。乾隆年间始在河南种植,后传遍全省,特别是南阳、洛阳、许昌诸地为多。红薯进入河南后,其收获物主要是农民自产自用。红薯作为一种救荒作物,再加上其耐旱的品性,普遍受到农民的重视。如西华县的高地、下地都种植红薯,①偃师境内种植最多的农作物就数棉花和红薯等。在红薯的栽培上,农民逐渐认识到了除草、追肥的作用。

2. 经济作物的增加

随着帝国主义入侵的加深以及铁路、近代时期工业的兴建,河南农业也与世界市场的联系越来越紧密,农民开始改变传统的种植结构,转向种植市场需求量大的经济作物,古代的自然经济逐步解体。

棉花是河南种植的重要经济作物,清代中期时是河南进行贸易的主要产品,主要的棉花产地有安阳、洛阳、通许、商水、孟县,这些地方的产棉量多则300万公斤,少则100万公斤,其他地方如商丘、项城、灵宝等也是产棉的重要区域。到清末时,安阳、洛阳等全省的主要产棉区棉花产量在350万公斤上下。② 棉花产量的增加,依靠的是棉花种植面积的增加,据清末调查,河南种植棉花的田地有2693098亩,在全国10个产棉省份中居第五位。③ 在棉花种植的基础上,棉纺织业也随之发展起来,产棉区尤其是铁路沿线的县城成为棉布的主产区,如新乡、汲县、温县、许昌、孟县等的产量都在10万匹左右。④ 全省其他地方也出产大量的棉布,且出现了有名的孟布和禹州布。生产的棉布越多,就越需要交易市场,这样全省就出现了多个棉布集散地和贸易市场,如伊川县的白元集、许州的五女店镇等。

芝麻,又称为胡麻,明朝时就在河南普遍种植,清朝时则进一步增加,如豫

---

① 〔民国〕潘龙光等修,张嘉谋等纂:《(民国)西华县续志》卷五《建设志·农业》,民国二十七年(1938)铅印本。
② 河南省地方史志编纂委员会:《河南省志》第25卷《农业志》,河南人民出版社1993年版,第146页。
③ 〔民国〕刘锦藻:《清朝续文献通考》卷四《实业考五·农务》,商务印书馆1936年版。
④ 严中平:《中国棉纺织史稿》,科学出版社1955年版,第260页。

东鹿邑县获利最多的就是芝麻,"种者亦多"①。河南也因此成了黄河流域最大的出产芝麻的省份。到了 20 世纪初期,芝麻种植业再次发展,出现了芝麻产区,大致在东至息县、新蔡,西至南阳、淅川一带,而汝州、陈州则是芝麻盛产区,它们以漯河为集中地,通过铁路等运输方式转售至其他省份,后再销往国外。

花生原产于美洲,传入我国的花生分为大、小两种。1900 年前后,河南种植的花生为中国小花生,这种品种成熟后易脱落,不易收获。清代后期,全省种植花生更为普遍,如南阳县广泛种植花生,其产量达到了 2.2 万余斤。② 这些花生除自用外,还被大量贩卖,属当地进行贸易的大宗农产品。1908 年,大果花生开始在河南种植,该品种个头大,不易脱落,收获容易,在全省推广种植较快。大果花生的产量可以达到每亩 300 多斤,很受市场的欢迎。清光绪以后,河南的花生种植面积不断扩大,到 1910 年时约占全省耕地的十分之一。③ 每年都有大量的花生出售,开封在产量最高年份的旺季每天输出花生达到了 800 吨至 1000 吨,在全省的商品交易中占有一席之地。

茶叶是中国的特色饮品,早在东周时就传入河南,经过长期的筛选和优胜劣汰,形成了知名的信阳群体种,这也成为河南茶叶的代表。中日甲午战争后,河南的茶叶种植面积扩大,分布在商城、信阳、固始、罗山等地,种植的品种以红茶和绿茶为主。1910 年时河南的茶叶产量有 84 担。后来,河南借鉴安徽六安瓜片、西湖龙井的炒制方法,对本地的茶叶进行加工,经过不懈努力,最终制出了色、香、味、形俱为上品的茶叶。

桑蚕养殖在河南由来已久,晚清时期再度回温,如安阳、武陟、荥阳、扶沟、鹿邑等地养蚕之风日盛,"饲蚕者遍四境"④是常见之象,且多地开设了蚕桑学堂,为桑蚕业的发展培养了专业性人才。尽管往日的衰退景象有所改观,但还是没有达到明朝时的繁盛时期,到了民国初,蚕桑业多数呈颓势。

---

① 〔清〕于沧澜、马家彦修,蒋师辙纂:《(光绪)鹿邑县志》卷九《物产》,光绪二十二年(1896)刊本。
② 〔清〕潘守廉纂:《南阳府南阳县户口地土物产畜牧表图说》,光绪三十年(1904)石印本,成文出版社 1968 年版,第 6 页。
③ 许道夫:《中国近代农业生产及贸易统计资料》,上海人民出版社 1983 年版,第 197 页。
④ 〔清〕于沧澜、马家彦修,蒋师辙纂:《(光绪)鹿邑县志》卷九《物产》,光绪二十二年(1896)刊本。

烟草最早于明末时在中牟开始种植,清代中期时面积增加,在鹿邑、杞县等地较为常见。清末,全省的烟草种植集中在豫西南、豫西北地区。如在邓州,纵横数十里皆烟田,晒好的烟草则销往湖北地区。后来,该地的烟草经过改进,品质上明显提高,"邓片"成为当地的一块金字招牌,且本地的烟草曾作为贡品上呈清廷。① 除邓州外,其他地方如襄城、舞阳、鲁山等县也有一定规模的烟草种植。据统计,1910年时河南种植烟草的田地有756928亩,产烟量为113539200斤。同时,烟草加工业也初露端倪,手工作坊大量出现,手工卷烟在各地兴起,生产的产品大多十分畅销。

(二)农产品商品化

河南农业种植结构调整后,经济作物的面积大为增加,相应的农产品也大量出现,这就为农产品的商品化提供了货源。但此时的农产品商品化绝不是在自然状态下(生产力发展、生产结构变化)进行的,而是在古代经济结构未发生质变的前提下,为解决农业衰败、经济凋敝而自保的状态下展开的。因此,从实质上讲,晚清时期的农产品商品化是"鸦片战争前低层次的农产品商品化的延伸和扩大,而不是资本主义的农业商品化"②。

农业种植的自主权受到干扰。中日甲午战争后,帝国主义在农业方面的侵略首先是破坏传统的种植结构,通过调查、价格、建议等手段,促使农民种植自己需要的产品。就这样,农民种植农作物的自主权受到了帝国主义的干扰,经济作物大量种植。在河南,棉花、烟草是被影响最大的作物。以烟草为例,英美烟草公司曾于1905年、1909年及1910年三次遣人前往泌阳、南阳、通许等县考察,利用免费提供种子、工具和高价回收等手段鼓励当地农民种植烟草。在帝国主义的诱惑下,许昌、襄城、鹿邑等地的农民纷纷放弃传统作物的种植,减少种粮面积,改种烟草,烟草田的面积快速增加。如鹿邑县,以前从未种植过烟草,清末时出现"遍地栽之"③的现象;禹县的扩大速度更快,清末时已经是"遍

---

① 邓州市地方史志编撰委员会:《邓州市志》,中州古籍出版社1996年版,第292页。
② 程有为、王天奖总主编:《河南通史》(第四卷),河南人民出版社2005年版,第76页。
③ 〔清〕于沧澜、马家彦修,蒋师辙纂:《(光绪)鹿邑县志》卷九《物产》,光绪二十二年(1896)刊本。

及全境"①。与此同时,在产烟量增加的背景下,烤烟厂、烤烟作坊也在当地出现,其中既有英美烟草公司这样的大工厂,也有农民的小作坊,当地人的参与度很高,如在襄城的一个村庄,种植烟草的农户占全部农户的63.4%。就这样,河南农业被帝国主义势力干预着,农业种植业打上了半殖民地的烙印,农业抵御风险的能力进一步降低,随时可能被吞没而无法像以前一样自保。在这样的生产环境下,农业衰败是必然之势。

河南农村沦为帝国主义商品市场的附庸。河南农村与帝国主义商品市场的联系主要有两条线索:一是河南农村的农产品出售给帝国主义商品市场,输出的基本是原料;二是河南农村从帝国主义商品市场买回深加工品,输入的基本是工业品。帝国主义主要通过铁路等交通线,把自己的侵略之手伸向农村地区,逐渐瓦解农村原有的市场体系,把农村市场纳入自己的市场体系之中,使农村与帝国主义的商品市场之间构建起一种"单线联系"的模式,广大农民对国际市场的依赖性大为增加。这样,帝国主义就可以随意操控广大的农村。一方面是掠夺大量的原料,如通过道清铁路输出到汉口的煤炭每月有190吨,②当然还有其他大量的农产品,同时还操控农产品的价格,如河南一些地方的棉花收购价只是市场价格的三分之一;另一方面是向农村倾销商品,冲击原有的手工业,农村中有更多的农民陷入贫困之中,如河南受洋纱洋布冲击较大的州县有4个。③ 这也在一定程度上加快了河南农业的衰落。

表8-8 同治十二年(1873)至宣统二年(1900)汉口口岸凭子口税单
对河南输入和从河南输出货物的数值④

单位:海关两

年份	输入	输出
同治十二年(1873)	1160	
同治十三年(1874)	2743	
光绪二年(1876)	9425	

---

① 〔民国〕车云修,王棽林、陈嘉桓纂:《(民国)禹县志》卷七《物产》,民国二十六年(1937)刊本。
② 《河南官报》第71期,光绪三十一(1905)年。
③ 邓亦兵:《对近代河南经济问题的一点思考》,《中州学刊》1989年第2期。
④ 据江汉关相关年份统计表Ⅵ Transit Trade 绘制。

(续表)

年份	输入	输出
光绪三年(1877)	30478	
光绪四年(1878)	23254	4206
光绪五年(1879)	71831	5002
光绪六年(1880)	91700	10195
光绪七年(1881)	138853	
光绪八年(1882)	195519	
光绪九年(1883)	312069	3825
光绪十年(1884)	350360	7080
光绪十一年(1885)	483381	8080
光绪十二年(1886)	414263	
光绪十三年(1887)	403861	
光绪十四年(1888)	539063	
光绪十五年(1889)	501305	
光绪十六年(1890)	497732	
光绪十七年(1891)	586791	
光绪十八年(1892)	561699	
光绪十九年(1893)	527019	
光绪二十年(1894)	550225	
光绪二十一年(1895)	668671	
光绪二十二年(1896)	726588	
光绪二十三年(1897)	709008	
光绪二十四年(1898)	615961	
光绪二十五年(1899)	644306	
光绪二十六年(1900)	378850	

(三)畜禽饲养业

晚清时期,河南的畜禽饲养品种多样,较为常见的是牛、羊、马、猪、鸡、鸭、鹅、驴等。这些品种又因各地的地理环境和社会传统不同,分布在不同的地域。大体上可以分为三个区域:一是豫西和豫北地区,二是豫东和豫中地区,三是豫南和豫西南地区。但实际上有为数不少的畜禽饲养在全省还是一致的。畜禽饲养在各地都较为普遍,如鹿邑县有牛、马、骡、驴、羊、猪;林县有驴、牛、骡、马、羊、猪;荥阳临近山地的地方"有牧羊者"[1],猪、鸡较为普遍;安阳县境的富有农户,"牛羊成群"[2];许昌县的养鸡、养猪的经验较多,十分发达;光州饲养的有水牛、黄牛、羊;汜水县有牛、马、驴、骡、猪、兔等品种;[3]商水县的饲养品种以猪、羊为主,且因为二者的数量较多,以致出现了损坏庄稼的现象。[4]

河南饲养畜禽经过长期的实践,积累了丰富的经验,形成了诸多在全国有名气的品种,如泌阳驴、南阳黄牛等。其中,泌阳驴是我国的优良品种之一,是随着中原与西域的交流而进入河南的,最终在泌阳四周形成了中心产区。[5] 泌阳驴体型较大,性情温顺,适应性强以及耐用,是全省畜禽品种中的佼佼者,成为本地农户经常饲养的品种。南阳黄牛是南阳地区饲养的主要品种,清末到民初时期的数量有五六万头,它是一种役肉兼用的品种,以体型大、肌肉发达、四肢端正、蹄大结实而著称。[6]

畜禽业除了饲养,还有畜产品的市场与贸易,在河南境内就形成了洛阳、开封、郑州、南阳等诸多畜产品交易市场。豫北的林县绒毛业增长较快,从事这方面生意的有数十家,所产产品销往全国各地,如汉口、京、津等地,获利颇丰,所

---

[1] 〔民国〕刘海芳等修,卢以洽纂:《(民国)续荥阳县志》卷四《食货志》,民国十三年(1924)石印本,成文出版社1968年版。
[2] 〔民国〕方策、王应侨修,裴希度、董作宾纂:《(民国)续安阳县志》卷七《实业志·农业》,民国二十二年(1933)北平文岚簃古宋印书局铅印本。
[3] 〔民国〕田金祺等修,赵东阶等纂:《(民国)汜水县志》卷七《实业》,民国十七年(1928)铅印本。
[4] 〔民国〕徐家璘、宋景平修,杨凌阁纂:《(民国)商水县志》卷五《地理志》,民国七年(1918)刊本。
[5] 耿社民、刘小林主编:《中国家畜品种资源纲要》,中国农业出版社2003年版,第250页。
[6] 柏卫平、赵文汉:《南阳畜牧志》,中州古籍出版社1992年版,第110页。

以"绒毛业为豫北冠"①;孟县的皮革业稍有名气,境内有一批从事该行业的作坊,制作皮袍,但是所造产品方法陈旧,质量不佳。从这一时期的总体来说,全省的畜产品加工略显初级,方法落后,品种单一,仍是对传统的延续,不能与发达地区相提并论。

在贸易逐渐扩大的刺激下,全省的畜牧业还是有所增加的,牛羊皮的生产遍布各地,不同的地域又有所不同。如黄河以南地区牛皮最盛,信阳出产最多的是水牛皮,郑州基本全是黄牛皮,豫西的牛皮生产主要集中在洛阳、汝阳等地。河南出产的这些牛羊皮多是输往天津、汉口、上海等外贸频繁之地,或被一些洋商购买。如南阳出产的数千张牛羊皮,大多被贩卖到汉口,"境内牛皮运售汉口出洋,购买者颇多"②。

三、农业发展中的新机

随着列强侵略的深入,清廷通过创办农业学校、选派留学生、翻译外国农业书籍以及引进西方先进农业技术等手段,使清末农业的发展过程中出现了一丝新机。河南农业对先进技术的运用,虽然不如沿海地区发达,但与以前相比已经表现出了一定的优势,这也是河南农业在沉闷的发展环境中的进步。

1. 现代农业科学技术的传入

中日甲午战争爆发之前,国人对西方侵略者最深的印象莫过于他们强大的军事力量,并未对他们先进的科学技术引起足够的重视,尤其是农业科学技术方面,故当时的救国之路也仅注重对器物的学习。直到清末,一批抱着"农实为工商之本"思想的人士不断努力,他们强调农业的重要性,主张积极引进外国的先进农业技术,以此发展本国的农业。随着具有现代性质的先进农业技术的传入和具有西方留学背景的农学生的归国,中国的古代农业出现了向现代性转向的萌芽。

---

① 〔民国〕王泽敷、王怀赋等修,李见荃等纂:《(民国)林县志》卷一〇《风土》,民国二十一年(1932)石印本。
② 〔清〕潘守廉:《南阳县户口地土物产畜牧表图说》,光绪三十年(1904)石印本,成文出版社 1968年版。

晚清时期,国内最早使用现代化机器从事农业生产始于光绪年间的天津,当时有人在距离天津150里的地方,租下了5万亩荒地,全部采用西方的办法进行耕种,"以机器从事"①。其后,在清政府的支持和鼓励下,西方种植方式不断在国内传播,新式农具、种植方法等增多了起来。

这时,河南作为内陆省份,无法与沿海地区相比,省内也没有直接从西方引进新式农具,采用的仍是传统种植方法。但河南逐渐开始尝试进行农事试验,并从国外引进先进的品种。宣统元年(1909),时任河南省农工商局局长的何延俊开始尝试农事试验,最初的地址选在开封南关鼓吹台附近,以此作为官办的"河南农事试验场",②在该试验场内进行农业方面的试验,以期对本省农业发展起到积极作用。次年,河南省对从外国引进的棉花品种进行试验,试验场所在郑州,试验的品种主要有金字棉、爱字棉、脱字棉、杜兰果棉、哥伦比亚棉、隆字棉、海岛棉等,经过一系列的比较试验,最终选定脱字棉最适宜在河南栽种。③这之后,美棉在河南的种植面积不断增加。另外,河南从外国引进的还有畜禽品种,包括欧美奶山羊、奶牛、蛋鸡、细毛羊、肉猪等。这些品种的引进,一方面改良了省内的传统畜禽品种,另一方面更为重要的是开社会风气的先河,使人们逐渐接受新鲜事物。

2. 近代农业管理机构

随着清朝社会危机的加深,救亡运动不断发生,戊戌变法就是一次涉及面广的维新运动。光绪帝根据维新派人士的建议,设置了全国性的农业管理机构农工商总局,此后,各省也纷纷设置了相应的农业管理机构。这一管理机构与传统的农业机构有所不同,具有一定的现代转型的雏形。维新变法失败后,诸多变法措施都被废止,但农业管理机构却得以延续下来,各地的商务局或农工商分局继续存在,履行其管理地方农业事务的职责。近代时期河南农业管理机构也与全国大势一样而存在着。

光绪二十五年(1899),河南省设立了垦务局、牧养公司、蚕荫公司、渔业公

---

① 胡廷积:《河南农业发展史》,中国农业出版社2005年版,第132页。
② 河南省地方志编纂委员会:《河南省志》第25卷《农业志》,河南人民出版社1993年版,第406页。
③ 河南省地方志编纂委员会:《河南省志》第25卷《农业志》,河南人民出版社1993年版,第152页。

司、农事试验场、山林调查所等专门的农业事务管理机构。其后,管理机构又发生了变化,先是成立了商务农工局,后来是农工商总局,再后来是劝业道。

河南省农工商总局作为省内设置的主要农业管理机构,其职责有创办农事试验场、设立实业学堂、创办农业公司、兴办农会等,另外还负责全省的农田、垦牧、树艺、蚕桑、水产、丝茶等农事,统筹安排、管理全省的农业事务。在省农工商总局的管理下,还设立了农务总会,各地方则设立了农务分会,以此形成初步的管理体系。另外,各省的农工商总局还有向农工商部提供动植物品种的责任,以供农工商部农事试验场的各项试验活动,河南省农工商总局也不例外,如光绪三十四年(1908),河南就曾向农工商部解送了一批开展试验所用的品种,包括瓜果、蔬菜、谷菽、花木、燃料、药材、烟茶、蚕、鳞介等。[1]

3. 现代性农业教育

晚清时期,清廷提倡新式农业教育,它与古代农业教育的不同之处就在于对科学技术的运用,而不仅仅是依靠传统经验。清廷通过创办实业学堂、艺徒学堂、半日学堂等形式,开展现代性农业教育,且清廷还颁布了开设初等、中等、高等农工商业学堂的具体办法,农业教育的发展有了政策的支持。河南近代时期农业教育就是在这样的大势下铺展开来的。

农业是河南的主业,在列强极力搜刮河南农业利益的情况下,河南对发展现代型农业的愿望更为强烈。光绪二十八年(1902),荥阳县养蚕传习所问世,这是荥阳县也是河南第一所实业学校,具有重要意义。[2] 该学校教授的是桑树栽培、养蚕抽丝等实业知识,与传统的以传授经学、理学为主业的学校大为不同。这之后,河北农务学堂在河内县成立(1905年),禹州中等蚕桑学堂在禹州成立(1906年),荥阳中等蚕桑实业学堂在荥阳县成立(1906年),邓州中等蚕桑实业学堂在邓州成立(1907年),这些实业学堂共招收学生250余人,为蚕桑业的发展培养了专业人才。为了保证河南实业学堂的继续发展,河南省提学使司制定了办学规范,对各县成立的实业学堂有了明确规定。在这一政策的鼓励下,全省又陆续成立了一批实业学堂,如许昌中等蚕桑实业学堂、浚县中等农业

---

[1] 黄小茹:《清末农事活动的行政支撑和社会参与——以农工商部农事试验场的汇集活动为例》,《山西大学学报(哲学社会科学版)》2008年第1期。

[2] 〔民国〕刘海芳等修,卢以洽纂:《(民国)续荥阳县志》卷五《学校志》,民国十三年(1924)石印本,成文出版社1968年版。

学堂、南召初级蚕桑学堂等。到了 1909 年初,全省共成立了中等农业学堂 7 所、初等农业学堂 3 所、初等工业学堂 5 所、实业预科学堂 8 所。这些学堂共招收学生 1548 人,充实了全省的农业人才队伍。此后,省城公立中等农业学堂、郾城初等蚕桑学堂、汲县蚕桑讲习所等一批实业学堂陆续成立,至此全省的实业学堂数量达到了 30 多所,实业教育初具规模。

表 8-9　光绪二十八年(1902)至光绪三十四年(1908)河南省实业学堂设置分布表[①]

单位:人、所

县名	农业学堂(所)	工业学堂(所)	商业学堂(所)	实业预科(所)	学生人数(人)
祥符		初等 2		1	工业 185、预科 140
中牟		初等 1		2	工业 42、预科 115
禹州	中等 1			1	农业 48、预科 41
商水				1	12
襄城				1	10
长葛					202
荥阳	中等 1、初等 1				118
荥泽	中等 1				30
浚县	中等 1				43
河内	中等 1	初等 1			农业 142、工业 12
孟县				1	70
温县		初等 1			46
巩县	中等 1			1	农业 33、预科 94
南召	初等 1				30
邓州	中等 1				95
舞阳	初等 1				50

从上表可以看出,农业学堂的数量要比其他实业学堂多,且增加的速度较快,招收的学生数量迅猛上升,尤其是蚕桑学堂最为突出。这些农业学堂学习

[①] 苏全有、李长印、王守谦:《近代河南经济史》(上),河南大学出版社 2012 年版,第 144—145 页。

的课程已经不再仅局限于以往的经验型农业,而是开始注重科学技术,利用科技改善农业发展环境,采取理论与实践并重的方法,提高学生的动手能力。还是以养蚕为例加以说明,详见下表：

表 8-10　南召初等、河北中等蚕桑实业学堂课程表[①]

名称	专业及课程表
南召县初等蚕桑学堂课程表	专业课:栽桑法、养蚕法、蚕体生理、蚕体病理、蚕种制造 实习课:催蚕实习、春蚕饲育实习、制种实习、剪桑实习
奏定初等农业学堂章程规定开设课程（蚕业实习科目）	蚕体解剖、生理及病理、养蚕及制种、制丝、桑树栽培、气候、农学大意、实习
河北中等蚕桑实业学堂课程表	专业课:中等专门科讲义、蚕体解剖、蚕体生理、蚕卵生理及解剖、蚕蛾生理及解剖、蚕体病理、蚕病消毒法、显微镜使用法、养蚕法、蚕种制造论、蚕种检查法、烘茧法、制丝法、桑树病害论、土壤学大意、肥料学大意、气象学、农学大意 实习课:春蚕实习、夏蚕实习、制种实习、蚕种检查实习、显微镜实习、解剖实习、缫丝烘茧实习、栽桑实习
奏定中等农业学堂章程规定开设课程（蚕业实习科目）	蚕体解剖、生理及病理、养蚕及制种、制丝、桑树栽培、气候、农学大意、实习

　　虽然近代时期河南农业教育设置时间晚、规模小,发展历程曲折,但它毕竟真实地反映出了农民学习先进农业科技的热情,在客观上为河南农业发展培养了一批人才,催生了新型农业生产方式,对农业发展起到了一定的推动作用。

[①] 苏全有、李长印、王守谦：《近代河南经济史》（上），河南大学出版社 2012 年版，第 148 页。

第五节 清代农田水利事业的兴衰

清朝建立后,政治局势走向稳定,河南各地在农田水利事业方面均有所发展,与明末相比进步较大,尤其是经过康、雍、乾三朝的大规模建设之后,全省诸多地区的农田水利设施都渐趋完善,直接为农业发展提供了保障。同时也应该看到,此时的水利设施已难以企及兴盛时期,恰如嘉庆时朱云锦所言的那样:"开封、归德、陈州,数为河决沙淤,故渠堙没。故但有泄水沟渠,以求水不为害而已。"[①]及至跨入近代以后,在内忧外患的双重影响下,河南的农田水利事业更是倾向停滞,原有设施修缮不够,破坏较大,迅速走向衰落。

一、农田水利工程的发展

清代前期,河南全省十分重视各地的农田水利工程建设,在诸多因素的推动下,促使各地的农田水利有了不同程度的发展,为农业发展奠定了水利基础。

(一)豫北地区

1. 丹沁水利

丹沁水利是一个总称,在空间上对应的是怀庆地区的主体水利,水源主要来自沁河五龙口及济水、丹河,并由此形成了水网,对该地区的农田灌溉起到了重要作用。秦朝时的五龙口坊口堰是该区域水利事业发展的开始,后经时代变迁而不断有所发展,到清朝时进入一个新的阶段。一是五龙口水利工程一改清初时的颓败景象,在地方官员的大力倡导下得到疏浚。广济渠"日久弊生,豪强

[①] 〔清〕朱云锦:《豫乘识小录》卷下《田渠说》,同治十二年(1873)邵氏文耀斋重刊本,近代中国史料丛刊第三十七辑,文海出版社1969年版。

梗法",致使该渠"壅塞不能受水",最终只剩下涓涓细水。针对这种情况,河内知县孙灏在顺治十五年(1658)即着手采取治理措施,"按水利纠失,躬行督率,首尾挑浚,宽深如故,各堰闸渠尽行修复"①,使水渠恢复往日功能,收到较好效果。利丰渠在清初时也是堵塞不堪,怀庆知府杨廷耀于康熙十六年(1677)时主持疏浚该渠的工作,此后,河内知县胡睿榕等于乾隆五年(1740)时也曾组织人员修浚利丰渠。乾隆四十九年(1784),根据当时灌溉需求,怀庆府再次对广济渠进行疏浚,终使该渠"引沁水以灌田,民用不饥",对农业生产产生了十分积极的影响,尤其是河内地区受益颇多。二是对小丹河及其附属工程的疏浚。获嘉县在雍正五年(1727)时就曾修建了横河,该水流入丹河,后又在头道横河上修成了二道横河。雍正十二年(1734),在修武、辉县、获嘉三地的交会处开建了水渠,主要目的是引流积水,使积水最终汇入丹河。后来,在这一区域又相继采取了修建水闸、疏浚横河等举措,使水流顺利进入丹河,减少水患。

2. 漳洹水利

经历明末战争,漳河、洹河、万金渠等水利设施遭受摧残,各地均实施了不同程度的水利修复工程。康熙十一年(1672),安阳知县发动广大民众疏浚河道、减少淤积,"惟今民间按地亩挑浚则无淤浅而其利众矣"②,为农业生产提供了便利;同年,彰德知府等人对万金渠也进行了修浚。雍正五年(1727),林县、武安、涉县、内黄等地疏浚多处渠道;次年,汤阴县境疏浚了分布于各地的沟渠近20处。③ 乾隆七年(1742),河南巡抚曾言道倡导各地疏浚河渠之事,其中"安阳县,修复万金渠,灌四十六万亩。浚县,修复西十里铺,环堤卫田三万六千亩。河内县,修复利仁、丰稔等河,灌田七万亩"。光绪八年(1882),安阳县民众又对万金渠进行了修建,灌溉农田更加便利。

3. 井灌事业的发展

清代,豫北地区的彰德、怀庆等地是井灌事业较为发达的地区,具有一定代表性,但绝不仅限于这一区域。乾隆时期,朝廷曾派遣官员指导各地凿井,诸如汲县、新乡等地。至道光年间,井灌更为广泛,在安阳、辉县、修武等地出现了

---

① 〔清〕彭清典修,肖家芝纂:《(顺治)怀庆府志》卷二《山川附水利》,顺治十七年(1660)刊本。
② 〔清〕赵希璜修,武亿纂:《(嘉庆)安阳县志》卷六《地理志·渠田》,嘉庆四年(1799)刊本。
③ 〔清〕田文镜等修,孙灏等纂:《(雍正)河南通志》卷一七《水利》上,雍正十三年(1735)刻本,河南省地方史志办编纂:《河南历代方志集成·省志卷10》,大象出版社2016年版。

"间有量地凿井"的景象;咸丰年间及以后,武陟、偃师、孟津、郏县等地出现"田中多井,灌溉自由"①之象。井灌事业的大为发展,补充了河渠之不足,使农田水利更为完善,进一步增加了农田灌溉的面积,提高了农作物产量,在农业生产中发挥了较大功效,如道光年间,许州凿井数量3万余眼,灌溉农田24万余亩,使谷物增产28.8万余石。②

(二)豫西地区

豫西的地形多为山地丘陵,农田主要集中在伊洛盆地及河谷间,这也就决定了这一地区的水利分布特征,即沿河集中分布。从整体上来说,豫西的农田水利设施少且分布不平衡。

清代前中期,在农田水利方面较为突出的是伊洛流域,如嵩县等地。嵩县是水利灌田最为出色的地区之一,这主要得益于知县康基渊的功绩,"嵩县知县康基渊,开渠溉田卓有成效"③。康基渊率领当地民众广修渠道,于乾隆二十九年(1764)疏浚了城南渠、桥北渠等5条渠道,新建了板闸渠、龙驹渠等渠道;乾隆三十年(1765),疏浚了西山一渠、乐丰渠等6条渠道。④ 鉴于康基渊在兴修水利上的卓越政绩,河南巡抚特为他奏请朝廷嘉奖,"嵩县知县康基渊挑浚伊河两旁古渠并开山涧诸流可资引导者,一律疏治深通,溉田六万二千余顷"⑤。

洛渠"引洛水灌田",伊渠则是"引伊水灌田",这些水渠都设置有水闸,对灌溉农田大有裨益,"民甚利之"⑥。清代中期,洛渠、伊渠均有过不同程度的疏浚,但其灌溉农田的面积十分有限,多则数十顷,少则仅有七八十亩。宜阳的水利条件是较好的,"各村引水溉田"的现象较多,康熙、雍正年间均有数量不等的渠道得以兴修。如康熙三十年(1691),知县申明伦组织民众修建了官庄东渠、

---

① 〔清〕郭云升:《救荒简易书》卷三《救荒耕凿》,光绪二十二年(1896)刻本。
② 陈树平:《明清时期的井灌》,《中国社会经济史研究》1983年第4期。
③ 陈振汉等:《清实录经济史资料(顺治—嘉庆朝)》(农业编)第一分册,北京大学出版社1989年版,第551页。
④ 〔清〕康基渊纂修:《(乾隆)嵩县志》卷一四《河渠》,乾隆三十二年(1767)刊本。
⑤ 南炳文、白新良主编:《清史纪事本末》第6卷(乾隆朝),上海大学出版社2006年版,第1398页。
⑥ 〔清〕田文镜等修,孙灏等纂:《(雍正)河南通志》卷一七《水利》上,雍正十三年(1735)刻本,河南省地方史志办编纂:《河南历代方志集成·省志卷10》,大象出版社2016年版。

考老湾渠、锁家营渠等水渠;雍正十二年(1734),知县沈至德发动民众兴修了牌家瑶渠、甘棠渠、柳泉渠等37条水渠。①

洛北及东部水利设施规模较小,农田灌溉条件较差,与伊洛盆地相比相去甚远。巩县"田地无多,止有伊洛河流"②,孟津县则是"有黄河无沟渠",偃师更是"固无水利可言",新安县"地势高峻""无引流灌溉之渠",渑池县亦是少有灌溉水利。南部山区的水利设施也较少,只有汝州略有改善,雍正年间有仁义渠、龙泉渠、兴济渠等27条渠,这些渠道都是引汝水灌溉田地,乾隆年间又疏浚渠道数十条。西部地区则更为逊色,陕州的水利主要集中在灵宝、阌乡二地。顺治年间,阌乡修建了方庠渠、西董渠等数条渠道,"灌田数顷""民赖以汲用"③;灵宝在雍正年间也曾开浚47条渠道。

(三)豫东地区

豫东多水患,几为常态,这深刻影响着该地区的水利修浚,使得"排涝水渠是豫东主要的水利形式"④。乾隆二十二年(1757),豫东之河南、归德、陈、许等属各县淫雨霏霏、连绵不断,致使农业受损,"秋禾淹浸"⑤。针对此次水灾,清廷亲派裘曰修来到河南,又任命颇具治水经验的胡宝瑔为河南巡抚,二者一道勘察水灾,找出症结所在。经过一番实地调查,他们找到了问题所在,即河道堵塞,水流不畅,于是采取"先开干河,为受水之地;继开支河,以引入干河;继开沟洫,以引入支河"的办法,减轻了此地常年水患之苦。在此背景下,先后疏浚了商丘、夏邑、永城的干河,开封、陈州的贾鲁河,开封、归德的惠济河,以及陈州、归德的涡河等。除此之外,对一些重点河流进行了重点疏浚,如北沙河、毛家河、惠民河等。此次涉及面甚广的水利疏浚工程共计开河67道,共2500里,在

---

① 〔清〕恒伦修、谢应起续修,刘占卿纂:《(光绪)宜阳县志》卷五《建置·渠》,光绪七年(1881)刊本。

② 〔清〕田文镜等修,孙灏等纂:《(雍正)河南通志》卷一七《水利》上,雍正十三年(1735)刻本,河南省地方史志办编纂:《河南历代方志集成·省志卷10》,大象出版社2016年版。

③ 〔清〕田文镜等修,孙灏等纂:《(雍正)河南通志》卷一九《水利》下,雍正十三年(1735)刻本,河南省地方史志办编纂:《河南历代方志集成·省志卷10》,大象出版社2016年版。

④ 王大宾:《技术、经济与景观过程——清至民国年间的河南农业》,陕西师范大学2016年博士学位论文,第213页。

⑤ 《清实录·高宗实录》卷五四一,中华书局1986年版。

一定程度上减轻了水患影响,为农业发展创造了良好的条件。

豫东其他各县在地方官员的努力下也相继修浚了诸多渠道。鹿邑县,顺治年间的知县闵三元,先后开浚沟洫"百一十有九",康熙四十年(1701)知县谢乃果疏浚、开凿沟渠数十条。① 乾隆二十三年(1758),又疏浚南八里河、三里河等,当地百姓受益颇多。康熙二十八年(1689),陈州知州王清彦大力倡导疏浚沟渠,对境内的多条河渠进行了重新修浚,"大者阔其崖岸,小者开其支流"②,乾隆年间时又对所辖河道进行修整,效果十分明显,有效促进了农业生产。雍正五年(1727),杞县境内的莲花陂、杨柳河等得以疏浚;③同年,许昌境内的白龙陂、半截沟河等得到疏浚。④ 乾隆十六年(1751),中牟的广惠河等河得到疏浚。

另外,为了有效解决汴河等河道严重淤积的难题,清廷决意要修复旧道、开挖新道,最终形成新河,使水流顺畅。经过艰苦施工,最终新河成形,并命名为惠济河,这条河流对沿岸地方产生了积极作用,直到今天仍然发挥着排水、泄洪的功能。井灌在豫东也是常见的农田灌溉方式之一,许昌在道光二十年(1840)时有水井3万余眼,在灌溉农田、增产增收方面有重要作用;鄢陵也存在较多的井灌设施,在灌溉、饮浴等方面占有一定地位。

(四)豫南地区

清初,豫南各县都陆续对境内的农田水利设施进行了因地制宜的修浚。光州原来就拥有三里塘等22处塘堰,顺治十三年(1656),知州得知这一情况后,令水利官员督导民众,大力疏浚本地水利,这一行动收到了很好的效果,农田水利设施得以恢复,"几遇旱,禾枯深得其力"⑤。汝阳县在清初时也同样存有一

---

① 〔清〕于沧澜、马家彦修,蒋师辙纂:《(光绪)鹿邑县志》卷四《川渠》,光绪二十二年(1896)刊本。
② 〔民国〕郑康侯修,朱撰卿纂:《(民国)淮阳县志》卷一《舆地》,民国二十三年(1934)铅印本。
③ 〔清〕周玑修,朱璇纂:《(乾隆)杞县志》卷四《地理志》下,乾隆五十三年(1788)刊本。
④ 〔民国〕王秀文修,张庭馥等纂:《(民国)许昌县志》卷一《疆域》,民国十二年(1923)宝兰斋石印本。
⑤ 〔清〕庄泰弘修,孟俊纂:《(顺治)光州志》卷二《建置考》,顺治十七年(1660)刊本。

定数量的水利工程,顺治时有陂塘堰 37 处,康熙时仍有 38 处①。息县修浚的塘堰数量有 200 处,再加上密密麻麻的沟渠及其他农田水利设施,使该地的大部均能实现蓄水、泄洪自如,有效保护了农田安全。光山县的千工堰由诸多水流汇集而成,绕城而行,可以"灌田数千亩",深为本地农业发展所倚重。罗山县境内的武昌湖,蓄水量大,可以有效灌溉农田 300 多顷。信阳县在雍正年间陆续修建了五里沟、土门沟等水利工程,在排水方面发挥了积极作用。

乾隆年间,豫南各县的水利工程疏浚出现了高峰,数量有数百条之多,固始县最多。其时,除清河、湛河两大灌区之外,还在史河、曲河、白露河、羊行河等河流附近新修了几个灌区,如柳沟灌区、兴龙灌区等。另外,在淮河干流的河段还修建有防洪性质的堤坝。汝宁府由于地势原因,常被水患困扰,农业生产损失较大,上蔡知县杨廷望在康熙年间,率领民众修挖水渠,"成大小沟浍百一十道"②,使原本积水严重的地区得以改善,原有的积水沿沟渠汇入汝河、淮河等河流,良田面积大为增加,农民的土地占有面积相应也有增加,这就为粮食生产提供了土地保障。雍正年间,汝宁府的历任主政官员都非常重视水利建设,先后修浚渠、堤、坝、堰、沟、塘等形式的水利设施 400 多处,在当地历史上占有重要地位。

在豫南各地的水利事业修建过程中,较为出色的要数固始县。清朝前期,固始县就积极发展水利灌溉事业,开挖水利工程 80 余处,到了乾隆末年,全县沟渠总长度超过 1250 公里,可以灌溉 2000 平方公里土地,占全县总土地面积的一半,这也使得固始县在旱涝灾害中均未出现明显灾情的现象。③ 康熙二十六年(1687),知县杨汝楫修建了 5 座坝闸和长约 30 公里的沟渠。其后,他又开挖、疏浚河道、水闸等水利设施,"水利涂浍,淤塞已久,今渐次修复"④,诸多工程得以相继发挥功效。乾隆年间,县丞石之宪亲自率领民众疏浚河道,修建拦河坝,"溉田三千四百余亩"。这些水利设施的建成有效减少了水旱灾害,同时

---

① 〔清〕邱天英修,李根茂等纂:《(康熙)汝阳县志》卷二《舆地志》,康熙二十九年(1690)刊本,成文出版社 1976 年影印。
② 〔清〕杨廷望修,张沐纂:《(康熙)上蔡县志》卷三《沟洫志》,康熙二十九年(1690)刊本。
③ 熊帝兵:《论清前期河南固始县水利建设成就及抗灾效果》,《华北水利水电大学学报(社会科学版)》2016 年第 6 期。
④ 〔清〕杨汝楫纂修:《(康熙)固始县志》卷首《凡例》,康熙三十二年(1693)刊本。

也促进了当地的农业生产。

(五)豫西南地区

豫西南地区在自然条件的影响下,陂堰—水渠是这一地区典型的水利形式。在明末清初社会动乱的重创下,陂塘水利一直没有得到恢复。清朝初年,在开垦耕地政策的鼓励下,为数众多的干涸的陂堰被农民开垦为耕地,"废泽以为田"的现象很多。

陂塘水利规模不断缩小,河渠水利受到普遍重视。清代中期,南阳地区与全省一样,也出现了修浚水利工程的高潮。据雍正、乾隆《河南通志》记载,南阳有陂堰42处,其中也有规模较大的工程,如县东北40里的上石堰的灌溉面积可以达到"千余顷"[1],但大多数都是灌溉农田较少的小陂。新野县有可以发挥作用的陂堰16处,开浚水渠30处;邓州有小渠25道。雍正五年(1727),镇平县新修沟渠70条,专门用于农田灌溉,与原有的沟渠相连接,形成纵横交错的农田水利网络;同年,桐柏县新开挖泄水渠2条。到了乾隆年间,邓州新修河渠57条。在雍乾年间,南阳地区疏浚及新修了不少的农田水利工程,少的有数十处,多的有百余处,除少数规模较大外,大部均灌田有限。

二、水事纠纷调节机制的建立

水资源对农业发展至关重要,但由于水资源是有限的,因此各地围绕用水问题就会产生纠纷,水事纠纷在清代的河南是较多的,这一问题直接影响着水利工程能够发挥的实际效果。因此,农田水利事业不仅是水利工程的修建,还应包括水资源利用方面的水事纠纷调节机制,也只有在顺畅用水的前提下,才能保证数量众多的农田水利工程发挥最大功效。

(一)豫北地区

豫北的怀庆府是水利较为发达的地区,前朝修建的河渠仍旧在灌溉耕地,

---

[1] 〔清〕田文镜等修,孙灏等纂:《(雍正)河南通志》卷一八《水利》中,雍正十三年(1735)刻本,河南省地方史志办编纂:《河南历代方志集成·省志卷10》,大象出版社2016年版。

如广济、广惠等渠道。沁水从济源五龙口流出,沿途经过河内、孟县、温县、武陟等地,且在河内的流程最长,此地的受益也最多,但水利工程却需要在济源修建,由此在两地之间就产生了矛盾。为解决这一问题,早在明万历年间两县的主政官员就采取联合修建广济渠的办法,之后并制定了详细的用水办法,但在现实中仍会不时发生用水矛盾。雍正七年(1729),广济渠、利丰渠上游与下游的村民在用水上出现纠纷,河内县把此事上报了督抚,经过府县联合调查,对村民违规用水致使水渠堵塞进行了追查,同时对济源县令进行了处罚,[①]且制定了针对用水问题的"二十四堰用水之规",并于次年指出"每月两轮,照号用水,必先武陟,次孟、温,次河、济",对用水做出了严格限定,以此解决不同地方出现的水事纠纷。

(二)豫西地区

有清一代,豫西地区的水事纠纷主要是围绕水源进行的,这既包括县域之间的纷争,也有县境内部的竞争,甚至还有乡村之间的纠纷。阌乡县城南有一泉水,该泉是附近居民灌溉之用的主要水源,原来是"上渠为磨沟村,下渠为张村营,中曰腰渠",相安无事,但到了顺治初年,因山洪发生,腰渠被冲毁,只得仰仗磨沟的水,但磨沟居上游,占据优势,每遇用水多的时候,两地就会因为水源分配问题产生纠纷。

乾隆年间,灵宝县的两个村庄共用一个水渠引水灌溉,他们采取的是按照耕地多少进行水量分配的办法,但二者对此都有不满,时有发生争水事件。乾隆十二年(1747),两村再次发生纠纷,缘起是上游村庄截断水流,引起下游村庄村民的强烈不满。经过灵宝知县的仔细勘察,对水量分配进行了重新安排,原本没有包括在内的耕地重新计算,对灌溉顺序也进行了明确,并规定了新的用水办法。二者按照新的用水规定按时取水,纠纷方才解决。除此之外,灵宝县的路井村和下砚村也因用水问题产生了长期的纠纷。

光绪七年(1881),豫西地区发生旱灾,原本共用水渠的两个村到了用水紧张的时候,庙头牌村民"因引水灌田与生牌酿成讼端"[②],后经过协商二者达成

---

① 〔清〕袁通修,方履籛、吴育纂:《(道光)河内县志》卷一三《水利志》,道光五年(1825)刊本。
② 范天平:《豫西水碑钩沉》,陕西人民出版社2001年版,第332页。

一致意见,此事才得到解决。

(三)豫东地区

豫东地区地势开阔,洼地较多,水事纠纷就主要集中在排涝问题上。如项城、上蔡、鄢陵、扶沟等地就多发生此类事件。

嘉庆年间,就有上蔡人私自挖掘河堤,导致下游一片汪洋,两地也因此发生了械斗。[①] 同治年间,此类事件再次发生。康熙年间,项城与上蔡两地为排水而修建了一条新的水渠,名为杨渠,杨渠的修建非但没有解决两县之间的矛盾,反而加剧了二者的争端,缘由是杨渠的开挖使原有的水利系统失去了功效,而杨渠也没有起到排水的功能,以致出现"下游为泽国矣"的现象。康熙年间,鄢陵与扶沟也发生了水事纠纷,鄢陵人贪图肥沃土地,引诱扶沟之民搞破坏,"俾鄢陵东南一带居民,并扶沟西南数地方之土田、庐舍,尽委洪波,且下达西华史家湖"。虽此事经过协调而结案,但雍正八年(1730)时又反复出现类似事件,鄢陵人再次开挖,引得扶沟人对此不满,双方均站在自身利益的角度考虑问题,致使纠纷前后持续了30年之久。

(四)豫西南地区

豫西南的南阳县本有陂堰用来灌溉农田,但因水源有限,各地的争水事件时有发生。如乾隆二十年(1755)就发生了"泉水堰民争水,讼久不决"的事情,之所以会出现这样的情况,大体来说有以下两个方面的原因:一是水源缺乏,不能满足日常需求,且农田水利工程陈旧,在现有的水源基础上尚不能发挥作用;二是在水权、地权及租佃关系的多重影响下,兴修水利过程中难以达成一致意见,增加诸多困难。[②]

三、农田水利事业的衰落

清朝后期,外患日盛,内忧持续,政治、经济走向低谷,水利事业也渐趋衰

---

① 〔民国〕张镇芳修,施景舜纂:《(民国)项城县志》卷六《河渠志》,民国三年(1914)石印本。
② 唐金培、程有为等:《河南水利史》,大象出版社2019年版,第335页。

落。到辛亥革命前夕,全省各地的农田水利工程被湮没的不在少数,难以发挥其灌溉农田、排除内涝的作用了。

(一)豫东地区

豫东地区大部为平原,水旱频繁,在全省水利事业兴盛的时候,这一地区也疏浚、新修了诸多水利工程。清代中后期及以后,豫东地区的水利失修严重,衰败趋势明显。鄢陵县境内的文河,在康熙年间修浚,是民间泄水用的渠道,其后因上游水量越来越大,河水溢出,泛滥成灾,为害甚深,"田土无水利,旱则不能播种,涝则水无泄处,致伤庄稼"[①]。同样,由于上游河水泛滥,导致西华的史家湖数千顷耕地被淹没;尧河河道淤积为平地,"无此渠矣";马坡村渠也呈现出"今甚浅窄"的局面;西拦河渠"今早淤平";河通渠"故道已淤为平壤";等等。往昔的农田水利设施废弃的例子不胜枚举。

在河流淤积的影响下,沟渠淤塞也是常见之事,适当进行疏浚也就成为必然。但随着政治形势的变化,这种疏浚措施也不见了,如鄢陵的农业多靠天收获,"向无水利可言",每遇旱涝就束手无策。白杨陂原本灌溉耕地的水利工程,也难逃干涸的命运。神井,"今失其所在"[②]。

(二)豫西地区

豫西是水利条件较为逊色的地区,水资源不足,不论是地域分布还是季节分布,均呈现出明显的不均匀性。针对水源的争端不断发生,争水在实质上也是水利工程不足的重要表现,这是该地区水利事业衰败的因素之一。如陕州境内可用于农田灌溉的河流都是小河,如金水等,居民引水尚显不足,遑论浇灌土地了,因而不能大面积灌溉耕地,农田水利自然也就逐渐被弃置一旁了。

在豫西地区,水利衰败是非常普遍的现象。乾隆八年(1743)以来,洛宁县的万箱渠遭到破坏,沿线百姓花重金进行修浚,后再次被毁,虽耗费巨大而未能恢复如故,最终"遂任其废焉"[③]。伊阳县(今汝阳县)的下蔡、下堡两条渠道也

[①] [清]苏源生纂:《(同治)鄢陵文献志》卷九《土地志》,同治二年(1863)刊本。
[②] [清]周玑修,朱璇纂:《(乾隆)杞县志》卷四《地理志》下,乾隆五十三年(1788)刊本。
[③] [民国]贾毓鹗、车云修,王凤翔纂:《(民国)洛宁县志》卷六《艺文志》,民国六年(1917)铅印本。

面临着同样的命运,此种景象俯拾即是。

(三)豫北地区

水利工程萎缩趋势在豫北地区表现得很明显。明代即已存在的二十四堰,到了清初就仅剩余十五堰。顺治时,广济渠也出现了"渠洞淤塞"[1],只有涓涓细流,没有了往日的水量。康熙年间,沁水泛滥,利丰河淤塞,河堤被冲毁,此河遂废。到了清中期,"旧迹久经坍废,河身宽阔,堤堰难成"。广济渠,年久失修,到乾隆年间就逐渐出现"水不能通"的现象。诸多水利工程被废弃,加上朝廷和地方在经费紧张的情况下,很难拿出足够的资金进行疏浚或新修,这就进一步加剧了水利事业的衰败。

在人地关系愈加紧张的背景下,农业生产需要更多的水利事业来支撑,这样农田水利事业衰落的问题就显得更加尖锐,水利地方化和小型化是解决这一问题的技术选择,这也从侧面证实了水利事业萎缩的事实。另一方面,增加制度性的调节也是水利事业衰败的外在表现之一,这主要是为了利用好现有的水源及水利工程,以此作为应对水利事业衰退的手段之一,如《千仓渠水利奏立科条》,这一科条实际上映照出的是现有水利工程难以满足农业需求的事实。

(四)豫南地区

虽然豫南地区的农田水利条件较为优越,但豫南地区水利事业呈现衰败态势同样也是非常明显的,这一地区与其他地方的不同之处主要体现在表现形式上,即水利形式的变化。

豫南陂塘水利工程的衰败取决于其所处的环境,既有自然条件,也有社会条件。豫南地区,"向有渠道,率多淤填"。在现有的自然条件下很难对陂塘进行修复,因为水源多从崇山峻岭上奔腾流下,速度甚快,呈汹涌之势。说到社会条件,主要有两个方面:一是巨大的人口压力,人们将淤积之地开垦为耕地,据为己有,他们不会轻易舍弃现有的利益而去重新修复水利工程;二是小农经济的局限,导致农民自身的力量十分薄弱,而在官府无暇顾及的时候,疏浚或兴建大型的陂塘水利工程困难很大。在乾隆年间,官府曾发动过疏浚水利工程的行

---

[1] 〔清〕袁通修,方履篯、吴育纂:《(道光)河内县志》卷一三《水利志》,道光五年(1825)刊本。

动,最终也是由于经费问题而中止了,仅仅是对上蔡堤坝等进行了修筑。及至清末,水利工程衰落的问题更加突出,这也就从根本上限制了水稻的种植,农业生产面临很大的困难。

清代后期,原本人丁兴旺的豫南地区,"私人塘堰百倍于旧志,而公家塘堰或为豪强所侵占,或为大水所败坏,岁久而渐失其利"①。换句话说,就是这一地区不同权属的塘堰等水利工程同时存在兴废。豫南地区水利事业的衰落又有空间上的不同,南部的地方水利条件较好,堰塘数量较多,可以灌溉更多的农田;而其他地方则没有这样的优越条件,堰塘等农田水利工程衰败严重。

(五)南阳地区

南阳水利工程多有颓败,这与水利疏浚工程的衰落相伴而生。早在明朝时期,"陂堰之区,豪强者并平治,堤防垦为世业"②。此后,诸多陂堰在荒废后均被侵占,开垦为农田,自然地,在旱涝之时也很难发挥这一水利工程的作用。到了清朝,人口数量大增,开垦耕地更为加剧,一批水利工程进一步遭到破坏,如邓州在嘉靖时有 48 陂,在清中期时就变为了 450 顷农田,这也说明人地关系的紧张是水利工程萎缩的重要社会因素。

这一地区水利事业衰败在山区也有明显的表现,这是由地理条件所决定的。如在裕州,此地多山和丘陵,致使水流湍急,往日的陂渠湮废后,很难进行农田灌溉;又如泌阳,境内多山,田间的沟渠"俱资蓄泄,不资灌溉"③。乾隆中期,南阳县在修浚泉水堰之后,在较长的时期内未对其进行再次疏浚,导致"水泉淤伏陂堰涸废"。到清末时,南阳县有 28 条渠道,但这些渠道功能已残缺不全,需要经常对其修整。到了晚清时期,南阳存有的各类水利设施已经为数较少了,"南都草莽已连阡"是其时的真实写照。

水利事业的衰退对农业生产造成了严重影响。水源减少,水稻连片的景观消失殆尽,水稻"甚少"的局面随处可见,如清前期的邓州,水利设施淤积,原来

---

① 〔民国〕许希之修,晏兆平纂:《(民国)光山县志约稿》卷一《地理志》,民国二十五年(1936)铅印本。
② 〔民国〕张嘉谋校注,南阳市地方史志办公室整理:《明嘉靖南阳府志校注》卷四《陂堰》,中州古籍出版社 2021 年版。
③ 〔清〕倪明进修,栗郙纂:《(道光)泌阳县志》卷二《山川》,道光八年(1828)刊本。

的稻田"尽成旱田"①。另外,农田水利的破坏,减少了蓄泄场所,耕地面临的旱涝灾风险更高,这也就加剧了农业生产的不稳定性。同时,这也引发了一系列的社会问题,不断发生的争水事件就是最好的表征。

---

① 〔清〕蒋光祖修,姚之琅纂:《(乾隆)邓州志》卷四《山川》,乾隆二十年(1755)刊本。

第九章 民国时期河南古代农业的缓慢变革

民国时期,河南农业延续着古代农业的发展模式,且在严峻的社会环境和自然环境的影响下,农业生产水平有一定程度的降低。但是,民国时期还是一个大变革的时代,河南农业在延续传统的同时也出现了缓慢的革新,农业现代性趋势明显,如在农政机关、农业科技以及农业商品化等方面都有突出表现。此时的农田水利总体上有因有革,在某些方面取得了一些成绩,修建了诸多水利工程,但这些水利工程发展也是十分有限的,并未取得实质性突破。

第一节　农业的延续

整体看来,民国时期的河南农业仍然在沿着传统的发展道路前进。此时,农业生产面临着战乱不断、灾害频发的残酷环境,严重阻碍着农业的快速发展;河南农业的延续性还体现在人口、耕地、生产经营以及种植结构等方面。

一、农业生产环境

民国时期的河南,历经北洋政府时期、南京国民政府时期、抗日战争时期和解放战争时期。这一时期政局动荡,加之灾害频仍,农业生产的社会环境和自然环境都不容乐观。

政局不稳、战乱频繁是民国时期河南农业面临的最现实的社会环境。北洋政府统治时期,河南是直系、奉系、皖系等军阀抢占的重点,也是国民革命军和军阀争夺的对象。南京国民政府统治时期,蒋冯、蒋唐战争以及蒋、阎、冯中原大战相继在河南发生,新军阀争战不断。抗日战争时期,河南多地被日军侵占,成为沦陷区。抗战胜利后,河南又是解放战争时期的重要战场。战争不断爆发,给河南农业生产带来深重的灾难,人口锐减,土地荒芜,粮食受损,盘剥加剧,使此时的农业面临窘境,全省农业呈现一片衰落之象。如在军阀统治下,原本用于农业的经费被征用,水利设施长期得不到修复和疏浚,农业无法抵御自然灾害;再如,到抗战胜利后,"人民流亡,土地荒芜,致使各种农户均陷于极端不足自给之境",在以前农业较为发达的豫南地区,也是面临着"农产因之锐减,几至不能自给"[①]的危险,农民生活得不到最基本保障。

重视农业发展的政策在民国的各个时期都有不同程度的体现。北洋政府时期,出台了一些有利于农业发展的法规,推广农作物优良品种,推广棉花种植和大豆栽培。南京国民政府时期的农业政策有两个重要方面:一是农业技术改良,一是发放农贷。抗战时期的国统区,不断调整农业机构,兴修水利,培育优良品种,推广农业技术,发展合作事业;而同时期的革命根据地也制定了支持农业发展的政策,如晋冀鲁豫根据地实施"以农业为主"的经济方针,鄂豫边区把农业视为"经济建设事业基本的基本"[②],各地在春耕、秋收、秋种的关键时候都会发布相关政策,同时各县也为农业发展制定了有利政策。解放战争时,在国统区出台了加强农贷、开展水利建设、筹建农业推广辅导区、发展合作事业的农业政策;在解放区则继续实行减租减息和土地改革,执行《中国土地法大纲》,调动农民生产积极性。这些农业生产政策的实施为河南农业发展带来了一丝希望,使农业生产事业得以延续。

铁路建设促进了农业商品化。铁路建设是河南交通史上浓墨重彩的一笔,铁路是河南经济近代化的基础部门,在民国交通运输方面占有不可低估的地位。1904年通车的道清铁路、1906年贯穿河南的平汉铁路、1909年通车的汴洛铁路(陇海铁路前身)是河南铁路的基本架构。铁路的建成通车,使列强的掠夺魔爪伸得更深,侵夺大量的矿产和农副产品,同时也为社会经济发展带来机遇,促进了封建自然经济的解体,加强了工商业的发展。对农业影响最深的是在农

[①] 转引自程有为、王天奖主编:《河南通史》(第四卷),河南人民出版社2005年版,第561页。
[②] 鄂豫边区财经史编委会等:《华中抗日根据地财经史料选编——鄂豫边区、新四军五师部分》,湖北人民出版社1989年版,第251页。

业商品经济方面,大量的农产品,尤其是经济作物,如棉花、烟草、花生等通过铁路输出,获得一定利润,进而刺激农民调整种植结构,种植经济作物,且逐渐形成专业化的种植区域,分工更细。

生态破坏、水旱灾害不断,是民国河南农业生产面对的自然环境。民国时期,河南省的水旱灾害不断,影响地域较广,在民国有详细记载的35年中,全省累计有1780个县被灾,其中,旱灾发生县有858个,水灾发生县有681个。[1] 水旱灾害对农村社会产生深远的影响,如产生大量的灾民、人口减少、物价波动、田地荒芜、生态环境恶化等,这些都对农业生产产生很大的影响。在民国时期的水旱灾害中,最为严重的是1931年大水灾和1942年特大旱灾。前者,七八月时河水泛滥,80多个县受灾,被淹的田地有5000余万亩,是"近二百余年所仅见焉"[2]。后者,河南是受灾较重的区域,遭灾区域有荥阳、临汝、密县等69个县,灾民估计"七百二十万人以上",被灾地区惨不忍睹。此外,还有人为造成的水灾,如1938年花园口事件,此次黄河泛滥对豫东广大区域造成的损失巨大,淹没农田67.5万亩,死亡32.5万人。

二、人口、耕地与农业经营

人口是农业生产的基本要素,人口数量的增减对农业发展影响深广。

表9-1 民国时期河南人口统计表[3]

单位:万人

年份	1912	1914	1931	1936	1937	1938	1939
人口	2851.8	3062.0	3284.4	3430.0	3429.3	3340.9	2960.0
年份	1940	1941	1943	1944	1946	1947	1948
人口	3066.6	2930.9	2595.0	2471.0	2699.4	2847.3	2965.4

可以看出,民国时期,河南人口发展经历了三个阶段:第一个阶段是民国初期至

---

[1] 夏明方:《民国时期自然灾害与乡村社会》,中华书局2000年版,第34页。
[2] 〔民国〕潘龙光等修,张嘉谋等纂:《(民国)西华县续志》卷三《河渠志》,民国二十七年(1938)铅印本。
[3] 黄正林、张艳、宿志刚:《民国河南社会经济史》(上),社会科学文献出版社2018年版,第11页。

全面抗战爆发前夕,河南人口数量持续增加,1936年比1912年增加了578.2万人,年均增加24.1万人。第二个阶段是全面抗战爆发至抗战胜利,河南人口数量呈下降趋势,1944年比1937年减少了958.3万人,年均减少136.89万人。这一阶段人口减少主要有三个方面的原因:一是全面抗日战争爆发,战争规模越来越大,惨烈程度越来越高,河南人民卷入其中,大量人口伤亡、逃亡;二是花园口事件带来的人口损失高达30余万,逃亡的有117.3万;三是自然灾害造成的人口死亡和迁徙,主要是水旱灾害的影响。第三阶段是抗战胜利至新中国成立前夕,河南人口数量有所恢复,主要是这一阶段返回家乡的人口增加,特别是黄河回归故道后,还有就是政局的相对稳定,尤其是解放区实行的土改政策,使众多农民获得了土地。

耕地是农业生产的基础。民国时期,关于土地的调查比较混乱,当时也没有形成一套完善的统计制度。关于河南田地的数据目前有几种,最为可靠的是1935年河南省农林统计数据及河南省统计学会、河南省统计局统计的1940年、1946年数据,具体数值如下表:

表9-2 民国时期河南各县耕地面积统计表[①]

单位:亩

县别	1935年	1940年	1946年	县别	1935年	1940年	1946年
开封	1618667	1962450	1311120	沁阳	574393	566700	574393
陈留	434510	756600	434510	济源	674272	415650	674272
杞县	1438452	1838550	1322900	武陟	818221	573300	713568
通许	756876	253950	447576	修武	871708	1191600	729000
尉氏	915661	906900	478975	孟县	609986	579750	533250
洧川	359698	408300	338972	温县	444251	365850	444251
鄢陵	945993	879150	662463	原武	244767	741000	244767
中牟	771258	807300	338972	博爱	571371	—	571371
阳武	870634	564000	609344	洛阳	1529045	2600700	1352809
原武	244767	244767	741000	偃师	718190	552000	492188
封丘	566966	612900	566966	巩县	387015	371400	403599

---

① 1935年数据来自《河南农林统计》,《河南统计月报》1936年第2卷第8期;1940年、1946年数据来自河南省统计学会、河南省统计局编:《民国时期河南省统计资料》。

(续表)

县别	1935年	1940年	1946年	县别	1935年	1940年	1946年
兰封	540488	339150	523425	孟津	348992	530850	296643
考城	510956	835950	844264	宜阳	678000	483750	580594
郑县	636297	463500	636297	登封	548982	729900	548982
荥阳	425585	415650	340468	洛宁	500000	202650	500000
广武	285037	895800	270721	新安	398018	445200	398018
汜水	350212	242400	229119	渑池	826397	648750	531121
禹县	1279250	1154700	1279200	嵩县	501200	185250	501200
密县	1070611	631350	877901	卢氏	179810	1071750	309695
新郑	1107740	1270800	908346	陕县	873482	1377750	784777
许昌	1499556	944700	1200000	灵宝	785964	1340850	775407
临颍	791710	660750	839953	阌乡	908163	323550	333563
襄城	679827	1116000	832250	临汝	879934	1081050	879934
郾城	976840	1003650	1203000	鲁山	536100	416550	560000
长葛	584931	417450	415301	郏县	623279	435900	554718
淮阳	4001300	1320600	2723654	宝丰	497900	356700	497900
西华	1408240	1554650	1012624	伊阳	450000	223950	450000
太康	2503067	2328900	1440566	伊川	931686	700200	738381
扶沟	1207275	1308600	134221	南阳	1963895	769500	2092534
商水	711699	783300	706500	南召	1113630	252450	668178
项城	1335599	1115100	849599	唐河	2316000	2285550	2128232
沈丘	1385638	1028500	914095	泌阳	1509147	720600	1159628
商丘	2770725	851550	2149107	镇平	820175	869100	820175
宁陵	805450	895800	782482	桐柏	469800	177900	469800
永城	1507085	3665250	1507805	邓县	1414949	1128900	2291812
鹿邑	2601600	1674450	1828279	内乡	715218	1679100	715218
虞城	946206	428550	671716	新野	908290	914250	908270
夏邑	742955	741000	775688	淅川	595217	527100	535695
睢县	850000	1793400	825460	方城	1433743	1174050	1065971

(续表)

县别	1935年	1940年	1946年	县别	1935年	1940年	1946年
柘城	1058734	835950	510956	舞阳	2044074	1245150	133305
民权	951747	—	601666	叶县	1709829	1479150	1256938
安阳	1750049	1722450	1426125	汝南	3040236	2727000	2532813
汤阴	890161	942750	858750	上蔡	1652840	1120650	1652840
临漳	278806	829500	496500	确山	1047595	965850	1047595
林县	769261	718800	769261	正阳	1711702	606500	1676432
武安	1411223	1676400	994500	新蔡	1080000	1633950	1430344
涉县	311467	316050	311467	西平	1210315	637800	1004561
内黄	1028991	1521600	763032	遂平	1522800	1069050	1294380
汲县	479320	1034100	439388	信阳	3113600	1073700	2308782
新乡	614387	871800	614387	罗山	1863960	687450	1149000
辉县	777225	82050	777225	潢川	1389550	849750	1389550
获嘉	529782	921600	434250	光山	665649	1030350	1331298
淇县	360000	2211000	300000	固始	996594	607350	1276442
延津	733600	544650	659811	息县	988934	1449750	1953822
滑县	2127914	3173100	1927466	商城	850000	281100	850000
浚县	874528	136350	864000	经扶	190706	—	245680

河南的耕地面积1935年为113636130亩,1940年为103130117亩,1946年为98087313亩,整体上呈现下降趋势,1940年比1935年减少了10506013亩,年均减少2101202.6亩;1946年比1940年减少5042798亩,年均减少840466亩。究其原因有二:一是战争的破坏,战乱中社会环境动荡不安,人民不断逃亡、迁徙,田地荒芜,再加上人口数量的锐减,都致使耕地无法正常耕种;二是当时灾害不断,尤其是水旱灾害和黄河决口,这些都导致耕地被淹或田地因极度干旱而无法耕种,农业再生产难以进行,耕地随之荒芜。另外,耕地还存在地权分配的问题,在民国初期普通地主走向没落,自耕农数量增加,综合考量,此时省内土地掌握在地主手里的不会超过四成,[①]可以说"小农土地所有制"是省内

---

① 程有为、王天奖总主编:《河南通史》(第四卷),河南人民出版社2005年版,第282页。

广大农村的主要成分。① 南京国民政府时期,全省不同地域有一定的差异,综合来说,中贫农拥有的土地不少于六成,高于同期全国的平均水平。

地主、富农占有的田地大部分仍旧采用租佃经营、雇工自营的方式。民国初期,全省租种的土地占比为29.7%(1917年)、32.7%(1920年),租佃的形式分为定额租和分成租,且大部分是实物地租,货币地租仅占少数,这与晚清的体制很相似,这是河南农业落后的反映。到了南京国民政府时期,依然是小部分自营,大部分出租,租佃形式也延续以前,据调查,到了20世纪30年代,全省分租、定租、钱租的比例大致为41%、39.5%、16.5%,凸显出河南农业的落后。但这一时期,货币地租的比重有所上升,这主要是由于商品经济的发展,尤其是在铁路运输便利的地区,折现款缴纳的现象更多。② 同时,这一时期地主对农民的剥削有增无减,转嫁赋税、提高税额的做法十分常见,特别是到了40年代后更是如此。

三、农业种植结构

民国时期,河南农业种植结构随着农业科技的改良、市场化的加深、商品经济的发展而不断调整,河南仍然是全国主要的粮食生产区,粮食种植业继续发展。经济作物发展较快,种植面积、收获物产量、商品化率都继续提高,是此时河南农业发展的表现之一。

(一)粮食作物的种植

北洋政府时期,河南粮食作物种类有小麦、大米、大豆、高粱、甘薯、玉米等。其中小麦是河南的主要粮食作物,全省各地均有种植,产量大且输出多,每年运往外地400余吨。稻谷以信阳以东,罗山、光山、潢川等地为产区,每年都有大量的稻米输往北方;郑县产的大米品质极佳,辉县也出产一定量的大米。高粱主要产于南阳、邓县、唐河诸地,确山、遂平等地也可种植。豆类,河南有十数种,如黑豆、黄豆、绿豆等,许昌是豆类的出口地,每年运出豌豆300多吨,青豆

---

① 张锡昌:《河南农村经济调查》,《中国农村》1934年第1卷第2期。
② 《太行抗日根据地》编写组:《太行抗日根据地》(二),河南人民出版社1986年版,第354页。

240 吨,黑豆、扁豆各 200 吨。甘薯以产量高而著称,南阳一带最为盛产。此时粮食产量不断增加,如水稻的亩产在民国初期时是 56 斤,20 世纪 20 年代后期为 235.5 斤;小麦的亩产由 45 斤增加到 135 斤,大麦由 48 斤增加到 149 斤,这说明此时的河南农业有一定的发展。

南京国民政府时期,河南粮食作物种植变化不大,水稻以信阳北洋河一带最为盛产,小麦是全省皆有种植,高粱以唐白河流域出产最多,豆类依旧品种繁多,甘薯以南阳一带产量较大。这一时期,各种粮食作物的播种比例大致为:小麦 47.4%,小米 14%,高粱 11.5%,大麦 8.4%,玉米 7.4%,水稻 2.7%,甘薯 2.6%。[1] 这些占全省粮食作物的 94%。

表 9-3 1929—1937 年河南主要粮食作物产量统计表[2]

单位:千担

作物\产量\年份	1929	1931	1932	1933	1934	1935	1936	1937
小麦	70499	81775	88142	96720	81091	78985	105414	37444
大麦	16873	15341	15616	15788	15067	15547	19047	9391
小米	18362	21961	23026	23352	27360	29370	16116	20294
高粱	14038	18750	23062	23267	23744	23025	22509	25279
玉米	10563	11218	14282	12147	14471	15886	9084	13603
水稻	9139	2008	2065	6117	6393	4787	8576	11299
甘薯	28229	30349	36775	62416	53635	51391	33305	52277
合计	167703	181402	202968	239807	221761	218991	214051	169587

从表中可以看出,到了全面抗战的前夕,1931—1936 年河南粮食作物的总产量每年均比 1929 年高,说明此时河南粮食生产是有进步的。从全国来说,经济发展的最高水平是 1936 年,但河南有所不同,就粮食总产量来说是 1933 年最高,具体到每种粮食作物又有差异,如小麦、大麦是 1936 年最高,小米、玉米是 1935 年最高,高粱、水稻是 1937 年最高,甘薯则是 1933 年最高。这一时期,

---

[1] 徐秀丽:《中国近代粮食亩产的估计——以华北平原为例》,《近代史研究》1996 年第 1 期。
[2] 黄正林、张艳、宿志刚:《民国河南社会经济史》(上),社会科学文献出版社 2018 年版,第 220—221 页。引用时略有改动。

河南粮食的亩产估计是 270 斤，单产恢复到了清中叶的水平，并略有提高。从粮食总量和单产来看，此时河南的农业超过了民国初期，并有一定程度的发展。

全面抗战时期，河南粮食生产在初期增长缓慢，到了 1942 年前后，在特大旱灾的打击下出现急剧减少的现象，其后虽有恢复，但均未达到战前水平。具体来说，粮食产量在全面抗战初期基本稳定，1938 年达到最高值，1937 年到 1940 年的亩产比 1936 年略有增加，增加量为 5.5 斤。到了 1941 年，粮食总产量和亩产均比之前大幅下降，后来有所上升，但与战前和初期相比还是有所下降。下表中的统计数据可以说明这一点。

表 9-4 1936—1945 年河南省主要粮食作物种植面积及产量统计表①

单位：种植面积（千亩），产量（千担），产额（斤/亩）

年份		1936	1937	1938	1939	1940	1941	1942	1943	1944	1945
小麦	种植面积	61425	49071	22651	24105	24983	25083	25753	27808	28774	29355
	产量	105414	37444	42186	39204	41800	31599	24708	32805	44938	44497
	产额	172	76	186	163	167	126	84	118	156	152
大麦	种植面积	10491	8831	4645	4728	4720	4619	4666	—	5114	4604
	产量	19047	9391	8521	8218	7355	5589	4438	—	7783	6576
	产额	182	84	183	174	156	121	95	—	152	143
豌豆	种植面积	6648	5278	3401	3347	3237	2946	2918	—	2635	2633
	产量	11284	3223	3766	5015	4135	2778	2021	—	3679	3421
	产额	169	61	111	150	128	94	69	—	140	130
玉米	种植面积	9760	9768	4804	5067	5059	5102	5359	5356	4974	4684
	产量	9084	13603	8052	—	—	—	1559	3320	5352	7722
	产额	93	139	168	—	—	—	30	62	108	165
谷子	种植面积	13406	15384	5332	5320	4895	4893	5034	4932	4631	4376
	产量	16416	20994	8540	8757	7968	7355	2601	2975	5301	7859
	产额	123	136	160	165	163	150	52	60	114	180
大豆	种植面积	10811	10769	4880	4988	4915	4598	4324	3757	3144	3133
	产量	10304	15908	7083	6665	6576	5324	1256	3729	2954	3838
	产额	96	148	145	134	133	116	29	99	94	123

① 许道夫：《中国近代农业生产及贸易统计资料》，上海人民出版社 1983 年版，第 19—22、163 页。

(续表)

年份		1936	1937	1938	1939	1940	1941	1942	1943	1944	1945
甘薯	种植面积	4664	4609	2678	2798	3051	3261	3387	3827	4232	4897
	产量	33305	52277	35203	27871	38819	31611	16229	39781	39781	65354
	产额	714	1134	1315	996	1272	969	479	1120	940	1335
高粱	种植面积	12347	14130	5235	5216	4719	4644	4644	4365	4066	3862
	产量	22509	25279	9278	10244	8189	6665	2837	5782	5202	7371
	产额	183	179	177	196	174	145	61	132	128	191
糜子	种植面积	2108	1969	187	147	138	138	133	135	120	117
	产量	1680	1737	249	143	192	152	40	81	100	148
	产额	80	88	133	97	139	110	30	60	83	126

解放战争时期，国统区粮食生产中夏粮以小麦为主，秋粮以高粱、玉米为主，而甘薯的产量最高，种植面积分散，不如小麦那样集中。据统计，冬季作物的单产为 0.6423 担，夏季作物单产为 0.7845 担，其中尚不包括甘薯。[1] 这些数字虽有些保守，但较为可靠，基本反映了当时河南省的农业水平。总体来看，抗战胜利后河南省的粮食生产处于徘徊状态，乃至呈减少趋势，但是减少幅度有限。

(二) 经济作物

北洋政府时期，河南经济作物种植形成了区域化发展，如豫北、豫西的棉花区，豫中以许昌为中心的烟草区，豫东以开封为中心的花生区。首先来看棉花种植。民国初以来，在交通运输发展、植棉技术改良以及帝国主义需求的刺激下，再加上政府的鼓励政策，农民种植棉花的积极性大为上升，"农人遂相继试植农作物"[2]，省内的棉花种植面积不断增加。1919 年共有棉田 142 万亩，1922 年增加到 304.7 万亩，全省有 21 个县的棉田占全县总田地面积的 10% 以上。1923 年，出产棉花的地域有 98 个县，是 1920 年 40 余个县的 1 倍多。在面积不断增加的基础上，棉花产量也处于增加的态势，且在全国都占有重要地位，最好

---

[1] 支应抡:《一年来之河南农村经济》,《河南通讯》1948 年第 2 卷第 1、2 期合刊。
[2] 《河南近年之植棉业》,《大公报》1920 年 11 月 11 日。

时1926年居全国第四位,产棉量最高时1923年为667514担,占全国总产量的9.34%。① 烟草种植业在英美公司的推动下也有所发展,高额回报激发了农民的种植热情,1917年到1920年,烟草在许昌地区发展迅速,产量由250万磅增加到1433万磅。美国烟草得到推广后,烟草产量再次急剧增加,1919年为1000万磅,1924年为3200万磅,增加速度可见一斑。花生作为油料作物,在这一时期增加较快。在豫东得到推广后,种植面积及产量都大为增加,1914年种植面积为27万亩,产量为25.5万担,1916年分别增加到139万亩、135.7万担,1924年至1929年平均为211.9万亩、519.2万担,增加速度十分迅猛。②

南京国民政府时期,经济作物中种植面积较大的是棉花、花生和烟草,大麻、甘蔗、芝麻也占有一定比例。植棉业继续发展,20世纪30年代几乎遍及全省各县,1936年有84个县种植棉花,在一些地域中棉花是当地重要的农业经济作物。1928年至1929年是棉花种植的低谷时期,主要是北伐等战争和自然灾害影响;到了1932年,棉花种植面积和产量都有所上升,呈增加趋势。总的来说,此时的植棉业还处于发展的态势。花生是仅次于棉花的经济作物,在黄河沿岸的沙质土地较为适宜种植,河南是全国三大主产区之一。此时的种植面积、总产量均是民国初期的数倍到数十倍,生产水平超越了民国初期。

表9-5 1914—1937年河南花生生产统计表③

单位:面积(千亩),产量(千担)

年份	1914	1929	1924—1929	1933	1934	1935	1936	1937	1933—1937
种植面积	270	1981	2119	2618	2310	2156	2386	2451	2384
指数	100	733.7	784.8	969.6	855.6	798.5	883.7	907.8	884.1
产量	255	5705	5192	7200	5798	4391	5087	4437	5382
指数	100	2237.2	2036.1	2823.5	2273.7	1722.0	1994.9	1740.0	2110.6

另外,烟草种植也在不断扩张,种植面积到20世纪30年代增加为90.3万亩,产量也从20世纪20年代的30万担增加到132.9万担,烟草成为种植区农村经济的重要来源,增加了农民的收入。

---

① 胡竟良、陈灼:《河南棉业之鸟瞰》,《农业周报》1937年第9期。
② 许道夫:《中国近代农业生产及贸易统计资料》,上海人民出版社1983年版,第162页。
③ 黄正林、张艳、宿志刚:《民国河南社会经济史》(上),社会科学文献出版社2018年版,第226页。

抗战时期的国统区,经济作物的发展态势与粮食作物类似,由初期的缓慢增长到1941年的显著减少,1942年最低,其后又缓慢恢复。此时的经济作物仍以棉花、烟草、花生、芝麻为主。从整体上来看,此时不同的经济作物种植面积与之前相比有较大差异,如棉花在1936年的种植面积为8553千亩,到1939年锐减至1967千亩,后者比前者减少了6586千亩;而烟草则变化不大,1936年的种植面积为947千亩,1939年为880千亩,二者仅相差67千亩。[①] 之所以会这样,主要与战争区域和作物分布区域紧密相关。经济作物的总产量和单产量都经历了下降而后恢复的过程,在前两者的影响下,不同作物的产量在全国所占地位也有升降。

解放战争时期的国统区经济作物以棉花、烟草、芝麻、花生为主。抗战胜利后的棉花种植面积、产量大体上是上升的,1948年是战后亩产最高的一年,比战前水平还略高,这主要是良种推广种植的原因。烟草是此时另一种重要的经济作物,尽管此时没有系统的数据统计,但许昌的生产情况有一定代表性,1948年出现生产高峰,还超越了1937年的发展水平。以芝麻为代表的油料作物的种植面积、产量亦是增加的,1946年达到高峰,部分种类的产量超过了战前水平。

第二节　农业的现代有限性转向

民国时期,河南农业除延续原有道路之外,还出现了新的变化,显露出了向现代变革的迹象,如近代农政机关的成立、农业科技的不断改良以及农业商品化的加深,这些都使河南农业在衰落中透出了新的生机和活力,为农业向现代转型积累了经验和技术。

---

① 河南省统计学会等编:《民国时期河南省统计资料》(下册),1986年印,第23—24页。

一、农政机关的演变[1]

民国时期,河南省级、区级、县级涉农合作机关,抗日根据地等的农政机关体系的构建与变迁基本与全国保持统一轨迹。

(一)省级机关体系

1912年,南京临时政府成立后,河南省将清末劝业道改为实业司。1916年河南成立农会,并开办有农务试验场和畜牧场,同时建立有畜牧公司等。1917年,实业司改为实业厅,1924年于开封建立农事试验场,全省共开办有4个蚕桑局、2个棉场、4个区林业局,各个场、局负责专业型的农业科技。

1927年,实业厅改为建设厅,内设有四科,其中第一科署理农林蚕桑渔牧、农业经济改良、农业团体组织、病虫害防治和耕地整理,第四科署理农田水利的建设。1928年,原森林办事处被撤销,林业管理权合并至建设厅,涉农管理仍属于第一科;1929年,建设厅对农林机关系统进行改革,并在尉氏、信阳等地设立7个农林试验场,以达到"改良"的目的。[2] 1930年,经历中原大战的严重摧残,河南原有的农林试验场出现"难期进展"的窘境,建设厅为"期收特效",决定对原机构进行重新改组,在全省设立7个专门试验场,改组后的各试验场的职责主要分为三个方面,即调查、农业试验和改良、推广,但在实际的进程中遇到了重重困难。1932年,省建设厅把之前的农林场、局撤并为5个林业局,其主要职责是调查、试验、推广、指导。

1937年,全面抗战爆发后,农业机关体系受到严重冲击。在国统区,仍延续原名称农林局,1940年2月成立河南农业改进所,行使农林局之职,设置有农艺、农业经济等10个系,后缩减为4个系。在沦陷区,"河南省自治政府"成立,后易名"河南省公署",其下设立了建设厅,专门掌管农林事务。至1945年,河南省政府搬回开封,建设厅随之。1949年,河南省人民政府成立,内设置有农业厅,厅内设置有农政、水利、技术研究室等部门,对河南农业进行全面管理。

---

[1] 师永伟:《民国时期河南农业科技述论》,《中原文化研究》2018年第5期。
[2] 河南省政府建设厅编:《河南建设概况》,1931年刊行,农林,第23页。

(二)行政督察区机关体系

1932年,国民政府为"改进政治,期收督促效果",遂决定把河南全省划分为11个行政督察区。为进一步推动督察区内的农业发展,又在督察区驻地建设大农场,同时附设农林试验学校及农林讲习班。依据政府命令,河南省建设了9个农场以及农林试验学校、农林讲习班,具体情况如下表所示:

表9-6 河南9个督察区机关体系明细表①

区别 \ 类别	位置	成立时间	面积(亩)	经费(元)	作业范围
第一区	郑县城西碧沙岗三民主义烈士祠	1934年3月	294.1	9528	作物、果树、蔬菜、桑树、林木放牧等
第二区	商丘西门外	1933年8月	448	13164	育苗、造林、麦作、棉作、果树、蔬菜、杂谷、蚕桑、畜牧等
第三区	安阳南关	1934年12月	280余	21580	作物、园艺、苗圃、造林、畜牧等
第四区	新郑县城外	1934年4月	416	11808	作物、育苗、园艺、畜牧等
第五区	许昌城西五郎庙	1933年9月	260	12564	农林、育苗、试验、造林、推广调查等
第七区	淮阳北关太昊陵园内	1934年8月	56	13728	麦作、大豆、杂粮、特用作物、标本、蔬菜、花卉、果树等
第八区	汝南县西关	1934年6月	320	11896	棉、豆、麦、果树、蔬菜、花卉、蚕桑的栽培和试验
第十区	洛阳	1934年2月	—	8480	苗圃
第十一区	陕县	1934年2月	173	—	农作、试验、苗圃、畜牧、园艺等

---

① 张静愚:《河南省经济建设概况》,《实业部月刊》1937年第2卷第2期。

(三)县级机关体系

1917年,河南各县设立农林试验场及苗圃,它的主要任务就是从事"农事试验与育苗造林"[①]。1927年,与省级机关体系的变迁一样,各县的实业局也易名为建设局,负责农场、苗圃的管理等相关事宜。[②] 1932年,河南省县级政府改局设科,同时对原有涉及农林、苗圃的相关规定做进一步调整。同年12月,河南省遵从《各省农业机关整理办法纲要》的要求,对各地的农场、苗圃进行统一改造,以使用经费多寡为标准。经过一番改造,河南全省共有90个县设置农业推广所,11个县设置种子繁殖场。

此外,各县还设立有农业倡导委员会,以期加强对各地基层农业的倡导、推广及督察。1941年,省政府命令各县成立乡农会,其主要职责是指导各地农业技术的推广工作,当年经批准成立乡农会的有尉氏、伊阳两地,在省里备案的乡农会共计有90个。除此之外,各县还成立有农业推广所。

(四)涉农合作机关

1934年,按照中央指示,河南成立了农村合作委员会,张静愚任委员长,该委员会的基本结构是"三组一室",其后各地又成立了相对应的农村合作社。据统计,1935年时,河南各地建有农村合作社1283所,到1937年时就快速增长至3484所。农村合作委员会主要是通过向各地派出指导员,从事农业生产的督导、宣传、推广事宜。各地农村合作社的主要职责是督导农业生产、普及农业技术、发放贷款等。如洛阳地区的农村合作社建成后至1936年初,先后向当地贷款14.5万元,其中两成用于凿井、改良种子等,两成用于置办肥料、农具、牲畜等农业生产用品。

另外,棉产改进所也是另一个重要机关。1934年,中央棉统会认为河南的棉花种植需改进,于是就设置了植棉指导所以作为进行此项工作的机关。后来,又设置了棉产改进所,以加强棉业改良。其后,棉产改进所从太康搬迁至安阳。1935年,郑州指导所、汝南指导所相继成立,这样就进一步扩大了其覆盖范围,加强了指导职能。

---

① 张静愚:《河南省经济建设概况》,《实业部月刊》1937年第2卷第2期。
② 《(民国十八年)河南新志》(中册)卷一四,中州古籍出版社1990年版,第902页。

(五)抗日根据地农政机关

抗战时期,各根据地也设置有专门的农政机关。晋冀鲁豫边区政府在1941年发布了组织条例,其中规定建设厅负责掌管农林、畜牧、水利等方面的工作。与此同时,在各行署和县级政府也成立相类似的机关,如成立有建设科等。另外,在根据地的各级政府还成立有专业委员会,负责农业生产,如在太行山区就有春耕委员会,指导和督促春耕事宜。① 鄂豫边区则成立有县级生产建设委员会,作为全县春耕的领导机关;乡村一级成立有春耕委员会。② 除这些农政机关外,其他地方还设立有服务农业生产的机关,如合作社、农业贷款委员会等。这些农政机关的成立,加强了对根据地农业生产的领导,推动了农业政策的执行,有力保障了农业的发展。

从以上不同时期各级农政机关的发展过程可以看出,民国时期河南农政机关尝试进行农业试验以及农业经验的推广工作,以期通过对农业技术的改良和推广,提升农业生产的现代化发展水平,这与传统的经验型农业有较大不同。同时也可以看出,此时设立的农政机关已由传统的管理型逐渐转变为服务型,至少已有了服务意识与理念,且机关设置也越来越细,管理更加全面。

二、农业科技的改良③

(一)农业科技教育

民国初期,由于河南"生产落后,民生凋敝",时人认为要实现富强的重要方法就是设立农业专门学校、培养农业专门人才,从而实现发展农业、增加地方收入的目的。1913年,在省议会的支持下,河南公立农业专门学校在开封成立,该

---

① 河南省财政厅、河南省档案馆合编:《晋冀鲁豫抗日根据地财经史料选编(河南部分)》,档案出版社1985年版,第259—260页。
② 鄂豫边区财经史委员会、河南省档案馆、河南省财政厅:《华中抗日根据地财经史料选编——鄂豫边区·新四军五师部分》,湖北人民出版社1989年版,第392页。
③ 师永伟:《民国时期河南农业科技述论》,《中原文化研究》2018年第5期。

学校开设有农、林专业,同年3月开始面向全省招生,学校聘请了一批高水平人才从事教学工作。另外,学校还有农事试验场等教学场所,一方面进行相关的教学活动,另一方面进行良种选育。

1927年,河南当局决定成立河南省立中山大学,并以原来的公立农业专门学校为基础开设农科,同年11月正式开课。农科主任为郝象吾,同时兼任农艺系主任,当时在此任教的还有陈显国、路葆清、陈孝治等知名学者。农科设有农场,农场有试验场4个,共93亩,试验场主要用于教学和试验。此外,农科也积极关注畜牧业,曾对开封原有绵羊品种进行改良。农科师生积极开展农作物育种及推广工作,成立有农业推广部,设置专门推广人员。农科依靠自身力量,还设立了农学会。

1930年,省立中山大学易名为省立河南大学,相应地,农科改为农学院,郝象吾出任院长。农学院下设有4个系,即农学、林学、园艺、畜牧,同时还设置有相关附属单位。农学院教学设备较之前有很大发展,设有实验室5个,有贵重仪器14件,普通化学仪器4000余件,还有大量的各类标本、农具等设备,这在全国范围内皆有声誉。农学院开设的课程有农艺学、植物学、细菌学等。农学院根据自身优势,开展育种工作,在诸多方面都取得了实际成效。全面抗战爆发后,农学院和其他院系的师生迁往镇平。在恶劣的生存环境中,农学院依然坚持教学与科研活动,开展了选种育种、病虫害防治、土壤肥力测定、农业推广等活动。1945年日本投降,同年10月学校由宝鸡迁回开封,设有农学系、森林系、园艺系,各系均开设有专业课程,添置有大量试验设施,开展小麦、棉花等作物的病虫害研究,也培育出一批小麦、棉花、蔬菜、花卉、果树等作物的优良品种,如小麦H-1、H-2、H-3、H-4等。

除农业高等教育外,民国时期河南的农业科技教育还有以下几种形式。一是职业教育。以蚕桑学堂为例,民国初期,河南蚕业有了一定程度的发展,在伏牛山区、桐柏山区等地的30余个县设立了大量的蚕桑学堂,这些学堂培养了专业蚕桑养殖人才,提升了蚕桑养殖水平。二是农场、农林试验学校以及农林讲习班。1933年,河南在全省11个区中的9个区设置了农场、农林试验学校,招收的学生人数不等,进行农业知识的宣讲与培训。三是农业专业技术培训班。1933年,农业倡导委员会为促进农业灌溉事业的发展,特举办凿井人员培训班,招收数十人,期满结束后学生回到原单位,专门负责凿井事宜。其他如乡村示范学校、农民教育馆、农业训练班、讲习班等形式,这些也是民国时期农业科技教育的重要组成部分,对提高农业生产力和农民的农业技术水平有莫大的益处。

(二)农业科研

1. 选种育种

河南选种育种的工作主要是由农业学校、农业科研单位承担的,它们致力于良种试验,"用资农民则效"①。此项事业的开展是农业生产新陈代谢过程中由传统向现代进化的重要标志之一。

小麦种的选种育种工作是农业科技的重要内容。1925 年,开封农事试验场和金陵大学合作研发新的小麦品种,次年就培育出"开封 124"麦种(又称"佘礼麦")。1928 年,河南大学农学院对小麦进行育种试验,经过多年努力,最终培育出 22-14 号、22-11 号、12-13 号、4-1 号、18-17 号、18-18 号等品质优良的种子。20 世纪 30 年代时,第一农林局又选育出 N-2、N-6、N-7、N-10、N-11 等系品种。抗战时期,河南大学农学院又选育出河南大学 H-1、H-2、H-3 等改良品种,经过推广种植,使得当地小麦产量普遍提升四分之一左右。

水稻选种育种的方法主要有引种、比较试验、纯系及杂交育种等,第二农林局是水稻育种的重要基地,该局开展了水稻育种试验、水稻直播与插秧比较研究。它主要从两个方面开展相关工作:一方面是自力更生,采集单穗进行试验;另一方面是与中央大学农学院取得联系,合作试验。经过一系列试验,最终认定 III-14-71 号品种最为优良,亩产增加四成多。

1933 年,第四农林局采集了 11 个棉花品种,对它们进行比较试验,最终选定南京的脱字棉为最优,其次是灵宝棉。1935 年时,又对采集自郑州中大棉场的 37 个品种进行系列试验,结果获得棉绒长度超过 30 厘米的棉花品种 8 个,是棉种试验中的优良品种。

1932 年,第三农林局在南阳成立,主要任务就是对农艺、森林园艺、畜牧、蚕桑进行研究与改良。该局有桑园 44.8 亩,引进西法养蚕:使用显微镜筛选蚕蛾,利用小型冷库储藏蚕种;在饲养秋蚕时,使用纱布覆盖,并用配置好的药水

---

① 《河南省各农场改组计划及进行情况》,《中国建设》1932 年第 5 卷第 3 期。

喷洒以消毒,这种做法被当地群众戏称为"洋化"。[1] 但这些措施收效不大。

另外,河南还选育有高粱第八品系、103、156、74、215 等品种,大豆选育出了 84、148 和平顶黄等品种,还有大麦、烟草、玉米、鸡、猪等新培育出的品种。

2. 改良盐碱地

民国时期,河南对境内的盐碱地主要从三个方面着手改良:疏浚河道、设置盐碱地改良试验场所、搜集抗碱性良种。

首先是疏浚河道。整理水道改良土壤委员会(以下简称"整水改土会")对盐碱地严重区域的水道进行了全面勘测与调查,绘制出图表,作为日后改造的底本。在广泛调查的基础上,河南省建设厅下拨 550.5 万元经费用于惠济河、贾鲁河、卫河等水道的疏通。至 1936 年时,全省共完成河渠工程 500 多公里,正在进行中的有 800 多公里,涉及的河渠有 175 条;疏浚后的河渠流量增加,利用河水冲刷盐碱地的初衷得到初步实现。

其次是设置试验场所。整水改土会在开封设立了专门场所从事盐碱地改良试验。该试验场从事的工作有四个方面:一是抗碱作物试验,主要是培植耐碱性的作物品种;二是理学改良试验,利用冲刷、挖沟、施绿肥、覆盖等方法进行盐碱地改良,择取其中最有效的方法用之;三是化学改良试验,利用化学知识中酸碱中和的原理,在盐碱地中施用酸性肥料,使原有的碱性土壤转变为中性土壤;四是理学、化学混用的试验,为达到"收效迅速"[2]的实绩。

最后是搜集抗碱性良种。整水改土会广泛搜集耐碱性的作物品种,最终得到碱麦、枣、梨、樱柳、甜菜等 5 种作物。在搜集及试验的基础上,耐碱性品种不断散发给各个地区,如商丘地区曾散发了小麦 7432 斤、黑豆 3920 斤。[3]

除上述改良盐碱地的系列科学举措外,整水改土会还积极向民众宣传科学知识,以此激发他们治理盐碱地的热情,从而为推广治理盐碱地的科学方法提供便利。

3. 研制新农具

总体来看,民国时期河南农具依然是以传统型农具为主,如在豫西的广大

---

[1] 赵魁编纂:《南阳蚕业志》,中州古籍出版社 1990 年版,第 12—13 页。
[2] 河南省整理水道改良土壤委员会:《整理水道改良土壤会刊》1936 年第 2 期。
[3] 《豫整理水道改良土壤委员会两年来的工作》,天津《大公报》1936 年 9 月 23 日第 10 版。

农村地区,"不会找到一件新式的农具"。但其时也还是出现了一些新的变化和趋势,如双柄洋犁、播种机、中耕器、喷雾器等。综观各地资料记载,出现的新式农具除上述所列外,大致还有以下数种:吸水车、吉田式洋犁、新式水车、抽水机等。另外还有对传统农具的改造,如开封就出现了对传统耕犁进行改良,"增加新式犁盘"的情况。

农田灌溉是保障农业生产的一个关键环节。20世纪30年代,河南省建设厅针对河南大旱的情况,在洛阳、周口等地建立了灌田场,利用抽水机灌田。其中,1929—1930年间,建设厅就派人员到上海购置抽水机,为灌田提供了强大动力,提高了灌溉效率。

为进一步改良农具,1932年,河南开封创办了"河南省农工器械制造厂",职责就是"专造农工器械",主要生产的产品有水压榨油机、弹粒机、轧花机、打包机、犁、耙、锄等,制造厂在全面抗战爆发后迁往重庆。该厂的设计能力是每月可以生产织布机100架、轧花机10架、吸水机100架、犁1000架。① 但最终由于该厂的生产量少、价格昂贵等因素,所造的新式农具应用极少。除此之外,安阳振兴铁厂、许昌同聚兴铁厂、洛阳义和永铁厂等工厂也生产出了一定数量的水车、轧花车、轧花机等新式农具。

4. 土壤肥料

民国时期,河南广大农村农业生产主要使用的还是传统肥料,即人畜的粪便、堆肥、豆饼等,但化学肥料正在逐渐被引进和使用。如1925年,全国范围内共消费化肥2万吨,其中广东一省的消费量就占49%,河南与山东等其他四省只占9%。②

民国时期的社会调查显示,此时河南农村在肥料使用上出现了新现象。武陟县对外来肥料,"用者亦多"③。沁阳地区出现的肥料有两种:一种是土肥,另一种就是"舶来",即化肥。温县出现了"间有用肥田粉者"④的人家。另外,孟县、洛阳、禹县、汤阴等农村地区,也都出现了使用化肥的现象。

在肥料使用上,河南各地的农林局为了更好地发挥其功效,发挥各自的优

---

① 河南省政府建设厅:《河南建设概况》,1933年刊行,工商,第2页。
② 原颂周:《中国化学肥料问题》,《农报》1937年第2期。
③ 《河南各县社会调查·武陟》,《河南统计月报》1937年第3卷第4期。
④ 《河南各县社会调查·温县》,《河南统计月报》1936年第2卷第10期。

势,开展了针对不同作物所需肥料的试验。此外,金陵大学也积极进行相关试验。这些都为河南的肥料使用起到了一定的促进作用。

5. 农田水利设施

民国时期河南农田水利建设主要是兴办各种水利。洛河两岸的卢氏、洛宁等县,民国时期存有用于灌溉的各种渠道40多条,为保障渠道的正常使用,每渠还设置了渠长1—2人。沁河流域的农田水利系统,至1935年时,仍可以灌溉农田21万亩。同时,民国时期凿井事业也受到了相当重视,1928年时,河南省政府就提出"购买凿井机"的想法,令各地积极开展凿井工作。1933年时,政府举办凿井培训班,利用新法凿井。农田水利建设中出现的一个新情况就是虹吸工程的建设以及机械提水灌溉。1929年,柳园口处建设了抽水站,这是黄河下游最早利用抽水机进行农田灌溉的设施。抗日战争及解放战争中受到破坏的农田水利在战后也逐渐得以修复。

农田水利建设在下文有专章论述,故在此不赘述。

6. **病虫害防治及畜牧兽医**

作物病虫害也是影响农业生产的一个重要方面。在这一时期,人们逐渐学会运用现代技术进行病虫害防治。河南省为加强农业病虫害防治工作,特筹设了专业机构植物病虫害防治所,专司各种病虫害的防治工作。另外,河南棉产改进所依据自身优势,对棉花病虫害进行研究,并找出了河南棉花种植中为祸最烈的害虫种类,如蚜虫、红蜘蛛等,同时又提出"添置防治器具""广为宣传"等有针对性的防治措施。[①] 针对农作物的病虫害,河南省政府也建立了一套完整的反馈机制,要求各地受灾后要及时上报。

畜牧科技的进步,一方面是培育出新的牲畜品种,另一方面是防治畜牧疾病。畜牧品种主要是利用新品种改良当地的土品种,如对开封本地绵羊品种的改良等。畜牧疾病防治方面出现的新情况是,1936年,中央农业试验所畜牧兽医系创建血清厂,河南的兽疫防治机构也随之成立血清厂,利用血清技术防治畜牧疾病,由此畜牧传染病得到一定程度上的控制。

(三)**农业科技推广**

随着民国时期河南农业科技的进步,农业科技的推广与利用也被提上日

---

① 胡竟良、陈灼:《河南棉业之鸟瞰》,《农业周报》1937年第9期。

程。总体来说,推广方式主要有以下三种:

一是合作推广。中国银行联合金陵大学共同推广"开封124号"良种,[①]1933年推广种植面积为300多亩,到1937年时推广面积就多达1080956亩,1941年时,更是在河南洛阳等7个地区推广种植。另外,还有各地农林局与县政府、农村合作委员会与农业科技教育机构合作推广良种的情况。

二是散发、贷种和换种推广。1934年,第一农林局对"开封124号"小麦、48号谷子等培育出的良种进行推广,主要推广方法就是对其管辖范围内的县域直接发放,每县发30斤。河南农业改进所为解决购买良种资金不足的困难,曾向建设厅和银行贷款2.5亿元,这部分资金购买所得的良种全部贷发给农民种植。河南农业改进所曾在开封、南阳、商丘三地开展换种活动,把培育出的"开封124号"种子换给农民种植,播种面积达3847亩。

三是典型示范推广。1933年,洛阳等地实施"表证农家"("表证"即是以表演的方式达到证明实际效果的目的)的推广方式,推广脱字棉5550多斤。另外,洛阳部分地区还建设有模范棉田作为示范田,用以指导当地农民科学种植。

经过一段时期的农业科技推广,河南农业生产中出现了一些新变化:一是生产水平提升。在现代农业科技不断发展的情况下,无论是作物品种的改良,还是新式农具的制造与使用,抑或是农田灌溉方式的改变和病虫害防治的科学化,都使得农业生产水平有了较大提升。二是粮食产量增加。民国时期,河南粮食作物种植结构中面积最大的是小麦,其次是小米、高粱、玉米等,在农业科技进步的影响下,这些粮食作物的总产量呈不断上升趋势(战前),1933年达到最高水平,与1929年相比,增长了近一半。[②] 粮食亩产方面,民国初年,综合考虑亩产和复种指数,河南粮食亩产240.8斤,到30年代时,亩产增加至270斤。由此可见,粮食亩产也是呈上升趋势的。三是经济作物增加。民国时期,河南地区大面积种植的经济作物主要有棉花、花生、烟草、芝麻等,在培育新品种、病虫害防治等农业科技进步的影响下,这些经济作物不论是在种植面积上,还是在产量上均有所增加。四是农民收入提高。在粮食作物、经济作物总产量增加

---

① 白启庚:《开封"124"小麦之育成及推广》,《全国农林试验研究报告辑要》1941年第6期。
② 黄正林:《制度创新、技术变革与农业发展——以1927~1937年河南为中心的研究》,《史学月刊》2010年第5期。

的前提下,农民收入增加也是自然之事。如抗战前,华北广大地区,种植中棉每亩可盈利 3.80 元,美棉则可以盈利 7.90 元,后者是前者的 2 倍多。[1]

三、农业商品化的发展

农业商品化程度的提升是民国时期河南农业发展的表现之一,这主要是在农村种植结构的调整、交通运输条件的改善、外国资本主义的生产需求等一系列因素的催化下出现的。而"经济作物的种植在某种程度上反映了农业商品化程度的高低,也是反映农业生产水平的重要标志之一"[2],棉花、烟草、花生是最主要的经济作物,可以大体反映这一时期的情况,故下面就主要从这三种经济作物的商品化来加以论述。

(一)棉花

棉花是民国时期河南经济作物种植面积最大的,遍及全省,1920 年时种植面积逾 10 万亩的有 3 个县,到 1923 年时快速增加到 13 个县,这些县成为全省棉花主要产区。它们生产的棉花除自销外,基本被投入市场成为商品,商品化程度不断提升。

表 9-7　1923 年冬调查河南植棉 1 万亩以上县输出情况统计表[3]

县别	净棉产额(斤)	净棉输出地及数量	输出比例
尉氏	1592412	输出开封、许昌等地 150 余万斤	94.3%
禹县	567920	输出许昌、新郑等地约 20 万斤	35.2%
宁陵	240525	输出开封、上海、南京等地约 9 万斤	37.4%
永城	120000	输出邻县约 12 万斤	100%
虞城	195000	输出徐州约 10 万斤	51.3%

---

[1] 陈庚苏:《华北棉花栽培问题》,《国际贸易导报》1936 年第 8 卷第 2 期。
[2] 黄正林:《制度创新、技术变革与农业发展——以 1927~1937 年河南为中心的研究》,《史学月刊》2010 年第 5 期。
[3] 河南实业厅:《河南全省棉业调查报告书》,河南官印局 1925 年版,第 2—6 页。

(续表)

县别	净棉产额(斤)	净棉输出地及数量	输出比例
夏邑	170000	本产本销	—
睢县	441000	输出邻县16多万斤	36.3%
考城	31000	本产本销	—
西华	183000	—	—
太康	5076000	输出邻县、郑县及徐州约400万斤	78.8%
许昌	542400	本产本销	—
安阳	9723200	输出石家庄、天津、汉口约536万斤	55.1%
汤阴	1500000	输出安阳90多万斤	60%
临漳	279300	输出天津、汉口等地10多万斤	35.8%
武安	1555000	输出天津、山西等地140多万斤	90.0%
新乡	2519400	输出180多万斤	71.5%
获嘉	1199520	输出70多万斤	58.4%
滑县	492840	输出道口、封丘等地38多万斤	77.1%
浚县	35800	—	—
封丘	205280	经滑县、安阳等地输出7万多斤	34.1%
洛阳	3302000	输出郑县、邻县219万多斤	66.3%
偃师	690500	输出郑县、舞阳等地66.7万多斤	96.6%
巩县	6119800	输出郑县574多万斤	93.8%
孟津	860000	输出10多万斤	11.6%
登封	2200000	输出禹县、许昌190多万斤	86.4%
新安	569000	—	—
渑池	1412400	输出郑县约56万斤	39.6%
陕县	1595000	输出郑县及邻县142多万斤	—
灵宝	2870000	输出郑县250多万斤	87.1%
阌乡	3420000	输出郑县290多万斤	84.8%
临汝	2900000	输出襄城、舞阳等地200多万斤	69%
南阳	600000	经新野输出7万斤	11.7%
唐河	1900000	输出湖北老河口约120万斤	63.2%

(续表)

县别	净棉产额(斤)	净棉输出地及数量	输出比例
沁阳	1400000	输出驻马店及湖北老河口70多万斤	50%
镇平	331600	—	—
新野	5800000	输出汉口390多万斤	67.2%
内乡	820000	输出湖北老河口10多万斤	12.2%
淅川	250000	输出湖北8多万斤	32%
舞阳	380000	—	—
西平	950000	输出邻县20多万斤	21.1%
信阳	421220	—	—
固始	200000	—	—

从上表可以看出,此时棉花的商品率还是比较高的,如果加上本地销售的数量,商品率还会更高一点。

南京国民政府前十年中,棉花商品率进一步提高。1933年,据全省55县报告的数据计算,棉花的商品率在47%左右,到全面抗战爆发前夕,这一数字快速上升到80.8%,在主要植棉区有"已臻极度的作物商品化"的现象。[1] 如在临漳出产的棉花十之八九都是销往安阳、郑县、济南以及日本等地,商品率高达80%—90%。[2] 抗战全面爆发后,由于国统区的棉花种植主要是在洛阳,这就对棉花生产打击较大,产量大幅减少;同时,政府限制棉花售往沦陷区,加上交通不便,此时的棉花主要是内销,用于本地农户纺织成土布,这就造成此时的棉花商品率较低。抗战胜利后,内战爆发,影响了棉花的销售,但此时经济作物仍保持一定的商品率,主要是因为当地的消耗较少,运往邻省或出口仍有一定规模。1946年通过铁路输入到徐州、汉口的棉花有78000000斤,而当年全省百余县的产棉总量为183714500斤,可见,仅通过铁路运往徐州、汉口的棉花量就占总数的42.46%。

(二)烟草

由于烟草的特殊性,其产品基本上是作为商品而存在的,许昌是省内烟草

---

[1] 陈伯庄:《平汉铁路沿线农村经济调查》,交通大学研究所1936年版,第39页。
[2] 《临漳县鸟瞰——本省社会调查之六》,《河南政治》1932年第2卷第7期。

主产区。民国初期,在高额回报的刺激下,"一亩烟便胜过了十亩田"①,烟草种植面积迅速扩大,尤其是在许昌地区。由于大量烟草的生产,许昌成为英美烟草公司的原料供应地,对于此地出产的烟草,不论叶片厚薄,一律收购,"计民四五年间,运额仅四千余吨者,至民国十二年竟达三万余吨之多"②。可见烟草输出数量增长之快。南京国民政府前十年中,烟草种植面积进一步扩大,在种烟区中烟草的种植比例在24%—40%左右,成为当地农民收入的重要来源,此时烟草大多数仍然是被英美烟草公司、南洋兄弟烟草公司及国内烟草公司所收购。20世纪30年代,许昌地区存在烟行、转运公司数十家,每年烟草的销售额都超过1000万元,销售烟草高达1300余万公斤。另据研究,1925年到1935年间,上海纸烟原料的两成均出自许昌。抗战时期国统区内商品率最高的就是烟草,仅许昌一地的烟草交易量就占国统区或全国总量的40.96%(1936年)、46.92%(1937年)、119.10%(1939年)、120.08%(1941年),这也说明有其他地区的烟草进入许昌交易市场。解放战争时,烟草主要是通过铁路运往汉口等地,1946年的运输量为1亿斤,当年全省111个县的总产量为7亿斤,输出比例为14.29%。另外,从许昌的烟草交易情况也可以大致看出全省烟草的商品化概况,如下表:

表9-8 1915—1949年许昌烟叶市场交易情况表③

年份	交易量(万公斤)	公斤烟价(元)	公斤烟价折合小麦(公斤)	币制	年份	交易量(万公斤)	公斤烟价(元)	公斤烟价折合小麦(公斤)	币制
1915	12	0.85	27	银币	1933		0.60	19	银币
1916	12	0.85	27	银币	1934		0.52	16	银币
1917	12	0.85	27	银币	1935	2721	0.44	9	法币
1918	88	0.84	27	银币	1936	2267	0.31	6.5	法币
1919	344	0.63	16.6	银币	1937	3174	0.52	10	法币
1920	650	0.53	14	银币	1938		0.52	10	法币

---

① 中国人民政治协商会议河南省委员会文史资料研究委员会:《河南文史资料》(第13辑),1985年,第142页。
② 沈松侨:《经济作物与近代河南农村经济(1906—1937)——以棉花与烟草为中心》,"中央研究院"近代史研究所:《近代中国农村经济史论文集》,1989年版,第360页。
③ 《许昌烟草志》编委会:《许昌烟草志》,河南科学技术出版社1993年版,第98页。

(续表)

年份	交易量（万公斤）	公斤烟价（元）	公斤烟价折合小麦（公斤）	币制	年份	交易量（万公斤）	公斤烟价（元）	公斤烟价折合小麦（公斤）	币制
1921	1200	0.52	14	银币	1939	6765	1.00	16	法币
1922	1440	0.60	16	银币	1940		1.55	10	法币
1923	694	0.60	16	银币	1941	5680	2.3	13.5	法币
1924	1379	0.60	16	银币	1942		0.6	8.5	法币
1925	683	0.60	8	银币	1943		32	0.75	法币
1926	1690	0.39	10	银币	1944		650	9	日伪储备票
1927	1497	0.39	10	银币	1945		560	8	日伪储备票
1928	2400	0.39	10	银币	1946	4466	2000	11.5	法币
1929		0.46	6.5	银币	1947	4927	52000	13.5	法币
1930		1.40	22.5	银币	1948	6344	850000	7.5	法币
1931		0.40	9	银币	1949	4014	1238	3	旧人民币
1932		0.40	12.5	银币					

（三）花生

民国初期，花生种植面积不断扩大，产量随之增加，开封、中牟、兰封是省内主要的花生产区，且花生带来的经济利益很大，"其利益自可惊矣"[①]。每到收获季节，都会有收购商收购花生，"新郑、上海、汉口等处商人纷纷来汴趸购"，其中以去壳的花生销售量最大，仅从新郑输出的花生就有90余万斤，[②]河南也因此开始征收花生税，由此亦可见花生交易量之大。南京国民政府前期，花生的商品率进一步提高，以开封为中心的花生主产区由上海向四周输出，如闽广、南

---

① 中美新闻社开封通信：《河南之花生生产》，《申报》1919年10月30日。
② 〔民国〕刘景向总纂，河南省地方史志编纂委员会整理：《河南新志》（上册）卷四《物产·农产》，民国十八年（1929）稿本，河南省地方史志编纂委员会1988年排印本，第168页。

洋、西洋就占全部的六成,由汉口销售的花生占总量的一两成,此时花生的商品率达到了 70%—80%,若把在本地销售的数量也算上,商品率应更高。抗战时期,花生销售困难,种植面积减少,如全面抗战前夕有 3386 千亩,1938 年减少至 581 千亩,后者仅是前者的 17.16%,直接导致商品率不高。解放战争时期,花生的外销主要通过铁路,1946 年运往徐州、汉口的花生有 6700 万斤,当年全省的总产量是 1.18 亿斤,前者占总量的 56.66%,可以想见,如没有战争的打击,花生的商品率会更高一些。

第三节　农田水利事业的有限发展

民国时期,在中央和地方政府的努力下,河南农田水利事业取得了一些成就,如自上而下建立了水利管理机构、制定了关于水利事业的法律法规、建设了一批水利工程等。但这些成就的取得并未完全突破原有的限制,只是一个有限的发展,不能很好地满足河南这样的农业大省的需求,且与其地位也极为不符。必须要看到,只有彻底改变半殖民地半封建的社会性质,实现国家独立自主,才能从根本上促进农田水利事业的长足发展。

一、北洋政府时期

北洋政府时期,全国水利局是具有中央性质的水利管理机关,统筹负责全国的水利事务。1914 年 12 月,《各省水利委员会组织条例》出台,条例规定了全国各省水利委员会的成立及其组织结构、应承担的职责等。[①] 次年 1 月正式实施。根据条例要求,河南省于 1915 年 7 月成立了水利委员会,负责全省的各项水利事务。在省级水利管理机关成立的基础上,1918 年,河南省要求各县成

---

① 《各省水利委员会组织条例》,《新闻报》1914 年 12 月 29 日。

立本级的水利委员会,以此作为负责本地水利工作的专门机关。① 1920年,河南省水利委员会易名,河南省水利局成立;1922年,河南省水利局划归河南省实业厅,领导由实业厅领导兼任。随着省级水利管理机关的更名,全省各县的水利管理机关也随之改称为水利支局。水利局、水利支局的建立,初步确立了全省自上而下的一套水利管理机关体系,为全省水利事业的发展奠定了基础。

北洋政府时期,河南农田水利事业的发展与冯玉祥有着密切的关系。冯玉祥曾两次主政河南,第一次是1922年5月至10月,第二次是1927年6月至次年3月,在这一时期内,河南全省的农田水利事业出现了新气象。冯玉祥十分重视农田水利事业的发展,把它作为第一要务对待。冯玉祥积极筹措经费,用于发展农田水利事业,把水利作为"治豫十大纲领"之一,同时为了解决经费缺乏的问题,他把查抄赵倜家产中的一部分用于兴修水利;与此同时,冯玉祥大力培育水利人才,他于1922年在开封开办了"河南省水利工程测绘养成所",其后又开办了"凿井技术训练班"以及"河南省水利技术传习所"等培养专业科技人才的学校,先后培养出了数十名到百余名不等的人才,为全省水利科技发展创造了条件。另外,冯玉祥还不断完善全省的水利管理机关。1922年,专门设立水利分局,各县成立水利分会。1927年,水利分局改为直属建设厅,下设机构更为细化,有总务、工程两科;把原有的水利分会撤销,设支局,为水利事业发展提供了组织保障。在农田水利工程建设方面,冯玉祥指示河南河务局,在郑上汛头堡安装虹吸管,用于引黄河水灌溉农田,这是黄河中下游地区将黄河由害河变为利河的开始,也是用现代化的方法利用黄河的重要尝试。1928年,冯玉祥还开发沁河,灌溉农田2000余顷;次年,在柳园口建成了抽水站,这是河南首个抽水站,同时也是黄河中下游地区第一个抽黄灌溉工程。② 另外,冯玉祥大力提倡井灌,并制定了掘井标准,对打井户给予补助。在这一政策的鼓励下,1928年被调查的县共挖井6068眼,水井数量显著增加。辉县的泉水丰富,冯玉祥因地制宜,鼓励疏浚山泉以灌溉农田,"要把所有泉池一律疏浚,增加水量,以灌农

---

① 河南省地方史志编纂委员会:《河南省志》第27卷《水利志》,河南人民出版社1994年版,第319—320页。

② 唐金培、程有为等:《河南水利史》,大象出版社2019年版,第374页。

田"①,经过疏浚,泉水大增,灌溉农田的面积也大为增加。

除此之外,全省各地还有其他一些农田水利工程。天平渠,利用漳河水进行灌溉,惜被湮没,清末时曾对它进行多次疏浚,都没能成功,袁世凯隐居安阳时再次进行修建,1913年完工,新修的渠道长33里,可以灌溉农田3.4万亩。天赉渠,位于浚县,由袁世凯、徐世昌等人修建,引淇河水进行灌溉,全长约20里,可以灌溉田地300多顷。偃师将原有的盘石、太和两个水渠并入天义渠,又在南大渠(即原大清渠)的基础上建成了北公兴渠,该渠全长30里,可以灌溉裴村、诸葛等附近10余个村庄的耕地。1917年,洛宁县仅在洛河沿岸建成的渠道就有87条,总长度达400余里,可以灌溉农田4.03万亩。② 1920年,洛阳和宜阳两地联合开挖新渠,即协济渠,该渠预计可以灌溉土地2000余亩,但因县域管理问题而未能完成。

从现有的资料来看,北洋政府时期河南的农田水利建设出现了一些新变化,如经营方式上的变化,出现了水利公司,但总体来说成就不大,十分有限。③

二、南京国民政府时期

南京国民政府时期农田水利事业的发展主要体现在以下三个方面:

(一)水利机构的成立及水利制度的完善

随着新的河南政府的建立,原负责全省水利事务工作的水利分局改为水利局,原负责各县水利事务工作的水利支局全被撤销,设立水利分局,设置原则及办法是"择河流较大,水利较多处所,联合数县设一分局。其不堪主要之县,暂不设置"。按照这个方法,全省于1928年共设置水利分局48处。后来,水利分局的设立有所变化,规定各县单独设立的均需裁撤,随之淮阳、西华等5处的水利分局被撤销,全省范围还有43处水利分局。1929年,各地方设立的水利分局

---

① 政协新乡市学习和文史资料委员会编:《新乡文史资料选编》下卷(人物卷),政协新乡市学习和文史资料委员会2006年印,第62页。
② 《民国黄河史》写作组:《民国黄河史》,黄河水利出版社2009年版,第57页。
③ 黄正林、张艳、宿志刚:《民国河南社会经济史》(上),社会科学文献出版社2018年版,第52页。

被合并、改组为11处。1930年,河南水利局取消,归并河南省建设厅,各县的水利分局亦有所变化,改为某河水利局,具体情况如下表所示:

表9-9　1930年河南省各水利局及管辖范围表[①]

局名	位置	管辖河流	管辖区域
淮河水利局	信阳	浉、淮、史等河及其支流	桐柏、信阳、罗山、息县、光山、潢川、商城、固始
白河水利局	南阳	白、湍、唐等河及其支流	南召、南阳、新野、内乡、镇平、邓县、方城、唐河
汝洪水利局	西平	汝河下游洪河及其支流	泌阳、西平、遂平、确山、上蔡、汝南、正阳、新蔡
汝颍水利局	禹县	汝、颍两河上游及其支流	伊阳、临汝、郏县、襄城、舞阳、鲁山、宝丰、叶县、登封、禹县
贾鲁水利局	郑县	贾鲁、双洎等河及其支流	汜水、荥阳、河阴、荥泽、郑县、中牟、尉氏、扶沟、密县、新郑、长葛、洧川、永城
惠济水利局	开封	惠济、巴沟等河及其支流	开封、陈留、杞县、睢县、柘城、鹿邑、宁陵、商丘、虞城、夏邑、永城
洛河水利局	洛阳	伊、洛、瀍等河及其支流	卢氏、洛宁、宜阳、自由、洛阳、孟津、偃师、巩县、嵩县、平等、渑池、新安
丹卫水利局	新乡	卫河上游丹河及其支流	博爱、修武、获嘉、辉县、新乡、汲县
漳淇水利局	安阳	卫河下游漳、洺、淇等河及其支流	淇县、浚县、汤阴、内黄、涉县、林县、安阳、临漳、武安
沙河水利局	周家口	颍河下游沙、汾等河及其支流	许昌、临颍、西华、郾城、商水、淮阳、项城、沈丘
沁河水利局	沁阳	沁、济、溴、蟒等河及其支流	济源、沁阳、武陟、孟县、温县

各地的水利局成立后,对本辖区河流及区域做了一些工作,大致包括调查、测量等,但这些工作从总体上来看成效不大,主要是因为:一是政局动荡,大小战争频繁,直接导致许多工作无法正常进行;二是经费匮乏,虽然水利局的经费

[①] 《河南省各水利局概况》,《中国建设》1932年第5卷第4期。

有明确规定,但因经费由各县分摊,而县级财政又极其困难,使得水利局的经费难以按时拨付,面对这样的现实,"欲期振兴水利,实所难能"①。

1932年,因经费困难,在各处设立的原11个水利局被撤销,改为4个水利局,分别位于开封、信阳、洛阳、新乡四地,管辖对应的河流及河流流经的相应区域。各水利局设有局长、技术主任、技术员、助理员、事务员、书记等职位。另外,水利局的经费也有所增加,局内工作人员的待遇也有所提高,每个水利局每月的固定经费1038元,还增加了设备费13200多元。到了1935年,上述4个水利局被裁撤,建立了水利处,属建设厅。此外,河南省针对特殊的农田问题,还设立有专门的水利机关。

黄河从河南穿境而过,对黄河的治理从未停歇过。1929年,政府筹设黄河水利委员会,1933年9月正式设立黄河水利委员会,隶属国民政府,在其内部设置有专业部门,主要负责黄河及其支流的水利工作。这是治理黄河水患的一个重要举措。

在水利机构陆续成立的基础上,与之相应的制度建设也在不断推进。针对机器灌溉农田问题以及周口、洛阳等地建设的灌溉田场,《河南省建设厅灌田组织条例》于1930年颁布实施,对灌田内部的组织和人员做出了详细规定;随后,又出台了《河南省建设厅灌田场灌田用水征费标准》,对灌田的收费标准、收费时间做出了具体规定。在水利修建过程中,使用劳工问题是最为普遍的,1931年实施的《河南省交通水利工程征用义务劳工暂行条例》及《河南省交通水利工程征用义务劳工实施细则》中对征用劳工的方法、程序、征工编制、代金征工、办理征工人员的职责等方面都有明确规定,这就保证了水利修建的劳力需求。此外,针对具体的农田水利工程,省政府也建立了相关制度,如针对洛阳白马寺灌田场的水利建设,专门制定了《河南省第三水利局续办洛阳白马寺灌田场租用民地简章》《河南省第三水利局续办洛阳白马寺灌田场各项工程施工细则》《河南省第三水利局续办洛阳白马寺灌田场田户用水简章》《河南省第三水利局续办洛阳白马寺灌田场管理简章》等,这些规章制度保障了灌田场的顺利运转,在提高效率方面成效明显。另外还有《沁河两岸开闸灌田规则》《西沁两岸开闸灌田施行细则》等。

---

① 张静愚:《河南建设之回顾与前瞻》,《中国建设》1936年第13卷第2期。

(二)农田水利的调查及计划

开展农田水利调查是各水利局的职责之一。从1929年8月开始,到1931年7月,前后共用两年时间,各水利局对所辖河流及区域做了大量的调查、测量工作。如惠济水利局,测算了柘城、鹿邑两县惠济河流速和流量,同时勘测惠济河堤、开封环城沟渠及所辖区域内各河流沟渠;沙河水利局、淮河水利局、汝颍水利局、沁河水利局、贾鲁河水利局、漳洪水利局、汝洪水利局等也调查、勘测了所管辖的河流及区域内的各个沟渠。1930年,各县也对境内的水利进行调查,对农田灌溉有了全面掌握,并提出了解决办法,如沁阳县在调查过程中,对各河现状有了了解,指出"亟待挑挖疏浚,以利农民灌溉,亦可预为防患"①。

在调查的基础上,相应的农田水利计划陆续出台。《黄惠河工程计划》要把黄河水导入惠济河,这个工程的一个重要作用就是可以增大惠济河的水量,从而"随处开挖支渠,可以得水,灌溉之面积,估计约在一千顷"②。

《兴办河南省各县农田水利计划》是对全省的农田水利而言的,该计划涵盖面广,分为水利调查、工程种类、工程准则、设施程序、兴修期限、筹款征工、维持管理等7个方面,对农田水利事业发展具有很强的指导作用。其中,工程种类包括沟渠、泉井、池沼、水门、堰、泄水窦。工程准则更为详细,分为12条,如"灌溉用之沟渠,位置宜高,方能支配广大区域。排水用之沟渠,位置宜低,方能受纳广大区域之积水。灌溉用与排水用之沟渠,宜有适当之深度宽度坡度……"③。

中原大战结束后,河南省再次启动了建设灌田场的计划,出台了《筹办洛阳周口新乡灌田场计划》,在人员组织和灌溉设备的集中等方面提出了具体方案。此外,为了改良盐碱地,河南省整理水道改良土壤委员会也制订了一些计划,比如《整理郑汴水道初步计划》等。

---

① 《豫省水利消息一束》,《农业周报》第26号,1930年4月30日,第683页。
② 《黄惠河工程计划》,《中国建设》1932年第5卷第4期。
③ 《兴办河南省各县农田水利计划》,《中国建设》1932年第5卷第4期。

(三)农田水利工程的建设

1. 省级水利工程的建设

这类水利工程主要有惠济河工程、夹河泄水渠工程、洛宜渠工程、白马寺灌田场工程、富瀛湖灌溉工程、溴水河葛段工程以及治理盐碱地工程等,下面就择其要者进行介绍。

惠济河工程:惠济河原为大运河的组成部分,但因黄河决口而被湮没,几乎变为平地。1933年,河南省建设厅主持开挖惠济河,这项浩大的水利工程征用劳工400万人,开挖河身长274里,附属的桥梁、涵洞等设施也于1934年陆续完工。惠济河开挖工程完成后,为进一步解决其水源问题,还进行了"引黄入惠"工程,也就是利用虹吸管,将黄河水引入惠济河,这样"(惠济河)水源赖以不竭,农田实获其利,计之当有二十万亩,足资灌溉也"。惠济河水利工程的竣工,为豫东农田灌溉提供了充足的水源。

夹河泄水渠工程:所谓夹河,即是伊、洛两河流经的偃师地区形成的长50里、宽10里的广大区域,中部低洼的地方由于无法排水,导致年年发生涝灾。为解决排涝难题,1934年于该地开挖了泄水渠,渠长22公里。泄水渠修成后,不仅左右1里内的土地免受积水影响,增加了农民收入,而且1里外的农田,也可以有效减轻庄稼被淹的程度,可以增加收入10余万元。

洛宜渠工程:顾名思义,该工程位于洛阳、宜阳境内。起初,因两地的管辖权问题,修渠事宜一直被耽搁,经过第三水利局和两县人员的商议,在渠口、占地、用水办法等方面达成一致意见。1932年,渠道初具形态,但因渠口低洼,造成引水不畅,后经勘查,决定将渠口上迁5里。次年再次开工,经过两个月的建设,最终完工。该渠全长45里,可以灌溉农田的面积达1.5万亩。

白马寺灌田场工程:白马寺附近的农田临近洛河,但因堤岸过高,不能引水灌溉。1931年时就曾提出过利用抽水机灌溉的想法,但因经费困难而放弃。1933年,建设灌田场的想法再次提出,由省建设厅购买不同马力的抽水机若干台,再在灌田场内开挖沟渠、建设水闸、搭建桥梁等,白马寺灌田场很快得以完工。抽水机每天可以灌溉土地220亩,全部土地浇灌一遍只需22天,若晚上也不停歇,只需半月。机械化浇灌土地提高了灌溉效率,增加了收入,灌田场每年可以增加收入3万元。

治理盐碱地工程:该项工程主要是在整水改土会的领导下进行的,主要举措有凿井降低水位、疏浚河道排涝、引黄淤灌及改良土壤。其中,关于农田水利方面,该机构也先后修建了各项工程,和省建设厅联合进行的就有14项,占总数的43.8%。①

2. 县级水利工程的建设

各县也是农田水利建设中的重要参与者,修建了为数不少的水利工程。尤其是南京政府委员长行营规定1935年冬春季为"以水利为中心之劳动服务季节"之后,全省各县兴修水利的热情大为高涨。省政府也根据中央要求,派出专门人员到各地指导、督查水利工程的建设;制定了水利事业的征工办法,把兴办水利作为地方政府政绩考核的内容之一。据统计,全省104个县累计修筑水渠、堤坝等水利工程237条,总长度达到了5825里。

另外,各县也自发修建了众多的水利工程。如1929年,临颍县对境内的多个水利工程进行了修整:疏浚马沟河、羊青沟,修筑白马河等河流的堤岸等。同年2月,原武县对宣泄渠进行疏浚。1934年至1935年,桐柏县农民自发修建渠道7条,长度为37里,可以灌溉田地8714亩。②

3. 井灌事业

凿井是河南省的一项传统灌溉手段,以往仅仅是在河边水浅的地方进行,其他地势高的地方并未尝试过。随着新式机械工具的引进和使用,凿井范围越来越广。为进一步推动凿井事业的发展,河南省对凿井给予奖励,"三人以上共凿一井者,由县政府补助洋十元",其中长葛县就凿井170眼,发给了1700元补助。另外,省建设厅还举办了各种类型的凿井技术训练班,培养出了一批凿井技术人才,进一步提高了全省的凿井技术。在这些政策的激励下,全省的凿井事业如火如荼,凿井数量大为增加。据统计,1930年至1933年,全省67个县累计凿砖井14.5万眼,土井2680眼。③

为了在农村广泛推进凿井灌溉工程,省建设厅加大扶持力度:凿井所需费用,由公家与农民分担,减轻农民的资金负担;凿井班到各县进行凿井时花费的

---

① 河南省整理水道改良土壤委员会编印:《整理水道改良土壤汇刊》1936年第2期,第12—14页。
② 桐柏县地方史志编纂委员会编:《桐柏县志》,中州古籍出版社1995年版,第381页。
③ 河南省地方史志编纂委员会:《河南省志》第16卷《政府志》,河南人民出版社1997年版,第269页。

运费、工资等费用都由公家供给,无须地方承担;凿井所需大件工具及工具上的零件更换等,也由公家购置,当地农民仅需承担井内原料的费用,这样就大大减轻了农民的压力,激发了他们的凿井意愿,凿井事业在农村取得了不小成绩。如1936年就凿井2727眼,具体情况如下表所示:

表9-10　1936年河南省凿井情况统计表[①]

县名	凿井班数	派往时间	凿井数量	种类 平地穿泉	种类 旧井穿泉	每井每日灌溉亩数	取水方法
洛阳	6	1935年8月	231	32	199	4	辘轳、水车
沈丘	1	1936年6月	20	14	6	5	辘轳、水车
开封	5	1935年8月	119	59	60	5	抽水机、辘轳、水车
禹县	2	1935年8月	208	21	187	5	抽水机、辘轳、水车
郑县	5	1935年8月	103	50	53	5	抽水机、辘轳、水车
新乡	4	1935年8月	167	36	131	5	抽水机、辘轳、水车
沁阳	2	1935年8月	46	32	14	7	辘轳、自流泉、水车
襄城	3	1935年8月	125	40	85	7	辘轳、水车
安阳	4	1935年12月	127	20	107	7	辘轳、水车
镇平	1	1935年8月	11	2	9	7	辘轳、水车
伊川	1	1935年10月	16	5	11	3	辘轳、水车
商丘	2	1935年10月	112	20	92	4	倒灌、水车
滑县	2	1935年11月	120	49	71	5	水车、辘轳
南阳	2	1935年10月	123	51	72	5	水车、辘轳
密县	1	1935年10月	20	3	17	5	水车、辘轳
郏县	1	1935年4月	22	18	4	5	水车、辘轳
新郑	3	1935年10月	84	21	63	6	水车、辘轳

① 河南省政府秘书处统计室编印:《河南省政府年刊(1936年)》,1936年,第325—329页。

(续表)

县名	凿井班数	派往时间	凿井数量	种类 平地穿泉	种类 旧井穿泉	每井每日灌溉亩数	取水方法
孟津	1	1935年10月	37	25	12	4	水车、辘轳
许昌	3	1935年8月	118	45	73	4	水车、辘轳
广武	—	—	25	13	12	9	水车、辘轳
辉县	—	—	14	3	11	5	水车、辘轳
临漳	1	1936年5月	32	9	23	4	水车、辘轳
长葛	4	1936年4月	103	26	77	4	水车、辘轳
通许	1	1935年11月	24	13	11	5	水车、辘轳
兰封	3	1935年11月	99	34	65	10	水车、辘轳
淮阳	2	1936年1月	2	2	0	10	抽水机
汲县	2	1936年4月	41	19	22	4	水车、辘轳
洧川	2	1936年8月	18	10	8	6	水车、辘轳
阌乡	1	1936年8月	3	2	1	4	水车、辘轳
荥阳	2	1936年8月	12	6	6	2	水车、辘轳
汜水	—	—	18	8	10	6	水车、辘轳
西华	1	1936年7月	15	13	2	6	抽水机、水车
武陟	1	1936年8月	33	22	11	5	水车、辘轳
汤阴	1	1936年8月	16	6	10	6	水车、辘轳
孟县	3	1936年8月	15	8	7	5	水车、辘轳
考城	1	1936年8月	23	7	16	5	水车、辘轳
宜阳	1	1936年9月	18	6	12	3	水车、辘轳
封丘	1	1936年9月	19	15	4	6	水车、辘轳
太康	1	1936年9月	16	13	3	5	水车、辘轳
鹿邑	1	1936年10月	1	1	0	9	抽水机

(续表)

县名	凿井班数	派往时间	凿井数量	种类 平地穿泉	种类 旧井穿泉	每井每日灌溉亩数	取水方法
汝南	1	1935年11月	2	2	0	8	抽水机
潢川	—	—	1	0	1	4	辘轳
灵宝	—	—	1	1	0	5	水车
陈留	—	—	7	3	4	6	水车
其他	—	—	360	—	—	4	—
合计	—	—	2727	—	—	—	—

从上表可以看出，各地的凿井事业有了较大进步，以平均每井灌溉农田30亩算，1936年的凿井数量就可以灌溉81810亩的土地，在很大程度上提高了农业的抗灾能力。

三、全面抗日战争时期

全面抗战时期，河南省境内无论是国统区、抗日根据地抑或是沦陷区，农田水利均有一定程度的发展，但囿于所处的整个不稳定的社会环境以及社会主要矛盾的变化，这个发展是极其有限的，难以满足农业发展的需求。

（一）国统区

国民政府与省政府拨付贷款，用于水利事业。水利处作为水利工作的专门管理机构，在组织和经费的双重限制下，再加上战争的爆发，难以发挥其应有的作用。1939年，经过与农本局商议，决定合组农田水利贷款委员会，以此行使水利处的职责，专门负责贷款和农田水利事业。[①] 1939年，农本局与省政府商议，

---

① 张研、孙燕京主编:《民国史料丛刊》第377册《河南建设述要》，大象出版社2009年版，第108页。

二者约定水利贷款金额为86万元,订定金额50万元。① 此后,河南省利用贷款用于水利事业的金额逐年攀升,从1940年至1945年,分别为1050元、72814.86元、2851630.26元、13619408.65元、12483000元、6482591.35元。直到豫湘桂战役的爆发,才中止了利用金额的继续增加。尽管政府对农田水利事业的支持力度有限,但还是修建了一批水利设施,对农业发展起到了积极作用,其中比较出名的有伊川的公兴渠、邓县的湍惠渠。伊川公兴渠,1942年5月开始建设,前后历时一年完工,干渠长度为17公里,支渠长度为17余公里,灌溉田地面积为2.5万亩。抗战胜利后,该渠受损严重,发挥作用甚小。② 邓县湍惠渠,1942年开工,后因战争而中止,1945年12月再次复工建设,1947年12月完成,干支渠长度为58公里,灌溉农田12万亩。③

另外,其他水利设施也发挥了一定作用,如伊川的永济新渠受益的田地有4000亩,鲁山中和渠受益的田地有8580亩,鲁山民乐渠受益的田地有3万亩,宜阳永济渠受益的田地有3万亩,惠济渠受益的田地有6万亩,镇平赵河渠及严积渠受益的田地有3.8万亩。

井灌进一步发展。井灌是抗战时期效率较高、节约成本的一种有效灌溉手段。由于战争的影响,省内原有的凿井班规模一再缩小,到1939年时仅剩余3班。为了打破这一不利局面,省政府及时采取措施,凿井班才得以逐渐恢复,1940年时增加到了13班。这些凿井队员奔赴全省各地,指导地方的凿井事业,共同发展井灌。这13个凿井班,从1939年11月到1940年6月,在洛阳、南阳、新野等地指导凿井184眼,其中用于灌溉农田的有138眼,占全部凿井数的四分之三。1942年底,四联总处向河南省的小型农田水利工程贷款金额达到了1000万元,主要用于郑县、广武、荥阳等20县的凿井事业以及其他10县的其他事业,这笔贷款对凿井事业起到了十分积极的作用。1943年,河南省根据南京国民政府的要求,出台了《各县三年完成凿井实施灌溉办法》,督促各县切实在凿井上下功夫。④ 省政府主席卫立煌在1940年总结水利建设成绩时讲到,全省开挖新渠8条,可以灌溉农田

---

① 中国第二历史档案馆编:《中华民国史档案资料汇编》第5辑第2编《财政经济》(8),江苏古籍出版社1997年版,第90页。
② 《豫省全力建设水利》,《新民日报》1943年8月22日。
③ 《湍惠渠工成放水》,《大河日报》1947年3月21日。
④ 《省府提倡凿井浚塘》,《河南民国日报》1943年4月11日。

的面积有 10 万多亩,凿井的数量有 4000 余眼。

抗战时期,其他地方也修建了一些小型的水利工程,有效地灌溉了农田,使农田受益颇多。如镇平的柳泉铺渠受益的田地有 600 亩,镇平的柳泉村渠受益的田地有 4200 亩,镇平的淇河渠受益的田地有 9000 亩,淅川的嵩平渠受益的田地有 3200 亩,淅川的东岳庙渠受益的田地有 4000 亩,淅川的下集渠受益的田地有 3000 亩,内乡的灌河石堤和别公堰受益的田地有 7000 亩,邓县的土山渠受益的田地有 4000 亩,这些水利工程的修建为当地农业的正常运行提供了基本保障。

从上可以看出,在全面抗战时期的国统区,农田水利建设还是取得一定的成就的,这是不容否认的,但同时也应该看到,这些水利工程浇灌的农田,与全省 112690000 亩的总面积来说仍是非常小的,难以改变河南农业灌溉的困难局面。

(二)抗日根据地

全面抗战爆发后,农田水利事业被日伪顽各种敌对势力破坏较多,还有一部分是由于年久失修而损坏的,如位于太岳区济源境内的广济、广惠等渠道以及丹河、广济河等河流,原本灌溉面积可以达到 73 万亩,后仅剩余 20 余万亩,还不足原来的三分之一,另外尚有大量的水井、水车等灌溉工程、工具被破坏。[①] 在这种情况下,抗日根据地为了发展农业,切实增加粮食供给,于是十分重视水利建设,大力发展农田水利事业,在挖渠、建坝、修河、造水车等方面做了许多工作。如鄂豫边区把兴修水利当作重要工作去做,努力在各地"真正造成一个兴修水利运动",实现无论天气如何,农业都能有收获,且争取收成有所提高。于是,区党委发出号召,要求各县都要修建一定数量的水利工程。

另外,抗日根据地在兴修水利过程中给予较多的资金支持,主要是通过贷款实现的。冀鲁豫根据地鼓励个人出资凿井,政府也会给予相应的帮助。1943 年,太行区发布了关于兴办水利的办法,规定在兴办水利过程中遇到资金问题可以向政府贷款,同时还对不同水利工程的贷还款作出了不同的规定,以区别对待。1943 年下半年,太行区银行就发放了水利贷款 300 万元,主要用于开渠、

---

① 华北人民政府农业部编:《华北农业生产统计资料》(内部资料),1949 年,第 89 页。

凿井、造水车、修滩等水利事业，以期为农业生产营造一个良好的环境。① 同年12月，又给林北县贷款20万元、安阳县贷款10万元，也是用于水利事业的兴办。到了1944年，太行区再次发放贷款700万元，用于水利建设。②

在各抗日根据地政府政策的鼓励和资金的支持下，抗日根据地修建了一大批水利工程。如：1942年，中共信罗边辛店乡发动500多人，投入到水利建设中，建成了引水工程和堰坝，灌溉面积有2000多亩；1943年，豫鄂边区发动水利建设突击战，最终全部完成了预定目标。据不完全统计，累计修建了7747口塘、1106座圩、153条梗、57条沟、207个闸，这些水利工程使边区的140多万亩农田得到浇灌，总浇灌面积达到了280万亩，占全边区农田总面积的一半以上，这也意味着即使在受灾的情况下，全边区也会有一半的粮食收获，保证了粮食安全。再如，太行根据地的农田水利建设也取得了很大成效，农田灌溉面积有所增加，1941年增加灌溉农田面积46800亩，1942年为17300亩，1943年为19000亩。③

（三）沦陷区

在沦陷区，伪省建设厅为了增加卫河水量，开启了"引黄入卫"工程，经过半年的努力，开挖了一些水渠，以期利用河水浇灌耕地，但由于水费过高而用者不多，这个水利工程整体来说"收效不大"④。井灌方面，原计划是要在豫东各地开展凿井活动，但豫东的农民对凿井事业表现得不积极，反而是豫北各县热衷此事，因此井灌也主要是在豫北各地开展。按照伪省建设厅的规定，凿井分为机井、砖井、土井三种类型，打不同类型的井会给予不同标准的补助，分别是50元、10元、3元。豫北各县凿井数量最多，豫东的数量较少，且技术不高，打井的收益不大，但与开渠灌溉相比，还是较好一点。

---

① 《太行确定明年度生产建设贷款千九百万元》，《解放日报》1943年9月21日。
② 《太行区增加生产贷款 今年发放六千万元 边府通令各专署春耕时布置救灾》，《解放日报》1944年2月17日。
③ 华北人民政府农业部编：《华北农业生产统计资料》（内部资料），1949年，第90页。
④ 邢汉三：《日伪统治河南见闻录》，河南大学出版社1986年版，第123页。

表 9-11　豫北第一、二期凿井状况表①

县名	第一期				第二期				
	凿井预定数	着工数	竣工数	竣工率（%）	凿井预定数	着工数	竣工数	未竣工数	竣工率（%）
新乡县	224	224	224	100	171	171	32	139	19
获嘉	20	20	20	100	40	40	18	22	45
汲县	11	11	11	100	40	40	28	12	70
彰德县	210	210	210	100	49	49	16	33	33
汤阴	20	20	20	100	60	60	39	21	65
临漳	20	20	20	100	40	40	28	12	70
总计	505	505	505	100	400	400	161	239	40.3

从上表可以看出：第一期的 505 眼井全部完成，达到了所有预定数量；而到了第二期时，完工率只有 40.3%，大部分未竣工。这些水井的修建，虽然对农业生产发挥了一定的作用，但这个数量与伪政府原定在华北打井 20 万眼的目标差得非常多，②自然也是不能完成至 1942 年 5 月在沦陷区打井 1.5 万眼的目标。③

四、解放战争时期

在长期战争状态的影响下，被各种因素毁损的农田水利设施得不到及时修复，河流决口、河道淤塞、水井废弃、渠道湮没的现象非常多，对农业生产影响甚大。如安全河从 1932 年开始，其后的 16 年中超过 80% 的年份都会发生水灾，1948 年时再次出现水害，淹没良田 3500 多亩。④ 蟒河也因年久失修而于 1948

---

① 华北棉产改进会：《华北棉产汇报》第 4 卷第 3、4 期合刊，1942 年 4 月 15 日。
② 日本防卫厅战史室编，天津市政协编译组译：《华北治安战》（下），天津人民出版社 1982 年版，第 59 页。
③ 《河南省第四次治安强化运动实施计划书》，《河南省政府公报》第 322 号，1942 年 9 月 2 日，第 39 页。
④ 太原行署建设处：《太岳区水利情况与明年意见》，山西省农业科学院编写组：《太岳革命根据地农业史资料选编》，山西科学技术出版社 1991 年版，第 616—618 页。

年发生灾害,沿岸各县受灾严重,仅在孟县就有4500亩农田被灾,且大部分农田都是秋收无望,其他的田地也只能收获一点粗粮。

抗战胜利后,解放区大力发展农田水利,到1946年5月,豫北地区在这方面做出了较多成绩。博爱县大力整修境内的上秦河、下秦河,使沿岸的农田得到有效浇灌,若全县的11条水渠得到疏浚之后,县境的水地可以增加17万亩,直接使粮食增产59万石。博爱县政府还组织当地38个村的村民参与疏浚运粮河的工程,消耗3万多个工,最终把运粮河整治一新,使沿岸的数万亩田地得到水利保障。沁阳县对所辖的唐济河进行修整,该水利工程建成后可以灌溉农田的面积达19万亩。丹河和上清河之间流淌着的河流仅能浇灌田地1万亩,经过当地组织人力疏浚后,浇灌面积增加了2万亩。安阳县也对境内的广济等水渠进行了修整,灌溉能力比修复前增加了1000余亩。修武、武陟等县也逐步加大水利兴修的力度,制订了"江河修堤"的计划,激发了民众的修建热情。[①]在修治水利工程的同时,解决用水纠纷也是强化农田灌溉效率的一个重要方面,如丹河在博爱县的陈庄村附近修建有一个堰,用于分割水流,水量在两岸进行四六分配,但因流水冲刷、河道变迁等原因,水量分配发生了变化,两岸群众为此矛盾不断,后经解放区政府从中调解,最终双方达成了临时协议4条,初步调和了纠纷,同时决定于是年彻底解决这一矛盾,以使河流灌溉更为顺畅。[②]

据1948年的社会调查发现,太岳区有水地16.5万亩,该区中水利事业最为完善的要数济源和孟县。其中,济源原有水地5.2万亩,后来逐渐减少,1948年时缩减至3.4万亩。境内有大小渠道13条,经过战争的摧残,浇灌面积也随之萎缩,如广惠渠原可灌溉的面积为60顷,抗战后的浇灌能力只有之前的三分之一,减少至20顷,后经解放区政府的修治,浇灌田地的能力逐渐恢复,到1948年时为42顷;还有利丰渠,面临着同样的问题,经过地方政府的修复,水渠恢复至原来的二分之一。太岳区太原行署建设处经过认真调查,决定把1949年的水利建设重点放在济源、孟县两地,对两县的水利建设提出了具体要求、目标以及意见。济源县、温县等县的地方政府从1949年初开始大兴水利,经过几个月的辛苦努力,济源修复了浇地河8条,增加灌溉面积16002亩;孟县也取得了较

---

① 《豫北博爱等县减租后群众积极兴修水利》,《解放日报》1946年5月29日。
② 《沁博丹河水利初步解决,"豫北江南"水源畅流》,《解放日报》1946年8月7日。

大成绩,境内的灌溉面积大为增加,1949年时的水浇地达到了1.2万亩。[①]

1949年5月,太行区全部得以解放,区党委将全区的工作重心从争取战争胜利转移到了生产建设上来,并把农田水利建设作为一项重要工作来抓,这样就在全区掀起了兴修水利的热潮。据不完全统计,到7月20日,四、五专区通过各种渠道,共增加水田的面积有188978亩。

经过不懈努力,到1949年上半年,太行、太岳区的灌溉渠道持续增加,灌溉面积也不断上升。具体如下表所示:

表9-12 太行区、太岳区豫北各县主要渠道灌溉面积(1949年6月)[②]

行政区	渠道名	位置	灌溉面积(亩)
太行区	广济河	沁、温、济县	40000
		淇县	16500
		沁阳	14000
		安阳	8000
	丹河		127000
	利丰渠		35000
	利仁渠		20000
	民生渠	淇县	33000
	峪河渠	辉县	15000
	大正渠	安阳	7000
	平罗渠	辉县	—
	冯宿渠	漳南	—

[①] 中共焦作市委党史办公室:《中共焦作历史(1925—1949)》,中共党史出版社1995年版,第319页。

[②] 摘录自《华北区各地主要渠道灌溉面积统计表》,华北人民政府农业部编:《华北农业生产统计资料》(内部资料),1949年,第94页。

(续表)

行政区	渠道名	位置	灌溉面积(亩)
太岳区	广惠渠	济源	6370
	利丰渠	济源	3012
	广济渠	济源	3500
	永利渠	济源	21000
	千仓渠	济源	2950
	大利渠	济源	1350
	垣曲(渠二道)	垣曲	6000
	余济渠	孟县	4000

豫东作为黄泛区的重灾区，众多河流淤积，水灾发生频率极高，农民逃荒人数很多。豫皖苏区针对这种情况，积极组织民众在农闲时大力疏浚水利设施，政府也选派专人到各地进行指导与督查，制定切实可行的治水方案。凡是重大水利工程，政府提供贷款和贷粮。

解放战争时期，河南境内最大的水利工程要数黄河复堤了。自从黄河大堤在花园口被炸后，黄河故道就无水可言，在故道中居住的人越来越多，大约有40万。1945年，国民党当局决定堵塞黄河决堤口，使黄河水重新回归故道，中国共产党也同意这一做法，但要求必须保障下游复堤。1947年3月，国民党完成了堵口工作，同月8日，向故道放水，淹没了沿途的大量村庄和耕地。在解放区政府的领导下，大量民众积极参与修堤之中，经过艰苦的施工，黄河护堤工程收效甚大，避免了大量农田再次受灾。

总之，民国时期的河南农业处于缓慢的变革之中，其基本特征就是介于现代与古代之间，表现出了明显的过渡性，以农业科技为例加以说明。河南农业生产中耕地、播种、收割、打碾所使用的仍旧以传统老式农具为主，如犁、耙、锄、杈等，林县的农业劳作中"并无采用西式农具者"；1919年，南阳柞蚕缫丝工具"全用旧式木机"，对"科学化、经济化，尚不知有若干万里"[1]，此种情况俯拾皆是。但是，我们也应看到，在沉闷的农业生产中，一批具有现代化雏形的新式农具不断出现，并逐渐应用于农业生产中，如太康棉场中引进了播种机、中耕机、

---

[1]《本省手工业概况》，《河南政治月刊》1937年第3期。

喷雾器,汝南县有洋井数眼、抽水机1架,等等。

民国时期,河南农村地区使用的肥料依旧以传统肥料为主,如厩肥、人粪、积肥、豆饼等。如尉氏农民使用豆饼、大粪等作为农田基本肥料,这些肥料易得且价格便宜;淮阳农民使用麻油饼、豆花饼等。但这种情况不是一成不变的,西式化肥也渐渐地被应用于河南广大农田中,其时称为"肥田粉",如在平汉铁路旁的砖墙上就可以看到有"卜内门肥田粉"的宣传广告。虽然化肥在河南农田中使用的情况并不普遍,但使用化肥的趋势是不可阻挡的,毕竟化肥有针对性地补充了土壤中缺乏的氮、磷、钾等元素,对植物生长大有益处。

之所以会出现这种特征,主要影响因素有二:一是河南经济落后、思想保守,传统因素的惯性较大,主动采用西方先进技术的能动性不够,致使其出现传统的烙印;二是在西学广泛传播的大趋势下,河南跟随其他地域的步伐,主动或被动地不断接受西方农业技术,有意或无意地进行着传统经验的总结与创新,管理、教育、科研及推广等有机融合的农业科技新体系日益形成,具有现代意义的农业技术逐渐应用于河南农业生产中,致使其出现现代的烙印,且这一发展趋势是不可逆的。同时,民国时期农业科技进步的有限性是必须正视的,不能盲目夸大。

结语

河南历史悠久,是中华农耕文明的重要发祥地之一。河南农业史作为中国农业史的组成部分,除空间范围外,在内容和范围上与中国农业史有着共同性和一致性。河南农业史也是以政治、经济、文化、自然等综合的观点研究河南省域内包括农林牧副渔各业的大农业发展过程的一门学问,也是在与政治、经济、文化、自然等联系中研究农业生产技术、农业经济、农村社会及农业思想文化历史演进及其规律性的一门交叉学科。其时限是自史前至21世纪初,其主要内容与范围是以农业技术与农业经济为核心,兼及社会、文化、环境史的转向所带来的领域与范围的扩大内容。

　　河南农业史的研究,与其他地区农业史研究一样,开始于20世纪初,五六十年代逐渐兴起,80年代后有较大发展,至今已是成果丰硕,在理论与实践上均有长足进步,呈现出多维度、多面向、多领域、多学科的发展状态,但也存在着一些问题与不足。

　　从农业形态的发展来看,从先秦至21世纪新时期,河南农业的发展历经原始农业、古代农业到由古代农业向现代农业过渡三大发展阶段。原始农业阶段是河南原始农业发生、发展和繁荣的时期,大致自新石器时代开始至西周。新石器时代开始至五帝时代(约前4420—前2100)是原始农业的发生时期,五帝时代为原始农业的发展时期,夏、商、西周为原始农业的兴盛期。古代农业阶段包括春秋战国至民国时期,历经春秋战国时期河南古代农业的形成、秦汉时期河南单一农耕方式的确立、魏晋南北朝时期河南农业的萎缩、隋唐五代时期河南农业的复兴、宋元时期河南农业的相对衰退、明清时期河南农业的延续与转型萌芽、民国时期河南农业的缓慢变革等时期。民国时期既是河南古代农业的缓慢变革期,也是河南古代农业向现代农业转型的过渡期。河南农业整体上仍处于由古代农业向现代农业的过渡、转型阶段,即处于农业现代化过渡阶段或农业现代化的最初级阶段,还没有正式进入现代农业阶段。

河南农业史具有本质性、偏颇性、致密性、创新性等特征。河南农业史的历史地位体现在河南农业经济在河南历史中的主导地位,河南农业是中国农业重要发源地之一,河南农业发展史可以看作中国农业发展的一个缩影等方面。从河南农业史的发展演变历程中,我们深刻认识到,社会稳定是农业发展的前提,改革创新是推动农业延续、发展的重要力量,而以农为本仍然具有重大现实意义,强本抑末会致使社会整体上呈现封闭性特征。

河南是农业的重要发源地。土质肥沃、水源充足、气候温和、物种丰富、位置适中等优越的自然环境,使河南地区的农业得以在史前时期产生和发展,由采集狩猎阶段迈入原始农业阶段。从农业起源的神话到传世文献、考古资料可知,河南农业历史悠久。从技术角度来看,河南农业在产生之初,就已经形成了原始的旱作农业耕作技术和农田水利灌溉体系。这为后来河南农业的进一步发展打下了坚实基础。

夏商周三代是河南农业一个曲折而缓慢的发展阶段,原始农业繁荣,农业种植制度逐步地由粟重黍轻向以种植小麦为主的方向转化,小麦成为河南地区重要的农作物品种。夏代的主要农作物继承和发展了原始农业的基本类型,农业工具和其他生产领域技术都在不断更新,农田沟洫系统则是在大禹治水后得以有条件发展。殷商时期,人们农业生产知识丰富,新农具、"月令书"的出现,黍、麦、菽、水稻、大麻等作物栽培技术,以及沟洫系统等水利灌溉技术的更新,都体现了农业的进一步发展。西周农业的发展,则体现在菑新畬休闲耕作制、田莱制、连年种植制等种植制度发展,耦耕技术、垄作技术等耕作技术不断革新,整地、播种、中耕、作物收割等技术的缓慢发展层面;同时,沟洫制及沟洫农业以及水利灌溉都得到较好发展,农业出现繁荣景象。

春秋战国时期是一个变革的时代,农业由原始农业步入古代农业时代。土地私有制取代"井田制",地主和小农出现,农业的三大支柱五谷、六畜、桑麻开始形成。农业种植饲养的变化,如稻作品种的丰富和小麦主产区的出现、经济林木种植的发展、养殖业家庭化的转变,铁制农具的初步推广和专业化,包括土地耕作技术、作物栽培技术、田间管理技术在内的精耕细作技术体系的初步形成,如施肥、轮耕、一年两熟制,以及规模农田水利工程的建设,如桔槔灌溉、鸿沟运渠开凿,均体现了犁耕农业的发展。

秦汉时期是河南单一农耕方式的确立阶段。一方面,小农经济成为主要经营方式。自耕农的破产、土地的兼并、"限田""王田"之议、豪族农业规模经营等反映出当时土地制度的发展,而豪强地主与庶民地主田庄经济又彰显出秦汉时期的农业经营方式。另一方面,铁器的生产、农业生产工具的铁器化,农具的多样化、专业化发展,牛耕的普及,麦作的推广,稻作的发展,园圃的分工,以粮食为中心的农业种植结构的多元化,农田灌溉技术的提升,则体现出秦汉时期农业技术水平的进一步提高。

魏晋南北朝时期,河南地区板荡,长期战乱致使整个农业生产波折向下的趋势。战乱纷争使农业生产遭受破坏,人口大量流失,土地荒芜,先进的农耕方式因游牧民族的南下而被废弃,整体产能严重倒退。为稳定政权,统治者依旧重视劝课农桑,曹魏时期的屯田制、西晋时期的占田制、十六国时期的坞壁庄园与北魏以来的均田制更替迭起。屯田制、均田制在客观上促进了河南地区农业生产的恢复和发展,甚至坞壁庄园也在一定区域内保护和维持了农业生产。同时,农业水利建设有了新的发展,农业生产工具和耕作方式有一定的进步和发展,农业生产经验更加丰富,为隋唐的农业生产腾飞奠定了基础。

隋唐五代时期,国家重归统一,河南地区处于当时的政治和经济核心区域,隋唐时洛阳长期作为副都,是政治副中心;五代后,开封又成为辐辏并臻的政治、经济中心,政府的农业政策得到有效执行,南方一些先进的耕作工具和灌溉设施北传,农耕区生产方式改善,农业恢复发展,河南东部的黄淮平原和北部的华北平原仍是全国产粮最多的地区,以谷物和桑麻为主的作物进一步丰富。这一时期农业发展在古代农业阶段已达到了相当的高度,已经广泛使用的农耕工具、灌溉设备和粮食加工工具一直使用到20世纪中叶。但天灾人祸使河南农业在恢复发展、衰退停滞、恢复发展中曲折前行。

北宋时期,河南的农业在前代的基础上达到了一个新的高度,农作物的多样化、耕作技术的进步和农田水利设施的进一步兴建,是这一时期农业发展的突出表现。宋金战争,使河南的农业生产受到极大的破坏,河南农业一度大幅度衰退;金世宗时期,河南的农业逐步恢复,某些方面甚至超越了北宋的农业发展成就。元初,河南农业再一次受到影响,但后期以多种方式推动全国各地的农业生产,总结性的农书著作涌现,河南的农业也得到恢复和发展,有些方面取得了超越宋金的辉煌成就。随着元代政权的没落,河南农业再度迅速走向衰落。

明清时期,农业发展虽在朝代更迭的战争、封建统治的腐败以及严重自然灾害的影响下而出现衰败之象,但同时也在朝廷实行的一系列政策措施中得以恢复和发展,特别是明中后期以来作物种植结构明显变化,农业表现出了很强的传承性和发展韧性,并产生了向现代农业转向的萌芽。

民国时期,河南农业延续着古代农业的发展模式,且在严峻的社会环境和自然环境的影响下,农业生产水平有一定程度的降低。但是,也出现了缓慢的革新,如在农政机关、农业科技及农业商品化等方面都有突出表现,农田水利上也有所因革,具有古代农业向现代农业转型过渡的特征。

中华人民共和国成立后,河南农业在各级政府的正确领导和支持下得到快速恢复,虽然中间受"左"的思想影响而出现过偏离和徘徊,但均在经济调整大势下得以回归,特别是中共十一届三中全会以后,全省农业领域不断解放思想、实事求是、注重科学,农业生产力不断提高,历经粮食内部粗、细粮比例,粮食作物、经济作物比例,农林牧副渔大农业结构比例,农业产业结构,农产品品种、品质等五大阶段的调整,农业结构逐渐优化,农业发展取得了长足进步,现代性农业发展势头良好,为整个国民经济的稳定、快速运行奠定了基础。河南农业由古代农业向现代农业的转型明显加快。

参考资料

一、古籍

1. 〔清〕阿桂等纂:《大清律例》,中华书局2015年版。

2. 〔汉〕班固撰,〔唐〕颜师古注:《汉书》,中华书局1962年版。

3. 〔清〕陈淏子辑,伊钦恒校注:《花镜》,农业出版社1979年版。

4. 陈梦雷原编,杨家骆主编:《古今图书集成·方舆汇编·职方典》,鼎文书局1977年版。

5. 〔晋〕陈寿撰,〔宋〕裴松之注:《三国志》,中华书局1982年版。

6. 陈振汉等:《清实录经济史资料(顺治—嘉庆朝)》(农业编)第一分册,北京大学出版社1989年版。

7. 〔明〕陈子龙等选辑:《明经世文编》,中华书局1962年版。

8. 〔西汉〕董仲舒撰,张世亮、钟肇鹏、周桂钿译注:《春秋繁露》,中华书局2012年版。

9. 〔唐〕杜佑撰,王文锦、万永兴、刘俊文等点校:《通典》,中华书局1988年版。

10. 〔晋〕杜预注,〔唐〕孔颖达等正义:《春秋左传正义》,〔清〕阮元校刻:《十三经注疏(附校勘记)》,中华书局1980年版。

11. 万国鼎辑释:《氾胜之书辑释》,农业出版社1980年版。

12. 〔宋〕范晔撰,〔唐〕李贤等注:《后汉书》,中华书局1965年版。

13. 〔北宋〕范仲淹:《范文正集》,文渊阁四库全书本,第1089册,台湾商务印书馆1986年版。

14.〔北宋〕范仲淹:《范文正奏议》,文渊阁四库全书本,第427册,台湾商务印书馆1986年版。

15.〔唐〕房玄龄等:《晋书》,中华书局1974年版。

16.〔明〕高濂:《遵生八笺》,文渊阁四库全书本,第871册,台湾商务印书馆1986年版。

17.〔清〕高宗敕撰:《清朝通典》,浙江古籍出版社1988年版。

18.〔汉〕公羊寿传,〔汉〕何休解诂,〔唐〕徐彦疏:《春秋公羊传注疏》,〔清〕阮元校刻:《十三经注疏(附校勘记)》,中华书局1980年版。

19.〔明〕顾炎武著,〔清〕黄汝成集释,栾保群校注:《日知录集释》(校注本),浙江古籍出版社2013年版。

20.〔晋〕郭璞注,〔宋〕邢昺疏:《尔雅注疏》,〔清〕阮元校刻:《十三经注疏(附校勘记)》,中华书局1980年版。

21.〔清〕郭云升:《救荒简易书》,清光绪二十二年(1896)刻本。

22.〔唐〕韩鄂撰,缪启愉校释:《四时纂要校释》,农业出版社1981年版。

23.〔清〕郝懿行撰,王其和、吴庆峰、张金霞点校:《尔雅义疏》,中华书局2017年版。

24.〔西汉〕桓宽撰,王利器校注:《盐铁论校注》(上、下),新编诸子集成13、14,中华书局2018年版。

25.黄彰健校勘:《明实录》,"中央研究院"历史语言研究所1962年校印。

26.〔西晋〕嵇含:《南方草木状》,丛书集成初编本,商务印书馆1939年版。

27.〔北魏〕贾思勰撰,缪启愉校释:《齐民要术》,农业出版社1982年版。

28.〔北朝〕贾思勰撰,缪启愉、缪桂龙译注:《齐民要术译注》,上海古籍出版社2009年版。

29.〔北魏〕贾思勰撰,石声汉校释:《齐民要术今释》,中华书局1956年版。

30.〔清〕焦循撰,沈文倬点校:《孟子正义》(上、下),新编诸子集成5、6,中华书局2018年版。

31.〔北宋〕寇宗奭:《本草衍义》,丛书集成初编本,商务印书馆1937年版。

32.〔北宋〕乐史:《太平寰宇记》,中华书局2007年版。

33.〔北魏〕郦道元注,王国维校:《水经注校》,上海人民出版社1984年版。

34. 〔北魏〕郦道元注,〔民国〕杨守敬、熊会贞疏,段熙仲点校,陈桥驿复校:《水经注疏》,江苏古籍出版社 1989 年版。

35. 〔北宋〕李昉等:《太平御览》,中华书局 1960 年版。

36. 〔唐〕李吉甫撰,贺次君点校:《元和郡县图志》,中华书局 1983 年版。

37. 〔明〕李时珍:《本草纲目》,人民卫生出版社 2007 年版。

38. 黎翔凤撰,梁运华整理:《管子校注》(上、中、下),新编诸子集成 39、40、41,中华书局 2018 年版。

39. 〔唐〕李延寿:《北史》,中华书局 1974 年版。

40. 〔唐〕令狐德棻等:《周书》,中华书局 1971 年版。

41. 〔西汉〕刘安等著,许匡一译注:《淮南子全译》,贵州人民出版社 1993 年版。

42. 〔民国〕刘锦藻:《清朝续文献通考》,商务印书馆 1936 年版。

43. 〔汉〕刘熙撰,〔清〕毕沅疏证、王先谦补,祝敏彻、孙玉文点校:《释名疏证补》,中华书局 2008 年版。

44. 〔西汉〕刘向原著,李华年译注:《新序全译》,贵州人民出版社 1994 年版。

45. 〔西汉〕刘向著,王锳、王天海译注:《说苑全译》,贵州人民出版社 1992 年版。

46. 〔战国〕吕不韦撰,夏纬瑛校释:《吕氏春秋上农等四篇校释》,农业出版社 1956 年版。

47. 〔三国吴〕陆玑:《毛诗草木鸟兽虫鱼疏》,文渊阁四库全书本,第 70 册,台湾商务印书馆 1986 年版。

48. 〔汉〕毛公传,〔汉〕郑玄笺,〔唐〕孔颖达等正义:《毛诗正义》,〔清〕阮元校刻:《十三经注疏(附校勘记)》,中华书局 1980 年版。

49. 南炳文、白新良主编:《清史纪事本末》第 6 卷(乾隆朝),上海大学出版社 2006 年版。

50. 〔唐〕欧阳询撰,汪绍楹校:《艺文类聚》,上海古籍出版社 1982 年新 1 版。

51. 〔清〕潘守廉:《南阳县户口地土物产畜牧表图说》,清光绪三十年(1904)石印本,成文出版社 1968 年版。

52.〔清〕彭定求等:《全唐诗》,中华书局1960年版。

53.〔清〕秦嘉谟辑补:《世本》,〔东汉〕宋忠注,〔清〕秦嘉谟等辑:《世本八种》,商务印书馆1957年版。

54.〔北宋〕沈括撰,胡道静校证:《梦溪笔谈校证》,上海古籍出版社1987年版。

55.〔北宋〕司马光:《资治通鉴》,中华书局1956年版。

56.〔汉〕司马迁:《史记》,中华书局1959年版。

57.水利水电部水管司、水利水电科学研究院编:《清代淮河流域洪涝档案史料》,中华书局1988年版。

58.水利水电科学研究院编:《清代海河滦河洪涝档案史料》,中华书局1981年版。

59.〔元〕司农司编撰,缪启愉校释:《元刻农桑辑要校释》,农业出版社1988年版。

60.〔明〕宋应星:《天工开物》,中华书局1959年版。

61.〔北宋〕苏颂撰,胡乃长、王致谱辑注,蔡景峰审定:《图经本草(辑复本)》,福建科学技术出版社1988年版。

62.〔清〕孙诒让撰,孙启治点校:《墨子闲诂》,新编诸子集成25,中华书局2018年版。

63.〔北宋〕唐慎微:《重修政和经史证类备用本草》,人民卫生出版社1957年版。

64.〔元末明初〕陶宗仪:《南村辍耕录》,中华书局1959年版。

65.〔明〕屠叔方:《建文朝野汇编》,书目文献出版社1989年版。

66.〔元〕脱脱等:《宋史》,中华书局1985年新1版。

67.王国轩、王秀梅译注:《孔子家语》,中华书局2016年版。

68.〔清〕王鸣盛:《十七史商榷》,凤凰出版社2008年版。

69.王守谦、喻芳葵、王凤春等译注:《战国策全译》,贵州人民出版社1992年版。

70.〔北宋〕王钦若等编:《册府元龟》,中华书局1960年版。

71.〔清〕王先谦撰:《庄子集解》,新编诸子集成35,中华书局2018年版。

72.〔清〕王先慎撰,钟哲点校:《韩非子集解》,新编诸子集成45,中华书局

2018年版。

73. 〔北齐〕魏收:《魏书》,中华书局1974年版。

74. 〔唐〕魏徵等:《隋书》,中华书局1973年版。

75. 邬国义、胡果文、李晓路:《国语译注》,上海古籍出版社1994年版。

76. 〔战国或两汉之间〕无名氏撰,夏纬瑛校释:《夏小正经文校释》,农业出版社1981年版。

77. 〔清〕吴其濬:《植物名实图考》,商务印书馆1957年版。

78. 〔南宋〕吴仁杰:《离骚草木疏》,丛书集成初编本,商务印书馆1937年版。

79. 〔梁〕萧统编,〔唐〕李善注:《文选》,中华书局1977年版。

80. 〔梁〕萧统编,〔唐〕李善注:《文选》,岳麓书社2002年版。

81. 〔梁〕萧统编,〔唐〕李善等注:《六臣注文选》,中华书局2012年版。

82. 〔梁〕萧子显:《南齐书》,中华书局1972年版。

83. 〔明〕徐光启撰,石声汉校注:《农政全书校注》,上海古籍出版社1979年版。

84. 〔唐〕徐坚等:《初学记》,中华书局2004年版。

85. 许维遹撰,梁运华整理:《吕氏春秋集释》(上、下),新编诸子集成49、50,中华书局2018年版。

86. 〔战国〕荀况著,蒋南华、罗书勤、杨寒清注译:《荀子全译》,贵州人民出版社1995年版。

87. 〔东汉〕荀悦、〔东晋〕袁弘撰,张烈点校:《两汉纪》,中华书局2017年版。

88. 〔清〕严可均辑:《全上古三代秦汉三国六朝文》,中华书局1958年版。

89. 〔清〕严可均辑:《全晋文》,商务印书馆1999年版。

90. 〔清〕严可均辑:《全梁文》,商务印书馆1999年版。

91. 〔魏〕杨衒之撰,范祥雍校注:《洛阳伽蓝记校注》,上海古籍出版社1958年版。

92. 〔东汉〕袁康、吴平辑录,俞纪东译注:《越绝书全译》,贵州人民出版社1996年版。

93. 袁珂译注:《山海经全译》,贵州人民出版社1991年版。

94.〔明〕朱橚撰,倪根金校注、张翠君参注:《救荒本草校注》,中国农业出版社2008年版。

95.〔西晋〕张华撰,范宁校证:《博物志校证》,中华书局1980年版。

96.〔清〕张廷玉等:《明史》,中华书局1974年版。

97.〔汉〕郑玄注,〔唐〕孔颖达等正义:《礼记正义》,〔清〕阮元校刻:《十三经注疏(附校勘记)》,中华书局1980年版。

98.〔汉〕郑玄注,〔唐〕贾公彦疏:《周礼注疏》,〔清〕阮元校刻:《十三经注疏(附校勘记)》,中华书局1980年版。

99.〔清〕朱云锦:《豫乘识小录》,同治十二年(1873)邵氏文耀斋重刊本,近代中国史料丛刊第三十七辑,文海出版社1969年版。

二、地方志

1.〔清〕白明义修,赵林成纂:《(道光)汝州全志》,清道光二十年(1840)刊本。

2.〔民国〕车云修,王棽林、陈嘉桓纂:《(民国)禹县志》,民国二十六年(1937)刊本。

3.〔民国〕陈金台纂修,周云续纂:《(民国)鄢城县记》,民国二十三年(1934)刊本。

4.〔明〕陈宣修、乔缙纂:《(弘治)河南郡志》,明弘治十二年(1499)刻本。

5.〔清〕仇汝瑚修,冯敏昌纂:《(乾隆)孟县志》,清乾隆五十五年(1790)刊本。

6.〔明〕崔铣纂辑:《(嘉靖)彰德府志》,天一阁藏明代方志选刊本45,上海古籍书店1982年影印。

7.〔明〕董弦、王训等纂,〔明〕王崇庆校正:《(嘉靖)内黄县志》,天一阁藏明代方志选刊本52,上海古籍书店1982年影印。

8.〔清〕董学礼原修、宋名立补修:《(乾隆)裕州志》,清乾隆五年(1740)补刻本,成文出版社1976年影印。

9.〔民国〕方策、王应侨修,裴希度、董作宾纂:《(民国)续安阳县志》,民国二十二年(1933)北平文岚簃古宋印书局铅印本。

10.〔清〕韩炬、郭光澍修,李旭春纂:《(光绪)卢氏县志》,清光绪十八年

(1892)刊本。

11. 河南省地方史志办公室编纂:《河南历代方志集成》,大象出版社2016年版。

12. 河南省地方史志办公室编纂:《河南省志·科学技术志》,河南人民出版社1995年版。

13. 河南省地方史志编纂委员会:《河南省志》第25卷《农业志》,河南人民出版社1993年版。

14. 〔清〕何源洙等修,鲁之璠等纂,沈丘县地方史志编纂委员会校注:《(乾隆)沈丘县志》,中州古籍出版社1991年版。

15. 〔清〕恒伦修、谢应起续修,刘占卿纂:《(光绪)宜阳县志》,清光绪七年(1881)刊本。

16. 〔民国〕贾毓鹗、车云修,王凤翔纂:《(民国)洛宁县志》,民国六年(1917)刊本。

17. 〔清〕蒋光祖修,姚之琅纂:《(乾隆)邓州志》,清乾隆二十年(1755)刊本。

18. 〔民国〕金田祺等修,赵东阶等纂:《(民国)汜水县志》,民国十七年(1928)铅印本。

19. 〔清〕景纶修,谢增纂:《(嘉庆)密县志》,清嘉庆二十二年(1817)刊本。

20. 〔清〕康基渊纂修:《(乾隆)嵩县志》,清乾隆三十二年(1767)刊本。

21. 〔清〕李若虞修,吴国用纂:《(顺治)温县志》,清顺治十六年(1659)剜改明万历版本。

22. 〔清〕李同亨修,张俊哲、张壮行纂:《(顺治)祥符县志》,天津古籍出版社1989年版。

23. 〔清〕刘光辉修,任镇及纂:《(嘉庆)息县志》,清嘉庆四年(1799)刊本。

24. 〔民国〕刘海芳等修,卢以洽纂:《(民国)续荥阳县志》,民国十三年(1924)石印本,成文出版社1968年版。

25. 〔民国〕刘景向总纂,河南省地方史志编纂委员会整理:《(民国)河南新志》(上册),民国十八年(1929)稿本,河南省地方史志编纂委员会1988年排印本。

26. 〔民国〕刘景向总纂,鲁锦寰、萧鲁阳校勘:《(民国)河南新志》(中册),

民国十八年(1929)稿本,中州古籍出版社 1990 年版。

27.〔民国〕刘景向总纂,鲁锦寰、萧鲁阳校勘:《(民国)河南新志》(下册),民国十八年(1929)稿本,中州古籍出版社 1990 年版。

28.〔清〕吕士鵕修,梁建等纂:《(康熙)鹿邑县志》,清康熙三十一年(1692)刊本。

29.〔清〕倪明进修,栗郢纂:《(道光)泌阳县志》,清道光八年(1828)刊本。

30.〔民国〕欧阳珍修,韩嘉会纂:《(民国)陕县志》,民国二十五年(1936)铅印本。

31.〔民国〕潘龙光等修,张嘉谋等纂:《(民国)西华县续志》,民国二十七年(1938)铅印本。

32.〔清〕潘守廉修,张嘉谋纂:《(光绪)南阳县志》,清光绪三十年(1904)刊本,成文出版社 1976 年版。

33.〔明〕潘庭楠纂:《嘉靖邓州志》,天一阁藏明代方志选刊本 48,上海古籍书店 1982 年影印。

34.〔清〕彭清典修,肖家芝纂:《(顺治)怀庆府志》,清顺治十七年(1660)刊本。

35.〔民国〕靳蓉镜修,王志等纂:《(民国)鄢陵县志》,民国二十五年(1936)开封新豫印刷厂铅印本。

36.〔清〕邱天英修,李根茂等纂:《(康熙)汝阳县志》,清康熙二十九年(1690)刊本,成文出版社 1976 年版。

37.〔明〕沙蕴金修,苏育等纂:《(崇祯)汤阴县志》,明崇祯十年(1637)刊本。

38.〔清〕沈淮修,王观潮纂:《(道光)尉氏县志》,清道光十一年(1831)刊本。

39.〔明〕时泰纂修:《嘉靖范县志》,嘉靖十四年(1535)刻本。

40.〔清〕苏源生纂:《(同治)鄢陵文献志》,清同治二年(1863)刊本。

41.〔清〕唐侍陛修,洪亮吉等纂:《(乾隆)怀庆府志》,清乾隆五十四年(1789)刊本。

42.〔清〕汤毓倬修,孙星衍等纂:《(乾隆)偃师县志》,清乾隆五十四年(1789)刊本。

43. 〔民国〕田金祺等修,赵东阶等纂:《(民国)氾水县志》,民国十七年(1929)铅印本,成文出版社1968年版。

44. 〔清〕田文镜等修,孙灏等纂:《(雍正)河南通志》,文渊阁四库全书本,第535—538册,台湾商务印书馆1986年版。

45. 〔清〕田文镜等修,孙灏等纂:《(雍正)河南通志(一)》,雍正十三年(1735)刻本,河南省地方史志办编纂:《河南历代方志集成·省志卷10》,大象出版社2016年影印。

46. 〔民国〕王公容修,段继武等纂,温县志总编室校订:《(民国)温县志稿》卷一二《杂志·大事记》,民国二十二年(1933)纂修本,河南省温县地方志编纂委员会1986年印。

47. 〔清〕王荣陛修,方履篯纂:《(道光)武陟县志》,清道光九年(1829)刊本。

48. 〔民国〕王秀文修,张庭馥等纂:《(民国)许昌县志》,民国十二年(1923)宝兰斋石印本。

49. 〔民国〕汪泽敷、王怀赋等修,李见荃等纂:《(民国)林县志》,民国二十一年(1932)石印本。

50. 〔明〕魏津修,张让山纂:《(弘治)偃师县志》,天一阁藏明代方志选刊本52,上海古籍书店1982年影印。

51. 〔清〕吴乔龄修,李栋纂:《(乾隆)获嘉县志》,清乾隆二十一年(1756)刊本。

52. 西平县史志编纂委员会:《西平县志》,中国财政经济出版社1990年版。

53. 《许昌烟草志》编委会:《许昌烟草志》,河南科学技术出版社1993年版。

54. 〔民国〕徐家璘、宋景平修,杨凌阁纂:《(民国)商水县志》,民国七年(1918)刊本。

55. 〔明〕徐恕修,王继洛纂,张万钧校注:《嘉靖郑州志校释》,郑州市地方史志编纂委员会1988年编印本。

56. 〔民国〕许希之修,晏兆平纂:《(民国)光山县志约稿》,民国二十五年(1936)铅印本。

57. 〔清〕杨潮观纂辑:《(乾隆)林县志》,清乾隆十七年(1752)刊本。

58. 〔清〕杨汝楫纂修:《(康熙)固始县志》,清康熙三十二年(1693)刊本。

59.〔清〕杨世达纂修,殷时学校注:《(乾隆)汤阴县志》,清乾隆三年(1738)刻本,汤阴县志总编室 2003 年。

60.〔清〕杨世达纂修,张大猷、韩丽筠注:《(乾隆)汤阴县志》,清乾隆三年(1738)刻本,中国文史出版社 2007 年版。

61.〔清〕杨廷望修,张沐纂:《(康熙)上蔡县志》,清康熙二十九年(1690)刊本。

62.〔民国〕姚家望修,黄荫柟纂:《(民国)封丘县续志》,民国二十六年(1937)刊本。

63.〔明〕姚卿修,孙铎纂:《(嘉靖)鲁山县志》,天一阁藏明代方志选刊本 50,上海古籍书店 1982 年影印。

64.殷时学、陶涛主编:《岳飞庙志》,河南人民出版社 2007 年版。

65.〔清〕于沧澜、马家彦修,蒋师辙纂:《(光绪)鹿邑县志》,清光绪二十二年(1896)刊本。

66.〔清〕袁通修,方履篯、吴育纂:《(道光)河内县志》,清道光五年(1825)刊本。

67.〔明〕曾嘉诰修,汪心纂:《(嘉靖)尉氏县志》,天一阁藏明代方志选刊本 49,上海古籍书店 1982 年影印。

68.〔民国〕张嘉谋校注,南阳市地方史志办公室整理:《明嘉靖南阳府志校注》,中州古籍出版社 2021 年版。

69.〔民国〕张镇芳修,施景舜纂:《(民国)项城县志》,民国三年(1914)石印本。

70.〔民国〕张之清修,田春同纂:《(民国)考城县志》,民国十三年(1924)铅印本。

71.赵魁主编:《南阳蚕业志》,中州古籍出版社 1990 年版。

72.〔清〕赵希璜修,武亿纂:《(嘉庆)安阳县志》,清嘉庆四年(1799)刊本。

73.〔清〕赵擢彤修,宋缙纂:《(嘉庆)孟津县志》,清嘉庆二十一年(1816)刊本。

74.〔民国〕郑康侯修,朱撰卿纂:《(民国)淮阳县志》,民国二十三年(1934)铅印本。

75.〔清〕周际华修,戴铭等纂:《(道光)辉县志》,清光绪十四年(1888)补刻道光十五年(1835)本。

76.〔清〕周玑修,朱璇纂:《(乾隆)杞县志》,清乾隆五十三年(1788)刊本。

77.〔明〕周文龙修,孙绍等纂:《(嘉靖)磁州志》,明嘉靖三十二刻本,天一阁藏明代方志选刊续编本3,上海书店1990年影印。

78.〔清〕朱明魁修,何柏如纂:《(顺治)河南府志》,清顺治十八年(1661)刻,清康熙二年(1663)刊本。

79.〔清〕朱炜修,姚椿、洪符孙纂:《(道光)禹州志》,清道光十五年(1835)刊本。

80.〔清〕庄泰弘修,孟俊纂:《(顺治)光州志》,清顺治十七年(1660)刊本。

三、著作

1. 白选杰总主编:《河南农业策论》,西南交通大学出版社2012年版。

2. 北京大学考古文博学院、河南省文物考古研究所:《登封王城岗考古发现与研究(2002—2005)》,大象出版社2007年版。

3. 陈安仁:《中国农业经济史》,商务印书馆1948年版。

4. 陈文华等编著:《中国农业技术发展简史》,农业出版社1983年版。

5. 陈文华编著:《中国农业考古图录》,江西科学技术出版社1994年版。

6. 陈习刚主编:《郑州与黄帝文化》,河南人民出版社2008年版。

7. 程民生:《中国北方经济史——以经济重心的转移为主线》,人民出版社2004年版。

8. 程民生:《河南经济简史》,中国社会科学出版社2005年版。

9. 程民生主编:《河南经济通史》,河南大学出版社2012年版。

10. 程民生、程峰、马玉臣:《古代河南经济史》(下),程民生主编"河南经济通史"丛书,河南大学出版社2012年版。

11. 程有为主编:《黄河中下游地区水利史》,河南人民出版社2007年版。

12. 程有为主编:《中华通鉴·河南卷》,中国戏剧出版社2008年版。

13. 程有为:《河南史纲》,河南人民出版社2019年版。

14. 程有为总主编:《中原文化通史》(全八卷),河南人民出版社2019年版。

15. 程有为、王天奖主编:《河南通史》,河南人民出版社2005年版。

16. 程有为、魏绍生:《中原文化通史·魏晋南北朝》第四卷,河南人民出版社 2019 年版。

17. 戴念祖:《朱载堉——明代的科学和艺术巨星》,人民出版社 1986 年版。

18. 邓本章总主编:《中原文化大典》,中州古籍出版社 2008 年版。

19. 邓州市地方志编撰委员会:《邓州市志》,中州古籍出版社 1996 年版。

20. 董恺忱、范楚玉分卷主编:《中国科学技术史·农学卷》,科学出版社 2000 年版。

21. 鄂豫边区财经史编委会、河南省档案馆、河南省财政厅:《华中抗日根据地财经史料选编——鄂豫边区、新四军五师部分》,湖北人民出版社 1989 年版。

22. 范天平:《豫西水碑钩沉》,陕西人民出版社 2001 年版。

23. [美]费正清、费维恺:《剑桥中华民国史》,中国社会科学出版社 2006 年版。

24. 冯桂芬主编:《校邠庐抗议》,上海书店 2002 年版。

25. 冯紫岗主编:《刘端生南阳农村社会调查报告》,黎明书局 1934 年版。

26. 耿社民、刘小林主编:《中国家畜品种资源纲要》,中国农业出版社 2003 年版。

27. [日]古川末喜著,董璐译:《杜甫农业诗研究——八世纪中国农事与生活之歌》,西北大学出版社 2018 年版。

28. 郭宝钧:《山彪镇与琉璃阁》,科学出版社 1959 年版。

29. 郭予庆、杨松林、冯宛平等:《河南经济发展史》,河南人民出版社 1988 年版。

30. 河南省财政厅、河南省档案馆合编:《晋冀鲁豫抗日根据地财经史料选编(河南部分)》,档案出版社 1985 年版。

31. 河南省文物研究所:《河南考古四十年(1952—1992)》,河南人民出版社 1994 年版。

32. 河南省文物考古研究所:《舞阳贾湖》,科学出版社 1999 年版。

33. 河南省实业厅:《河南全省棉业调查报告书》,河南官印局 1925 年版。

34. 侯全亮主编:《民国黄河史》,黄河水利出版社 2009 年版。

35. 胡廷积主编:《河南农业发展史》,中国农业出版社 2005 年版。

36. 华北人民政府农业部编:《华北农业生产统计资料》(内部资料)(1),1949 年 6 月。

37.《黄河水利史述要》编写组:《黄河水利史述要》,黄河水利出版社 2003 年版。

38. 黄正林、张艳、宿志刚:《民国河南社会经济史》,社会科学文献出版社 2018 年版。

39. [美]黄宗智著:《中国农村的过密化与现代化:规范认识危机及出路》,上海社会科学院出版社 1992 年版。

40. 金秋鹏主编:《中国科学技术史·人物卷》,科学出版社 1998 年版。

41. 荆三林:《中国生产工具发展史》,中国展望出版社 1986 年版。

42. 李璠:《中国栽培植物发展史》,科学出版社 1984 年版。

43. 李京华、陈长山:《南阳汉代冶铁》,中州古籍出版社 1995 年版。

44. 李京华:《中原古代冶金技术研究》,中州古籍出版社 1995 年版。

45. 李文治:《中国近代农业史资料》(第 1 辑),生活·读书·新知三联书店 1957 年版。

46. 李文治等:《明清时代的农业资本主义萌芽问题》,中国社会科学出版社 1983 年版。

47. [英]李约瑟主编:《中国科学技术史》第一至五卷,科学出版社 1975—1978 年版。

48. [英]李约瑟主编:《中国科学技术史》第六卷《生物学及相关技术》中植物学,农业,畜牧业、渔业、农产品加工和林业三分册,科学出版社 1986、1988、1996 年版。

49. 李澍田主编:《东北农业近代化研究》,长白丛书研究系列之三,吉林文史出版社 1991 年版。

50. 梁方仲:《中国历代户口、田地、田赋统计》,上海人民出版社 1980 年版。

51. 梁家勉主编:《中国农业科学技术史稿》,农业出版社 1989 年版。

52. 刘仙洲:《中国古代农业机械发明史》,科学出版社 1963 年版。

53. 刘巽浩:《中国耕作制度》,农业出版社 1993 年版。

54. 刘有富、刘道兴:《河南生态文化史纲》,黄河水利出版社 2013 年版。

55. 洛阳市文物工作队编:《洛阳皂角树——1992—1993 年洛阳皂角树二里头文化聚落遗址发掘报告》,科学出版社 2002 年版。

56. 马雪芹:《明清河南农业地理研究》,台湾洪叶文化事业有限公司 1997

57. 闵宗殿:《中国古代农业科技史图说》,农业出版社 1989 年版。

58. 农业遗产研究室编著:《北方旱地农业》,中国农业科技出版社 1986 年版。

59. 农业遗产研究室:《太湖地区农业史稿》,农业出版社 1990 年版。

60. 彭邦炯:《甲骨文农业资料考辨与研究》,吉林文史出版社 1997 年版。

61. 裘锡圭:《古文字论集》,中华书局 1992 年版。

62. [日]日本防卫厅战史室编,天津市政协编译组译:《华北治安战》(下),天津人民出版社 1982 年版。

63. 山西省农业科学院编写组:《太岳革命根据地农业史资料选编》,山西科学技术出版社 1991 年版。

64. 盛福尧、周克前:《河南历史气候研究》,气候出版社 1990 年版。

65. 水利部淮河水利委员会《淮河水利简史》编写组:《淮河水利简史》,水利电力出版社 1990 年版。

66. 宋树友:《中华农器图谱》,中国农业出版社 2001 年版。

67. 苏全有、李风华主编:《清代至民国时期河南灾害与生态环境变迁研究》,线装书局 2011 年版。

68.《太行抗日根据地》编写组:《太行抗日根据地》(二),河南人民出版社 1986 年版。

69. 唐金培、程有为等:《河南水利史》,大象出版社 2019 年版。

70. [日]天野元之助:《中国农业史研究》,御茶の水书房 1962、1979、1981 年版。

71. [日]天野元之助著,彭世奖、林广信译:《中国古农书考》,农业出版社 1992 年版。

72. 王国维校:《水经注校》,上海人民出版社 1984 年版。

73. 王鸿生主编:《中国历史中的技术与科学——从远古到 1990》,中国人民大学出版社 1991 年版。

74. 王家葵等校注:《救荒本草校释与研究》,中医古籍出版社 2007 年版。

75. 王利华分册主编:《中国农业通史》,中国农业出版社 2009 年版。

76. 王鑫义主编:《淮河流域经济开发史》,黄山书社 2001 年版。

77. 王星光:《中国科技史求索》,天津人民出版社1995年版。

78. 王星光:《中国农史与环境史研究》,大象出版社2012年版。

79. 王星光主编:《中原文化大典·科学技术典》,中州古籍出版社2008年版。

80. 王星光主编:《中原科学技术史》,科学出版社2016年版。

81. 王星光、李秋芳:《郑州与黄河文明》,河南人民出版社2008年版。

82. 王星光、张新斌:《黄河与科技文明》,黄河水利出版社2000年版。

83. 王兴亚:《明清河南集市庙会会馆》,中州古籍出版社1998年版。

84. 汪家伦、张芳:《中国农田水利史》,农业出版社1990年版。

85. 温少锋、袁庭栋:《殷墟卜辞研究——科学技术篇》,四川省社会科学院出版社1982年版。

86. 吴存浩:《中国农业史》,警官教育出版社1996年版。

87. 武汉水利电力学院、水利水电科学研究院《中国水利史稿》编写组:《中国水利史稿(上册)》,水利电力出版社1979年版。

88. 夏明方:《民国时期自然灾害与乡村社会》,中华书局2000年版。

89. 谢成侠:《中国养马史》,农学出版社1959年版。

90. 谢成侠:《中国养牛羊史》,农业出版社1985年版。

91. 许道夫:《中国近代农业生产及贸易统计资料》,上海人民出版社1983年版。

92. 许顺湛:《五帝时代研究》,中州古籍出版社2005年版。

93. 许永彰:《河南古代科学家》,河南人民出版社1978年版。

94. 薛瑞泽:《古代河南经济史》(上),程民生主编"河南经济通史"丛书,河南大学出版社2012年版。

95. 阎万英、尹英华:《中国农业发展史》,天津科学技术出版社1992年版。

96. 严中平:《中国棉纺织史稿》,科学出版社1955年版。

97. 杨育彬:《河南考古》,中州古籍出版社1985年版。

98. 衣保中:《中国东北农业史》,吉林文史出版社1993年版。

99. 岳琛主编:《中国农业经济史》,中国人民大学出版社1989年版。

100. 曾雄生:《中国农学史》,福建人民出版社2008年版。

101. 曾雄生:《中国农学史》(修订本),福建人民出版社2012年版。

102. 张波:《西北农牧史》,陕西科学技术出版社 1989 年版。

103. 张春辉:《中国古代农业机械发明史补编》,清华大学出版社 1998 年版。

104. 张芳、王思明:《中国农业科技史》,中国农业科学技术出版社 2011 年版。

105. 张履鹏、王星光主编:《吴其濬研究》,中州古籍出版社 1991 年版。

106. 张文彬主编:《简明河南史》,中州古籍出版社 1996 年版。

107. 张新斌主编:《中原文化解读》,文心出版社 2007 年版。

108. 张援:《大中华农业史》,河南人民出版社 2017 年版。

109. 赵冈主编:《中国农业经济史》,幼狮文化事业公司 1989 年版。

110. 赵魁编纂:《南阳蚕业志》,中州古籍出版社 1990 年版。

111. 中国第二历史档案馆编:《中华民国史档案资料汇编》第五辑第二编(财政经济),凤凰出版社 1997 年版。

112. 中国农业百科全书总编辑委员会水利卷编辑委员会、中国农业百科全书编辑部编:《中国农业百科全书·水利卷》,农业出版社 1986 年版。

113. 中国农业百科全书总编辑委员会蚕业卷编辑委员会、中国农业百科全书编辑部编:《中国农业百科全书·蚕业卷》,农业出版社 1987 年版。

114. 中国农业百科全书总编辑委员会农作物卷编辑委员会、中国农业百科全书编辑部编:《中国农业百科全书·农作物卷》,农业出版社 1991 年版。

115. 中国农业百科全书总编辑委员会农业历史编辑委员会、中国农业百科全书编辑部编:《中国农业百科全书·农业历史卷》,农业出版社 1995 年版。

116. 中国农业遗产研究室编:《中国农学史(初稿)》上册,科学出版社 1959 年版。

117. 中国农业遗产研究室编:《中国农学史(初稿)》下册(1960 年 7 月脱稿),科学出版社 1984 年版。

118. 中国社会科学院考古研究所编:《中国考古学》,中国社会科学出版社 2003 年版。

119. 中国科学院考古研究所编著:《辉县发掘报告》,科学出版社 1956 年版。

120. 钟祥财:《中国农业思想史》,上海社会科学院出版社 1997 年版。

四、论文

1. 爱宕元、钟翀:《唐代前期华北村落一类型——河南修武县周村》,《杭州师范学院学报(社会科学版)》2003年第5期。

2. 安徽省博物馆:《安徽新石器时代遗址的调查》,《考古学报》1957年第1期。

3. 安金槐:《郑州地区的古代遗存介绍》,《文物参考资料》1957年第8期。

4. 白启庚:《开封"124"小麦之育成及推广》,《全国农林试验研究报告辑要》1941年第6期。

5. 北京大学考古实习队:《洛阳王湾遗址发掘简报》,《考古》1961年第4期。

6. 本刊编辑部:《农史研究三十年》,《中国农史》1984年第3期。

7. 《本会与河大农学院合作施行推广改良小麦种》,《河南农村合作月刊》1934年第6期。

8. 《本省手工业概况》,《河南政治月刊》1937年第3期。

9. 蔡惠林:《现代生态农业四个新概念》,《农村·农业·农民》2002年第2期。

10. 蔡莲珍、仇士华:《碳十三测定和古代食谱研究》,《考古》1984年第10期。

11. 曹树基:《清代玉米、番薯分布的地理特征》,《历史地理研究》第2辑,复旦大学出版社1990年版。

12. [日]潮见浩撰,赵志文译:《汉代铁官郡、铁器铭文与冶铁遗址》,《中原文物》1996年第2期。

13. 昌潍地区艺术馆等:《山东胶县三里河遗址发掘简报》,《考古》1977年第4期。

14. 陈庚荪:《华北棉花栽培问题》,《国际贸易导报》1936年第2期。

15. 陈良文:《唐代麻产地之分布及植麻技术》,《农业考古》1990年第2期。

16. 陈文华:《试论我国传统农业工具的历史地位》,《农业考古》1984年第1期。

17. 陈文华:《〈中国农业考古图录〉前言》,《农业考古》1994年第3期。

18. 陈文华:《中国农业考古资料索引(二十七)》,《农业考古》2003年第1期。

19. 陈星灿:《黄河流域农业的起源:现象和假设》,《中原文物》2001年第4期。

20. 陈雪香、王良智、王青:《河南博爱县西金城遗址2006—2007年浮选结果分析》,《华夏考古》2010年第3期。

21. 陈铮:《清代前期河南农业生产述略》,《史学月刊》1990年第2期。

22. 陈志达:《商代晚期的家畜和家禽》,《农业考古》1985年第2期。

23. 程民生:《宋代粮食生产的地域差异》,《历史研究》1991年第2期。

24. 党林涵:《河南农业推广之鸟瞰》,《农业推广通讯》1941年第8期。

25. 范毓周:《区域断代农史研究的力作——跋〈秦农业历史研究〉》,《中国农史》1998年第2期。

26. 范毓周:《河南巩义双槐树"河洛古国"遗址浅论》,《中原文化研究》2020年第4期。

27. 樊志民:《地区农业史的理论与实践》,《中国农史》1988年第4期。

28. 方壮猷:《战国以来中国步犁发展问题试探》,《考古》1964年第7期。

29. 高国荣:《试析农业史与环境史的区别——以20世纪中美两国的相关研究为例》,《社会科学战线》2019年第9期。

30. 高敏:《古代豫北的水稻生产问题》,《郑州大学学报》1964年第2期。

31. 高有鹏、解浩:《关于中原地区的农耕文明问题》,《河南大学学报(社会科学版)》2004年第6期。

32. 龚胜生:《汉唐时期南阳地区农业地理研究》,《中国历史地理论丛》1991年第2期。

33. 顾晓君、俞菊生、俞美莲等:《医用农业发展初探》,《上海农业学报》2007年第4期。

34. 邯郸市文物保管所等:《河北磁山新石器遗址试掘》,《考古》1977年第6期。

35. 韩茂莉:《宋代桑麻业地理分布初探》,《中国农史》1992年第2期。

36. 韩茂莉:《中国古代农作物种植制度略论》,《中国农史》2000年第3期。

37. 韩同超:《汉代华北的耕作与环境——关于三杨庄遗址内农田垄作的探

讨》,《中国历史地理论丛》2010 年第 1 期。

38. 韩香花:《新石器时代伊洛地区的原始农业及发展条件》,《农业考古》2009 年第 3 期。

39. 河北省文物管理处等:《河北武安磁山遗址》,《考古学报》1981 年第 3 期。

40. 何康:《〈西北农牧史〉序》,《农业考古》1990 年第 1 期。

41.《河南各县社会调查·民权》,《河南统计月报》1936 年第 6 期。

42.《河南各县社会调查·温县》,《河南统计月报》1936 年第 10 期。

43.《河南各县社会调查·武陟》,《河南统计月报》1937 年第 4 期。

44.《河南巩义双槐树遗址出土牙雕蚕》,《大众考古》2017 年第 11 期。

45. 河南省博物馆、洛阳市博物馆:《洛阳隋唐含嘉仓的发掘》,《文物》1972 年第 3 期。

46.《河南省各农场改组计划及进行情形》,《中国建设》1932 年第 3 期。

47. 河南省文化局文物工作队等:《从南阳宛城遗址出土汉代犁铧模和铸范看犁铧的铸造工艺过程》,《文物》1965 年第 7 期。

48. 河南文物工作队第二队孙旗屯清理小组:《洛阳涧西孙旗屯古遗址》,《文物参考资料》1955 年第 9 期。

49. 河南省文物考古研究所、内黄县文物保护管理所:《河南内黄县三杨庄汉代庭院遗址》,《考古》2004 年第 7 期。

50. 河南省文物考古研究所、内黄县文物保护管理所:《河南内黄县三杨庄汉代聚落遗址第二处庭院发掘简报》,《华夏考古》2010 年第 3 期。

51. 河南省文物考古研究院、北京大学考古文博学院、周口市文物考古所:《河南淮阳时庄遗址发现夏早期粮仓》,《中国文物报》2021 年 1 月 29 日第 008 版。

52. 河南省文物研究所:《河南新安县上孤灯汉代铸铁遗址调查简报》,《华夏考古》1988 年第 2 期。

53. 河南省文物研究所:《河南舞阳贾湖新石器时代遗址第二至六次发掘简报》,《文物》1989 年第 1 期。

54. 河南省整理水道改良土壤委员会:《整理水道改良土壤会刊》1936 年第 2 期。

55. 侯甬坚:《南阳盆地农作物地理分布的历史演变》,《中国历史地理论丛》1987年第1期。

56. 侯甬坚:《南阳盆地水利事业发展的曲折历程》,《农业考古》1987年第2期。

57. 胡恒洋、刘苏社、张俊峰等:《关于现代农业建设的认识和政策建议》,《宏观经济管理》2007年第2期。

58. 华林甫:《唐代粟、麦生产的地域布局初探》,《中国农史》1990年第2期。

59. 华林甫:《唐代粟、麦生产的地域布局初探(续)》,《中国农史》1990年第3期。

60. 华林甫:《唐代水稻生产的地理布局及其变迁初探》,《中国农史》1992年第2期。

61. 黄其煦:《黄河流域新石器时代农耕文化中的作物——关于农业起源问题的探索》,《农业考古》1982年第2期。

62. 黄祥续:《嵇含〈南方草木状〉对岭南药用植物的论述》,《广西中医药》1989年第5期。

63. 黄展岳:《古代农具统一定名小议》,《农业考古》1981年第1期。

64. 黄正林:《制度创新、技术变革与农业发展——以1927—1937年河南为中心的研究》,《史学月刊》2010年第5期。

65. 贾兵强:《裴李岗文化时期的农作物与农耕文明》,《农业考古》2010年第1期。

66. 贾兵强:《河南先秦水井与中原农业文明变迁》,《华北水利水电学院学报(社科版)》2012年第1期。

67. 贾贵浩:《河南近代农作物种植结构的调整与商品化发展》,《南都学坛》2005年第3期。

68. 蒋迎春:《班村遗址发掘获成果》,《中国文物报》1993年2月21日。

69. 金善宝:《淮北平原的新石器时代小麦》,《作物学报》1962年第1期。

70. 靳相木、薛兴利:《拓展农业外延:农业现代化的必由之路》,《农业现代化研究》1999年第4期。

71. 李伯谦:《文献所见大禹事迹与考古发现如何对应的若干思考》,张新斌、王青山主编：《登封：大禹故里故都》，大象出版社2020年版，第59—64页。

72. 李德保：《河南新郑出土的韩国农具范与铁农具》，《农业考古》1994年第1期。

73. 李帆：《评〈中国东北农业史〉》，《历史研究》1996年第4期。

74. 李根蟠：《试论〈吕氏春秋·上农〉等四篇的时代性》，载《农史研究》第八辑，农业出版社1989年版。

75. 李根蟠、王小嘉：《中国农业历史研究的回顾与展望》，《古今农业》2003年第3期。

76. 李根蟠：《农史学科发展与"农业遗产"概念的演进》，《中国农史》2011年第3期。

77. 李洪甫：《连云港地区农业考古概述》，《农业考古》1985年第2期。

78. 李华欧：《清代河南农业土地利用与作物种植》，《历史档案》2015年第02期。

79. 李京华：《河南古代铁农具》，《农业考古》1984年第2期。

80. 李京华：《河南古代铁农具（续）》，《农业考古》1985年第1期。

81. 李军：《我国现代农业发展模式术语述略》，《学习月刊》2012年第4期。

82. 黎沛虹：《历史上汉江上游的灌溉事业》，《农业考古》1990年第2期。

83. 李向东、郭天财、高旺盛：《河南农业技术发展史探讨》，《河南农业大学学报》2006年第1期。

84. 李仪祉：《后汉王景理水之探讨》，《黄河水利》1935年第2卷第3期。

85. 李友谋：《中原地区原始农业发展状况及其意义》，《农业考古》1998年第3期。

86. 李仲均、李庆元、李卫：《春秋、战国、秦汉冶铁遗址综述》，载中国地质学会编：《李仲均文集——中国古代地质科学史研究》，西安地图出版社1999年版。

87. 梁建国：《北宋东京近郊的农业转型》，《中山大学学报（社会科学版）》2020年第6期。

88. 梁振忠：《河南省柞蚕业发展史初探》，《中国蚕业》2008年第1期。

89. 刘昶、赵志军、方燕明：《河南禹州瓦店遗址2007、2009年度植物遗存浮选结果分析》，《华夏考古》2018年第1期。

90. 刘海汪:《首次发现的汉代农业间里遗址——中国河南内黄三杨庄汉代聚落遗址初识》,《法国汉学》第十一辑《考古发掘与历史复原》,中华书局 2006 年版。

91. 刘海旺、王炬、郭木森等:《洛阳孟津西山头唐墓》,《文物》1992 年第 3 期。

92. 刘杰、段德文、陈书光:《河南农村改革的历史回顾》,《协商论坛》2019 年第 7 期。

93. 刘洁:《〈中国东北农业史〉——填补空白的区域农史著作》,《中国农史》1994 年第 3 期。

94. 刘文远:《清代北方农田水利史研究综述》,《清史研究》2009 年第 2 期。

95. 刘新、张方、宋海富:《从"中耕图"看南阳汉代铁农具》,《江汉考古》1999 年第 1 期。

96. 刘兴林:《河南内黄三杨庄农田遗迹与两汉铁犁》,《北京师范大学学报(社会科学版)》2011 年第 5 期。

97. 刘学顺、古月:《武丁复兴与农业生产》,《郑州大学学报(哲学社会科学版)》1991 年第 3 期。

98. 罗桂环:《关于今本〈南方草木状〉的思考》,《自然科学史研究》1990 年第 2 期。

99. 骆明、陈红军:《汉代农田布局的一个缩影——介绍淮阳出土三进陶院落模型的田园》,《农业考古》1985 年第 1 期。

100. 洛阳博物馆:《洛阳西高崖遗址试掘简报》,《考古》1981 年第 7 期。

101. 马虹:《天野元之助与〈中国农业史研究〉》,《农业考古》1984 年第 2 期。

102. 马宁:《日本学者评我国农业史的研究》,《农业考古》1984 年第 2 期。

103. 马雪芹:《明清河南粮食作物的地理分布及结构变化》,《中国历史地理论丛》1996 年第 1 期。

104. 马雪芹:《古代河南的水稻种植》,《农业考古》1998 年第 3 期。

105. 马雪芹:《明清时期玉米、番薯在河南的栽种与推广》,《古今农业》1999 年第 1 期。

106. 毛忠绪、孙延波:《一部开山之作,一蹬攀高之阶——评吴存浩先生的

〈中国农业史〉》,《昌潍师专学报》1997年第1期。

107. 孟秋菊:《现代农业与农业现代化概念辨析》,《农业现代化研究》2008年第3期。

108. 渑池县文化馆、河南省博物馆:《渑池县发现的古代窖藏铁器》,《文物》1976年第8期。

109. 闵宗殿:《读〈救荒本草〉(〈农政全书〉本)札记》,《中国农史》1994年第1期。

110. 南京博物院:《江苏文物考古三十年》,《文物考古工作三十年1949—1979》,文物出版社1979年版。

111.《南阳绸之现状与将来》,《东方杂志》1919年第10期。

112. 宁可、魏明孔:《〈中国农业百科全书·农业历史卷〉品评》,《博览群书》1997年第3期。

113. 宁文阁、上官荣光、刘洁等:《河南三门峡商务区中学9号唐墓发掘简报》,《中原文物》2018年第4期。

114. 彭邦炯:《商代农业新探》,《农业考古》1988年第2期。

115. 彭邦炯:《商代农业新探(续)》,《农业考古》1989年第1期。

116. 秦玉美:《河南粮食作物发展概况》,《中州今古》1984年第1期。

117. 邱恩义:《新世纪的农业概念》,《社会科学战线》1999年第5期。

118. 裘锡圭:《甲骨文中所见的商代农业》,载《农史研究》第八辑,农业出版社1989年版。

119. 任怀国:《〈中国农业史〉评介》,《中国史研究动态》1998年第3期。

120. 任继周:《论华夏农耕文化发展过程及其重农思想的演替》,《中国农史》2005年第2期。

121. 任式楠:《我国新石器—铜石器并用时代农作物和其它食用植物遗存》,《史前研究》1986年第3、4期合刊。

122. 赛树奇:《关于现代农业的两个基本概念》,《新农业》2015年第13期。

123. 师永伟:《河南农业史研究的回顾与反思》,《郑州航空工业管理学院学报(社会科学版)》2018年第5期。

124. 师永伟:《民国时期河南农业科技述论》,《中原文化研究》2018年第5期。

125. 宋树友:《中国农业历史学会理事长宋树友研究员的讲话》,《中国农史》2006年第1期。

126. 宋兆麟:《我国的原始农具》,《农业考古》1986年第1期。

127. 苏全有、曹风雷:《河南生态环境变迁史研究综述》,《河南广播电视大学学报》2006年第2期。

128. 孙枋:《农业推广委员会在豫推广良种美棉经过及成效》,《农业推广通讯》1947年第3期。

129. 佟屏亚:《刍议农业史研究》,《农业考古》1998年第1期。

130. 屠家骥:《中原种稻史考》,《中州今古》1985年第4期。

131. 王大宾:《汉代中原诸郡农耕技术选择趋向》,《中国农史》2012年第1期。

132. 王丁、桂娟、双瑞:《"河洛古国"掀起盖头,黄帝时代的都邑找到了?》,《新华每日电讯》2020年5月8日第09—10版。

133. 王发武:《开展农史科研新阶段 更好地为建设社会主义现代化农业服务》,《农业考古》1988年第1期。

134. 王吉怀:《从裴李岗文化的生产工具看中原地区的早期农业》,《农业考古》1985年第2期。

135. 王克林:《殷周使用青铜农具之考察》,《农业考古》1985年第1期。

136. 王建革:《近代华北的农业生态与社会变迁——兼论黄宗智"过密化"理论的不成立》,《中国农史》1999年第1期。

137. 王仁湘:《论我国新石器时代的蚌制生产工具》,《农业考古》1987年第1期。

138. 王思明:《观念的更新与农史学科的发展》,《农业考古》1995年第1期。

139. 王思明:《农史研究:回顾与展望》,《中国农史》2002年第4期。

140. 王思明:《美洲原产作物的引种栽培及其对中国农业生产结构的影响》,《中国农史》2004年第2期。

141. 王松良、C. D. Caldwell、祝文烽:《低碳农业:来源、原理和策略》,《农业现代化研究》2010年第5期。

142. 王象坤、孙传清、张居中:《中国栽培稻起源研究的现状与展望》,《农业考古》1998 年第 1 期。

143. 王新环:《河南方志中的农谚》,《农业考古》2015 年第 1 期。

144. 王星光:《传统农业的概念、对象和作用》,《中国农史》1989 年第 1 期。

145. 王星光:《中国传统耕犁的发生、发展及演变》,《农业考古》1989 年第 1 期。

146. 王星光:《中国传统耕犁的发生、发展及演变(续)》,《农业考古》1989 年第 2 期。

147. 王星光:《中国传统耕犁的发生、发展及演变(续)》,《农业考古》1990 年第 1 期。

148. 王星光:《中国传统耕犁的发生、发展及演变(续)》,《农业考古》1990 年第 2 期。

149. 王星光:《炎黄二帝与科技发明》,《中原文物》1999 年第 4 期。

150. 王星光:《中国古代中耕简论》,《中国农史》2000 年第 3 期。

151. 王星光:《中国全新世大暖期与黄河中下游地区的农业文明》,《史学月刊》2005 年第 4 期。

152. 王星光:《商代的生态环境与农业发展》,《中原文物》2008 年第 5 期。

153. 王星光:《气候变化与黄河中下游地域的早期稻作农业》,《中国农史》2011 年第 3 期。

154. 王星光:《李家沟遗址与中原农业的起源》,《中国农史》2013 年第 6 期。

155. 王星光、陈文华:《试论我国传统农业生产技术的生命力》,《农业考古》1985 年第 2 期。

156. 王星光、符奎:《三杨庄遗址所反映的汉代农田耕作法》,《中国农史》2013 年第 1 期。

157. 王星光、高歌:《中国古代花卉饮食考略》,《农业考古》2006 年第 1 期。

158. 王星光、李秋芳:《太行山地区与粟作农业的起源》,《中国农史》2002 年第 1 期。

159. 王星光、徐栩:《新石器时代粟稻混作区初探》,《中国农史》2003 年第 3 期。

160. 王兴亚:《关于元朝前期黄河中下游地区的农业问题》,《郑州大学学报》1963 年第 4 期。

161. 王毓瑚:《关于"农桑辑要"》,《北京大学学报》1956 年第 2 期。

162. 王玉金:《试析南阳汉画中的农业图像》,《农业考古》1994 年第 1 期。

163. 王质彬:《黄河流域农田水利史略》,《农业考古》1985 年第 2 期。

164. 王忠全:《许昌种稻史浅考》,《河南大学学报(哲学社会科学版)》1989 年第 1 期。

165. 魏林:《古代河南农田水利辑述》,《中州今古》1987 年第 6 期。

166. 魏仁华:《南阳古代的畜牧业》,《南都学坛》1990 年第 4 期。

167. 魏天安、李晓荣:《北宋时期河南的农业开发》,《中州学刊》2001 年第 4 期。

168. 吴海涛:《隋唐时期淮北地区农业经济的繁荣》,《徐州师范大学学报(哲学社会科学版)》2007 年第 5 期。

169. 吴汝祚:《初探中原和渭河流域的史前农业及其有关问题》,《华夏考古》1993 年第 2 期。

170. 谢伟:《案板遗址灰土中所见的农作物》,《考古与文物》1988 年第 5、6 期合刊。

171. 修燕山、白侠:《安徽寿县牛尾岗的古墓和五河濠城镇新石器时代遗址》,《考古》1959 年第 7 期。

172. 徐海亮:《南阳陂塘水利的衰败》,《农业考古》1987 年第 2 期。

173. 徐海亮:《古代汝南陂塘水利的衰败》,《农业考古》1994 年第 1 期。

174. 许天申:《论裴李岗文化时期的原始农业——河南古代农业研究之一》,《中原文物》1998 年第 3 期。

175. 偃师商城博物馆:《河南偃师县四座唐墓发掘简报》,《考古》1992 年第 11 期。

176. 严文明:《中国稻作农业的起源》,《农业考古》1982 年第 1、2 期。

177. 严文明:《稻作农业的起源与小鲁里稻谷》,《农业考古》2003 年第 3 期。

178. 杨凡、顾万发、靳桂云:《河南郑州汪沟遗址炭化植物遗存分析》,《中国农史》2020 年第 2 期。

179. 杨宽:《我国历史上铁农具的改革及其作用》,《历史研究》1980 年

5 期。

180. 杨升南:《商代的畜牧业》,载《华夏文明》第 3 集,北京大学出版社 1992 年版。

181. 杨世基、刘源甫:《对传统农业向现代农业过渡概念的商榷》,《农业经济问题》1991 年第 8 期。

182. 扬则坤:《农业的概念和范围之我见》,《四川农业大学学报》1988 年第 3 期。

183. 杨肇清、张西焕:《略论河南境内史前稻作农业》,《中原文物》2000 年第 5 期。

184. 杨肇清:《河南舞阳贾湖遗址生产工具的初步研究》,《农业考古》1998 年第 1 期。

185. 叶小燕:《中原地区战国墓初探》,《考古》1985 年第 2 期。

186. 尹君、苏筠:《农谚在河南冬小麦种植及气候适应中的应用》,《地域研究与开发》2011 年第 4 期。

187. 余扶危、叶万松:《洛阳农业考古概述》,《农业考古》1986 年第 1 期。

188. 俞菊生:《都市农业的定义、特征、特性与主要模式》,《经济研究参考》1999 年第 85 期。

189. 俞菊生:《上海都市型"数字农业"发展对策》,《农业图书情报学刊》2004 年第 2 期。

190. 俞菊生、卢起建、曾勇等:《市郊品牌农业研究——透析青浦品牌农业现状》,《上海农业学报》2006 年第 2 期。

191. 俞菊生:《上海市都市型现代农业与休闲农业实践》,《北京农业职业学院学报》2008 年第 5 期。

192. 俞菊生、张晨、吴轶韵:《我国都市型现代农业理论研究与实践进展》,载中国科学技术协会学会学术部编:《第十三届中国科协年会第 17 分会场城乡一体化与"三农"创新发展研讨会论文集》,2011 年 8 月 21 日。

193.《豫整理水道改良土壤委员会两年来的工作》,《大公报》1936 年 9 月 23 日第 10 版。

194. 袁志清:《现代持续农业的概念及特征》,《农村研究》1999 年第 6 期。

195. 张宝浒:《几组农业概念的区别》,《中学地理教学参考》1994 年第

3期。

196. 张波:《关于"农业近代化"的共鸣——读衣保中〈东北农业近代化研究〉有感》,《北方文物》1992年第3期。

197. 张芳:《中国地区农业史的研究现状与趋势》,《中国农史》1993年第1期。

198. 张海洋:《浅谈我国现代农业》,《中国农业信息》2012年第13期。

199. 张晶、张富鼎:《农谚的生态叙事研究——以河南农谚为例》,《河南社会科学》2016年第7期。

200. 张静愚:《河南省经济建设概况》,《实业部月刊》1937年第2期。

201. 张居中:《环境与裴李岗文化》,载《环境考古研究》(第一辑),科学出版社1991年版。

202. 张居中、孔昭宸、刘长江:《舞阳史前稻作遗存与黄淮地区史前农业》,《农业考古》1994年第1期。

203. 张锴生:《中国最早的稻作与稻作农业起源中心》,《中原文物》2000年第2期。

204. 张铭:《从社会史上去观察河南的现阶段》,《河南政治月刊》1932年第12期。

205. 张敏等:《高邮龙虬庄遗址发掘获重大成果》,《中国文物报》1993年9月5日。

206. 张民服:《河南古代农田水利灌溉事业》,《郑州大学学报(哲学社会科学版)》1990年第5期。

207. 张强:《由三杨庄遗址中的农田遗迹看商周及其以前农耕方式的演变》,《中国农史》2014年第5期。

208. 张胜哲、常城:《灾荒史研究的最新力作——评〈清代至民国时期河南灾害与生态环境变迁研究〉》,《华北水利水电学院学报(社科版)》2012年第3期。

209. 张之恒:《黄河流域的史前粟作农业》,《中原文物》1998年第3期。

210. 郑乃武:《小谈裴李岗文化的农业》,《农业考古》1983年第2期。

211. 赵春青:《夏代农业管窥——从新砦和皂角树遗址的发现谈起》,《农业考古》2005年第1期。

212. 赵丰:《唐代蚕桑业的地理分布》,《中国历史地理论丛》1991年第2期。

213. 赵晋三:《河南土地整理问题》,载萧铮主编:《民国二十年代中国大陆土地问题资料》,成文出版社1977年版。

214. 赵松乔:《中国农业(种植业)的历史发展和地理分布》,《地理研究》1991年第1期。

215. 赵志军、方燕明:《登封王城岗遗址浮选结果及分析》,《华夏考古》2007年第2期。

216. 赵志军、张居中:《贾湖遗址2001年度浮选结果分析报告》,《考古》2009年第8期。

217. 赵志军、刘昶:《偃师二里头遗址浮选结果的分析和讨论》,《农业考古》2019年第6期。

218. 甄尽忠:《论唐代的水灾与政府的赈济》,《农业考古》2012年第1期。

219. 郑州市博物馆:《郑州古荥镇发现大面积汉代冶铁遗址》,《中原文物》1977年第1期。

220. 郑州市博物馆:《郑州古荥镇汉代冶铁遗址发掘简报》,《文物》1978年第2期。

221. 郑州市文物考古研究所:《荥阳青台遗址出土纺织物的报告》,《中原文物》1999年第3期。

222. 中国社会科学院考古研究所河南二队:《河南偃师市杏园村唐墓的发掘》,《考古》1996年第12期。

223. 钟华、张永清等:《河南登封程窑遗址浮选结果与分析》,《农业考古》2018年第6期。

224. 钟华、吴业恒等:《河南洛阳王圪垱遗址浮选结果及分析》,《农业考古》2019年第1期。

225. 钟庆君:《家庭积聚式规模农业对完善农村基本经营制度和推进现代农业发展的作用》,《山东农业大学学报(社会科学版)》2013年第1期。

226. [日]中尾佐助著,王仲殊译:《河南省洛阳汉墓出土的稻米》,《考古学报》1957年第4期。

227. 周宝珠:《北宋时的河南酿酒业》,《中州今古》1984年第4期。

228. 周魁一:《先秦传说中大禹治水及其含义的初步解释》,《武汉水利电力学院学报》1978 年第 Z1 期。

229. 周军、冯健:《从馆藏文物看洛阳汉代农业的发展》,《农业考古》1991 年第 1 期。

230. 周锡桢:《河南盐碱地利用之研究》,载萧铮主编:《民国二十年代中国大陆土地问题资料》,成文出版社 1977 年版。

231. 周应恒、耿献辉:《现代农业内涵、特征及发展趋势》,《中国农学通报》2007 年第 10 期。

232. 周源和:《甘薯的历史地理——甘薯的土生、传入、传播与人口》,《中国农史》1983 年第 3 期。

233. 周肇基:《我国最早的救荒专著——〈救荒本草〉》,《植物杂志》1990 年第 6 期。

234. 朱自振:《有关地区农业史的几点浅识》,《中国农史》1992 年第 4 期。

235. 邹逸麟:《历史时期黄河流域水稻生产的地域分布和环境制约》,《复旦学报(社会科学版)》1985 年第 3 期。

五、学位论文

1. 包艳杰:《三至十二世纪河南农作物种植技术研究》,南京农业大学 2014 年博士学位论文。

2. 常全旺:《清代豫西地区农田水利建设及其管理》,陕西师范大学 2011 年硕士学位论文。

3. 陈娜:《明代河南人口问题探析》,河南大学 2014 年硕士学位论文。

4. 陈炜祺:《汉代南阳盆地经济地理初探》,武汉大学 2005 年硕士学位论文。

5. 陈蕴真:《黄河泛滥史:从历史文献分析到计算机模拟》,南京大学 2013 年博士学位论文。

6. 代永峡:《明代中原地区流民对区域农业发展的影响》,西北农林科技大学 2015 年硕士学位论文。

7. 董建新:《1927—1937 年河南田赋研究》,河南大学 2007 年硕士学位论文。

8. 范豪志:《清末民初河南农业教育研究(1902—1919)——以蚕桑学堂(校)为例》,河南师范大学 2012 年硕士学位论文。

9. 侯普慧:《1927—1937 年河南农田水利事业研究》,河南大学 2007 年硕士学位论文。

10. 胡钢:《中国古代土地市场发育研究》,西北农林科技大学 2003 年硕士学位论文。

11. 黄遵福:《汉晋时期南阳盆地农业科学技术探析》,郑州大学 2005 年硕士学位论文。

12. 孔辉:《试论北宋时期河南地区的农业发展》,华中师范大学 2006 年硕士学位论文。

13. 李华欧:《清代中原地区农业经济与社会发展研究》,郑州大学 2016 年博士学位论文。

14. 李军强:《1931—1937 年河南农业科技改良研究》,河南大学 2012 年硕士学位论文。

15. 李凯学:《清代河南农作物种植结构研究》,郑州大学 2013 年硕士学位论文。

16. 李文琦:《河南粮食核心区转变农业发展方式的路径研究》,河南工业大学 2016 年硕士学位论文。

17. 刘宸:《论明清时期河南棉花的商品化发展》,西南大学 2014 年硕士学位论文。

18. 刘霜:《河南城郊农业发展思路研究》,郑州大学 2012 年硕士学位论文。

19. 刘文文:《明代河南土地研究》,河南大学 2014 年硕士学位论文。

20. 娄婧婧:《中原地区传统典型木质农耕器具研究》,中南林业科技大学 2013 年硕士学位论文。

21. 牛连美:《河南省有机农业现状及发展对策研究》,河南农业大学 2012 年硕士学位论文。

22. 潘景果:《论中原农具造型演变的研究》,江南大学 2009 年硕士学位论文。

23. 裴东鑫:《河南现代农业发展路径研究》,郑州大学 2006 年硕士学位论文。

24. 彭辛迪:《清代南阳地区农业地理研究》,西北师范大学 2013 年硕士学位论文。

25. 乔文军:《农业水权及其制度建设研究》,西北农林科技大学 2007 年硕士学位论文。

26. 史亚川:《河南特色农业发展问题的研究》,河南师范大学 2015 年硕士学位论文。

27. 宋军令:《明清时期美洲农作物在中国的传种及其影响研究——以玉米、番薯、烟草为视角》,河南大学 2007 年博士学位论文。

28. 王大宾:《技术、经济与景观过程——清至民国年间的河南农业》,陕西师范大学 2016 年博士学位论文。

29. 王大宾:《秦汉时期中原地区环境的变迁与农耕技术的选择》,郑州大学 2010 年硕士学位论文。

30. 王建华:《黄河中下游地区史前人口研究》,山东大学 2005 年博士学位论文。

31. 王星光:《黄河中下游地区生态环境变迁与夏代的兴起和嬗变探索》,郑州大学 2003 年博士学位论文。

32. 王苏予:《明清时期河南区域商品性农业问题研究》,郑州大学 2010 年硕士学位论文。

33. 汪兴和:《元代劝农机构研究》,暨南大学 2004 年硕士学位论文。

34. 武欣:《河南大赉店遗址龙山时期植物遗存分析》,山东大学 2016 年硕士学位论文。

35. 吴志远:《清代河南商品经济研究》,南开大学 2012 年博士学位论文。

36. 闫继昕:《明代河南赋役研究》,河南大学 2014 年硕士学位论文。

37. 杨杰:《河南偃师二里头遗址的动物考古学研究》,中国社会科学院研究生院 2006 年硕士学位论文。

38. 袁慧:《清末河南蚕桑教育与丝织业发展研究(1904—1911)》,河南师范大学 2016 年硕士学位论文。

39. 岳亚莉:《豫北地区战国墓研究》,郑州大学 2010 年硕士学位论文。

40. 张艾平:《1949—1965 年河南农田水利评析》,河南大学 2007 年硕士学位论文。

41. 张军涛:《商代中原地区农业研究》,郑州大学 2016 年博士学位论文。

42. 张亮:《制约河南农业产业化发展的资金融通问题研究——基于中原经济区建设背景》,河南工业大学 2013 年硕士学位论文。

43. 赵长贵:《明清中原生态环境变迁与社会应对》,南京大学 2011 年博士学位论文。

44. 赵海洲:《东周车马埋葬制度初探》郑州大学 2004 年硕士学位论文。

45. 赵航:《唐代河南地区农业研究》,上海师范大学 2005 年硕士学位论文。

46. 赵宏博:《河南省生态农业发展现状与对策研究》,河南农业大学 2014 年硕士学位论文。

47. 赵建新:《明清时期怀庆府的农田水利研究》,陕西师范大学 2014 年硕士学位论文。

48. 周晨星:《河南"丁戊奇荒"与袁保恒赈灾研究》,郑州大学 2016 年硕士学位论文。

49. 周方高:《宋朝农业管理初探》,浙江大学 2005 年博士学位论文。

50. 宗金林:《秦汉时期河南地区农业与环境条件》,郑州大学 2009 年硕士学位论文。

后　记

历时近 4 年的《河南农业史》书稿终于完成，但心中仍忐忑，思绪万千。想到自己从湖北村庄到集镇，从集镇到城市，从城市回县城乡镇，从乡镇到县城，从县城到城市，再从湖北到河南城市，在乡村、集镇和城市间辗转几十年，发现自己的根仍在乡村，那里有生我养我的父母，有血脉相连的兄弟姐妹，有乡情绵长的故乡人。从农村走出来又根在农村，有幸来河南省社会科学院工作 20 多年，并主持撰写一部历史悠久、农耕文明影响深远的农业大省的农业史，既深感荣幸，又诚惶诚恐。河南已是我的第二故乡，不说几千年历史长时段的沧海桑田，就是近几十年，农业、农村变化的日新月异也是有目共睹，但这变化的后面又有着农业上永恒的不变的东西。认识农业、农村和农民，整体上把握农业发展演变的脉络与规律，并不是一件唾手可得的事。

民以食为天，农业是民生的根基。作为一个农民的儿子，对农业、农村、农民本有着与生俱来的、深切的感受与体验。我的老家在湖北黄冈浠水县巴河镇的一个临河边不远的小乡村，位于上巴河与下巴河之间。巴河镇是现代民主斗士、著名诗人闻一多的故乡，因巴水河而名，巴水河是长江中游北边的一个小支流，河里常年驻停和来往着大量挖沙船。河的对岸就是黄冈市黄州区孙镇。老家先是临近河边，因雨季时常的水患，第一次就迁到距河边远而地势略高一点的地方，第二次迁到三面环山的山脚下。在塆里，习惯称为山里。说是山，不过只是一二十米高的小山丘，离河边也就二三里路，山前山后也就是塆前塆后。约 10 年前，再次随山里的两排住户迁出，房子建在塆里面河较前的地方，离河边近了 200 米左右,但不是县城来往西河街的路旁,多了那么一点清静。

记事的时候,印象最深的就是农忙双抢时去捡稻子。大集体生产的年代,生产基本上是整个生产队社员全体出工。大人们抱稻穗、捆草头、挑草头,我们小孩子们则跟在大人们后面,争抢抱捆后掉落的一穗或几穗稻子。等田间散铺的稻子成了田岸上一捆一捆草头的时候,便把所拾捡到的稻禾让大人们用粗草绳捆在一起,扛在肩上或抱在怀里带到生产队稻场,让队上的负责人称了,便可以算工分了。那时,所做的农活,除了捡稻子,还有拾捡麦子和甘薯。当时田地所种植的农作物,田间主要有稻子、油菜,间或有沤绿肥用的草籽;地间主要种棉花、麦子(大麦和小麦)、高粱,少量种有芝麻、大豆、甘薯。拾捡牛犁下土中翻出来的大大小小的甘薯就像看小年前捞池塘里的鱼一样欢乐,想象着寒冬腊月里吃上家中地窖里与胡萝卜和白萝卜一起越冬的甘薯,甜脆可口。

鱼塘的鱼是队里共有的,年底捞鱼的时候,有以小渔船撒网捞起,有用大渔网来来回回从一边拉过整个池塘捞起,有抽干池塘捞起。鲤鱼、草鱼、青鱼、鲢鱼、鳙鱼、鲫鱼、黑鱼等一堆堆,活蹦乱跳,主要是鲢鱼与鳙鱼,称为"涩鱼"的鲤鱼、草鱼相对较少,然后各种鱼搭配着一家一家地分完。虽然自家分得不多,但看鱼的那种快乐、热望与即将可尝一点鲜美鱼汤的兴奋,难以忘怀。

再就是送餐。到下午四五点的时候,家家户户陆续有人给在田间劳作的家人们送上加餐,这多是孩子们或爹爹婆婆的事。一般是一碗面条加上 2 个荷包蛋或几张煎饼,奢侈一些的就是水饺(包面)或肉丝面,简单却都是香喷喷的美餐。吃加餐时的问候声、应答声、笑语声此起彼伏,热闹洋溢四方。

大集体生产的年代,像我家大口阔而劳动力少,姊妹兄弟 5 人,还有婆婆,虽然父母艰辛,早出晚归,终日劳作,但在那以工分分口粮等生活必需品的年代,生活清苦,过年的时候才难得吃上一些鱼肉,包括生产队分得的一点牛肉。因经济条件不好,姐姐初中被迫辍学。姐姐的学习成绩一向都好,在年级里都名列前茅,在小学就跳级升学。当时在上学期间,放学后还负责做饭、洗衣等家务。为了姐姐上学之事,班主任及塆中在学校任教的老师多次到家里做父母的工作,但终于还是没能继续上学。姐姐话少文静,做事认真细心,老师一直觉得遗憾,说我姐姐是最有潜力靠读书走出来的学生。我后来明白,没能让姐姐继续上学,是父母对她的最大亏欠,也是姐姐人生中最大的牺牲与遗憾,如果姐姐能继续升学,可能不是后来的人生。而我生性愚钝,学习潜力远不如姐姐,仍然能够继续上学念书,除当时家里的经济条件的确不允许外,也有乡里那种父母一点重男轻女的思想影响。我能通过读书走出家乡,能有现在这份专门而清静的工作,有着姐姐的巨大支持和无私奉献。姐姐后来一直务农,不到50岁的年龄,就因疾病离开了人世。我现在明白,有姐妹的家中,我是多么的幸福,直至我参加工作了,在家里都没有做过烧饭、洗碗和洗衣等家务,而这些都是姐姐和妹妹们做了。这"幸福"的背后,是她们的默默付出。

实行分田到户后,母亲说了一句让我终生难忘的话:"以前累死累活连饭都吃不饱,现在起码做多做少随自己了。"自主、自由,是最大的变化。同时,村人的精神风貌也有改观。以往常见的跳塘、吊颈、喝农药等自杀事件,溺亡、摔死等横死事件,及魂灵附体(或称"鬼附体""鬼上身",北方称"撞客"),疯癫等诡异现象,似乎突然间都消失了。当然,肚子是能填饱的。但我感觉的确切的变化,是真正体会到农活的繁重与辛劳。在集体生产的年代,因为年龄小与体力弱,并没有参与到繁重的农业生产中。那时大人们是辛劳的,但孩子多少还是轻松的。分田到户后,所有的农活都是一家一户自己做,几乎每家都是全体出动。这种场景如唐代诗人白居易《观刈麦》中所描绘的:

田家少闲月,五月人倍忙。

夜来南风起,小麦覆陇黄。

妇姑荷箪食,童稚携壶浆。

相随饷田去,丁壮在南冈。

足蒸暑土气,背灼炎天光。

力尽不知热,但惜夏日长。

复有贫妇人,抱子在其旁。

右手秉遗穗,左臂悬敝筐。

听其相顾言,闻者为悲伤。

家田输税尽,拾此充饥肠。

今我何功德,曾不事农桑。

吏禄三百石,岁晏有余粮。

念此私自愧,尽日不能忘。[1]

---

[1] 〔清〕彭定求等:《全唐诗》卷四二四,中华书局1960年版,第4655—4656页。

麦收时节,男女老少各尽所能,为麦收忙碌着。对农民的辛苦劳碌及贫困,诗人饱含着同情和悲悯之心。这长时段的历史情景让人感觉到什么是永恒、什么是传承。

农忙中,如收割,包括割谷、抱谷、捆谷,挑草头、码草头,打谷、扬谷、捆谷草、晒场,最后挑谷子到家进仓等一系列繁重的农活;又如播种,包括灌田、犁田、耙田、育秧、扯秧、插秧、薅田,等等,所有这些,随着年岁的增长,我慢慢尝到农业劳作的辛苦。那时多带着睡意,在父母的催促下,三五更爬起来,披星戴月,与父母一起去田间扯秧;七八点后回家匆匆吃过早饭,就挑秧去田间,在田间撒好秧把子后就开始栽秧,从上午延至天黑。午餐就在田岸上吃送来的饭菜,提前让一人回家吃饭,再把其他人的饭捎过来。星斗满天之际,在蚊虫的亲吻和四处而起的蛙声、蛐蛐声的欢送下,疲惫不堪地回到家里。尤其是烈日炎炎的下午,在田间发烫的泥水里插秧,背上烤灼着太阳,弓腰左右前后移动,手脚眼身子不停地运动,全身汗水混合着泥水,时间长了,直不起腰,甚至感觉不到脚肚上吸血到圆滚滚的蚂蟥(水蛭)所带来的疼痒。那时候也深深体会到唐代诗人李绅(772—846)《悯农》之二诗中所饱含的对粮食粒粒来之不易的真实情怀:

> 锄禾日当午,汗滴禾下土。
>
> 谁知盘中餐,粒粒皆辛苦。[1]

珍惜粮食,尊重劳动,只有亲身体验和付出,才能真正感同身受。现在,儿子生在城市,虽然也回过乡村,但已是五谷不分、草菜不辨,更不用说做农活了。对粮食来之不易的认识完全没有我们这一辈那种刻骨铭心的情愫。学校教育里是不是有必要开设一定的农活体验课或实习课呢?对那些一直生长在城市里的孩子能不能增加有假期在乡村务农的实践记录要求呢?

至于捡棉花的闷热、收割麦子的暑气熏蒸、挑草头的肩疼重压、避雷阵雨赶抢抱捆田间谷穗的紧张,等等,都是身体力行的感受。最费时费力又难熬的活儿便是秧田灌溉。村子虽然距河近,一片敞平,但环境并不好。说干就干了,说淹就淹了。靠天吃饭的年代,天旱时河渠塘港见底,庄稼用水成大问题,收成大减;雨水多时,江水倒灌,河渠塘港满溢,田地一片汪洋,颗粒无收。水灾严重

---

[1] 〔清〕彭定求等:《全唐诗》卷四八三,中华书局1960年版,第5494页。

时,住房都淹了,这也是屡次迁家的原因。天干水少,秧田不几天就得灌水,得用水车从池塘或港渠里提水灌溉。因所分田离水源较远,须经别家田间过水,往往水车提水(车水)半天,费了好大的气力,自家田还没见水。塘水浅时,更是费力。大集体生产时,车水是轮流换班,每4人或6人一班,年轻力壮者上。塘水浅时,每侧3人,下面站水里则2人。分田到户后,单家独户,劳力不足的,孩子也上了。我家,每次都是父亲肩扛水车,每天至少在家里与田间水源处往返一趟,想着父亲不大的块头,确实不易。车水时,父母、我与姐姐,有时候一天下来,田间还没有灌好水,人已累得腰酸臂痛。骄阳似火的大热天,车水的速度好像赶不上老天爷的蒸发速度。我做农活的时间,还仅仅是假期中不多的时日,觉得又苦又累,想到父母、姐姐,一生未离开过土地,一年到头终日劳作,几十年如一日,我心中充满了敬意。

还有些农活,在分田到户后,变得更加零碎,得花更多的时日和精力。大集体时代,如稻谷脱粒,用大脱粒机,年轻男女昼夜轮班,几大堆草头,一两个昼夜就完工了。分田到户后,机械性的大操作派不上用场了。于是,稻场多了,一家一稻场,码草头,脱稻子,晒谷扬谷等,都在自家稻场完成。稻谷脱粒又使用椊枷,或碌碡。不仅脱粒机不用了,打田的手扶拖拉机也不用了,重新回到牛耕人种的时代。家家户户用牛犁田打耙。鱼塘承包出去了,但能分到的鱼越来越少了,一般都是鲢鱼和鳙鱼,"涩鱼"几乎没有了;更后来,就没有分鱼了。幸运一点的是,父亲能打鱼,时常还有鱼吃。父亲有时候去野塘或渠港里撒网打鱼,收获大的时候,一小大背篓,有鲫鱼、草鱼、鲤鱼、黑鱼、翘嘴白、小黄丁鱼(黄颡鱼)、鲶鱼等,运气好的时候,还捞着近2斤的大脚鱼(王八、鳖)。跟父亲打鱼捡鱼,是那时最开心的幸福事情之一。那时候的鱼也特别香嫩,鱼味浓醇。塆中也有靠夜晚抓黄鳝、蛇、青蛙贩卖而富裕起来的人家,还有人捕野鸡、鹌鹑、斑鸠等鸟类卖钱,他们首先盖起了三四层的红砖瓦房,是塆里最先富裕起来的人家。因为人多地少,作物种植上的变化,主要为棉花、油菜和早晚稻的种植,麦子的种植减少了,高粱和甘薯少有人种了,糯谷没有人种了。随之而来的就是年关期间难得再有在灶膛里炕熟的松软而带点糊香味的糯米糍粑、高粱粑吃了,也少有拌有胡萝卜丁、葱花而弹性十足的甘薯丸子下饭。草籽沤绿肥及抽干池塘挑塘泥做肥料的场景也不再有了,绿肥少了,化肥、农药的使用多了起来。烟叶种植加工、种桑养蚕的盛大场景也不再有,"来一根"的直白代替了村民边卷边吸自卷烟丝的长筒卷烟的悠然惬意。

后来,村里的人渐渐少了,陆陆续续地外出打工了。荒着的田地多了。于是出现了换工、佣工。年轻劳力在外的老弱妇幼人家,农忙季节请人挑草头,妇女以为其插秧交换。同时,佣工也有了,你帮我用牛犁田耙田,以亩算钱;栽秧,包给妇女人家,也以亩论钱。家里田地不多,父母捡了不种人家的田地,但起码要代为缴纳公粮。父亲养了牛,农忙时,就用牛帮人获得一点额外的收入。种田地的人少了,年富力强的人少了,于是灌田就出现了小抽水机,论亩付钱,当然价钱不便宜,于是当初在池塘、港渠边翻飞的水车闲置在了家里的一角。但有时得担水点灌,如栽油菜及补栽油菜等。运草头的手扶拖拉机也有了。离道路远的田地的草头,先挑到大路边,再由手扶拖拉机接续运到稻场或稻场附近,这多少节省了一段人力。打田机也用上了,但仍然是人力畜力为主。当然,这几种小机械的使用也是一时的,后来也消失了。尽管如此,农作物种植的日趋萧条势不可当。原来的水稻早晚两熟,现在有的就种一季,甚至荒着。常年长满乱草的旱地也在增多。

父母仍然是以农为本。家里的事,都是父母操心,只记得我做农活的时候少了,随着去武汉求学及后来回县城工作,与农活更少接触了。虽然有着乡镇文化站短暂的工作时光及二次下乡协助抓计划生育工作的年月,但再也没有做实际的农活。姐妹们出嫁了,生活不能自理的弟弟整天四处转。回家的日子也较少,但每到家里,门上是落着锁,很少见到他们在家待着,多是在田间忙碌着。农活,农忙之外,多是一些细碎费时的活儿,如除草、打药、施肥、灌溉等,要做有做不完的事。见上父母后,他们多说到农药、种子、肥料多少多少钱,感情搭礼多少多少钱,一年忙到头,入不敷出,田地上的收获也只够吃。我知道,家里猪鸡不旺,除土地外,没有多少额外收入的来源。养猪,到百来斤的时候,就出猪瘟死掉,先后几头幼猪养来养去,就没有养到一头成猪卖出去。每年养鸡,从母鸡孵出的六七十只小鸡开始,一路饲养下来,或发鸡瘟死掉了,或被黄鼠狼叼走了,或被周围田地的主人下药毒死了,或被人偷走了,结果不到四五只,甚至一只不剩,回家享受土鸡美味的热望也往往告吹。就是埫里,以前乡村最普遍的猪、鸡、狗等家禽家畜也少见了,回到老家已不闻鸡犬之声。唐代诗人萧颖士《山庄月夜作》所描绘的那种田园风光不再:

献书嗟弃置,疲拙归田园。

且事计然策,将符公冶言。

桑榆清暮景,鸡犬应遥村。

蚕罢里闾晏,麦秋田野喧。

涧声连枕簟,峰势入阶轩。

未奏东山妓,先倾北海尊。

陇瓜香早熟,庭果落初繁。

更惬野人意,农谈朝竟昏。①

  农业萧条的原因,一是农村青壮年人口的转移,二是农业收入的菲薄。当然,最主要的还是收入问题。妇幼老弱在家种养,也受到环境条件各方面的限制。农田水利建设问题、家禽家畜疫病问题、农作物病虫害问题、交通运输问题等,都是面临的很实际的问题,还有天灾的问题。农业机械化问题,也受耕地面积、地形条件所限。耕地面积的缩减、平旷田地的稀少,都限制了大型农业机械的应用,小型农机的使用也很少见,特别是插秧机、打田机。我垸背靠山丘,前面平旷,但这平地面积也不大。就是在大集体时代,农业机械的使用基本上没有,也就是使用过脱粒机,什么插秧机、收割机、打田机等都没有用过,而以人力畜力为主。而我垸后面的其他村垸,更多的就是那种丘陵地区,山不高,平地零零散散,山丘间东一块西一块,农机具的使用受到限制。水利问题解决了,禽畜防疫问题、农作物虫害问题有技术服务保障,小型农机具得到推广或提供服务保障,投入的人力和财力大大减轻,即使种植人口减少,劳力不足,仍可能出现五谷丰登、六畜兴旺、蛙鸣鸟飞鱼跃的乡村田园风光。但现实是,田园的荒芜已是乡村普遍的景观,如清明时回爱人老家湖北红安太平桥镇地厚垸,沿途田地杂草丛生,寥无人烟。

  公粮免缴的年代,人口减少,田地更少,父母还是捡种了一些抛荒田地,但还得给田主交一二担谷物或其他折算的农产品,人家不种荒着也不愿给你白种。当然,所捡种田地,也是有所选择,首选水源、交通便利的田地。人情日渐淡薄,世态炎凉在乡村日益浓厚。没有白帮忙或白做的事,大多以金钱为酬劳,你给钱,我办事。如丧事,从换衣、入殓、封棺、选坟地、挖墓坑、出棺、抬棺、上山下葬等,一套程序中每一道程序,都有价钱的计算和给付。连办酒都外包了,镇

---

① 〔清〕彭定求等:《全唐诗》卷一五四,中华书局1960年版,第1598页。

里或村里有专门替人操办红白喜事酒席的服务组。这种变化，缘于乡村社会居人结构的变化，致使由往日的人情长期交换机制转至利益即时兑现机制。由于时势的变化，一些村民逐渐迁离原居地，一些村民外出长年务工，一些过世村民的后人亦随即迁徙他乡，于是基于礼尚往来这种习俗的人情社会基础基本上不存在了，类似这种红白喜事等需众人协力共同完成的事，以金钱即时兑付便理所当然。人口萎缩的乡村，传统习俗延续不再的趋势在不断扩展。父母年龄大了，父亲犁田打耙已力不从心，不能帮人犁田打耙了，农忙时至多把牛租借人家用了。原来家养的牛，从一头到两头，后来又减到一头，再后来一头都没有了。耕牛的饲养，要大量的谷草，要放养。记得农闲的日子，父亲最重要的一件事，就是放牛喂牛。一大早，清扫牛栏，牵牛喝水，早饭后，赶牛放牛，到河边或更远一点的地方，无论风雨，也是早出晚归。年岁大了，养牛不是一件容易事。当然，这与需要用牛的地方越来越少也相关，农耕的日渐减少，农业耕牛慢慢退出是这一趋势的写照。同时，以前一些日常农具也逐渐退出农村的使用，如竹编农具，挑塘泥、拾捡猪牛鸡粪用的箢箕，挑谷子用的箩筐、扁担，脱粒所用的竹梿枷等。农闲之时，父亲常用自家竹园里的竹子制作一些基本的农具或修补破旧的农具，包括箩筐、箢箕等，有时候还能卖出一点竹编品或竹子。随着农事的萧条及从山里的迁离，原来的竹园也荒废了，成了杂树丛生地。随着家分地的减少，家门口变成了稻场，碾谷晒场就在家门前。

　　农事少了，人该清闲一些了。但这种时日不久，父亲就病倒了，不到几个月，父亲就离开了他一生所耕耘的热土。我带他去医院检查了几次，没有好的结果。没有住院，父亲最后几个月是在家里床上度过的。临走时，父亲眼中仍流露着对生活不能自理的小儿子的担忧与牵挂。弟弟是小时候致残的，当时父母赶早出工，弟弟双脚烧残，又疏忽及时治疗，以致双脚脚板不能正常行走，都是脚板侧着地走路。身体残疾带来的心理自卑和阴影，加上初中时受到的刺激，弟弟患上了精神分裂症，此后辍学在家。虽一直用药，但春季也多复发，生活不能自理，还要经常找他回家吃饭。弟弟也是父母一生最大的愧疚与羁绊。大集体年代劳作的艰辛与繁重，家庭亏欠了对子女的养育与照料。父亲是一位地地道道的农民，一生脚踏黄土背朝天，勤劳节俭，老实本分。所有的农活都曾一手一脚地年年月月从头来过，播种、犁田打耙、捆草头挑草头、扛车提水、养牛、打鱼、做竹编到踹年糕、杵臼打糍粑、做豆腐等，都拿得起来。父亲一生的嗜好，就是抽点烟，时不时喝点小酒，再后来就是打点麻将纸牌和竹牌。身体不好的时候,酒也戒了,过年的时候劝他喝都不再喝了。他的最大的娱乐,就是大集体时代,从正月初三开始到正月十五玩龙灯期间,作为鼓乐组一员,随龙灯走村串巷敲锣打鼓,走遍方圆一二十里内所有的村庄。

父亲过世后的老家,衰败的景象显而易见。家里就母亲与弟弟一起生活。母亲是闲不住的人,仍然捡种了一点塆中不种的田地,种点棉花,栽点油菜,也栽点秧,门口还种点菜。能做的自己一个人劳作,但栽秧、挑草头等重活,或是妹妹们回家帮忙,或是付钱请人做。等妹妹们也外出打工了,就都请人做。除去农药、种子、化肥等外,我不知道还有没有结余。回家时看到坛里有点油,缸里有点米,暂且有吃的饿不着,心里稍安。

后来,塆里稍微低下而平坦的田地基本上给了光伏电厂,电厂就在老家住宅门前一二十米处,不知是否是因为应对田地荒芜所作的无奈之举。田地更少了,母亲还是力尽所能找点田地种点作物,还把门前的稻场种上了棉花。以前,姐姐在的时候,姐姐家离娘家近,有点急事,可以照应一下父母。姐姐走了,父亲走了,几里远的小妹时常抽空回娘家看看,有事帮照料和处理一下。现在,小妹也离家外出打工了,家里有啥事也照应不了,家里有啥事也无法知情。母亲照管着弟弟,独自支撑着农村的老家。不幸的是,年老体衰的母亲摔断了腿和肩胛骨。到家的路是泥巴小路,还有落差不小的上下坡道、过水坎,自行车、电动车进家门口都有困难,更不用说小汽车了。雨天路滑,老人容易摔倒。现在想来,闲不住又总是匆匆忙忙的母亲,摔倒跌伤是早晚的事。她住院做手术花去了二万三千多,但还没有治愈好。当时,让她去复查她也没去,又没有好好休息,一直忙忙碌碌。疼痛难熬时,再检查说是又错位了,因体弱,不宜再做手术了,只得经常吃药打针止疼。母亲动过两次大手术。上次是胃大出血,幸亏及时送医,不然命就没了。那次手术,切掉了半个多胃。幸好有新农合(新型农村合作医疗简称),上次医保报销了一部分,这次医保报销了八千多元钱;弟弟原来长年服用的药物(如镇静药),也因医保报支了一部分。母亲还高兴,说有时候看病拿药不用花钱。新农合多多少少减轻了农民看病治病的负担。

塆中饮用水,原来用的是几处公共井水,人们经常一大早去挑水灌满厨房里的水缸,一般一趟来回三四里,一次管一两天的用水,人多的时候还得排队。前后相继的担水者成为路上的一道风景线。后来家家户户门前打井,就不再去公共用井挑水了,有的公共水井就被填塞了。不过,天旱井水不够,还得经常到附近原公共用井担水用,好在留守村民不多,要用到公共井水的家庭少见。塆中的厕所简陋,每家一般盖在家门口不远处,粪池多为露天的。以往,粪水作为肥料及时灌田浇地,现在田地不种了,粪水的排放成了一个问题。特别是雨季,雨水使未加密闭的粪池满溢,臭水横流。还有门口满目抛弃的垃圾,以往耕田种地的时候,垃圾聚集堆积经过焚烧处理以作农肥,如今农耕萧条,房前屋后垃圾随处可见,天阴雨湿之时,还发出阵阵恶臭。单门独户的住户,往往看到入户的电线只用一根竹竿支撑着,在风中不停摇曳,让人有些发怵。好消息是,听说村里准备启动入户道路与危房改造、自来水工程建设、公共厕所建设、垃圾填埋清运等系列公共设施建设和环境卫生整治工程建设。物质条件的改善,环境卫生、安全饮水问题的改进,将大大提高乡村生活的质量。

疫情期间,不能回家,即使居住临近的亲人也互不走动,乡村的管控虽然宽松一些,但城乡间的流动停止了。等到管控放松的时候,趁国庆假期回到家里,到家里时,家里空无一人。等回来见到我们,母亲说不知道我们回来,她去医院打针了,看到母亲佝偻而瘦弱的身子,一瘸一瘸的腿,我内心隐隐作痛。以前每次回家,给家里都要捎几十斤面、几桶油,怕家里没有米粮。这次到家里,家里真的连米都没有,也没有油。母亲说买米背不动了,也没有找人帮送,让我到街上买点米。连续两年天灾,没有收成,棉花都烂在地里,谷子都被水淹死了。看到屋里的电饭锅盖子脱落了,电水壶的盖子烂了,厨房刀具锈蚀了,洗洁精没有了,灯具断丝不亮了,我心里一阵酸痛。去街上买了几十斤白米、刀具、雨季用雨鞋、弟弟穿的解放鞋、电饭锅、电水壶等,又换了灯具。母亲年龄大了,有的事忘了或不知道怎样处理了。特殊的时期,留守家庭的生活显然更为不易。村里塆里人家,早开始烧煤炒菜、煮饭了,可我家里还一直用柴火烧饭菜。烧柴做饭,古来相沿。种高粱、棉花、大豆、麦子等的时候,就用稻草将它们的秸秆缠扎靶子;光有稻草的时候,就像扭草绳扭扎稻草靶子;再就是在田岸或山上割杂柴草,晒干扎靶子;甚至捡些枯树做干柴。然后,把已经扎好的晒干的靶子和干柴捆成一捆一捆的,或码成堆,或堆放在屋里,或堆放在客厅前部半门头高以上的楼上,烧饭的时候就过去拿。母亲农闲时,不辞辛劳,就多打柴扎靶子,以备一年烧火做饭之用。用上电水壶、电饭锅的时候,柴火逐渐用得少一些,但炒菜、煮饺子、下面条、炖罐汤等,还是用柴火。节俭的母亲自己顾不了自己,但感情搭礼的开支却不见减少。妹妹们也劝过母亲,自己这么大年龄,需要用钱的地方多,有的礼就不要送了。母亲说,面子都搁在这儿了,有的推辞不了。母亲是一位地地道道的农村妇女,不识字,不打牌,除了田地劳作,最大的爱好,就是去附近村庄听听庙会唱戏。现在庙会唱戏可算是乡村最热闹的文化活动了。就像几十年前乡村放露天电影,年轻男女小孩子,在一天的辛苦劳作之后,仍不畏疲劳,甚至披星戴月地往返十几里奔赴附近村庄去看电影。那种劲头、那种热情,就体现在如今母亲这样岁数的叔叔婶婶去听庙会唱戏的情愫里。

母亲77岁了,似乎一向乐观,除了身体上的疼痛,在她脸上看不到丝丝忧郁。想到自己对家里没有带来一点改变,也没有为家里的事操过心,所有的一切都是父母承担,心中的确惭愧。我改变不了他们的现状,也带离不了他们。请母亲来我这儿住住,母亲说离不开,弟弟要人照料,要做饭给他吃,他的衣服也要人换洗,还要时常等他回家;另外,还晕车,路途遥远也不好受。当然,母亲过来的最大羁绊是弟弟。再后来,年老的母亲又摔了几次,手也摔断了。出门活动减少了,生活全靠妹妹照料。她连自己都不能自理,农活更是不得不放下了。最近几次回家,我发现家里原来的农具逐渐不见了。大件农具,如门前碾稻场和脱谷子用的碌碡不见了,磕米面、搣糍粑的杵臼不见了;原牛屋墙壁上悬挂的犁、耙、牛轭等农具不见了;正屋侧披檐屋内的水车不见了,打鱼的渔网不见了。小件不见的就更多了,如箢箕、鱼篓、钉耙、锄头、柴刀等。父母一生务农,置办了一整套农具。农业的萧条,农活的退出,农具的毁损或作废品处理自然而然地发生。母亲年岁大了,有时候已经不管事了。可能早就处理过,只是我没有留意。鸡棚牛屋也破败得差不多倒塌了。一个典型的务农人家,农耕的一点点记忆也渐渐消失。原来还想着拍一些农具照片,用作农业史书稿里的插图,现在看来要另寻他途。

垸中人家,除一些迁走人家残存倾圮的土砖黑瓦老房和荒草丛生、日渐破败的红砖钢筋水泥石板房外,差不多家家户户都改建了二层或三层红砖瓦房。室内装修精美,家具设施配套齐全(如空调、太阳能淋浴房),宽敞壮观。有的房子甚至并不亚于城市里的一座座现代化别墅,尽管多是春节时才有人回来住。这是外出务工人家最为突出的变化,收入增加带来的家居环境的改善和生活的富裕,起码从表象来说是毋庸置疑的。父母曾笑谑说我们在公家上班的还不及外出打工人家收入多。白手起家,上班的薪资多是固定,本不很高,而各种支出,特别是住房的购买、孩子的教育等,都是不小的压力。现在又面临着孩子婚房、成家的压力。当时父亲自山后搬家到山前,曾征求我们是不是也建二层房。考虑到经济的拮据,我没有出资支持,结果家里只建了一层半式的红砖石板黑瓦住房。实际上当时加一层房只要万把元钱,现在想加层的话,至少得上十万。南方雨水稍多,时间长了,瓦房便出现渗漏,严重时满屋没有干处。房屋上面是老灰瓦,父亲在的时候,就等天晴了捡漏(补漏)。现在,父亲不在了,就请人捡漏,上次捡了一次,但效果不好,雨一大,仍旧漏水。老弱病残的家庭,的确面临着一些实际的问题。我们的生活又以城市为主,经济能力有限,无法顾全乡村老家住房的大幅度改善。乡村,对我而言,是回不去了的乡村;对父母、弟弟而言,是离不开了的乡村;对打工的妹妹们而言,又是走不出去的乡村。这是悖论,却是现实。我们既要改善母亲所在的乡村生活条件,又要提高自己所在的城市生活质量,类似这种城乡间的冲突与联结如何有机统一和协调,仍是一个攸关农业、农村和农民发展的问题。从"乡土中国"发展到了现在的"城乡中国",将来的发展是不是还要经历"城镇中国"到"城园中国"的阶段?那时,原来的乡村将发展建设为城市的大后花园。这是我们未来的愿景。

中国地大物博,地形气候条件多种多样,农业发展的多样性突出。作为南方一个普普通通农村家庭的一员,骨子里感受到家乡的那种潜移默化的永恒的东西,也感受到原来乡村风貌的那种日渐消逝的变迁。农业史的书写叙事,一般都是宏观的概括的,内容多,范围广,但从一个人几十年岁月的耳闻目染中、一个家庭那种琐碎的沧桑变化中认识农村,也是一种视角,是宏观的视域下的一个补充、一种观照。所以,絮絮叨叨地写了上面这些多余的话,或被认为像写自己的家史。我家的那种悄无声息的变迁,实际上也是许许多多类似我家——妹妹们婆家、堂兄弟家、堂姊妹婆家、附近塆村家等——的普通农户的缩影。《河南农业史》是我 2016 年申报的一个河南省哲学社会科学规划一般项目(批准号:2016BLS005),2019 年又有幸被列入河南省社会科学院河南专门史系列研究重大专项第二批研究项目。欣喜获得批准的同时,却感到深深的压力。对南方乡村一角的感受和认识或许本就肤浅化和表面化,要撰写并不熟悉的一个北方农业大省的历史,面临的困难和问题可以想见。

2009 年的《乡村历史》说:"六十年一甲子,一部乡村发展史,就是一部共和国发展的历史。从大寨到小岗,从南街村到华西村,从乌沙村到三元里……这些中国村庄的代表,以其鲜明的时代特征和发展模式,为中国乡村命运的转变作出了最生动的注解。这些村庄,或因为重大事件,或由于重要人物,从一个单纯的地理名词转而拥有了自己独特的意义,并成为时代变迁的标志。"[①]就在这一年,《中国社会科学报》记者对这些明星村庄进行了访查,感受到这些村庄的风云变幻、沧海桑田(表后记—1)。从这里可以看到,这些明星村的形成和辉煌并非源自集体或个体农业的发展,而主要是村办工业、企业的创办与发展。并且,这些明星村只是千千万万中国村庄中的几个典型,代表不了全国农业、农村发展的实际状况。惊喜的是,也有河南的典型村——南街村。

表后记—1　全国部分明星村庄发展演变情况简表

村名	现地址	当时特征	现在特征	备注
大寨	山西昔阳县大寨镇	开渠开梯田,集体农业。20世纪60年代,全国农业发展的样板	改革开放后,工业化,"非农"产业发达 公社分配制度	
小岗	安徽凤阳县小溪河镇小岗村	1978年,包产到户的急先锋	21世纪初,重走"集体农业"之路,发展规模化集体耕种和兴办乡镇企业 实行"现代农业—旅游产业—工农业协调发展"的"三步走"战略	
南街	河南临颍县城关镇南街村	1991年,"红色亿元村"。以"共产主义小社会"理念而闻名。集体企业	农业机械化。2004年,南街村集团股权改制	
大邱庄(天津静海县蔡公庄乡)	天津静海区大邱庄镇	20世纪80年代,"天下第一庄","以钢为纲"的工业集体经济模式红极一时	否认当年发展模式,集体经济转向民营 全国的"焊管之乡"	

---

① http://price.ea3w.com/jdbk/cjwt/304503.html。万维家电网。

(续表)

村名	现地址	当时特征	现在特征	备注
华西	江苏江阴市华士镇华西村	1985年，完成向"天下第一村"的转型。集体经济模式，钢铁产业为主。2012年，收入达500亿元	逐渐被人遗忘。2005年后，又投资金融业等。2016年，负债389多亿元	王莹《负债389亿，华西村真的不行了？》①
乌沙	广东东莞市长安镇乌沙村	名不见经传	1983年起，外企入驻，一夜间"麻雀变凤凰"。集体经济	
三元里	广东广州市白云区三元里村	名不见经传	受益于城市和工业化的发展，由城中村又变为街道办	

说明：此表在《乡村历史》②基础上增补制作而成。

记得当初来河南的时候，是冲着河南是隋唐五代时期全国政治经济、社会文化的中心区域而有利于隋唐五代史研究的深入来的。刚入河南，印象最深的是沿途所见的一马平川的麦地或玉米地，与南方那种水田棉地，明显是不一样的田园风貌。后来，虽然对在五帝时代、夏商时期的农业、科学技术及唐五代、北宋时期历史人物涉及农业、科学技术方面的贡献等问题有过初步的探讨，不过，没有想到把自己的研究与河南农业、农村和农民有意识地联系起来。到研究河南农业史的时候，才注意到新中国时期河南农业上也有几个亮丽的、驰名全国的地方与事件、人物，如为整治兰考"内涝、风沙、盐碱"三害，发展农业而鞠躬尽瘁的焦裕禄；以集体企业改变农业发展面貌的七里营刘庄、南街；战天斗地的人间奇迹红旗渠农田水利工程；南水北调中线工程丹江口库区大移民壮举（表后记—2）。这几张有关农业发展方面的亮丽名片多少反映出新中国时期河南农业一度的辉煌。

---

① http://cj.sina.com.cn/article/detail/2328665481/540104，新浪网，财经头条，2017年12月22日。
② http://price.ea3w.com/jdbk/cjwt/304503.html。万维家电网。

表后记—2　河南部分闻名市县、村庄、工程发展演变情况简表

市县、村庄、工程名	现地址	当时特征	现在特征	备注
刘庄	河南新乡县七里营镇刘庄村	"方圆十里乡,最穷数刘庄"的长工村。集体经济。1953年始,棉花种植业、畜牧业发展,村办企业兴起,形成以工促农、以工养农、五业兴旺、全面发展的新格局	改革开放以来,基本走上了农业现代化、农村工业化、经济市场化、农民知识化、生活城市化、管理民主化的社会主义新农村发展轨道	2008年全村销售收入19.8亿元。全国农业旅游示范点
南水北调中线工程丹江口库区、渠道①	河南南阳淅川等河南境	自20世纪50年代以来,丹江口库区经历了两期淹没,两次大移民,多次搬迁。田地被淹,产业被抛弃。集"老、少、边、穷、山、库"于一体,被称为"穷山恶水"	丹江库区移民一次次地搬迁后靠,在荒山岗上开荒、种地,在山沟里重建家园。通过兴修水利,抽水浇灌,改良梯田,成为环境优美、生态宜居的水源地	刘胜《南水北调大移民精神的历史创举与时代价值》
红旗渠	河南安阳林州市红旗渠经济技术开发区	20世纪60年代,林县(今林州市)从太行山腰修建的引漳入林的工程,为"引、蓄、提、灌、排、电、景"成配套的大型体系,有"人工天河"之称。全长1500公里的红旗渠,结束了林州十年九旱、水贵如油的苦难历史	1990年后,水源减少危机加重,部分工程年久失修,老化极为严重,毁坏坍塌事件时出,技术改造任务大,红旗渠申遗工作启动。1990年,开发红旗渠景区,2013年5月,经国务院批准,红旗渠经济开发区升级为国家级经济技术开发区②	灌区有效灌溉面积达到54万亩

① 从1958年至1973年修建丹江大坝,2005年9月丹江大坝加高工程正式奠基,2014年12月12日建成正式通水。
② 2006年列入第六批全国重点文物保护单位。2016年10月,红旗渠获批国家5A级旅游景区。2017年1月,列入《全国红色旅游经典景区名录》。2017年12月,入选教育部第一批全国中小学生研学实践教育基地、营地名单。被誉为"世界第八大奇迹"。总干渠长70.6公里,自山西省平顺县石城镇侯壁断下渠首至林州市分水岭。

(续表)

市县、村庄、工程名	现地址	当时特征	现在特征	备注
兰考	河南开封市兰考县	1962—1964 年,在县委书记焦裕禄的带领下,防风治沙,整治"内涝、风沙、盐碱"三害工作取得明显成效	兰考三害"内涝、风沙、盐碱"得到有效治理。2016 年,防风固沙的泡桐树产业年产值达 60 多亿元	治沙先驱焦裕禄
南街	河南临颍县城关镇南街村	1991 年,"红色亿元村"。以"共产主义小社会"理念而闻名。集体企业	农业机械化。2004 年,南街村集团股权改制	

随着了解的增多与深入,认识到河南农业现代化的进程在快速推进,有的甚至步入现代农业阶段。如位于河南省东南部,豫、皖二省交界处的固始县,2012 年时,已经是河南省农业大县、中国柳编之乡、中国萝卜之乡、全国粮食生产先进县、全国现代农业示范区和全国绿色农业示范区;有市级以上农业产业化重点龙头企业 57 家,其中,国家级重点龙头企业 2 家(固始县豫申粮油工贸有限公司、河南三高农牧股份有限公司),省级重点龙头企业 12 家(如固始县顺兴粮油有限责任公司、固始县恒康食用菌产业开发有限责任公司);有各类农民专业合作社 832 家(如飞翔农机专业合作社,金地蔬菜种植专业合作社),其中,国家级示范社 1 家(固始县广德农业高科专业合作社),省级示范社 5 家;获得无公害产品、绿色食品、有机农产品(如"十八盘"牌信阳毛尖茶)认证和农产品地理标志产品 38 个(如"固始甲鱼""固始萝卜"),省名牌农产品 6 个(如固始鸡),省级标准化生产示范基地 6 个(如固始银河生态养殖有限公司),中国驰名商标 1 个(河南九华山茶业有限公司"九华山"商标)。[1] 从中可以看到固始县农业产业化经营的市场化、区域化、专业化、规模化、一体化、集约化、社会化、企业化等基本特征,是走现代农业发展的路径。[2]

---

[1] 固始县人民政府编:《固始县优质农产品集锦·县情概况》,2012 年 10 月。
[2] 赛树奇:《关于现代农业的两个基本概念》,《新农业》2015 年第 13 期。

2015年3月16—17日,随院赴许昌调研组调研期间,了解到许昌市在大力发展现代农业,持续实施高标准粮田"百千万"建设工程、现代农业产业化集群培育工程、都市生态农业发展工程,新增高标准粮田40万亩,建成高效节水灌溉工程12.9万亩(其中,许昌县8.6万亩,长葛市4.3万亩),6个农业产业化集群通过省政府认定,省重点农业龙头企业发展到51家,2014年粮食生产在旱情严重的条件下,也获得大丰收,总产达到280万吨;许昌市花木种植面积达90万亩,是全国最大的花卉苗木生产销售基地;完成林业生态建设造林任务16.3万亩;启动建设60个"美丽乡村"示范村。禹州市是全国产粮大县、粮食核心区主产县、生猪调出大县和中药材加工示范基地,农业形成了中药材、红薯种植加工和畜牧养殖三大特色产业。长葛农业产业化程度高,形成了畜蔬加工、蜂产品加工、棉麻纺织、人造板材加工等六个农业支柱产业,农村安全饮水工程已解决75%以上农民饮用自来水问题,农村五保户集中供养率超过70%。许昌县(今建安区)是全国高效节水灌溉试点县,拥有3个国家级农业标准化示范区、2个省级农业产业化集群、52家农业产业化市级龙头企业。鄢陵是"全国休闲农业与乡村旅游示范县",有"中国花木之都"之誉,有"鄢陵腊梅冠天下"之说,全县花木种植达60万亩、2300多个品种,具有国家园林绿化资质企业51家、省级农业产业化龙头企业3家、国家级研发中心2个,建有中原花木博览园,一年一度的中国·中原花木交易博览会成为全国知名花木盛会;鄢陵新区所建鹤栖湖风景区一期引黄调蓄工程可控制灌溉面积约10万亩。在调研期间,特别感受到农村环境的变化,原来"脏、乱、差"的面貌换新颜。如禹州市鸿畅镇李金寨村,购置有3辆垃圾保洁车,添置有35个活动垃圾桶,安置有56个果皮箱,新建有3个垃圾池、6个垃圾收集点,新增3名清洁工人,整修了道路,清除了"牛皮癣"等广告;栽种了绿化树木,安装了路灯,新建了达500平方米的健身场所和球场等。这种变化比较普遍。据《长葛报》报道,长葛市已经累计为全市12个乡镇发放新型环卫车辆109台、地埋式垃圾清运箱166个,其中摆臂式垃圾清运车14台、电动垃圾收集车95台;全市24个"美丽乡村"建设示范村、89个重点村地埋式垃圾清运箱全覆盖,"村收集、镇转运、市处理"的建立,确保了12个乡镇实现"三无一规范一眼净"。①

2020年7月20—24日,在南水北调干部学院参加"河南省社会科学院学习十九届四中全会精神处级干部及业务骨干培训班"期间,通过多种形式学习南水北调精神。南水北调工程是实现我国水资源优化配置、保障和改善民生的富民工程。南水北调中线工程的巨大价值和深远影响举世瞩目。在欣赏南水北调中线工程渠首风光时,我们特别想到南水北调中线工程对河南农业、农村和农民带来的巨大影响。南水北调中线工程大致包括两个阶段,第一阶段从1958年至1973年修建丹江大坝,第二阶段自2005年9月丹江大坝加高工程正式奠基到2014年12月12日建成正式通水。南水北调中线工程河南段有着巨大社会经济效益,赵晶等学者定量研究指出,以2018年为例,若无南水北调中线工程供水,河南省生产总值将减少3.60%,CPI将上升6.49%,就业人数将减少2.96%,人均可支配收入将减少1.66%;若无南水北调中线工程供水,河南省产业结构将发生变化,高用水工业与高用水服务业增加值占GDP比重减少,一般用水工业比重也呈减少趋势,一般用水服务业比重则呈增加趋势;而南水北调中线工程对河南省地下水压采起到重要作用,工程供水对河南省地下水替代作用最为明显,替代地下水4.55亿立方米,其次为地表水,替代地表水3.42亿立方米,各行业用水均受到不同程度影响。②

我们认为,南水北调中线工程对河南农业、农村和农民带来的主要影响有以下几个方面:

一是耕地的占用。南水北调中线工程,河南占地最多。据统计,河南共占地61万亩,其中总干渠占地36万亩,库区淹没及移民村建设用地25万亩。③丹江口水库建设,淅川县362平方公里土地被淹没,占总淹没面积的一半;丹江口大坝加高后,新增淹没面积144平方公里。仅仅是库区面积就达506平方公里(1平方公里等于1500亩)。还有渠道、工程设施、为保护水源等所占用土地面积也相当巨大。渠道及渠道廊道所占土地也是巨大的。中线工程渠道1277

---

① 《我市被确定为全省改善农村人居环境示范市(2014年十大新闻之2)》,《长葛报》2015年2月5日第22版。
② 赵晶、毕彦杰、韩宇平等:《南水北调中线工程河南段社会经济效益研究》,《西北大学学报(自然科学版)2019年第6期。
③ 刘正才:《弘扬南水北调精神　助力中原更加出彩》,《河南日报》2016年12月13日第004版。

公里,河南段渠道长度占中线工程全长的57%,即约728公里。① 如2019年前,南水北调中线工程河南省干渠沿线的8个省辖市35个县(市、区),全部完成了高标准规划的总干渠两侧宽100米的生态廊道建设。又如淅川所建湿地保护区面积100多万亩。还有将要增设的调蓄工程(调蓄水库),2019年,中线工程沿线调蓄工程前期工作已经开展,这也将占用不少土地面积。②

二是农业人口的转移。历时半个世纪,淅川水利移民达36.7万人,其中,丹江口水库建设,淅川县移民20.2万,分6批迁往青海、湖北和河南省内共三省七县市;中线工程建设,再次移民16.5万。还有干线征迁人口,河南省"共搬迁安置丹江口库区移民16.54万人,干线征迁安置5.5万人"③。人口的外迁,河南省内城市的安置,农业人口的减少显而易见。

三是农业五业的变迁。农业田地减少的同时,也有新的耕地开辟。丹江口水库区移民一次次地搬迁后靠,在荒山岗上开荒、种地,在山沟里重建家园。④ 2010年,南阳6362平方公里的水源保护区内,对农业种植结构进行调整,减少化肥、农药使用量,发展生态经济产业,农业发展的约束性增强。⑤ 淅川县自中线工程建设以来,先后关停企业350多家,取缔网箱5万多个、畜禽养殖场600多家(户)。2010年南阳所划定的水源保护区内,先后关停、整治企业700多家,关闭、搬迁畜禽养殖场1500多家,否决、终止各类项目450个。⑥ 渔业、畜牧业、涉农企业的萎缩很明显。农田水利基本建设发展,农业用水条件改善,为河南农业的持续发展提供了有力支撑。第一是库区农田水利设施改善。如在丹江河河岸修筑防洪坝,解决了洪水灾害问题;在丹江口水库库区建设旱地水窖,缓解人畜饮水困难;抽水灌溉了库区大片良田。⑦ 第二是农业用水改善。南水

---

① 刘正才:《弘扬南水北调精神 助力中原更加出彩》,《河南日报》2016年12月13日第004版。有说总长1432公里。参见陈婉:《一江清水润泽北方——写在南水北调中线工程通水五周年之际》,《环境经济》2019年第24期。
② 王先达、王峻峰:《对南水北调工程前期工作的回顾和初步认识》,《治淮》2020年第1期。
③ 刘正才:《弘扬南水北调精神 助力中原更加出彩》,《河南日报》2016年12月13日第004版。
④ 刘胜:《南水北调大移民精神的历史创举与时代价值》,《决策与信息》2020年第10期。
⑤ 陈婉:《一江清水润泽北方——写在南水北调中线工程通水五周年之际》,《环境经济》2019年第24期。
⑥ 陈婉:《一江清水润泽北方——写在南水北调中线工程通水五周年之际》,《环境经济》2019年第24期。
⑦ 刘胜:《南水北调大移民精神的历史创举与时代价值》,《决策与信息》2020年第10期。

北调中线工程供水中,河南用水量最大,年分配河南省水量37.69亿立方米,占输水总量的40%。① 赵晶等学者认为,南水北调中线工程供水,"农业用水影响较小的主要原因是南水北调水不供农业灌溉,农业灌溉仍以地下水与地表水为主,故影响较小"。② 由此可见,南水北调中线工程供水虽然不直接提供农业灌溉,但间接还是提供了农业用水。陈婉指出,南水北调中线工程"有效解决了城市生产生活用水挤占农业用水、超采地下水的局面,使地下水位逐步上升,干涸的洼、淀、河、渠、湿地得到补水,因缺水而萎缩的部分湖泊、水库、湿地重现生机,生态环境明显改善"。③ 这也说明南水北调中线工程供水对农业用水的作用。葛爽进一步指出,在农业方面,南水北调中线工程不仅缓解了河南省农业对水资源的需求问题,如据河南省相关部门统计,自2014年以来,南水北调中线工程每年可为河南提供18—19亿亩的农业用水,更增加了河南省农业的产量,"近几年,河南省加大力度为农业发展引进很多先进技术和设备,将南水北调中线工程的水资源合理分配,保障了农业灌溉,提高了粮食的产量,让农业成为河南省一大创收产业"。④ 第三是农田水利技术的变化。为防治北方灌区土壤次生盐碱化,在有可能因灌溉而产生次生盐碱化的灌区,实行井渠结合灌溉,控制地下水位,防止次生盐碱化;对高水位输水河道和平原水库设置截渗防渗工程,控制水量渗漏。⑤ 毋庸置疑,农业用水的改善,也有益于渔业的发展。造林绿化的林业则空前发展,且不论南阳水源保护区内的绿化、总干渠沿线两侧宽100米生态廊道的建设,仅淅川县湿地保护区面积就达100多万亩。

四是农业经济的损失与农业生态条件的改善和农业旅游资源的开发。农业经济的损失巨大。如中线工程实施后,淅川老县城、14个集镇及大批基础设施被淹,淅川各项淹没指标占库区两省六县市总淹没指标的一半,静态损失近100亿元。而水源保护区内污染企业的清理、整治,涉农项目的废止,在一定程度上来说也是农业经济上所作出的牺牲。

---

① 刘正才:《弘扬南水北调精神 助力中原更加出彩》,《河南日报》2016年12月13日第004版。
② 赵晶、毕彦杰、韩宇平等:《南水北调中线工程河南段社会经济效益研究》,《西北大学学报(自然科学版)》2019年第6期。
③ 陈婉:《一江清水润泽北方——写在南水北调中线工程通水五周年之际》,《环境经济》2019年第24期。
④ 葛爽:《南水北调中线工程河南段社会经济效益分析》,《河南水利与南水北调》2020年第5期。
⑤ 王先达、王峻峰:《对南水北调工程前期工作的回顾和初步认识》,《治淮》2020年第1期。

农业生态条件明显得到改善。南阳水源保护区内污染企业的清理、整治、汇水区和干渠沿线全覆盖式的污水处理和垃圾治理、库区周边石漠化的治理、农业种植结构的调整、湿地保护区的建立等,使农业生态条件大大改善。南水北调不光保供水,也保生态,预计东、中线工程进一步扩大调水工程规模后,"在保证生活和工业供水情况下,将不断增加生态环境供水,受水区长年干涸的河流和湿地将逐步减少;随着治理水污染力度不断加大,污水河段也将逐步减少;受水区河流湖泊将逐步实现河清岸绿,为人民提供更加舒适的生活环境"。① 南水北调中线工程供水后,河南"地下水位明显回升,水环境明显改善",河南省11个省辖(直管)市"形成了水清、草绿的景观和亲水、乐水的平台"。②

南阳保护区内旅游业也开始发展起来,渠首、丹江口水库、丹江口水库湿地公园、丹江大坝、渠道沿线生态景观、南水北调干部学院、移民精神纪念馆、南阳丹江移民民俗馆、张营移民新村等成为旅游新资源,并带动原来旅游资源的开发。

研究与调研过程中,切实感受到现代农业的概念较多,并就河南农业发展的现阶段及状况、问题,曾专门上门,或乘在食堂就餐之机,向院农村发展所副所长陈明星研究员、院经济研究所所长完世伟研究员等同事们进行过多次请教与交流,受益良多,使我对河南农业的现状、重要地位和未来发展有了更深刻的认识,对河南农业、农村和农民的未来也充满了更为美好的希望。从对比中,我也认识到湖北老家在农业、农村上发展的不同与差距。作为农业大省的河南,乡村的演变历程、粮食生产的历史,也是值得大书特书的课题,因此"河南乡村史""河南粮食史"也是我今后着手撰写的目标。

本项目书稿是河南省社会科学院与华北水利水电大学合作完成的集体成果,也是以河南省社会科学院历史与考古所同仁为主完成的重要成果。我负责全书的编撰统筹工作,包括书稿框架提纲的起草,全书的统稿、修改和定稿等工作。

本书第一章史前部分、第二章夏商周三代部分,由陈习刚、陈超撰写。由华

---

① 王先达、王峻峰:《对南水北调工程前期工作的回顾和初步认识》,《治淮》2020年第1期。
② 陈婉:《一江清水润泽北方——写在南水北调中线工程通水五周年之际》,《环境经济》2019年第24期。

北水利水电大学陈超博士撰写了初稿,囿于时间原因,陈超博士未能修改,我对原稿做了大幅删减、增补和改写,又对保留修改部分进行引文复核、文献出处补充完善等工作。如整体增补,增补第一章第一节第一部分,第二节,第三节第二部分,第四节第一部分等;补充第二章第二节第一部分内容,增补第二章第二节第二、三、四部分等。第三章春秋战国部分、第四章秦汉部分,由陈超、陈习刚撰写。由陈超博士撰写初稿,在他修改稿的基础上,我又做了大幅度改写、修订、增补及引文复核、文献出处补充完善等工作,如增补除"稻作品种的丰富"部分外的第三章第二节、三杨庄、小麦主产区的初步形成,水利等方面内容。另,增补了第一至第四章各章节下引语部分。第五章魏晋南北朝部分由我所李龙副研究员撰写,我稍作增补,如魏晋铁制农具、注释增补等,另外还有全章复校修订工作。第六章隋唐五代部分由我所夏志峰研究员撰写,我增补了第三节第五部分(二)内容及各章节下引语等,做了引文复核、繁简转换、文献出处补充完善等工作。第七章宋元部分由我所王建华助理研究员撰写,我增补了范仲淹与农业有关内容,做了引文出处补充、全章修订等工作。第八章明清部分、第九章民国部分由我所师永伟助理研究员撰写,我复校了全文,主要修订完善了注释。绪论、结语、后记、参考资料由陈习刚负责撰写,其中绪论"河南农业史的研究现状述评"部分是在师永伟助理研究员初稿基础上改写和增补而成的。参考资料由犬子陈洋帆进行核查和初步编排。

感谢项目评审专家的大力支持与提携,让本项目以良好等次顺利结项,并提出了许多宝贵修改意见;感谢书稿外审专家、郑州大学历史文化学院王星光教授和丛书执行主编张新斌所长在百忙之中审阅了书稿,除指出了书稿中的错漏外,还指出了书稿存在的问题和不足,对书稿质量的提升大有裨益;感谢院、所、科研处等领导的支持、督促与鼓励,使本书稿得以出版;感谢课题组成员的精诚合作与辛勤努力,感谢所有同仁们的无私帮助,使本项目得以完成和结项;感谢原所同仁章秀霞副研究员为本项目的查重检测事项所做的协调工作与热忱帮助。还特别感谢责编杨兰女士、宋伟先生,他们精心的审阅、耐心的协调使本书增色不少。

囿于丛书体例篇幅,书稿年代下限截止于中华人民共和国成立前,原第十章内容未能付印,所有图版也从略。限于作者学识水平和农业史研究范围的广阔,加之课题组成员多人合作撰写,行文风格与谋篇布局不尽完全统一,全书会有不少不尽如人意之处,仍有不少提升空间,还敬请读者、专家不吝指正,以待再版时一并补充、修订。

陈习刚
2020 年 11 月于郑州寓所
2022 年 12 月修订后记